아람어 성경

타르굼 창세기

[개정판]

아람어 성경

타르굼 창세기

강지숙 역주

한님성서연구소

차례

머리말

개정판을 내며

2022년 3월에 출간한『아람어 성경과 랍비들의 성경 주해: 창세기』1-2권은 타르굼을 본문으로 삼고 미드라시를 각주에 곁들인, 타르굼과 미드라시를 합친 작품이었다. 이번 개정판부터는 오경 타르굼과 오경 미드라시를 각각 다른 작품으로 분리하여 출간하게 되었다. 그 가운데 이 책은 타르굼에 해당된다. 타르굼 개론서를 따로 준비 중이라 이 책에서는 타르굼에 관한 입문적 지식은 다루지 않았다.

우리말로 번역한 아람어 본문은 '타르굼 옹켈로스'와 '타르굼 차명 요나탄', '타르굼 네오피티'이다. 히브리어 성경과 비교하여 내용이나 낱말이 달라진 아람어 번역은 **진한 글씨체**로 구분하여 옮겼다. 아람어와 히브리어 성경 모두 원문에서 직접 번역하였다. 텍스트로 삼은 아람어 성경 원문에 대해서는 참고문헌을 참조하라.

옹켈로스의 본문 각주에서는 아람어 본문과 고대 번역본들(칠십인역, 페시타, 불가타), 다른 아람어 번역본들과의(차명 요나탄, 네오피티, 네오피티 여백 각주, 단편 타르굼, 게니자 타르굼) 차이와 변화를 비교하였다. 원문을 읽는 독자들을 위해 히브리어와 아람어, 그리스어와 시리아어를 괄호 속에 담았다. 각주에서 인용한 문헌들은 편의상 다음과 같이 줄여서 표기하였다.

- 타르굼 옹켈로스: 옹켈로스
- 타르굼 차명 요나탄: 차명 요나탄
- 타르굼 네오피티: 네오피티
- 카이로 게니자 단편 타르굼: 게니자 타르굼
- 페시타 시리아어 성경: 페시타

- 칠십인역 그리스어 성경: 칠십인역
- 불가타 대중 라틴어 성경: 불가타

그 밖에 본문에서 사용한 괄호의 쓰임은 이러하다.

- 소괄호(( )): 원문에는 없지만 문맥상 이해를 돕기 위해
- 대괄호([ ]): 원문에서 손상되거나 빠진 대목들
- 홑화살괄호(〈 〉): 아람어로 번역하지 않고 히브리어를 그대로 옮겨온 구절들(주로 네오피티에서 나타남)

다음은 '아람어'와 '타르굼'에 관한 아주 간략한 설명이다.

아람인과 아람어[1)]

구약성경에서 이스라엘의 조상들은 '아람인'과 관련이 깊다. 창세기의 족보들에서 아람은 시조명으로서 10,22-23에서는 셈의 다섯째 아들로, 22,21에서는 아브라함의 아우인 나호르의 손자요 크무엘의 아들로 언급된다. 아브라함은 이사악의 아내를 얻고자 자신의 종을 형제 나호르가 사는 '아람 나하라임'(두 강이 있는 곳, 아람)으로 파견한다(24,10). 이사악은 "파딴 아람에 사는 아람 사람 브투엘의 딸이며 아람 사람 라반의 누이인 레베카를 아내로" 맞이하였다(25,20). 야곱도 '파딴 아람'(아람 평원)에 있는 외갓집에서 아내를 맞이하고자 외삼촌 '아람 사람' 라반에게로 떠났다(28,2.3.5). 신명기에서 이스라엘은 "저희 조상들은 떠돌아다니는 아람인이었습니다"(26,5)라고 고백한다.

'아람'에 관해서는 기원전 11-10세기 아시리아와 바빌로니아 임금들의 비문이 역사적으로 가장 오래된 기록이라고 한다. 구약성경에서 초바, 벳 르홉, 마아카, 다마스쿠스 등은 다윗 임금에게 맞선 아람의 도시 국가로 등장한다(2사무 10,6). 2열왕 16,10-13에서는 유다 임금 아하즈가 다마스쿠스에 갔다가 그곳 제단을 보고 마음에 들어 우리야 사제에게 그림과 모형을

1) *Targum and Testament Revised*, 85-92; *Targum Neofiti 1: Genesis*, 12-16; *Judaica* 2, 337-339, 342-359을 참조하였다.

보내고, 우리야는 다마스쿠스 양식의 이 제단을 그대로 만든다. 북 왕국 이스라엘이 아람에 미친 영향은 아람 임금의 군대 장수 나아만의 이야기에서 잘 드러난다(2열왕 5장).

문화나 종교에서는 아람인들이 고대 근동의 다른 민족들에게 별 영향을 미치지 않았다. 그러나 '아람어'와 그 문자만큼은 달랐다. 아시리아 임금 산헤립이 유다를 칠 때, 힐키야의 아들 엘야킴과 세브나와 요아가 랍 사케에게 "저희가 아람 말을 알아들으니, 제발 이 종들에게 아람 말로 말씀해" 달라고(2열왕 18,26 = 이사 36,11) 요구한 것은, 외교 언어로서 아람어가 차지한 위상을 보여 준다. 배우기 쉽고 사용하기 쉬운 이점 때문에 아람어가 널리 확산되어 오랫동안 고대 근동의 국제 언어로 사용된 것이다. 그 덕분에 아람인들은 아시리아와 바빌로니아의 세력 아래에서도 그들의 행정부에 고용되거나 상업에 종사하면서, 무역로를 따라 아람인 정착촌을 이루어 곳곳에 흩어져 살았다.

유다인들의 언어가 히브리어에서 아람어로 완전히 전환되는 시점은 알 수 없다. 바빌론으로 유배를 온 유다인 디아스포라 공동체는 바로 아람어에 적응해 살아야 했을 것이고, 팔레스티나에서는 서서히 아람어를 사용하기 시작하여 페르시아 시대(기원전 539-333년)가 끝나기 전에는 유다인들 대다수가 아람어를 사용할 줄 알았을 법하다. 느헤미야는 이방인들과 혼인한 유다인 자녀들이 "유다 말은 할 줄도 모르는 채 이 민족 저 민족 말을" 하는 것을 꾸짖고 저주하는데(느헤 13,24-25), '이 민족 저 민족 말'에 아람어 방언이 포함될 것이다. 다니엘서의 절반이 아람어로 쓰인 것을 보면 기원전 2세기 중반에는 아람어가 문어로 사용된 것이 분명하다. 신약성경 시대에 이르러 팔레스티나 사람들이 사용한 언어는 주로 아람어였고, 그리스어도 어느 정도 쓰였다. 일부 지역에서는 여전히 히브리어를 사용하는데, 이는 나중에 미슈나 히브리어로 전한다.

아람어는 시대별로 고대 아람어(기원전 700년까지), 공식 아람어(기원전 700-300년), 중기 아람어(기원전 300-기원후 200년), 후기 아람어(200-1200년),

현대 아람어로 구분된다. 후기 아람어에 속하며 팔레스티나 타르굼, 팔레스티나 미드라시, 예루살렘 탈무드에서 볼 수 있는 팔레스티나 아람어는, 구약성경 아람어와 쿰란 아람어, 타르굼 옹켈로스와 바빌론 예언서 타르굼의 아람어와는 구별되는 특징이 있다.

타르굼과 회당 전례[1)]

'타르굼'(תרגום)은 '번역'이라는 뜻의 명사로서, 수동형 분사 '메투르감'(מתורגם)이 에즈 4,7에서 '번역되다'는 뜻으로 쓰였다. 동사 '티르겜'(תרגם)은 바빌론 아람어에서 '아람어로 번역하다, 설명하다', 팔레스티나 아람어로는 '(어떤 언어로) 번역하다', 시리아어로는 '설명하다, 번역하다'라는 뜻이다. 탈무드 시대의 히브리어 동사 תרגם은 히브리어에서 다른 언어로 번역하는 것을 가리켰다(예루살미 키두신 1,1 59ㄱ; 메길라 1,11 71ㄷ). 명사 תרגום은 성경의 아람어 본문과 관련해서만 등장하는데(바블리 샤밧 115ㄱ 등), 실제로 미슈나 야다임 4,5에서 다니엘서와 에즈라기의 아람어 본문을 타르굼이라 일컫기도 하였다.

타르굼은 회당 전례와 밀접하다. 회당의 기원을 두고는 의견이 분분하다. 고대 유다교 전승들은 회당이라는 기관과 주요 기도들이 모세 때 도입되었다고 전하지만, 학자들마다 유배 이전에 회당과 회당 전례가 마련되어 유배 중에 발전되었다는 견해도 있고, 에즈라가 예루살렘에서 회중들에게 토라를 읽는 대목에(느헤 8,1-8) 근거하여 유배 이후에 시작되었다고 주장하기도 한다. 주로 후대의 기원을 폭넓게 수용하는 편이다.

회당이 세워졌다면 회당 전례도 꼴을 갖추었을 것이다. 미슈나 메길라 4,3에서는 전례 순서로 셰마 낭송(קריאת שמע)과 오경 독서, 예언서 독서와 사제의 축복을 차례로 언급한다. 회당 예배는 하느님을 향한 이스라엘의 신앙 고백인 '**셰마**'로 시작한다. 셰마는 매일 바치는 아침, 저녁 기도의 핵

---

1) *Targum and Testament Revised*, 65–84, 93-100; *Targum Neofiti 1: Genesis*, 4–12; *Targum Pseudo-Jonathan: Genesis*, 8–14; *Judaica* 3, 588–594을 참조하였다.

심으로서 특정 기도의 앞이나 뒤에 낭송한다. 신명 6,4-9; 11,13-21; 민수 15,37-41의 계명들이 셰마의 내용이다. 셰마 다음에는 '트필라'(תפילה, 기도) 또는 '아미다'(עמידה, 서서 하는 기도)라고도 하는 열여덟 축복문 곧 '**슈모네 에스레**'(שמונה עשׂרה)를 기도한다. 기도문의 수가 열여덟 개라 붙여진 이름인데, 이단자들(미님[מינים] 또는 노츠림[נוצרים 그리스도인들])에 대한 것을 덧붙여 열아홉 개가 되었다. 아침, 점심, 저녁 하루 세 번 기도한다.

축복 기도 다음에는 성경 독서를 봉독한다. '**성경 독서**'(קריאת תורה)는 회당 제도보다 오래되었다. 유다교 전승에 따르면, 모세는 안식일, 축일, 초하룻날, 그리고 삼대 축제의 팔부 기간에 토라를 읽으라고 하였고, 에즈라는 월요일과 목요일인 장날과 안식일 오후 예배 때 읽으라고 지시하였다(미슈나 메길라 4,1). 오경 전체를 한 번 읽는 주기는 일 년 또는 삼 년인데, 오늘날은 바빌론의 일 년 주기를 따른다. 오경 다음에는 오경 본문과 연결되는 예언서를 읽는다. 루카 4,16-20에서 예수님은 나자렛 회당 전례에 참석하셔서 이사야 본문을 읽으신다(61,1-2; 58,6). 이 예언서 독서를 '**하프타라**'(הפטרה)라 한다.

히브리어는 종교 언어로서, 히브리어를 잘 모르는 이들에게는 히브리어 성경 본문을 아람어로 번역해 주어야 했다. '**아람어 번역**'은 구두로 옮겨졌다. 기록 율법(모세오경)은 기록으로 전해져야 하고 구전 율법(현재의 미슈나)은 구두로 전해져야 했기 때문이다(예루살미 메길라 4,1 74ㄹ). 거룩한 본문과 해석을 곁들인 번역 사이의 차이를 사람들이 느끼게 하기 위해서라고 한다(바블리 메길라 32ㄱ).

아람어 번역 다음에는 아람어 '**강론**'이 이어진다. 루카 복음에서 성경을 봉독하신(4,16) 예수님께서는 "두루마리를 말아 시중드는 이에게 돌려주시고 자리에 앉으시니, 회당에 있던 모든 사람의 눈이 예수님을 주시"하여(20절) "그들에게 말씀하시기 시작하셨다"(21절). 사도 13장에 따르면, 바오로 일행은 "피시디아의 안티오키아에 이르러, 안식일에 회당에 들어가 앉았다. 율법과 예언서 봉독이 끝나자 회당장들이 그들에게 사람을 보내어, '형제들이여, 백성을 격려할 말씀이 있으면 해 주십시오.' 하고 말하였다"(14-16절). 예수님과 바오로 사도는 회당에서 강론을 하신 것이다. 바오로 사도는 이집트 탈출부터 예수님 부활까지를 설교한다. 성경 본문을 후대의 상황들에 맞춰 적용한 미드라시가 유다인들 강론의 한 예다. 강론 끝에는 '그분의 위대하신 이름은 영원무궁토록 찬미받으소서'라는 **'카디시'**(קדיש) 기도를 한다.

랍비들은 성경을 글로 번역하여 또 다른 문서로 남기는 것을 염려하였다. 이는 본문의 의미를 왜곡하거나 번역을 보태어 하느님을 모독할 수 있기 때문이다. 그래서 랍비들은 '우리의 타르굼'(아마도 '타르굼 옹켈로스')에서 가져와야 한다고 가르친다(토셉타 메길라 3,41; 바블리 키두신 49ㄱ). 물론 타르굼들이 모두 히브리어 본문을 그대로 번역한 것은 아니다. 종종 의역과 아가다(이야기)를 덧붙여 옮겼고, 하느님께 불경스럽거나 오해를 살 수 있는 대목들은 수정하기도 하였다.

일찍부터 개인이 타르굼을 사용했다는 전승이 있다. 기원후 1세기경 라반 가믈리엘 1세 때 욥기가 번역되어 있었는데 잠시 사용이 중단되었다가 그의 손자 가믈리엘 2세 때 다시 등장했다고 전한다. 바빌론의 학교들에서 공식 타르굼으로 삼은 '타르굼 옹켈로스'는 3세기경에 편찬되었다. 그러나 기록 타르굼이 공식적으로 인정받고 본문이 최종 편찬된 것은 탈무드 이후 시대에 속한다. 어느 시기에는 회당 전례에서 성경 번역과 강론이 합쳐졌을 텐데 팔레스티나 오경 타르굼이(타르굼 차명 요나탄, 타르굼 네오피티, 단편 타르굼 등) 이에 해당될 법하다.

아람어 번역인 타르굼 본문은 전례용일 뿐 아니라 고대 유다교 학교에서 가르치던 성경 입문 과정에 속했다. 타르굼은 성경 연구에서 없어서는 안 될 부분이었다. 만약 회당에서 아람어 번역을 구두로 전달하였다면, 이 번역은 학교에서(בית המדרש) 배우고 암기했을 것이다.

타르굼 옹켈로스 창세기

본문 번역과 각주

세상 창조

1,1 처음에 **주님께서** 하늘과 땅을 창조하셨다.[1] 2 그 땅은 **황량하고 텅
비었으며**, 어둠이 심연 위에 있고 **주님 앞에서 나온** 영이[2] 그 물 위에 **불
고 있었다**.

3 **주님께서** 말씀하셨다.[3] "빛이[4] 생겨라." 그러자 빛이 생겼다. 4 **주님
께서** 그 빛을 보시고[5] 좋아하셨다. **주님께서** 빛과 어둠 사이를 가르셨다.
5 **주님께서** 그 빛을 낮이라 그 어둠을 밤이라 부르셨다.[6] 저녁이 되고 아
침이 되어 하루가[7] 되었다.

6 **주님께서** 말씀하셨다. "물 한가운데에 궁창이 생겨라. 그래서 물과 물

---

1) 히브리어 성경에서는 אלהים이다. 옹켈로스와 네오피티는 신명사문자 יהוה로 옮겼다. 차명 요나탄은 אלהים의 공손한 형태인 אלקים(엘로킴)이라고 하였다. אלהים을 신명사문자로 수정한 것은 이방신들과의 혼돈을 피하기 위한 것으로 보인다. 한편 네오피티와 단편 타르굼은 '지혜로(지혜와 함께)'(בחכמה) 창조하셨다고 부연한다.

2) 차명 요나탄과 네오피티에서는 '자비의 영'(רוח דרחמין)이라고 하였다.

3) 옹켈로스는 '주님'(ייי), 차명 요나탄은 '하느님'(אלקים), 네오피티는 하느님의 의인화 곧, 하느님이 사람처럼 말씀하신다는 것을 피하기 위해 "주님의 메므라"(ממרא דייי)가 말씀하셨다고 옮겼다.

4) 차명 요나탄은 "세상을 비추는 빛"(נהורא לאנהרא עלמא)이라고 하였다.

5) 네오피티는 하느님의 의인화를(하느님이 사람처럼 보신다는 것) 피하기 위해 '주님 앞에 빛이 드러났다'(וגלי קדם ייי ית נהורא)고 수정한다.

6) 차명 요나탄은 "세상 주민들이 일하도록"(למפלח ביה דיירי עלמא) 낮을 만드셨고, "피조물들이 쉬도록"(למינח ביה ברייתא) 밤을 만드셨다고 덧붙인다.

7) 네오피티에서는 '하루'(יום אחד)를 '첫째 날'(יום קדמאי)로 옮기고 "창조 작업의 순서"(סדר עבד בראשית)에 따라 이루어졌다고 부연한다.

사이를[1] 갈라라." 7 **주님께서** 궁창을[2] 만드시고 궁창 아랫물과 궁창 윗물 사이를 가르셨다. 그러자 그렇게 되었다.[3] 8 **주님께서** 그 궁창을 하늘이라 부르셨다. 저녁이 되고 아침이 되어 둘째 날이 되었다.

9 **주님께서** 말씀하셨다. "하늘 아랫물이 한곳으로 모이고 뭍이 드러나라."[4] 그러자 그렇게 되었다. 10 **주님께서** 그 뭍을 땅이라, 물이 **모인 곳을**[5] 바다라 부르셨다. 주님께서 보시고 좋아하셨다.[6] 11 **주님께서** 말씀하셨다. "땅은 싹 곧 씨 있는 풀을 **나게** 하고,[7] 씨 있는 열매 맺는 과일나무를 제 종류대로 땅 위에 돋게 하여라." 그러자 그렇게 되었다. 12 땅은 싹

---

1) 차명 요나탄은 "윗물과 아랫물 사이"(בּינֵי מוֹי עלאֵי לבינֵי מוֹי תתאֵי), 네오피티는 "아랫물과 윗물 사이"(בֵּין מַיָּא אַרעָיָא לבֵין מַיָּא עִילָּיָא)라고 덧붙여 7절을 앞당겨 설명한다.

2) 차명 요나탄은 "하늘 경계와 대양의 물 사이에 세 손가락 두께의 궁창"(רקִיעָא סומכיה תלת אצבעתא בינֵי סִיטרֵי שְׁמַיָּא למוֹי דאוקִינוס)이 만들어졌다고 하여 궁창의 크기를 상술한다.

3) 네오피티는 "그분의 메므라에 따라"(כמֵימרֵיה) 이루어졌다고 보충한다. 9.11.15.24.30절 참조.

4) 차명 요나탄에서는 "하늘 아래 남아 있는"(דאִישׁתארוּ מִן־לרַע לשְׁמַיָּא) 아랫물이 한곳으로 모여 "땅은 말라"(ותתנגב ארעא) 뭍이 드러나게 하라고 부연한다.

5) 히브리어 מקוה המים(물 저장소)을 타르굼들은 בֵּית־כּנִישַׁת מַיָּא(물이 모인 곳)라고 옮겼다.

6) 네오피티는 "그것이 주님 앞에 드러났는데 아름답고 적당하였다"(וגלי קדם ייי ארום שפר ותקן)고 수정하였고, 단편 타르굼도 이와 비슷하다(וגלי קדם ייי ארום טב ותקן). 네오피티는 1장 다른 구절에서도 히브리어 כי־טוב(좋다)을 ארום שפר ותקן(아름답고 적당하다)이라고 옮긴다.

7) 동사가 조금씩 다르다. 옹켈로스는 '생산하다'(דאת), 차명 요나탄과 단편 타르굼은 '자라다'(רבי), 네오피티는 '나오다'(נפק)라고 하였는데, 히브리어로는 '움트다'(דשא)이다.

곧 씨 있는 풀을 나오게 하고,[8] 씨 있는 열매 맺는 과일나무를 제 종류대
로 돋게 하였다.[9] **주님께서** 보시고 좋아하셨다. 13 저녁이 되고 아침이 되
어 셋째 날이 되었다.

14 **주님께서** 말씀하셨다. "하늘 궁창에 빛물체들이 생겨라. 그래서 **낮
과** 밤 사이를 가르고 표징과 절기가 되어,[10] **그것들로** 날과 해를 **세어라**.[11]
15 그리고 하늘 궁창에서 빛물체들이 되어 땅 위를 비추어라." 그러자 그렇
게 되었다. 16 **주님께서** 큰 빛물체 두 개를 만드셨다.[12] 더 큰 빛물체는 **낮
을** 다스리고 더 작은 빛물체는 밤을 다스리게 하셨다. 별들도 (만드셨다.)[13]

---

8) 11절과는 달리 히브리어에 따라(יצא) 타르굼들은 '나오다'(נפק)로 옮겼다.

9) 차명 요나탄에는 "씨 있는"과 "제 종류대로"가 빠져 있다.

10) 히브리어 אות(표징)을 차명 요나탄은 같은 아람어 어근(את)을 놔두고 그리스어 σημεῖον에 해당되는 סימן(징표)으로 옮겼다. 그리고 히브리어 למועדים(절기)을 옹켈로스와 네오피티는 לזמנין, 차명 요나탄은 둘을 합쳐 לזמני מועדין이라고 하였다.

11) 옹켈로스는 히브리어 성경에 없는 '그것들로 … 세다'(ולממני בהון)를 덧붙였다. 차명 요나탄은 "달의 시작과 해의 시작(רישי ירחין ורשי שנין), 윤달과 윤년(עיבורי ירחין ועיבורי שנין), 하지(공전과 자전)와 초승달과 주기(순환)를(ותקופות שמשא ומולד סיהרא ומחזורין) 성별"하라고 부연한다. "윤년과 달"(עבור שהרין ירחין)만을 성별하라고 한 네오피티 본문은 손상된 듯하다.

12) 차명 요나탄은 "그것들의 영광은 스물한 시간 육백칠십이 분 미만 동안 똑같았다"고 부연한다. 이는 독특한 시간 계산법으로 그 시간 동안은 두 빛물체가 동등하였음을 설명한다. 그런데 똑같았던 두 빛물체가, "그 뒤 달이 태양을 거슬러 중상모략을 하여 더 작아졌다"고 차명 요나탄은 부연하였다. 여기서 '중상모략을 하다'를 직역하면 '세 혀를 놀리다'(אישתעיית לישן תליתאיי)이다.

13) 네오피티는 "별들의 순서를 (정하셨다)"(וית סדור כוכביא)고 옮긴다. 곧 별들을 정렬, 배치한 것이다. 차명 요나탄은 태양과 달과 별들을 '임명하셨다'(מני)고 보충한다.

17 **주님께서**[1] 그것들을 하늘 궁창에 두시고[2] 땅 위를 비추게 하셨다. 18 그
리고 **낮과** 밤을 다스리고[3] 빛과 어둠 사이를 가르게 하셨다. **주님께서** 보시
고 좋아하셨다. 19 저녁이 되고 아침이 되어 넷째 날이 되었다.
20 **주님께서** 말씀하셨다. "물은[4] 생물을 우글거리게 하고, 새는 땅 위 하
늘 궁창의 **공중** 위를 날아라."[5] 21 **주님께서** 큰 바다괴물들과[6] 물에서 **기
어 다니는**[7] 모든 생물을 제 종류대로,[8] **날아다니는** 모든 새를[9] 제 종류대

---

1) 네오피티는 "주님의 영광"(איקרי דייי)이라고 수정한다. 네오피티에서는 자주 주님의 '메므라'가 창조 작업을 진행하는데, 이 구절부터 가끔 주님의 '영광'이 등장한다.

2) 차명 요나탄은 빛물체들을 궁창의 "궤도 위에 배치"(וסדר על שׂיטרּיהון)하였다고 부연한다.

3) 차명 요나탄은 '섬기다'(למישׁמשׁא)로 옮겼다.

4) 차명 요나탄은 "물 있는 늪지"(רקקי מוי)라고 구체적인 장소를 밝혔다.

5) 히브리어 על־פני(… 위)를 타르굼들은 על אויר, על־אפי אויר(공중 위)라고 옮긴다. 궁창 '아래'가 아닌 '위'라고 한 히브리어 본문의 어색함을 줄이려고 '공중'(אוויר)이라는 말을 넣은 듯하다. 한편 차명 요나탄은 "새는 둥지를 땅 위에 두고 날아라. 나는 길은 하늘 궁창의 공중 위에 있다"고 부연한다. 곧 '땅 위'는 새가 둥지를 트는 곳으로, '궁창의 공중 위'는 새가 날아다니는 곳으로 구분한다.

6) 네오피티는 큰 바다괴물이 "두 마리"(תרין)라고 하였다. 차명 요나탄은 큰 바다괴물을 "위로의 날을 위해 마련된 레비아탄과 그 짝"(דמתעתדין ליום נחמתא לויתן ובר־זוגיה)이라고 소개한다.

7) 히브리어 성경, 네오피티, 단편 타르굼은 '우글거리다'(שׂרץ)라고 하였다.

8) 차명 요나탄은 "정결한 종류든 정결하지 않은 종류든"(זני דכיין וזני דלא דכיין) 다 창조하셨다고 부연한다.

9) 히브리어로는 "날개 달린 모든 새"(כל־עוף כנף)이다. 차명 요나탄은 "날개로 날아다니는 모든 새"(כל עוף דטייס בגדפין), 네오피티는 옹켈로스처럼 "날아다

로 창조하셨다. **주님께서** 보시고 좋아하셨다.
22[10] **주님께서** 그들을 축복하시고 말씀하셨다. "**많아지고**[11] 번성하여 바
닷물을 가득 채워라. 새도 땅에서 번성하여라." 23 저녁이 되고 아침이 되
어 다섯째 날이 되었다.
24 **주님께서** 말씀하셨다. "땅은 생물을[12] 제 종류대로, 집짐승과 길짐승
과 들짐승을 제 종류대로 나오게 하여라." 그러자 그렇게 되었다. 25 **주님
께서** 들짐승을 제 종류대로, 집짐승을 제 종류대로, 모든 길짐승을 제 종류
대로 만드셨다. **주님께서** 보시고 좋아하셨다.
26 **주님께서** 말씀하셨다.[13] "우리 형상대로 우리 모습처럼[14] 사람을[15] 만
들자. 그래서 그들이 바다의 물고기와 하늘의 새와 집짐승과 모든 들짐승
과 땅 위에서 기어 다니는 모든 길짐승을 다스리게 하자." 27 **주님께서** 그

니는 모든 새"(כל עופא דפרח)라고 하였다.

10) 차명 요나탄에는 22절이 빠져 있다.

11) 히브리어로는 '열매 맺다, 번식하다'(פרה)이다. 옹켈로스는 '숨을 내쉬다, 많아지다'(נפשׁ), 네오피티는 '강해지다'(תקף)라고 하였다.

12) 차명 요나탄은 "생물"(נפשׁ חיה)을 "피조물"(נפשת ברייתא)이라 옮겼다.

13) 차명 요나탄은 "세상 창조 둘째 날에 창조하신, 그분 앞에서 시중드는 천사들에게"(למלאכייא דמשמשין קומוי דאיתבריין ביום תניין לברית עלמא)라고 하여 하느님께서 천사들과 대화하셨다고 보충한다. 다음 문장의 '우리'가 여러 신들을 암시하므로 '우리'가 누구인지 밝히기 위해 천사들을 등장시킨 것이다.

14) 히브리어 성경의 "우리 형상대로 우리 모습처럼"(בצלמנו כדמותנו)을, 차명 요나탄은 "우리 형상대로 우리 모상처럼"(בצילמנא כדייוקננא), 네오피티와 단편 타르굼은 "우리 모습대로 우리와 닮은"(בדמותן כד־נפק־בן)이라고 옮겼다. 칠십인역은 "우리의 모상대로 비슷하게"(κατ' εἰκόνα ἡμετέραν καὶ καθ' ὁμοίωσιν)라고 하였다.

15) 히브리어 אדם(아담, 사람)을 옹켈로스, 네오피티, 단편 타르굼은 אנשׁ, ברנשׁ(사람)로 옮긴다. 차명 요나탄에서는 히브리어 성경대로 אדם이다.

분의 형상대로 **아담을** 창조하셨다.

하느님의 형상대로 그를 창조하셨고[1)]

남자와 여자로[2)] 그들을 창조하셨다.

28 **주님께서** 그들을 축복하시고 말씀하셨다.[3)] "**많아지고** 번성하여 땅을
가득 채우고[4)] **그 위에서 강해져라**. 그리고 바다의 물고기와 하늘의 새와
땅 위에서 기어 다니는 모든 동물을[5)] 다스려라."

29 **주님께서** 말씀하셨다. "이제 내가 너희에게 온 땅 위에 씨가 있는 온
갖 풀과 씨가 있는 열매 맺는 온갖 나무를 준다.[6)] 이것이 너희에게 양식이
될 것이다. 30 살아 있는 생물인, 땅의 모든 동물과 하늘의 모든 새와 땅 위
의 모든 길짐승에게는 온갖 푸른 풀을 먹이로[7)] 준다." 그러자 그렇게 되었

---

1) 차명 요나탄은 사람의 육체를 해부학적으로 묘사한다. "이백마흔여덟 개의 기관과(במאתן וארבעין ותמני איברין) 육백예순다섯 개의 신경을(בשית מאה ושיתין וחמשא גידין) 지니고 그 위에 피부를 덮고(קרם עלוי מושכא) 살과 피로 채워(מלי יתיה ביסרא ואדמא)" 아담을 창조하셨다는 것이다.

2) 차명 요나탄은 '그들의 외모에서'(בגוונהון) 남자와 여자로 구분하였다고 밝힌다. 네오피티와 단편 타르굼은 '남자와 그의 짝'(דכר וזוגיה)이라고 수정한다.

3) 네오피티에서는 "주님의 영광"(איקריה דייי)이 그들을 축복하시고, "주님의 메므라"(ממרה דייי)가 그들에게 말씀하신다.

4) 차명 요나탄에서는 땅을 "아들들과 딸들"(בנין ובנן)로 가득 채우라고 축복한다.

5) 차명 요나탄은 땅 위에서 기어 다니는 동물인 모든 "길짐승"(ריחשא)이라 하였다. 26절의 영향으로 보인다.

6) 차명 요나탄은 "건물을 짓거나 땔감으로 쓰일 열매 맺지 못하는 온갖 나무"(וית כל אילני סרקא לצרוך ביניינא ולאסקותא)도 준다고 하였다. '열매 맺는 나무' 뿐 아니라 그 밖에 '열매 맺지 못하는 나무'까지도 아우르고자 한다.

7) 차명 요나탄에는 이 낱말(먹이)이 빠져 있다.

다. 31 **주님께서** 만드신 모든 것을 보시니[8] (그것이) 매우 **적당하였다.** 저녁
이 되고 아침이 되어 여섯째 날이 되었다.

2,1 하늘과 땅과 그것에 딸린 모든 것들이 **완성되었다.**[9] 2 **주님께서는**
일곱째 날에 하시던 일을 끝내시고,[10] 일곱째 날에 하시던[11] 모든 일에서 **쉬
셨다.**[12] 3 **주님께서** 일곱째 날을 축복하시고 그날을 성별하셨다. 그때 **주님
께서** 창조하여 만드시던 모든 일들에서 쉬셨기 때문이다.

4 하늘과 땅이 창조될 때, 곧 주 하느님께서 땅과 하늘을[13] 만드시던 날,
그것들의 족보는[14] 이러하였다.

에덴 동산

5 땅에는 아직 아무 들 **나무도**[15] 없었고 아직 아무 들풀도 싹트지 않았
다. 주 하느님께서 땅 위에 비를 내리지 않으셨고 흙을 일굴 사람도 없었기

---

8) 네오피티와 단편 타르굼은 '만드신 모든 것이 주님 앞에 드러났다'(וגלי קדם ייי ית כל מה דעבד)고 하였다.

9) 차명 요나탄과 네오피티와 단편 타르굼은, 하늘과 땅과 그것에 딸린 모든 것들의 '창조'(ברייה, 또는 피조물)가 완성되었다고 옮긴다. 히브리어 כלה(끝나다)를 타르굼들은 שׁכלל, שׁלם이라고 옮긴다.

10) 차명 요나탄은 더불어 "해질 무렵 창조하신 열 가지 것들"(ועישׂרתי עיסקין דברא ביני שׁימשׁתא)도 완성하셨다고 부연한다. 해질 무렵은 곧 첫 안식일이 시작될 시간이다.

11) 네오피티는 '창조하다'(ברי)로 수정한다.

12) 히브리어로는 '멈추다'(וישׁבת)이다. 네오피티는 "일곱째 날에 … 그분 앞에 안식과 휴식이 있었다"(והוה שׁבא ונייח קדמוי ביומא שׁביעיא)고 덧붙인다. 하느님의 의인화(하느님이 쉬셨다) 표현을 피한 번역이다.

13) 네오피티는 "하늘과 땅"(שׁמיא וארעא)이라고 순서를 바꾼다.

14) 네오피티는 "족보의 계보"(יחוס תולדת)라고 옮긴다. 중복 번역이다.

15) 히브리어 '덤불'(שׂיח)을 타르굼들은 '나무'(אילן)로 옮긴다.

때문이다.[1] 6 그런데 땅에서 **구름이**[2] 올라와 흙 표면을 모두 적셨다. 7 주 하느님께서 땅의 먼지로 **아담을 창조하시고**[3] 그의 코에 생명의 숨을 불어 넣으시자, **아담이 말하는 영이** 되었다.[4]

8 주 하느님께서 **처음에**[5] 에덴에 동산을 세우시고[6] 거기에 **창조하신** 사람을 두셨다. 9 주 하느님께서 보기에 탐스럽고 먹기에도 좋은 온갖 나무를 **땅에서** 싹트게 하시고, 동산 한가운데에는 생명 나무와,[7] **열매를 먹으**

---

1) 네오피티는 "지금까지 … 사람이 창조되지 않았다"(ואדם עד כדון לא אתברי)고 덧붙였다.

2) 히브리어 성경의 '연기, 안개'(אד)를 타르굼들은 '구름'(ענן)이라 옮긴다. 특히 차명 요나탄은 "영광의 어좌 아래에서"(מתחות כורסי יקרא) 내려온 '영광의 구름'(וענן יקרא)이라고 하였다.

3) 히브리어 '빚다'(יצר)를 타르굼들은 '창조하다'(ברי)로 옮긴다. 차명 요나탄에서는 "성전 터와 세상의 네 가지 바람에서 나온 먼지"(עפרא מאתר בית מקדשא ומארבעת רוחי עלמא)에 "세상의 모든 물을 섞어"(ופתכא מכל מימי עלמא) "붉고 검고 희게"(סומק שחים וחיור) 아담을 창조하였다고 길게 부연한다.

4) 히브리어 성경에서는 사람이 '생물, 생명체'(נפש חיה)가 되었다. 옹켈로스는 "말하는 영"(לרוח ממללא), 네오피티는 "말하는"(ממללא) 생물이라고 하였다. 인간을 다른 짐승과 구분하는 표현이다. 차명 요나탄은 "그 숨이 아담의 몸에서 말하는 영이 되어 눈을 빛나게 하고 귀를 듣게 하였다"고 풀어서 옮겼다.

5) 히브리어로는 "동쪽"(קדם)이다. 옹켈로스의 "처음(옛날)에"(מלקדמין)와 같은 어근에 해당한다. 차명 요나탄은 "세상이 창조되기 전"(קדם בריית עלם)이라고 밝힌다.

6) 차명 요나탄은 "주 하느님의 메므라"(במימרא דייי אלקים)가 "의인들을 위하여"(לצדיקייא) 에덴 동산을 세웠다고 설명한다.

7) 차명 요나탄은 "높이가 오백 년 걸리는"(רומיה מהלך חמש מאה) 생명 나무라고 보충한다.

면 선과 악을 **알게 하는** 나무를[8] 두셨다.
10 에덴에서 강이 나와 동산을 적시고 거기서 갈라져 네 개의 **강줄기가**
되었다.[9] 11 하나의[10] 이름은 피손으로, 금이 나는 하윌라[11] 온 땅을 둘러
쌌다. 12 그 땅의 금은 질이 좋고[12] 거기서 브델리움과 **녹옥** 보석이 난다.[13]
13 둘째 강의 이름은 기혼으로, 쿠스 온 땅을 둘러쌌다. 14 셋째 강의 이
름은 티그리스로,[14] 아수르 동쪽으로 흘렀다. 넷째 강은 유프라테스이다.[15]
15 주 하느님께서 **아담을** 데려다[16] 에덴 동산에 두시고, 일하고 지키게

---

8) 히브리어로는 "선과 악의 지식 나무"(ועץ הדעת טוב ורע)이다. 차명 요나탄은 "열매를 먹으면 선과 악을 알게 하는 나무"(ואילן דאכלין פירוהי ידעין בין טב לביש), 네오피티는 "그것을 먹은 사람은 누구나 선과 악을 구별할 줄 아는 지식 나무"(ואילן דעתה דכל מן דהוה אכל מנה ידע למפרשה בין טב לביש)라고 부연한다. 옹켈로스는 '알다' 동사로 חכם을 사용한다.

9) 히브리어 성경에서는 "네 줄기"(לארבעה ראשים)이다. 옹켈로스와 차명 요나탄은 "네 개의 강줄기"(לארבעה רישי נהרין)라 하고, 네오피티는 "네 개의 큰 강줄기"(לארבעה ראשי נהרין רברבין)가 되었다고 한다.

10) 네오피티는 "그것들 가운데 하나"(דחד מינהון)라고 하였다.

11) 차명 요나탄과 네오피티는 '하윌라'를 '힌디키'(הינדיקי) 곧 인도 땅이라고 하였다.

12) '질 좋은'(טוב) 금을 차명 요나탄은 '정선된'(בחיר) 금이라고 옮긴다.

13) 히브리어 אבן שהם(마노 보석)을 옹켈로스는 אבני בורלא(녹옥 보석), 차명 요나탄은 אבנין טבין דבורלין(귀한 보석인 녹옥), 네오피티는 אבניא טבתה ומרגליתא(귀한 보석과 진주)라고 하였다.

14) '티그리스'는 히브리어로 הדקל(히데켈), 아람어로는 דגלת, דקלת(디글랏, 디클랏), 시리아어로는 ܕܩܠܬ(디클랏), 그리스어로는 Τίγρις이다.

15) 네오피티는 유프라테스가 "큰 강"(נהרא רבה)이라는 설명을 덧붙인다.

16) 차명 요나탄에서는 사람을 "창조가 이루어진 곳인 예배의 산에서"(מן טוור פולחנא אתר דאיתבריא מתמן) 데려온다.

하셨다.[1] 16 주 하느님께서 **아담에게** 명령하셨다. "너는 동산의 모든 나무에서 먹을 수 있다. 17 그러나 **열매를 먹으면** 선과 악을 **알게 되는** 나무에서는[2] 먹어서는 안 된다. 그것을[3] 먹는 날 너는 죽을 수밖에 없다."[4]

18 주 하느님께서 말씀하셨다. "**아담이** 혼자 있는 것은 **적당하지** 않다.[5] 그를 위하여 그의 곁에 둘 협력자를[6] 만들어야겠다." 19 주 하느님께서 **땅에서** 들의 온갖 짐승과 하늘의 온갖 새를 **창조하시고** 사람에게 데려가 그가 그것들을 무엇이라고 부르는지 보셨다. **아담이** 생물을 부르는 대로[7] 모두 그것의 이름이 되었다. 20 **아담은** 온갖 집짐승과 하늘의 새와[8] 들의 온

---

1) 차명 요나탄과 네오피티와 단편 타르굼은 "토라를 섬기고 그 법령들을 지키게 하셨다"(למיהוי פלח באורייתא ולמנטר פקודוה)고 수정한다.

2) 차명 요나탄은 이 나무를, 선과 악을 "알아 현명해지는"(חכמין מידע), 네오피티는 선과 악을 "구별할 줄 알게 되는"(ידע למפרשה) 나무라고 소개한다.

3) 차명 요나탄에는 이 낱말이 빠져 있다.

4) 차명 요나탄은 "사형(선고를) 받아야 한다"(תהי חייב קטול)고 하였다. 실제로 아담은 죄를 짓고도 오래 살았기 때문에, 그것을 따 먹는 날 바로 죽지는 않고 사형 선고를 받는 것으로 바꾼다.

5) 히브리어 "좋지 않다"(לא־טוב)를 옹켈로스와 차명 요나탄은 "맞지(적당하지, 바람직하지) 않다"(לא תקין)고 옮긴다. 네오피티는 1,10(12.18.21.25.31절)의 표현 가운데 하나를(לא שפר) 그대로 쓴다. 한편 차명 요나탄은 "아담이 혼자 잠드는 것"(די יהי אדם דמיך בלחודיה)이 바람직하지 않다고 하였다.

6) 차명 요나탄은 아담의 협력자를 "그의 곁에 있을 협력자인 여자"(דתיהי סמיך בקיבליה איתא), 네오피티와 단편 타르굼과 게니자 타르굼은 "그와 닮은 짝"(כד נפק ביה זוג)으로 소개한다.

7) 네오피티는 "성전의 언어로"(בלשן בית־קדשה) 불렀다고 부연한다. '성전의 언어'는 히브리어를 가리킨다.

8) 차명 요나탄은 '모두'(כל)를 덧붙여 "하늘의 온갖 새"(ולכל עופא דשמייא)라고 하였다. 칠십인역(πᾶσι τοῖς πετεινοῖς τοῦ οὐρανοῦ)과 페시타(ܘܠܟܠܗ

갖 짐승에게 이름을 불러 주었다. 그러나 **아담을** 위해서는 그의 곁에 둘 협력자를 찾지 못하였다. 21 주 하느님께서 **아담** 위에 **잠을**[9] **던지시어** 그가 잠들었다. 그러자 그의 갈비뼈에서 하나를 빼고[10] 그 대신 살을 **채우셨다.**[11] 22 주 하느님께서 **아담에게서** 빼낸 갈비뼈를 가지고 여자를 세우시고[12] 사람에게 데려가셨다. 23 **아담이** 말하였다.

"이제 (드디어) 뼈는 내 뼈에서
살은 내 살에서 나왔다.[13]
그가 **자기 남편에게서** 나왔으니[14]
여자라고 부르리라."[15]

ܩܪܝܬܐ ܕܫܡܗܐ)도 마찬가지다.

9) 히브리어 תרדמה(잠)를 옹켈로스는 שׁנתא, 차명 요나탄과 네오피티는 שׁינתא עמיקתא(깊은 잠)라고 옮긴다.

10) 차명 요나탄은 그 갈비뼈가 "오른쪽 열세 번째 갈비뼈"(עילעא תלסרית דמן סטר ימינא היא)라고 부연한다.

11) 히브리어로는 "그 대신 살로 닫으셨다"(ויסגר בשׂר תחתנה)이다. 차명 요나탄은 "그 자리를 살로 닫으셨다"(ואחד בבישׂרא אתרא)고 옮긴다. 옹켈로스는 '채우다'(מלי), 네오피티는 '놓다'(שׁוי) 동사를 사용한다.

12) 네오피티는 '세우다'(בני) 대신 '완성하다'(שׁכלל)라고 옮긴다. 네오피티 여백 각주에서는 "주님의 메므라가 … 세우셨다"고 하였다.

13) 차명 요나탄과 네오피티는 "남자에게서 여자가 창조되지 않으리라", 게니자 타르굼은 "남자에게서 여자가 창조된다는 것은 맞지 않다"고 부연하였다. 남자와 여자 둘 다 하느님의 모상대로 창조되었다는 랍비들의 해석이 엿보인다. 창세기 라바 8,6 등 참조.

14) 네오피티는 '창조하다'(ברי) 동사로 옮긴다.

15) 차명 요나탄과 네오피티와 게니자 타르굼은 '…이 맞다'(חמי, יאי)를 덧붙인다.

24 그래서 남자는 아버지와 어머니의 **숙소에서** 떠나[1] 자기 아내와 결합하여 그들은[2] 하나의 살이 된다.

25 그들 둘, **아담과** 그의 아내는 알몸이었으나 부끄러워하지 않았다.[3]

첫 사람 아담의 죄와 벌

3,1 뱀은 주 하느님께서 만드신[4] 들의 어떤 짐승보다 교활하여,[5] 여자에게 말하였다. "주 하느님께서 동산의 모든 나무를 먹지 말라고 말씀하셨다는데 그것이 **정말이냐**?"[6] 2 여자가 뱀에게 말하였다. "동산의 나무 열매들은 먹을 수 있다.[7] 3. 그러나 동산 한가운데 있는 나무 열매는, '너희가 죽

---

1) 히브리어 성경에서는 "아버지와 어머니"(את־אביו ואת־אמו)를 떠난다. 타르굼들은 아버지와 어머니의 "숙소(침실)"(בית־מדמוך ,בית־מִשׁכב)에서 떠난다고 수정하였다. 그리고 히브리어 '떠나다'(עזב)를 차명 요나탄과 네오피티와 게니자 타르굼은 '갈라지다, 분리하다'(פרשׁ)라고 하였다.

2) 차명 요나탄과 네오피티는 '둘'(תריין)을 덧붙인다. 칠십인역도 마찬가지다(οἱ δύο).

3) 차명 요나탄은 히브리어 עָרוֹם(아롬, 벌거벗은)을 עָרוּם(아룸, 교활한, 영리한)으로 읽어, 둘이 '현명해졌다'(חכים)고 옮긴다. 네오피티는 "(그들은) 아직 무엇이 부끄러운지 알지 못하였다"(הוון ידעין מה היא בהתתה ועד כדון לא), 차명 요나탄은 "(그들은) 자신들의 영광 속에 머물지 않았다"(ולא אמתינו ביקרהון)고 수정한다.

4) 네오피티는 '만들다'(עבד)를 '창조하다'(ברי)라고 옮긴다.

5) 차명 요나탄은 '악을 행하는 데 영리하다'(חכים לביש), 네오피티는 '영리하다'(חכים)라고 옮겼다.

6) 히브리어로는 אַף כִּי이다. 옹켈로스는 בקושטא ארי, 차명 요나탄은 הקושטא ד라고 하였다. 네오피티는 같은 내용을 의문문이 아닌 서술문으로 옮긴다(ארום, 게니자 타르굼은 חלף ארום).

7) 차명 요나탄은 "동산의 나머지 나무 열매들"(משאר פירי אילן גינוניתא)을

지 않도록,[8] 그것을 먹어서도 안 되고 가까이해서도 안 된다.'고 **주님께서**
말씀하셨다." 4 뱀이 여자에게 말하였다. "절대로 죽지 않는다.[9] 5 너희가
그것을 먹는 날 너희 눈이 열려, **현명해진 위대한 이들처럼**[10] 선과 악을 알
게 될 것이 **주님 앞에 드러나기** 때문이다." 6 그 여자는,[11] 그 나무가 먹기
좋고 눈을 **치료하며**[12] 똑똑해질 것처럼 끌리는 것을 보고,[13] 그 열매를 따서
먹고 함께 있던 남편에게도[14] 주어 그가 먹었다. 7 그러자 그들의 두 눈이

"먹는 것은 우리에게 허용된다"(אית לן רשו למיכל)고 덧붙였다. 네오피티 여백 각주와 페시타는 "동산의 모든 나무"(כל אי גנת, ܐܝܠܢܐ ܕܦܪܕܝܣܐ ܟܠܗܘܢ)라고 하였다.

8) 히브리어 본문과 옹켈로스의 "너희가 죽지 않도록(않으려면)"(פן־תמתון, דילמא תמותון)을, 네오피티는 '너희가 죽어서는 안 된다'(ולא תמותון)고 하였다. 곧 그것을 먹어서도 가까이해서도 죽어서도 안 된다는 것이다.

9) 차명 요나탄은 "장인은 누구나 동료 장인들을 싫어하기 마련이다"고 부연한다.

10) 히브리어 본문에서는 "하느님처럼"(כאלהים)이다. 차명 요나탄은 "현명해진 위대한 천사들처럼"(כמלאכין רברבין דחכמין), 네오피티는 "주님 앞에 있는 천사들처럼"(כמלאכין מן־קדם ייי)이라고 옮긴다.

11) 차명 요나탄은, "그 여자는 죽음의 천사 사마엘을 보고 두려웠다"(וחמת איתתא ית סמאל מלאך מותא ודחילת)고 부연한다.

12) 히브리어 성경의 '눈에 탐스럽다'(תאוה־הוא לעינים)를 차명 요나탄은 '눈이 밝아지게 치료한다'(אסו הוא לנהורא דעיינין)로 옮긴다.

13) 네오피티는 "먹음직스러워"(יאי) 보였다고 하고, 차명 요나탄은 이 모든 것을 '알았다'(ידע)고 덧붙인다.

14) 네오피티는 "함께 있던 남편에게만"(לחוד לבעלה עמה) 주었다고 한다.

열려[1] 자신들이 알몸인 것을 알게 되고[2] 서로 무화과나무 잎을 엮어 가리
개를[3] 만들어 주었다.
8 그들은 그날 **한산한 때에**[4] 동산을 거니시는 주 하느님의 **메므라의** 소
리를 들었다. **아담과** 그의 아내는 주 하느님 앞에서 동산 나무 한가운데
에 숨었다. 9 주 하느님께서 **아담을** 부르시며 말씀하셨다. "너는 어디 있느
냐?"[5] 10 그가 말하였다. "동산에서 당신 **메므라의** 소리를[6] 듣고 제가 알
몸인 것이 두려워 숨었습니다."[7] 11 그분께서 말씀하셨다. "누가 너에게 네
가 알몸인 것을 **보여 주었느냐**?[8] 먹지 말라고 내가 명령한 그 나무 (열매를)
네가 먹은 것이냐?" 12 **아담이** 말하였다. "당신이 저와 함께 있으라고 주신

---

1) 차명 요나탄은 '열리다'(נפקח, אתפתח)를 '밝아지다, 빛나다'(אתנהר)로 옮긴다.

2) 차명 요나탄은 '그들이 창조될 때 입었던 손톱피부가 벗겨져 부끄러워졌다'고 부연한다.

3) 히브리어 חגרת(가리개, 두렁이, 띠)을 옹켈로스는 זרזין, 차명 요나탄은 קמורין, 네오피티는 איסטלוון이라고 다 다르게 옮긴다.

4) 히브리어 성경의 "그날 바람이 불 때"(לרוח היום)를 네오피티는 그대로 따르고, 옹켈로스와 차명 요나탄은 "그날 한산한 때"(למנח יומא)라고 옮긴다.

5) 차명 요나탄과 네오피티와 단편 타르굼은, 아담을 찾는 이 질문 하나를, 온 세상을 창조하시고 어둠을 빛처럼 드러내시는 분 앞에서 숨는 것은 불가능한 일이며, "내가 너에게 명령한 법령들은 어디 있느냐?"는 등의 여러 질문들을 장황하게 부연한다.

6) 타르굼들은 "당신 메므라의 소리"(קל מימרך)를 들었다고 옮긴다. 단편 타르굼은 8절에서와 달리 "당신 디베라(말씀)의 소리"(קל דבורך)라고 하였다.

7) 차명 요나탄에서는 "저에게 명령하신 계명들을 어긴 것"(דמצותא דפקידתני אעברית)이 두려웠다고 부연하고, 두렵고 "부끄러워"(כיסופא) 숨었다고 한다.

8) 히브리어 성경은 '말해주다, 알려주다'(נגד), 옹켈로스와 차명 요나탄은 '보여 주다'(חוי), 네오피티는 '가르쳐 주다'(תני)라고 하였다.

여자가 그 나무 (열매를) 저에게 주어 제가 먹었습니다." 13 주 하느님께서
그 여자에게 말씀하셨다. "네가 무슨 짓을 한 것이냐?" 여자가 말하였다.
"뱀이 저를 **미혹하여**[9] 제가 먹었습니다."

14 주 하느님께서 뱀에게 말씀하셨다.[10]

"네가 이것을 저질렀으니
너는 모든 집짐승과 모든 들짐승 가운데에서 저주를 받아,
네가 사는 동안 내내
배로 다니고[11] 먼지를 먹으리라.[12]

15 내가 너와 여자 사이에,
네 **자손과** 그의 **자손**[13] 사이에 증오심을 일으키겠다.
네가 한 짓을 처음부터 기억하여
마지막까지 너는 그대로일 것이다."[14]

---

9) 차명 요나탄에서 여자는 뱀이 "영리하게 저를 속이고 사악하게 저를 미혹하여"(אשייני בחוכמתיה ואטעייני ברשיעותיה) 먹었다고 변명한다.

10) 차명 요나탄은 "주 하느님께서 그들 셋을(아담, 하와, 뱀) 심판하시고자 데려오시고"(אייתי ייי אלקים תלתיהון לדינא) 뱀에게 말씀하셨다고 부연한다.

11) 네오피티는 '기다'(שחף)라고 옮겼다. 차명 요나탄은 배로 다니는 것 말고도 뱀의 다른 저주를 더 보탠다. 곧 다리는 잘려 배로 다니고(על מעך תהי מטייל ורגלך יתקצצון), 일곱 해마다 한 번씩 가죽을 벗으며(ומשכך תהי משלח חדא לשב שנין), 그 입에 죽음의 독을 지니게 되리라(ואיריסא דמותא בפמך)는 것이다.

12) 네오피티는 "먼지가 네 먹이가 되리라"(ועפר יהוי מזונך)고 하였다.

13) 히브리어 '후손'(זרע)을 옹켈로스와 네오피티는 '자손'(בר), 차명 요나탄과 단편 타르굼은 '자손의 후손'(זרעית בר)이라 옮겼다.

14) 히브리어 성경은 "그가 네 머리를 부수고 너는 그의 발꿈치를 부수리라"(הוא ישופך ראש ואתה תשופנו עקב)이다. 차명 요나탄과 네오피티와 단편 타르굼은 여자의 자손들이 '토라의 계명들' (מצוותא דאורייתא)을 지키는지(נטר) 저버리는지(שבק)에 따라, 뱀의 머리를 칠 수도 자신의 발꿈치를 물릴 수도 있으며, 여자의

16 그분께서 여자에게 말씀하셨다.
"나는 네가 심한 고통을 겪으며 임신하게 하리라.
너는 고통 속에서 자식들을 낳으리라.
네 남편을 갈망하고
그는 너를 지배하리라."
17 그리고 **아담에게** 말씀하셨다. "너는 네 아내의 **말을 받아들여** 내가
너에게 먹지 말라고 명령한 나무 (열매를)[1] 먹었다.
그 땅은 너 때문에[2] 저주를 받고
너는 사는 동안 내내
수고해야 그것을 먹을 것이다.[3]
18 그것은 너에게 가시들과 덤불을 싹트게 하고[4]
너는 **땅의** 풀을[5] 먹으리라.[6]

자손들은 물리더라도 치유될 수 있지만(יהי אסו) 뱀의 자손들은 치유되지 못한다(לא יהי אסו)고 부연 설명한다. 한편 세 타르굼은 "그들은 장차 마지막에, 임금 메시아의 날에야 평온해지리라"(שפיותא בעיקבא ביומי מלכא משיחא)고 덧붙인다.

1) 차명 요나탄은 "나무 열매"(פירי אילנא)라고 하였다. 11.12절 참조.

2) 차명 요나탄은, 그 땅은 "너에게 네 죄를 보여 주지(알려주지) 않아"(בגין דלא חויאת לך חובך), 칠십인역은 "너의 일로"(ἐν τοῖς ἔργοις σου) 저주를 받는다고 하였다.

3) 네오피티는 "고통 속에서 수확의 열매를 먹을 것"(בצער תיכל פירי עלליתיה)이라고, 단편 타르굼은 "고통 속에서 열매를 먹을 것"이라고 하였다.

4) 차명 요나탄은 '싹트다'(צמח)에 '자라다, 번성하다'(רבי)를 덧붙이고, 네오피티는 '싹트다'를 '번성하다'로 옮긴다.

5) 히브리어 "들의 풀"(עשׂב השׂדה)을, 옹켈로스는 "땅의 풀"(עסבא דארעא), 차명 요나탄과 네오피티는 "들 위의 풀"(עיסבא דבאפי ברא), 단편 타르굼은 "들 위의 푸른 풀"(ירוק עיסבא דבאפי ברא)이라 하였다.

6) 차명 요나탄과 네오피티와 단편 타르굼에서는 하느님의 말씀이 중단되

19 너는 네가 **창조된** 땅으로[7]
돌아갈 때까지
네 얼굴의 땀으로[8]
양식을 먹으리라.
너는 먼지이니 먼지로 돌아가리라."

20 **아담은** 자기 여자의 이름을 하와라고 불렀다. 그가 모든 **사람의** 어머
니가[9] 되었기 때문이다. 21 주 하느님께서 **아담과** 그의 아내에게 **그들 살의**
피부 **위에 영광의 옷을** 만들어 입히셨다.[10] 22 주 하느님께서 말씀하셨다.[11]

고, 아담의 간청을 담은 대답이 첨가되었다. 먼저 자비를 청하고(בבעו ברחמין) 자신들을 들의 풀을 먹는 집짐승처럼 여기시지 말며(דלא נתחשב קדמך כבעירא דניכול עיסבא דאפי ברא), 손으로 열심히 노동하여(נלעי בליעות ידייו) 땅을 부쳐 먹고 살 테니(וניכול מזון מן מזונא דארעא) 사람의 자손과 집짐승의 자손을 구별해 달라는(יתאפרש כען קדמך בין בני־אינשא ובין ביני בעירא) 것이다. 다음 19절에서 다시 끊어진 하느님의 말씀이 이어진다.

7) 차명 요나탄은 "네가 창조된(만들어진) 먼지"(לעפרא דמינה איתבראת)라고 하였다.

8) 차명 요나탄은 "너의 손(바닥)이 수고하여"(בליעות כף ידך)라고 하였다.

9) 네오피티는 히브리어 성경대로 "모든 생명의 어머니"(אמהון דכל חייא)라고 하였다. '생명'(חייא), '하와'(חוה), '뱀'(חיוי)은 철자가 비슷하다.

10) 차명 요나탄은 "그들이 벗어버린 손톱피부(7절, טופריהון דאישתלחו) 대신, 뱀이 벗어버린 가죽(14절, משך חויא דאשלח מיניה)에서 영광의 옷을(לבושין דיקר)" 만들어 입히셨다고 부연한다. 네오피티와 단편 타르굼은 옹켈로스처럼 옮겼다.

11) 차명 요나탄은 "그분 앞에서 시중드는 천사들에게"(למלאכייא די משמשין קומוי) 말씀하셨다고 덧붙인다. 1,26의 '우리'를 의식한 듯하다.

"자, **아담이** 세상에서 **유일하게**[1] 선과 악을 알게 되었으니,[2] 이제 그가 손을 뻗쳐 생명 나무까지 따서 먹고 영원히 살게 해서는 안 된다."[3] 23 주 하느님께서 그를 에덴 동산에서 내보내시고[4] 그가 **창조된** 흙을[5] 일구게 하셨다. 24 그분께서 **아담을** 쫓아내시고 에덴 동산 동쪽에 커룹들과 회전하는 날카로운 칼을 두시어 생명 나무로 난 길을 지키게 하셨다.[6]

---

1) 차명 요나탄은 '내가 하늘 높은 데서 유일하듯이 아담이 땅에서 유일하다'고 부연한다.

2) 차명 요나탄은 "장차 그에게서 선과 악을 구별할 줄 아는 이들이 일어나리라"고, 네오피티는 "장차 수많은 민족이 그에게서 일어나는데, 선과 악을 구별할 줄 아는 한 민족이 그에게서 일어나리라"고 부연하였다.

3) 차명 요나탄은, 영원히 살게 될 조건이 하느님께서 명령한 계명을 지키는 것이고(נטר מצוותא פקידתיה), 그 계명을 지키지 않으면 열매를 따기 전에(קדם־עד־לא יפשט ידיה) 에덴 동산에서 쫓겨난다고(וניטרדיה מן גינתא דעדן) 하였다. 네오피티에서도 "토라의 계명들을 지키고 그 법령을 준수"(נטר מצותה דאוריתא וקיים פקודה)하는 것이 영원한 삶의 전제 조건이다. 차명 요나탄은 마지막 문장을 '그가 그것을 먹으면 영원히 살아 서 있게 된다'라고 부연하였다. 이 문맥에서 '서 있게 된다'(קום)는 것은 계속 오래 남게 된다는 뜻이다. 차명 요나탄의 이 구절 중간의 "생명 나무처럼 영원히 … 서 있을 것이다"(וקיים כאילן חייא עד לעלמין)고 한 부연과 맞추어 '서다'라고 옮겼다.

4) 차명 요나탄과 네오피티는 '쫓아내셨다'(תרך, טרד)고 하였다. 그리고 차명 요나탄은 "모리야 산으로 가 자리 잡고"(ואזל ויתיב בטורי מוריה) 살았다고 부연한다.

5) 히브리어 성경은 "그가 나온 흙"(את־האדמה אשר לקח משם)이라 하였다. 네오피티는 '흙'(אדמה)을 '땅'(ארעא)으로 옮겼다.

6) 차명 요나탄과 네오피티는 토라의 창조와 의인과 악인의 운명이 달라지는 배경을 두고 길게 부연한다. 각 본문 번역 참조.

카인과 아벨의 불화

4,1 아담이 자기 아내 하와를 알고 그가 임신하여 카인을 낳았다.[7] (하와
가) 말하였다. "내가 주님 **앞에서** 남자를[8] 얻었구나." 2 그가 또 그의 형제
아벨을 낳았다.[9] 아벨은 양을 치는 목자가 되고 카인은 땅을 일구는 **사람**
이[10] 되었다. 3 날들이 지나고[11] 카인은 땅의 소출을[12] 주님 **앞에** 제물로 가
져왔다.[13] 4 아벨도 양의 맏배들과 굳기름을 가져왔는데, 아벨과 그의 제물
이 주님 **앞에서 호의를 얻었다.**[14] 5 그러나 카인과 그의 제물은 **호의를 얻지**

---

7) 차명 요나탄에서는 "아담은 자기 아내 하와가 주님의 천사 사마엘에게서 임신한 것을 알았다"고 옮긴다. 하와의 독백은 빠져 있다. 그런데 차명 요나탄의 다른 사본에서는 카인의 출생에 관하여 전한다. "아담은 자기 아내 하와가 천사를 갈망한다는 것을 알았다. (하와는) 임신하여 카인을 낳았다. (하와가) 말하였다. '내가 주님의 천사, 한 남자를 얻었구나.'"

8) 히브리어 본문은 אִישׁ(사람, 남자), 옹켈로스는 גבר(남자, 사람), 네오피티는 בר(아들)를 얻었다고 하였다.

9) 차명 요나탄은 "자기 남편 아담에게서 여자 쌍둥이"(מן בעלה אדם ית תיומתיה)와 아벨을 낳았다고 부연한다.

10) 히브리어로 '흙을 일구는 이'(עבד אדמה)이다. 옹켈로스와 차명 요나탄에서는 '사람'(גבר)이라는 말을 보탰다.

11) 차명 요나탄은 "니산 달 열넷째 날"(בארבסר בניסן)이라고 구체적인 날짜를 밝혔다.

12) 차명 요나탄은 카인이 가져온 땅의 소출이 "아마 씨앗에서"(מדרע כיתנא) 나온 것이라고 하여 소출의 종류를 전한다.

13) 차명 요나탄은 카인이 "맏물들의 제물"(קרבן ביכוריא), 네오피티는 "예물"(דורון)을 가져왔다고 하였다.

14) 히브리어 성경에서는 "주님께서 아벨과 그의 예물을 눈여겨보셨다"(וישע יהוה אל־הבל ואל־מנחתו)고 한다. 차명 요나탄은 "그것이 주님 앞에 호의를 얻어 그분께서 아벨과 그의 제물에 기대를 거셨다"(והוה רעוא קדם ייי וסבר בהבל

못하자,[1] 카인에게는 너무 **가혹하여**[2] 그의 얼굴은 **풀이 죽었다.**[3] 6 주님께서 카인에게 말씀하셨다. "어찌하여 **지금** (그 일이) 너에게 **가혹하단 말이냐**? 어찌하여 네 얼굴은 **풀이 죽었느냐**? 7 네가 **한 일이**[4] 올바르다면 **용서받지** 않겠느냐?[5] 그러나 네가 **한 일이** 올바르지 않다면 **심판의 날**[6] 그 죄는 **남아 장차 너에게 처벌이 내려질 것이다. 네가 회개하지 않으면 그러하나, 회개하면 너는 용서받으리라.**"[7]

(ובקורבניה), 네오피티는 "주님께서 … 호의로 받으셨다"(וקבל ייי ברעווא)고 번역한다.

1) 차명 요나탄은 "그분께서 카인과 그의 제물에는 기대를 걸지 않으시자" 풀이 죽었다고 부연한다.

2) 히브리어로는 '분노하다'(חרה)이다. 옹켈로스와 차명 요나탄은 '강하다, 심하다, 가혹하다'(תקף), 네오피티는 '기분이 상하다'(באש)라고 하였다.

3) 차명 요나탄은 "그의 얼굴 모습이 풀이 죽었다"(איתכבישו איקונין דאפוהי) 하고, 네오피티는 "그의 얼굴 안색이 변하였다"(ואישתני זיווהון דאפוי)고 옮긴다.

4) 네오피티는 "네가 이 세상에서 한 일"(עובדך בעלמא הדין)이라고 하였다. 다음 문장에서는(올바르지 않다면) 차명 요나탄과 단편 타르굼도 "네가 이 세상에서 한 일"이라고 표현한다.

5) 차명 요나탄은 "네 죄가"(חובך) 용서받는다고 하여, 카인의 제물이 받아들여지지 않은 것이 '카인의 죄' 때문이라고 단정한다. 한편 네오피티와 단편 타르굼은 '다음 세상에서 면제받고 용서받는다'(ישתרי וישתבק לך בעלם דאתי)고 덧붙였다.

6) 히브리어 성경에는 없는 말이다. 차명 요나탄과 네오피티와 단편 타르굼은 "대 심판의 날"(ליום דינא רבה)이라고 덧붙였다.

7) 히브리어 성경에서는 "죄가 입구에서 웅크리고 있다가 너를 노려 너는 그것에 지배되리라"고 하였다. 차명 요나탄과 네오피티는 '죄'를 두고 길게 설명한다. "그 죄는 네 마음의 문에 웅크리고 있고, 나는 네 손에 악한 본성의 힘을 보냈다. 그것이 너를 노려 죄가 없든 죄가 있든 너는 그것에 지배되리라." 옹켈

8 카인이 그의 형제 아벨에게 말하였다.[8] 그들이 들에 있을 때 카인이
그의 형제 아벨에게 일어나 그를 죽였다.[9] 9 주님께서 카인에게 말씀하셨
다. "네 형제 아벨이 어디 있느냐?" 그가 말하였다. "저는 모릅니다. 제가
형제나 지키는 이입니까?" 10 그분께서 말씀하셨다. "네가 무슨 짓을 한 것
이냐? **장차 네 형제에게서 나올 후손들의** 피의[10] 소리가 땅에서 내 **앞에** 울
부짖고[11] 있다. 11 이제[12] 너는, 입을 벌리고 네 손에서 네 형제의 피를 받아

로스는 아담의 죄에 용서와 회개의 가능성을 덧붙였다.

8) 히브리어 성경과 옹켈로스는 카인이 아벨에게 "말하였다"(ואמר)고 한 뒤 무엇을 말하였는지는 언급하지 않는다. 칠십인역은 "들로 나가자"(διέλθωμεν εἰς τὸ πεδίον), 페시타는 "평야(골짜기)로 나가자"(ܢܦܘܩ ܠܦܩܥܬܐ)를 덧붙인다. 우리말 성경은 이들 번역본에 따라 '들로 나가자'를 덧붙였다. 차명 요나탄과 네오피티는, 이 구절의 두 문장 사이에 카인과 아벨이 주고받은 논쟁을 길게 부연한다. 카인은 자비로 창조된 세상이 불공평하다는 것이고, 아벨은 그렇지 않으며 본인이 한 일과 열매가 카인이 한 일과 열매보다 올바르고 우선했기 때문에 자기 제물이 호의로 받아들여졌다고 반박한다.

9) 차명 요나탄은 "돌로 그의 이마를 찍어"(וטבע אבנא במיצחיה) 죽였다고 보충한다.

10) 히브리어로는 "네 형제의 피들"(דמי אחיך)이다. 옹켈로스는 "장차 네 형제에게서 나올 후손들의 피", 네오피티는 "장차 네 형제 아벨에게서 일어날 의로운 군중들의 피", 차명 요나탄은 "진흙 속에 삼켜진 살해된 네 형제의 피들"이라고 하였다.

11) 히브리어 צעק(울부짖다)를 옹켈로스는 קבל, 차명 요나탄과 네오피티, 단편 타르굼과 게니자 타르굼은 צווח라고 옮겼다. 네오피티와 단편 타르굼과 게니자 타르굼은 "너를 거슬러"(עלך)를 덧붙인다.

12) 차명 요나탄은 "네가 그를 죽였으니"(חלף דקטלתיה)를 부연하였다.

들인 땅에서 저주를 받았다.[1] 12 네가 땅을 일구어도 더 이상 너에게 힘을[2] 보태 주지 않을 것이다. 너는 땅을 떠돌며 유배 다니리라."[3] 13 카인이 주님 **앞에** 아뢰었다. "저의 죄가 **용서받기에** 큽니다. 14 당신께서 오늘 땅 위에서 저를 쫓아내시니 당신 **앞에서 숨을 수도 없습니다**. 그래서 땅을 떠돌고 유배 다니다가 누군가가 저를 찾으면 저를 죽이고야 말 것입니다." 15 주님께서 그에게 말씀하셨다. "그래. 카인을 죽이는 이는 모두 일곱 **대에 걸쳐 그에게 되돌려 받으리라**."[4] 주님께서 카인에게 표시를 하시어,[5] 그를 찾은 사람 누구도 그를 죽이지 못하도록 하셨다. 16 카인은 주님 앞에서 나와, 에덴 **동산의** 동쪽에 **그를 위해 만들어진, 유배와 방랑의** 땅에[6] 자리 잡았다.[7]

카인의 자손

17 카인이 자기 아내를 알아 그가 임신하여 에녹을 낳았다. 카인은 성읍

---

1) 네오피티는 "카인아"(קין)를 보태어 '네가 저주를 받으리라'(ליט תהווי)고 하였고, 게니자 타르굼은 '카인이 저주를 받으리라'(ליט יהווי קין)고 하였다.

2) 이 '힘'(כח, חיל)을 차명 요나탄은 '열매를 (맺을) 힘'(חיל פירהא), 네오피티는 "소출의 열매"(פירי עללתא)라고 수정한다.

3) 네오피티와 게니자 타르굼은 동사의 순서를 바꾸었다(גלי ומטלטל[유배 다니며 떠돌다]).

4) 히브리어 성경에서는 "일곱 배로 복수를 당하리라"(שבעתים יקם)이다. 네오피티는 "일곱 대까지 (판결이) 보류되리라"(עד שובעה דרין יתלי ליה)고 옮긴다.

5) 차명 요나탄은 '주님께서 카인의 얼굴 위에 위대하고 영광스러운 이름의 글자를 새기셨다'(ורשם ייי על אפי דקין אתא מן שמא רבא ויקירא)고 부연한다.

6) 히브리어 성경에서는 "놋 땅"(בארץ־נוד)이다. 차명 요나탄은 '처음부터 에덴 동산에 그를 위해 유배와 방랑의 땅'이 만들어졌다고 한다.

7) 네오피티는, 그가 아벨을 죽이기 전에는 땅이 에덴 동산의 열매들처럼(פירי גנתא דעדן) 번성하였으나, 아벨을 죽인 뒤로는 가시와 덤불들만(כובין ודרדרין) 무성해졌다고 부연 설명한다.

을 세우고 그곳의 이름을 아들 이름대로 에녹이라 불렀다. 18 에녹은 이랏
을 낳고 이랏은 므후야엘을 낳았으며, 므후야엘은 므투사엘을 낳고 므투
사엘은 라멕을 낳았다. 19 라멕은 두 아내를 얻었는데, 하나의[8] 이름은 아
다이고 둘째의 이름은 칠라였다. 20 아다는 야발을 낳아 그는 천막 거주자
들과 가축 **주인들의 지도자가** 되었다.[9] 21 그의 형제의 이름은 유발로서,
그는 **악기를 다루는** 모든 이 곧 비파와 피리를 **연주할 줄 아는 이들의 지
도자가** 되었다.[10] 22 칠라도 투발 카인을 낳았는데, 그는 청동과 쇠를 **만들
줄 아는** 모든 이의 **지도자가**[11] 되었다. 투발 카인의 누이는 나아마이다.[12]

23 라멕이 자기 아내들에게 말하였다.

“아다와 칠라야, 내 목소리를 들어라.
라멕의 여자들아, 내 말을 들어라.
**내가 사람을 죽이지 않았는데도 그 때문에 나는 죽음의 죗값을
짊어지리라.**

---

8) 네오피티는 “그들 가운데”(מינהון) 하나라고 하였다.

9) 히브리어 본문을 직역하면, “그는 천막 거주자들과 가축을 (치는 이들의) 조상이 되었다”(הוא היה אבי ישב אהל ומקנה)이다. 옹켈로스와 차명 요나탄은 ‘조상’(אב) 대신 ‘지도자, 주인’(רב)이라고 옮긴다. 칠십인역은 “가축을 치면서 천막에 사는 이들의 조상”(ὁ πατὴρ οἰκούντων ἐν σκηναῖς κτηνοτρόφων), 페시타는 “천막에 거주자들과 가축 소유자들의 조상”(ܐܒܐ ܠܥܡܪ̈ܝ ܡܫܟܢ̈ܐ ܘܡܩܢ̈ܝ ܡܩܢܝܐ)이라고 하였다.

10) 히브리어 성경은 “그는 비파와 피리를 다루는(붙잡는) 모든 이의 조상이 되었다”고 하였다. 네오피티는 히브리어 성경대로 옮겼다.

11) 차명 요나탄은 “모든 기술자의 지도자”(רב לכל אומן), 네오피티는 “모든 기술을 (지닌) 기술자”(אומן בכל אומנות)라고 하였다.

12) 차명 요나탄과 네오피티는 나아마가 “희극과 노래의 전문가(주인)”(מרת קינין וזמרין), 단편 타르굼은 “희극과 노래를 지어내는 이”(בדיא קינין וזמרין)라고 덧붙여 소개한다.

또한 소년을 해치지 않았는데도 그 때문에 나의 후손이
없어져버리리라.[1)]
24 카인을[2)] 위해 일곱 **대가 보류된다면**[3)]
그의 아들[4)] 라멕을 위해서는 일흔일곱 (대가) 되지 **않겠느냐**?"

셋과 그의 아들

25 아담이 자기 아내를 다시 알아 아내가 아들을 낳고 그의 이름을 셋
이라 불렀다.[5)] "주님께서 나에게 카인이 죽인 아벨 대신 다른 **아들을 주셨**
다"고[6)] **말하였기** 때문이다. 26 셋에게도 아들이 태어나 그의 이름을 에노
스라 불렀다. **그의 시대에 사람들은** 주님의 이름으로 **기도하는 것에 해이**
해졌다.[7)]

---

1) 히브리어 성경에서는 "내 상처를 위해 사람을, 내 생채기를 위해 아이를 죽였다"고 하였다. 타르굼들은 히브리어 성경과 달리 라멕에게 살인과 폭력의 죄가 없음을 보여 주고자 한다.

2) 차명 요나탄은 카인을 "죄를 짓고 회개한 카인"(קין דהב ותב בתיובא), 네오피티는 "자기 형제 아벨을 죽인 카인"(קין דקטל להבל אחוי)이라고 보충한다.

3) 차명 요나탄과 네오피티는 카인의 죄가 "일곱 대까지 보류된다면"이라고 하였다. 15절 참조.

4) 차명 요나탄은 "죄짓지 않은 그의 손자"(בר בריה דלא חב), 네오피티는 "살인하지 않은 그의 손자"(בר ברה די לא קטל)라고 옮겼다.

5) 차명 요나탄은 "아벨이 죽은 지 백서른 해가 지나고"(לסוף מאה ותלתין שנין דאיתקטיל הבל) 일어난 일임을 명시한다.

6) 히브리어로 '셋'(שת)은 שית 동사에 해당하나, 아람어로는 같은 발음의 동사가 없어 타르굼들은 יהב, שוי(주다, 놓다)로 옮긴다.

7) 히브리어 성경은 "그때부터 주님의 이름을 부르기 시작하였다"(אז הוחל לקרא בשם יהוה)고 하였다. 차명 요나탄은 "그의 시대에 그들은 방황하며 우상들을 섬기고 주님 메므라의 이름으로 그들의 우상들에게 이름을 붙이기 시작하

아담의 족보

5,1 이것은 아담의 족보이다. **주님께서** 아담을 창조하시던 날 그분께서
는 그를 하느님의 모습대로 만드셨다.[8] 2 그분께서 그들을 남자와 여자로
창조하셨다. 그들이 창조되던 날 그분께서는 그들을 축복하시고[9] 그들의
이름을 아담이라 부르셨다.

3 아담은 백삼십 년을 살고 자신의 모습과 자신의 형상대로 아이를 낳
아[10] 그의 이름을 셋이라 불렀다. 4 셋을 낳은 뒤 아담의 세월은[11] 팔백 년
이었고 아들들과 딸들을 낳았다.[12] 5 아담이 산 세월은 모두 구백삼십 년이
었고, 그는 죽었다.[13]

6 셋은 백오 년을 살고 에노스를 낳았다. 7 셋은 에노스를 낳은 뒤 팔백
칠 년을 살면서 아들들과 딸들을 낳았다. 8 셋의 세월은 모두 구백십이 년
이었고, 그는 죽었다.

였다"고 부연한다. 네오피티와 단편 타르굼도 비슷한 내용으로 옮겼다.

8) 차명 요나탄은 "주님의 모상대로"(בדיוקנא דייי), 네오피티는 "주님 앞에 있는 모습대로"(בדמו מן־קדם ייי)라고 옮긴다. 네오피티는 '창조하다'(ברי) 동사를 사용한다.

9) 차명 요나탄에서는 "그분 메므라의 이름으로"(בשום מימריה) 그들을 축복하셨다고 덧붙인다.

10) 차명 요나탄은 "자신의 모상과 모습을 닮은 셋을 낳았다"고 옮기고, 셋을 낳기 전의 사연을 부연한다. 곧 하와가 아담의 아들이 아닌 그를 닮지도 않은 카인을 낳았는데, 그가 아벨을 죽이고 추방되어 카인의 후손들은 아담의 계보에 들지 못했다는 것이다.

11) 네오피티는 "아담 생애의 세월은 모두"(כל יומוי חיוי אדם)라고 옮겼다.

12) 차명 요나탄에는 4절 뒷문장과 5-6절, 7절의 첫 문장이 빠져 있다. 네오피티는 "그의 해에"(בשניה), 곧 팔백 년 동안에 아들과 딸들을 낳았다고 명시한다.

13) 네오피티는 "그는 죽어 세상 한가운데에서 소집되었다"(ומית ואתכנש מן־גוא עלמא)고 부연한다.

9 에노스는 구십 년을 살고 케난을 낳았다. 10 에노스는 케난을 낳은 뒤 팔백십오 년을 살면서 아들들과 딸들을 낳았다. 11 에노스의 세월은 모두 구백오 년이었고, 그는 죽었다.

12 케난은 칠십 년을 살고 마할랄엘을 낳았다. 13 케난은 마할랄엘을 낳은 뒤 팔백사십 년을 살면서 아들들과 딸들을 낳았다. 14 케난의 세월은 모두 구백십 년이었고, 그는 죽었다.

15 마할랄엘은 육십오 년을 살고 예렛을 낳았다. 16 마할랄엘은 예렛을 낳은 뒤 팔백삼십 년을 살면서 아들들과 딸들을 낳았다. 17 마할랄엘의 세월은 모두 팔백구십오 년이었고, 그는 죽었다.

18 예렛은 백육십이 년을 살고 에녹을 낳았다. 19 예렛은 에녹을 낳은 뒤 팔백 년을 살면서 아들들과 딸들을 낳았다. 20 예렛의 세월은 모두 구백육십이 년이었고, 그는 죽었다.

21 에녹은 육십오 년을 살고 므투셀라를 낳았다. 22 에녹은 므투셀라를 낳은 뒤 삼백 년을 **주님을 경외하며** 살면서[1] 아들들과 딸들을 낳았다. 23 에녹의 세월은[2] 모두 삼백육십오 년이었다. 24 에녹은 **주님을 경외하며** 살아가다가 없어졌다.[3] **주님께서** 그를 **죽지 않게 하셨기** 때문이다.[4]

---

1) 차명 요나탄과 네오피티는 "에녹은 … 주님 앞에서 진실하게 섬기면서"(ופלח חנוך בקשוט קדם ייי) 살았다고 하였다.

2) 차명 요나탄은 "에녹이 땅의 주민들과 함께한 세월"(יומי חנוך עם דיירי ארעא)이라고 하였다.

3) 차명 요나탄은 "에녹은 주님 앞에서 진실하게 섬겼다. 그런데 땅의 주민들과 함께 있지는 않았다", 네오피티는 뒷문장을 "그가 어디 있는지는 모른다"(לית ידיע אן הוא), 칠십인역은 "에녹은 하느님을 기쁘게 하였다. 그런데 보이지 않았다"(καὶ εὐηρέστησεν Ενωχ τῷ θεῷ καὶ οὐχ ηὑρίσκετο)고 하였다.

4) 히브리어 성경은 "하느님께서 그를 데려가셨다"(כי־לקח אתו אלהים)고 하였다. 차명 요나탄은 "그는 거두어져 주님 앞의 메므라에 따라 하늘로 올라"가게 되었고(איתניגיד וסליק לרקיעא במימר קדם ייי), "그의 이름은 위대한 저술가 메타트

25 므투셀라는 백팔십칠 년을 살고 라멕을 낳았다. 26 므투셀라가 라멕
을 낳은 뒤 칠백팔십이 년을 살면서 아들들과 딸들을 낳았다. 27 므투셀라
의 세월은 모두 구백육십구 년이었고, 그는 죽었다.

28 라멕은 백팔십이 년을 살면서 아들을 낳고, 29 "이 아이가 주님께서
저주하신 땅에서[5] 우리가 수고하고[6] 우리 손이 고생한 것에서[7] 우리를 위
로할 것이다."고 하여, 그의 이름을 노아라고 불렀다. 30 라멕이 노아를 낳
은 뒤 오백구십오 년을 살면서 아들들과 딸들을 낳았다. 31 라멕의 세월은
모두 칠백칠십칠 년이었고, 그는 죽었다.

32 노아는 오백 년을 살고 셈과 함과 야펫을 낳았다.

거인의 아들들과 사람의 딸들

6,1 사람의 **아들들이**[8] 땅 위에 많아지기 시작하고 그들에게 딸들이[9]

론이라 불렀다"(וקרא שמיה מיטטרון ספרא רבא)고 부연한다. 곧 에녹은 죽지 않고 다른 새로운 존재로 바뀌었다는 것이다. 네오피티는 "그는 주님 앞의 메므라에 (명령) 따라 거두어"졌다(הוא אתנגד במימר מן־קדם ייי)고 옮긴다. 칠십인역은 "하느님께서 그를 옮겨놓으셨다(또는 바꿔놓으셨다)"(ὅτι μετέθηκεν αὐτὸν ὁ θεός)고 하였다.

5) 차명 요나탄은 "주님께서 인간의 죄 때문에 저주하신 땅", 네오피티는 "주님 앞의 메므라에 따라 저주받은 땅"이라고 옮긴다.

6) 차명 요나탄은 "우리가 쓸데없이 수고하고"(מפולחננא דלא מצלחא)라고 옮겼다. 직역하면 '성공하지 못한 수고' 곧 헛수고이다.

7) 네오피티는 '수고하고 고생한 것'을 두고, "우리가 악하게 행동하고 우리 손이 강탈한 것에서"(מן עבדינן ביש ומן גזל ידינן) 우리를 위로한다고 수정한다.

8) 히브리어 האדם(사람)을 타르굼들은 בני־אנשא(사람의 아들들)라고 옮겼다.

9) 차명 요나탄은 2절에 따라 "아름다운 딸들"(בנתא שפירתא)이라 덧붙였다. 네오피티는 "여자들"(נקבן)을 덧붙인다.

태어났다. 2 **거인들의** 아들들은[1] 사람의 딸들이 아름다워 보여,[2] 자기들 이 고르는 대로 모두 아내로 삼았다.[3] 3 주님께서[4] 말씀하셨다. **"이 사악한 세대가 내 앞에** 영원히 **서 있어서는** 안 된다.[5] **그들은** 살덩이이고 **행동이 사악하니, 그들이 회개한다 해도 길어야** 백이십 년이 **그들에게 주어지리라.**"[6]

---

1) 히브리어로는 "하느님의 아들들"(בני־אלהים)이다(칠십인역도 οἱ υἱοὶ τοῦ θεοῦ). 옹켈로스와 차명 요나탄은 "거인들(지도자, 천사)의 아들들"(בני רברביא), 네오피티는 "재판관들의 아들들"(בני דייניא), 네오피티 여백 각주는 "천사들의 아들들"(בני מלאכייא)이라고 옮겼다.

2) 차명 요나탄은 사람의 딸들이 "눈 화장과 입술 화장을 하고 살을 드러내 놓고 걷는 것이"(וכסלן ופקסן ומהלכן בגילוי בישרא) 아름다웠다고 상술한다. 네오피티는 딸들의 "외모"(חזיו)가 아름다웠다고 하였다.

3) 차명 요나탄은 "그들은 욕정을 품고서"(והרהירו ליזנו), "자신들을 즐겁게 해 주는 이들 가운데에서"(מכל דאיתרעיו) 골라 아내로 삼았다고 옮겼다.

4) 차명 요나탄에서는 "주님께서 당신 메므라로"(ייי במימריה), 단편 타르굼에서는 "주님의 메므라가"(מימרא דייי) 말씀하신다.

5) 히브리어 성경은 "나의 영이 사람 안에서 영원히 깃들어서는 안 된다"고 하였다. 차명 요나탄은 "장차 일어날 악한 세대는 누구도, 세상에서 멸망하고 없어져버리리라는 홍수 세대의 심판 명령에 따라 심판받아서는 안 된다"고 하였다. 곧 더 이상 홍수가 없다고 약속하신다. 네오피티와 단편 타르굼도 비슷하게 옮긴다.

6) 히브리어 성경에서는 "그는 살덩이일 뿐, 그의 세월은 백이십 년이 되리라"이다. 차명 요나탄은 '그들이 올바른 행실을 하라고 거룩한 영을 주었으나 그들은 사악하였다', 네오피티는 '그들이 살덩이에 행실도 사악하여 나의 영을 주었다'고 한다. 그리고 차명 요나탄과 네오피티와 단편 타르굼 모두 '백이십 년'을 그들에게 주어진 '회개할 기회'로 이해하였다. '그러나 그들은 회개하지 않았다'고 덧붙인다.

4 그 시절 땅에는 **용사들이**[7] 있었다. 그다음에도 **거인들의** 아들들이 사
람의 딸들에게 들어 아이를 낳았는데, 그들은 옛날의 용사들이요 이름 있
는 사람들이다.[8]

인류의 타락

5 주님께서 사람의 악이 땅에 많아지고 마음속에서 떠오르는 생각마
다[9] 하루 종일 악하기만 한 것을 보셨다.[10] 6 주님께서는 **당신 메므라로** 땅
에 사람을 만드신 것을[11] 후회하시고, **당신 뜻대로 그들의 힘을 부수시겠다
고 당신 메므라로 말씀하셨다.**[12] 7 주님께서 말씀하셨다. "내가 창조한 사
람을 땅 위에서 지워버리리라. 사람부터 가축과 길짐승과 하늘의 새들까지
그러하리라. 내가 만든 것들을 **내 메므라를 통해** 후회하기 때문이다." 8 노

---

7) 히브리어 הנפלים(나필족)을 옹켈로스와 네오피티는 גיבריא(용사들), 차명 요나탄은 "하늘에서 떨어진 샴하자이와 아자엘"(שמחזאי ועזאל הינון נפלן מן שמיא)이라 옮겼다. 칠십인역은 "거인들"(οἱ γίγαντες)이라고 하였다.

8) 네오피티는 "세상의 시작부터 있던 용사들이요 이름이 구분되는(위엄 있는) 용사들"(גיבריא די מן שרוי עלמא גיברין מפרשין בשמהן)이라고 부연한다. 칠십인역은 여기서도 "거인들"(οἱ γίγαντες)이라고 옮긴다.

9) 직역하면 '마음속 생각의 모든 본성'(כל־יצר מחשבת לבו)이다.

10) 네오피티는 '주님께서 보시다'를 "주님 앞에 드러났다"(וגלי קדם ייי)고 수정한다. 하느님을 의인화하는 표현 때문이다.

11) 네오피티에서는 "아담을 창조하신"(ברא ית אדם) 일이다.

12) 히브리어 성경에서는 "마음으로 슬퍼하셨다"(ויתעצב אל־לבו)이다. 차명 요나탄은 "당신 메므라로 그들을 심판하셨다"(ואידיין עליהון במימריה), 네오피티는 "그분께서는 심판하시고 마음이 진정되셨다"(ואדיין ואתפייס עם לבה)고 수정한다.

아는[1] 주님 **앞에서 자비를**[2] 얻었다.

노아

9 이것들은 노아의 족보이다. 노아는 그 세대에 의롭고 온전한[3] 사람으로 **주님을 경외하며** 살아갔다.[4] 10 노아는 아들 셋, 곧 셈과 함과 야펫을 낳았다. 11 땅은[5] **주님** 앞에서 부패하였다.[6] 땅이 **탐욕으로**[7] 가득 찬 것이다. 12 **주님께서** 땅이 부패한 것을 보셨다. 모든 **사람의** 살덩이가[8] 땅 위에서 자신의 길을 부패시켰다.

13 **주님께서** 노아에게 말씀하셨다. "모든 살덩이의 끝이[9] 내 앞에 이르

---

1) 차명 요나탄은 "의인이었던 노아"(ונח דהוה צדיקא)라 하고, 네오피티는 "그의 세대에 의인이 없었"다(דלא הוה בדרה צדיק)고 부연한다.

2) 히브리어 성경은 "은총"(חן), 옹켈로스는 "자비"(רחמין), 차명 요나탄은 "은총"(חינא), 네오피티와 단편 타르굼은 "은총과 자애"(חן וחסד)를 얻었다고 한다.

3) 차명 요나탄과 네오피티는 "행실이 반듯한"(עובדין טבין) 사람이라고 덧붙인다. 칠십인역은 τέλειος(온전한)라고 하였다.

4) 네오피티는 "노아는 주님 앞에서 진실하게 섬겼다"(קדם ייי פלח נח בקושטא)고 수정한다. 칠십인역은 "주님을 기쁘게 해드렸다"(τῷ θεῷ εὐηρέστησεν)고 옮긴다.

5) 네오피티에서는 "땅의 주민들"(דיירי ארעא)이다.

6) 네오피티는 "주님 앞에서 그들의 행실이" 부패하였고, 차명 요나탄은 "주님 앞에 올바른 길에서 벗어난 주민들 때문"에 땅이 부패하였다고 부연한다.

7) 히브리어로는 "폭력"(חמס)이다. 옹켈로스와 차명 요나탄은 "탐욕"(חטוף), 네오피티는 "폭력과 강탈"(חמסין וגזלנין)로 옮긴다.

8) 차명 요나탄은 모든 살덩이가 "하나도 빠짐없이"(כל חד וחד) 부패시켰다고 하였다.

9) 네오피티는 '불평, 고발'(קבילה)이라고 옮긴다. 칠십인역은 "모든 인류의 시간"(καιρὸς παντὸς ἀνθρώπου)이라고 하였다.

렸다. 그들의 **행실이 사악하여**[10] 땅이 **탐욕으로** 가득 찼다. 자, 내가 그들을
땅과 함께 파괴하리라.[11] 14 너는 **삼나무들로** 된 방주를 만들어라. 방주에
칸을 만들고[12] 안과 밖을 역청으로 덮어라.[13] 15[14] 이것을 네가 만들어라.[15]
방주의 길이는 삼백 암마, 폭은 오십 암마, 높이는[16] 서른 암마이다. 16 너
는 방주에 **빛을**[17] 만들되, 위로[18] 한 암마 되게 마무리하여라. 방주의 문을
양쪽에 두고, 바닥과 둘째와 셋째 층에 **칸을** 만들어라. 17 이제 내가 땅 위
에 홍수를[19] 몰고 와 생명의 영이 있는[20] 모든 살덩이를 하늘 아래에서 파멸

---

10) 히브리어 성경은 "그들 때문에"(מפניהם)라고 하였다. 네오피티는 히브리어 성경대로 옮겼고(מן־קדימהון), 옹켈로스와 차명 요나탄은 '그들의 악행 때문'(מן־קדם עובדיהון בישיא)이라고 하였다.

11) 옹켈로스와 차명 요나탄은 히브리어대로 מחבילהון עם ארעא(그들을 땅과 함께 파괴하리라)라고, 네오피티는 '그리고'를 넣어 "그들과 땅을"(יתהון וית ארעא) 파괴한다고 하였다. 칠십인역도 네오피티처럼 옮겼다(αὐτοὺς καὶ τὴν γῆν).

12) 차명 요나탄은 "방주 왼쪽에 폭이 서른여섯인 백오십 개의 칸을 만들고, 가운데 열 개의 선실에 양식을 두어라. 저장고는 오른쪽에 다섯 개, 왼쪽에 다섯 개씩이다"라고 덧붙여 방주의 내부 구조를 설명한다.

13) 히브리어로는 כפר(덮다)이다. 옹켈로스는 חפי라 하였고, 차명 요나탄과 네오피티는 '바르다'(שוע) 동사로 옮겼다.

14) 차명 요나탄에는 15절이 빠져 있다.

15) 네오피티는 "이 순서대로"(כהדן סדרא) 만들라고 한다.

16) 네오피티는 "높이의 치수"(משחת רום)라고 옮겼다.

17) 히브리어 성경에서는 '지붕'(צהר)을 만들라고 한다. 네오피티는 창문을 가리키는 "빛의 집"(בית־נהור)이라 옮겼다. 차명 요나탄은 피손에서 귀한 돌을 가져다 방주에 두라고 한다. 피손의 귀한 돌이 조명 구실을 하는 것이다.

18) 네오피티에서만 '높이'(רום)가 위로 한 암마라고 밝힌다.

19) 히브리어 מבול(홍수)을 타르굼들은 다르게 옮겼다(טופן, טובען, מבול).

20) 네오피티는 "생명의 숨이 있는"(דאית בה נשמה דחין) 살덩이라고 하였다.

하리라. 땅에 있는 모든 것이 죽으리라.[1] 18 그러나 너와는 계약을 맺을 것
이다. 너는 네 아들들과 아내와 네 아들들의 아내와 함께 방주로 들어가라.
19 모든 생물 가운데,[2] 모든 살덩이 가운데에서 저마다 둘씩 방주로 들어가
게 하여, 너와 함께 살게 하여라. 그것들은 수컷과 암컷이어야 한다. 20 새
도 제 종류대로, 집짐승도 제 종류대로, 땅의 모든 길짐승도 제 종류대로,
저마다 둘씩 너에게 와서[3] 살게 하여라. 21 너는 먹을 만한 양식을 모두 가
져와 모아 두어라.[4] 그것들이 너와 그들에게 양식이 되어야 한다." 22 노아
는 **주님께서** 명령하신 대로 다 하였다. 그대로 하였다.[5]

7,1 주님께서 노아에게 말씀하셨다. "너와 네 집안 **사람**[6] 모두 방주로 들
어와라. 이 세대에서 내 앞에 **죄 없는 이는**[7] 너뿐임을 내가 보았다. 2 정결
한 집짐승 가운데에서 **수컷과 암컷으로**[8] 일곱씩 일곱씩, 정결하지 않은 집

---

1) 히브리어 גוע(죽다)를 타르굼들은 저마다 다른 아람어로 옮겼다(מות, נגד, ישיצי).

2) 칠십인역은 '생물'(חי)의 종류인 '집짐승, 길짐승, 들짐승'(καὶ ἀπὸ πάντων τῶν κτηνῶν καὶ ἀπὸ πάντων τῶν ἑρπετῶν καὶ ἀπὸ πάντων τῶν θηρίων)을 다 언급한다.

3) 차명 요나탄은 "천사들이 그들을 데리고"(על יד מלאכא ומעל יתהון) 온다고 덧붙인다. 칠십인역은 '수컷과 암컷'(ἄρσεν καὶ θῆλυ)을 덧붙인다.

4) 차명 요나탄에는 '모아 두라'(כנש)는 말이 없다.

5) 이 말도 차명 요나탄에는 빠져 있다.

6) 히브리어 '집, 집안'(בית)을 타르굼들은 좀 더 명확히 "집안 사람"(אינש בית)으로 옮긴다.

7) 히브리어 צדיק(의로운 이)을 옹켈로스와 차명 요나탄은 זכי(죄 없는 이)로 옮긴다.

8) 히브리어 성경은 '남자와 여자'(איש ואשתו)라고 하였다. 타르굼들은 "수컷과 암컷"(דכר ונוקבא)으로 수정한다. 칠십인역도 마찬가지다(ἄρσεν καὶ θῆλυ).

짐승 가운데에서 **수컷과 암컷으로** 둘씩[9] 가져와라. 3 하늘의 새에서도 수
컷과 암컷으로 일곱씩 일곱씩 가져와[10] 그 씨가[11] 온 땅 위에 살게 하여라.
4 이레의 시간이 더 지나고[12] 나는 땅 위에 사십 일 낮과 사십 일 밤을 비를
내려,[13] 내가 만든 생물을 모조리[14] 땅 위에서 지워버리리라." 5 노아는 주님
께서 명령하신 대로 다 하였다.

홍수

6 노아가 육백 살일 때 땅 위에 홍수가 났다. 7 홍수가 나자 노아는 아들
들과 아내와 며느리들과 함께 방주로 들어갔다. 8 정결한 집짐승과 정결하
지 않은 집짐승, 새와 땅 위를 기는 모든 것이 9 수컷과 암컷으로 둘씩 둘
씩 노아의 방주로 들어왔다. **주님께서** 노아에게 명령하신 대로이다. 10 이
레가 되자 땅 위에 홍수가 났다.

---

9) 칠십인역은 '둘씩 둘씩'(δύο δύο)이라고 하였다.,

10) 칠십인역은 2절에서처럼 하늘의 새도(ἀπὸ τῶν πετεινῶν τοῦ οὐρανοῦ) 정결한 것 일곱씩(τῶν καθαρῶν ἑπτὰ ἑπτά), 정결하지 않은 것 둘씩(τῶν μὴ καθαρῶν δύο δύο) 가져오라고 구분한다.

11) 네오피티는 "새끼들"(בנין)이라 하였다. 차명 요나탄은 "그것들로 말미암아"(מנהון) 살게 하라고 덧붙인다.

12) 차명 요나탄은 '칠 일'을 회개할 말미로 제시한다. "자, 내가 그들에게 길게 이레를 준다"(הא אנא יהיב להון ארכא שובעא יומין).

13) 차명 요나탄에서는, 그들이 회개하면 용서하고, 이레의 시간이 다 지나도록 회개하지 않으면 비를 내리겠다는 경고를 덧붙인다.

14) 네오피티는 "내가 창조한 피조물들을 모조리"(כל ברייתיה די ברית), 차명 요나탄은 "사람과 들짐승의 몸을 모조리"(כל גוות אינש ובעיר)라고 하였다. 칠십인역은 "내가 만들어 일으켜 세운 것은 모조리"(πᾶσαν τὴν ἐξανάστασιν ἣν ἐποίησα)라고 옮겼다.

11 노아의 세월이 육백 년 되던 해 둘째 달,[1] 그달 십칠 일 그날에 대심
연의 모든 샘들이 솟구치고 하늘의 창들이 열렸다.[2] 12 사십 일 낮 사십 일
밤을 땅 위에 비가 **내렸다.**[3] 13 같은 날 노아는 노아의 아들 셈과 함과 야
펫, 노아의 아내와 아들들의 세 아내와 함께 방주로 들어갔다. 14 그들과,
모든 들짐승이 제 종류대로, 모든 집짐승이 제 종류대로, 땅 위를 기는 모든
길짐승이 제 종류대로, 모든 날짐승이 제 종류대로, 곧 **날아다니는**[4] 모든
새가 (들어갔다.) 15 생명의 영이 있는 모든 살덩이 가운데 둘씩 둘씩 노아
에게 방주로 들어갔다. 16 모든 살덩이에서 수컷과 암컷이 들어갔다. **주님
께서**[5] 노아에게 명령하신 대로 들어갔다. 주님께서 **그 위에서 막으셨다.**[6]

---

1) 차명 요나탄은 둘째 달을 "마르헤슈반 달"(ירח מרחשון)이라 밝힌다. 세상이 완성된 해의(שתא לשכלול עלמא) 달이 티슈리 달이었고 그때부터 달을 세기(מתמנן ירחייא אלהן מתשרי) 시작하였으므로 그다음 달인 마르헤슈반 달이 둘째 달이 된다는 것이다.

2) 차명 요나탄은, 용사의 자손들이 자식들을 그곳에 두고 샘들을 닫았는데, 나중에 하늘 창들이 열려 대심연의 모든 샘들이 솟구친 것이라고 보충 설명한다. 칠십인역에서는 "하늘의 폭포"(οἱ καταρράκται τοῦ οὐρανοῦ)가 열렸다고 하였다.

3) 히브리어 성경에 없는 '내리다'(נחת) 동사를 옹켈로스와 차명 요나탄이 덧붙였다.

4) 히브리어로는 '온갖 날개'(כל־כנף)라고 하여 '날개가 달린' 새를 가리킨다. 네오피티는 "날아다니고 떠 있는 모든 것"(וכל דפרח וכל דטייס)이라고 부연한다.

5) 차명 요나탄은 "주 하느님"(ייי אלקים)이라고 옮겼다.

6) 히브리어 성경에서는 "주님께서 그의 뒤에서(그를 통해서) 닫으셨다"(ויסגר יהוה בעדו)이다. 차명 요타난은 "주님의 메므라가 그의 앞에서 방주의 문을 막으셨다"(ואגן מימרא דייי ית תרעא דתיבותא באנפי), 네오피티는 "주님께서 선하신 자비로 그의 위에서 막으셨다"(ואגן ייי ברחמוי טבייה עלוי)라고 옮긴다. 칠십인역은 "주 하느님께서는 그의 밖에서 방주를 닫으셨다"(ἔκλεισεν κύριος ὁ θεὸς ἔξωθεν αὐτοῦ τὴν κιβωτόν)고 하였다.

17 사십 일 동안[7] 땅 위에 홍수가 나고 물이 불자, (물이) 방주를 띄워
(방주가) 땅 위에서 높아졌다. 18 물이 거세지고 땅 위에서 몹시 많아져 방
주가 물 위에서 움직였다.[8] 19 물이 땅 위에서 더욱 거세져 온 하늘 아래 있
는 모든 높은 산들이 덮일 정도였다. 20 물은 위로 열다섯 암마 되게 거세
져 산들을 덮었다. 21 땅 위를 기는 모든 살덩이와 새와 집짐승과 짐승들,
땅 위를 기는 모든 길짐승과 모든 사람이 죽었다. 22 뭍에 사는 모든 것 가
운데 코에 생명의 영으로 숨 쉬는 것들은 모조리 죽었다. 23 땅 위에 있는
존재들을[9] 모조리, 곧 사람부터 집짐승과 길짐승과 하늘의 새까지 치셨고
그것들은 땅에서 쓸려갔다.[10] 그러나 노아와 그의 일행은 방주에 살아남았
다. 24 물은 땅 위에서 백오십 일 동안 거세졌다.

홍수가 그치다

8,1 **주님께서는**[11] 노아와,[12] 방주에 그와 함께 있는 모든 들짐승과 모든

---

7) 칠십인역은 "사십 일 낮과 사십 일 밤"(τεσσαράκοντα ἡμέρας καὶ τεσσαράκοντα νύκτας)이라고 하였다.

8) 히브리어 성경과 옹켈로스, 네오피티에서는 '가다'(הלך) 동사이다. 차명 요나탄은 '떠다니다, 수영하다'(סחי) 동사를 덧붙인다.

9) 차명 요나탄은 "사람과 짐승의 몸뚱이"(גווית אינשו ובעיר), 네오피티는 "피조물들"(ברייתא)이라고 옮겼다. 칠십인역은 "온 땅 위에 있는 서 있는(일어난) 것"(τὸ ἀνάστημα ὃ ἦν ἐπὶ προσώπου πάσης τῆς γῆς)이라고 하였다.

10) מחה(치다, 쓸어버리다)를 차명 요나탄과 네오피티는 שיצי(쓸어버리다) 동사로 옮긴다.

11) 차명 요나탄은 "주님께서는 당신 메므라로"(ייי במימריה), 네오피티와 단편 타르굼은 "주님께서는 선하신 자비로"(ייי ברחמוי טביא) 모든 짐승들을 기억하신다고 하였다.

12) 네오피티는 노아와 '그의 아들들'(וית בנוהי)이라 하였다.

집짐승을[1] 기억하셨다. **주님께서** 땅 위에 영을[2] 지나가게 하시니 물이 잠
잠해졌다. 2 심연의 샘과 하늘의 창이[3] 닫히고 하늘에서 비가[4] 그쳤다.
3 물이 점점 땅 위에서 빠지고 백오십 일이 지나면서 물이 줄어들었다. 4 일
곱째 달[5] 십칠 일에[6] 방주가 **카르두산들** 위에 내렸다.[7] 5 물이 열째 달까
지[8] 점점 줄어 열째 달 초하룻날에는 산꼭대기들이 보였다.

6 사십 일이 지나 노아는 자신이 만든 방주의 창을[9] 열고 7 까마귀를 보
내 봤더니,[10] (까마귀는) 나갔다가 땅 위에서 물이 마를 때까지 드나들었다.

---

1) 칠십인역은 "모든 날짐승과 모든 길짐승"(πάντων τῶν πετεινῶν καὶ πάντων τῶν ἑρπετῶν)을 덧붙인다.

2) 차명 요나탄과 네오피티는 "자비의 영"(רוח דרחמין), 단편 타르굼은 "땅 위의 영, 곧 자비의 영"이라고 옮긴다. 1,2 참조.

3) 칠십인역은 "하늘의 폭포"(οἱ καταρράκται τοῦ οὐρανοῦ)가 닫혔다고 하였다.

4) 차명 요나탄은 "하늘에서 내리던 비", 네오피티는 "하늘 아래에서 (내리던) 홍수의 비"라고 옮긴다.

5) 차명 요나탄은 "니산 달"(ירחא דניסן)이라고 밝힌다. 7,11 참조.

6) 칠십인역은 "그달 이십칠 일"(ἑβδόμῃ καὶ εἰκάδι τοῦ μηνός)이라고 하였다.

7) 히브리어 성경의 "아라랏산들"(הרי אררט)을 타르굼들과 페시타는 "카르두산들"(טורי דקרדון, ܛܘܪ̈ܝ ܩܪܕܘ)이라 옮긴다. 차명 요나탄은 "카르두산들"에 대해 소개한다. "한 산의 이름은 카르두니아이고 다른 산의 이름은 아르메니아이다. 그곳에는 동쪽 땅에 아르메니아 성읍이 세워져 있다."

8) 차명 요나탄은 열째 달을 "탐무즈 달"(ירח תמוז)이라고 밝힌다.

9) 네오피티에서만 "문"(תרעא)이라고 옮겼다.

10) 칠십인역은 "물이 약해졌는지 보려고"(τοῦ ἰδεῖν εἰ κεκόπακεν τὸ ὕδωρ) 까마귀를 보냈다고 덧붙인다. 8절과 맞춘 듯하다.

8 또 물이 땅 위에서 약해졌는지 보려고 비둘기를[11] 자신이 있는 데서 보내
봤다. 9 비둘기는 발바닥 디딜 데를 찾지 못해 방주로 그에게 돌아왔다. 온
땅 위에 물이 있었던 것이다.[12] 그는 손을 뻗쳐 비둘기를 데려다 방주로 들
여놨다. 10 이레가 더 지나고 나서[13] 다시 한 번 방주에서 비둘기를 보내 봤
다. 11 저녁때쯤 비둘기가 막 딴 올리브 잎을[14] 부리에 **물고** 그에게 돌아왔
다. 노아는 땅 위에서 물이 약해졌음을 알았다. 12 이레가 더 지나고 나서[15]
비둘기를 보내 봤더니, 더 이상 그에게로 돌아오지 않았다.
13 노아가 육백한 살 되던 해 첫째 달[16] 초하룻날에[17] 물이 땅 위에서 말
랐다. 노아는 방주의 덮개를 제치고 땅 위가 말라 있는 것을 보았다. 14 둘
째 달[18] 이십칠 일에는 땅이 말랐다.

방주에서 나오다

15 **주님께서**[19] 노아에게 말씀하셨다. 16 "너는 네 아내와 아들들과 아들

---

11) 차명 요나탄은 "정결한 비둘기"(יונתא דכייתא)라고 하였다.

12) 차명 요나탄은 이 사실을 노아가 "알았다"(ואודעת)고 덧붙인다. 11절과 맞춘 듯하다.

13) 네오피티는 이레를 '다시 세기 시작하였다'(ושרי תוב לממני)고 옮긴다.

14) 차명 요나탄은 그 올리브 잎이 "올리브산(기름 산, 메시아 산)에서 가져온 것"(דנסבתיה מן טוור מישחא)이라고 부연한다.

15) 네오피티는 칠 일을 더 "세고 나서"(לממני)라고 하였다.

16) 차명 요나탄과 네오피티 여백 각주는 "티슈리 달"(בתשרי)이라고 수정한다. 7,11 참조.

17) 차명 요나탄은 "새해에(해의 시작에)"(בריש שתא)라고 덧붙인다. 곧 이날은 '로시 하샤나'이다.

18) 차명 요나탄과 네오피티 여백 각주는 "마르헤슈반 달"(ובירח מרחשון)이라고 수정한다.

19) 칠십인역은 "주 하느님께서"(κύριος ὁ θεὸς)라고 하였다.

들의 아내들과 함께 방주에서 나오너라. 17 너와 함께 있는 짐승들, 곧 모든 살덩이들 가운데 새와 집짐승과 땅 위를 기어 다니는 모든 길짐승은 너와 함께 나오너라. 그것들은 땅에서 **낳고**[1] 번식하고 땅 위에서 번성하리라." 18 노아는 아들들과 아내와 아들들의 아내들과 함께 나왔다. 19 모든 들짐승과 모든 길짐승과[2] 모든 새와 땅 위에서 움직이는 모든 것이 제 종류대로 방주에서 나왔다.

노아의 제사와 하느님의 다짐

20 노아는 주님 **앞에**[3] 제단을 세우고,[4] 정결한 모든 집짐승과 정결한 모든 새 가운데에서 가져와 제단 **위에서** 번제물을 바쳤다.[5] 21 주님께서는 **그 제물을 호의로 받아들이시고**[6] **주님 메므라로** 말씀하셨다.[7]

"사람의 **죄** 때문에 더 이상 땅을 저주하지 않으리라.

---

1) 히브리어 '우글거리다'(שרץ)를 타르굼들은 '낳다'(ילד)로 옮긴다.

2) 칠십인역은 길짐승을 "모든 집짐승"(πάντα τὰ κτήνη)이라고 수정한다. 1절과 맞춘 듯하다.

3) 히브리어 성경에서는 "주님을 위하여"(ליהוה 또는 주님께)이다. 네오피티는 "주님 메므라의 이름을 위하여"(לשם ממרה דייי)라고 옮겼다.

4) 차명 요나탄은 이 제단의 역사를 부연한다. 곧 아담이 에덴 동산에서 쫓겨날 때 세워 제물을 바쳤고 카인과 아벨이 제물을 바친 그 제단인데, 홍수가 내려 파괴되었다가 다시 노아가 세웠다는 것이다.

5) עלה(바치다)를 옹켈로스와 차명 요나탄은 같은 뜻의 아람어 סלק로, 네오피티는 סדר(차리다)로 옮긴다. 차명 요나탄은 "네 마리를"(ארבע) 바쳤다고 덧붙인다.

6) 히브리어 성경에서는 "주님께서 그 기분 좋은 냄새를 맡으시고 마음속으로 말씀하셨다"고 하였다.

7) 네오피티는 "주님께서는 마음속으로 생각하시며 말씀하셨다"고 하였다.

사람 마음의 욕망은 어려서부터 악하다.[8)]
내가 한 것처럼[9)] 더 이상 어떤 생물도 지워버리지 않으리라.
22 땅이 있는 한
파종과 수확, 추위와 더위,[10)]
여름과 겨울, 낮과 밤이 멈추지 않으리라."

노아와 계약을 맺으신 하느님

9,1 **주님께서** 노아와 아들들을 축복하시고 말씀하셨다. "번식하고 번성
하여 땅을 채워라. 2 땅의 모든 들짐승과 하늘의 모든 새, 땅을 기어 다니
는 모든 것들과 바다의 모든 물고기들이 너희를 두려워하고 무서워할 것
이다. 그것들을 너희 손에 맡긴다. 3 살아 있어 움직이는 것들은 모두 너희
에게 양식이 될 것이다. (내가 전에 준) 푸른 풀처럼 모두를 너희에게 준다.
4 그러나 목숨이 붙어 있는 살덩이 곧 그것의 피는 먹어서는 안 된다. 5 나
는 너희의 피는 너희의 목숨으로 요구할 것이고 모든 짐승에게도 요구할
것이다. 사람 곧 형제의 **피를 쏟은** 사람에게는[11)] 사람의 목숨을 요구할 것
이다.

6 **증인 앞에서** 사람의 피를 쏟은 자는
재판관들의 말에 따라[12)] 그의 피도 쏟아질 것이다.[13)]

---

8) 네오피티는 "악을 꾀하곤 한다"(להוון הגיין ביש)고 옮겼다.

9) 네오피티 여백 각주는 "내가 창조한 것을"(ית מה די ברית)이라고 하였다.

10) 차명 요나탄은 "티슈리 달의 파종 기간과 니산 달의 수확 기간, 테벳 달의 추위 기간과 탐무즈 달의 더위 기간"이라고 옮겼다.

11) 히브리어 본문이 모호하다(מיד איש אחיו). 옹켈로스와 차명 요나탄은 "형제의 피를 쏟은 사람"(מיד גבר דישוד ית דמא דאחוהי)이라고 부연한다.

12) 히브리어로는 "사람에 의해서"(באדם)이다. 칠십인역은 "그의 피 대신에"(ἀντὶ τοῦ αἵματος αὐτοῦ)라고 수정한다.

13) 차명 요나탄은 증인 앞에서 사람 피를 쏟은 이는 "재판관들이 사형을 선

하느님의 형상대로[1]
사람을 만드셨기 때문이다.
7 너희는 번식하고 번성하여라.
땅에서 많이 낳고 번성하여라."

8 **주님께서** 노아와 그와 함께 있는 아들들에게 말씀하셨다. 9 "내가 이
제 너희와 너희 다음의 **자손들과** 함께 내 계약을 세운다. 10 너희와 함께
있는 모든 생물, 곧 방주에서 나온 땅의 모든 짐승들 가운데 너희와 함께
있는 새와 집짐승과 들짐승과도 그러하다. 11 나는 너희와 내 계약을 세울
것이다. 다시는 모든 살덩이를 홍수로 쓸어버리지 않으리라. 다시는 땅을
홍수로 파멸시키지 않으리라."

12 **주님께서** 말씀하셨다. "이것은 내 **메므라와** 너희와 너희와 함께 있
는 모든 짐승들 사이에서, 내가 세상의 세대들에게[2] 주는[3] 계약의 표시이
다.[4] 13 내가 구름에 내 무지개를 둘 것이니, 그것이 내 **메므라와** 땅 사이
에 계약의 표시가 될 것이다. 14 땅 위로 구름 속에 구름이 있고 그 구름 속
에서 무지개가 보이면,[5] 15 나는 내 **메므라와** 너희와 살덩이를 지닌 모든
생물들 사이에 맺은 계약을 떠올릴 것이다. 다시는 홍수가 모든 살덩이를

고할" 것이고, "증인 없이 쏟은 자는 세상의 주인께서 장차 대 심판의 날 그에게 되갚아 주실 것이다"고 부연하였다.

1) 네오피티는 "주님 앞에서 (나온) 모습대로"(בדמו מן־קדם ייי)라고 옮긴다.

2) 네오피티는 "땅의 세대들에게"(לדרי ארעא)라고 하였다.

3) '주다'(נתן, יהב)를 차명 요나탄은 '세우다'(קום), 네오피티는 '놓다, 두다'(שווי)라고 옮긴다.

4) 네오피티는 히브리어 אות을 סימן(징표)으로 옮겼다.

5) 차명 요나탄은 "내가 땅 위로 영광의 구름을 퍼지게 하여"(אפרוס ענני יקרא עילוי ארעא) "낮에"(בימּמא) 무지개가 보이게 한다고 부연한다. 네오피티는 구름이 "퍼져"(פרס) 구름 속에서 무지개가 보인다고 하였다. 차명 요나탄은 "해가 구름에 삼켜지지 않는 한"(עד־לא יטמע שימשא בעננא)이라고 단서를 덧붙인다.

파멸하지 못하게 하리라. 16 구름 속에 무지개가 있는 것을 보고, 나는 **주**
님의 메므라와 땅 위에 있는 살덩이를 지닌 모든 생물들 사이에 맺은 영원
한 계약을 떠올릴 것이다."

17 **주님께서**[6] 노아에게 말씀하셨다. "이것은 나의 **메므라와** 땅 위에 있
는 모든 살덩이[7] 사이에 맺은 계약의 표시이다."

셈과 함과 야펫

18 방주에서 나온 노아의 자손들은 셈과 함과 야펫이다. 함은 가나안
의[8] 조상이다. 19 이 셋이 노아의 아들들이고 이들에게서 **사람들이** 온 땅
으로 흩어져 나갔다.[9] 20 노아는 땅을 **일구는** 첫 사람이 되어[10] 포도밭을 만
들었다.[11] 21 그는 포도주를 마시고 취하여 천막 안에서 자신을 드러낸 채
있었다. 22 가나안의 조상 함은 아버지의 알몸을 보고 **거리에서**[12] 두 형제

---

6) 네오피티 여백 각주와 게니자 타르굼에서는 "주님의 메므라"가 노아에게 말씀하신다.

7) 차명 요나탄은 "모든 살덩이의 메므라"(מימר כל בישרא)라고 옮겼다. 주님의 메므라와 살덩이의 메므라 사이에 맺은 계약이다.

8) "가나안"(כנען)을 네오피티는 "가나안 사람"(כנענייי)이라고 수정하였다.

9) 히브리어 성경을 직역하면 "이들에게서 온 땅이 퍼져나갔다"(ומאלה נפצה כל־הארץ)이다. 옹켈로스와 차명 요나탄은 동사를 수동형으로 수정하고 (אתבדרו) '그들'(사람들)을 주어로 삼았다. 아울러 차명 요나탄은 "온 땅에 살려고"(למיתב בכל ארעא)를 덧붙이고, 네오피티는 "이들에게서 온 땅이 채워졌다"(ומן אלין איתמלית כל ארעא)고 옮긴다.

10) 히브리어 "땅의 사람"(איש האדמה)을, 네오피티는 "땅을 일구는 의로운 … 사람"(גברא צדיקא למפלח בארעא)이라고 부연하였다.

11) 차명 요나탄은, 노아가 에덴 동산에서 강을 따라 쓸려 나온 포도를 발견하여 심었더니, 바로 포도 열매를 맺어 그것을 압착하였다고 부연 설명한다.

12) 히브리어로는 "바깥"(בחוץ)이다. 타르굼들은 "거리(또는 시장)에서"(בשוקא)

에게 알렸다. 23 셈과 야펫은 옷을 들어 자기들 둘의 어깨에 걸치고는 **돌**
아서서 가 아버지의 알몸을 덮었다. 그들은 얼굴을 **돌리고 있어서**[1] 아버지
를 보지 못했다. 24 노아는 술에서 깨어나 작은아들이[2] 한 일을 알게 되었
다. 25 그가 말하였다.

"가나안은 저주를 받아
제 형제들을 위해 **노동하는** 종이[3] 되리라."

26 그는 말하였다.

"셈의[4] 주 하느님께서는 찬미받으소서.
가나안은 그들의 종이 되리라.

27 **주님께서는** 야펫을 넓혀 주시고[5]
셈의 천막에 **그분의 셰키나가 머물게 하소서.**
가나안은 그들의 종이[6] 되리라."

라고 옮겨, 함이 공공연하게 떠들고 다녔음을 강조한다.

1) 히브리어로는 '그들의 얼굴은 뒤로'(ופניהם אחרנית)이다. 옹켈로스와 차명 요나탄은 '그들의 얼굴을 돌리다'(ואפיהון מחזרין), 네오피티는 '그들의 얼굴이 뒤로 돌아가다'(ואפיהון הפיכו לבתרהון)라고 옮긴다.

2) 차명 요나탄은 "작은아들"(בריה זעירא)을 함이라고 밝히며, "그로(함) 말미암아 노아가 넷째 아들을 낳지 못하게 되어 (함의) 가치가 약해졌다"(דהוא קליל בזכותא דגרם ליה דלא יוליד בר רביעיי)고 부연한다.

3) 히브리어 성경에서는 "종들의 종"(עבד עבדים)이다. 차명 요나탄과 네오피티는 "종살이하는 종"(עביד משעבד)이라고 옮겼다.

4) 차명 요나탄은 "행실이 의로운 셈"(דשם דעבדיתיה צדיק)이라고 덧붙였다.

5) 차명 요나탄은 '하느님께서 야펫의 지역을 아름답게 하신다'(ישפר אלקים תחומיה דיפת)고 수정한다. 아람어 שפר(장식하다, 아름답게 하다)는 '야펫'(יפת)의 히브리어 어근 יפה(아름답다)를 옮긴 것이다.

6) 네오피티는 "그들을 위해 종살이하는 종"(עבד משתעבד להון)이라고 옮겼다. 25절과 맞춘 듯하다.

28 노아는 홍수 이후에 삼백오십 년을 살았다. 29 노아의 세월은 모두 구백오십 년이었고, 그는 죽었다.

노아의 족보

10,1 이것들은 노아의 아들 셈과 함과 야펫의[7] 족보이다. 홍수가 (그친) 다음 그들에게 아들들이 태어났다.

2 야펫의 아들들은 고메르, 마곡, 마다이, 야완, 투발, 메섹, 티라스이다.[8] 3 고메르의 아들은 아스크나즈, 리팟, 토가르마이다.[9] 4 야완의 아들들은 엘리사, 타르시스, 키팀, 도다님이다.[10] 5 이들에게서 저마다 그들의 언어와 씨족과 민족에 따라 그들 땅에 있는[11] 바다 민족이 갈라져 나왔다.

6 함의 아들들은 에티오피아, 이집트, 풋, 가나안이다. 7 에티오피아의 아들들은 스바, 하윌라, 삽타, 라아마, 삽트카이다. 라아마의 아들들은 세바와 드단이다.[12] 8 에티오피아는 니므롯을 낳았는데 그는 세상에서 **강한** 첫 장사가 되었다.[13] 9 그는 주님 앞에서도 **강한**[14] 장사였기에, '니므롯처럼

---

7) 차명 요나탄에는 "셈, 함, 야펫"(שם וחם ויפת)의 이름이 빠져 있다.

8) 차명 요나탄과 네오피티는 그들의 구역 이름을 덧붙인다.

9) 네오피티는 그들이 차지한 구역 이름을 덧붙인다.

10) 차명 요나탄에는 '야완의 아들들' 목록은 빠져 있고 그들이 차지한 구역 이름만 덧붙인다.

11) 차명 요나탄에는 "그들의 땅에 있는"(בארעהון)이 빠져 있다.

12) 차명 요나탄에는 '라아마의 아들' 목록은 빠져 있고 그들의 구역 이름과, "마우리타노스의 아들들은 제마르가드와 메작이다"(ובנוי דמווריטינוס זמרגד ומזג)를 부연하였다.

13) 차명 요나탄은 니므롯이 "죄 지은 첫 장사"(גיבר בחיטאה)로서 "하느님 앞에 반역하였다"(למרדא קדם ייי)고 덧붙인다. 니므롯(נמרוד)의 이름은 '반역하다'(מרד) 동사를 담고 있다. 칠십인역은 '장사'(גבור)를 '거인'(γίγας)이라 옮긴다.

14) 히브리어 "사냥꾼"(ציד) 대신 옹켈로스는 "힘센"(תקיף), 차명 요나탄은 "반

주님 앞에서도 **강한** 장사'라고 말하곤 하였다.[1] 10 그의 왕국의 시작은 **바벨** 땅에[2] 있는 바벨, 에렉, 아카드, 칼네이다. 11 그는 그 땅에서 아시리아로 가서[3] 니네베와 르호봇 **성읍과**[4] 켈라를 세웠고, 12 니네베와 큰 성읍 켈라 사이에 레센을 세웠다.

13 이집트는 루드인, 아남인, 르합인, 납투인, 14 파트루스인과, 필리스티아인들이 거기서 나온 카슬루인들, **카파도키아인들을**[5] 낳았다.

15 가나안은 맏아들 시돈과 히타이트, 16 여부스족, 아모리족, 기르가스족, 17 히위족, 아르케족, **안토시아족**,[6] 18 아르왓족, 체메르족, 하맛족을 낳았다. 그 뒤로 가나안족의 씨족이 흩어졌다. 19 가나안족의 지역은 시돈에서 그라르 쪽으로는 가자까지, 소돔과 고모라와 아드마와 츠보임 쪽으로는 라사까지였다. 20 이들이 그들의 씨족과 언어에 따른 그들의 지역별, 민족별[7] 함의 자손들이다.

역한"(מרוד), 네오피티는 "죄 지은"(בחטאה)이라고 옮긴다.

1) 차명 요나탄은 뒷문장을 "세상이 창조된 날부터 니므롯만 한 사냥꾼이자 주님 앞에 반역한 장사도 없다"고 부연한다.

2) "신아르 땅"(בארץ שנער)을, 옹켈로스와 네오피티는 "바벨 땅"(בארעא דבבל), 차명 요나탄과 네오피티 여백 각주는 "폰투스 땅"(בארעא דפונטוס)이라 하였다.

3) 차명 요나탄은 아시리아를 "다스렸다"(ומלך)고 덧붙이며, "그는 갈라진(분리) 세대의 계획에 따르고 싶지 않아서 이 네 성읍을 떠났다"고 부연한다.

4) 히브리어로는 "르호봇 이르"(רחבת עיר)이다. 저마다 두 낱말의 뜻(רחבת[거리], עיר[성읍])을 살려 옹켈로스는 "르호봇 성읍"(רחבת קרתא), 차명 요나탄과 네오피티는 "성읍의 거리들"(פלטיאת-קרתא), 칠십인역은 "르호봇 성읍"(τὴν Ροωβωθ πόλιν)이라고 옮겼다.

5) 히브리어 성경에서는 "캅토르인들"(כפתרים)이다.

6) 히브리어 성경에서는 "신족"(הסיני)이다.

7) "그들의 지역별, 민족별"(בארצתם בגויהם)을 차명 요나탄은 "그들 지역의 거주지별, 그들 민족의 친족별"(במותב ארעתהון בגניסת עממיהון)이라고 하였다.

21 셈에게도 (자식이) 태어났다. 그는 모든 에베르[8] 자손들의 조상이며
야펫의 큰 형이다.[9] 22 셈의 아들들은 엘람, 아시리아, 아르팍삿, 루드, 아
람이다.[10] 23[11] 아람의 아들들은 우츠, 훌, 게테르, 마스이다. 24 아르팍삿
은[12] 셀라흐를 낳고 셀라흐는 에베르를 낳았다. 25 에베르에게 아들 둘이 태
어났다. 하나의 이름은 펠렉으로 그의 시대에 땅이[13] 갈라졌다. 그의 형제
의 이름은 욕탄이다. 26 욕탄은 알모닷, 셀렙,[14] 하차르마웻, 예라, 27 하도
람, 우잘, 디클라, 28 오발,[15] 아비마엘, 스바, 29 오피르, 하윌라, 요밥을 낳
았다. 30 그들의 거주지는[16] 메사에서 동쪽 산인 스파르 쪽이었다. 31 이들
이 그들의 씨족과 언어에[17] 따른 그들의 지역별, 민족별 셈의 자손들이다.
32 이것들은 족보에 따른 민족별 노아 자손들의 족보이다. 이들에게서
홍수 이후에 민족들이 땅에서 흩어졌다.

---

8) 차명 요나탄과 네오피티는 "히브리인"(עיבראי)이라고 수정한다.

9) 차명 요나탄은 '셈'이 "야펫의 '큰' 형"(אחוי דיפת רבא)이자 "주님을 경외하는"(בדחלתא דייי) 이라고 덧붙였다.

10) 칠십인역은 "아람"(Αραμ) 다음에 "카이난"(καὶ Καιναν)을 덧붙인다.

11) 차명 요나탄에는 23절이 빠져 있다.

12) 칠십인역에 따르면, "아르팍삿은 카이난을 낳고 카이난은 셀라흐를 낳는다"(Αρφαξαδ ἐγέννησεν τὸν Καιναν καὶ Καιναν ἐγέννησεν τὸν Σαλα).

13) 네오피티는 "땅의 주민들"(דיירי ארעא)이 갈라졌다고 덧붙인다.

14) 차명 요나탄은 "알모닷"(אלמודד)을 '밧줄로 땅을 재는 이'(דמשח ית ארעא באשלוון)로, "셀렙"(שלף)을 '강물을 끌어오는 이'(דישלף מוי דנהרוותא)라고 덧붙인다. 히브리어 מדד(재다), שלף(끌다)에서 유추한 역할로 보인다.

15) 칠십인역에는 "오발"(עובל)이 빠져 있다.

16) 차명 요나탄은 "그들의 거주 장소"(בית מותבניהון)라고 하였다.

17) 차명 요나탄에는 이 낱말(언어)이 빠져 있다.

바벨탑

11,1 온 땅이[1] 한 가지 언어와 한 가지 말을 쓰고 있었다.[2] 2 사람들은 동
쪽에서 옮겨와[3] **바벨** 땅에서 평지를 발견하고 그곳에 자리 잡았다. 3 그들
은 서로 말하였다. "어서 벽돌을 **빚어**[4] **불에** 구웁시다."[5] 그러자 그들에게
돌이 벽돌이 되고 진흙이 역청이 되었다. 4 그들이 말하였다. "성읍과 탑을
세워 꼭대기가 하늘 **높은 데까지 이르게** 하고 우리 이름을 날립시다.[6] 그
래서 온 땅 위에서 흩어지지 맙시다." 5 주님께서 성읍을 만들고 탑을 세운
이들을 **처벌하시려고 나타나셨다.**[7] 6 주님께서 말씀하셨다. "저들 모두 한

---

1) 네오피티는 "온 땅의 주민들"(כל דיירי דארעא)이라 하였다.

2) 차명 요나탄과 네오피티 여백 각주는 여기에 "한 가지 조언"(ועיטא חדא, ועיצה חדה)을 덧붙인다. 그리고 차명 요나탄과 네오피티는 "그들은 성전의 언어로 대화하였는데 처음부터 그것으로(성전의 언어: 히브리어) 세상이 창조되었다"고 부연한다.

3) 네오피티는 '사람들은 (하느님에게서) 마음이 떠났다'고 하여, 미리부터 악의 조짐을 내비쳤다. 단편 타르굼도 "그들은 마음이 떠났다. 메므라가 말씀하시고 처음에 세상이 생긴 다음이다. 그들은 폰투스 땅에 평원을 발견하고 그곳에 자리 잡았다"고 하였다.

4) 히브리어 לבן(벽돌을 만들다)을 옹켈로스와 차명 요나탄은 '던지다, 주조하다, 빚다'(רמי) 동사로 옮겼다.

5) 히브리어 '단단히 굽다'(שׂרף לשׂרפה)를 차명 요나탄과 네오피티는 "화덕"(אתון)에, 칠십인역은 옹켈로스(נור)처럼 "불"(πῦρ)에 굽는다고 명시한다.

6) 차명 요나탄과 네오피티는 '그들이 그 꼭대기에 자신들을 위해 우상을' 만들고, '그가(우상) 손에 칼을 들고 전열을 갖추어 (그분께) 맞서게 하자'고 부연한다.

7) 히브리어 성경은 '주님께서 … 보시려고 내려오셨다'(וירד יהוה לראת)고 하였다. 의인화 표현이라 옹켈로스와 차명 요나탄은 '주님께서 … 처벌하시려고 나타나셨다'(ואיתגלי ייי איתפרעא), 네오피티는 '주님 셰키나의 영광이 … 보시려

백성이고 한 언어를 쓴다. 그들이 이 일을 하기 시작했으니,[8] 이제 하려고
만 하면 뭐든 말릴 수 없을 것이다. 7 어서 우리가 **나타나서**[9] 그들의 언어
를 섞어 놓고 서로 상대방의 언어를 알아듣지 못하게 하자." 8 주님께서 그
들을 거기서 온 땅 위로 흩으시자[10] 그들은 성읍[11] 세우는 것을 못하게 되었
다.[12] 9 그리하여 그곳의 이름을 바벨이라[13] 불렀다. 주님께서 온 땅의[14] 언
어를 섞으시고 거기서 온 땅 위로 흩으셨기 때문이다.

셈에서 아브라함까지

10 이것들은 셈의 족보이다. 셈은 백 살에 아르팍삿을 낳았다. 홍수 이
후 두 해 만이다. 11 셈은 아르팍삿을 낳은 뒤 오백 년을 살면서 아들들과
딸들을 낳았다.[15]

고 나타나셨다'(ואתגלית איקר שכינתיה דייי למחמי)라고 옮긴다.

8) 차명 요나탄은 '생각하다, 작정하다'(חשב) 동사로 옮긴다.

9) 히브리어 성경은 '우리가 내려가자'(נרדה)이다. 차명 요나탄은 이 구절 처음에 "주님께서 당신 앞에 서 있는 일흔 명의 천사에게 말씀하셨다"를 부연하였다.

10) 차명 요나탄은 주님의 메므라가 일흔 명의 천사들과 함께 성읍에 나타나시어 일흔 가지 언어로(לשיבעין לישנין) 민족들을 온 땅 위로 흩어 놓으시자, 그들이 서로 알아듣지 못하여 서로를 죽이는(והוו קטלין דין לדין) 지경까지 이르렀다고 길게 부연한다.

11) 칠십인역은 "성읍과 탑"(τὴν πόλιν καὶ τὸν πύργον)이라 하였다.

12) 네오피티는 "멈추었다"(ופסקו)고 옮긴다.

13) 칠십인역은 "혼돈"(Σύγχυσις)이라 수정한다.

14) 차명 요나탄과 네오피티는 "온 땅의 주민들"(כל דיירי ארעא)이라 옮긴다. 1절; 10,25 참조.

15) 칠십인역은 아들과 딸들을 낳고 "죽었다"(καὶ ἀπέθανεν)고 덧붙인다 (12-24절 계속).

12 아르팍삿은 삽십오 년을[1] 살고 셀라흐를[2] 낳았다. 13 아르팍삿은 셀라흐를 낳은 뒤 사백삼 년을 살면서 아들들과 딸들을 낳았다.[3]

14 셀라흐는 삼십 년을 살고 에베르를 낳았다. 15 셀라흐는 에베르를 낳은 뒤 사백삼 년을 살면서 아들들과 딸들을 낳았다.

16 에베르는 삼십사 년을 살고 펠렉을 낳았다. 17 에베르는 펠렉을 낳은 뒤 사백삼십 년을 살면서 아들들과 딸들을 낳았다.

18 펠렉은 삼십 년을 살고 르우를 낳았다. 19 펠렉은 르우를 낳은 뒤 이백구 년을 살면서 아들들과 딸들을 낳았다.

20 르우는 삼십이 년을 살고 스룩을 낳았다. 21 르우는 스룩을 낳은 뒤 이백칠 년을 살면서 아들들과 딸들을 낳았다.

22 스룩은 삼십 년을 살고 나호르를 낳았다. 23 스룩은 나호르를 낳은 뒤 이백 년을 살면서 아들들과 딸들을 낳았다.

24 나호르는 이십구 년을[4] 살고 테라를 낳았다. 25 나호르는 테라를 낳은 뒤 백십구 년을[5] 살면서 아들들과 딸들을 낳았다.

26 테라는 칠십 년을 살고 아브람과[6] 나호르와 하란을 낳았다.

27 이것들은 테라의 족보이다. 테라는 아브람과 나호르와 하란을 낳고,

---

1) 칠십인역에서는 "백삼십오 년"(ἑκατὸν τριάκοντα πέντε ἔτη)이다.

2) 칠십인역은 "카이난"(τὸν Καιναν)을 낳았다고 수정한다. 계속 '백 살'을 보탠다(14.16.20절).

3) 칠십인역은 '아르팍삿이 카이난을 낳고' 아들과 딸들을 낳고 죽었다고 한 뒤, "카이난은 백삼십 년을 살고 셀라흐를 낳았다. 카이난은 셀라흐를 낳은 뒤 삼백삼십 년을 살면서 아들과 딸을 낳고 죽었다"고 덧붙인다.

4) 칠십인역은 "칠십구 년"(ἔτη ἑβδομήκοντα ἐννέα)이라고 하였다.

5) 차명 요나탄은 "백십육 년"(מאה ותשתסרי שנין), 칠십인역은 "백이십구 년"(ἔτη ἑκατὸν εἴκοσι ἐννέα)이라고 수정했다.

6) 네오피티는 "아브라함"(אברהם)이라 하였다.

하란은 롯을 낳았다. 28 하란은 자신의 고향 땅 칼데아의 우르에서[7] 아버지
테라보다 먼저 죽었다.[8] 29 아브람과 나호르는 아내들을 얻었다. 아브람의
아내 이름은 사라이이고[9] 나호르의 아내 이름은 하란의 딸 밀카이다. 하란
은 (밀카의) 아버지이자 이스카의[10] 아버지이다. 30 사라이는 불임의 몸이
어서 자식이 없었다. 31 테라는 자신의 아들 아브람과 자신의 손자이자 하
란의 아들 롯과 자신의 며느리이자 아브람의 아내인 사라이를 데리고, 칼
데아의 우르에서[11] 가나안 땅으로 함께 떠났다. 그들은 하란에 이르러 거기
에 자리 잡았다. 32 테라의 세월은 이백오 년이고 테라는 하란에서 죽었다.

하느님의 부르심에 응답한 아브람

12,1 주님께서 아브람에게 말씀하셨다. "너의 고장이자 고향, 네 아버지
의 집에서 내가 너에게 보여 줄 땅으로 가라. 2 나는 너를 큰 민족으로 만들
겠다.[12] 너를 축복하고 네 이름을 위대하게 하여 **너는 복 받은 이가**[13] 될 것

---

7) 네오피티는 "칼데아인들의 불의 화덕에서"(באתון נורהון דכשדאי)라고, 칠십인역은 "칼데아인들의 지역에서"(ἐν τῇ χώρᾳ τῶν Χαλδαίων)라고 옮겼다.

8) 차명 요나탄은 하란이 일찍 죽게 된 사연을 길게 소개한다. 곧 우상을 섬기지 않은 아브람을 니므롯이 화덕에 던졌으나 그가 타죽지 않자 누구 편을 들어야 할지 고민하던 하란이 누구든 이기는 사람 편이 되겠다고 하였다가, 하늘 높은 데서 불이 떨어져 하란을 화덕에서 태워버렸다는 설화 미드라시다.

9) 네오피티에는 아브람의 아내를 소개하는 이 문장이 빠져 있다.

10) 차명 요나탄은 "이스카 곧 사라이"(דיסכה היא שרי)라고 덧붙인다. 곧 아브람에게 사라이는 조카가 되는 셈이다.

11) 차명 요나탄은 "불길에서"(מן נור), 네오피티는 "불의 화덕에서"(מן אתון נורהון) 떠났다고 옮긴다.

12) 네오피티는 '만들다'(עבד)를 '임명하다'(מני)로 바꾸었다.

13) 히브리어로는 명사 '복'(ברכה)이다. 옹켈로스와 차명 요나탄은 분사로 '복 받은 이'(מברך), 네오피티는 명사로 '복'(ברכן), 칠십인역은 형용사로

이다. 3 나는 너를 축복하는 이는 축복하고 너를 저주하는 이는 저주하겠
다.[1] 세상의 모든 후손들이 너를 통해서[2] 복을 받을 것이다."
4 아브람은 주님께서 말씀하신 대로 떠났다. 롯도 함께 떠났다. 하란
을 떠날 때 아브람의 나이는 일흔다섯 살이었다. 5 아브람은 아내 사라이
와 조카 롯과 그들이 얻은 모든 소유물들과 하란에서 **토라에 순종하는 이
들을**[3] 데리고 가나안 땅으로 떠나, 가나안 땅에 이르렀다. 6 아브람은 그
고장을 지나 스켐 지역과 모레 **평원들에**[4] 다다랐다. 그 고장에는 가나안
족이 살고 있었다.[5] 7 주님께서 아브람에게 **나타나시어**[6] 말씀하셨다. "내
가 네 **자손들에게** 이 땅을 준다." 그는 거기서 그에게 **나타나신** 주님 **앞
에**[7] 제단을 세웠다. 8 그는 거기서 베텔의 동쪽 산으로 올라가, 서쪽으로

(εὐλογητός) 번역하였다.

1) 차명 요나탄은 "손을 펼쳐 기도하는 사제들"과 "너의 아들들"은 축복하나, "그들을 저주하는 발라암"은 저주하여 "그들이 그를 칼로 죽일 것이다"라고 부연하였다.

2) 네오피티는 "네 덕분에"(בזכותך) 복을 받는다고 하였다.

3) 히브리어 성경에서는 "그들이 하란에서 얻은(만든) 이"(ואת־הנפש אשר־עשו בחרן)다. 차명 요나탄은 "하란에서 개종한 이들"(וית נפשתא דיגיירו בחרן), 네오피티는 "개종한 이들"(וית נפשתה די גיירו)이라고 수정한다.

4) 히브리어로는 "모레의 참나무"(אלון מורה)라고 하였다. 차명 요나탄은 "지시받은 평원"(מישר דהוה מיירי), 네오피티는 "환시의 평원"(משריה חזווה)이라 옮긴다.

5) 차명 요나탄은 "그때는 아직 이스라엘 자손들이 그곳을 차지하러 도착하지 않았을 때였다"고 부연한다.

6) 직역하면 "(자신을) 드러내시어"(ואתגלי)이다. 타르굼들은 히브리어 '보다'(ראה)를 수정하여 하느님의 의인화를 피한다.

7) 히브리어로는 '주님께, 주님을 위하여'(ליהוה)이고, 네오피티는 "주님 메므라의 이름을 위하여"(לשם ממרי דייי)라고 옮겼다.

베텔이 동쪽으로 아이가 있는 곳에 천막을 펼쳤다. 그리고 거기에 주님 **앞
에** 제단을 세우고 주님의 이름으로 **기도하였다.**[8] 9 아브람은 다시 일어나
더 **남쪽으로** 떠났다.

이집트로 간 아브람

10 그 고장에 기근이 들어 아브람은 이집트로 내려가 거기에 자리 잡았
다. 그 고장에 기근이 극심하였기 때문이다. 11 이집트에 가까이 다다랐을
때 그가 아내 사라이에게 말하였다. "나는 당신이 아름다운 여인인 줄 알
고 있소. 12 이집트인들이 당신을 보고 '이 여자는 저 사람의 아내요.'라고
말하며, 나는 죽이고 당신은 살려둘 것이오. 13 그러니 당신이 내 누이라
고 말해 주시오. 그래야 당신으로 말미암아 나한테 좋고 **당신의 말 한마디
로** 내 목숨이 살 것이오." 14 아브람이 이집트로 들어갈 때 이집트인들이
그 여자를 보았는데 정말 아름다웠다. 15 파라오의 대신들이 그 여자를 보
고 파라오에게 칭찬하자, 그 여자는 파라오의 집에[9] 불려갔다. 16 (파라오
는)[10] 사라이 때문에 아브람에게 잘해 주었다. 양과 소와 수나귀, 남종과 여
종, 암나귀와 낙타들을 (아브람에게) 주었다.[11]

17 주님께서 아브람의 아내 사라이 일로 파라오와 그 집안 **사람에게** 큰

---

8) 히브리어 본문의 "주님의 이름을 불렀다"(ויקרא בשם ליהוה)를, 옹켈로스와 차명 요나탄은 "주님의 이름으로 기도하였다"(וצלי בשמא דײ), 네오피티는 "주님 메므라의 이름으로 예배하고 기도하였다"(ופלח וצלי תמן בשם ממריה דײ)고 덧붙인다.

9) 차명 요나탄은 "파라오의 왕궁"(לבית מלכותא דפרעה), 네오피티는 "파라오의 궁"(לפלטירין דפרע)이라고 수정한다.

10) 차명 요나탄에서만 주어 "파라오"(פרעה)를 명시하였다. 옹켈로스와 네오피티에서는 '그'(동사의 3인칭 어미)이다.

11) 차명 요나탄은 "그의 것이"(מדיליה) 되었다고 덧붙였다.

재앙이 **닥치게 하셨다.**[1] 18 파라오는 아브람을 불러 말하였다. "네가 나한테 무슨 짓을 한 것이냐? 그 여자가 네 아내라고 왜 나에게 알려주지 않았느냐? 19 어찌하여 너는 누이라고 말해서 내가 아내로 삼게 하였느냐?[2] 이제 네 아내를 데리고 떠나라." 20 파라오가 사람들에게[3] 명하여 그들이 아브람과 아내와 그의 모든 소유와 함께 **동행하였다.**[4]

아브람에게서 갈라진 롯

13,1 아브람은 아내와 모든 자기 소유와 롯과 함께 이집트에서 나와 남쪽으로 올라갔다. 2 아브람은 가축과 은과 금으로 매우 **강해졌다.** 3 그는 남쪽에서 떠나 베텔까지, 곧 베텔과 아이 사이에 처음 천막을 **쳤던** 지역까지 이동하였다.[5] 4 그곳은 처음 제단을 만든 장소로서, 거기서 아브람은 주님의 이름으로 **기도하였다.**[6]

5 아브람과 함께 간 롯에게도[7] 양과 소와 천막이 있었다. 6 그 땅은 그들이 함께 머무르는 것을 버텨내지 못하였다.[8] 그들의 재산이 너무 많아서 함께 머무를 수 없었던 것이다. 7 아브람 가축의 목자들과 롯 가축의 목자

---

1) 히브리어 נגע(치다, 재앙을 내리다)를 옹켈로스는 אתי(오다, 닥치다), 차명 요나탄과 네오피티는 גרי(자극하다, 괴롭히다) 동사로 옮겼다.

2) 차명 요나탄은 바로 재앙이 터져 파라오가 사라이에게 접근하지 못했음을, 사라이가 수치를 당하지 않았음을 파라오의 말로써 밝힌다.

3) 네오피티는 "지도자들"(גוברין רברבין)이라고 옮긴다.

4) 히브리어 '보내다'(שלח)를 옹켈로스와 차명 요나탄은 '동행하다, 배웅하다'(לוי)로 옮김으로써, 아브라함이 내쫓긴 것이 아님을 암시하였다.

5) 차명 요나탄은 '돌아오다'(תוב)를 덧붙인다.

6) 12,8 참조.

7) 차명 요나탄은 "아브람 덕분에 따라온 롯"이라고 하였다.

8) 네오피티는 그들이 머무를 "소유지"(אחסנה)가 없었다고 옮긴다.

들 사이에 **다툼이**[9] 있었다. 그때 그 고장에는 가나안족과 프리즈족이 살고 있었다.[10]

8 아브람이 롯에게 말하였다. "나와 너 사이에, 내 목자와 네 목자 사이
에 **다툼이**[11] 있어서는 안 된다. 우리는[12] 혈육을 나눈 친족이다.[13] 9 온 땅이
네 앞에 있으니 나와 갈라지지 않겠느냐? 이제 네가 **북쪽으로** 가면 나는 **남쪽으로**, 네가 **남쪽으로** 가면 나는 **북쪽으로** 가겠다."[14] 10 롯은 눈을 들어[15]
요르단 평원을 둘러보니, 곳곳이 물을 댈 수 있는 곳이었다. 주님께서 소돔과 고모라를 멸망하시기 전이라, 초아르에 이르기까지 마치 주님의 동산 같고 이집트 땅 같았다.[16] 11 롯은 요르단 온 평원을 선택하고 먼저 동쪽
으로 옮겨갔다. 그들은 서로 친족에게서 갈라졌다. 12 아브람은 가나안 땅

---

9) 히브리어 ריב(분쟁, 시시비비)를 옹켈로스는 מצו(다툼), 차명 요나탄과 네오피티는 동사 דון(논쟁하다, 소송을 벌이다)으로 옮긴다.

10) 차명 요나탄과 네오피티에 따르면, 아브람의 목자들은 아브람의 지시를 받고(מיפקדין) 가축들에게 입마개를 씌워(והוו זממין בעיריהון) 가나안족과 프리즈족에게 피해를 입히지 않았으나, 롯의 목자들은 그렇게 하지 않아 분란이 생겼음을 보충 설명한다.

11) 히브리어 מריבה(분쟁, 시시비비)를 타르굼들은 מצו(다툼)로 옮긴다.

12) 네오피티는 "나"(אנה)라고 하였다.

13) 네오피티는 친족이나 "마찬가지"(היך)라는 말을 덧붙인다.

14) 히브리어 "왼쪽"(שמאל)과 "오른쪽"(ימין)을 타르굼들은 "북쪽"(צפון)과 "남쪽"(דרום)으로 옮겼다.

15) 히브리어 נשא(들다)를 옹켈로스와 차명 요나탄은 זקף, 네오피티는 נטל 동사로 옮긴다. 차명 요나탄은 롯이 "음탕하게"(לזנו) 눈을 들었다고 덧붙인다.

16) 차명 요나탄은 "네가 초아르에 들어가기까지 마치 주님의 동산처럼 나무가, 이집트 땅처럼 열매가 감탄할 만하였다"고 부연하였다. צוער(초아르)를 차명 요나탄과 네오피티에서는 זער(조아르)라고 표기하였다.

에 살고 롯은 평원의 성읍들에 살았다. 그는 소돔에까지 (천막을) 펼쳤다.[1]
13 그런데 소돔 사람들은 **자기 재물들을 가지고** 사악하게 굴고 **육체적으로도** 주님 **앞에** 심하게 죄를 지었다.[2]

14 롯이 아브람에게서 갈라진 뒤, 주님께서 아브람에게 말씀하셨다. "눈을 들어 네가 있는 곳에서 북쪽과 남쪽, 동쪽과 서쪽을 둘러보아라. 15 네가 둘러본 온 땅을 너와 네 **자손들에게**[3] 영원히 준다. 16 내가 네 **자손들을** 땅의 먼지처럼 **많게** 하겠다. 땅의 먼지를 셀 수 **없듯이** 네 **자손들도** 셀 수 **없을 것이다**.[4] 17 자, 일어나 이 땅을 세로로 가로로 다녀 보아라.[5] 내가 너에게 주겠다." 18 아브람은 천막을 접고 헤브론의 마므레 **평원으로**[6] 가 자리를 잡고는, 거기서 주님 앞에 제단을 세웠다.

위기에 처한 롯

14,1 그때는 **바벨** 임금 아므라펠과[7] 엘라사르 임금 아르욕,[8] 엘람 임금

---

1) 히브리어로는 '천막을 치다'(אהל)이다. 옹켈로스는 '펼치다'(פרס), 차명 요나탄과 네오피티는 명사를 덧붙여 '천막을 펼치다'(פרס למשכניה)라고 옮겼다.

2) 차명 요나탄과 네오피티는 이 밖에도 '치부를 드러내고 무죄한 피를 쏟으며 이방 신을 숭배하는' 소돔 사람들의 죄악을 덧붙여 나열한다.

3) 히브리어 '후손'(זרע)을 타르굼들은 자주 '자손'(בר)으로 옮긴다.

4) 차명 요나탄은 히브리어 성경대로 긍정문으로 옮긴다. "땅의 먼지를 셀 수 있는 이라야 네 자손도 셀 수 있을 것이다."

5) 차명 요나탄은 "자, 일어나 이 땅을 세로로 가로로 다니며 차지하여라"고 덧붙인다.

6) 차명 요나탄은 "마므레의 환시"(בחיזוי ממרא), 네오피티는 "환시의 평원"(במישריה חזוה)이라고 옮긴다. 12,6 참조.

7) 차명 요나탄은 "아므라펠"을 "아브람을 불에 던지라고 말한 폰투스 임금 니므롯"이라고 덧붙여 소개한다.

8) 차명 요나탄은 "거인처럼 키가 큰 틀라사르 임금" 아르욕이라고 보충한

크도를라오메르,[9] **민족들의** 임금 티드알의[10] 시절이었다. 2 그들은 소돔 임
금 베라, 고모라 임금 비르사,[11] 아드마 임금 신압,[12] 츠보임 임금 세므에베
르,[13] 벨라 임금 초아르와 전쟁을 벌였다.[14] 3 이들은 모두[15] **들판의 평원**[16] 곧
소금 바다의 **한 장소로**[17] (와) **모였다.** 4 그들은 십이 년 동안 크도를라오메
르를 섬겼다가 십삼 년째에 반란을 일으킨 것이다.[18] 5 십사 년째에 크도를

다. 페시타에서는 "들라사르 임금"(ܡܠܟܐ ܕܐܠܐܣܪ)이라 하였다.

9) 차명 요나탄에서 "크도를라오메르"(כדרלעמר)는 "곡식단(오메르[עומר])처럼 작고 (뭘 잘) 뒤집는 엘람 임금"이라 소개된다.

10) 히브리어 고유명사 "고임"(גוים)을 보통명사 '민족, 이방인'(גוי)의 복수형으로 이해하였다. 칠십인역도 "민족들의 임금"(βασιλεὺς ἐθνῶν)이라 하였다. 차명 요나탄은 "티드알"(תדעל)을 "여우처럼 교활하고 굴복당한 민족들의 임금"이라고 소개한다.

11) 차명 요나탄은 "베라"(ברע)와 "비르사"(ברשע)에게 "행실이 악한/사악한" 임금이라고 덧붙인다. 두 이름 속에 '악'(רע, רשע)의 의미가 담겨 있다.

12) 차명 요나탄은 "신압"(שנאב)을 "심지어 자기 아버지를(אב) 미워한(שני)" 임금이라고 소개한다.

13) 차명 요나탄은 "세므에베르"(שמאבר)를 "불륜(음행)으로 자기 몸을 망가뜨린" 임금이라고 하였다.

14) 차명 요나탄과 네오피티에서는 "거류민들을 삼켜버린(בלע) 도성의 임금 초아르"와 전쟁을 벌였다고 한다.

15) 네오피티는 "이 임금들 모두"(כל אלין מלכייא)라고 하였다.

16) 히브리어 "시띰 골짜기"(אל־עמק השדים)를 옹켈로스는 "들판의 평원"(למישר חקליא), 차명 요나탄과 네오피티는 "정원의 평원"(למישר פרדיסיא)이라고 하였다.

17) 차명 요나탄은 이곳을 "물줄기가 솟았다가 버려지는 소금 바다의 한 장소"라고 부연한다.

18) 히브리어 성경과 옹켈로스를 직역하면 '십이 년은 섬기고 십삼 년은 반란을 일으켰다'이다. 차명 요나탄과 네오피티는 "십삼 년째 해에"(ובתליסירי שנין)

라오메르는 자기 편인 임금들을 이끌고 나가, 아스타롯 카르나임에서는 **거
인들을**,[1] **함타에서는 용사들을**,[2] 샤웨 키르야타임에서는[3] **무시무시한 이
들을** 쳤다.[4] 6 세이르 산악 지대에서는[5] 호르족도 (쳐서) 광야에서 **가까운**
파란 **평원까지**[6] 이르렀다. 7 그들은 돌아서 **심판이 내려진 평원인**[7] **레캄으
로**[8] 가, 아말렉족의 모든 들판과 **엔 게디에**[9] 자리 잡은 아모리족도 쳤다.
8 그러자 소돔 임금, 고모라 임금, 아드마 임금, 츠보임 임금, 벨라 임금
초아르가 나와 **들판의 평원에서** 함께 전열을 갖추었다. 9 엘람 임금 크도
를라오메르, 민족들의 임금 티드알, **바벨** 임금 아므라펠, 엘라사르 임금 아
르욕 등 이 네 임금들이 다섯에게 맞섰다. 10 그 **들판의 평원에는** 역청이

반란을 일으켰다고 하였다.

1) 히브리어 "라파족"(רפאים)을 타르굼들은 모두 "거인들"(גִיבריא), 칠십인역도 "거인들"(τοὺς γίγαντας)이라고 하였다.

2) 네오피티에서는 "그들 가운데 특별한 이들"(דהוון שריין בגווה דקרתה)이다.

3) 네오피티는 "키르야타임"(קריתים)을 "성읍에 사는"이라고 풀어서 옮겼다.

4) 히브리어 성경에서 5절의 세 종족은 '라파족'(רפאים), '주즈족'(זוזים), '엠족'(אימים)이다. '치다'를 네오피티는 '죽이다'(קטל)로 옮긴다.

5) 차명 요나탄은 "가블라 고산 지대"(דבטווריא רמיא דגבליא), 네오피티는 "가블라 산지"(בטורא דגבלא)라고 하였다.

6) 히브리어 성경에서는 "엘 파란까지"(עד איל פארן)이다. 네오피티는 "파란 경계에까지"(עד דגבולא דפארן)라고 하였다.

7) 히브리어 성경 "엔 미스팟"(אל־עין משפט)을 네오피티는 "심판의 샘"(לעין דינא), 차명 요나탄은 "다툼의 샘에서 모세 예언자의 심판이 내려진 장소"라고 부연한다.

8) 히브리어로는 "카데스"(קדש)이다.

9) 히브리어로는 "하차촌 타마르"(בחצצן תמר)이다. 네오피티는 "대추야자 나무(타마르)가 (우거진) 엔 게디"(בעין־גדי תמריא), 페시타는 "엔 게디"(ܥܝܢ ܓܕܝ), 칠십인역은 "아사산타마르"(Ασασανθαμαρ)라고 하였다.

올라오는 구덩이들이[10) 있어, 소돔 임금과 고모라 임금은 달아나다 거기에 빠졌고 나머지들은 산으로 달아났다. 11 그들은 소돔과 고모라의 모든 소유물과 양식을 **빼앗아** 떠났다. 12 그들은 아브람의 조카이자 소돔에 사는 롯과, 그의 모든 소유물도 **빼앗아** 떠났다.

13 도망자 하나가[11) 히브리인 아브람에게 알렸다. 그는 아모리족의 마므레 **평원에** 살면서 에스콜과도 형제로, 아네르와도 형제로 지냈다. 이들은 아브람과 계약을 맺은 사람들이다.[12) 14 아브람은 조카가[13) 붙잡혔다는 말을 듣고, 자기 집에서 태어난 **장정들**[14) 삼백열여덟 명을 **무장시켜**[15) 단까

---

10) 히브리어 성경에서는 "역청 구덩이"(בארת חמר)다. 차명 요나탄과 네오피티에서는 "역청이 들어찬 구덩이"(בירין מליין חחמרא)라고 하였다.

11) 차명 요나탄은 아브람에게 알린 도망자를 '옥'(עוג)으로 소개하고 그와 관련된 일화를 길게 부연한다. 곧 거인족들한테서 달아나 홍수를 피해 방주에 올라 살아남은 옥은, 세상의 지도자들 사이에 끼어 있다가 임금들 손에 롯이 붙잡힌 것을 보고 아브람에게 알리고자, 파스카 날 저녁에 누룩 없는 빵을 만드는 아브람을 찾아온다.

12) 차명 요나탄과 네오피티는 이들을 아브람과 계약을 맺은 "지도자들"(מרי)이라 하였다.

13) 12절에서는 "조카"(בן־אחי)였으나 여기서 히브리어는 "형제"(אחיו)이다. 옹켈로스와 차명 요나탄은 히브리어 성경대로 옮기고(אחוי), 네오피티만 "조카"(בר אחוי)라고 수정한다. 편의상 모두 조카로 옮긴다.

14) 히브리어로는 "자기 집에서 태어나 훈련받은 이들"(את־חניכיו לידי ביתו)이다. 차명 요나탄은 "자기 집에서 자라고 전쟁을 위해 훈련받은 장정들", 네오피티는 "자기 집에서 훈련받은 장정들"이라고 하였다.

15) 네오피티는 "삼백열 명"(תלת מאה עשר)이라고 하였다. 차명 요나탄은 '훈련받은 장정들을 무장시켰으나 그들은 나가려 하지 않았다'고 부연한다.

지 쫓아갔다.[1] 15 아브람과 그의 종들은 밤새 그들에 맞서 (편을) 갈라[2] 공격하고 다마스쿠스 **북쪽** 호바까지 추격하였다.[3] 16 그는 모든 재물들, 곧 조카 롯과 그의 재물들도 다시 가져오고 여자들과 백성도 다시 데려왔다.

예루살렘 임금 멜키체덱

17 (아브람이) 크도를라오메르와 그와 함께한 임금들을 공격하고 돌아온 뒤, 소돔 임금이 임금의 **경주장이 있는 장소인 반반한 평원으로**[4] 그의 앞에 나왔다. 18 **예루살렘** 임금 멜키체덱도[5] 빵과 포도주를 가지고 왔다. 그

---

1) 네오피티는 "카이사리아"(קיסרון)까지 쫓아갔다고 옮긴다. 차명 요나탄은, 아브람이 그들 가운데 니므롯의 아들 엘리에제르를 뽑았는데, 그의 힘이 삼백 열여덟 명을 합친 것에 맞먹어 그가 단까지 추격하였다고 부연한다.

2) 히브리어 본문을 '그들에 맞서 밤이 갈라졌다'(ויחלק עליהם לילה)고 읽을 수 있다. 차명 요나탄은 히브리어 성경대로 '밤이 그들을 위해 길에서 갈라졌다'(ואתפלג להום ליליא באורחא)고 옮긴다. 그러나 옹켈로스는 전치사를 덧붙여, '밤이'(לילה) 갈라진 것이 아니라 '밤에'(בליליא) 아브람과 종들이 편을 가른 것이라고 하였다. 아울러 차명 요나탄은 밤이 갈라진 것을 두고 부연한다. 곧 "반은 임금들을 무릎 꿇리고 반은 이집트의 맏배들을 치려고 매복하였다." 둘로 갈라진 밤 가운데 하나는 아브람의 적들을 치고, 남은 밤은 이집트를 치려고 유보되었다는 것이다.

3) 히브리어 성경에서는 "다마스쿠스의 왼쪽"(משמאל לדמשק)이다. 차명 요나탄은 지명 '호바'(חובה)의 뜻(죄)을 풀어, 아브라함이 "단에서 장차 저질러질 죄를 기억해낸 곳"(דאידיכר חובא דעתיד למיהוי בדן)이라고 밝힌다.

4) 히브리어 성경은 "임금의 골짜기인 샤웨 골짜기"라고 하였다. 옹켈로스와 차명 요나탄의 "반반한 평원"(למישר מפנא)을 네오피티는 "정원의 평원"(במישר פרדסיא), 네오피티 여백 각주는 "환시의 평원"(למשרה דחזוה)이라고 하였다.

5) 차명 요나탄은 "멜키체덱"(מלכי־צדק)을, "의로운 임금 곧 노아의 아들이자 예루살렘 임금인 셈", 네오피티는 "예루살렘 임금 멜키체덱 곧 위대한 셈"

는 지극히 높으신 하느님 **앞에서 섬기는** 이였다.[6] 19 그는 아브람을 축복
하며 말하였다.

"하늘과 땅을 소유하신[7]
지극히 높으신 하느님 **앞에서**
아브람은 복을 받으리라.
20 너의 원수를 네 손에 넘기신[8]
지극히 높으신 하느님께서는 찬미받으소서."

아브람은 모든 것에서[9] 십분의 일을 그에게 주었다. 21 소돔 임금이 아
브람에게 말하였다. "사람들은[10] 내게 돌려주고 재물들은 당신이 가지시
오." 22 아브람이 소돔 임금에게 말하였다. "하늘과 땅을 소유하신 지극히
높으신 하느님, 주님 **앞에** 손을 높이 들어 **기도합니다**.[11] 23 실 한 가닥 신
발 끈 하나라도 내가 당신의 것 가운데 뭐든 가질 것 같소? '내가 아브람을

이라고 부연하였다. 히브리어 성경의 "살렘"(שלם)을 당대의 지명으로 바꾼다(ירושלים).

6) 히브리어 성경에서는 "지극히 높으신 하느님의 사제"(כהן לאל עליון)이다. 네오피티는 "대사제로서 지극히 높으신 하느님 앞에서 섬기는 사제"라고 하였다. 반면 옹켈로스와 차명 요나탄은 멜키체덱을 '사제'라고 하지 않았다.

7) 차명 요나탄은 "의인들을 위해"(דבנין צדיקיא)라고 덧붙인다.

8) 차명 요나탄은 아브람의 원수를 "공격을 받은 방패처럼 만드신", 네오피티는 "그대 앞에서 부수신" 하느님이라고 옮겼다.

9) 차명 요나탄은 "그가 돌려준 모든 것에서"(מכל מה דאתיב)라고 덧붙였다.

10) 차명 요나탄에서는 "당신이 돌아오게 한 내 백성의 사람 목숨들"이라고 하였다.

11) 히브리어로는 '손을 높이 들다'(הרים יד)이다. 옹켈로스는 '기도한다'(בצלו), 차명 요나탄과 네오피티는 '맹세한다'(בשבועה)고 덧붙였다.

부자가 되게 하였다.'고는 절대 말하지 마시오.[1] 24[2] 장정들이 먹은 것은 빼고[3] 나와 함께 간 사람들, 곧 아네르와 아스콜과 마므레의 몫은 (주시오.) 이들은 자기들 몫을 받아야 하오."

아브람의 환시

15,1[4] 이런 일들이 있은 뒤 주님의 말씀이 아브람에게 **예언으로**[5] 내렸다. "아브람아,[6] 두려워하지 마라. 나의 **메므라는 너에게 힘이 되고**[7] 너의

---

1) 차명 요나탄은 '자랑 삼아 말하지 말라'(ולא תהי מתרברב למימר)고 하였다.

2) 차명 요나탄은 이 구절을 시작하면서 "나한테 모든 전리품에 대한 권한이 없지는 않소"라고 부연하였다. 히브리어 성경의 "나는 빼시오"(בלעדי)를 옹켈로스는 생략한다.

3) 차명 요나탄과 네오피티는 "나는 빼고"(דבר מיני) "장정들/젊은이들이 먹은 것"은(אכלו עולימיא/טליא) 몫을 챙기는 데 포함시킨다.

4) 차명 요나탄과 네오피티는 '주간별 오경 독서 주기'(פרשה)의 한 대목인 '레크 레카' 대목을 시작하며 아브람이 무엇을 두려워하는지를 상술한다. 곧 이 세상에서는 계명을(토라) 지킨 것에 따른 보상을 받으나 다음 세상에서는 몫이 없다는 것, 아브람이 죽인 적들의 형제 친척들이 다시 몰려올 것이라는 것이다. 그러나 주님의 말씀은 환시 속에서, 다음 세상에서도 보상이 마련될 것을 약속하신다.

5) 히브리어 성경에서는 "환시로"(במחזה) 내렸다고 하였다. 옹켈로스에서는 주님의 말씀이 "예언으로"(בנבואה) 내리고, 네오피티에서는 주님 앞에서 "예언의 말씀"(פתגם דנבו)이 내린다.

6) 차명 요나탄에는 빠져 있다.

7) 히브리어 성경에서는 "나는 너의 방패다"(אנכי מגן לך)이다. 차명 요나탄은 "그들이 군대들과 연합하여 나에게 맞서러 오더라도 나의 메므라가 너에게 방패가 될 것이다", 네오피티는 "많은 군대들이 연합하여 너를 죽이러 오더라도 나의 메므라가 너에게 방패가 될 것이고 이 세상에서 너를 보호할 것"이라

보상은 매우 클 것이다."[8] 2 아브람이 아뢰었다. "주 **하느님**,[9] 저에게 무엇
을 주신다는 것입니까?[10] 저는 아들도 없고[11] 제 집안에 있는 **관리자는**[12] 다
마스쿠스 사람 엘리에제르뿐입니다."[13] 3 아브람이 아뢰었다. "저에게 **아들**
을 주지 않으셔서 제 집안 사람이 저를 상속하게 생겼습니다." 4 주님의 말
씀이[14] 그에게 내렸다. "네 상속자는 그가 아니다. 오로지 **네가 낳은 아들이**

고 부연한다.

8) 차명 요나탄은 "이들이 이 세상에서 네 앞에 쓰러질 뿐 아니라, 너의 착한 행실은 보상이 지켜지고 다음 세상에서 내 앞에서 몹시 큰 (보상이) 마련될 것이다", 네오피티는 "내가 이 세상에서 너의 적들을 네 앞에 넘겨줄 뿐 아니라, 너의 착한 행실은 다음 세상에서 보상이 내 앞에서 너에게 마련될 것이다"라고 덧붙였다.

9) 히브리어 אדני יהוה(주 하느님)를 옹켈로스와 차명 요나탄은 ײי אלהים(주 하느님)으로 옮기고, 네오피티는 בבעו ברחמין מן־קדמך ײי(주님, 당신 앞에 자비를 간청합니다)라고 덧붙인다.

10) 차명 요나탄과 네오피티는 "저한테 많은 것을 주셨고 제게 주신 것이 당신 앞에 (아직) 많습니다"라고 덧붙였다.

11) 차명 요나탄은 "제가 아들도 없이 세상에서 지나갈 텐데 다 무슨 소용이겠습니까?"라고 부연하였다.

12) 히브리어 בן־משק(메섹의 아들)의 의미가 모호하다. 옹켈로스와 차명 요나탄은 בר פרנסא(관리자)라고 하였다. 칠십인역은 히브리어처럼 ὁ υἱὸς Μασεκ이다.

13) 차명 요나탄은 "다마스쿠스에서 저를 위해 그 손으로 기적을 일으켰던 제 집안의 관리자 엘리에제르가 제 상속자가 되려고 하겠습니까?", 네오피티는 "다마스쿠스에서 저를 위해 그 손으로 기적을 일으켰던 제 집안 사람 엘리에제르가 제 상속자입니다"라고 옮겼다.

14) 히브리어 דבר(말씀)를 옹켈로스와 차명 요나탄은 아람어 פיתגמא로 옮기고 네오피티는 פתגם דנבו(예언의 말씀)라고 하였다.

[1] 네 상속자가 될 것이다." 5 그리고 그를 밖으로 데리고 나가 말씀하셨다.
"하늘을 쳐다보고 별들을 셀 수 있으면 세어 보아라." 또 말씀하셨다. "네
자손들이 이렇게 될 것이다." 6 그는 주님의 **메므라를** 믿었고, 그의 죄 없
음을[2] 그분께서 인정하셨다.

7 그분께서 그에게 말씀하셨다. "나는 이 땅을 너에게 주어 물려받게 하
려고, 너를 칼데아의 우르에서[3] 데리고 나온 주님이다." 8 아브람이 아뢰
었다. "주 **하느님**, 제가 그 땅을 물려받을지 어떻게 알 수 있습니까?" 9 주
님께서 그에게 말씀하셨다. "내 **앞에** 암송아지 **세 마리**, 암염소 **세 마리**, 숫
양 **세 마리**,[4] 산비둘기와 집비둘기를[5] 한 마리씩 **바쳐라**."[6] 10 그는 이 모
든 것을 그분 **앞에 바치고** 그것들을 **똑같이 갈라**,[7] **가른** 것을 서로 마주보

---

1) 히브리어 성경에서는 "너의 몸에서 나온 이"(אשר יצא ממעיך)다. 옹켈로스와 차명 요나탄은 완곡적으로 "네가 낳은 아들"(בר דתוליד), 네오피티는 히브리어 성경대로 "너의 몸에서 나온 이"(מן דיפוק מן מעיך)라고 하였다. '몸'(מעה)은 '허리, 창자, 자궁' 등을 가리킨다.

2) 차명 요나탄은 "그분 앞에서 말로 거역하지 않은 그의 죄 없음"이라고 부연한다.

3) 차명 요나탄과 네오피티는 '우르'(אור) 대신에 "불타는 화덕"(מאתון נורא)이라고 옮긴다.

4) 히브리어 משלשת(삼 년 된)을 옹켈로스는 תלת(셋, 세 마리)로 이해하였고, 차명 요나탄과 네오피티는 여기에(셋) '해'(שנה)를 덧붙였다. 한편 차명 요나탄은 "삼 년 된 숫염소, 삼 년 된 암염소"(וברחא בר תלת שנין ועיזא ברת תלת שנין)라고 하여 '숫양'을 '숫염소'로 옮기고 순서를 바꾸었다.

5) 히브리어 גוזל(집비둘기)을 옹켈로스는 בר־יונה, 차명 요나탄은 תסילא בר יוון, 네오피티는 גוזל בר־יון이라고 옮긴다. 편의상 모두 '집비둘기'라 하였다.

6) 차명 요나탄은 "나에게 예물들을 가져와라"(סב לי תקרובתין)를 덧붙였다.

7) 히브리어로는 '그것들을 가운데에서 자르다'(ויבתר אתם בתוך)이다.

게 놓았다. 새들은 **가르지** 않았다. 11 **새들이 가른 것에** 내려앉자[8] 아브람이 그것들을 **돌려보냈다**.[9]

12 해가 들어갈 무렵,[10] 아브람 위로 잠이 떨어졌다.[11] 큰 어둠의 공포가 그에게 쏟아졌다.[12] 13 주님께서 아브람에게 말씀하셨다. "잘 알아두어라. 네 **자손들은** 사백 년 동안 자신들의 것이 아닌 땅에서 **거류민들이** 되어 종

---

8) 히브리어 본문은 맹금이 "죽은 짐승 위에" 내려왔다고 하였다. 차명 요나탄은 구절 서두에 "부정한 새들을 좋아하는 민족들이 이스라엘의 소유물들을 약탈하려고" 내려왔다고 하고, 네오피티는 이 구절 다음에 "맹금이 내려앉아 자른 것 위에 맴돌았다. 어떤 종류인가? 이것은(맹금) 부정한 맹금, 이것은(죽은 짐승) 부정한 새다. 이것들은 땅의 왕국들로서, 그들이 이스라엘 집안에 맞서 악의적인 권고를 할 때 그들의 조상 아브람의 공로가 그들을 구하였다"고 길게 보충 설명한다.

9) 차명 요나탄은 "아브람의 공로가 그것들을 보호하였다", 네오피티는 "아브람의 공로가 그들을 구하였다"고 하였다.

10) 차명 요나탄은 "해가 거의 가라앉을 무렵"(והוה שמשא קריבא למטמוע), 네오피티는 "해가 가라앉을 때"(והוות שמשה אישון למטמע)라고 하였다.

11) 차명 요나탄은 "깊은 잠이 쏟아졌다"(ושינתא עמיקתא אתרמיית), 네오피티는 "달콤한 잠이 떨어졌다"(ושנה בסימה נפלת)라고 묘사한다.

12) 차명 요나탄과 네오피티는 아브람이 깊은 잠에 빠져 목격한 네 왕국들의 모습을 부연한다. 곧 바빌론을 가리키는 '공포'(אימתא דא היא בבל), 메디아를 가리키는 '어둠'(קבלא דא היא מדיי), 그리스를 가리키는 '거대함'(סגיאה דא היא יון), 에돔을 가리키는 '함락'(נפלא דא היא אדום)인데, 이 네 왕국이 장차 아브람의 자손들을 노예로 삼으려고 일어난다는(קיימין למשעבדא ית בנוי) 것이다. 아울러 에돔을 두고는 "장차 쓰러져 일어나지 못할"(דעתידה למיפל ולית לה זקיפא) 에돔이라 하면서, "거기에서 이스라엘 집안의 백성이 올라올 것"이라고 서술한다. 네오피티에서는 '에돔'에 해당하는 문장이 지워졌다.

살이하며 고통을 겪을 것이다. 14 그러나 그들이 섬길 민족도[1] 내가 심판하리라.[2] 그러고 나서 그들은 많은 재산들을 가지고 나올 것이다.[3] 15 너는 평화로이 네 조상들에게 **소집되어** 장수를 누리다 묻힐 것이다.[4] 16 네 번째 세대가[5] 이리로 돌아올 것이다.[6] 아모리족의 죄가 아직 끝나지 않았기 때문이다."

17 해가 들어가고 어두워질 무렵,[7] 연기 나는 화덕과 불타는 횃불이[8] 가른 것들 사이를 지나갔다. 18 그날 주님께서 아브람과 계약을 맺으시고[9] 말씀하셨다. "내가 이 땅을 이집트의 강에서[10] 큰 강 유프라테스 강까지 너

---

1) 네오피티는 "그들을 종살이시킬 민족"(אמתא די ישעבדון)이라고 하였다.

2) 네오피티는 '복수하다'(פרע) 동사로 옮기고, 차명 요나탄은 "이백오십 가지의 재앙"(במאתן וחמשין מחן)으로 심판하겠다고 부연한다.

3) 차명 요나탄은 그들이 "자유롭게"(לחירותא) 나오리라고 덧붙였다.

4) 차명 요나탄은 '아브라함의 영혼이 평화로이 쉰다'(בשלם תנוח נפשך)고 덧붙인다.

5) 차명 요나탄은 "네 자손들의 네 번째 세대"(דרא רביעאה דבנך)라고 하였다.

6) 차명 요나탄은 "(땅을) 물려받으러"(למירתא) 돌아온다고 하였다.

7) 차명 요나탄은 "아브람은 게헨나를 보았다"(חמא אברם גיהינם)고 덧붙인다.

8) 차명 요나탄은, 게헨나에서 "사악한 이를 심판하기 위해 숯이 타서 연기가 오르고 불꽃이 튀고 있었다"고 부연한다. 한편 네오피티는, 아브람이 의자들이 모여 있고 어좌들이 던져져 있는 것을 보았는데, 타오르는 불꽃으로 둘러싸인 오븐 곧 화덕에 비할 만한 게헨나가 있었고 그 한가운데 사악한 이들이 떨어졌으니, 그들은 이 세상에 살면서 토라를 거슬러 반역을 저질렀으며, 의인들은 토라를 지켜 고통에서 구원되었다고 서술한다.

9) 차명 요나탄에서는 주님께서 "아브람의 자손들은 심판하지 않으시고 왕국들로부터 그들을 구원하시기로" 약속하셨음을 덧붙인다.

10) 차명 요나탄과 네오피티는 "이집트의 강"(נהר דמצרים)을 "이집트의 나일강"(נילוס מצרים)이라고 하였다.

의 자손들에게 준다. 19 곧 (그것은) 카인족,[11] 크나즈족, 카드몬족,[12] 20 히타이트족, 프리즈족, **거인족**,[13] 21 아모리족, 가나안족, 기르가스족, 여부스족의 땅이다."

하가르와 이스마엘의 도망

16,1 아브람의 아내 사라이는 그에게 아이를 낳아 주지 못하였다. 그에게는 이집트인 여종이 있었는데 그의 이름은 하가르이다.[14] 2 사라이가 아브람에게 말하였다. "주님께서 나에게 출산을 막으시니 이제 내 종에게 드세요.[15] 나도 그에게서 아들이 생기는 셈이니까요." 아브람은 사라이의 말을 **받아들였다**. 3 아브람의 아내 사라이는 이집트인 여종 하가르를 데려왔다. 아브람이 가나안 땅에 머문 지 십 년이 지나면서, 그 여자를 남편 아브람에게 아내로 준 것이다. 4 아브람이 하가르에게 들어 그가 임신하였다. 그는 임신한 것을 알고는 안주인을[16] 가볍게 보았다. 5 사라가 아브람에게

---

11) 차명 요나탄과 네오피티는 "샬마이족"(שלמיא)이라고 수정하였다.

12) 네오피티는 뜻을 풀어 "동방족"(מדינחאי)이라고 하였다.

13) 14,5 참조.

14) 차명 요나탄은, 하가르는 파라오의 딸로서 파라오가 사라이를 아내로 삼은 벌로 주님의 메므라가 그를 치실 때(12,17-20), 자기 딸을 사라이에게 종으로 주었다는 전승을 부연으로 소개한다.

15) 차명 요나탄은 1절에 이어서, 사라이가 '그를 자유로 풀어주라'고(ואחררינה) 청하였음을 부연한다. 3.5절에서도 풀어줄 것을 반복해서 밝힌다.

16) 차명 요나탄과 네오피티는 "안주인의 영예"(איקר ריבונתא)를 가볍게 보았다고 묘사한다.

말하였다. "당신과 **담판을 지어야겠습니다.**[1] 나는 **당신에게**[2] 내 여종을 주
었는데 그가 자신이 임신한 것을 알고는 나를 가볍게 보았습니다. 주님께
서 나와 당신 사이를 심판하셔야 합니다."[3] 6 아브람이 사라이에게 말하였
다. "당신의 여종은 당신 손에 있소. 당신 보기에 적절하게 처리하시오." 사
라이가 하가르를 괴롭히자 하가르는 사라이 앞에서 달아났다.

7 주님의 천사가 광야의 샘 곧 **하그라로**[4] 가는 길에 있는 샘에서 하가르
를 발견하였다. 8 그가 말하였다. "사라이의 여종 하가르야, 너는 어디에서
와서 어디로 가느냐?"[5] 그가 말하였다. "저는 저의 안주인 사라이 앞에서
달아났습니다." 9 주님의 천사가 말하였다. "너의 안주인에게 돌아가 종살
이하고 그에게 복종하여라." 10 주님의 천사가 그에게 말하였다. "내가 네
자손들을 번성하게 하겠다. 너무 번성하여 셀 수 없을 것이다." 11 주님의

---

1) 히브리어 성경은 "내가 (겪은) 부당함은 당신 때문입니다"(חמסי עליך)라고 하였다. 차명 요나탄에 따르면, 사라이는 아브람이 자신을 정당하게 대할 것을 믿었기에, 아버지의 집을 떠나 외국 땅으로 따라 나섰고, 아이를 낳지 못하여 여종까지 내 주었는데, 오히려 치욕을 당하게 되었다고 하소연한다. 네오피티에서는 이 내용과 더불어, 사라이가 파라오와 아비멜렉 앞에 나서서 그가 오라비라고 말하여 아브람이 죽지 않게 되었는데, 자신의 심판과 굴욕, 모욕과 고통이 아브람 손에 넘어갔음을 부연한다.

2) 히브리어로는 "당신 품(가슴)에"(בחיקך)이다. 차명 요나탄은 노골적으로 "당신 품에 들어 눕게 하였다"고 묘사한다.

3) 차명 요나탄과 네오피티는, 그분께서 그분의 평화를 펼치시어 그들이 온 땅에 가득 차고, 하가르의 아들이 필요 없어질 것이라고 보충한다. 또한 하가르가 파라오의 딸이며 파라오는 아브람을 불타는 화덕에 던진 니므롯의 아들이라고 부연한다.

4) 히브리어 성경에서는 '수르'(שור), 네오피티는 '할루차'(חלוצה)라 하였다.

5) 네오피티는 너는 "어디에서든 네 주인 아브람의 집만 한 집을 찾기는 하였느냐?"라는 천사의 말을 덧붙인다.

천사가 그에게 또 말하였다.

"너는 임신 중이고
아들을 낳으리니
그의 이름을 이스마엘이라 불러라.
주님께서 네 **기도를 받아들이셨다.**[6)]

12 그는 사람들 **안에서 반역자가** 되리라.[7)]
그는 모두에게 **필요하고**
모든 사람도 그를 **필요로 하리라.**[8)]
그는 자기 형제들 앞에서[9)] 살아가리라."

13 (하가르는) **자기와 말씀을 나누신** 주님의 이름으로 **기도하며 아뢰
었다.**[10)] "당신께서는 **모든 것을** 보시는 하느님이십니다."[11)] 그가 말하였다.

---

6) 히브리어 성경은 "주님께서 네 고통을 들으셨다", 차명 요나탄은 "너의 고통이 주님 앞에 드러났다", 네오피티는 "너의 고통이 주님 앞에 들렸다"고 옮긴다. 모두 하느님의 의인화를 피한 번역이다.

7) 히브리어 성경은 이스마엘을 은유적으로 묘사하여, "그는 들나귀(ערד) 같은 사람이 되리라"고 하였다. 옹켈로스는 '반역자'(מרוד)라고 수정하고, 차명 요나탄과 네오피티는 "그는 사람의 자손들 안에서 들나귀 같아지리라"고 옮겼다.

8) 히브리어로는 "그의 손이 모두에게, 모두의 손이 그에게 있으리라"이다. 차명 요나탄은 "그의 손은 적들에게 복수할 것이고 그의 적들의 손은 그를 해치려고 뻗칠 것이다", 네오피티는 "그의 손이 모든 이를 지배하고 모든 이의 손이 그를 지배하리라"고 풀이하였다.

9) 네오피티는 "모든 민족 앞에서"(וקדם כל אומי), 차명 요나탄은 "섞여서"(יתערבב) 살아간다고 덧붙인다.

10) 히브리어 성경에서는 "주님의 이름을 불렀다"(ותקרא שם־יהוה)이다. 차명 요나탄은 "주님 앞에 감사드리며"(ואודיאת קדם ייי), 네오피티는 "주님 메므라의 이름으로 기도하며"(וצליית בשם ממריה דייי) 아뢰었다고 수정한다.

11) 히브리로는 "당신께서는 보시는 하느님"(אתה אל ראי)이다. 옹켈로스는

"그분께서 나에게 나타나신 뒤 나도 환시를 보기 시작했다."[1] 14 그러고 나서 그 우물은 '**살아 있는 천사가 나타난** 우물'이라고 불렀다.[2] 그곳은 **레캄과 하그라** 사이에[3] 있다.

15 하가르는 아브람에게 아들을 낳아 주었고 아브람은 하가르가 낳은 아들 이름을 이스마엘이라 불렀다. 16 하가르가 아브람에게 아이를 낳아 주었을 때 아브람은 팔십육 세였다.

하느님과의 계약과 아브람의 할례

17,1 아브람이 구십구 세 되었을 때 주님께서 아브람에게 **나타나시어** 말씀하셨다. "나는 엘샷다이이다.[4] 내 앞에서 **섬기고 완전해져라.**[5] 2 나

"모든 것을 보시는"(חזי כולא) 분, 차명 요나탄은 "당신께서는 살아 계시며 존재하시는 분, 보시지만 보이지 않는 분"(אנת הוא חי וקיים דחמי ולא מתחמי), 네오피티는 "영원무궁히 존재하시는 하느님"(אלהא קיים כל עלמייא)이라고 옮겼다.

1) 히브리어 본문의(הגם הלם ראיתי אחרי ראי) 의미가 모호하다. 차명 요나탄은 "환시가 있은 뒤에 환시가, 곧 주님 셰키나의 영광이 여기에서 드러났다", 네오피티는 "그분께서 나의 여주인 사라이에게 나타나신 뒤 지금 또 나에게 나타나셨다"고 옮겼다.

2) 히브리어 "브에르 라하이 로이"(בְּאֵר לַחַי רֹאִי)를 풀이하면 '나를 보신 살아 계시는 분의 우물'이다. 차명 요나탄은 "살아 계시며 존재하시는 분이 나타나신 우물", 네오피티는 "영원무궁히 존재하시는 분이 나타나신 우물"이라고 하였다.

3) 히브리어 성경에서는 "케데스와 베렛 사이"(בין־קדש ובין ברד)이다. 차명 요나탄과 네오피티는 "레캄과 할루차 사이"(ובים רקם ובין חלוצא)라고 수정한다.

4) 네오피티는 "하늘의 하느님"(אלהא שמיא)이라고 옮긴다.

5) 히브리어 성경에서는 "내 앞에서 걸어가고 흠 없이 되어라"(התהלך לפני והיה תמים)이다. 차명 요나탄은 "내 앞에서 섬기고 네 몸을 완전하게 하여라"(פלח קדמי והוי שלים בבישרך), 네오피티는 "내 앞에서 진실하게 섬기고 반듯한 행

는 내 **메므라와** 너 사이에 나의 계약을 주고 너를 매우 번성하게[6] 하겠다."
3 아브람이[7] 얼굴을 숙여 엎드리자[8] **주님께서** 그에게 말씀하셨다.
4 "나는 너와 내 계약을 **맺는다.**[9] 너는 많은 민족들의 아버지가 될 것이다.
5 네 이름은 더 이상 아브람이라 불리지 않고, 네 이름은 아브라함이 되리
라. 내가 너를 많은 민족들의 아버지로 삼았기 때문이다. 6 나는 너를 매우
번창하게 하고, 너를 **민족들을 다스릴 의회로** 삼아[10] 임금들이 너에게서 나
오게 하겠다. 7 나는 내 **메므라와** 너, 그리고 네 뒤에 오는 **자손들** 사이에 대
대로 내 계약을 영원한 계약으로 세우고, 너와 네 뒤에 오는 **자손들에게** 하
느님이 될 것이다. 8 나는 너와 네 뒤에 오는 **자손들에게** 네가 거주하는 땅,
가나안 온 땅을 영원한 소유지로 주고, 그들에게 하느님이[11] 되어 주겠다."
9 **주님께서** 아브라함에게 말씀하셨다. "너는 내 계약을 지켜야 한다. 너
와 네 뒤에 오는 **자손들이** 대대로 그렇게 해야 한다. 10 이것은 내 **메므라와**
너희와 네 뒤에 올 **자손들** 사이에서 지켜야 할 내 계약이다. 곧 너희 모든
남자들은 할례를 해야 한다.[12] 11 너희는 포피의 살을 잘라 할례를 해야 한
다. 그것이 내 **메므라와** 너희 사이의 계약의 표징이다. 12 너희 모든 남자는

실로 완전해져라"(פלח קדמי בקשטא והוה שלם בעבדא טבא)고 옮겼다.

6) 네오피티는 '번성하다'(רבה, סגי)를 '강하다'(תקף)로 옮긴다.

7) 차명 요나탄은 "아브람은 할례를 하지 않아 서 있을 수 없었"다고 부연한다.

8) 차명 요나탄은 얼굴을 숙여 '절하다'(גחן), 네오피티는 '쓰러지다, 엎드리다'(אשתטח)라고 옮긴다.

9) 히브리어 성경과 네오피티에는 '맺는다'(גזר)는 말이 없다.

10) 히브리어 성경에서는 "너를 민족들로 (만들어) 주겠다."(ונתתיך לגוים)이다.

11) 네오피티는 "나의 메므라로 그들에게 구원자 하느님"(בממרי להון לאלה פריק)이 되시겠다고 묘사한다.

12) 차명 요나탄은 "(그에게) 할례해 줄 아버지가 없더라도" 할례해야 한다는 단서를 붙인다.

대대로 여드레 만에 할례를 해야 한다. 집종과,[1] 너희에게서가 아닌 외국
인에게서 돈으로 산 종 모두 그렇게 해야 한다. 13 네 집종과 돈으로 산 종
도 할례를 해야 한다.[2] 이로써 너희 살로 맺은 내 계약은 영원한 계약이 될
것이다. 14 할례를 하지 않은 남자, 곧 자기 포피의 살을 자르지 않은 자,[3]
그 **사람은**[4] 자기 백성에게서 떨어져 나가리라. 그는 내 계약을 **바꾸었다**."[5]
15 **주님께서** 아브라함에게 말씀하셨다. "네 아내 사라이를 사라이라는
이름으로 부르지 마라. 그의 이름은 '사라'이다. 16 나는 (사라를) 축복하
여[6] 그에게서 네 아들을 주고 **너를**[7] 축복하겠다. 사라는 **의회가** 되고, 그
에게서 민족들을 **다스릴** 임금들이 나오리라." 17 아브라함은 얼굴을 숙여
엎드린 채 **기뻐서**[8] 속으로 말하였다. '백 살에 아들을 낳는다고? 사라가 아
흔 살인데 아이를 낳는다고?' 18 아브라함이 **주님 앞에** 아뢰었다. "이스마

---

1) 히브리어로는 '집에서 태어난 종'(יליד בית)이다. 차명 요나탄과 네오피티는 "너희 집에서 자란 종"(מרביייני בתיכון)이라 옮긴다.

2) 차명 요나탄은 "할례를 한 사람"(מן דהוא גזיר)이 종의 할례를 수행한다고 덧붙인다.

3) 네오피티에는 "자기 포피의 살"(בישרא דעורלתיה)이 빠져 있다. 차명 요나탄은 "아무도 그에게 할례를 해 주지 않아"(אין לית ליה מן דיגזר)라고 하여 이유를 설명한다.

4) 히브리어 הנפש(사람)를 타르굼들은 אנשא, בר־נשא, נפשא라고 하였다.

5) 히브리어 '깨다'(פרר)를 옹켈로스와 차명 요나탄은 '바꾸다'(שני), 네오피티는 '모독하다, 훼손하다, 더럽히다'(פסס)로 옮긴다.

6) 차명 요나탄은 "사라의 몸을"(בגופה) 축복한다고 하였다.

7) 히브리어 성경과 네오피티에서는 축복의 대상이 '사라'를 가리키는 여성 대명사 '그'이다. 차명 요나탄과 페시타, 칠십인역, 불가타는 '아들'을 가리키는 남성 대명사 '그'이다. 옹켈로스만 '아브라함'을 가리키는 '너'이다.

8) 히브리어로는 '웃다'(צחק)이다. 차명 요나탄과 네오피티는 '놀라다'(תמה)로 옮겼다.

엘이 당신 앞에서 계속 살기를[9] 바랄 뿐입니다." 19 **주님께서** 말씀하셨다. "**진실로** 네 아내 사라가 너에게 아들을 낳아 줄 것이다. 그의 이름을 이사악이라 불러라. 내가 그와 내 계약을 세워 그 뒤에 오는 **자손들에게** 영원한 계약이 되게 하겠다. 20 이스마엘을 두고 한 **네 기도도 받았다.**[10] 나는 그를 축복하여 그가 번창하고 매우 번성하게 하겠다. 그는 열두 족장들을 낳고 나는 그를 큰 민족이 되게 하겠다. 21 나는 내년 이맘 때 사라가 너에게 낳아 줄 이사악과 내 계약을 세울 것이다." 22 그분께서 그에게 말씀을 마치시자 **주님의 영광이**[11] 아브라함 위로 올라가셨다.

23 아브라함은 아들 이스마엘과 집종, 돈으로 산 종, 아브라함 집에 있는 모든 남자들을 데려다가, **주님께서** 그에게 말씀하신 대로 그날 포피의 살을 잘라 할례를 하였다. 24 아브라함이 자기 포피의 살을 잘라 할례를 할 때 그의 나이는 아흔아홉 살이었고, 25 아들 이스마엘이 자기 포피의 살을 잘라 할례를 할 때 그의 나이는 열세 살이었다. 26 같은 날[12] 아브라함과 그의 아들 이스마엘이 할례를 하였다.[13] 27 그의 집에 있는 사람 모두, 곧 집종과 이민족에게서 돈으로 산 종들도 그와 함께 할례를 하였다.

아브라함에게 나타나신 주님

18,1 주님께서 마므레 **평원에서** 그에게 **나타셨다.** (아브라함은) 뜨거운

---

9) 히브리어 יחיה(살다)를 옹켈로스와 차명 요나탄은 יתקיים(서다, 살다, 존재하다)으로 옮긴다. 차명 요나탄은 '섬기다'(פלח)를 덧붙인다.

10) 네오피티에서는 '네 기도 소리를 들었다'(שמעית לקל צלותך)이다.

11) 네오피티에서는 "주님 셰키나의 영광"(איקר שכינתיה דייי)이다.

12) 차명 요나탄은 "열나흗날"(בארבעת־עשר)이라고 덧붙인다. '같은 날'은 7,13 참조.

13) 네오피티에서만 아브라함이 "자기 포피의 살"(בשר ערלתה)을 잘랐다고 부연한다.

낮에[1] **장막** 입구에 앉아[2] 있었다.[3] 2 그가 눈을 떠 보니 남자들 셋이 그 앞에 서 있었다. 그는 이를 보고 **성막** 입구로 그들 **앞에** 달려 나가 땅에 (엎드려) 절하였다.[4] 3 그리고 아뢰었다. "**주님**,[5] 제가 지금 당신 앞에서 **자비를**[6] 얻을 수 있다면, 당신 종을 지나치지 말아 주십시오.[7] 4[8] 물을 조금 가

---

1) 차명 요나탄과 네오피티는 "낮의 절정"(לתוקפא דיומא, 또는 '낮의 강한 때')이라고 옮겼다.

2) 차명 요나탄은 "할례의 고통을 겪으면서"(מרע מכיבא דמהולתא) 앉아 있었다고 덧붙여, 17장의 할례 예식과 연결한다. 네오피티도 낮 동안 '할례의 피로 너무 더웠다'(מתחמם מן אדם גזירתיה)고 부연한다.

3) 네오피티는 2절 세 천사의 출현을 1절에서 앞질러 준비한다. 먼저 아브라함이 할례를 할 때 세 천사가(תלתא מלאכין) 나타났는데, 한 천사는 사라가 이사악을 낳을 것이라는 소식을 아브라함에게 알리기 위하여, 둘째 천사는 롯을 구하기 위하여, 셋째 천사는 소돔과 고모라, 아드마와 츠보임을 파괴하기 위하여 파견되었다는 것이다.

4) 차명 요나탄은 네오피티 1절의 부연 내용을 2절에서 약간만 다르게 덧붙인다. 네오피티는 "땅에 (엎드려) 절하였다"(וסגיד על ארעא) 대신 "땅의(나라) 관습대로 그들의 안부를 물었다"(ושאל בשלמהון כנימוס ארעא)고 수정하여 옮긴다.

5) 히브리어 성경은 אדני(주인님, 나리)라고 하였으나 타르굼들은 ייי로 옮겨, 대화 상대를 천사가 아닌 주님으로 바꾼다. 차명 요나탄과 네오피티는 호칭 다음에 "제가 당신 앞에 자비를 간청하오니"(בבעו ברחמין מן־קדמך)라고 부연한다.

6) 히브리어 חן(은총)을 옹켈로스는 רחמין(자비), 차명 요나탄은 חן(은총), 네오피티는 חן וחסד(은총과 자애)라고 옮긴다.

7) 차명 요나탄은 "제가 이 나그네들을 맞이할 때까지"를 덧붙인다.

8) 차명 요나탄은 3절에서 인용을 닫고, 4절에서 다시 인용을 시작하며 "아브라함은 다시 그 남자들에게 말하였다"를 덧붙인다. 대화 상대가 '주님'에서 '천사들'로 바뀐 것이다.

져오게 하여[9] 발을 씻으시고 나무 아래에 기대십시오.[10] 5 제가 빵을 조금
가져올 테니 기운부터 차리십시오.[11] 이왕 당신 종을 지나치게 되셨으니[12]
그러고 나서 지나가십시오." 그러자 그들이 대답하였다. "알았소. 말씀하
신 대로 하시오."

6 아브라함은 서둘러 성막으로 가 사라에게 말하였다. "서둘러 고운 밀
가루 세 스아를 반죽하여 빵을[13] 만드시오." 7 아브라함은 **외양간으로**[14] 달
려가 부드럽고 좋은[15] 송아지를 끌어다 하인에게 주고, 서둘러 그것을[16] 장
만하였다. 8 그는 **기름과** 우유와 요리한[17] 송아지 고기를 그들 앞에 내어
놓았다.[18] 그는 나무 아래에서 그들 **시중을 들었고,**[19] 그들은 먹고 있었다.[20]

---

9) 네오피티에서는 '가져오다'(נסב)의 주어가 3인칭에서 1인칭으로(אסב) 바뀌었다. 곧 발 씻을 물을 아브라함이 직접 가져오겠다고 한다.

10) 네오피티에서는 '쉬다, 식히다'(קרר) 동사로 옮겼다.

11) 차명 요나탄은 "주님 메므라의 이름에 감사하십시오"(ואודו לשום מימרא
דייי)를 덧붙인다.

12) 차명 요나탄과 네오피티는, 그들이 "때마침 식사 때에"(כדין אישתון שורותא) 지나치게 되었음을 보충한다.

13) 네오피티는 "누룩 없는 빵"(פטירין)이라고 옮긴다.

14) 히브리어로는 '소(가축)에게'(אל־הבקר)이다. 타르굼들은 "외양간으로"(לבקרותא, לבית־תורי) 달려갔다고 옮긴다.

15) 차명 요나탄은 '살진, 기름진'(ושמין)이라고 옮긴다.

16) 차명 요나탄은 대명사 '그것'이 요리한 '음식'(תבשילין)임을 밝힌다.

17) 차명 요나탄은 "하인"(עולימא)이 요리한 것이라고 덧붙인다.

18) 차명 요나탄은 "세상 피조물의(인간) 방식과 관습에 따라" 차렸다고 한다.

19) 히브리어로 성경에서는 "그는 나무 아래에서 그들 옆에 서 있었다"이다. 차명 요나탄은 "그는 그들 앞에서 시중을 들었다", 네오피티는 히브리어 본문대로 옮겼다. 차명 요나탄에는 '나무 아래에서'가 빠져 있다.

20) 차명 요나탄은 "그들은 앉아서 마치 먹는 것 같았다", 네오피티는 "그들

9 그들이 그에게 말하였다. “당신 아내 사라는 어디 있소?” 그가 대답하
였다. “장막에 있습니다.” 10 그분께서[1)] 말씀하셨다. “**너희가** 살아 있는 이
맘때[2)] 내가 다시 너에게 돌아오겠다. 그때 네 아내 사라에게 아들이 있을
것이다.” 사라가 장막 입구 그의 뒤에서 듣고 있었다.[3)] 11 아브라함과 사
라는 나이 들어 노년기에 들어섰고, 사라에게는 여자로서 할 일도[4)] 멈추었
다. 12 사라는 웃으면서[5)] 속으로[6)] 말하였다. ‘다 늙은 뒤에 내가 **젊어진다
니**,[7)] 더구나 내 주인도[8)] 늙어 버렸는데.’ 13 주님께서 아브라함에게 말씀

은 먹는 것처럼 마시는 것처럼 보였다”고 옮긴다.

1) 차명 요나탄은 “그들 가운데 하나”(חד מנהון)라고 하였다. 우리말 성경은 ‘그’를 ‘주님’으로 이해하였다. 13절에 맞추어 ‘주님’으로 여긴다.

2) 차명 요나탄은 “다음 해에”(לשתא דאתיא) 돌아오겠다고 하였다.

3) 히브리어 본문을 직역하면, ‘사라는 장막 입구에서 듣고 있었고, 그는(그것은) 그의 뒤에 있었다’(ושׂרה שׁמעת פתח האהל והוא אחריו)인데, 옹켈로스는 그대로 옮겼다. 차명 요나탄과 네오피티는 앞 문장은 그대로 옮기되 뒷문장을 “이스마엘이 그의(사라) 뒤에 서서 천사가 말하는 것을 듣고 있었다”, “이스마엘이 그의(사라) 뒤에 서서 듣고 있었다”고 부연하여, 앞의 ‘그’는(הוא) ‘이스마엘’이고 뒤의 ‘그’는(אחריו) ‘사라’로 이해하였다.

4) 차명 요나탄은 “부정한 일”(אורח סובתא)이라고 밝힌다.

5) 차명 요나탄과 네오피티는 ‘놀라다’(תמה)로 옮긴다.

6) 히브리어 קרב(뱃속, 내부, 중앙)을, 옹켈로스는 מעין(배, 내장, 자궁), 차명 요나탄과 네오피티는 לבב(심장, 마음)으로 옮겼다.

7) 히브리어 본문에서는 “나에게 (무슨) 즐거움이 있으랴”(היתה־לי עדנה)이다. 옹켈로스는 “내가 젊어진다니”(תהי לי עולימו), 차명 요나탄은 “내가 임신을 한다니”(הוי לי עדויין), 네오피티는 “내가 젊은 시절로 돌아가 임신을 할 수 있다니”(אפשׁר לי למחזר ליומי טליותי ולמהווי לי עדויין)라고 덧붙여 옮겼다.

8) 차명 요나탄과 네오피티는 사라의 주인을 “아브라함”이라고 밝힌다.

하셨다. "어찌하여[9] 사라는 웃으면서 '내가 정말로 아이를 낳는다고? 나는
늙어 버렸는데.' 하고 말하느냐? 14 주님 **앞에** 숨길 말이라도 있느냐?[10] 그
때 **너희가** 살아 있는[11] 이맘때 내가 너에게 돌아올 텐데, 그때 사라에게는
아들이 있을 것이다." 15 사라는 부인하였다. "웃지[12] 않았습니다." 그분께
서[13] 말씀하셨다. "아니다. 웃었다."[14]

소돔을 위해 간청하는 아브라함

16 그 남자들은[15] 그곳에서 일어나[16] 소돔 위에서 내려다보았다.[17] 아브라

---

9) 네오피티에는 의문사 "어찌하여"(למה)가 없다.

10) 히브리어 성경은 "주님께 어려운(놀라운, 부적합한) 말이라도 있느냐?"(היפלא מיהוה דבר)고 하였다. 히브리어 פלא(어렵다, 놀라다)를 타르굼들은 아람어 כסי(숨기다, 덮다)로 옮기고, 차명 요나탄과 네오피티는 '주님 앞에 숨기는 게 가능한지'를(איפשר) 덧붙여 묻는다.

11) 차명 요나탄은 접속사를 덧붙여 '너희는 살아 있을 것이다'(ואתון קיימין)를 독립된 문장으로 떼어낸다. 네오피티에는 이 문장이 빠져 있다.

12) 차명 요나탄은 '놀라다'(תמה)로 옮긴다. 12절 참조.

13) 차명 요나탄에서는 "천사"(מלאכא)가 말하였고, 네오피티에서는 "그에게"(לה) 말하였다고 대상을 밝힌다.

14) 차명 요나탄은 "두려워하지 마시오"(לא תידחלין)와 "진실로"(בקושטא)를 덧붙였다.

15) 차명 요나탄에서는 "남자들 모습을 한 천사들"(מלאכייא דהוו מדמיין לגברייא)이다.

16) 차명 요나탄은 "사라에게 기쁜 소식을 전한 이는 하늘 높은 곳으로 올라갔다"(דבשר ית שרה סליק לשמיה מרומא)고 부연한다.

17) 차명 요나탄은 "그들 가운데 둘이"(תרין מנהון) 바라보았다고 부연하고, 네오피티는 "소돔을 마주하여"(כל־קבל סדום) 바라보았다고 옮겼다.

함이 그들과 **동행하여**[1] 함께 갔다. 17 주님께서 말씀하셨다. "내가 앞으로 하려는 바를 아브라함한테[2] 숨기겠느냐?[3] 18 아브라함은 크고 강한 민족을 이루고,[4] 땅의 모든 민족들이 그를 통해서[5] 복을 받으리라. 19 그가 그의 자식들과 그 뒤에 오는 자기 집안 **사람에게** 명령하여, 그들이 정의와 공정을 실행함으로써 주님 **앞에 합당한** 길을[6] 지키도록 한 것이,[7] **내 앞에 드러났다.** 주님이 그에 관해 말한 것을 아브라함에게 이루시리라."

20 주님께서 말씀하셨다.[8] "소돔과 고모라에 대한 **항의가** 빗발치고,[9] 그들의 죄악이 너무도 엄청나다. 21 이제 내가 **나서서**, 내 **앞에 올라온 그들**

---

1) 히브리어로는 "그들을 보내려고"(לשלחם)이다.

2) 네오피티는 "나의 벗 아브라함"(מאברהם רחמי)이라 하였다.

3) 네오피티는, 소돔이 주님께서 아브라함에게 선물로 주신 도성들 가운데 하나라 소돔을 멸망시키기 전에 아브라함에게 알려야 했음을, 아브라함의 긴 청원 전에 그 타당성을 서술한다. 차명 요나탄은 "내가 그에게 알려줄 때까지 (아무 일도) 하지 않는 것이 옳다"고 부연하여 네오피티를 요약한다.

4) 차명 요나탄은 "장차"(עתיד)를 덧붙인다.

5) 네오피티는 "그 덕분에"(בזכותיה)라고 수정하고, 차명 요나탄은 "그를 통해서"(בדיליה) 다음에 이 낱말을 덧붙인다.

6) 히브리어로는 "주님의 길"(דרך יהוה)이다. 옹켈로스와 차명 요나탄은 "주님 앞에 합당한 길"(ארחן דתקנן קדם ייי)이라고 덧붙인다.

7) 차명 요나탄은 "그의 신실(경건)함"(חסידותיה)이 드러났다고 보충한다.

8) 차명 요나탄은 "시종 천사들에게"(למלאכי שיריתא) 말씀하셨다고 대상을 밝힌다.

9) 히브리어 성경의 זעקה(외침, 하소연)를 타르굼들은 קבילה(고소, 항의, 불평)로 옮겼다. 차명 요나탄은 항의가 빗발친 이유를 설명한다. 곧 소돔과 고모라 사람들이 가난한 이들을 착취하고 가난한 이들에게 빵조각이라도 주는 이는 누구든 불에 태우겠다고 선포하였다는 것이다.

의 항의대로[10] 그들이 (그런 일을) 저질렀는지 **심판하겠다. 그들이 회개하지**
않으면 나는 그들을 끝장내고, 회개하면 처벌하지 않으리라."[11] 22 그 남자
들은[12] 그곳에서 돌아서 소돔으로 갔으나, 아브라함은 아직 주님 앞에서 **기**
도하며 섬겼다.[13] 23 아브라함은 가까이 가 아뢰었다. "**죄 없는 이를 죄인**
과 함께[14] **진노로** 쓸어버리시렵니까? 24 성읍에[15] **죄없는 이** 오십 명이[16] 있

---

10) 차명 요나탄은 "처녀 플레텟의 불평대로"(כקבילתא דריבא פליטית)라고 하여, 앞뒤 설명 없이 모호한 전승을 덧붙였다. 미드라시에 따르면 '플레텟'은 롯의 딸이다.

11) 히브리어 성경에서 כלה(파멸)와 ואם־לא אדעה(그렇지 않으면 알아보겠다)의 번역이 모호하다. 타르굼들은 저마다 다르게 이해하여 설명을 덧붙여 옮겼다. 차명 요나탄은 그들이 회개하면 주님이 모르셨을 때처럼 주님 앞에서 결백해질 테니 처벌하지 않겠다고 하고, 네오피티는 그들이 회개하여 사악한 행실이 주님 앞에 드러나지 않기를 바란다면 주님이 모르셨을 때처럼 되리라고 부연하였다.

12) 차명 요나탄에서는 "남자들 모습을 한 천사들 둘"(תרין מלאכיא דדמיין לגובריא)이라고 부연한다. 2.16절 참조.

13) 히브리어 본문에서는 "주님 앞에 서 있었다"(עמד לפני יהוה)이다. 차명 요나탄은 "롯을 두고 자비를 간청하였다"(בעי רחמין על לוט)고 덧붙이고, 네오피티는 "기도하며 섬겼다"(ומשמש בצלו) 대신 "자비를 간청하였다"(בעי רחמין)고 수정한다.

14) 히브리어로는 "의인을 악인과 함께"(צדיק עם־רשע)이다.

15) 차명 요나탄은 "다섯 성읍"(חמשא קוריין) 곧 "소돔과 고모라, 아드마와 츠보임과 초아르"를 모두 밝힌다.

16) 차명 요나탄은 '각 성읍마다 열 명씩 당신 앞에서 기도하는 이'(לכל קרווא עשרא דיצלון קדמך)라고 덧붙여 '죄 없는 이 오십 명'(חמשין זכאין)의 수를 맞춘다. 유다교에서 '열 명'은 종교 예식에서 요구하는 기본 정족수인 '민얀'(מניין)에 해당한다.

어도 **진노로** 쓸어버리시렵니까? 그 안에 있는 **죄 없는 이** 오십 명 때문에라도 그곳을[1] 용서하지[2] 않으시렵니까? 25 **죄 없는 이를 죄인과** 함께 **쓸어버려 죄 없는 이가 죄인처럼** 되는 그런 일을 하시기에는 **당신의 심판이 더 옳습니다.**[3] **당신의 심판이 옳아서 온 땅의 재판관조차 공정을 행할 것입니다.**"[4] 26 주님께서 말씀하셨다. "소돔에서 **죄 없는 이**[5] 오십 명을 성읍에서 찾는다면 그들 때문에 그곳 모두를[6] 용서할 것이다."

27 아브라함이 다시 아뢰었다. "이제 **주님 앞에** 제가 아뢸 것이 **많습니다.**[7] 저는 먼지이고 재입니다.[8] 28 혹시 죄 없는 이 오십 명 가운데 다섯

---

1) 네오피티는 "그곳의 죄악"(לחובין דאתרא)이라고 옮겼다.

2) 네오피티는 '면제하다'(שׁרי)를 덧붙인다. '면제와 용서'는 4,7; 18,26 등 참조.

3) 히브리어로는 "그런 일을 하시는 것은 당신께 어울리지 않습니다"(חללה לך מעשת כדבר הזה)이다. 옹켈로스는 하느님 심판의 공정성을 강조하여 묘사한다(קושטא אינון דינך). 차명 요나탄은 "당신께 모독입니다"(חולין הוא לך), 네오피티는 히브리어 본문처럼(הא מחוס מן־קדמיך) 옮겼다.

4) 마지막 문장을 히브리어 성경에서는 "온 땅의 재판관은 공정을 행해야 하지 않겠습니까?"라고 하였다. 차명 요나탄은 "온 땅의 재판관 가운데 누가 공정을 행하지 않을 수 있겠습니까?", 네오피티는 "온 땅 주민들의 재판관들의 재판관은 공정을 행하지 않을 것입니다"라고 수정하였다.

5) 히브리어로는 "의인"(צדיקים)이다. 타르굼들은 "죄 없는 이"(זכאין)라고 하였다. 차명 요나탄은 "내 앞에서 기도하는"(דיצלון קדמי) 죄 없는 이라는 수식어를 덧붙인다.

6) 네오피티는 "그곳의 모든 죄인들"(לכל חייבוי דאתרה)이라고 하여 더 명확히 표현하였다.

7) 히브리어 성경에서는 "제가 주님께 아뢰고자 합니다"이다. 차명 요나탄과 네오피티에서는 '주님 앞에 제가 먼저 아뢰겠다'고 하였다.

8) 차명 요나탄은 "저는 먼지나 재와 같습니다"(ואנא מתיל לעפר וקטם)라고 하

명이 부족하면 그 다섯 명[9] 때문에 온 성읍을 파멸하시렵니까?" 그분께서
말씀하셨다. "그곳에서 마흔다섯 명을 찾는다면 파멸하지 않을 것이다."
29 그는 그분 **앞에서** 더 아뢰었다. "그곳에서 마흔 명을[10] 찾는다면 어떻습
니까?"[11] 그분께서 말씀하셨다. "마흔 명 때문에 **끝장내지**[12] 않을 것이다."
30 그가 아뢰었다. "**주님의 진노가 거세지지**[13] **않기를** (바라며) 제가 아
뢥니다. 그곳에서 서른 명을 찾는다면 어떻습니까?" 그분께서 말씀하셨다.
"그곳에서 서른 명을 찾는다면 **끝장내지** 않을 것이다."
31 그가 아뢰었다. "아직 **주님 앞에** 제가 아뢸 것이 **많습니다.**[14] 그곳에
이십 명을 찾는다면 어떻습니까?" 그분께서 말씀하셨다. "이십 명[15] 때문에
파멸하지 않을 것이다."
32 그가 아뢰었다. "**주님의 진노가 거세지지**[16] **않기를** (바라며) 제가 아

였다.

9) 차명 요나탄은 "초아르에서 부족한 다섯 명"(חמשא דחסרין לזוער)이라고 옮겼다.

10) 차명 요나탄에서는 "네 성읍에서 각 성읍마다 열 명씩"(עשרא עשרא לכל קרתא לארבעת קוריין) 마흔 명이라고 덧붙인다.

11) 차명 요나탄은 "죄가 가벼운 초아르는 당신 자비로 용서해 주십시오"(וזוער דחובהא קלילין שבוק לה בגין רחמך)를 부연한다.

12) 히브리어 אעשׂה(하다)를 옹켈로스와 차명 요나탄은 אעביד גמירא(끝을 내다), 네오피티는 אשׁיצא(쓸어버리다)로 수정한다.

13) 히브리어 본문에서는 '주님(주인)께서 노여워하시다'(יחר לאדני)이다. 옹켈로스와 네오피티는 '주님의 진노가 거세지다'(יתקף רוגזא דייי), 차명 요나탄은 '온 세상의 주인이신 주님의 진노가 거세지다'(יתקוף רוגזא דרבון כל עלמיא ייי)라고 하였다.

14) 27절 참조.

15) 24.29.30절 참조.

16) 30절 참조.

뢰니다. 그곳에서 열 명을 찾는다면 어떻습니까?"[1] 그분께서 말씀하셨다. "열 명 때문에 파멸하지 않을 것이다."

33 주님의 **영광이**[2] 아브라함과 말씀을 마치시고 **올라가셨다.**[3] 아브라함도 자기 고장으로 돌아갔다.

소돔의 멸망과 롯의 피신

19,1 저녁에 두 천사가 소돔에 들어갔다. 롯은 소돔 입구에 앉아 있다가 (그들을) 보고 그들 앞에서 일어나 얼굴을 땅에 대고 절하며,[4] 2 말하였다. "나리, 이제 당신들 종의 집으로 가셔서[5] 묵으시고 발도 씻으시기 **바랍니다**. 그리고 일찍 일어나 가실 길을 가십시오." 그들이 말하였다. "아니오. **차라리** 광장에서[6] 밤을 보내겠소." 3 그가 열심히 권하여 그들이 그에게로 가서 그의 집에 들었다. 그가 그들을 위해 상을 차려 **그들에게**[7] 누룩 없는 빵을 구워 주었더니, 그들이 먹었다.

---

1) 차명 요나탄은 "그들과 제가 그곳 모두를 위해 자비를 간청한다면, 그들을 용서하시렵니까"(אנא ואינון ונבעי רחמין על כל אתרא ותשבוק להום)라고 하였다.

2) 차명 요나탄과 네오피티는 "주님 셰키나의 영광"(איקר שכינתא דייי)이라 하였다. 17,22 참조.

3) 히브리어 본문에서는 '주님께서 가셨다'(וילך יהוה)이다.

4) 네오피티는 롯이 '땅의 관습대로 그들의 안부를 물었다'고 덧붙였다. 18,2 참조.

5) 차명 요나탄은 "이제 여기서 가서 당신들 종의 집으로 드시"(זורו כדון מיכא ועולו לבית עבדכון)라고 하였다.

6) 네오피티는 "성읍 광장에서"(ברחובא דקרתא), 차명 요나탄은 "거리(시장)에서"(בשוקא)라고 옮겼다.

7) 옹켈로스와 차명 요나탄은 히브리어 본문에 없는 간접 목적어를(להון) 덧붙였다.

4 그런데 그들이 자리에 눕기 전에, 성읍 사람들[8] 곧 소돔 사람들이 젊
은이부터 노인까지 모든 사람이 사방에서[9] 그 집을 둘러쌌다. 5 그들이 롯
을 불러 말하였다. "오늘 밤 당신에게 온 남자들은 어디에 있소? 데리고 오
시오. 그들을 알아야겠소."[10] 6 롯은 입구로 그들에게 나가 뒤쪽으로 문을
닫고는, 7 말하였다. "나의 형제여, **제발**[11] 못된 짓을 하지 마시오. 8 나에게
남자를 알지 못하는 두 딸이 있어 그들을 당신들에게 내보낼 테니, 당신들
눈에[12] 좋을 대로 하시오. 그러나 그들은 내 집 지붕에 들어왔으니,[13] 이 남
자들에게만은 아무 짓도[14] 하지 마시오." 9 그들이 말하였다. "저리 가라."
그들이 말하였다. "객지살이하러 온 자가[15] 심판을 하는구나.[16] 그들보다 너
를 손봐야겠다." 그들은 그 남자 롯에게 달려들어 문을 부수려고 다가갔다.
10 그때 그 남자들이 손을 뻗어 롯을 데리고 그들 집으로 들어가 문을 닫아

---

8) 차명 요나탄은 "성읍에 있는 사악한 사람들"(אינשין רשיעין דבקרתא)이라고 옮겼다.

9) 직역하면 "끝에서부터"(מסיפא)이다. 네오피티는 "한쪽에서부터"(מן סטר חד)라고 하였다.

10) 차명 요나탄은 '관계하다'(שמש) 동사로 옮겼다.

11) 옹켈로스와 차명 요나탄은 '제발 또는 간청한다'(בבעו)는 말을 덧붙였다.

12) 차명 요나탄은 "당신들 앞에서"(קומיכון)라고 하였다.

13) 히브리어로는 '오다'(בוא)이다. 차명 요나탄은 '숨다, 은신하다'(טמר), 네오피티는 '묵다'(בות)를 덧붙인다.

14) 차명 요나탄과 네오피티는 "못된 짓"(מידעם ביש)이라고 옮겼다.

15) 차명 요나탄은 롯을 "혼자"(בלחודוי), "우리 가운데"(בינן) 온 자라고 덧붙여 소개한다.

16) 차명 요나탄은 "스스로 재판관이 되어 우리 모두를 심판하다니"라고 부연한다.

버렸다. 11 그들이 집 입구에 있는 사람들을 아이부터[1] 어른까지[2] 눈이 멀
게 쳐서, 입구를 찾느라 지치게 하였다.[3]

12 그 남자들이 롯에게 말하였다. "여기에[4] 당신에게 누가[5] 더 있소? 사
위와[6] 당신 아들들과 딸들은 없소? 성읍에 있는 당신 사람들을 모두 데리
고 이곳에서 나가시오. 13 우리가 이곳을 파멸할 것이오. 주님 앞에 그들
의 **항의가** 빗발쳐 주님께서 이곳을 파멸하시려고 우리를 보내셨소." 14 롯
은 나가서 딸들을 데려갈 사위들에게 말하였다. "일어나 이곳에서 나가자.
주님께서 성읍을 파멸하실 것이다." 그러나 사위들 보기에는 농담하는 것
같았다.[7]

15 **아침이** 될 무렵[8] 천사들이 롯을 재촉하며 말하였다. "일어나 당신 아

---

1) 네오피티는 "철부지부터"(מדקיקיהון)라고 하였다.

2) 차명 요나탄과 네오피티는 "노인"(סבא)이라고 하였다.

3) 네오피티는 아예 그들이 "입구를 찾지 못하였다"(ולא משכחין תרעא)고 덧붙인다.

4) 차명 요나탄은 "이 성읍에"(בקרתא)라고 옮겼다.

5) 차명 요나탄은 "친척이나 형제"(קריב או אחא)를 덧붙인다.

6) 차명 요나탄과 네오피티는 "당신 사위"(חתנך)라고 하였다.

7) 차명 요나탄은, "사위들 보기에는 그 말이 이상하고 농담하는 사람(의 말) 같았다"고 옮긴다.

8) 히브리어 본문은 "새벽이 될(올라올) 무렵"(וכמו השחר עלה), 옹켈로스는 "아침이 될 무렵"(וכמיסק צפרא הוה), 차명 요나탄은 "막 동이 틀(올라올) 무렵"(כאשון מיסק קריצא הוה למיסוק), 네오피티는 "새벽 기둥이 올라올 무렵"(כאשון מסק עמוד שחרא)이라고 하였다. 차명 요나탄과 네오피티에는 '때'(אשון)라는 말이 덧붙었다.

내와 **당신이 믿을 만한** 두 딸들을[9] 데리고 떠나시오. 성읍의 죄악**들**로[10] 당
신이 **화를 당하지**[11] 않게 하시오." 16 롯이 주저하자 주님의 자비가 그에게
내려, 남자들이 그와 그의 아내와 두 딸들의 손을 잡아끌고, 성읍 밖으로 그
를 데리고 나왔다. 17 **그가** 그들을 밖으로 데리고 나왔을 때 말하였다. "당
신 목숨이나 **불쌍히 여기시오**. 뒤 돌아보지 마시오. 평원 어디에서도 서지
말고 산으로 달아나 **화를 당하지** 않게 하시오." 18 롯이 그들에게 말하였
다. "**주님, 간청합니다.**[12] 19 당신 종인 **제가** 당신 **앞에서 자비를 얻고** 당신
의 **호의를** 많이 입어 목숨을 부지하게 하셨습니다만, 저는 저 산으로 달아
날 수 없습니다. 죄악이 저에게 떨어져 죽지 않게 해 주십시오. 20 이 성읍
이 가까워[13] 저곳으로는 피할 만하고 작으니,[14] 저곳으로 달아나겠습니다.
작지 않습니까? 제 목숨이야 부지할 것입니다." 21 그가 (롯에게) 말하였다.
"이번 일도 당신 얼굴을 봐서, 당신이 **간청한**[15] 성읍을 파괴하지 않겠소.

---

9) 히브리어로는 "(여기) 있는 두 딸"(ואת־שתי בנתיך הנמצאת)이다. 옹켈로스는 "당신이 믿을 만한(당신에게 충실한) 두 딸"(וית תרתין בנתך דאשתכחא מהימנן עמך), 차명 요나탄은 "당신 곁에 있는 두 딸"(וית תרתין בנתך דהישתכחן גבך)이라고 하였다. 네오피티는 히브리어대로 옮겼다.

10) 차명 요나탄은 "성읍 주민들의 죄악들"(בחובי יתבי קרתא)이라 하였다.

11) 히브리어로는 '끝나다'(תספה), 옹켈로스는 '맞다, 화를 당하다'(תלקי), 차명 요나탄과 네오피티는 '쓸려가다'(תישתיצי)라고 옮겼다.

12) 히브리어 성경은 "주님(나리), 제발 안 됩니다"(אל־נא אדני)라고 하였다. 옹켈로스는 אדני(주님 또는 나리)를 '주님'(יוי)으로 옮긴다. 차명 요나탄과 네오피티는 '주님 앞에 자비를 간청할 때까지 잠깐 기다려 달라'는 롯의 청원을 부연한다.

13) 차명 요나탄은 '거주지가 가까운'(קריבא מותבהא) 곳이라고 풀이하였다.

14) 차명 요나탄은 이 성읍이 "죄악이 작고 가벼워"(והיא ציבחר וקלילין חובהא) 보인다고 부연한다.

15) 히브리어 성경에서는 '말하다'(דבר)이다. 차명 요나탄은 "달아나겠다고

22 어서 그곳으로 달아나시오. 당신네가 그곳에 이르기 전까지는 아무 일
도 할 수 없소." 그래서 그 성읍의 이름을 초아르라 불렀다.
23 해는 땅 위로 나오고[1] 롯은 초아르로 들어갔다.[2] 24 주님께서[3] 소돔
과 고모라 위에 주님 **앞에서** 나온 유황과 불을 하늘에서 비로 쏟으셨다.[4]
25 그리하여 이 성읍들과 모든 평원, 성읍의 주민들 모두와 땅의 식물을 파
괴하셨다. 26 롯의 아내는[5] 뒤를 돌아보아 소금 기둥이 되었다.[6]
27 아브라함은 아침 일찍 일어나 주님 앞에서 **섬기며 기도하던** 곳으
로[7] 갔다. 28 그는 소돔과 고모라와 평원의 온 땅 위를 바라보며 땅의 연기
가 화로의 연기처럼[8] 올라오는 것을 보았다.
29 **주님께서** 평원의 성읍들을 파멸하실 때 아브라함을 기억하셔서,[9] 롯

말한"(דמלילתא לאישתיזבא בה) 성읍이라고 부연한다.

1) 차명 요나탄은 해가 "바다를 가로질러"(עברית ימא) 땅 위로 나왔다고 덧붙여 묘사하였다.

2) 차명 요나탄은 이곳이 세 시간 거리에 있다고 덧붙인다.

3) 차명 요나탄과 네오피티는 "주님의 메므라"(ומימרא דייי)라고 하였다.

4) 차명 요나탄은 두 성읍 위에 은혜의 비를 내려 그들이 회개하게 하였으나 그들은 그렇게 하지 않고, 오히려 악행은 주님 앞에 드러나지 않는다고 말하며 배짱을 부려, 유황과 불이 내려질 수밖에 없었음을 설명한다.

5) 차명 요나탄과 네오피티는 롯의 아내를 소돔 사람의 딸로 소개하며, 아버지 집의 최후가 어떤지 알고자 뒤를 돌아보았다고 보충 설명한다.

6) 차명 요나탄은 "그가 나그네의 (존재를) 떠벌려 소금으로 죄를 지었기 때문에"(ומטול דחטת במילחא בפרסומי עניא)라고 부연한다. 네오피티는 "죽은 이들이 살아날 때까지"(עד־זמן דייחון מיתייא) 소금 기둥으로 서 있었다고 보충한다.

7) 히브리어 성경에서는 "주님 앞에 서 있던 곳"(אל־המקום אשר־עמד שם את־פני יהוה)이다.

8) 네오피티는 "화로 연기의 매연처럼"(כקיטור תננא דאתונא)이라고 하였다.

9) 차명 요나탄은 "아브라함의 공로를"(ית זכותיה דאברהם) 기억하셨고, 네오

이 머물던 성읍을 파괴하시면서 그 파괴의 한가운데에서 롯을 내보내셨다.

롯과 두 딸들

30 롯이 초아르에서 올라와 두 딸들과 함께 산에서[10] 살았다. 초아르에
사는 것이 두려워서 그는 두 딸들과 동굴에서 살았다. 31 큰딸이 작은딸에
게 말하였다. "우리 아버지는 늙고 온 땅의 방식대로는 그 땅에서 우리에게
들 남자가 없다. 32 자, 우리가 아버지에게 포도주를 드시게 하여[11] 함께 눕
고[12] 아버지에게서 **자손들을** 일으키자." 33 그날 밤 그들은 아버지에게 포
도주를 드시게 하고 큰딸이 들어가[13] 아버지와 누웠다. 그는 큰딸이 누울
때도[14] 일어날 때도 알지 못하였다.[15] 34 다음 날이 되어 큰딸이 작은딸에게
말하였다. "지난 저녁에는 내가 아버지와 함께 누웠다. 오늘 밤에도 그에
게 포도주를 드시게 하여 네가 그와 함께 눕고 아버지에게서 **자손들을** 일
으키자." 35 그날 밤도 그들은 아버지에게 포도주를 드시게 하고 작은딸이
일어나 그와 함께 누웠다. 그는 작은딸이 누울 때도 일어날 때도 알지 못하
였다. 36 롯의 두 딸들은 아버지에게서 임신하였다. 37 큰딸은 아들을 낳
고 그의 이름을 모압이라 불렀다.[16] 그는 오늘날까지 **모압인들의** 조상이다.

피티는 "그분의 선하신 자비로"(ברחמוי טביא) 기억하셨다고 보충한다.

10) 네오피티는 초아르에서 올라와 "동굴에서"(במערתא) 살았다고 옮긴다.

11) 차명 요나탄은 "그가 취하셨을 때"(וכד יהי רוי)를 보탠다.

12) 차명 요나탄과 네오피티는 '관계하다'(שמש) 동사를 사용한다. 5.34.35절 참조.

13) 차명 요나탄은 35절과 맞추어 '일어나다'(קום) 동사로 옮긴다. 그리고 "그가 취하자"(ההוא ורוא)를 보탠다.

14) 네오피티는 '잠들다'(דמך) 동사로 옮긴다.

15) 차명 요나탄은 "그는 큰딸이 누울 때는 알지 못하였으나 일어날 때는 알았다"(ולא ידע במישכבה אלא ידע במקימה)고 다르게 옮긴다.

16) 차명 요나탄은 '모압'(מואב)의 이름 뜻을 설명하고자 "그가 아버지에게서

38 작은딸도 아들을 낳고 그의 이름을 **바르** 암미라[1] 불렀다. 그는 오늘날까지 암몬 사람들의 조상이다.

아브라함과 아비멜렉과 사라

20,1 아브라함은 그곳에서 남쪽 땅으로 떠나 **레캄과 하그라** 사이에[2] 자리를 잡고 그라르에 머물렀다. 2 아브라함은 자기 아내 사라를, "이 여자는 나의 누이요."라고 말하여, 그라르 임금 아비멜렉이 사람을 보내 사라를 데려갔다. 3 **주님 앞에서 나온 메므라가** 그날 밤 꿈에서 아비멜렉에게 와 말하였다. "네가 데려온 여자 때문에[3] 너는 죽는다. 그는 **한 남자의 여자이다.**"[4] 4 아비멜렉은 그 여자에게 가까이 가지 않고[5] 말하였다. "주님,[6] **죄**

임신하였으므로"(ארום מאבוהא איתעברת)라고 덧붙인다.

1) 히브리어 "벤 암미"(בן־עמי)는 '내 백성의 아들'이다. 옹켈로스와 네오피티는 히브리어 뜻 그대로 "바르 암미"(בר עמי), 그러나 차명 요나탄은 "그의(그와 함께 있는) 아들"(בר־עימיה)이라고 옮겼다. 한편 차명 요나탄은 "그가 아버지의 아들이므로"(ארום בר אבוהא הוא)라고 덧붙인다.

2) 히브리어 성경에서는 "카데스와 수르 사이"(בין־קדש ובין שור)이다. 옹켈로스와 차명 요나탄은 "레캄과 하그라 사이"(ביני ריקם וביני חגרא), 네오피티는 "레캄과 할루차 사이"(בין־רקם ובין חלוצה)라고 옮겼다.

3) 차명 요나탄은 "네가 강제로 데려온 여자"(אינתתא דאנסת)라고 하였다.

4) 히브리어 בעלת בעל(남편 있는 이)을 옹켈로스는 איתת גבר(한 남자의 여자[아내]), 차명 요나탄은 מיבעלא לגבר(한 남자와 혼인한 이), 네오피티는 דנסיבת גבר אתת(한 남자와 혼인한 여자)라고 조금씩 다르게 옮긴다.

5) 차명 요나탄은 "그 여자를 부정하게 할까봐"(למסאבה) 가까이 가지 않았다고 설명한다.

6) 네오피티는 "당신 앞에 자비를 간청합니다"(בבעו ברחמין מן־קדמך)를 덧붙인다.

없는 백성도 죽이십니까?[7] 5 아브라함은 저에게 '그 여자는 제 누이요.' 하
였고, 그 여자도 '그는 제 오라비입니다.' 하지 않았습니까? 저는 마음은 정
직하고 손은 깨끗하게 이 일을 했습니다." 6 **주님께서** 꿈에 그에게 말씀하
셨다. "네가 마음은 정직하게 이 일을 했다는 것이 **내 앞에서도 드러났고,**[8]
나도 너를 내 **앞에** 죄 짓지 못하게 막아, 네가 그에게 **가까이 가게**[9] 두지 않
은 것이다. 7 이제 그 남자의 아내를 돌려보내라. 그는 예언자이고 그가 너
를 위해 기도하면 너는 살 것이다. 그러나 돌려보내지 않으면 너와 너에게
속한 모든 이가[10] 죽을 것임을 명심하여라."

8 아비멜렉이 아침에 일어나 종들을[11] 모두 불러 그들 **앞에서** 이 일들
을 다 알렸다. 사람들은 몹시 두려워하였다. 9 아비멜렉이 아브라함을 불
러 말하였다. "당신은 우리한테 무슨 짓을 한 것이오? 내가 당신에게 무슨
죄를 지어 당신이 나와 우리 왕국에 큰 벌을 가져온 것이오? 하지 말았어
야 할 일들을 나에게 했소." 10 아비멜렉이 아브라함에게 말하였다. "당신
은 뭘 보고 이런 일을 저질렀소?" 11 아브라함이 말하였다. "'이 땅은 주
님을 경외하지 않으니 내 아내 때문에 나를 죽이겠구나.' 하고 생각했습니

---

7) 차명 요나탄은 "재판에서 무죄가 드러났는데도 죄 없는 이민족의 자손을", 네오피티는 "죄 없는 이민족을 재판에서" 죽이시냐고 부연한다.

8) 히브리어 성경에서는 "나도 안다"(גם אנכי ידעתי)이다.

9) 히브리어로는 '건드리다, 만지다, 해치다'(נגע)이다. 타르굼들은 '가까이 가다'(קרב) 동사로 바꾸었다. 네오피티는 "가까이 갈 권한을"(רשו למקרב) 주지 않았다고 옮겼다.

10) 네오피티는 "아비멜렉과 그에게 속한 모든 이"라고 하였다.

11) 네오피티는 "신하들"(שלטוי)이라고 옮겼다. 네오피티 여백 각주는 "종들"(עבדוי)이라 하였다.

다.[1] 12 그러나 정말로 그 여자는 내 누이입니다. 아버지의 딸이나[2] 어머니의 딸은[3] 아니어서 내 아내가 되었습니다. 13 **이민족들이 자기들 손으로 만든 것들 뒤에서 방황할 때 주님께서 나를 아버지 집에서 경외할 분에게 데려오셨습니다.**[4] 나는 아내에게 말하였습니다. '이것이 당신이 나를 위해 할 수 있는 좋은 일이니 우리가 들어가는 곳마다 '그는 나의 오라비입니다.' 하고 말하시오.'"

14 아비멜렉은 양과 소, 남종과[5] 여종을 데려다 아브라함에게 주고, 그의 아내 사라도 돌려보냈다. 15 아비멜렉이 말하였다. "내 땅이 당신 앞에 있소. 당신 눈에 **적당한** 곳에서 머무르시오." 16 그가 사라에게 말하였다. "내가 당신 오라비에게 은전 천 **셀라를** 주었으니 보시오, 그것은 당신을 위한 **명예의** 옷이오.[6] **내가 당신을 데려가 당신을 본 것 대신 보내는 것이**

---

1) 본디 '말하다'(אמר)이다. 차명 요나탄에서는 '속으로 말하다'(אמרית בלבבי)라고 덧붙였다.

2) 차명 요나탄에서는 "아버지 형제의 딸"(ברת אחא דאיבא)이다.

3) 차명 요나탄은 "어머니의 친척 가운데에서"(מגניסת אימא)는 아니라고 옮긴다.

4) 히브리어 성경에서는 "하느님께서 나를 아버지의 집을 떠나 떠돌아다니게 하셨을 때"(ויהי כאשר התעו אתי אלהים מבית אבי)이다. 차명 요나탄은 "우상을 섬기는 이들이 나를 길을 잃게 만들 때, 나는 아버지 집에서" 나왔고, 네오피티는 "이민족들이 자기들의 우상들 뒤에서 나를 방황하게 만들었을 때 주님의 메므라가 나를 아버지 집에서 데리고" 나오셨다고 옮겼다.

5) 차명 요나탄에는 '남종'이라는 말이 빠져 있다.

6) 히브리어 성경은 "그것은 너에게 눈의 덮개(옷)이다"라고 하였다. כסות עינים(눈의 덮개)의 의미가 모호하다. 칠십인역은 "이것은 당신 얼굴의 명예를 위한 것이오"(ταῦτα ἔσται σοι εἰς τιμὴν τοῦ προσώπου σου)라고 옮겼다. 우리말 성경은 "그것은 … 그대의 명예를 회복시켜 줄 것이오"라고 하였다. 옹켈로스도 '영예'(יקר)라는 낱말을 덧붙였다. 차명 요나탄은 히브리어 성경대

오. 당신과 함께 있는 모든 이에게 **당신이 말한** 모든 것에서 당신은 입증되었소."

17 아브라함이 **주님 앞에서** 기도하여 **주님께서** 아비멜렉과 그의 아내와 여종들을 고쳐 주셨다. 그들은 다시 아이를 낳게 되었다. 18 주님께서 아브라함의 아내 사라 때문에 아비멜렉의 집안에 모든 태의 **입구를** 닫으셨던 것이다.

이사악의 출생

21,1 주님께서 말씀하신 대로[7] 사라를 **기억하셨고**,[8] 주님께서 말씀하신 대로[9] 사라에게 해 주셨다.

2 곧 사라는 임신하여 아브라함에게 늘그막에 아들을[10] 낳아 주었는데, **주님께서** 그에게 말씀하신 그때이다. 3 아브라함은 사라가 낳아 준 자신에게 태어난 아들의 이름을 이사악이라고 불렀다. 4 아브라함은 주님께서 명령하신 대로 여드레째에 아들 이사악에게 할례를 하였다. 5 아브라함에게 아들 이사악이 태어났을 때[11] 그는 백 살이었다. 6 사라가 말하였다. "**주님**

로 옮기고, 네오피티는 "그 은전은 당신에게 선물로 주는 것"이라고 덧붙인다.

7) 차명 요나탄은 '그에게(아브라함)'(ליה) 말씀하셨다고 덧붙인다.

8) 히브리어 '돌보다, 방문하다'(פקד)를 타르굼들은 '기억하다'(דכר)로 옮긴다. 네오피티는 "그분의 선하신 자비로"(ברחמוי טביא) 사라를 기억하셨다고 부연한다.

9) 차명 요나탄은 20,7.17과 연결하여 "아브라함이 아비멜렉을 위하여 기도한 대로"(היכמא דמליל אברהם בצלותיה על אבימלך)라고 하였다.

10) 히브리어 בן לזקניו(늘그막의 아들)을 옹켈로스는 בר לסיבתוהי, 네오피티는 בר לאשון סיבותה(노년의 아들)이라고 하였다. 한편 차명 요나탄은 "그를 닮은 아들"(בר דדמי ליה)이라고 하였다.

11) 네오피티에는 '때, 시간'(בזמנה)이라는 낱말이 덧붙었다.

께서 나에게 **기쁨을**[1] 만들어 주셨다. 이를 들은 이들은 모두 나를 위해 **기**
뻐할 것이다." 7 또 말하였다. "사라가 아이에게 젖을 물리리라는 것을 아
브라함에게 말씀하시고 **이루신 분은 얼마나 진실하신가!**[2] 내가 늙은 그에
게 아들을 낳아 주다니."

하가르와 이스마엘의 추방

8 그 아이는 자라 젖을 떼었고, 이사악이 젖을 떼던 날 아브라함은 큰
잔치를 벌였다. 9 사라는 이집트인 하가르가 아브라함에게 낳아 준 아들
이 웃는 것을 보고,[3] 10 아브라함에게 말하였다. "이 여종과 그의 아들을
내보내세요. 여종의 아들이 내 아들 이사악과 함께 상속을 받을 수는 없어
요."[4] 11 아브라함 보기에 이 일이 몹시 불쾌하였다. 자기 아들 때문이다.[5]

---

1) 히브리어 본문은 "웃음"(צחק)이라고 하였다. 옹켈로스는 "기쁨"(חדוא), 차명 요나탄은 "놀라운 일"(תימהא), 네오피티는 "큰 기쁨"(חדו רבה)이라 옮겼다. 17,17; 18,12.15과 연결된다.

2) 차명 요나탄은 "아브라함에게 기쁜 소식을 전한 분은 얼마나 진실하신가!", 네오피티는 "누가 아브라함의 형제 나호르의 집에 가 … 알려 줄까?"라고 옮겼다.

3) 히브리어 성경은 사라가 '하가르의 아들이 웃는(노는) 것'을 보았다고 하였다. 칠십인역은 "그의 아들이 이사악과 함께 노는 것"(παίζοντα μετὰ Ισαακ τοῦ υἱοῦ αὐτῆs)을 보았다고 부연한다. 차명 요나탄은 하가르의 아들이 "이방인의 신상을 가지고 놀면서 주님께 절하는"(מגחך לפולחנא נוכראה וגחין לייי) 것을 보았고, 네오피티는 "해서는 안 되는 짓들을 하는 것"(עבד עובדין די לא כשרין)을 보았다고 하였다. 단편 타르굼들에서 부적절한 짓들의 예로 "이방인의 신상을 가지고 노는 것"(מגחך בפולחנא נוכריא)을 덧붙였다.

4) 차명 요나탄은 이스마엘이 함께 상속을 받아 이사악과 '전쟁을 벌이게'(ויגח קרבא) 할 수는 없다고 덧붙인다.

5) 차명 요나탄은 아브라함이 불쾌해한 이유를, "이방인의 신상을 섬기는

12 **주님께서** 아브라함에게 말씀하셨다. "아이와 여종[6] 때문에 불쾌해하지 마라.[7] 사라가 너에게 말한 모든 것을 **받아주어라.**[8] 네 **자손들은** 이사악으로 불릴 것이다.[9] 13 그러나 여종의 아들도 네 **아들이니** 내가 민족을[10] 이루게 할 것이다."

14 아브라함은 아침에 일어나 빵과 물주머니를 가져다 하가르에게 주고 어깨 위에 걸치게 하고는 아이와 함께 내보냈다.[11] 하가르는 가다가 브에르 세바 광야에서 헤매었다.[12] 15 주머니의 물이 떨어지자 **나무** 아래에 아이를 던져두고,[13] 16 그는 걸어가[14] 화살이 미치는 거리에 마주 앉아 말하

아들 이스마엘 때문"이고, 네오피티는 "아들 이스마엘 때문"이라고 밝힌다.

6) 차명 요나탄에서는 "네가 훈육하기를 포기한 아이와 내보낼 여종"이라고 서술한다.

7) 히브리어 성경과 타르굼들을 직역하면 "네 눈에(네가 보기에) 불쾌해하지 마라"(לא יבאיש בעינך)이다. 네오피티는 "네 앞에서"(באפיך)이다.

8) 히브리어로는 '그의 소리(말)를 듣다'(שמע בקלה)이다. 옹켈로스와 차명 요나탄은 전치사를 사용하여 '그로부터 받아주다'(קביל מינה)고 하였다. 차명 요나탄은 "그는 여예언자이다"(דנביאתא היא)를 부연한다.

9) 차명 요나탄은 "여종의 아들은 족보에서 네 뒤를 잇지 못할 것이다"고 덧붙인다.

10) 차명 요나탄은 "약탈 민족"(לעם ליסטיס), 네오피티는 "큰 민족"(לאומה רבה)이라고 밝힌다.

11) 차명 요나탄은 "이혼 증서를 써서 풀어주었다"고 부연한다.

12) 차명 요나탄은 "길을"(מן ארחא) 헤매었다고 덧붙였다.

13) 차명 요나탄은, 하가르 일행이 다다른 곳이 예전에 이방 신 예배를 하다 길을 잃은 곳이었고, 이스마엘이 타는 갈증으로 물을 다 마시고 기진하여 하가르가 그를 업고 가다가, 그도 기진하여 자기 아버지의 신을 불렀으나 아무 대답이 없었다고 길게 부연하였다.

14) 차명 요나탄은 하가르가 "한쪽에 앉아 이방인의 신상을 던졌다"고 부연

였다. '아이가 죽는 것을 지켜봐야 하다니.' 그는 마주 앉아 소리 높여 울었
다. 17 **주님 앞에** 아이의 소리가 **들렸다.**[1] **주님의** 천사가 하늘에서 하가르
를 불러 말하였다. "하가르야, 무슨 일이냐? 두려워하지 마라. 저곳에 있는
아이의 소리가 **주님 앞에 들렸다.**[2] 18 일어나 아이를 일으켜 네 손으로 붙
들어라. 내가 큰 민족으로 만들겠다." 19 **주님께서** (하가르의) 눈을 열어 주
시어 그는 우물을 보게 되었고,[3] 가서 물주머니를 가득 채워 아이에게 마
시게 하였다.

20 **주님의 메므라가** 아이의 **협력자가 되시어**[4] 그는 잘 자랐다. (이스마
엘은) 광야에 살면서 활 쏘는 이가 되었다.[5] 21 그는 파란 광야에 살았는데
그의 어머니가 그에게 이집트 땅에서 아내를 얻어 주었다.

아브라함과 아비멜렉의 계약

22 그 당시 아비멜렉과 그의 장수 피콜이 아브라함에게 말하였다. "**주님
의 메므라가** 당신이 하는 모든 일에서 **협력자시군요**. 23 이제 **주님의 메므**

한다.

1) 타르굼들은 하느님의 의인화가(하느님께서 들으셨다.) 염려되는 문장이라 수정한다. 차명 요나탄은 "아브라함의 공로 덕분"(בגין זכותיה דאברהם)이라고 덧붙인다.

2) 네오피티는 "주님께서 아이의 기도 소리를 들으셨다"고 하였다(17,20 참조). 한편 차명 요나탄은 "그분께서는 장차 그가 행할 악한 행실에 따라 그를 심판하지 않으시니, 아브라함의 공로 덕분에 저곳에 있는 (이스마엘에게) 자비를 베푸신다"고 부연한다.

3) 차명 요나탄은 '우물이 그의 눈에 띄었다'(ואיתגלי לה בירא דמיא)고 하였다.

4) 히브리어 본문에서는 "하느님께서 아이와 함께하셨다"(ויהי אלהים את־הנער)이다.

5) 차명 요나탄은 이스마엘이 "활을 능숙하게 쏘는 이가 되었다."(והוה יליף רבי קשוותא)고 하였다.

라를 걸고 나에게 맹세해 주시오. 나와 내 **아들과** 내 손자들을 속이지 말
고, 내가 당신을 **선으로** 대하였듯이 당신도 나와 당신이 머무르는 땅에서
그렇게 해 주시오." 24 아브라함이 말하였다. "맹세하오."[6)]

25 아브라함은 아비멜렉의 종들이 빼앗은 우물 때문에 아비멜렉을 나무
랐다. 26 아비멜렉이 말하였다. "누가 이 일을 했는지 나는 모르겠소. 당신
도 나에게 알리지 않았고 나도 오늘 말고는[7)] 듣지 못하였소." 27 아브라함
이 양 떼와 소들을 데려다 아비멜렉에게 주고 둘이서 계약을 맺었다. 28 아
브라함은 양 떼에서 어린 암양 일곱 마리를 별도로 세워두었다.[8)] 29 아비멜
렉이 아브라함에게 말하였다. "당신이 별도로 세워둔 이 어린 일곱 암양은
무엇이오?" 30 그가 말하였다. "당신은 어린 암양 일곱 마리를 내게서 받으
시오. 내가 이 우물을 팠다는 증거가 될 것이오." 31 그리하여 그곳을 브에
르 세바라고[9)] 불렀다. 거기서 그들 두 사람이 맹세하였기 때문이다. 32 그
들은 브에르 세바에서 계약을 맺었고, 아비멜렉과 그의 장수 피콜은 일어
나 필리스티아 땅으로 돌아갔다.

33 아브라함은 브에르 세바에 **나무를** 심고[10)] 그곳에서 영원한 하느님이

---

6) 네오피티는 같은 말을 반복하여 강조한다. "맹세를 실행하겠소"(ומקיים בשבועה).

7) 차명 요나탄은 "오늘 당신한테서 말고 다른 이에게서는"(מן חורנין אלהן יומא דין מינך) 듣지 못하였다고 덧붙여 묘사한다.

8) 차명 요나탄은 양 떼에서뿐 아니라 "소들에서 분리하였다"(ואפרישינון מן תורי)는 내용을 덧붙인다.

9) 차명 요나탄은 '브에르 세바'를 "일곱 암양의 우물"(בירא דשבע חורפן)이라고 이름 붙였다. 32.33절 계속.

10) 히브리어 성경에서는 "에셀 나무를 심는다"(ויטע אשל)이다. 차명 요나탄과 네오피티는 "과수원을 짓는다"(ואנציב פרדיסא)고 하였다.

신 주님의 이름으로 **기도하였다.**[1] 34[2] 아브라함은 오랫동안 필리스티아
땅에 머물렀다.

제물이 된 이사악

22,1 이 일들이 있고 나서[3] **주님께서** 아브라함을 시험하시며 말씀하셨
다.[4] "아브라함아!" 그가 아뢰었다.[5] "저 여기 있습니다."[6] 2 그분께서 말씀

---

1) 차명 요나탄은, 아브라함이 과수원에 오고 가는 이들을 위해 먹을 것과 마실 것을 마련하였고, 그들에게 영원한 하느님이신 주님 메므라의 이름을 믿고 감사하라고 선포하였음을 부연하였다. 네오피티는 아울러, 그들은 그가 자신들을 개종시키고 세상의 주인이신 분을 찬미하도록 자신들을 가르칠 때까지 거기서 움직이지 않았고, 그는 영원한 하느님이신 주님을 섬기며 그분 메므라의 이름으로 기도하였다고 길게 부연한다.

2) 차명 요나탄에는 34절이 빠져 있다.

3) 차명 요나탄은 "이 일들"(פיתגמיא האילין)로서 "이사악과 이스마엘이 싸운" 일을 소개한다. 곧 이스마엘과 이사악은 서로 자신이 아버지의 상속자라고 주장하는데, 이스마엘은 그 근거로 자신이 맏아들이라는 것, 이사악은 아버지의 부인 사라의 아들이라는 것을 내세운다. 아울러 이스마엘은 자신이 열세 살에 할례를 하여 본인 의지대로 할례를 받은 셈이나, 이사악은 여드레 만에 할례를 하였으니 본인 의지가 아니었음을 강조한다. 이사악은 이에 맞서, 서른일곱 살인 지금이라도 거룩하시고 찬미받으실 분께서 자기 몸의 모든 기관을 원하신다면 거부하지 않을 것이라고 반박한다. 이어서 "이 말들이 곧바로 세상의 주인 앞에 들어가(들려)" 아브라함이 시험을 받게 되었다고 부연하였다.

4) 네오피티는 "열 가지 시험으로"(בנסיונה עשיריה) 시험하셨다고 덧붙인다.

5) 네오피티는 "아브라함이 성전의 언어로(בלשן בית־קודשא) 대답하였다"고 옮긴다.

6) 네오피티는 아람어로 번역하지 않고 히브리어를 그대로 옮겼다(הנני). 네오피티에서 히브리어를 그대로 옮겨온 문장은 타르굼 네오피티 번역 본문에서 〈 〉 괄호로 표시하였다. 7.11절; 23,6 등 참조.

하셨다. "네가 사랑하는 외아들 이사악을 데리고 **예배의** 땅으로[7] 가라. 내
가 너에게 말해 줄 산 하나에서 그를 **내 앞에** 번제물로 올려라."
3 아브라함은 아침에 일어나 당나귀에 안장을 묶고 두 남종과[8] 아들 이
사악을 데리고 번제물을 위한 나무를[9] 쪼개었다. 그는 일어나 주님께서 그
에게 말씀하신 곳으로 갔다. 4 셋째 날 아브라함은 자기 눈을 들어 멀리 있
는 곳을 바라보았다.[10] 5 아브라함이 남종들에게 말하였다. "너희는 여기서
당나귀와 **기다려라**. 나와 아이는 저곳에 **이르러**[11] 경배하고 너희에게 돌아
오겠다." 6 아브라함은 번제물용 나무를 가져다가 아들 이사악 위에 지우
고 손에는 불과 칼을 들었다. 둘은 함께 걸어갔다.[12] 7 이사악이 아버지 아
브라함에게 말하였다. "아버지!" 그가 말하였다. "그래, 아들아!" 그가 말하
였다. "불과 나무는 있는데 번제물용 양은 어디에 있습니까?" 8 아브라함
이 말하였다. "아들아, 번제물용 양은 **주님 앞에 나타날 것이다**." 둘은 함
께 걸어갔다.
9 그들이 **주님께서** 말씀하신 곳에 이르자, 거기에다 아브라함은 제단을

---

7) 히브리어 성경에서는 "모리야 땅"(אל־ארץ המריה)이다. 옹켈로스와 차명 요나탄은 "예배의 땅"(לארע פולחנא), 네오피티 여백 각주는 "장차 성전이 세워질 모리야 산의 땅"이라고 부연한다.

8) 차명 요나탄은 두 남종의 이름을 "엘리에제르와 이스마엘"(ית אליעזר וית ישמעאל)이라고 밝힌다.

9) 차명 요나탄은 "번제물에 적당한 올리브, 무화과, 대추야자" 나무를 예로 들어 장작에 쓰일 재목들을 구체적으로 부연하였다.

10) 차명 요나탄은 "산 위에 영광의 구름이 감도는 것을 보고 멀리서 알아차렸다"고 부연한다.

11) 히브리어 '가다'(הלך)를 타르굼들은 아람어 '이르다'(מטי)로 옮겼다. 차명 요나탄은 "'네 아들들이 이렇게 될 것이다.'라고 나에게 알려진 것이 일어날지를 시험하기 위해서" 저곳에 간다는 말을 덧붙인다.

12) 네오피티는 둘이 "온전한 마음으로"(בלבה שלמה) 걸었다고 덧붙인다.

세우고[1] 나무를 쌓았다. 그리고 아들 이사악을 묶어 제단 위의 나무 위에 놓았다. 10 아브라함은 손을 뻗쳐 아들을 죽이려고 칼을 잡았다.[2] 11 주님의 천사가 하늘에서 그를 불러 말하였다. "아브라함아, 아브라함아!" 아브라함이 말하였다.[3] "저 여기 있습니다."[4] 12 그가 말하였다. "아이에게 손을 뻗치지 마라. 그에게 아무 짓도 하지 마라. 이제 나는 네가 **주님을** 경외하고 네 외아들을 나에게서 막지 않는다는 것을 알았다."[5] 13 **그런 뒤에** 아브라함이 눈을 들어 보니, **나무에**[6] 뿔이 걸린 숫양 **한 마리가**[7] 있었다. 아

---

1) 차명 요나탄은 아브라함이 세운 제단의 오랜 역사를 부연한다. "아담이 세우고 홍수로 무너졌으며 노아가 다시 세웠으나 분리 세대에 무너진 제단"을 다시 세운 것이다.

2) 차명 요나탄과 네오피티는 이 장면을 길게 부연한다. 먼저 차명 요나탄에서는 이사악이 자발적으로 아버지에게, 그의 영혼이 고통 속에서 떨지 않도록 멸망의 구덩이에 던져지지 않도록 잘 묶어 달라고 부탁하며, 아버지의 제물에서 흠이 발견될까 걱정한다. 네오피티에서는 아버지를 차 버리지 않도록 잘 묶어주시고, 아버지의 제물이 부적합하여 다음 세상에서 그들이 멸망의 구덩이에 던져질까 걱정한다. 그러고는 두 본문 다, 아브라함이 이사악의 눈을 보고 이사악은 높은 곳의 천사들을 바라보니, 천사들은 세상에서 유일한 두 사람, 곧 주저하지 않는 도살자와 자기 목을 내미는 도살당하는 자를 보라고 말한다. 네오피티는 천사들이 아니라, "그 시간에 바트 콜(בת קול: 하느님의 목소리)이 하늘에서 나와 말하였다"고 덧붙인다.

3) 네오피티는 "성전의 언어로"(בלשן בית-קדשא) 말하였다고 부연한다.

4) 네오피티는 이 구절을 히브리어 그대로 두었다. 1,7절 참조.

5) 차명 요나탄은 "알았다" 대신 "내 앞에 드러났다"(גלי קדמי)고 수정한다.

6) 히브리어 성경에서는 "덤불"(סבך)이다.

7) 히브리어 אחר(다음에, 뒤에, 다른)를 여러 번역본들이 אחר(하나)로 이해하였다. 차명 요나탄은 이 '숫양'을 두고 "세상이 완성되던 해질녘에 창조된 것"이라고(דאיתברי ביני שימשתא דשכלול עלמא) 보충한다.

브라함은 가서 숫양을 데려다 아들 대신 번제물로 올렸다. 14 아브라함은
그곳 그 장소에서 **예배하고 기도하며 말하였다.**[8] "주님 **앞에서 이곳은** (다
음) **세대들을 위한 예배지가 될 것이다.**"[9] 그래서 요즘도 '**아브라함이 이** 산
에서 주님 **앞에 예배하였다**'고들[10] 말하였다.
15 주님의 천사가 하늘에서 아브라함을 두 번째로 불러 16 말하였다.
"**내 메므라를 걸고** 맹세한다.[11] 주님께서 말씀하신다. 너는 이 일을 수행하
였고 네 외아들도 막지 않았다. 17 그러니 나는 너를 축복하고 네 **자손들을**
하늘의 별처럼 바닷가의 모래처럼 많게 하겠다. 네 **자손들은** 적들의 **성읍
들을**[12] 물려받을 것이다. 18 네가 내 **메므라를 받아들였으니** 땅의 모든 민
족들이 네 **자손들 때문에**[13] 축복을 받을 것이다."

---

8) 히브리어 본문은 "아브라함은 그 장소의 이름을 '야훼 이레'라 불렀다"고 하였다. 옹켈로스와 차명 요나탄은 '이름'(שֵׁם)을 '그곳'(שָׁם)으로 이해하여 아람어 תמן으로 옮겼다. 차명 요나탄은 "감사하고 기도하며"(ואודי וצלי) 아뢰었다고 하였다.

9) 차명 요나탄과 네오피티에서는, 아브라함이 자신의 공로를 주님께 아뢰고 이사악과 후손들의 구원을 위하여 간청하는 기도를 덧붙여 부연한다.

10) 히브리어 본문은 "주님의 산에서 마련된다"(בהר יהוה יראה)고 하였다. 차명 요나탄은 "아브라함이 이 산에서 아들 이사악을 묶었고 거기서 주님의 셰키나가 그 위에 나타나셨다", 네오피티는 "아브라함이 주님의 성전 산에서 아들 이사악을 바쳤고, 이 산에서 주님 셰키나의 영광이 드러났었다"라고 수정하고 부연한다.

11) 히브리어 본문은 "나는 나를 걸고 맹세한다"(בי נשבעתי)고 하였다. 옹켈로스와 차명 요나탄은 "내 메므라를 걸고"(במימרי), 네오피티는 "그분 메므라의 이름으로"(בשם ממריה) 맹세한다고 옮긴다.

12) 히브리어 성경에서는 "원수들의 문"(שער איביו)이다.

13) 차명 요나탄은 "네 자손들의 공로"(זכוות בנך)라고 하였다. 히브리어 전치사 ב를 옹켈로스는 בדיל, 차명 요나탄은 בגין, 네오피티는 ב로 옮겼다.

19[1] 아브라함이 남종들에게 돌아왔다. 그들은 일어나 함께 브에르 세바로 갔다. 아브라함은 브에르 세바에서 살았다.

아브라함의 아우 나호르의 자손

20 이런 일들이 있은 뒤[2] 아브라함에게 이런 말이 전해졌다. "밀카도 출산하여 당신 아우 나호르에게 아들들이 생겼소. 21 곧 맏아들 우츠, 그의 동생 부즈, 아람의 아버지 크무엘,[3] 22 케세드, 하조, 필다스, 이들랍, 브투엘이오." 23 브투엘은 레베카를 낳았다. 이 여덟을 밀카가 아브라함의 동생 나호르에게 낳아 주었다. 24 이름이 르우마인 나호르의 소실도 테바, 가함, 타하스, 마아카를 낳아 주었다.

사라의 죽음과 첫 소유지인 막펠라

23,1 사라의 세월은 백이십칠 년으로 이는 사라가 산 햇수이다. 2 사라는 키르얏 아르바[4] 곧 가나안 땅 헤브론에서 죽었다. 아브라함은 돌아와 사라

---

1) 차명 요나탄은 19절을 시작하기 전에 부연한다. "높은 곳의 천사들이 이사악을 데리고 위대한 셈의 학교에 갔다. 그는 거기서 삼 년을 지냈다."

2) 차명 요나탄은 "이런 일이 있은 뒤"(בתר פתגמ׳א האילין)를 "아브라함이 이사악을 묶은 뒤"(מן־בתר ד׳כפת אברהם ׳ת ׳צחק)라고 덧붙여 해석하며, 사탄이 사라에게 이사악을 아브라함이 살해하였다고 알려 사라가 일어나 소리치다 숨이 막혀 고통스럽게 죽어갔다고 부연한다. 23장의 사라의 죽음을 준비하는 내용이다. 히브리어 성경은 이사악의 아케다 사건 이후 아브라함의 형제들 소식을 전하고, 바로 사라의 죽음(23장)으로 넘어간다. 그가 왜 어떻게 죽었는지에 대한 언급이 없어 이를 추측한 미드라시들이 전한다.

3) 차명 요나탄은 '크무엘'을 "아람 마술사들의 지도자"(רב־קסומ׳א דארמא׳)라고 소개한다.

4) 네오피티는 "키르얏 아르바"(בקר׳ת ארבע)를 "네 성조들의 성읍"(בקרתהון דארבעת׳ אבהתא)이라고 풀어 옮긴다.

를 애도하며 울었다.[5] 3 아브라함은 죽은 이 앞에서[6] 일어나 히타이트 사
람들에게 말하였다. 4 "나는 이방인이요 거류민으로 당신들과 함께 지내고
있습니다. 나에게 당신들의 소유지인 무덤을 내주십시오.[7] 망자를 내 앞
에서[8] 묻으려고 합니다." 5 히타이트 사람들이 아브라함에게 대답하였다.
6 "나리,[9] 우리의 (뜻을) **받아주십시오**. 나리는 **주님 앞에서** 우리에게 위대
한 분이시니 우리의 무덤 가운데 가장 좋은 무덤에 나리의 망자를 묻으십
시오. 아무도 나리가 망자를 매장하는 것을 막을 수 없습니다."[10] 7 아브라
함은 일어나 그 땅의 백성인 히타이트 사람들에게 절하고,[11] 8 그들에게 말
하였다. "당신들이 **기꺼이** 내가 망자를 내 앞에 묻게 하시려거든 내 (뜻을)
받아주십시오. 나를 위해 초아르의 아들 에프론에게[12] 청하여, 9 그가 나에
게 밭 가장자리에 있는 자신의 **이중** 동굴을[13] 넘기게 해 주십시오. 당신들
의 소유지인 무덤에 충분한 값을 내겠습니다." 10 에프론은 히타이트 사람

---

5) 차명 요나탄은 아브라함이 "예배의 산에서 돌아와 사라가 죽었다는 것을" 알게 되었다고 부연한다. 22,20과 연결된다.

6) "죽은 이 앞에서"(מעל פני מתו)를 차명 요나탄은 "죽은 이의 얼굴이 보이는 데서"(מן מחמי אפין על מיתיה)라고 풀어 옮긴다.

7) 차명 요나탄은 "팔기 바랍니다(청합니다)"(בבעו זבונו)로 수정하였다.

8) 차명 요나탄은 "거기에"(תמן) 묻겠다고 수정한다.

9) 히브리어 אדני(주인, 나리)를 타르굼들은 아람어 רבוננא, רבונן(우리의 나리)으로 옮겼다.

10) 네오피티에는 마지막 문장이(아무도 … 없습니다) 빠져 있다. 11절 각주 참조.

11) 네오피티는 "그 땅의 관습대로 안부를" 물었다(ושאל בשלמיהון בנימוס ארעא)고 수정한다.

12) 차명 요나탄은 "에프론 앞에"(קדם עפרן) 청한다고 하였다.

13) "이중 동굴"(מערת כפילתא)은 히브리어 "막펠라"(מכפלה)의 어근 כפל(두 배)과 연결시킨 번역이다.

들 안에 앉아 있었다. 에프론은 성문 입구에 나와 있는 모든 히타이트 사
람들 **앞에서** 아브라함에게 대답하였다. 11 "나리, 아닙니다. 제 (뜻을) **받아
주십시오**. 제가 밭을 드리고 그 안에 있는 동굴도 드리겠습니다. 제 백성들
보는 데서 드릴 테니 망자를 묻으십시오."[1] 12 아브라함이 그 땅의 백성 앞
에 절하고 13 그 땅의 백성 앞에서 에프론에게 말하였다.[2] "당신이 **나에게
호의를 베풀려면** 내 (뜻을) **받아주십시오**. 밭 **값으로** 은전을[3] 드릴 테니 받
으십시오. 그래야 망자를 묻을 수 있습니다." 14 에프론이 아브라함에게 대
답하였다. 15 "나리 제 (뜻을) **받아주십시오**. 저와 당신 사이에 은전 사백 **셀
라 값어치의** 땅이 무슨 대수겠습니까? 망자를 묻으십시오."[4] 16 아브라함
이 에프론(의 말)을 **받아들여** 에프론이 히타이트 사람들 **앞에서** 말한 사백
셀라를 모든 지역 상거래에서 받아들이는 은전으로[5] 무게를 달아 주었다.
17 그래서 마므레 앞 **카펠타에** 있는 에프론의 밭은[6] 밭과 동굴, 밭의 모
든 경계 사방에 있는 모든 나무들까지, 18 성문 입구에 나와 있는 모든 히

---

1) 네오피티에서는 11절 다음에 6ㄴ-11절이 반복된다. 네오피티 우리말 본문 번역에서는 반복 구절들을 생략했다. 6절의 빠진 문장 가운데 '당신을(나리) 막을 수 없다'(לא יכלה ממך)는 구절이 히브리어 그대로 와 있다.

2) 네오피티에는 "에프론에게 말하였다"(ומליל עם עפרון)가 빠져 있고, "그 땅의 백성이 듣는 데서"(במשמעהון דעמא דארעא למימר) 말하였다고 하였다.

3) 히브리어 כסף השדה(밭 값)를, 옹켈로스와 차명 요나탄은 כספא דמי חקלא (밭 값으로 은전을)라고 옮겼다.

4) 네오피티는 '계산하고'(חשיב) 묻으라고 덧붙인다.

5) 히브리어 성경에서는 "상인들에게 통용되는 은전"(כסף עבר לסחר)이다. 옹켈로스는 "모든 지역 상거래에서 받아들이는 은전", 차명 요나탄은 "모든 (환전) 탁자에서 통용되고 모든 상거래에서 받아들이는 좋은 은전", 네오피티는 "모든 장소에서 통용되고 모든 상거래에서 받아들이는 은전"이라고 하였다.

6) 차명 요나탄은 "밭 매입"(זבין חקלא)이라고 옮겼다.

타이트 사람들이 보는 데서[7] 아브라함이 **매입한 것이**[8] 되었다.

19 그러고 나서[9] 아브라함은 아내 사라를 가나안 땅 헤브론의 마므레 앞에 있는 밭의 **이중** 동굴에 묻었다. 20 그 밭과 그 안의 동굴이 히타이트 사람들에게서 아브라함의 소유지인 무덤이 되었다.

레베카를 아내로 맞은 이사악

24,1 아브라함은 늙고 나이가 들었다. 주님께서는[10] 아브라함에게 모든 것을 축복하셨다.[11] 2 아브라함은 자신의 모든 것을[12] 관리하는[13] 집안의 늙은 종에게[14] 말하였다. "네 손을 내 넓적다리 아래에[15] 얹어라. 3 나는 너를 하늘의 하느님이시며 땅의 하느님이신[16] 주님의 **메므라로** 맹세하게 하겠다. 너는 내 아들의 아내를 내가 살고 있는 가나안의 딸들에게서 데려오지

---

7) 히브리어로는 לעני(보는 데서)이다. 차명 요나탄은 באנפי(앞에서), 네오피티는 לקבל(맞은편에서)이라고 하였다.

8) 히브리어 성경과 네오피티는 "소유"(מקנה, קניין)라고 하였고, 옹켈로스와 차명 요나탄은 "매입한 것"(זבין)이라 하였다.

9) 네오피티 본문에는 빠져 있다.

10) 차명 요나탄과 네오피티에서는 "주님의 메므라"(מימרא דייי)이다.

11) 차명 요나탄은 "온갖 종류의 복으로"(בכל מיני ברכתא) 축복하셨다고 덧붙인다.

12) 차명 요나탄은 모든 "재산"(אפותיקי)이라고 옮겼다.

13) 히브리어 משל을 옹켈로스와 차명 요나탄은 שליט(다스리다, 관리하다), 네오피티는 תפס(쥐다, 붙잡다) 동사로 옮겼다.

14) 차명 요나탄은 "엘리에제르"(אליעזר)라고 이름을 밝혔다.

15) 차명 요나탄은 "나의 할례한 곳"(בגזירת מהולתי)이라고 옮겼다.

16) 차명 요나탄은 "하늘 높은 데에 머무르시는 하느님이시며 땅을 지배하시는 하느님"(אלקא דמותביה בשמי מרומא הוא אלקא דשולטניה על ארעא)이라고 밝힌다.

말고, 4 오직 내 고향, 내 친족에게 가서[1] 내 아들 이사악의 아내를 데려와
라.” 5 그 종이 아브라함에게 말하였다. “혹시라도 그 여자가 저를 따라서
이 땅으로 오고 싶어 하지 않는다면, 제가 나리의 아들을 데리고 당신이 떠
나신 땅으로 돌아가야 합니까?” 6 아브라함이[2] 그에게 말하였다. “너는 내
아들을 그곳에 데려가는 일이 없도록 조심하여라. 7 내 아버지의 집과 내
고향 땅에서 나를 데리고 나오시고 나에게 말씀하시며, ‘네 **자손들에게** 이
땅을 주겠다.’고 맹세하신 하늘의 하느님이신 주님께서, 네 앞에 그분의 천
사를[3] 보내시어 그곳에서 내 아들의 아내를 데려오게 하실 것이다. 8 혹시
라도 그 여자가 네 뒤를 따라오고 싶어 하지 않는다면, 너는 나의 맹세에
서 자유롭다. 내 아들만은 그곳에 데려가서는 안 된다.” 9 그 종은 주인 아
브라함의 넓적다리 아래에[4] 손을 얹고 이 일을 두고 그에게 맹세하였다.

10 종은 주인의 낙타들 가운데 열 마리를 끌고 주인의 온갖 좋은 것들
을 가지고 일어나, **유프라테스 위에 있는** 나호르의 성읍 아람으로[5] 갔다.
11 저녁 무렵 그는 성읍 밖 우물에 낙타들을 풀어 놓았다. 물 긷는 여자들
이 나오는 때였다. 12 그는 말하였다. “제 주인 아브라함의 하느님이신 주
님, 오늘 제 앞에 마련하시고[6] 제 주인 아브라함에게 **호의를**[7] 베풀어 주소

---

1) 차명 요나탄은 “내 가족의 집으로”(ולבית גניסתי) 가라고 덧붙였다.

2) 네오피티에는 이 낱말이 빠져 있다.

3) 네오피티는 “자비의 천사”(מלאכא דרחמין)라고 옮겼다.

4) 차명 요나탄은 “할례한 곳에”(בגזירת מהולתא), 네오피티는 “맹세(의 표시)”(קיימה) 아래라고 하였다(2절 참조).

5) 히브리어 성경에서는 “나호르의 성읍 아람 나하라임”(אל־ארם נהרים אל־עיר נחור)이라고 하였다. 옹켈로스와 차명 요나탄은 ‘나하라임’ 대신 “유프라테스 위에 있는”(דעל פרת) 아람이라고 옮기고, 네오피티는 ‘아람’을 빼고 “나호르의 성읍 나하라임 땅”(לארעא נהרים לקרתא דנחור)이라고 옮겼다.

6) 차명 요나탄은 구체적으로 “적당한 여자”를 마련해 달라고 간구한다.

7) 히브리어 성경과 네오피티는 “자애”(חסד)라고 하였다.

서. 13 저는 샘물에 서 있다가 성읍 사람의 딸들이[8] 물을 채우러 나오면,
14 한 소녀에게 말을 걸겠습니다. '물동이를 기울여 물을 마시게 해 주시
오.' 그 소녀가 '드십시오. 당신 낙타들도 마시게 하겠습니다.' 하고 말한다
면, 당신께서 그를 당신의 종 이사악을 위해 마련하셨고,[9] 그를 통해 당신
께서 제 주인에게 **호의를** 베푸신 줄 알겠습니다."

15 그가 아직 말을 맺기도 전에[10] 레베카가 어깨에 물동이를 이고 나왔
다. 그는 아브라함의 아우 나호르의 아내인 밀카의 아들 브투엘에게서 태
어났다. 16 그 소녀는 몹시 예뻐 보이는 처녀로서 남자를 알지 못하였다.[11]
소녀는 샘으로 내려가 물동이를 채워 올라왔다. 17 종이 그 앞으로 달려
가 말하였다. "물동이에서 물을 좀 **마십시다.**"[12] 18 그가 말하였다. "나리,
드십시오." 그는 서둘러 물동이를 손 위에 내려놓고 그가 마시게 하였다.
19 그가 다 마시게 하고 소녀가 말하였다. "낙타도 충분히 마실 때까지[13] 제
가 채우겠습니다." 20 그는 서둘러 물동이를 **물통에** 붓고는,[14] 더 물을 채
우러 우물로 달려가 낙타들 모두를 위해 물을 채웠다. 21 그 남자는 조용

---

8) 네오피티는 "그 땅의 백성의 딸들"(בנתהון דעמא דארעא)이라고 옮겼다.

9) 차명 요나탄은 "운명적으로"(במזלא)를 덧붙인다.

10) 차명 요나타은 "바로 그때"(והוה בשעא קלילא הוא)라고 덧붙였다.

11) 차명 요나탄은 "잠자리에서"(במשכבה) 알지 못한다고 보충한다.

12) 히브리어 '삼키다, (물을) 넘기다'(גמא)를 옹켈로스와 네오피티는 '마시다'(שקי), 차명 요나탄은 '맛보다'(טעם) 동사로 옮겼다.

13) 네오피티에서만 '시간, 때'(זמן)라는 낱말을 덧붙였다. 히브리어 성경과 나머지 타르굼에는 없다.

14) 히브리어로는 '물통'(שקת), 옹켈로스는 '물 마시는 곳'(לבית־שקיא), 차명 요나탄은 '물 마시는 곳의 통'(למורכיוות בית שקתי), 네오피티는 '물통'(מורכיון)이라고 하였다. 편의상 모두 '물통'으로 통일하여 옮겼다. 히브리어 '쏟다, 붓다'(ערה)를 차명 요나탄은 '비우다'(רוקן) 동사로 옮긴다.

히 **머물며** 그를 지켜보면서[1] 주님께서 자신의 길을 성공시키실지 아닐지 알아보았다.

22 낙타들이 다 마시고 나자 그 남자는 무게가 **한 세켈**[2] 나가는 금 코걸이를 (걸어 주고),[3] 무게가 금으로 열 **셀라**[4] 나가는 팔찌 두 개를 그의 손에 채워주었다.[5] 23 그가 말하였다. "당신은 뉘댁 딸이오? 내게 알려주시오. 당신 아버지 집에 우리가 묵을 만한 **적당한** 곳이 있소?" 24 레베카가 그에게 말하였다. "저는 나호르에게 밀카가 낳아 준 아들[6] 브투엘의 딸입니다." 25 또 말하였다. "저희는 꼴과 여물도 많고 묵을 만한 **적당한** 곳도 있습니다." 26 그 남자는 무릎을 꿇고 주님 **앞에** 절하며,[7] 27 말하였다. "내 주인 아브라함의 하느님이신 주님께서는 찬미받으소서. 그분께서 내 주인에게

---

1) 히브리어 '지켜보다'(שׁאה)를 차명 요나탄은 '기다리다'(מתן) 동사로 옮긴다. 옹켈로스는 조용히 '머물며'(שׁהי), 네오피티는 조용히 물을 '마시며'(שׁתי) 지켜봤다(מסתכל)고 덧붙였다.

2) 히브리어 "한 베카"(בקע)를 옹켈로스는 "한 세켈"(שׁקל), 차명 요나탄은 "한 다릭"(דרכמון), 네오피티는 "한 테바"(טבע)라고 옮겼다.

3) 47절에서 코에 걸어주므로 '코걸이'(קדשׁ)라 옮겼다(30.47절 참조). 차명 요나탄은 그 코걸이가 "그의 자손들이 성막을 만들 때 머릿수마다 한 다릭씩 내려고 준비한 것에 해당한다"는 내용을 덧붙였다.

4) 히브리어 성경은 "그것들의 무게가 금으로 열"(עשׂרה זהב משׁקלם)이다. 네오피티도 '세켈'이나 '셀라' 단위 없이 옮겼다(מן עשׂרה דדהב מתקלהון).

5) 차명 요나타은 '열 셀라 나가는 금 팔찌 두 개'가 "총 무게가 십계명이 쓰인 두 서판의 무게에 해당한다"고 덧붙였다.

6) 차명 요나탄은 "딸"(בת)로 옮겼다.

7) 차명 요나탄은 엘리에제르가 "자신 앞에 적당한 여자를 마련하신" 주님 앞에 절하였다고 덧붙이고, 네오피티는 "감사드리며 주님의 이름을 경배"하였다고 수정한다.

호의와 진실을 거두지 않으시어 내가 **올바른** 길로[8] (들어서고), 주님께서 나
를 내 주인의 아우 집으로 이끄셨구나."

28[9] 그 소녀는 달려가서 어머니의 집에[10] 이 일을 알렸다. 29 레베카에
게는 라반이라는 이름의 오라버니가 있었다. 라반은 샘 밖에 있는 그 남자
에게 달려갔다. 30 그는 코걸이와 누이의 손 위에 걸린 팔찌를 보고, 그리
고 레베카가 "그 남자가 나에게 이렇게 말하였습니다." 하고 말한 일들을
듣고 그 남자에게 간 것이다. 그는 샘에 낙타들과 서 있었다. 31 라반이 말
하였다. "주님의 복을 받으신 분,[11] 들어오십시오. 왜 밖에 서 계십니까? 제
가 집을 비워 두었고 낙타를 둘 **적당한** 곳도 (있습니다.)"[12] 32 그 남자는 집
으로 들어갔다. 라반은 낙타들을[13] 풀고 낙타들에게 꼴과 여물을 주었고,
그와 일행들이 발을 씻도록 물을 주었다. 33 그들이 그 앞에 먹을 것을 차
리자[14] 그 남자가 말하였다. "제 할 일을 말씀드릴 때까지는 먹을 수 없습니
다." 라반이 말하였다. "말씀하십시오."

34 그가 말하였다. "저는 아브라함의 종입니다. 35 주님께서 제 주인에
게 복을 내리셔서 그는 번성하였고, 그에게 양과 소, 은과 금, 남종과 여종,
낙타와 나귀들을 주셨습니다. 36 제 주인의 아내 사라가 다 늙어 주인에게

---

8) 48절에서는 '진실의 길'(באורחא דקושטא)이다.

9) 차명 요나탄에는 28절이 빠져 있다.

10) 네오피티는 27절에 맞추어 "그의 주인의 아우 집"(בבייתה דאחוי דרבוני)을 덧붙인다.

11) 차명 요나탄은 "라반은 그가 아브라함이라고 여겨" "주님의 복을 받으신 분"(בריכא דייי)이라 말하였다고 부연한다.

12) 차명 요나탄은 "제가 이방 신 숭배하던 집을 비우고 낙타 둘 곳을 마련하였습니다"라고 수정하여 옮겼다.

13) 차명 요나탄은 "낙타들의 입마개"(זממי גמלייא)를 풀어 주었다고 밝힌다.

14) 차명 요나탄은, 그들이 "독약이 든 먹을 것을 한 접시 내오자" '그가 이를 알아차렸다'(וארגיש ביה)고 부연하였다.

아들을 낳아 주셨는데, 주인은 그 아들에게 자기가 가진 모든 것을 주셨습
니다. 37 제 주인이 저에게 말씀하셨습니다. '내가 머무르는 땅인 가나안족
의 딸들에서 내 아들의 아내를 데려와서는 안 된다. 38 너는 **오로지** 아버
지의 집안, 나의 친족에게 가서 내 아들의 아내를[1] 데려와라.' 39 제가 주
인께 아뢰었습니다. '혹시 그 여자가 저를 따라오지 않을 수도 있습니다.'[2]
40 그가 제게 말씀하셨습니다. '내가 **그분 앞에서 섬기는**[3] 주님께서 당신
의 천사를 너와 함께 보내시고 네 길을 성공시키시어, 너는 내 친족, 내 아
버지의 집안에서 내 아들의 아내를 데려올 것이다. 41 네가 내 친족에게 들
어갔으므로 너는 내 맹세에서 자유롭다. 그들이 너에게 (여자를) 주지 않더
라도 너는 내 맹세에서 자유롭다.'

42 오늘 저는 그 샘에 이르러 아뢰었습니다. '제 주인 아브라함의 하느님
이신 주님,[4] 제발 **당신 앞에서** 제가 갈 길을 성공하게 해 주십시오. 43 제
가 샘물에 서 있다가 물을 채우러 나오는 소녀가 있으면 그에게 '물동이에
서 물을 좀 마십시다.' 하고 말을 걸겠습니다. 44 그가 저에게 '드십시오. 낙
타를 위해서도 채워 오겠습니다.' 하고 말하면 그는 주님께서 제 주인의 아
들을 위해 마련하신 여자입니다.'[5]

45 제가 마음속으로[6] 아직 말을 맺기도 전에 레베카가 어깨에 물동이를
이고 나와 샘에 내려놓고 물을 채우기에, 제가 말하였습니다. '물을 좀 마
십시다.' 46 그는 서둘러 물동이를 내려놓고 말하였습니다. '드십시오. 낙

---

1) 네오피티는 "내 아들 이사악의 아내"(איתה לברי ליצחק)라고 하였다.

2) 차명 요나탄과 네오피티는 같은 내용을 의문사 מה를 덧붙여 의문문으로 바꾸었다. "혹시 그 여자가 저를 따라오지 않으면 어쩝니까?"

3) 네오피티는 "진실로"(בקושטא)를 덧붙인다.

4) 네오피티는 "당신 앞에서 자비를 간청하오니"(בבעו ברחמין מן־קדמיך)를 덧붙인다.

5) 차명 요나탄은 "운명적으로"(במזלא)를 덧붙인다. 14절 참조.

6) 차명 요나탄은 "마음속으로 생각하며"(עם הרהורי לבי)라고 하였다.

타도 마시게 하겠습니다.' 그래서 저도 마시고 낙타들도 마셨습니다. 47 제
가 그에게 물었습니다. '뉘댁 딸이오?' 그가 대답하였습니다. '밀카가 나호
르에게 낳아 준 아들 브투엘의 딸입니다.' 그래서 저는 그의 코에 코걸이와
그의 손에 팔찌를 걸어 주었습니다. 48 그리고 무릎을 꿇고 주님 **앞에** 절하
며 제 주인 아브라함의 하느님이신 주님을 찬미하였습니다.[7] 그분께서는
저를 진실의 길로 이끌어 제 주인의 아들이 그분 아우의 딸을 얻게 하셨습
니다. 49 이제 여러분들이 제 주인에게 **호의와** 진실을 베푸시려면,[8] 저에
게 알려 주십시오. 그렇지 않더라도 저에게 알려 주십시오. 저는 오른쪽으
로든 왼쪽으로든[9] 가겠습니다."

50 라반과 브투엘이 대답하였다. "이 일은[10] 주님 **앞에서** 나왔습니다. 우
리는 당신께 가타부타 말할 수 없습니다. 51 당신 앞에 레베카가 있으니 데
리고 가서, 주님께서 말씀하신 대로 당신의 주인 아들의 아내로 삼으십시
오." 52 아브라함의 종은 그들의 말을 듣고 땅에 대고 주님 **앞에** 절하였다.[11]
53 그 종은 은붙이와 금붙이와 옷가지를 꺼내 레베카에게 주고, 그의 오라
버니와 어머니에게는 값진 것들을[12] 주었다. 54 종과 함께 온 일행들은 먹
고 마시고 묵었다. 그리고 아침에 일어나 말하였다. "제 주인에게 저를 보
내 주십시오." 55[13] 레베카의 오라버니와 어머니가 말하였다. "저 아이가 **일**

---

7) 네오피티는 "무릎을 꿇고 감사드리며 주님의 이름을 경배하고 … 하느님 앞에 기도하였"(ועקדת ואודת ושבחת לשמה דייי וצליית קדם אלהה)다고 수정한다.

8) 네오피티는 "기꺼이"(ברעתכון)를 덧붙인다.

9) 차명 요나탄은 "남쪽으로든 북쪽으로든"(על דרומא או על ציפונא)이라고 수정한다.

10) 차명 요나탄은 '이 일'이 "이사악에게 레베카를 보내는 일"임을 밝힌다.

11) 네오피티는 "그 땅의 관습대로 감사드리며 주님을 경배하였다"고 덧붙인다.

12) 차명 요나탄과 네오피티는 "선물들"(דורונין)을 주었다고 옮겼다.

13) 차명 요나탄은 55절을 시작하면서 부연한다. "그들이 저녁에 이야기하는

년이나 열 달쯤[1] 저희와 머물다가 떠나게 해 주십시오." 56 그가 그들에게
말하였다. "저를 지체하게 하지 마십시오. 주님께서 저의 길을 성공시키셨
으니 저를 보내시고,[2] 저는 제 주인에게 가겠습니다." 57 그들이 말하였다.
"아이를 불러 **그가 말하는 것을 들어봅시다.**"[3] 58 그들이 레베카를 불러 말
하였다. "너는 이 남자와 함께 떠날 것이냐?" 그가 말하였다. "가겠습니다."
59 그들은 누이 레베카와 그의 유모를[4] 아브라함의 종과 그의 남자들과 함
께 보냈다. 60 레베카를 축복하며 그들이 말하였다.

"우리 누이야,[5]
너는 수천, 수만이 되고,
네 **자손들은**
적들의 **성읍을** 물려받으리라."

61 레베카는 몸종들과 일어나 낙타에 올라타고 그 남자를 따라갔다. 그
종은 레베카를 데리고 갔다.[6]

동안 브투엘은 그 음식을 먹었다. 해 뜰 무렵 그들은 그가 죽은 것을 발견하였다." 사라진 브투엘의 행적을 유추하여 덧붙은 미드라시이다.

1) 히브리어 성경에서는 "며칠이나 열흘"(ימים או עשור)이다. 네오피티는 "이틀이나 열흘"(תרין יומין או עשרה יומין)이라고 옮겼다.

2) 차명 요나탄은 '보내다'(שלח)를 '동행하다, 배웅하다'(לוי)로 옮긴다.

3) 히브리어 성경과 네오피티를 직역하면, "그의 입에 물어봅시다"(ונשאל ית פמה)이다.

4) 차명 요나탄은 "보모"(פידגוגה)라고 하였다.

5) 차명 요나탄은 "지금까지 너는 우리 누이였으나, 이제 너는 가서 의인의 아내가 될 것이다", 네오피티는 "경건한 이와 결합하게 될 것이다"고 부연한다.

6) 차명 요나탄은 "파딴 아람으로 갈 때 길이 짧아졌듯이 돌아올 때도 그런 식으로 길이 짧아져, 하루 만에 갔다가 하루 만에 돌아왔다"고 레베카의 여정을 부연한다.

62 한편 이사악은 **살아 있는 천사가 나타났던** 우물에서[7)] **올라와**,[8)] **남쪽**
땅에 머물고 있었다. 63 저녁 무렵 이사악은 **기도하러**[9)] 들에 나갔다가 눈
을 들어 보니 낙타들이 오고 있었다. 64 레베카도 눈을 들어 이사악을 보고
낙타에서 내려, 65 종에게 말하였다. "들에서 우리에게 걸어오는 저 남자
는[10)] 누구입니까?" 종이 말하였다. "나의 주인입니다." 그는 너울을 가져다
자신을 가렸다. 66 종은 이사악에게 자신이 한 일들을 모두 알렸다. 67 이
사악은 레베카를 천막으로 데리고 들어가[11)] 어머니 사라의 **품행처럼 그의
품행이 단정한지 알아보고**, 레베카를 맞아들여 아내로 삼았다. 이사악은
레베카를 사랑하였고 어머니를 여읜 뒤 위로를 받았다.

크투라에게서 얻은 아브라함의 자손

25,1 아브라함이 또 아내를 얻었다. 그의 이름은 크투라이다.[12)] 2 그는

---

7) 히브리어 성경의 "브에르 라하이 로이"(באר לחי ראי)를 타르굼들은 다르게 번역한다(16,14; 25,11 참조). 차명 요나탄은 "살아 계시며 존재하시는 분, 보시지만 보이지 않는 분이 그에게 나타나신 우물 입구", 네오피티는 "영원무궁히 존재하시는 분이 나타나신 우물"이라고 옮긴다. 네오피티 여백 각주는 "주님 셰키나의 영광이 나타나신" 우물이라고 옮겼다.

8) 차명 요나탄은 "위대한 셈의 학교에서"(מבי־מדרשא דשם רבא), 네오피티는 "위대한 셈의 성전에서"(בית־מקדשא דשם רבה) 돌아왔다고 한다.

9) 히브리어 לשוח의 의미가 모호하다. 우리말 성경은 '바람 쏘이다', NRSV와 NAB는 '산책하다', 칠십인역은 '명상하다'(ἀδολεσχῆσαι)라고 옮겼다. 세 타르굼들은 "기도하러"(לצלאה) 나갔다고 옮겼다.

10) 차명 요나탄은 이사악을 "훤칠하고 빼어난"(הדור ויאי) 남자로 묘사한다.

11) 차명 요나탄은 이사악이 레베카를 데리고 천막에 들어갔을 때 "곧바로 사라가 죽을 때 꺼진 등불이 빛났다"(ומן יד נהרת בוצינא דטפת בזמן דמיתת שרה)고 덧붙인다.

12) 차명 요나탄과 네오피티 여백 각주는 "그는 처음부터 아브라함에게 묶여

그에게 지므란, 욕산, 므단, 미디안, 이스박, 수아를 낳아 주었다. 3 욕산은 세바와 드단을 낳았는데, 드단의 자손들은 **진영과 천막에 사는 사람, 섬사람들이** 되었다.[1] 4 미디안의 자손들은 에파, 에페르, 하녹, 아비다, 엘다아이다. 이들 모두 크투라의 자손들이다. 5 아브라함은 자신의 모든 것을 이사악에게 주었다.[2] 6 소실들의 아들들에게는 아브라함이 선물들을 주었다.[3] 그리고 그는 생전에 그들을 자기 아들 이사악에게서 해 뜨는 땅 동쪽으로 보내버렸다.

아브라함의 죽음

7 아브라함 생애의 기간은[4] 백칠십오 년이다. 8 아브라함은 늙어 노년을 잘 보내고 만족해하면서[5] 숨을 거두고 죽었다.[6] 그는 자기 백성들에게 소집되었다. 9 그의 아들 이사악과 이스마엘이 그를 **이중** 동굴에 묻었다. 이곳은 마므레 앞, 히타이트인 초하르의 아들 에프론의 밭이다. 10 아브라함

있던 하가르이다"라고 부연한다.

1) 히브리어로는 אשׁורים(아수르인), לטושׁים(르투스인), לאמים(르움인)이다. 차명 요나탄과 네오피티는 "드단의 자손들은 상인, 무역상, 백성의 우두머리들이 되었다"고 하여 직업명으로 바꾸었다.

2) 차명 요나탄은 "선물로"(במתנה) 주었다고 부연한다.

3) 차명 요나탄은 "옮길 수 있는 재산(동산)"(ניכסין מיטלטלין)을 선물로 주었다고 덧붙인다.

4) 히브리어로는 "아브라함 생애의 기간"(ימי שׁני־חיי אברהם)이다. 차명 요나탄은 "아브라함 생애의 총 날수"(סכום יומי חיי אברהם), 네오피티는 "아브라함의 생애"(שׁני חייא אברהם)라고 하였다.

5) 차명 요나탄은 아브라함이 "모든 것에 만족해"(ושׂבע כל טובא)하였다고 덧붙인다.

6) 차명 요나탄은 "이스마엘도 그의(아브라함) 생전에 회개하였다"고 부연한다.

이 그 밭을 히타이트 자손들에게서 사들여, 아브라함과 그의 아내 사라가
그곳에 묻혔다. 11[7] 아브라함이 죽은 뒤 주님께서 그의 아들 이사악을 축
복하셨다. 그는 **살아 있는 천사가 나타났던** 우물에 자리 잡았다.

이스마엘의 족보

12 이것들은 사라의 이집트인 여종 하가르가 아브라함에게 낳아 준 아
브라함의 아들 이스마엘의 족보이다. 13 곧 이것들이 이스마엘 아들들의
이름으로서, 그들 족보의 이름들에 따른 것이다. 이스마엘의 맏아들 느바
욧과 케다르, 앗브엘, 밉삼, 14 미스마, 두마, 마싸, 15 하닷, 테마, 여투르,
나피스, 케드마이다. 16 이들이 이스마엘의 자손들이고, 이것들이 그들의
마을과 고을에 따른 이름이니, 곧 그들 백성의 열두 지도자들이다. 17 이
스마엘이 산 햇수는 백삼십칠 년이다. 그는 숨을 거두고 죽어[8] 자기 백성
들에게 소집되었다. 18 그들은 하윌라에서 **하그라에**[9] 이르는 곳에 살았는
데, 그곳은 이집트의 앞이자 아시리아로 향한다. 그는 자기 형제들 맞은편
에 **살았다.**[10]

에사우와 야곱의 출생

19 이것들은 아브라함의 아들 이사악의 족보이다. 아브라함은 이사악

---

7) 차명 요나탄은 11절을 시작하면서 "아브라함은 이스마엘을 축복하고 싶지 않아서 이사악도 축복하지 않았다. 이사악은 축복하고 이스마엘은 축복하지 않으면 서로 원수가 될 것이기 때문"이라고 부연한다.

8) 차명 요나탄에는 '죽다'가 빠지고, '회개하다'(והדר בתייובא)가 덧붙었다.

9) 차명 요나탄과 네오피티는 "힌디키에서 할루차에"(מן הנדקי עד חלוצא)라고 수정한다.

10) 차명 요나탄은 이스마엘 자손들이 "자신의 소유지"(באחסנתיה)에서 살았다고 덧붙인다.

을 낳았고,[1] 20 이사악은 마흔 살에 파딴 아람의 아람인 브투엘의 딸이자
아람인 라반의 누이인 레베카를 아내로 얻었다. 21 이사악은 아내가 불임
이라 그의 맞은편에서 주님 **앞에** 기도하였다.[2] 주님께서 그의 기도를 **받아
들이시어** 그의 아내 레베카가 임신하였다. 22 그런데 배 속에서 아이들이
밀어대자[3] 레베카가 말하였다. "어찌하여 이런 일을 내가 (겪어야 하나)?"[4]
이사악은 주님 **앞에 가르침을** 간청하러 갔다.[5] 23 주님께서 말씀하셨다.

"너의 배 속에 두 민족이 있으니,
두 **왕국이** 네 배 속에서 갈라지리라.
한 **왕국이** 다른 **왕국보다** 강하며
형이 동생에게 **복종하리라**."[6]

---

1) 차명 요나탄은 "이사악의 모습이 아브라함의 모습과 닮아", "참으로"(בקושטא) 아브라함이 이사악을 낳은 게 맞다고 "사람들이 말하였다"고 덧붙인다.

2) 차명 요나탄은 불임이던 레베카가 다시 임신하게 된 경위를 보충 설명한다. 곧 이사악은 아버지가 자신을 묶었던 예배의 산으로 가, 그의 아내에게 이십이 년 동안 그처럼 불임일 것을 선고하시려는 그분의 뜻을 기도로 바꾸었고, 이사악 또한 불임이 될 것을 선고하시려던 그분의 뜻이 그로 말미암아 바뀌어 그가 임신할 수 있게 되었다고 부연하였다.

3) 차명 요나탄과 네오피티는 "전투하는 남자들처럼"(כגיברין עבדי קרבא) 서로 밀어댔다고 덧붙인다.

4) 차명 요나탄은 "이것이 아이 낳는 이의 고통이라지만, 어찌하여 나에게 이런 아이들이 (생겼는가)?"라고 부연한다. 네오피티는 이것이 "아이들의 고통"(צערהון דבניא)이라고 하였다.

5) 차명 요나탄과 네오피티는 "이사악은 주님 앞에 자비를 간청하러 위대한 셈의 학교로 갔다"고 덧붙인다.

6) 히브리어 '섬기다'(עבד)를 타르굼들은 '복종하다, 종이 되다'(שעבד)로 옮겼다. 차명 요나탄은 "동생의 아들들이 토라의 법령들을 지키면"이라는 단서

24 출산할 날이 다 되었고[7] 그의 배 속에는 쌍둥이가 있었다. 25 첫째
가 나왔는데 (몸이) 붉고 온통 털옷 같아서 이름을 에사우라 불렀다.[8] 26 그
러고 나서 동생이 나왔는데 그의 손이 에사우의 발꿈치를 붙잡고 있어서
그의 이름을 야곱이라 불렀다.[9] 이사악이 그들을 낳을 때 육십 살이었다.
27 아이들이 자라자 에사우는 들에 **나가는** 사람인 사냥꾼이 되었고,[10]
야곱은 **가르침의 집에서 일하는** 온전한 사람이[11] 되었다. 28 이사악은 에사
우의 사냥감을 **먹곤 하여** 그를 좋아하였고,[12] 레베카는 야곱을 좋아하였다.

를 덧붙인다.

7) 차명 요나탄은 "임신한 지 이백칠십 일"(מאתן ושובעין יומי עיבורהא)이라고 밝힌다.

8) 차명 요나탄은 "그는 태어날 때 머리카락, 수염, 치아, 어금니까지 다 있었기 때문이다"고 부연한다.

9) 네오피티에는 25절 '에사우'부터 26절 '야곱' 전까지가 빠져 있다.

10) 히브리어 '들사람'(אִישׁ שָׂדֶה)을 옹켈로스는 '들에 나가는 사람'(גבר נפיק חקל)이라 하였다. 차명 요나탄은 에사우가 "새들과 짐승들을 잡는" 사냥꾼일뿐더러 "니므롯과 그의 아들 에녹을 죽였"던 "사람도 죽이는" 들사람이라고 자세히 소개한다.

11) 히브리어 본문에서는 '천막에서 사는 온전한 사람'(אִישׁ תָּם יֹשֵׁב אֹהָלִים)이다. 차명 요나탄은 "에베르의 학교에서 일하면서 주님 앞에 가르침을 구하는, 행실이 온전한 사람", 네오피티는 "학교에 있으면서 행실이 선한 온전한 사람"이라고 옮겼다.

12) 히브리어 성경은 이사악이 "자기 입에 사냥감이 있어서"(כִּי־צַיִד בְּפִיו) 에사우를 좋아하였다고 하였다. 차명 요나탄은, 이사악이 "입으로 속임수를 쓰는 (그의 입에 속임수가 있어서)"(ארום מלי רמייותא בפומיה) 에사우를 좋아하였다고 부정적인 어조로 바꾸었다.

맏아들 권리를 판 에사우

29 어느 날 야곱은 음식을 만들고 있었고,[1] 에사우는 들에서 돌아와 지
쳐 있었다.[2] 30 에사우가 야곱에게 말하였다. "붉은 것, 그 붉은 것을[3] 좀
맛보자. 내가 지쳐서 그런다." 그래서 그의 이름을 에돔이라 불렀다. 31 야
곱이 말하였다. "지금 **바로 그날처럼**[4] 형의 맏아들 권리를 나에게 파세요."
32 에사우가 말하였다. "내가 죽겠는데 이 맏아들 권리가 나한테 무엇이란
말이냐?"[5] 33 야곱이 말하였다. "**바로 그날처럼** 나에게 맹세하세요." 에사
우는 그에게 맹세하고 자신의 맏아들 권리를 야곱에게 팔았다. 34 야곱이
에사우에게 빵과 편두콩 죽을 주었다. 그는 먹고 마시고 일어나 갔다. 에사
우는 맏아들 권리를 우습게 여겼다.[6]

---

1) 차명 요나탄은 "아브라함이 죽은 날 야곱은 편두콩을 끓여 아버지를 위로하러 갔다"고 부연한다.

2) 차명 요나탄은, 에사우는 그날 다섯 가지 계명을 어기고 지친 채로 밖에서 돌아왔다고 부연한다. 곧 이방 신 숭배(פלח פולחנא נוכראה), 무죄한 피 쏟기(שפך אדמא זכיא), 약혼한 여종 범하기(על על עולימתא מארשה), 다음 세상 부인(כפר בחיי עלמא דאתי), 맏아들 권리 무시(בוזה ית בכירותא)이다.

3) 차명 요나탄과 네오피티는 "그 붉은 죽"(תבשילא סמוקא הדין)이라고 하였다.

4) 히브리어로는 "지금처럼"(כיום)이다. 네오피티는 "이제"(כען)라고 하고, 차명 요나탄은 "형이 장차 상속받을 그날처럼 오늘"(יומנא כיום דאנת עתיד למחסן)이라고 부연한다.

5) 차명 요나탄은 "나는 죽을 것 같고 다른 세상에서는 다시 살지 않을 텐데, 네가 말한 맏아들 권리와 (다음) 세상의 몫이 나한테 무엇이란 말인가?"라고 보충한다.

6) 차명 요나탄은 "다음 세상의 몫을"(וחולק עלמא דאתי), 네오피티는 "죽은 이의 부활"(על תחיית מיתייה)과 "다음 세상의 삶을"(בחיוי דעלמא דאתי) 무시하였다고(כפר) 부연한다.

이사악과 아비멜렉과 레베카

26,1 그 땅에 기근이 들었다.[7] 일찍이 아브라함 시절에도 기근이 들었었
다. 이사악은 그라르의 필리스티아 임금 아비멜렉에게 갔다. 2 주님께서 그
에게 **나타나** 말씀하셨다.[8] "이집트로 내려가지 말고, 내가 너에게 말한 땅
에 머물러라. 3 너는 이 땅에 체류하여라. 나의 **메므라가** 너의 **협력자가** 되
고[9] 너를 축복해 주겠다. 너와 네 **자손들에게** 이 온 땅을 주고 너의 아버지
아브라함에게 맹세한 맹세를 이루어 주겠다. 4 너의 **자손들을** 하늘의 별처
럼 많게 하고 이 온 땅을 네 **자손들에게** 주겠다. 온 땅의 민족들이 네 **자손
들 때문에**[10] 복을 받으리라. 5 아브라함이 내 **메므라를 받아들이고** 내 **메므
라의** 지침, 곧 내 법령들과 내 계약들과 나의 토라들을[11] 지켰기 때문이다."
6 이사악은 그라르에 자리 잡았다.[12] 7 그런데 그곳 사람들이 그의 아내
를 두고 물어 이사악은 "누이요." 하고 말하였다. 그는 "내 아내요." 하기
가 두려웠다. '레베카의 모습이 아름다워[13] 그곳 사람들이 나를[14] 죽일 수도

---

7) 차명 요나탄은 "가나안 땅에 큰 기근이 들었다"고 하였다.

8) 차명 요나탄은 '이사악이 이집트로 내려갈 마음을 먹었는데'(והוה בלבביה דיצחק למיחות למצרים) 주님께서 나타나셨다고 덧붙여, 주님께서 이사악에게 나타나 이집트로 가지 말라고 하신 것임을 밝힌다.

9) 히브리어로는 "나는 너와 함께 있겠다"(ואהיה עמך)이다. 타르굼들은 "메므라"(מימר)를 첨가하고 "협력자"(סעד)로 수정한다. 네오피티는 "나는 나의 메므라로 너와 함께 있겠다"(ואהווה במימרה עמך)고 옮긴다.

10) 네오피티는 '너의 공로로, 네 덕분에'(בזכותך)라고 하였다.

11) 네오피티는 "나의 토라들"(ותורתי)을 "내 판례들"(וסדרי דייני)이라고 옮긴다.

12) 히브리어 ישב(자리 잡다)을, 네오피티는 다른 타르굼들(יתב)과 달리 שרי로 옮긴다.

13) 네오피티는 레베카가 "몹시"(לחדה) 아름답다고 강조한다.

14) 네오피티는 "그"(יתיה) 곧 '이사악'이라고 옮겼다.

있다.'고 여겼다.[1)]
8 그가 그곳에서 여러 날 오래 지냈을 때 필리스티아 임금 아비멜렉이
창문에서[2)] 내다보니, 이사악이 아내 레베카와 놀고 있었다. 9 아비멜렉이
이사악을 불러 말하였다. "그는 당신의 아내인데 왜 당신은 '누이요.' 하였
소?" 이사악이 말하였다. "(아내) 때문에 제가 **죽임을 당할까봐**[3)] 그리 말했
습니다." 10 아비멜렉이 말하였다. "당신은 우리한테 무슨 일을 한 것이오?
행여[4)] 백성 가운데 **유일한 이가**[5)] 당신 아내와 눕기라도 했으면 당신은 우
리에게 죄악을[6)] 불러왔을 것이오." 11 아비멜렉이 온 백성에게 명령하였
다. "이 남자와 그의 아내를 해치는 자는[7)] **죽임을 당할 것이다.**"
12 이사악은 그 땅에 씨를 뿌려,[8)] **추정하건대**[9)] 그 해에 백 배를[10)] 거두었

---

1) 차명 요나탄은 "마음속으로 생각하였기 때문이다"(ארום חשיב בליביה)라고 부연한다.

2) 히브리어 בעד החלון(창문 너머로)을 옹켈로스와 차명 요나탄은 מן חרכא(창문에서), 네오피티는 על חרכא(창문 위로)로 옮긴다.

3) 히브리어 '죽다'(מות)를 타르굼들은 누군가의 손에 '죽임을 당하다'(איתקטלא)는 의미로 옮긴다.

4) 히브리어 כמעט(조금, 거의)를 옹켈로스와 차명 요나탄은 כזעיר, 네오피티는 בקליל זעיר로 옮긴다.

5) 히브리어 본문은 "백성 가운데 하나"(אחד העם)이다. 차명 요나탄은 "백성 가운데 유일한 임금"(מלכא דמיחד בעמא)이라고 하였다. 네오피티는 "젊은이 가운데 하나"(חד מן טליא)라고 옮겼다.

6) 네오피티에서는 "큰 죄악들"(חובין רברבין)이다.

7) 차명 요나탄은 "악한 (의도로) 가까이 가는 자"(דיקרב לביש)라고 옮겼다.

8) 차명 요나탄은 "자선을 위해"(לצדקתא) 씨를 뿌렸다고 밝힌다.

9) 옹켈로스와 차명 요나탄은 히브리어 명사 שערים(비율, 양, 단위)을 동사 שער(재다, 평가하다)로 이해하여 "추정하건대"(בדשערוי)라고 옮겼다.

10) 네오피티에서는 "백 배의 곡식"(מאה שערין דגנין)이다.

다. 주님께서 그를 축복하시어 13 번성하고 점점 늘어나, 드디어 큰 부자
가 되었다. 14 그에게는 양 떼와 소 떼, 종들이 많이 있었다. 필리스티아인
들이 그를 질투하였다. 15 필리스티아인들은 그의 아버지 아브라함 시절
에 아버지의 종들이 판 우물을 모두 막고 흙으로 그것을 채웠다. 16 아비
멜렉이 이사악에게 말하였다. “우리 백성에게서 떠나시오. 당신네가 우리
보다 훨씬 강해졌소.”[11)]

17 이사악은 거기서 나와 그라르의 마른강에 진을 치고 그곳에 자리 잡
았다. 18 이사악은 다시 자기 아버지 아브라함 시절에 팠던[12)] 우물들을 팠
다. 아브라함이 죽은 뒤 필리스티아인들이 닫은 것이다. 그곳의 이름을 아
버지가 부른 그 이름대로 불렀다. 19 이사악의 종들이 마른강을[13)] 파다가 생
수의 우물을[14)] 찾아냈다. 20 그라르의 목자들이 이사악의 목자들에게 시비
를 걸어 “그 물은 우리의 것이다.” 하였다.[15)] 그들이 그와 다투었다고 해서
우물의 이름을 에섹이라 불렀다. 21 그들이 다른 우물을 팠는데도 또 시비
를 걸어[16)] 그곳의 이름을 시트나라 불렀다. 22 그곳에서 올라가 다른 데서

---

11) 차명 요나탄은 “재물에서”(בניכסין) 강해졌다고 덧붙인다.

12) 차명 요나탄은 아브라함 시절에 “(자기) 아버지의 종들이”(עבדי אבוי) 판 우물이라고 밝힌다. 칠십인역은 “그의 아버지 아브라함의 종들”(οἱ παῖδες Αβρααμ τοῦ πατρὸς αὐτου)이라고 하였다. 페시타 역시 종들이(ܥܒ̈ܕܘܗܝ) 판 우물임을 덧붙인다.

13) 차명 요나탄은 “마른강의 가장자리”(ביספר נחלא)라고 보충한다.

14) 히브리어 באר מים חיים(생수의 우물)을 네오피티는 בא מיין דמבוע, 옹켈로스와 차명 요나탄은 ביר מוי נבעין이라고 옮긴다.

15) 차명 요나탄은, 그 물이 “하늘의 뜻에 따라 말라” 버렸고 “그들이 이사악에게 돌려주자 (물이) 솟았다”고 부연하여 하늘의 개입을 밝힌다.

16) 차명 요나탄은 “(물이) 말라 버리고 또 솟지 않자”(ויבשת ותו לא נבעת)라고 이유를 덧붙인다.

우물을 팠더니 그것을 두고는 시비를 걸지 않아,[1] 그곳의 이름을 르호봇이
라[2] 부르며 말하였다. "이제 주님께서 우리에게 넓은 곳을 주시어 이 땅에
서 우리가 **넓혀 가게 하시리라**."[3]

23 이사악은 그곳에서 브에르 세바로 올라갔다. 24 주님께서 그날 밤 그
에게 **나타나** 말씀하셨다. "나는 네 아버지 아브라함의 하느님이다. 두려워
하지 마라. 나의 **메므라가** 너의 **협력자가** 되고 너를 축복하겠다. 나의 종
아브라함 때문에 네 **자손들을** 많게 하겠다." 25 그는 거기에 제단을 세우
고 주님의 이름으로 **기도하였다**. 그곳에서 그는 천막을 펴고 이사악의 종
들은 우물을 팠다.

26 아비멜렉은 자기 친구들 **무리와**[4] 군대의 장수 피콜을 (데리고,) 그라
르에서 이사악을 찾아왔다.[5] 27 이사악이 그들에게 말하였다. "내가 미워
서 나를 당신들한테서 내보낼[6] 때는 언제고, (이제 와서) 당신네들이 무슨
일로 나를 찾아왔소?"[7] 28 그들이 말하였다. "우리는 주님의 **메므라가** 당

---

1) 차명 요나탄은 "처음처럼"(כקדמאי)을 덧붙였다.

2) 차명 요나탄은 아람어로 풀어 "널찍한 곳"(רווחתא)이라 옮겼다.

3) 히브리어 성경에서는 '열매 맺다, 번성하다'(פרה)이다. 옹켈로스와 차명 요나탄은 '넓혀 가다'(נפשׁ), 네오피티는 '강해지다'(תקף)로 옮긴다.

4) 히브리어 성경에서는 '붙잡다'는 뜻의 고유명사 "아후잣"(אחזת)이다. 옹켈로스와 네오피티는 "자기 친구들 무리"(וסיעת רחמוהי)라고 하고, 차명 요나탄은 "같이 갈 친구들과 … 피콜을 데리고"(ואתקיף ברחמוי למיזל עימיה ופיכל)라고 하였다. 한편 칠십인역과(Οχοζαθ) 불가타는(Ochozath) 고유명사를 그대로 살렸다.

5) 차명 요나탄은, 아비멜렉이 이사악을 찾아온 경위를 덧붙여 서술한다. 곧 이사악이 떠난 뒤 우물들이 마르고 나무들이 열매를 맺지 않아, 이사악을 추방시켜 그런 일이 일어났음을 깨닫고 찾아왔다는 것이다.

6) 차명 요나탄은 '내쫓다'(תרך) 동사를 사용한다.

7) 차명 요나탄은 "당신네들이 무슨 일로 나를 찾아와 당신들을 위해 기도하라는 것이오?"라고 하였다.

신의 **협력자임을** 보고[8] 서로 말하였소. **우리 아버지들 사이에 있었던 맹세**
를[9] 우리와 당신 사이에도 **맺읍시다**. 당신과 계약을 맺고 싶소.[10] 29 그래
도 우리가 당신을 **해치지** 않고[11] 당신과 잘 지내다 평화롭게 내보낸 만큼,
당신이 설마 우리에게 해코지야 하겠소. 당신은 이제[12] 주님께 축복을 받은
이요." 30[13] 이사악은 그들에게 잔치를 베풀고 그들은 먹고 마셨다. 31 그들
은 아침 일찍 일어나 서로 계약을 맺었다.[14] 이사악은 그들을 보내고 그들
은 평화롭게 그에게서 떠났다.

32 그날 이사악의 종들이 그를 보러 와 자신들이 판 우물을 두고 말하였
다. "저희가 물을 발견하였습니다." 33 그는 그것을 시브아라 불렀다. 그래
서 그 성읍의 이름은[15] 오늘날까지 브에르 세바라고 한다.

---

8) 차명 요나탄은 다시 한 번 26절의 경위를 반복하여 설명한다.

9) 차명 요나탄은 "우리 아버지들 사이에"(בין אבהתנא)를 빼고, '우리 사이에 있었던 맹세'(מומתא דהות בינן)라고 옮긴다. 네오피티는 두 문장을 합쳐 "우리와 당신 사이에 맹세를 합시다"(יהווי כען שבועה בינין ובינך)라고 줄인다.

10) 히브리어 '계약을 맺다'(ונכרתה ברית)를 네오피티는 ונקיים קיים, 옹켈로스와 차명 요나탄은 ונגזר קים이라고 옮긴다.

11) 히브리어 본문에서는 "우리가 당신을 건드리지 않고"(לא נגענוך)이다. 차명 요나탄은 "우리가 당신에게 악한 의도로 접근한 것도 아니"(דלא קריבנא בך לביש)라고 덧붙였다.

12) 네오피티는 "이제부터"(מן כדון)라고 옮겼다.

13) 차명 요나탄에는 30절이 빠져 있다.

14) 차명 요나탄은 계약 과정을 부연한다. 곧 아비멜렉이 당나귀의 굴레를 잘라 그 조각들을 하나씩 나눠 주면서 계약의 징표로 삼았고, 이사악이 그들을 위해 기도하여 그들이 안도하였다는 것이다.

15) 네오피티는 "그가 부른 우물의 이름"(שמה דקרא לבארה)이라고 수정하였다. '성읍'(קריה)을 '부르다'(קרי) 동사로 이해한 듯하다.

에사우의 히타이트 아내들

34 에사우는 마흔 살이 되어 히타이트 사람 브에리의 딸 여후딧과 히타
이트 사람 엘론의 딸 바스맛을 아내로 삼았다. 35 그들은 이사악과 레베카
의 **말을 거부하고 발끈하였다.**[1)]

아버지의 축복을 받은 야곱

27,1 이사악은 늙고 눈도 침침하여 보는 것이 어려워지자,[2)] 큰아들 에사
우를 불러[3)] 말하였다. "아들아!"[4)] 에사우가 말하였다. "예, 접니다." 2 이사
악이 말하였다. "나는 늙고 죽을 날이 (언제일지) 모른다. 3 이제 네 장비들,
칼과 활을[5)] 가지고 들로 나가 나를 위해 사냥을 하여라. 4 내가 좋아할 만
한 **음식을**[6)] 만들어 나에게 오너라. 내가 먹고 죽기 전에 너를 축복하겠다."
5 레베카는 이사악이 아들 에사우에게 한 말을 들었다.[7)] 에사우는 사냥

---

1) 다른 타르굼들에서는 그들이 이방 신 예배에 참여하며 고집 세고 오만하여 부모의 뜻도 거슬렀다고 부연한다.

2) 차명 요나탄은 눈이 어두워진 이유를 밝힌다. "그의 아버지가 자신을 묶었을 때(22장) 그가 영광의 어좌를 보게 되어 그때부터 눈이 침침해지기 시작한 것이다."

3) 차명 요나탄은 "니산 달 열나흗날"(בארביסר בניסן)이라고 밝혀 야곱이 축복받는 날을 파스카 축제와 연결한다.

4) 차명 요나탄에서는, 이사악이 에사우에게 그날 하늘에서 일어날 일을 알려준다. "오늘 밤 높은 곳에 있는 이들이 세상의 주인을 찬양하고, 이슬의 창고들이 그곳에서 열린다"는 것이다.

5) 히브리어 성경에서는 "화살통과 활"(תליך וקשתך)이다. 옹켈로스는 '칼'(סיפך)로 옮기고 차명 요나탄과 네오피티는 '화살통'(בית גירך)이라 하였다.

6) 히브리어로는 "별미"(מטעמים)이다. 타르굼들은 조리된 "음식"(תבשילין)으로 옮긴다. 7.9.14.17절 참조.

7) 차명 요나탄은 "거룩한 영으로"(ברוח קודשא) 알게 되었다고 덧붙인다.

하여 **그것을** 가져오고자 들로 나갔다. 6 레베카가 아들 야곱에게 말하였
다.[8] "네 아버지가 네 형 에사우와 말하는 것을 들었다.[9] 7 '나에게 사냥한
것을 가져와 **음식을** 만들어라. 내가 먹고 죽기 전에 주님 앞에서 너를 축복
하겠다.' 8 아들아, 내 (말을) **받아들여** 내가 너에게 시키는 대로 하여라.[10]
9 가축에게 가서 좋은[11] 새끼 염소 두 마리를 나에게 가져 와라.[12] 내가 아
버지가 좋아하실 만한 **음식을** 만들겠다. 10 네가 아버지께 가져다 드려 그
가 잡수시고, 돌아가시기 전에 너를 축복하시게 하여라." 11 야곱이[13] 어머
니 레베카에게[14] 말하였다. "형 에사우는 털보이고 저는 매끈한 사람인데,
12 아버지가 저를 만져보시고 그분 보시기에 제가 놀린 것처럼 되면, 축복
은 고사하고 저주를 받을 것입니다." 13 그의 어머니가 그에게 말하였다.
"**나에게 예언으로**, 너에게 저주가 **닥치지 않을 것이라고 말하였으니**,[15] 아

---

8) 차명 요나탄은 "오늘 밤 높은 곳에 있는 이들이 세상의 주인을 찬양하고, 이슬의 창고들이 열린다"고 보충하여, 1절의 에사우에게 전해진 말을 반복한다.

9) 네오피티는 에사우와 말하는 "네 아버지의 목소리를"(ית קלא דאבוך) 레베카가 들었다고 옮긴다.

10) 네오피티는 "내가 너에게 일러 주는 곳으로 가라"(ואזל לאן דאנה מפקדה יתך)고 하였다.

11) "좋은"(טבים)을 차명 요나탄은 "살진"(שמינין) 새끼 염소라고 하였다.

12) 차명 요나탄은 "하나는 파스카를 위해, 하나는 축제 예물을 위해"(חד לשום פיסחא וחד לשום קרבן חגא)라고 하여 두 마리의 쓰임을 명시한다.

13) 차명 요나탄은 "야곱은 죄를 (지을까) 두렵고 아버지가 저주를 내릴까 두려웠다"고 덧붙인다.

14) 차명 요나탄에는 "어머니 레베카에게"가 빠져 있다.

15) 히브리어 성경은 "너의 저주는 나에게(내 위에) 있을 것이다"(עלי קללתך)고 하였다. 차명 요나탄은 "그가 너를 축복하면 그 축복이 너와 네 자손에게 이를 것이고, 그가 너를 저주하면 그 저주가 나와 내 영 위에 닥칠 것이다"고 덧

들아 내 (말을) **받아들여** 가져오너라." 14 그가 가서 어머니에게 가져오자
(레베카는) 그의 아버지가 좋아할 만한 **음식을** 만들었다. 15 레베카는 집에
있는 큰아들 에사우의 **깨끗한** 옷을[1] 가져다 작은아들 야곱에게 입혔다.
16 새끼 염소 가죽을 그의 손과 목의 매끈한 곳 위에 입히고, 17 그가 만든
음식과 빵을 아들 야곱의 손에 들려 보냈다.[2]

18 그는 아버지에게 가서 말하였다. "아버지!" 그가 말하였다. "오냐. 아
들아, 너는 누구냐?" 19 야곱이 아버지에게 말하였다. "저는 아버지 맏아
들 에사우입니다. 아버지가 말씀하신 대로 제가 만들어 왔으니, 일어나 **돌
아앉으셔서**[3] 사냥한 것을 드십시오. 그래야 아버지의 영이 저를 축복하시
지요." 20 이사악이 아들에게 말하였다. "아들아, 어찌 이리도 빨리 찾았느
냐?" 그가 말하였다. "아버지의 하느님이신 주님께서 제 앞에 **장만해 주셨
습니다.**"[4] 21 이사악이 야곱에게 말하였다. "가까이 오너라, 아들아! 네가
에사우인지 아닌지 너를 만져봐야겠다." 22 야곱은 아버지 이사악에게 가
까이 가 만지게 하였다. 그가 말하였다. "목소리는 야곱의 목소리인데 손은
에사우의 손이구나."[5] 23 그의 손이 형 에사우의 털 많은 손 같아서 알아차
리지 못하였고, 그를 축복하였다. 24 이사악이 말하였다. "네가 바로 내 아
들 에사우냐?" 야곱이 말하였다. "예, 접니다." 25 그가 말하였다. "나에게

붙였다.

1) 히브리어 성경에서는 "값진"(החמדת) 옷이다. 차명 요나탄은 "첫 아담에게서 온"(דהוו מן אדם קדמאי) 값진 옷이라 덧붙였다.

2) 히브리어 '주다'(נתן)를 차명 요나탄은 '차리다'(סדר)로 옮겼다.

3) 히브리어 '앉다'(ישב)를 옹켈로스와 차명 요나탄은 '돌아앉다'(אסתחר, 돌아서다, 둘러싸다)로 옮겼다.

4) 히브리어로는 "아버지의 하느님이신 주님께서 제 앞에 (그런 일이) 일어나게 하셨습니다"(כי הקרה יהוה אלהיך לפני)이다.

5) 차명 요나탄과 네오피티는 "그러나 손의 촉감은 에사우 손의 촉감과 같구나"라고 옮긴다.

가까이 오너라. 내 아들이 사냥한 것을 먹고 내 영이 너를 축복해야겠다."
야곱이 가까이 가져가니 그가 먹었고, 포도주를 드리니 마셨다.[6] 26 아버
지 이사악이 그에게 말하였다. "가까이 와서 나에게 입을 맞추어라, 아들
아!" 27 그가 가까이 가 그에게 입을 맞추자, 그는 옷 냄새를 맡고 그에게
축복하며 말하였다.

"보아라, 내 아들의 냄새는
주님께서 축복하신
들의 냄새와[7] 같구나.

28 **주님께서**[8] 너에게
하늘의 이슬과
땅의 **비옥한 것을**[9] 주시고,
곡식과 포도주를[10] 풍성히 주시리라.

29 민족들이[11] 너를 섬기고
왕국들이 너에게 복종하리라.[12]

---

6) 차명 요나탄은, 야곱에게는 포도주가 없어 천사가 태초에 있던 포도에서 나온 포도주를 가져다주었다고 부연한다.

7) 차명 요나탄은 '들의 냄새'를 "장차 성전 산에서 바쳐질 향기로운 향 냄새"이며, '성전 산'은 "주님께서 축복하시고 그분 셰키나가 머물고자 하신 들판이라 불린 곳"으로 풀이한다. 네오피티는 "장차 성전 산 제단 위에 바쳐질 좋은 향기로운 향 냄새"로서, "그곳은 살아 계시고 영원무궁히 존재하시는 분이 축복하신 산"이라고 덧붙여 설명한다.

8) 차명 요나탄에서는 "주님 메므라"(מימרא דייי)이다.

9) 히브리어로는 "땅의 기름진 것"(משמני הארץ)이다.

10) 네오피티는 "곡식과 포도주와 기름"(עבור חמר ומשח)이라고 하였다.

11) 차명 요나탄과 네오피티는 '민족들'(עמים)을 두고 "에사우의 모든 자식들"(כל בנוי דעשו)이라고 부연한다.

12) 히브리어 성경에서는 "나라들이 너에게 절하리라"(וישתחו לך לאמים)이다.

너는 네 형제들의[1] 지도자가 되고
네 어머니의 자식들이 너에게 절하리라.[2]
너를 저주하는 이는 저주를 받고
너를 축복하는 이는 복을 받으리라."[3]

아버지의 축복을 빼앗긴 에사우

30 이사악이 야곱에게 축복을 끝냈을 때 야곱은 아버지 이사악 앞에서 나오고,[4] 형 에사우는 사냥에서 돌아왔다. 31[5] 그도 음식을 만들어 아버지에게 들어가 아버지에게 말하였다. "일어나세요, 아버지! 아버지의 아들이 사냥한 것을 좀 드세요. 아버지의 영이 저를 축복하셔야지요." 32 아버지 이사악이 그에게 말하였다. "너는 누구냐?" 그가 말하였다. "아버지의 아들, 아버지의 맏아들 에사우입니다." 33 이사악은 몹시 놀라 충격을 받고 말하였다.[6] "그가 사냥한 것을 나에게 가져와 네가 오기 전에 다 먹고 그

1) 네오피티는 '네 형제들'을 두고 "크투라의 모든 자식들"이라고 부연한다.

2) 차명 요나탄과 네오피티는 "먼저 네 안부를 물으리라"(ויהון מקדמין למשאל בשלמך)고 수정한다.

3) 차명 요나탄과 네오피티는 "브오르의 아들 발라암처럼"(כבלעם בר בעור) 저주를 받고, "예언자이자 이스라엘의 서기관 모세처럼"(כמשה נביא ספרהום דישראל) 복을 받는다고 보충하여, 미래에 닥칠 저주와 축복의 표본들을 제시한다.

4) 차명 요나탄은 야곱이 "두 발걸음쯤"(בתרתין טיפוזין) 먼저 나와 에사우와 아슬아슬하게 엇갈렸음을 부연한다.

5) 차명 요나탄은 이 절을 시작하면서 주님의 메므라가 사냥을 금하였으나 에사우가 개를 발견하여 죽였다고 하여, 사냥감이 무엇이었는지를 소개한다.

6) 차명 요나탄은 이사악이 "에사우의 목소리를 듣고 게헨나의 불 냄새 같은 음식 냄새가 그의 코에 올라오자" 몹시 놀랐다고 부연한다. 27절의 야곱에게서 풍긴 성전의 향 냄새와 대조된다.

를 축복하였는데, 그럼 그는 누구냐? 그가 복을 받을 것이다."[7] 34 에사우
는 아버지의 말을 듣고 크게[8] 소리 지르며 몹시 억울하여 아버지에게 말하
였다. "저를 축복해 주세요. 저도요, 아버지!" 35 그가 말하였다. "네 동생
이 와서 **교묘하게**[9] **나한테서** 너의 복을 **받아갔다.**" 36 에사우가 말하였다.
"그의 이름을 야곱이라 부른 것이 **딱 맞네요.**[10] 그는 저한테도 두 번이나 **교
묘하게 수를 써서** 저의 맏아들 권리를 가져가더니 이제는 저의 축복도 **받
아갔습니다.**" 그가 계속 말하였다. "저를 위해 축복을 남겨두지 않으셨어
요?" 37 이사악이 에사우에게 대답하였다. "나는 그를 너의 지도자로[11] 삼
았고 그의 모든 형제들을 종으로 주었으며 곡식과 포도주를 주어 살아가게
하였다.[12] 그러니[13] 내가 너를 위해 무엇을 할 수 있겠느냐, 아들아!" 38 에
사우가 아버지에게 말하였다. "아버지의 축복은 하나입니까, 아버지? 저도
축복해 주십시오, 아버지!" 에사우는 소리 높여 울었다.

39 아버지 이사악이 그에게[14] 대답하였다.

"네 거주지는
땅의 **비옥한 것과**

---

7) 네오피티는 "바트 콜이(하느님의 소리) 하늘에서 나와 말씀하셨다. '오직 그만이(야곱) 복을 받을 것이다'"고 부연하여, 야곱이 받은 축복이 하늘이 인정한 정당한 축복임을 밝힌다.

8) 네오피티는 "엄청 크게"(רבה תקיפא)라고 더 강조하였다.

9) 히브리어 성경에서는 "속임수로"(במרמה)라고 하였다.

10) 히브리어 הכי(ה+כי, 정말인가?)를 타르굼들은 יאות, בקשוטא, מן־קושטא(정말이다, 맞다)라고 옮겼다.

11) 네오피티는 "지도자와 통치자"(רב ושליט)라고 하였다.

12) 차명 요나탄에는 뒷문장(곡식과 … 하였다)이 빠져 있다.

13) 차명 요나탄은 그러니 "어서 나한테서 떠나라"(ואיזיל ותיטרד מיני)고 덧붙인다.

14) 차명 요나탄은 "에사우에게"(לעשו) 말하였다고 밝힌다.

위로 하늘의 이슬에서
(멀리) 있으리라.[1)]
40 너는 네 칼 위에 살면서
네 동생을 섬기리라.
(야곱의) **자손들이 토라의 말씀들을 어길 때**[2)]
네 목에서
그의 멍에를[3)] 벗으리라."

하란으로 피신하는 야곱

41 에사우는 아버지가 야곱에게 내린 축복을[4)] 두고 그에게 **적개심을**[5)]

---

1) 차명 요나탄은 에사우의 거주지가 "땅의 비옥한 열매에"(בטוב פירי ארעא) 있으면서 하늘의 이슬로부터는 멀리 있을 것이라고 하여, 다른 본문들과 달리 에사우에 대한 축복과 저주를 함께 담았다.

2) 히브리어 성경에서는 "네가 방황할 때"(והיה כאשר תריד)이다. 차명 요나탄은 "네가 (그들을) 방황하게 하고 (야곱의) 자손들이 토라의 법령들을 지키는 것에서 내려오게 하면"이라고 부연한다. 네오피티는 두 가지 경우를 전제하였다. "야곱의 아들들이 토라를 공부하고 법령들을 지킬 때"와 "야곱의 아들들이 법령들을 버리고 토라 공부를 보류할 때"이다. 그래서 두 경우의 결과로 "그들은 네 목에 자기들 짐의 멍에를 내려놓을 것이다", "너는 그를 지배하고 네 목에서 종살이의 멍에를 벗으리라"고 하였다.

3) 차명 요나탄은 "종살이의 멍에"(ניר שעבודיה)라고 하였다.

4) 차명 요나탄에서는 에사우가 "축복의 순서"(סדר בירכתא)를 문제 삼는다.

5) 히브리어 '원한을 품다'(שטם) 동사를, 옹켈로스와 차명 요나탄은 명사로 옮겨 "적개심"(דבבו) 또는 "증오의 마음"(שנא בליביה)을 '품었다'(נטר)고 하였고, 네오피티는 히브리어 성경대로(שטם), 네오피티 여백 각주는 "증오심"(סנאה)을 품었다고 옮겼다.

품어, 마음속으로 생각하였다.[6] '아버지를 애도할 날도 가까우니[7] (그때)
동생 야곱을 죽여야겠다.'[8] 42 큰아들 에사우의 계획이 레베카에게 알려져
그는 작은아들 야곱을 불러 말하였다. "네 형 에사우가 너를 죽이려고 **매
복해 있다**. 43 아들아! 내 (말을) **받아들여라**. 일어나 하란의 나의 오라버니
라반에게 **가 있어라**.[9] 44 네 형의 분노가 가라앉을 때까지 잠시 그와 지내
라. 45 네 형의 분노가 가라앉고 네가 한 일을 그가 잊을 때까지만이다. 그
럼 내가 사람을 보내 너를 거기서 데려오겠다. 어찌 내가 한 날에 너희를
둘 다 잃겠느냐?"[10]

46 레베카가 이사악에게 말하였다. "히타이트인들의 딸들 앞에서 사는
것이 괴로워요. 야곱이 이 땅의 딸들과[11] 같은 히타이트인들의 딸들 가운데
에서 아내를[12] 얻는다면 내가 어찌 살겠어요?"

---

6) 차명 요나탄과 네오피티는, 카인을 본보기로 삼지 않겠다는 에사우의 속마음을 덧붙인다. "나는 아버지가 살아 계실 때 아벨을 죽인 카인처럼은 하지 않겠다. 그의 아버지는 셋을 낳고 돌아가셨다." 곧 아버지가 돌아가신 뒤에 일을 꾸미겠다는 것이다.

7) 차명 요나탄은 "아버지가 돌아가실 애도의 날에 이를 때까지 미루었다가", 네오피티는 "아버지를 애도할 날이 가까워질 때까지 기다렸다가" 야곱을 죽이겠다고 부연한다.

8) 차명 요나탄은 "나는 살인자요 상속자가 되리라", 네오피티는 "나는 살인자요 상속자로 불리리라"를 덧붙였다.

9) 히브리어 본문의 '달아나다'(ברח)를, 옹켈로스와 네오피티는 좀 더 완화하여 '가다'(אזל)로 옮긴다. 한편 차명 요나탄은 "네 목숨을 위해 달아나라"(ערוק לך לנפשך)고 부연한다.

10) 차명 요나탄은, 카인이 아벨을 죽여 평생 아들 둘을 다 떠나보낸 아담과 하와처럼은 될 수 없다는 레베카의 확고한 다짐을 부연 설명한다.

11) 차명 요나탄은 "땅의 백성들"(דעמא דארעא)의 딸이라고 옮긴다.

12) 차명 요나탄은 "사악한 아내"(איתא רשיעתא)라고 덧붙인다.

28,1 이사악이 야곱을 불러 축복하고 그에게 명하였다. "가나안의 딸들 가운데에서는 아내를 얻지 마라. 2 일어나 파딴 아람에[1] (있는) 네 어머니의 아버지 브투엘의 집으로 가라. 거기서 어머니의 오라버니 라반의 딸들 가운데에서 아내를 얻어라. 3 엘 샷다이께서[2] 너를 축복하시어 네가 많고[3] 번성하게 하시리라.[4] 너는 **지파들의** 회중이 되리다.[5] 4 그분께서 아브라함의 축복을 너와 네 **자손들에게** 주시어, **주님께서** 아브라함에게 주신 네가 체류하는 땅을 너에게 물려주시리라." 5 이사악은 야곱을 떠나보냈다. 야곱은 파딴 아람의 아람 사람 브투엘의 아들이자, 야곱과 에사우의 어머니 레베카의 오라버니인 라반에게로 떠났다.

이스마엘의 딸과 혼인한 에사우

6 에사우는, 이사악이 야곱을 축복하여 파딴 아람으로 보내고는 거기서 아내를 얻도록 그를 축복하며 "가나안의 딸들 가운데에서는 아내를 얻지 마라."고 명하는 것을 보았다. 7 야곱이 아버지와 어머니의 말을 따라 파딴 아람으로 가는 것도 (보았고), 8 가나안의 딸들이 아버지 이사악의 눈에 불쾌하다는 것도 보았다. 9 에사우는 이스마엘에게 가서 아브라함의 아들

1) 타르굼들은 대개 פדן ארם(파딴 아람)을 פדן דארם(아람의 파딴)으로 표기한다.

2) 네오피티는 "엘 샷다이"(אל שדי)를 "하늘의 하느님"(אלה שמייא)이라 옮겼다. 17,1 참조.

3) 네오피티는 '강해지다'(תקף)로 옮긴다.

4) 차명 요나탄은 "많은 재물로"(בניכסין סגיאין) 축복하시고 "열두 지파로"(לתריסר שיבטין) 많게 하신다고 부연한다.

5) 히브리어 성경에서는 "민족들의 회중(무리)"(לקהל עמים)이다. 차명 요나탄은 "그래서 너는 총 일흔 명의 산헤드린 지도자들로 의회를 이루어 민족들의 수만큼 되리라"고 부연한다. 네오피티는 "너는 의로운 민족들의 의회에 회중이 되리라"고 옮겼다.

이스마엘의 딸이자 느바욧의[6] 누이인 마할랏을[7] 아내로 삼았다. 그에게는 (이미) 아내들이 있었다.

야곱의 꿈

10 야곱은 브에르 세바를 떠나 하란으로 갔다.[8] 11 그는 어떤 곳에 이르
러[9] 해가 지자 거기서 묵었다. 그는 그곳의 돌들을[10] 가져다 베개로[11] 삼고
그곳에 누웠다.[12] 12 그가 꿈을 꾸었다. 사다리가 땅에 **고정되고**[13] 그 꼭대
기가 하늘 **높은 데까지** 이르러, **주님의** 천사들이 그것을 오르락내리락하

---

6) 차명 요나탄은 마할랏이 '느바욧과 (같은) 어머니에게서'(מן אימיה) 나왔다고 보충한다.

7) 차명 요나탄은 "바스맛"(בשמת)이라는 이름을 보충한다.

8) 차명 요나탄과 네오피티는 야곱이 고향을 떠날 때 다섯 가지 기적이 일어났음을 부연한다. 차명 요나탄에서는, 그날의 시간이 짧아져 제 시간도 안 되어 해가 진 것, 베개로 삼은 네 개의 돌이 아침에 하나의 돌이 된 것, 모든 가축 떼가 모여 우물 입구서부터 굴려서 가져온 돌을 야곱이 한 팔로 굴린 것, 우물에서 물이 올라와 그가 하란에 있는 내내 흐른 것, 야곱 앞에서 땅이 줄어들어 하루 만에 하란으로 간 것이다. 네오피티는 첫째와 둘째 기적은 차명 요나탄과 같고 셋째부터는 순서가 바뀌었다. 곧 야곱이 하란으로 가려고 하자 땅이 줄어들어 바로 하란에서 머물 곳을 찾은 것, 목자들이 못 굴린 돌을 야곱이 한 손으로 치워 라반의 가축 떼가 물을 마시게 한 것, 야곱이 우물 입구의 돌을 들어 올리자 물이 흘러 하란에 있는 내내 이십 년 동안 흐른 것이다.

9) 차명 요나탄은 "어떤 곳"(באתרא ,במקום)을 "성전 터"(באתר בית מוקדשא)라고 옮긴다. '이르다'를 차명 요나탄과 네오피티는 '기도하다'(צלי) 동사로 옮긴다.

10) 차명 요나탄은 "돌들을 네 개"(ארבעה מאבני) 가져왔다고 한다.

11) 네오피티에서만 '머리'(ראש)라는 낱말을 덧붙인다.

12) 네오피티는 '자다'(דמך)로 옮긴다.

13) 히브리어 '서다, 세우다'(נצב)를 타르굼들은 '고정하다'(נעץ ,קבע)로 옮겼다.

였다.[1] 13 주님의 **영광이** 그 위에 서서 말씀하셨다. "나는 네 아버지 아브라함의 하느님이자 이사악의 하느님인 주님이다. 네가 누워 있는 땅을 너와 네 **자손들에게** 주겠다. 14 너의 **자손들은** 땅의 먼지처럼 **많아지고** 너는 서쪽과 동쪽, 북쪽과 남쪽으로 **강해질 것이다.**[2] 땅의 모든 **후손들이** 너와 네 **자손들** 때문에 복을 받을 것이다. 15 나의 **메므라가** 너의 **협력자로서** 네가 가는 곳 어디에서든 늘 지켜 주고, 너를 이 땅으로 데려오겠다. 내가 너에게 말한 것이 이루어질 때까지 너를 떠나지 않을 것이다." 16 야곱은 잠에서 깨어나 말하였다. "**참으로** 주님의 **영광이**[3] 이곳에 **머무르시는구나.** 나는 몰랐다." 17 그는 두려워 말하였다. "이곳은 얼마나 두려운 곳이란[4] 말인가! 이곳은 **평범한 곳이** 아니다.[5] **주님 앞에서 나온 기쁨이 있는 곳이다.**[6] 곧 하늘 **앞의** 문이다."[7]

---

1) 차명 요나탄과 네오피티는, 그동안 천사들이 아버지의 집에서부터 야곱과 동행했으며 베텔에 이르러서는 높은 곳의 천사들에게 알려 야곱을 보여 주었다고 부연한다. 아울러 차명 요나탄에서는 그 천사들이 "소돔으로 갔다가 세상 주인의 비밀들을 누설해 그들 관할에서 쫓겨난 두 천사"라고 소개한다. 두 본문 다 그들이 하늘 높은 곳에 올라가, "와서 경건한 야곱을 보시오. 여러분이 보고 싶어 하던 그의 모습이 영광의 어좌에 새겨졌소"라고 알렸다고 보충하였다.

2) 히브리어 '퍼져 나가다'(פרץ)를 타르굼들은 '강해지다'(תקף)로 옮겼다.

3) 차명 요나탄과 네오피티는 "주님 셰키나의 영광"(יקר שכינתא דייי)이라고 하였다.

4) 차명 요나탄은 "경배할"(משבח) 곳이라고 덧붙인다.

5) 차명 요나탄은 이곳이 "불경한 곳이 아니라 주님 이름을 위한 성소"라고 하였다.

6) 히브리어 성경은 "이곳은 다름 아닌 하느님의 집이다"(אין זה כי אם־בית אלהים)라고 하였다.

7) 차명 요나탄은 "이곳은 기도하기에 적당한 곳으로, 하늘의 문 앞이자 영

18 야곱은 아침 일찍 일어나 **베개로** 삼았던 돌을 가져다 그것을 세워 꼭
대기에 기름을 부었다. 19 그리고 그곳의 이름을 베텔이라 불렀다. 그 성읍
의 처음 이름은 루즈였다. 20 야곱은 **맹세하였다.**[8] **"주님의 메므라는** 저의
협력자로서 제가 가는 이 길에서 저를 지켜 주시고[9] 저에게 먹을 **빵과** 입
을 **옷을** 주시며, 21 제가 무사히 아버지 집에 돌아오게 하신다면, 주님의
메므라는 저에게 하느님이[10] 되실 것입니다. 22 제가 기둥으로 세운 이 돌
은 **주님 앞에서 섬기는 곳이** 될 것이고,[11] 저는 당신께서 저에게 주신 모든
것에서 십분의 일을 당신 **앞에 따로 떼어 바치겠습니다.**"[12]

야곱과 라헬의 첫 만남

29,1 야곱은 발걸음을 떼고[13] 동쪽 사람들의 땅으로 갔다. 2 그는 들에 우
물이 있고 그곳 한쪽에 양 떼 세 무리가 누워 있는 것을 보았다. 그 우물에
서 가축들은 물을 마시는데, 큰 돌이 우물 입구에 놓여 있었다. 3 그곳에 가

광의 어좌 아래에 세워진 곳이다", 네오피티는 "주님 앞에 마련된 곳으로, 이 문은 하늘 높은 데까지 (이르도록) 마련된 기도의 문이다"라고 하였다.

8) 히브리어로는 '서원하다'(נדר)이다.

9) 차명 요나탄은 "무고한 피를 쏟는 일과 이방 신 숭배와 치부를 드러내는 일에서"(משפיכות אדם זכאי ופולחנא נוכרא וגילויי עריתא) 지켜 달라는 조건을 덧붙인다.

10) 네오피티는 "구원자 하느님"(לאלה פריק)이라고 옮긴다.

11) 차명 요나탄은 이 돌이 "주님의 성전에 마련되어 세대들이 그 위에서 주님 이름을 섬길"(מסדרא בבי מוקדשא דייי ויהון דריא פלחין עלה לשמא דייי) 돌이라고 부연한다.

12) 히브리어로는 '십일조를 하다'(עשׂר)이다. 타르굼들은 모두 '분리하다, 떼어 바치다'(פרשׁ)로 옮겼다.

13) 차명 요나탄은 "여행을 떠나기 위해"(לטיילא) "활기차게"(בקלילותא) 발걸음 뗐다고 부연한다.

축들이 다 모이면 우물 입구에서 돌을 굴려 양 떼에게 물을 먹이고는 우물 입구 제자리에 돌을 돌려놓곤 한다.

4 야곱이[1] 그들에게 말하였다. "형제여, 당신들은 어디에서 오셨소?" 그들이 말하였다. "우리들은 하란에서 왔소." 5 그가 그들에게 말하였다. "당신들은 나호르의 아들 라반을 아시오?" 그들이 말하였다. "압니다." 6 그가 그들에게[2] 말하였다. "그분은 평안하시오?" 그들이 말하였다. "평안하시오. 그의 딸 라헬이 양들과 오고 있네요." 7 그가 말하였다. **"낮이 길어**[3] 아직 짐승을 모을 시간이 아니니 가축에게 물을 먹이고 풀을 뜯기러 가야겠군요." 8 그들이 말하였다. "가축들이 다 모일 때까지는 어쩔 수 없고, 우물 입구에서 돌을 굴려야 양 떼에게 물을 먹일 수 있소."

9 야곱이 그들과 아직 말하고 있는데 라헬이 아버지의 양 떼와 왔다. (라헬은) 목자였다.[4] 10 야곱은 어머니의 오라버니인 라반의 딸 라헬과 어머니의 오라버니인 라반의 양 떼를[5] 보고, 가까이 가 우물 입구에서 돌을 굴려[6] 어머니의 오라버니인 라반의 양 떼에게 물을 마시게 하였다.[7] 11 야

---

1) 네오피티에는 이 낱말이 빠져 있다.

2) 차명 요나탄에는 이 낱말이 빠져 있다.

3) 히브리어 גדול(크다)을 옹켈로스와 차명 요나탄은 סגי(많다, 증가하다), 네오피티는 תלי(높다)로 옮긴다. 모두 낮이 '길다'로 옮겼다.

4) 차명 요나탄은 라헬이 목자가 된 이유를 부연한다. "라반의 가축들에게 주님의 전염병이 돌아 (가축들이) 그들에게 얼마 남지 않았다. 그는 그의 목자들을 내보내고 남은 것들을 딸 라헬 앞에 맡긴 것이다."

5) 차명 요나탄에는 "어머니의 오라버니인 라반의 양 떼"라는 구절이 빠져 있다.

6) 차명 요나탄은 야곱이 "한 팔로"(בחדא מן אדרעוי) 굴렸다고 덧붙인다.

7) 차명 요나탄은, 돌을 굴리자 "우물에서 물이 흐르더니 그 앞에서 물이 솟아" 양 떼에게 물을 먹였으며, "그곳은 이십 년 동안 계속 물이 흘렀다"고 부연한다. 이는 28,10 부연의 다섯 기적 가운데 차명 요나탄의 셋째와 넷째, 네오피

곱은 라헬에게 입을 맞추고 소리 높여 울었다. 12 야곱은 라헬에게 자신이 라헬 아버지의 **누이의 아들**[8] 곧 레베카의 아들이라고 알리자,[9] 그는 달려가 아버지에게 알렸다.

13 라반은 자기 누이의 아들 야곱의 소식을[10] 듣고, 그의 앞에 달려와 그를 안고 입을 맞추고는 그를 데리고 집으로 들어갔다. 그는 라반에게 이 모든 사건들을 설명하였다. 14 라반이 그에게 말하였다. "자네는 **내 친족이요** 내 살붙이네."[11] 야곱은 그와 함께 한 달을 살았다.

야곱의 혼인

15 라반이 야곱에게 말하였다. "아무리 자네가 내 친족이어도 내 일을 거저 할 수야 있겠나?[12] 자네 임금이 얼마인지 알려주게." 16 라반에게는 두 딸이 있었는데 큰딸 이름은 레아이고 작은딸 이름은 라헬이었다. 17 레아

티의 넷째와 다섯째 기적에 해당한다. 13절 참조.

8) 히브리어로는 "그의 아버지의 친족(형제)"(אחי אביה)이다.

9) 차명 요나탄은 야곱과 라헬의 첫 대화를 길게 소개한다. 야곱은 라헬 아버지의 집에 머물면서 딸을 아내로 삼을 것임을, 라헬은 아버지가 사기꾼이라 아버지와 함께 살 수 없음을, 야곱은 자신이 더 사기꾼이고 주님의 메므라가 자신의 협력자시라 해코지 못할 것임을 설명한다.

10) 차명 요나탄은 "야곱의 소식"을 "야곱의 용기와 경건함에 관한 소식"(שמע גבורתיה וחסידותיה דיעקב)이라고 옮기면서 그 내용을 일일이 언급한다. 곧 그가 형에게서 맏아들 권리와 축복의 순서를 얻은 일, 주님께서 베텔에서 그에게 나타나신 일, 그가 돌을 굴려 우물이 그 앞에서 솟아 흐른 일 등이다.

11) 히브리어로는, "너는 정말로 내 뼈요 내 살이다"(אך עצמי ובשרי אתה)이다. 타르굼들은 '뼈'(עצם)를 '친족'(קריב)으로, 차명 요나탄은 '살붙이'(בשר)를 '피붙이'(דמי)로 수정하였다. '나의 피붙이'를 '나와 닮았다'로 옮길 수도 있다.

12) 네오피티는 수사의문문을 평서문으로 바꿔 옮긴다. "아무리 자네가 내 친족이어도 내 앞에서 거저 일할 수는 없다"(הא אחי את ולית אפשר למפלח קדמיי).

는 눈이 **아름다웠고**[1] 라헬은 얼굴도 예쁘고 모습도 아름다웠다. 18 야곱은
라헬을 사랑하여 말하였다. "작은딸 라헬을 위해 칠 년을 일하겠습니다."
19 라반이 말하였다.[2] "그를 다른 남자에게 주는 것보다 자네에게 주는 것
이 더 낫겠지. 나와 함께 지내세." 20 야곱은 라헬을 위해 칠 년을 일하였
다. 그는 그를 사랑하여 그의 눈에는 짧은 시간처럼 여겨졌다.

21 야곱이 라반에게 말하였다. "제가 **일할** 날을 채웠으니 제 아내를 주
십시오. 제가 그에게 들 것입니다." 22 라반은 모든 사람들을 한자리에 모
아 잔치를 베풀었다.[3] 23 저녁이 되어 그는 딸 레아를 데리고 그에게 들어
가게 하여, 야곱이 레아에게 들었다. 24 라반은 자신의 여종 질파를[4] 딸 레
아의 몸종으로 주었다. 25 그런데 아침이 되어 보니 그는 레아였다.[5] 야곱
이 라반에게 말하였다. "저한테 무슨 일을 하신 겁니까? 제가 삼촌 일을 한
것은 라헬을 위해서가 아닙니까? 어찌하여 저한테 거짓말을 하셨습니까?"
26 라반이 말하였다. "우리 고장에서는 작은딸을 큰딸에 앞서 주지 않는다

---

1) 히브리어 성경의 "레아는 눈이 약하다(부드럽다)"(ועיני לאה רכות)는 표현은 의미가 모호하며, 어머니 조상 레아를 폄하할 수 있는 오해의 여지가 있다. 차명 요나탄은 "레아는 주님께서 자신을 사악한 에사우에게 맡기시지 않도록 그 분 앞에서 울며 간청하느라 눈이 촉촉하였고", 네오피티는 "레아는 눈을 들어 기도하며 의로운 야곱과 혼인하기를 간청하였다"고 보충 설명하였다.

2) 차명 요나탄은 "속임수로"(ברמיו) 말하였다고 덧붙인다.

3) 차명 요나탄과 네오피티는, 라반이 자신들에게 여러모로 이로운 야곱을 오래 그곳에 묶어두고자 속임수로 계략을 짜, 라헬 대신 레아를 시집 보내려고 다른 사람들과 모의하는 모습을 부연한다.

4) 차명 요나탄은 라반이 "자신의 소실이 그에게 낳아 준 딸 질파를" 야곱에게 주었다고 부연한다.

5) 차명 요나탄은 "밤새도록 그는 라헬이라고 생각하였다. 야곱이 그(라헬)에게 준 모든 것을 라헬이 그(레아)에게 건넸기 때문"이라고 덧붙인다.

네.[6] 27 일단 이번 주를[7] 채우게. 다른 칠 년을 다시 내 일을 하겠다면 작은 딸도 자네에게 주겠네.” 28 야곱은 그렇게 하기로 하고 이번 주를 채웠다. 라반은 작은딸 라헬을 그에게 아내로 주었다. 29 라반은 자신의 여종 빌하를 딸 라헬의 몸종으로 주었다. 30 야곱은 라헬에게도 들었다. 그는 레아보다 라헬을 더 사랑하였다. 그는 다른 칠 년을 다시 (라반과) 함께 일하였다.

야곱의 아들들

31 레아가 미움 받는 것을[8] 주님께서 보시고 그를 **임신하게** 하셨다.[9] 그러나 라헬은 임신하지 못하였다. 32 레아가 임신하여 아들을 낳고 이름을 르우벤이라 불렀다. **“내 치욕이 주님 앞에 드러났으니**[10] 이제 남편이 나를 사랑해 주겠지.”라고[11] 말하였기 때문이다. 33 그는 더 임신하여 아들을 낳고 말하였다. “내가 미움 받는 것이 주님 **앞에 들려** 이 아이를 또 나에

---

6) 네오피티에서는 ‘합당하다’(כשׁר)를 덧붙였다.

7) 차명 요나탄과 네오피티는 “이번 잔치의 칠 일”(שׁובעתי יומי משׁתיא דרא)을 채웠다고 덧붙인다.

8) 차명 요나탄은 ‘미움 받는다’는 표현 대신 “레아가 야곱에게 사랑받지 못하는 것”(לא הוה לאה רחימתא באנפי יעקב)이라고 하였다. 네오피티 여백 각주와 게니자 타르굼은 “자기 남편에게”(באפוי בעלה) 사랑받지 못하였다고 옮겼다.

9) 히브리어 성경의 “그의 자궁을 열어 주셨다”(ויפתח את־רחמה)를 옹켈로스는 “그를 임신하게 하셨다”(ויהב לה עדוי)고 하였다. 차명 요나탄과 네오피티는 “그분께서 당신의 메므라로 그에게 아들들을 주시겠다고 말씀하셨다”고 옮긴다.

10) 히브리어로는 “주님께서 나의 고통을 보셨다”(כי־ראה יהוה בעניי)이다.

11) 차명 요나탄은 “그리고 내 치욕이 주님 앞에 드러났듯이 내 자식들이 이집트 땅에서 종살이하게 될 때 그들의 치욕도 주님 앞에 드러나리라”고 덧붙여, 레아의 치욕을 앞으로 야곱의 자식들이 겪을 이집트 종살이의 치욕과 연결한다.

게 주셨구나."[1] 그래서 그는 그의 이름을 시메온이라 불렀다. 34 그는 또 임신하여 아들을 낳고 말하였다. "내가 아들을 셋이나 낳았으니 이번에는 내 남편이 나에게 묶이겠구나."[2] 그래서 그는 그의 이름을 레위라 불렀다. 35 그는 또 임신하여 아들을 낳고 말하였다. "이번에는 주님 **앞에** 감사드리리라."[3] 그래서 그는 그의 이름을 유다라 불렀다. 그리고는 출산이 멈추었다.

30,1 라헬은 자신이 야곱에게 아이를 낳아 주지 못하는 것을 알고 언니를 질투하며 야곱에게 말하였다. "나에게도 아들들을 주세요.[4] 그렇지 않으면 나는 죽어 버리겠어요."[5] 2 야곱은 라헬에게 **크게** 화를 내며 말하였다. "**나한테 따지는 거요**? 당신한테서 태의 **아이를**[6] 막으신 **주님 앞에 해야 하지 않겠소**?"[7] 3 라헬이 말하였다. "내 몸종 빌하에게 드세요. 그가 낳

---

1) 차명 요나탄은 이 구절에서도 "마찬가지로 내 자식들이 이집트에서 종살이할 때 그들의 소리가 그분 앞에 들리리라"고 부연하여, 시메온의 이름 뜻과 연결시킨다.

2) 차명 요나탄은 "마찬가지로 장차 그의 자식들이 주님 앞에서 섬기며 함께하리라"고 덧붙여, 레위의 이름 뜻과 연결시킨다.

3) 네오피티는 "우리가 주님 앞에 감사드리고 경배하리라"(נודי ונשבח קדם ייי)고 하여 이중 번역을 하였다. 차명 요나탄은 '감사드리리라' 다음에 유다와 관련하여 "이 아들에게서 장차 임금들이 나와 그에게서 주님 앞에 감사드릴 다윗 임금이 나오리라"를 덧붙였다.

4) 차명 요나탄에서는 "주님 앞에 기도하세요"(צלי קדם ייי)라고 부탁한다.

5) 차명 요나탄은 죽어 버리겠다는 라헬의 말을 "나는 죽은 사람처럼 여겨질 거예요"(הי כמיתא אנא חשיבא)라고 수정한다.

6) 히브리어 פרי־בטן(태의 소생)을 옹켈로스는 ולדא דמעי(태의 아이), 차명 요나탄은 פירי מעיא(태의 소생), 네오피티와 게니자 타르굼은 פירי וולד מעייא(태의 소생인 아이)라고 하였다.

7) 히브리어 성경에서 야곱은 "내가 당신한테서 태의 소생을 막으신 하느님

아 내가 **키우면** 나도 그에게서 아들이 생기는 셈이니까요." 4 라헬은 몸종
빌하를[8] 야곱에게 아내로 주어 야곱이 그에게 들었다. 5 빌하가 임신하여
야곱에게 아들을 낳아 주었다. 6 라헬이 말하였다. "**주님께서** 나를 심판하
시고[9] 내 **기도도 받아들이시어** 나에게 아들을 주셨다."[10] 그래서 그의 이름
을 단이라 불렀다. 7 라헬의 몸종 빌하가 또 임신하여 야곱에게 두 번째 아
들을 낳아 주었다. 8 라헬이 말하였다. "**내가 언니처럼 아이를 갖고자 갈망
하여 기도로 간청하였는데, 주님께서 나의 간청을 받아들이시어 나에게도
주셨다.**"[11] 그래서 그의 이름을 납탈리라 불렀다.

대신이라도 된다는 말이오?"(התחת אלהים אנכי אשר־מנע ממך פרי־בטן)라고 반문하였다. 게니자 타르굼에 따르면, "나한테서 아들이 나오기라도 한다는 말이오? 아들은 그분께서 주실 일이니 이제 우리가 가서, 당신한테서 태의 소생인 아이를 막으신 주님 앞에 자비를 간청합시다." 타르굼들은 출산은 야곱이 아니라 주님 앞에 간청할 일임을(בעי מן־קדם ייי) 강조하여 번역한다.

8) 차명 요나탄은 먼저 빌하를 "(야곱을 위해) … 자유롭게 해 주고"(ושחררת ליה) 야곱에게 아내로 주었다고 덧붙인다. 사라와 하가르의 경우와 연결된다.

9) 히브리어 דנני אלהים(하느님께서 나를 심판하셨다)을 우리말 성경은 '하느님께서 내 권리를 되찾아 주셨다'고 옮겼다. 차명 요나탄에서는 '주님께서 선하신 자비로 나를 심판하셨다'(דן יתי ייי ברחמוי טביא)이다.

10) 차명 요나탄은 "마찬가지로 장차 그의 후손들 가운데 마노아의 아들인 삼손을 통해서 심판하시고 필리스티아 백성을 그의 손에 넘기시리라"를 덧붙여, 장차 단 지파의 후손인 삼손을 통해 일어날 일들을 소개한다. 49,16-17 참조.

11) 히브리어 본문을 직역하면 "하느님의 싸움, 내가 언니와 싸워 나도 할 수 있게 되었다"(נפתולי אלהים נפתלתי עם־אחתי גם־יכלתי)이다. '하느님의 싸움'이 무엇인지 의미가 모호하다. 그래서 칠십인역은 "하느님께서 나를 도우시니, 언니와 겨루어 내가 할(자식을 낳을) 수 있게 되었다"(συνελάβετό μοι ὁ θεός καὶ συνανεστράφην τῇ ἀδελφῇ μου καὶ ἠδυνάσθην)고 옮겼다. 차명 요나탄은 "내가 주님 앞에 기도로 재촉하였더니, 내가 언니처럼 아이를 갖고자 간청

9 레아는 자신의 출산이 멈춘 것을 알고 몸종 질파를 데려다가 야곱에게 아내로 주었다. 10 레아의 몸종 질파가 야곱에게 아들을 낳아 주었다. 11 레아가 말하였다. "행운이 온다."[1] 그래서 그의 이름을 가드라 불렀다. 12 레아의 몸종 질파가 야곱에게 두 번째 아들을 낳아 주었다. 13 레아가 말하였다. "**칭송은 나의 것, 이제** (이스라엘) **여자들이**[2] **나를 칭송하리라**."[3] 그래서 그의 이름을 아세르라 불렀다.

14 밀 수확하는 어느 날에[4] 르우벤이 나가 들에서 합환채를 발견하였다. 그는 어머니 레아에게 그것을 가져다주었다. 라헬이 레아에게 말하였다. "언니 아들의 합환채를 나에게 좀 주세요." 15 레아가 말하였다. "너는

한 것을 그분께서 받아들이시어, 나에게도 둘이나 주셨다", 네오피티는 "내가 주님 앞에 기도하였더니, 그분께서 언니 레아에게 주셨듯이 나에게도 아들들을 주시리라는 것을, 나는 기도를 통해 들었다"고 하였다. 그러고 나서 차명 요나탄은 "마찬가지로 장차 그의 자손들이 주님 앞에 기도로 재촉하면 그들이 적들 손에서 구원되리라"고 덧붙였다.

1) 옹켈로스는 히브리어 בגד를 בא גד로 읽고 아람어 אתא גד로 옮겼다. 차명 요나탄과 네오피티는 '행운'(גד)을 살려 מזל이라 옮겼다. 곧 차명 요나탄은 "좋은 행운이 와(אתא מזלא טבא), 장차 그의 자손들이 요르단 건너 동쪽을 자신들의 소유지로 상속받으리라", 네오피티는 "좋은 행운이 와(אתוא גדה/מזלא טבא), 장차 민족들의 기초를 끊으리라"고 하여, 행운의 내용을 덧붙였다.

2) 차명 요나탄과 네오피티는 "이스라엘의 딸들"(בנת ישראל)이라 하였다.

3) 히브리어 성경은 "얼마나 행복한가! 딸들이 나를 복되다고 하네"(באשרי כי אשרוני בנות)라고 하였다. 차명 요나탄은 옹켈로스처럼 옮기고, "마찬가지로 그의 자손들은 그들 땅의 열매들이 튼실하여 주님 앞에서 칭찬을 받으리라"라고 부연한다. 네오피티는 "이스라엘의 딸들이 회당에서 나를 크게 칭송하리라"고 옮겼다.

4) 차명 요나탄은 "밀 수확절 시완 달 어느 날에"(ביומי סיון בזמן חצד חינטין)라고 밝힌다.

내 남편을 데려간 것이 부족해서 내 아들의 합환채도 가져가려느냐?" 라
헬이 말하였다. "언니 아들의 합환채 대신 그가 오늘 밤 언니와 눕게 할게
요." 16 저녁에 야곱이 들에서 오자 레아가 그 앞에 나가 말하였다. "내 아
들의 합환채를 (주고) 당신을 빌렸으니 저에게 드세요." 그는 그날 밤 그와
함께 누웠다. 17 **주님께서** 레아의 **기도를 받아들이시어** 그가 임신하여 야
곱에게 다섯 번째 아들을 낳아 주었다. 18 레아가 말하였다. "내가 몸종을
남편에게 주었더니 **주님께서** 내 (몸종의) 품값을 주셨다." 그래서 그의 이
름을 이사카르라 불렀다.

19 레아가 또 임신하여 야곱에게 여섯 번째 아들을 낳아 주었다. 20 레
아가 말하였다. "**주님께서** 나에게 **그를** 좋은 **몫으로** 주셨다. 내가 아들을
그에게 여섯이나 낳아 주었으니 **이번에는 남편의 처소가** 나에게 **있겠지.**"[5)]
그래서 그의 이름을 즈불룬이라 불렀다. 21 그러고 나서 그가 딸을 낳고
그의 이름을 디나라 불렀다.[6)] 22 **주님 앞에** 라헬의 기억이 **이르러**[7)] **주님**

---

5) 히브리어 성경은 "이번에는 남편이 나를 높여주겠지"(הפעם יזבלני אישי)이다. 차명 요나탄은 옹켈로스처럼(זימנא הדא יהי מדוריה דבעלי עימי), 네오피티는 "이번에는 남편이 나에게 선물을 주겠지"(הדה זמנא יזבוד יתי בעלי)라고 옮겼다. 그리고 차명 요나탄은 "마찬가지로 장차 그의 자손들은 좋은 몫을 받을 것이다"(והכדין עתידין בנוי לקבלא חולק טב)를 덧붙였다.

6) 차명 요나탄에 따르면, 레아한테서 지파들의 반이 나온다는 결정이 주님 앞에 내려졌는데, 라헬한테서는 몸종을 통해 두 지파만 나오기를 기도하자, 그의 기도가 주님 앞에 들려 그들 태에서 태아가 바뀌게 되고 그래서 라헬의 태에 요셉을, 레아의 태에 디나를 주셨다고 길게 부연하였다. 레아가 의도하지는 않았지만 결국 그의 기도로 라헬이 빌하의 아들 말고도 두 아들을 얻게 되었다는 보충 설명이다.

7) 옹켈로스와 차명 요나탄은 히브리어 성경의 "하느님께서 라헬을 기억하셨다"(ויזכר אלהים את־רחל)를 의인화 표현으로 보고 수정하였다. 네오피티는 "주님께서 선하신 자비로"(ייי ברחמוי טביא), 게니자 타르굼은 "주님의 메므라가

께서 그의 **기도를 받아들이시고** 그를 **임신하게 해 주셨다.**[1] 23 그는 임신하여 아들을 낳고 말하였다. "**주님께서** 나의 수치를 거두어들이셨다."[2]
24 그는 그의 이름을 요셉이라 부르며 말하였다. "주님께서 나에게 다른 아들을[3] 더해 주셨다."

야곱의 임금을 떼먹은 라반

25 라헬이 요셉을 낳았을 때 야곱이 라반에게 말하였다.[4] "저를 보내 주

선하신 자비로" 라헬을 기억하셨다고 옮겼다.

1) 히브리어 성경에서는 "그의 자궁을 열어 주셨다"(ויפתח את־רחמה)이다. 네오피티는 네 개의 열쇠를 소개한다. "온 세상의 주인이신 주님께 네 개의 열쇠가 전해졌다. 천사나 사람에게는 전해지지 않은 것으로, 곧 비의 열쇠와 식량의 열쇠, 무덤의 열쇠와 불임의 열쇠이다. (비의 열쇠를 두고) … '주님께서는 너희를 위하여 당신의 그 풍요로운 곳집인 하늘을 여실 것이다'(신명 28,12). 식량의 열쇠를 두고 … '당신의 손을 벌리시어 모든 생물을 호의로 배불리십니다'(시편 145,16). 무덤의 열쇠를 두고 … '보라, 내 백성아! 내가 너희 무덤을 열고 너희를 그 무덤에서 끌어내리라'(에제 37,13). 불임의 열쇠를 두고 … '주님께서 그분의 선하신 자비로 라헬을 기억하셨고 주님께서 라헬의 기도 소리를 들으시어, 그분의 메므라로 그에게 아들들을 주시리라고 말씀하셨다'(창세 30,22 참조)." 이 구절이 네 번째 불임의 열쇠에 해당되므로 긴 부연이 덧붙었다.

2) 차명 요나탄은 "마찬가지로 장차 요셉의 자손 여호수아는 이스라엘 자손들에게서 이집트의 수치를 거두어들이고, 요르단 건너편에서 그들을 할례할 것이다"라고 덧붙였다.

3) 차명 요나탄은 "이 (아들에) 다른 아들"(על דין בר אוחרן)이라 옮긴다.

4) 차명 요나탄에서는 야곱이 "거룩한 영으로"(ברוח קודשא) 말하길, 요셉의 집안이 에사우의 집안을 없애버릴 불꽃처럼 될 것이므로, 에사우와 그의 부대들이 두렵지 않아 이제는 고향으로 돌아갈 수 있다고 한다. 에사우가 두려워 라반의 집에 피신하여 머물렀지만 요셉을 통해 두려움이 해결되었으니 이제는

십시오. 제 고향, 저의 땅으로 가겠습니다. 26 제가 아내들과 자식들을 위
해서 장인어른의 일을 하였으니 그들을 내주십시오. 제가 떠나야겠습니다.
제가 장인어른에게[5] 한 일을 장인어른도 아십니다." 27 라반이 그에게 말
하였다. "내가 자네에게 **친절을** 입게 해 주게나. **시험해** 보니[6] 주님께서 자
네 때문에 나에게 복을 주신 것이더군." 28 그가 말하였다. "나한테 자네 임
금을 정해 주게나. 내가 주겠네." 29 (야곱이) 그에게 말하였다. "제가 장인
어른의 일을 한 것과 저에게 있는 장인어른의 가축들에게 일어난 것을[7] 장
인어른은 아십니다. 30 저 이전에는 장인어른의 것이 보잘것없었으나 (이
제는) 아주 많아졌습니다.[8] 저 **때문에**[9] 주님께서 장인어른에게 복을 주셔
서입니다.[10] 언제쯤에야 저도 제 집안일을 하겠습니까?" 31 (라반이) 말하였
다. "무엇을 자네에게 주면 되겠나?" 야곱이 말하였다. "아무것도 안 주셔

돌아갈 명분이 분명해진 것이다.

5) 네오피티는 "장인어른 앞에서"(קדמך)라고 하였다. 네오피티는 '섬기다, 일하다, 복종하다'(פולחן)의 주체가 하느님이 아니라 사람인 경우에도 '앞에서'를 덧붙인다.

6) 히브리어로는 '점치다'(נחשׁ)이다. 옹켈로스와 네오피티는 '시험하다, 시도하다'(נסי), 차명 요나탄은 '요술을 부리다'(אטירית קוסמין)라고 옮긴다.

7) 차명 요나탄은 "지킨 것"(נטיר), 네오피티는 "제 앞에 있는 장인어른의 가축들이 튼튼해지고 많아진 것"(דהוה בעירך קדמיי ותקיף וסגה)이라고 부연한다.

8) 히브리어 ויפרץ לרב(아주 많다)를 옹켈로스와 차명 요나탄은 ותקיף לסגי, 네오피티는 '그리고'(ו)를 덧붙여 ותקף וסגה(튼실하고 많다)라고 옮긴다.

9) 히브리어 성경은 "제 발걸음대로(제가 가는 곳마다)"(לרגלי) 장인이 복을 받았다고 하였다. 차명 요나탄은 히브리어 표현대로 옮기고, 네오피티는 "저 덕분에"(בזכוותי)라고 옮겼다(27절 참조).

10) 차명 요나탄은, 야곱이 장인 집에 들어가면서부터 장인에게 이득을 보게 하였으니, 이제 자신도 일을 해서 집안의 생계를 꾸려 나가야겠다고 부연한다. 네오피티는 뒤의 구절만 보충한다.

도 됩니다. 다만 이 일을 해 주신다면 저는 장인어른의 양 떼를 다시 먹이
고 지키겠습니다. 32 오늘 장인어른의 양 떼를 다 지나다니며 거기서, 어린
양들에서는 얼룩이, 점박이 어린 양, 검은 어린 양을 다, 염소들에서는 점
박이와 얼룩이들을 다 가려내겠습니다. 그것들이 제 임금이 될 것입니다.
33 제 정직함은 나중에 장인어른이 당신 앞에 있는 제 임금을 보러 오셔
서 확인하실 것입니다. 염소에서 얼룩이와 점박이가 아니거나, 어린 양에
서 검은 것이 아닌 것은 다 제가 훔친 것일 테니까요." 34 라반이 말하였다.
"알았네.[1] 자네 말대로 하겠네." 35 그날 (라반은) 줄무늬와[2] 점박이 숫염소
들과, 얼룩이와 점박이 암염소들, 어린 양들에서 흰 것과 검은 것들 모두를
가려내어 자기 아들들 손에 주었다. 36 그는 자신과 야곱 사이를[3] 사흘거
리가 되게 하였다. 야곱은 남아 있는 라반의 양 떼를[4] 쳤다.

37 야곱은 싱싱한 흰 백양나무, 아몬드나무, 버즘나무의[5] 막대들을 가
져다 흰 껍질을 벗겨 가지 위에 흰 것이 드러나게 하였다. 38 껍질 벗긴 막
대들을 물통, 곧 양 떼가 물 마시러 오는 **장소에** 꽂고 양 떼가 마주보게 **놓
았다**. 그런데 그것들은 물을 마시러 와서 짝짓기를 하였다. 39 양 떼는 막
대 있는 데서 짝짓기를 하고 줄무늬, 얼룩이, 점박이들을[6] 낳았다. 40 야곱

---

1) 히브리어 הן을 옹켈로스는 ברם, 차명 요나탄은 יאות, 네오피티는 טבאות으로 옮긴다.

2) 차명 요나탄은 "줄무늬"(רגוליא) 숫염소를 '(그들) 다리에 표시가 있는'(דסימנא בריגלהון) 숫염소라고 풀어 옮긴다.

3) 차명 요나탄은 "자신의 양 떼와 야곱 사이"(ביני עניה וביני יעקב)라고 수정하였다.

4) 차명 요나탄은 "남아 있는 늙고 병든(סבאן ומרן) 라반의 양 떼"라고 부연하였다.

5) "버즘나무"(ערמון, דלוב)를 차명 요나탄은 "월계수"(ארדופני)라고 하였다.

6) 차명 요나탄은 "다리에 표시가 있는 줄무늬, 점박이, 등이 흰 것들"이라고 옮겼다.

은 어린 양들을[7] 가려내고, 양 떼의 **머리 쪽에** 라반의 양 떼에서 줄무늬와
검은 것 모두를 오게 하였다.[8] 자신의 가축들은 따로 두어 라반의 양 떼와
섞이지 않게 하였다.[9] 41 **처음 번식할** 양이[10] 짝짓기를 할 때마다 야곱은 양
들이 보도록 물통에다 막대들을 두어, 막대들 있는 데서 짝짓기를 시켰다.
42 **나중에 번식할** 양에게는[11] (막대를) 두지 않았다. **나중 것들은** 라반에게,
처음 것들은 야곱에게 돌아갔다. 43 (야곱은) 매우 큰 부자가 되어 많은 가
축 떼와 여종과 남종, 낙타와 당나귀들이 그의 것이 되었다.

야곱의 도주

31,1 야곱은 라반의 아들들이 이렇게 말하는 것을 들었다. "야곱이 우리
아버지의 것을 모조리 가져다가, 우리 아버지의 것에서 이 모든 **재산들을
얻게 되었다**."[12] 2 야곱이 라반의 **안색을**[13] 보니 어제나 **예전처럼** 자신을 대
하지 않았다. 3 주님께서 야곱에게 말씀하셨다. "네 조상들의 땅으로, 네

---

7) 히브리어 כֶּשֶׂב(어린 양)을 옹케로스와 네오피티는 אִימַר(어린 양), 차명 요나탄은 טַלְיָ(어린 양, 새끼, 아이, 종)라고 옮긴다.

8) 차명 요나탄은 "선두로"(מַשְׁכּוּכִיתָא) 오게 하였다고 덧붙인다.

9) 네오피티에는 뒤의 구절인 "자신의 가축들은 … 섞이지 않게 하였다"가 빠져 있다.

10) 히브리어 성경에서는 "튼실한 양"(הַצֹּאן הַמְקֻשָּׁרוֹת)이다.

11) 히브리어 성경의 "부실한 양"(בְּהַעֲטִיף הַצֹּאן)을 타르굼들은 "나중에 번식할 양"(בלקושי ענא)이라 하였다.

12) 히브리어로는 "이 모든 영광을 이루게 되었다"(עָשָׂה אֵת כָּל־הַכָּבֹד הַזֶּה)이다. 차명 요나탄은 "자신을 위해 … 이 모든 재산들의 영광을 이루게 되었다"(עבד ליה ית כל יקר נכסייא האילין), 네오피티는 '영광'(יקר)이라는 낱말 없이 옹켈로스처럼 "이 모든 재산들을 얻게 되었다"(קנה ית כל נכסיא האלין)고 옮긴다.

13) 히브리어 פְּנֵי לָבָן(라반의 얼굴)을 타르굼들은 סבר־אפוי דלבן(라반의 안색 또는 라반의 얼굴 표정)이라고 옮겼다.

고향으로 돌아가라. 나의 **메므라가** 네 **협력자가** 될 것이다." 4 야곱은 사람을 보내어 라헬과 레아를 부르고 가축 떼가 있는 들로 나가, 5 그들에게 말하였다. "내가 당신들 아버지의 **안색을** 보니 어제나 **예전처럼** 나를 대하지 않으시오. 내 아버지의 하느님께서 나의 **협력자가** 되어 주셨소. 6 당신들도 알다시피 나는 온 힘을 다해 당신들 아버지의 일을 하였소. 7 당신들의 아버지는 나에게 거짓말하였고 내 임금을 열 번이나[1] 바꿔치기하셨소. **주님께서는** 나를 해치는 것을 **허용하지** 않으셨소.[2] 8 그가 '얼룩이가 자네 임금이네.' 하면 모든 양들이 얼룩이를 낳고, '줄무늬가[3] 자네 임금이네.' 하면 모든 양들이 줄무늬를 낳았소. 9 그렇게 **주님께서는** 당신들 아버지의 가축을 **따로 떼어**[4] 나에게 주셨소. 10 양들이 짝짓기를 할 때 꿈에서 눈을 들어 보니 양들 위에 올라간 수컷들이 줄무늬와 얼룩이와 점박이들이었소. 11 꿈에서 **주님의** 천사가 나에게 말씀하셨소. '야곱아!' 내가 말하였소. '예, 접니다.' 12 그분께서 말씀하셨소. '이제 눈을 들어 보아라. 양들 위에 올라가는 수컷들이 모두 줄무늬와 얼룩이와 점박이들이다. 라반이 너에게 한 모든 것이[5] 내 **앞에 드러났다**. 13 나는 베텔에서 **너에게 나타나**[6] 네가

---

1) 히브리어 성경은 עֲשֶׂרֶת מֹנִים이라고 하였다. 히브리어 מֹנֶה를 '횟수' 또는 '몫'으로 이해하여, 옹켈로스와 네오피티는 עסר זמנין(열 번), 차명 요나탄은 עשר חולקין(열 몫)으로 옮긴다. 41절 참조.

2) 히브리어 성경에서는 "하느님께서는 나를 해치게 두지 않으셨소"(וְלֹא־נְתָנוֹ אֱלֹהִים לְהָרַע עִמָּדִי)라고 하였다. 차명 요나탄과 네오피티는 "주님께서는 나를 해칠 권한을 그에게 주지 않으셨소"(ולא יהב ליה ייי רשו לאבאשא עמי)라고 옮긴다.

3) 차명 요나탄은 "다리에 자국이 있는 것"(מאן דשומא בריגליהון)이라고 하였다.

4) 차명 요나탄과 네오피티는 '비우다'(רוקן) 동사로 옮긴다.

5) 차명 요나탄은 "강도짓"(אונסא)이라고 밝힌다.

6) 히브리어 성경에서는 "나는 베텔의 하느님이다"(אָנֹכִי הָאֵל בֵּית־אֵל)이다. 타르굼들과 칠십인역은 두 낱말을 덧붙여(דאיתגליתי עלך, ὁ ὀφθείς σοι), 베텔에

기둥에 기름을 붓고 내 **앞에서 맹세한** 그 하느님이다. 이제 일어나 이 땅
에서 떠나 네 고향으로 돌아가라.'" 14 라헬과 레아가[7] 그에게 대답하였다.
"아버지의 집에서 우리에게 올 몫과 유산이 더 있나요?[8] 15 아버지께야 우
리가 이방인으로 생각되지 않으시겠어요? 우리를 팔아넘기셨고 우리 돈도
써버리셨으니 말이에요. 16 **주님께서** 우리 아버지한테서 **따로 떼어 주신**[9]
모든 재물은 우리와 우리 아들들의 것이니, 이제 **주님께서** 당신에게 말씀
하신 대로 다 하세요."

17 야곱은 일어나 자식들과 아내들을 낙타들 위에 태웠다.[10] 18 모든 가
축들과 모아놓은 모든 재산들, 곧 파딴 아람에서 모은 **가축들과 재산들을**
끌고 가나안 땅의 아버지 이사악에게 돌아가려고 하였다.

19 라반이 양털을 깎으러 가자 라헬은 아버지의 **형상들을**[11] **가져왔다.**[12]

서 '너에게 나타난' 하느님이라고 옮겼다. 칠십인역은 "베텔"(בית־אל, 하느님의 집)을 '하느님의 장소'(ἐν τόπῳ θεοῦ)라고 풀어서 옮겼다.

7) 차명 요나탄은 "라헬이 레아의 동의 아래"(רחל באסכמותא דלאה)라고 덧붙였다. '대답하다' 동사의 주어가 라헬과 레아 둘인데 히브리어 본문은 단수 동사(ותען)를 써서, 이를 해결하기 위해 수정하였을 법하다.

8) 차명 요나탄은 아람어 איפשר(possible)를 덧붙여 유산을 더 가져올 가능성을 살핀다.

9) 9절 참조.

10) 히브리어 נשא를 타르굼들은 נטל, סובר, טען으로 옮겼다.

11) 히브리어 תרפים(수호신)을 타르굼들은 צלמן, צלם(형상)으로 옮겼다.

12) 히브리어 '훔치다'(גנב)를 차명 요나탄과 네오피티에서는 그대로, 옹켈로스는 '가져오다'(נסב)로 옮긴다. 차명 요나탄은 이 신상들이 만들어진 과정을 부연한다. 맏아들인 한 남자를 죽이고 목을 잘라 거기에 소금과 향신료로 간을 하고는, 주문을 새긴 금 판을 그의 혀 아래 끼우고 벽에 세워, 라반이 그것에 절한다는 것이다.

20 야곱은 아람인 라반에게 **숨겨 떠나는**[1] 것을 알리지 않고, 21 자신의 것들을 모두 가지고 일어나 **떠났다**. 그는 **유프라테스를**[2] 건너 길앗 산지로 향하였다.

라반의 추격

22 사흘째 날에 야곱이 **떠났다는** 것이 라반에게 알려졌다.[3] 23 그는 친척들을 데리고 이레 **거리를**[4] (달려) 야곱의 뒤를 쫓았다. 길앗 산지에 있는[5] 그를 따라잡았다.[6] 24 **주님 앞에서 메므라가** 아람인 라반에게 그날 밤

---

1) 히브리어로는 '야곱이 아람인 라반의 마음을 훔쳤다(속였다)'(ויגנב יעקב את־לב לבן הארמי)이다. 옹켈로스는 온건하게 '숨기다, 덮다'(כסי) 동사로 옮기고, 차명 요나탄과 네오피티, 게니자 타르굼은 '야곱이 아람인 라반의 지식(마음)을 훔쳤다(속였다)'(וגנב יעקב ית דעתיה דלבן ארמאה)고 하였다. 차명 요나탄과 네오피티는 히브리어 성경대로(ברח) '달아나다'(ערק)로 옮기고, 옹켈로스만 '떠나다'(אזל) 동사를 쓴다.

2) 히브리어 성경과 네오피티는 '강'(נהר)이라 하였다.

3) 차명 요나탄과 네오피티는 라반이 사흘 만에 야곱의 도주를 알게 된 경위를 부연한다. 야곱이 떠나고 우물이 말라 사흘을 기다려도 별 수가 없자 라반의 목자들이 라반에게 알린 것이다. 28,10의 다섯 기적 가운데 하나를 덧붙였다. 단편 타르굼과 게니자 타르굼도 비슷한 내용을 담고 있다.

4) 히브리어 '이레 길'(דרך שבעת ימים)을, 옹켈로스와 차명 요나탄은 '이레 거리'(מהלך שובעא יומין), 네오피티는 '이레 거리 길'(ארח מהלך שבעה יומין)이라고 옮긴다.

5) 차명 요나탄은 야곱이 "길앗 산지에 진을 치고 하느님 앞에 감사드리며 기도하는" 중이었다고 부연한다.

6) 히브리어 성경과 옹켈로스의 '따라잡다'(דבק)를 차명 요나탄과 네오피티는 '도달하다, 이르다'(ארע) 동사로 표현한다.

꿈에 나오셔서[7] 그에게 말씀하셨다. "야곱에게 좋은 말도 나쁜 말도 하지 않도록 명심하여라."

25 라반이 야곱을 따라잡았고, 야곱은 산에 천막을 치고 있었다. 라반
도 길앗 산지에 친척들과 진을 쳤다. 26 라반이 야곱에게 말하였다. "나한
테 **숨기고** 내 딸들을 전쟁 포로처럼 끌고 가다니[8] 무슨 이런 경우가 다 있
나? 27 어찌하여 몰래 **떠나** 나에게 **숨기고**[9] 알리지 않았나? 그럼 손북과
비파로 기쁘게 노래하며 자네를 보냈을 터인데.[10] 28 자네는 내 손자들과[11]
내 딸들에게 입을 맞추는 것도 **허락하지**[12] 않는군. 자네가 한 일은 어리석
었네. 29 자네들을 해칠 힘이[13] 내 손에 있으나 간밤에[14] 자네들 아버지의 하
느님께서 나에게 말씀하셨네. '야곱에게 좋은 말도 나쁜 말도 하지 않도록
명심하여라.' 30 자네 아버지의 집이 그토록 그립다니 떠나야겠지만, 내 **신
상들은**[15] 왜 **가져갔는가**?" 31 야곱이 라반에게 대답하였다. "저는 장인어른

---

7) 차명 요나탄은 "천사가 주님 앞에서 나온 말씀에 따라 그날 밤 꿈에 나타나, 사기꾼 라반에게 칼을 겨누며" 말하였다고 부연한다.

8) 네오피티에는 '딸들을 전쟁 포로처럼 끌고 갔다'는 문장이 빠져 있다.

9) 네오피티에는 "어찌하여 … 속이고"가 빠져 있다.

10) 차명 요나탄과 네오피티는 "만약 나에게 알렸다면"(דאילו תניתא לי) 순순히 보내주었을 것이라고 덧붙인다.

11) 차명 요나탄에서는 "내 딸들의 아들들"(לבני ברתיי) 곧 '외손자들'이라고 하였고, 히브리어 성경과 나머지 타르굼들에서는 그냥 '아들들'(לבני)이다.

12) 차명 요나탄은 '기다리다'(מתן) 동사로 옮긴다.

13) 히브리어 אל(힘)을 옹켈로스와 네오피티는 חיל(힘), 차명 요나탄은 ספיק(기회)이라고 옮긴다.

14) 히브리어 '어제, 어젯밤'(אמש)을 타르굼들은 '저녁, 밤'(רמש)으로 옮긴다. 42절 참조.

15) 히브리어로는 "내 신들"(אלהי)이다. 옹켈로스는 "내 신상들" (דחלתי), 차명 요나탄은 "내 우상들의 형상들"(צילמי טעותי), 네오피티는 "형상들의 신상들"

이 당신 딸들을 저한테서 데려가시면 어쩌나 하는 생각에 두려웠습니다.
32 장인어른의 **신상들이** 발견된 **그곳은** 살아남지 못할 것입니다. 저희 친
척들 앞에서 저에게 있는 것을[1] 알아서 찾아가십시오." 야곱은 라헬이 그
것들을 **가져갔는지** 몰랐던 것이다. 33 라반이 야곱의 천막과 레아의 천막
과 두 **소실들의** 천막에[2] 들어갔으나 발견하지 못하였다. 그는 레아의 천막
에서 나와 라헬의 천막에 들어갔다. 34 라헬은 그 **형상들을**[3] 가져다 낙타
의 안장에 얹고 그 위에 앉아 있었다. 라반은[4] 온 천막을 뒤졌으나 찾지 못
하였다. 35 라헬이 아버지에게[5] 말하였다. "나의 주인께서는 불쾌해하지
마십시오. 제가 여자의 일 중이라 당신 앞에 설 수가 없습니다." 그는 뒤졌
으나 **형상들을** 찾지 못하였다.

36 야곱은 **크게** 화가 나서[6] 라반에게 대들었다. 야곱은 라반에게 대답
하였다. "저의 죄가 무엇입니까? 저의 잘못이 무엇이기에[7] 저를 뒤쫓아 오
셨습니까?[8] 37 저의 모든 기물들을 뒤지셨는데 당신 집의 기물들 가운데

(דחלתי צלמי)이라고 옮겼다.

1) 차명 요나탄은 "저에게 있는 당신의 것"(מאן דעימי מן דיליך)이라고 밝혔다.

2) 히브리어 성경은 "두 여종들의 천막"(ובאהל שׁתי האמהת)이다. 타르굼들은 "두 소실들의 천막"(ובמשׁכנא דתרתין לחינתא)이라고 옮겼다. 게니자 타르굼과 페시타와 칠십인역은 히브리어 성경대로 옮겼다(ἐν τῷ οἴκῳ τῶν δύο παιδισκῶν, ܠܡܫܟܢܐ ܕܬܪ̈ܬܝܢ ܐܡ̈ܗܬܐ).

3) 19.35절 참조.

4) 차명 요나탄에는 '라반'이 빠져 있다.

5) 차명 요나탄에는 '자기 아버지에게'(לאבוה)가 빠져 있다.

6) 네오피티에는 '야곱이 화가 났다'는 말이 없다. 네오피티 여백 각주에서 이를 보충한다.

7) 차명 요나탄과 네오피티는 이 두 문장을 접속사 '그리고'로 연결한다 (מה חובתי ומה סורחני).

8) 차명 요나탄은 '뒤쫓다'(דלקת) 대신 '서둘러 오다'(אוחית למיתי)라고 옮겼다.

무엇이든지 찾으셨으면, 제 친척들과 당신 친척들 앞에 내놓아 보십시오.[9)]
그들이 우리 둘 사이를 따져볼 것입니다.[10)] 38 제가 이 이십 년을 당신과 지
내면서, 당신의 암양들과 암염소들은 새끼를 잃지 않았고 저는 당신 양 떼
의 수컷들을 잡아먹지도[11)] 않았습니다. 39 찢긴 것을[12)] 당신에게 가져간 적
없고, **숫자가 부족하면**[13)] 당신은 저에게 그것을 요구하셨습니다.[14)] 저는 낮
에도 **지키고** 밤에도 **지켰습니다.**[15)] 40 낮에는 더위가 저를 삼켰고 밤에는 추
위가 **제 위에 내려앉아** 제 눈에서 잠이 달아났습니다. 41 저는 이 이십 년
을 당신의 집에서 당신과 지내면서, 당신의 두 딸을 위해 십사 년을, 당신
의 가축들을 위해 육 년 동안 당신 일을 했는데, 장인어른은 제 임금을 열

---

9) 차명 요나탄은 "당신의 결정(판결, 사례)을"(דינך) 내놓으라고 부연한다. 입장을 밝혀보라는 뜻으로 보인다.

10) 차명 요나탄은 "그들이 우리 둘 사이에서 진실을 밝혀줄 것입니다"(וידינון קשוט בין תרווינן)라고 부연한다. 차명 요나탄이 더 법정에서 벌어지는 일처럼 묘사한다.

11) 차명 요나탄에서는 "당신 양 떼의 수컷들 값"(ואגר דיכרי ענך)을 떼먹지 않았다고 하였다.

12) 차명 요나탄은 "들짐승에게"(מן חיות ברא) 찢긴 것이라고 덧붙였고, 네오피티는 "죽은 것"(קטילא)이라고 하였다.

13) 옹켈로스는 "숫자가 부족하면"(כד הוה שגיא ממנינא), 차명 요나탄은 "만약 제가 잘못이라도 하면"(דאין אנא חטי בה), 네오피티는 "숫자에서 하나라도 달아난 것이 (생기면) 모두"(כל חדא מנהון דהוות ערקה מן מניינה)라고 덧붙였다.

14) 네오피티는 "제가 물어냈고"(אנה הוינא משלם יתה) 라반도 요구하였다고 덧붙였다.

15) 차명 요나탄은 "낮에 사람이 훔쳐간 것도 제가 물어냈고 밤에 들짐승이 훔쳐간 것도 제가 물어냈습니다"라고 부연한다. 네오피티도 이와 비슷하다. 옹켈로스에서는 성실하고 부지런한 목자 야곱의 모습을, 차명 요나탄과 네오피티에서는 몰인정하고 야박한 라반의 셈법을 엿볼 수 있다.

번이나 바꿔치기하셨습니다. 42 제 조상들의 하느님, 아브라함의 하느님, 이사악이 **두려워한 분께서 제 협력자가** 아니셨다면[1] 장인어른은 저를 지금 빈털터리로 내보내셨을 것입니다. 그러나 저의 수고와 제 손의 노고가 **주님 앞에 드러나** 간밤에[2] 꾸짖으신 것입니다."

야곱과 라반의 계약

43 라반이 야곱에게 대답하였다. "딸들은 내 딸들이고 아들들은 내 아들들이며[3] 양들은 내 양들이네. 자네가 보는 모든 것이 내 것이지만, 오늘 내 딸들과 그들이 낳은 아들들에게 내가 뭘 어쩌겠는가? 44 이제라도 어서 나와 자네가 계약을 맺어 보세. 그것이 나와 자네 사이에 증거가 되어줄 것일세." 45 야곱이 돌을 가져다 기둥을 세웠다. 46 야곱이 친척들에게 말하였다.[4] "돌을 모아 오십시오." 그들이 돌들을 가져와 돌 더미를 만들고, 그곳의 돌 더미 위에서 먹었다. 47 라반은 그것을 여가르 사하두타라[5] 불렀고, 야곱은 갈엣이라 불렀다.[6] 48 라반이 말하였다. "오늘 이 돌 더미가 나와 자네 사이에 증인이네." 그래서 갈엣이라 불렀다. 49 **사쿠타**라고도[7] 하는

---

1) 히브리어 성경은 "이사악의 두려우신 분께서 제 편이"(ופחד יצחק היה לי) 아니셨다면 어려웠을 것이라고 하였다. 53절 참조.

2) 29절 참조.

3) 차명 요나탄은 "자네가 아내로 삼은 딸들"(בנתא דנסיבת לנשין), "그들이 낳은 아들들"(ובנייא דילידן)이라고 하였다.

4) 차명 요나탄에서는 "야곱은 친척(형제들)이라고 불리는 아들들에게 말하였다" (ואמר יעקב לבנוי דהווי קרי להום אחוי)이다.

5) 차명 요나탄은 "오가르 사힛"(אוגר סהיד)이라 옮긴다. '증언의 돌 더미'라는 뜻이다. 히브리어 '갈엣'(גלעד)도 같은 뜻이다.

6) 차명 요나탄과 네오피티는 "성전의 언어로"(בלישן בית קדשא) 갈엣이라 불렀다고 덧붙인다.

7) 히브리어 "미츠파"(מצפה)를 옹켈로스와 차명 요나탄은 "사쿠타"(סכותא),

데, 그가 이렇게 말하였기 때문이다. "우리가 서로 이웃들에게서 숨어 지낼
때 주님의 **메므라가** 나와 자네 사이에 망을 보실 것이네.[8] 50 자네가 내 딸
들을 괴롭히거나 내 딸들 말고 (다른) 아내들을 얻으면, 아무도 우리와 함께
없더라도 보게나, **주님의 메므라가** 나와 자네 사이에 증인이 되실 것이네."
51 라반이 야곱에게 말하였다. "이 돌 더미를 보고, 나와 자네 사이에 세
운 기둥을 보게. 52 이 돌 더미가 증인이고 그 기둥이 증인이니, 나는 이 돌
더미를 넘어 자네에게 가지 않고, 자네도 (나를) 해치러 이 돌 더미와 이 기
둥을 넘어 나에게 오지 않기로 하세.[9] 53 아브라함의 하느님과 나호르의
하느님, 곧 그들 조상의 하느님께서 우리 사이를 심판하실 것이네." 야곱
이 아버지 이사악이 **두려워한** 분을[10] 두고 맹세하였다. 54 야곱은 그 산에
서 제사를 지내고 자기 친척들에게[11] 음식을 먹자고[12] 불렀다. 그들은 음식
을 먹고 그 산에서 묵었다.
32,1 라반은 아침 일찍 일어나 자신의 손자들과 딸들에게[13] 입을 맞추고

네오피티와 게니자 타르굼은 "차피타"(צפיתה)라고 옮겼다. '전망대, 감시대'라는 뜻이다.

8) 네오피티에서는 '판결하다'(דון)이다.

9) 네오피티는 "나는 (자네를) 해치러 이 돌 더미와 이 기둥을 넘어 자네에게 가지 않겠네"라고 하여 야곱의 경우는 빠져 있다.

10) 히브리어 성경의 "아버지 이사악의 두려운 분"(בפחד אביו יצחק)을, 차명 요나탄은 "아버지 이사악이 두려워한 하느님"(באלקא דדחיל ליה אבוי יצחק), 네오피티는 "아버지 이사악의 강하신 분"(בתקיפה דאבוי דיצחק)이라고 옮긴다. 네오피티 49,24에서는 "아버지 야곱의 강하신 분"이다.

11) 차명 요나탄에서는 야곱이 "라반과 함께 온 그의 친족들"(לקריבויי דאתו עם לבן)을 초대한다. 23절 참조.

12) 히브리어 '먹다'(אכל)를 옹켈로스와 네오피티는 히브리어 그대로, 차명 요나탄은 '식사하다, 돕다'(סעד)로 옮긴다. 43,25 참조.

13) 히브리어로는 "그의 아들들과 그의 딸들에게"(לבניו ולבנותיו)이다. 차명 요

그들을 축복하였다. 라반은 (그곳을) 떠나 자기 고장으로 돌아갔다.

에사우를 만나러 오는 야곱

2 야곱은 길을 나섰다가 **주님의** 천사들을[1] 만나게 되었다. 3 야곱이 그
들을 보고 말하였다. "이곳은 주님 **앞의** 진영이다."[2] 그래서 그 장소의 이
름을 마하나임이라고[3] 불렀다.

4 야곱은 에돔[4] 지역[5] 세이르 땅의[6] 형 에사우에게 자기에 앞서 전령
들을[7] 보냈다. 5 그가 그들에게 명령하였다. "너희는 나의 주인 에사우에
게 이렇게 말하여라. '나리의 종 야곱이 이렇게 말합니다. '저는 라반한테
서 체류하느라[8] 지금까지 늦어졌습니다. 6 저에게는 소와 나귀, 양과 염

나탄은 "야곱의 아들들과 자신의 딸들에게"(לבנוי דיעקב ולבנתיה דיליה)라고 하여 라반의 손자들이 야곱의 아들들임을 밝힌다. 31,28 참조.

1) 히브리어 성경은 "하느님의 천사들"(מלאכי אלהים)이라고 하였다.

2) 차명 요나탄은 "나를 만나러 오는 에사우의 진영들"도 아니고, "다시 나를 뒤쫓아 오는 라반의 진영들"도 아닌, "주님 앞에서 보내진 거룩한 천사들의 진영들"(משריין דמלאכייא קדישין דאשתלחו מן־קדם ייי)이라고 부연한다. 네오피티도 비슷하다.

3) '마하나임'(מחנים)은 '두 진영'이라는 뜻이다. 차명 요나탄은 "성전의 언어"(בלישן בית קודשא)로 마하나임이라 불렀다고 보충한다.

4) 차명 요나탄과 네오피티는 "에돔인들"(אדומאי)이라고 수정하였다.

5) 히브리어 שׂדה를 옹켈로스와 차명 요나탄은 חקל, 네오피티는 תחום이라 하였다.

6) 차명 요나탄과 네오피티는 "가블라 땅"(לארעא דגבלא)이라고 수정한다.

7) 히브리어 מלאך(전령)을 옹켈로스와 차명 요나탄은 אזגד, 네오피티는 שׁליח라고 옮긴다.

8) 히브리어 גור(살다, 머무르다, 지내다)를 옹켈로스는 דור, 차명 요나탄과 네오피티는 יתב이라고 옮긴다.

소, 남종과 여종이 있습니다. **자비를** 베풀어 주시길 주인께 알리려고 소식 전합니다.'"[9]

7 전령들이[10] 야곱에게 돌아와 말하였다. "나리의 형님 에사우에게 다녀왔습니다. 그분도 나리를 만나러 사백 명의 장정들을 거느리고 오십니다."
8 야곱은 몹시 두렵고[11] 걱정이 되어 같이 있던 백성과 가축 떼와 소와 낙타들을 두 진영으로[12] 나누었다. 9 그는 (속으로) 말하였다. '에사우가 한 진영에 와서 치더라도 남은 진영은 구할 수 있다.'

10 야곱이 아뢰었다. "아브라함의 하느님, 아버지 이사악의 하느님! 주님께서는 저에게 말씀하셨습니다. '너의 땅, 너의 고향으로 돌아가라. 내가 너에게 잘하겠다.' 11 당신께서 당신 종에게 베푸신 모든 자애와 **호의에** 비해 제 **공로는** 미천합니다.[13] 저는 **혼자서**[14] 이 요르단을 건넜으나 이제는 두 진영을 이루었습니다. 12 제 형의 손에서, 에사우의 손에서 저를 구해 주십시오. 저는 그가[15] 와서 저와 어미와 자식들까지 치지 않을까,[16] 그가 두렵

9) 차명 요나탄은 더 구체적으로 전갈 내용을 부연한다. 곧 형한테 낚아챈 아버지의 축복으로 자신은 얻은 것이 없고 그 축복으로 이득 본 것도 없으니, 악의를 품지 말아 달라는 부탁이다.

10) 네오피티는 "정보원들"(מלליה)이라고 옮긴다.

11) 차명 요나탄은 "이십 년 동안 아버지의 영광을 살피지 못하여" 두렵다고 덧붙인다.

12) 차명 요나탄에서는 '두 진영'을 두고 "레아의 선물(몫)과 라헬의 선물(몫)"(למוהבות לאה ולמוהבות רחל)이라고 보충한다.

13) 차명 요나탄과 네오피티는 순서를 다르게 하여 '나는 하잘것없다'(לית אנא כמיסת)를 덧붙인다.

14) 히브리어 성경에서는 "제 지팡이 (하나)로"(במקלי)라고 하였다.

15) 차명 요나탄은 "그가 아버지의 영광을 살펴 왔으니"(דהוא עסק באיקרא דאבוי)를 덧붙인다. 8절 참조.

16) 네오피티는 "그가 와서 저를 죽이고 어미와 자식들까지 쓸어버리지 않을

습니다. 13 당신께서는 말씀하셨습니다. '내가 꼭 너에게 잘하고 네 **자손들
을** 바다의 모래처럼 **많게 하여**[1] 셀 수 없게 하겠다.'"
14 그날 밤 그는 거기 묵으면서 자기 손으로 가져온[2] 것 가운데 형 에사
우에게 줄 예물을[3] 골랐다. 15 암염소 이백 마리와 숫염소 스무 마리, 암
양 이백 마리와 숫양 스무 마리, 16 수유 중인 낙타와[4] 새끼들 서른 마리,
암소 마흔 마리와 황소 열 마리, 암나귀 스무 마리와 수나귀[5] 열 마리다.
17 그는 가축 떼별로 따로따로 종들에게 맡기며[6] 말하였다. "나보다 앞서
가고 가축 떼 사이에 간격을 두어라." 18 앞에 선 이에게 명령하였다. "나
의 형 에사우가 너를 만나 '너는 누구의 사람이냐? 어디로 가느냐? 네 앞
에 이것들은 무엇이냐?' 하고 묻거든, 19 이렇게 말하여라. '그것은 당신의
종 야곱이 주인 에사우에게 보내는 예물입니다. 그도 저희 뒤에 따라옵니
다.'" 20 그는 두 번째 사람에게도 세 번째 사람에게도 가축들 뒤에 가는 모
든 이에게도 명령하였다. "그를 만나거든 이 말대로 전하고, 21 이렇게 말
하여라. '당신의 종 야곱이 저희 뒤에 따라옵니다.'" 야곱은 (속으로) 말하였
다. '나보다 앞서 예물을 보내어 그의 **화를 누그러뜨려야겠다.**[7] 그러고 나

까"(דלא ייתי ויקטול יתי וישיצי אמה עם בניא) 두렵다고 하였다.

1) 히브리어 성경은 "네 후손을 바다의 모래처럼 두어"(ושמתי את־זרעך כחול הים)라고 하였고, 네오피티는 "네 자손들을 바다의 모래처럼 똑같게 하여"(ואשוי ית בניך כחלא דימא)라고 옮겼다. 28,14 참조.

2) 차명 요나탄은 '마련하다, 준비하다'(זמן) 동사로 옮긴다.

3) 히브리어 מנחה(예물)를 옹켈로스는 תקרבה(예물), 차명 요나탄과 네오피티는 דורון(선물)이라 옮긴다. 19.22절 참조.

4) "수유 중인 낙타"(גמלים מיניקות)를 차명 요나탄은 "암낙타"(גמלייא נוקבן)로 옮겼다.

5) 차명 요나탄과 네오피티는 "리비아산 나귀"(לודק)라고 하였다.

6) 차명 요나탄에서는 '준비시키다'(וזמין)이다.

7) 히브리어로는 "그의 얼굴을 풀어 주어야겠다"(אכפרה פניו)이다. 옹켈로스

서 그의 얼굴을 봐야 나를 봐 줄 것이다.' 22 예물이 그에 앞서 건너가고 그
는 그날 밤 진영에서 묵었다.

천사와 겨룬 야곱

23 그는 밤에 일어나 두 아내와 두 **소실과** 아들 열한 명을 데리고 야뽁
건널목을 건넜다. 24 그는 그들을 이끌어 마른강을 건너게 하고 그의 것들
도 건네 보냈다. 25 야곱은 혼자 남아 있었는데[8] 한 사람이[9] (나타나) 아침
이 될 때까지[10] 그와 **겨루었다.**[11] 26 그는 야곱을 이길 수 없음을 알고 그의
엉덩이뼈를 쳐서, 야곱은 그와 **겨루다** 엉덩이뼈가 **움직였다.**[12] 27 그가 말
하였다. "아침이 되었으니 나를 보내다오."[13] (야곱이) 말하였다. "저를 축복

는 "그의 화를 누그러뜨려야겠다"(אניחיניה לרוגזיה), 차명 요나탄과 네오피티는 "그의 안색을 풀어 주어야겠다"(נירעי ית סבר־אפוי)라고 옮겼다.

8) 차명 요나탄은 야곱이 "야뽁 건널목에"(מעיברא ליבוקא) 남았다고, 장소를 밝힌다.

9) 차명 요나탄은 "사람 모습을 한 천사가 그에게"(מלאכא עימיה בדמות גבר), 네오피티는 "사리엘 천사가 사람 모습으로"(מלאך שׂריאל בדמות גבר) 나타났다고 덧붙인다.

10) 차명 요나탄과 네오피티와 게니자 타르굼은 "새벽 기둥이 오를 때까지"(עד־זמן די סליק עמוד שׂחרא)라고 하였다. 19,15 참조.

11) 히브리어 אבק(씨름하다)를 옹켈로스는 שׁדל(겨루다)로, 차명 요나탄은 כתשׁ(싸우다), 네오피티도 פגשׁ(싸우다)라고 옮겼다. 차명 요나탄은 야곱이 자식이많은데도 십일조를 하지 않아, 레위를 십일조로 선택하는 일로 지체하게 되었다고 부연한다. 이때 미카엘이 레위의 선택을 하느님께 보고한다.

12) 히브리어 יקע(뼈가 빠지다)를 옹켈로스와 차명 요나탄은 זוע(움직이다, 흔들리다), 네오피티는 קהי(마비되다)로 옮긴다.

13) 차명 요나탄은, 야곱과 겨룬 천사들이 높은 데서 세상의 주인께 찬미드리는 이며 세상이 창조된 이래 지금 이 시간이 아니면 찬미할 시간이 오지 않으

하시지 않으면 보내드리지 않겠습니다." 28 그가 말하였다. "네 이름이 무엇이냐?" 그가 말하였다. "야곱입니다." 29 그가 말하였다. "더 이상 네 이름은 야곱이라 하지 않고 이스라엘이라 부를 것이다. 네가 **주님 앞에서**[1] 사람들 사이에서 **위대하여** (그들을) 이겼기[2] 때문이다." 30 야곱이 여쭈었다. "그럼 당신 이름을 알려 주십시오." 그가 말하였다. "너는 왜 내 이름을 묻느냐?" 그는 거기서 (야곱을)[3] 축복하였다. 31 야곱은 그 장소의 이름을 프니엘이라 불렀다. "나는 **주님의 천사를**[4] 얼굴을 맞대고 뵈었고 내 목숨을 구하였기 때문이다." 32 그가 프니엘을 지날 때 해가 떠올랐다.[5] 그는 엉덩이뼈 때문에 다리를 절었다. 33 그래서 오늘날까지 이스라엘 자손들은 엉덩이뼈 위의 질긴 힘줄을 먹지 않는다.[6] 그가 질긴 힘줄이 있는 야곱의 엉덩이뼈를 쳤기 때문이다.[7]

야곱과 에사우의 만남

33,1 야곱은 눈을 들어 에사우가 사백 명의 장정들을 거느리고 오는 것을 보았다. 그는 레아와 라헬과 두 **소실들에게** 자식들을 나누어 맡겼다.

므로 곧 돌아가야 한다고 덧붙였다(27,1 참조). 네오피티도 찬미자들의 우두머리로서 찬미드릴 시간이 되었으니 보내 달라고 부연한다.

1) 차명 요나탄은 "주님의 천사들"(מלאכייא דייי)이라고 하였다.

2) 차명 요나탄은 "그들을"(להום) 이겼다고 덧붙인다.

3) 차명 요나탄은 '야곱'을 명시한다(ובריך יתיה יעקב תמן).

4) 히브리어 성경에서는 "하느님"(אלהים)이다.

5) 차명 요나탄은, 야곱이 브에르 세바를 떠날 때 야곱을 위해 해가 제 시간보다 먼저 뜬 것처럼, 이번 프니엘을 떠날 때도 해가 제 시간보다 먼저 떠올랐다고 부연한다.

6) 차명 요나탄은 "가축과 들짐승의"(דבעירא וחיותא) 엉덩이뼈라고 하였다.

7) 차명 요나탄은 "오른쪽"(ימינא) 엉덩이뼈라고 하였다.

2 **소실들과** 아들들을 맨 앞에,[8] 레아와 아들들을[9] 두 번째에, 라헬과 요셉
을 그들 뒤에[10] 세웠다. 3 (야곱은) 그들의 앞을 지나면서[11] 형에게 이를 때까
지 땅에 대고 일곱 번 절하였다.

4 에사우는 그의 앞으로 달려가 그를 안았다. 그는 고개를 떨구며 입을
맞추고 울었다.[12] 5 그는 눈을 들어 여자들과 자식들을 보고 말하였다. "이
들은 너에게 누구냐?" 그가 말하였다. "주님께서 당신 종에게 은총으로 주
신 아들들입니다."[13] 6 **소실들과** 아들들이 다가와 절하였다. 7 레아와 그
아들들도 다가와 절하였고, 그다음으로 요셉과 라헬이 다가와 절하였다.[14]

8 그가 말하였다. "내가 (오다가) 마주친 이 진영들은 다 너에게 무엇이
냐?" 그가 말하였다. "주인께 **자비를** 얻고자 (마련한) 것입니다." 9 에사우
가 말하였다. "내 동생아, 나에게도 많다. 네가 가진 것으로 (너나) **잘 살아
라**." 10 야곱이 말하였다. "이제 저에게 **자비를** 베푸시기를 **바라오니**, 제 예

---

8) 차명 요나탄은 소실들과 그의 아들들을 앞세운 이유를 부연한다. 에사우가 그들을 공격하는 동안 야곱은 시간을 벌어 전쟁을 벌이겠다는 것이다. 32,9과 연결된 부연이다.

9) 차명 요나탄은 "아이들"(וריבהא)이라고 하였다.

10) 네오피티 본문에는 '라헬과 요셉을 그들 뒤에'가 빠져 있다.

11) 차명 요나탄은 "주님 앞에 기도하며 자비를 간청하였다", 네오피티는 "그 땅의 관습대로 안부를 물었다"고 덧붙인다.

12) 차명 요나탄은 "(에사우가) 고개를 숙이고 그를 물어뜯어 그들은 울었다. 에사우는 흔들리는 치아의 고통 때문에 울었고, 야곱은 목의 고통 때문에 울었다"고 부연한다.

13) 차명 요나탄은 "그들은 당신 종인 저에게 주님 앞에서 은혜로 주어진 제 아들들입니다"라고 소개한다.

14) 차명 요나탄은 "요셉이 다가와 라헬 앞에 서서 자기 몸으로 그를(라헬) 숨기고 절하였다"고 수정한다. 네오피티에는 요셉과 라헬이 인사한다는 뒷문장이 빠져 있다.

물을 제 손에서 **받으십시오.** (이토록) 기쁘게 맞아 주시니, 제가 당신 얼굴을 **위대한 이의** 얼굴을 보듯이 되었습니다. 11 당신께 드리는 제 예물을[1] **받으십시오.**[2] **주님 앞에서는 저에게** 은총이 **있고**[3] 모든 것이 저에게 있기 때문입니다." 그가 **강하게 나가자**[4] 그가 **받았다.**

에사우와 헤어진 야곱

12 그가 말하였다. "자, 어서 가자. 내가 네 앞에 가마."[5] 13 야곱이 에사우에게 말하였다. "주인께서도 아시겠지만 저에게는 약한 아이들과 젖먹이 양들과 소들이 있습니다. 하루만 재촉해도 가축들은 다 죽습니다.
14 주인께서는 종보다 앞서 건너가십시오.[6] 저는 세이르의 주인께 이를 때까지 제 앞의 가축들의 발걸음에 따라, 어린 것들의 발걸음에 따라, 쉬엄쉬엄[7] 끌고 가겠습니다."

---

1) 히브리어 ברכה(축복, 선물)를 옹켈로스는 תקרבה(예물), 차명 요나탄은 דורון(선물), 네오피티는 ברכה, 칠십인역은 εὐλογία, 페시타는 ܒܘܪܟܬܐ로 옮긴다.

2) 히브리어 לקח를 타르굼들은 קבל로 옮긴다.

3) 히브리어 성경에서는 "하느님께서 저에게 은총을 베푸셨습니다"(אשר הבאת לך כי־חנני אלהים)이다. 차명 요나탄은 '나에게 주님 앞에서 은혜로 베풀어졌다'(איתיהב לי במיחוס מן־קדם ייי)고 수정한다.

4) 히브리어 '재촉하다'(פצר)를 옹켈로스는 '강하게 하다'(תקף), 차명 요나탄과 네오피티는 '밀어붙이다'(דחק)로 옮긴다.

5) 차명 요나탄은 "네 진영의 집에 이를 때까지"(עד דתימטי לבי־משרוייך) 앞에 가겠다고 덧붙인다.

6) 차명 요나탄은 '제발, 간청하다'(בבעו)를 덧붙여 간곡한 부탁의 어조를 더했다.

7) 네오피티에서는 '느긋하게'(להוני)이다.

15 에사우가 말하였다. "나와 함께 온 사람[8] 가운데 몇을 너에게 남겨두
어야겠다."[9] 그가 말하였다. "왜 그러십니까? 저는 주인의 **자비를** 찾을뿐
입니다." 16 그날 에사우는 가던 길인 세이르로 돌아갔다.[10] 17 야곱은 수콧
으로 떠나[11] 자신을 위해 집을[12] 짓고 가축들을 위해 초막을 만들었다. 그래
서 그 장소의 이름을 수콧이라 불렀다.

스켐의 들을 산 야곱

18 야곱은 파딴 아람에서 나와 가나안 땅 스켐 성읍에 무사히 도착하
여,[13] 성읍 앞에 진을 쳤다. 19 그리고 천막을 친 들의 **소유지를** 스켐의 아
버지 하모르의 아들들에게서 **어린 양** 백 마리에[14] 샀다. 20 그는 그곳에 제
단을 세우고 이스라엘의 하느님이신 엘 **앞에서**[15] 예배드렸다.[16]

---

8) 차명 요나탄은 "병사들"(פולמוסין)이라고 밝힌다.

9) 히브리어 יצג(놓다, 두다)를 타르굼들은 שבק(남겨두다)로 옮긴다.

10) 차명 요나탄은 16절을 시작하면서 "이렇게 야곱에게 기적이 일어났다"(ואיתעביד ניסא ליעקב)를 덧붙인다.

11) 차명 요나탄은 '그 해의 열두 달을 그곳에 체류하였다'(ואיתעכב תמן תריסר ירחי שתא)고 덧붙인다.

12) 차명 요나탄은 야곱이 "학교"(בית־מדרש)를 지었다고 한다.

13) 차명 요나탄은 "그에게 속한 모두와"(בכל דליה) 무사히 도착했다고 덧붙인다.

14) 히브리어로는 במאה קשיטה(백 크시타[동전?])이다. 옹켈로스는 במאה חורפן(어린 양 백 마리), 차명 요나탄과 네오피티는 במאה מרגליין(진주 백 개)이라고 옮긴다. 칠십인역도 옹켈로스처럼 '어린 양 백 마리'(ἑκατὸν ἀμνῶν)라고 옮긴다.

15) 히브리어 성경에서는 "엘 엘로헤 이스라엘"(אל אלהי ישראל)이다.

16) 차명 요나탄은 "그곳에서 … 자신의 모든 것에서 따로 떼어 십일조를 바쳤다"(ותמן יהב מעשריא דאפריש מן כל דיליה), 네오피티는 "주님의 이름으로 기도하였다"(וצלי תמן בשם ייי)고 옮긴다.

스켐에서 폭행을 당한 디나

34,1 레아가 야곱에게 낳아 준 딸 디나가 그 땅의 딸들을 보려고 나갔다.[1] 2 그 땅의 우두머리인 히위인 하모르의 아들 스켐이 그를 보고는, **끌고** 가서[2] 누워 그를 욕보였다.[3] 3 그는 야곱의 딸 디나에게 반하고 그 소녀를 사랑하여 소녀의 마음에 말하였다.[4] 4 스켐이 아버지 하모르에게 말하였다. "이 소녀를 제 아내로 삼게 해 주세요." 5 야곱이 딸 디나가 부정해진 것을 들었다. 그의 아들들은 들에서 가축들과 있어 야곱은 그들이 돌아올 때까지 입을 다물었다.

하모르와 야곱의 혼인 계약

6 스켐의 아버지 하모르가 야곱과 이야기하려고 그에게 갔다. 7 야곱의 아들들이 들에서 와 (소식을) 들었고, 남자들은 괴로워하며 그들에게 몹시 분노하였다. (스켐이) 야곱의 딸과 누워 이스라엘에 모욕스러운 짓을 저질렀기 때문이다. 이는 해서는 안 되는 일이다.[5]

8 하모르가 그들에게 말하였다. "내 아들 스켐이 당신들의 딸에게 반하였으니 그를 아들의 아내로 주십시오. 9 우리와 혼인을 맺어[6] 당신들의 딸

---

1) 차명 요나탄은 "그 땅 백성들의 딸들의 관습을 보려고"(למיחמי בנימוס בנת עמי ארעא), 네오피티는 "그 땅 백성의 딸들에게 자신을 보여 주려고"(למתחמייא עם בנתהון דעמא דארע) 나갔다고 옮겼다.

2) 차명 요나탄은 "강제로 끌고 갔다"(ודבר יתה באונסא)고 덧붙인다.

3) 네오피티는 "욕보이고 그를 수치스럽게 하였다"(ושמש עמה וצער יתה)고 옮겼다.

4) 차명 요나탄은 "위로의 말"(מליל פייוסין)을 하였고, 네오피티는 "평화의 말"(מלל דשלם)을 하였다고 덧붙인다.

5) 타르굼들은 히브리어 성경(וכן לא יעשה)에 없는 כשר(적절한, 허용된)라는 형용사를 보충한다.

6) 히브리어 '혼인을 맺다'(והתחתנו)를 네오피티는 '섞이다'(והתערבו), 차명 요

들을 우리에게 주고 우리의 딸들을 당신들의 아내로 삼으십시오. 10 우리
와 함께 머무르십시오. 땅이 당신들 앞에 있으니 여기에 머무르시면서[7] **장
사도 하시고**[8] 그것을 소유하셔도 됩니다." 11 스켐이 (디나의) 아버지와 오
라버니들에게 말하였다. "**자비를** 베푸십시오. 당신들이 저에게 말씀하시
는 것을 드리겠습니다. 12 저에게 (신랑) 지참금과 예물을[9] 매우 많이 요구
하십시오. 말씀하시는 대로 드리겠으니 그 소녀를 제 아내로 주십시오."

13 스켐이 누이 디나를 더럽힌 일로, 야곱의 아들들은 그와 아버지 하
모르에게 **교묘하게**[10] 대답하였다. 14 야곱의 아들들이 그들에게 말하였다.
"할례하지 않은 사람에게 우리의 누이를 주는 이런 일은 할 수가 없습니
다. 우리에게는 부끄러운 일이라 그렇습니다. 15 그러나 당신들이 우리처
럼 되어 남자들이 모두 할례를 한다면, 그때 당신들의 뜻을 받아들이겠습
니다.[11] 16 곧 우리의 딸들을 당신들에게 주고 당신들의 딸들을 우리의 아
내로 삼겠습니다. 그렇게 당신들과 함께 머무르면서 한 백성이 되어가겠지
오.[12] 17 그러나 우리에게 할례하는 것을 **받아들이지** 않으면 우리는 우리의
딸을 데리고 떠나겠습니다."[13]

18 하모르와 하모르의 아들 스켐은 그들의 말들을 좋게 여겼다. 19 그 젊
은이는 지체하지 않고 이 일을 실행하였다. 야곱의 딸한테 반하였기 때문

나탄은 '혼인으로 섞이다'(ותיתערבון בחיתונא)로 옮겼다.

7) 차명 요나탄은 "편안히"(בדניחא)를 덧붙였다.

8) 히브리어 '두루 돌아다니다'(סחר)를 타르굼들은 '장사하다'(עבד סחורה, תגר, עבד פרגמטיא)로 옮겼다.

9) 네오피티는 "예물"(מתן) 대신에 "혼인 계약금"(כתובה)이라고 하였다.

10) 타르굼들은 히브리어 성경의 "속임수로"(במרמה)라는 표현을 피하였다. 네오피티는 "매우 교묘하게"(בסגי חכמתהון)라고 하였다.

11) 네오피티에서는 "당신들과 섞이겠습니다"(נתערב לכון)이다. 9절 참조.

12) 네오피티는 "우리 모두가"(כולן) 한 백성이 된다고 덧붙인다.

13) 차명 요나탄은 "강제로"(בתוקפא)를 덧붙인다.

이다. 그는 아버지의 온 집안이[1] 영예롭게 여기는 사람이었다.
20 하모르와 아들 스켐이 **그들의** 성읍 입구로 와서 **그들의** 성읍 사람들
에게[2] 말하였다. 21 "이 사람들은 우리에게 우호적입니다.[3] 그들은 이 땅
에 머무르면서 **장사를** 할 것입니다. 이 땅은 그들 앞에서 두 팔을 (펼친 만
큼) 넓습니다.[4] 그들의 딸들을 우리의 아내로 삼고 우리의 딸들을 그들에
게 줍시다. 22 단지 그들이 할례한 것처럼 우리 모든 남자들이 할례만 해주
면, 그 사람들은 이 일에서 우리의 뜻을 받아들여 우리와 함께 머무르면서
한 백성이 되겠다고 합니다. 23 어차피 그들의 가축들과 재산들과 모든 짐
승들은 우리의 것이 되지 않겠습니까? 그들을 받아들여 우리와 함께 머무
르게 합시다." 24 성읍 입구에 나온 이들 모두 하모르와 그의 아들 스켐의
말을 **받아들여**, 성읍 입구에 나온 모든 남자들이 할례를 하였다.

할례를 이용한 복수

25 셋째 날 그들의 통증이 **심할 때**[5] 야곱의 두 아들이자 디나의 오라버

---

1) 네오피티는 "아버지의 온 집안 사람들"(מן כל אנשי־ביתיה דאבוי)이라고 하였다.

2) 차명 요나탄은 "그들의 성읍 입구에 있는 사람들에게"(עם אינשי תרע קרתיהון) 말하였다고 옮긴다.

3) 히브리어로는 שלם(평화로운, 우호적인)이다. 네오피티는 שלם의 또 다른 뜻 '완전하다'로 이해하여, "행실이 바르며 완전합니다"(שלמין בעבדא טבא)라고 옮긴다.

4) 히브리어 '그들 앞에서 두 팔을 (펼친 만큼) 넓다'(הנה רחבת־ידים לפניהם)를, 옹켈로스는 히브리어대로, 차명 요나탄은 '그들 앞에서 그 영역이 넓다', 네오피티는 '그들 앞에서 그 영역만큼은 넓다'고 옮겼다. 우리말 성경은 '그들을 받아들일 수 있을 만큼 넓다'고 하였다.

5) 히브리어 성경은 "그들에게 통증이 있을 때"(בהיותם כאבים)이다. 옹켈로스는 "그들이 통증이 심할 때"(כד תקיפו עליהון כיביהון), 차명 요나탄은 "그들이 할

니인 시메온과 레위가, 칼을 들고 평온히[6] **지내고 있는** 성읍으로 들어가,
남자들을 모두 죽였다. 26 그들은 하모르와 아들 스켐도 칼로 죽이고 스켐
의 집에서 디나를 데리고 나왔다.

27 야곱의 아들들이[7] **살해된 이들**(의 것)**을 빼앗으려고** 와[8] 성읍을 약탈
하였다. 그들이 자기들의 누이를 욕보였기 때문이다. 28 그들은 양들과 소
들과 당나귀들,[9] 성읍에 있는 것들과 들에 있는 것들을 **약탈하였다**. 29 그
들의 모든 **재산과**[10] 아이들과 부녀자들을[11] 사로잡고 집안에 있는 것을 모
두 약탈하였다.

30 야곱이 시메온과 레위에게 말하였다. "너희는 **나와**, 가나안족과 프리
즈족의 이 땅 주민들 **사이에 적대감을 주어**[12] 나를 곤란하게 만들었다. 나
는 백성수도 적은 데다 그들이 나에 맞서 모여들어 나를 치면, 나와 내 집
안 **사람은** 끝장나리라." 31 그들이 말하였다. "그럼 그가 우리 누이를[13] 매

례의 통증으로 약해졌을 때"(כד הוו מתמקמקין מן כיב גוזרתהום)라고 옮긴다. 네오피티도 "할례로 고통스러울 때"(כד הוון צעורין מן גזרתהון)라고 밝혔다.

6) 히브리어 בטח(안전, 안심)를 타르굼들은 부사 לרוחצן으로 옮겼다.

7) 차명 요나탄은 "야곱의 나머지 아들들"(מותר בנוי דיעקב)이라고 옮겼다.

8) 히브리어 성경에서는 "맞아 죽은 이들에게 왔다"(באו על־החללים)이다. 옹켈로스와 차명 요나탄은 "살해된 이들(의 것)을 빼앗으려고(벗기려고)"(לחלצא קטילייא) 왔음을 밝힌다.

9) 네오피티 본문에는 '당나귀들'이 빠져 있다.

10) 히브리어로는 חילם(그들의 힘, 능력, 군대, 재산)이다.

11) 차명 요나탄에는 '부녀자들'이 빠져 있다.

12) 히브리어 성경에서는 "너희는 나를 나쁜 사람으로 만들어"(עכרתם אתי להבאישני)라고 하였다. 차명 요나탄은 "나쁜 소문이 나게 하여"(למפקא טיבי ביש), 네오피티는 "악명을 높이게 하여"(למיסבא שמי ביש)라고 옮긴다.

13) 차명 요나탄은 "복수해 줄 이 (아무도) 없는"(דלית לה תבוע יעביד) "간음하는 여자처럼"(וכאיתא מטעייא), 네오피티는 "모욕을 복수해 줄 사람이 없는 여자

춘부 취급하게 그냥 둡니까?"[1]

야곱의 새 이름 이스라엘

35,1 **주님께서** 야곱에게 말씀하셨다. "일어나 베텔로 올라가 거기서 살아라. 네가 형 에사우 앞에서 달아날 때 너에게 **나타난** 하느님을 위하여[2] 그곳에 제단을 만들어 바쳐라." 2 야곱이 집안 **사람과** 그와 함께 있는 모두에게 말하였다. "너희 안에 있는[3] **이민족들의 우상들을**[4] 치우고, 몸을 씻고[5] 옷을 갈아입어라. 3 일어나 베텔로 올라가자. 내가 고생할 때 **내 기도를 받아주신** 하느님께 그곳에 제단을 만들어 바칠 것이다.[6] 그분의 **메므라가** 내가 가는 길에 나의 **협력자가** 되어 주셨다." 4 그들은 자기들 수중에 있는 **이민족들의 우상들** 모두와[7] 귀에 건 귀걸이들을 야곱에게 내놓았다.[8]

같다"(הך אתה דלית לה בר־נש תבע עלבנה)고 덧붙인다.

1) 차명 요나탄은 길게 부연한다. 곧 시메온과 레위는 뒤탈을 걱정하는 야곱에게, 이스라엘 자손들의 회중들 사이에 "할례하지 않은 이들이 처녀를 욕보이고 이방 신 숭배자들이 야곱의 딸을 겁탈하였다"는 말이 돌아서는 안 되지만, "할례하지 않은 이들이 처녀 때문에, 이방 신 숭배자들이 야곱의 딸 때문에 죽임을 당하였다"는 말은 괜찮다고 항변한다. 네오피티도 비슷하게 부연한다.

2) 네오피티는 "주님 메므라의 이름을 위하여"(לשם ממרי דייי)라고 옮겼다.

3) 차명 요나탄은 "너희가 스켐의 우상들 집에서 가져온" 것이라고 한다.

4) 히브리어로는 "이방 신들"(את־אלהי הנכר)이다.

5) 차명 요나탄은 "살해된 이에게 접촉하여 생긴 부정을" 씻으라고 한다.

6) 네오피티에서는 "주님의 이름을 위하여 그곳에 제단을 세울 것"이라고 하였다.

7) 히브리어로는 "자기들 수중에 있는 모든 이방 신들"(כל־אלהי הנכר אשר בידם)이다. 차명 요나탄은 "자기들이 스켐의 우상들 집에서 가져온 자기들 수중에 있는 이민족들의 우상들 모두"라고 부연한다.

8) 차명 요나탄은 "스켐 성읍의 주민들이 귀에 걸었던 이방 신 모습이 새겨

야곱은 그것들을 스켐 근처 향엽나무[9] 아래 파묻었다.

5 그들이 출발하는 동안[10] **주님 앞에서 나온** 두려움이[11] 그들 주변 성읍
들의 **백성들에게** 감돌아 야곱의 아들들을 뒤쫓지 못하였다. 6 야곱은 자기
와 함께 있는 온 백성과 가나안 땅의 루즈 곧 베텔에 이르렀다. 7 그는 그곳
에 제단을 세우고 그 장소를 베텔이라[12] 불렀다. 그가 형 앞에서 달아났을
때 거기서 **주님께서** 그에게 **나타나셨기** 때문이다.

8 레베카의 유모[13] 드보라가 죽어 베텔 아래 **평원 끝자락에**[14] 묻혔다. 그
곳의 이름을 '**통곡의 평원**'이라[15] 불렀다.

9[16] 야곱이 파딴 아람에서 돌아왔을 때 **주님께서** 또 나타나시어 그를 축

진 귀걸이들"을 "야곱의 손에 넘겼다"(ומסרו ביד יעקב)고 자세히 소개한다.

9) 히브리어 אלה(향엽나무, 테레빈나무)를 옹켈로스와 차명 요나탄은 בוטם, 칠십인역은 τερέμινθος로 옮긴다. 네오피티는 히브리어 אלה(향엽나무)와 אלון(참나무) 모두를 בלוט(참나무)라 하였다.

10) 차명 요나탄은 "그들은 거기서 주님 앞에 감사드리고 기도하며 출발하였다"고 하였다.

11) 히브리어 성경에서는 "하느님의 공포"(חתת אלהים)이다.

12) 차명 요나탄은 그곳을 "당신의 셰키나를 베텔에 머무르게 하신 하느님"(אל דאשרי שכינתיה בביתאל)이라고 이름 붙인다.

13) '유모'(מינקה)를 차명 요나탄은 '보모'(פידגוגה)라고 옮긴다.

14) 히브리어 "참나무 아래"(תחת אלון)를 옹켈로스와 차명 요나탄은 "평원 끝자락에"(בשיפולי מישרא), 네오피티는 "참나무 아래"(מן־תחות בלוטה)라고 옮겼다.

15) 차명 요나탄은 "야곱은 거기서 어머니 레베카가 죽었다는 소식을 들었다"(תמן אתבשר יעקב על מיתת רבקה אימיה)고 덧붙이고, 그곳을 "또 다른 통곡"(אוחרן בכותיא)이라 부른다. 네오피티는 참나무를 "통곡"(בכיתה)이라 이름 붙인다.

16) 네오피티는 "그분의 이름은 영원무궁토록 찬미받으실 영원의 하느님, 당신의 온유함과 강직함, 당신의 정의와 힘과 영광은 영원무궁토록 끝나지 않습

복하셨다.[1] 10[2] **주님께서** 그에게 말씀하셨다. "네 이름은[3] 야곱이나 더 이
상 야곱이라 불리지 않으리라. 이스라엘이 네 이름이 될 것이다." 그래서
그의 이름을 이스라엘이라 불렀다. 11 **주님께서** 그에게 말씀하셨다. "나는
엘 샷다이이다.[4] 번성하고 많아져라. 민족과 **지파들의 의회가**[5] 너에게서
생겨나리라. **이민족들을 다스리는** 임금들이 **너에게서**[6] 나오리라. 12 내가
아브라함과 이사악에게 준 땅을 너에게 준다. 네 뒤에 오는 네 자손들에게
도 이 땅을 준다." 13 **주님의 영광이**[7] 그와 말씀을 나누신 그 장소에서 위
로 올라가셨다. 14 야곱은 그분께서 그와 말씀을 나누신 그 장소에 기둥,

니다"로 9절을 시작한다.

1) 히브리어 עוד(또, 다시)를 옹켈로스는 그대로, 차명 요나탄은 תוב(다시), 네오피티와 게니자 타르굼은 "두 번째로"(זמן חנינות)라고 옮긴다. 차명 요나탄은 "그의 어머니가 죽은 뒤 주님께서 그분 메므라의 이름으로 축복하셨다"고 덧붙인다. 네오피티와 게니자 타르굼은, 하느님께서 성조들을 통해 가르치신 신랑과 신부의 축복, 병자 방문, 곡하는 이의 위로 등 하느님의 자비와 인간에 대한 배려를 길게 제시한다.

2) 네오피티에는 10절 전체가 빠져 있다.

3) 차명 요나탄은 "이제까지"(עד כדון)를 덧붙인다.

4) 네오피티에서는 "하늘의 하느님"(אלה שמיא)이다.

5) 히브리어로는 "민족과 민족들의 회중"(גוי וקהל גוים)이다. 차명 요나탄은 "거룩한 민족과 예언자들과 사제들의 의회"(עם קדיש וכנישת נביאין וכהנין), 네오피티는 "민족과, 의로운 민족들의 의회에 회중"(אמה וקהל כנישת אומין צדיקין)이라고 부연한다.

6) 히브리어로는 "너의 몸(넓적다리)에서"(מחלציך)이다.

7) 차명 요나탄과 네오피티는 "주님 셰키나의 영광"(יקר שכינתא דייי)이 올라가셨다고 옮겼다.

돌기둥을 세웠다. 그리고 제주를[8] 따르고 기름을[9] 부었다. 15 야곱은 **주님**
께서 그와 말씀을 나누신 그 장소의 이름을 베텔이라 불렀다.

벤야민의 출생과 라헬의 죽음

16 그들은 베텔을 떠나 아직 에프랏에[10] 못 미치는 땅에 이르렀는데,[11] 라
헬이 산고를 심하게 겪으며 출산하게 되었다. 17 산고가 심해지자 산파가
그에게 말하였다. "걱정하지 마십시오. 이번에도 아들입니다." 18 그런데
라헬이 죽게 되었다. 그는 목숨이 떠날 때 아들의 이름을 '**내 슬픔의 아들**'
이라 불렀다. 그러나 그의 아버지는 그를 벤야민이라 불렀다.[12] 19 라헬은
죽어 에프랏 가는 길에 묻혔다. 그곳은 베들레헴이다. 20 야곱이 그의 무
덤에 기둥을 세웠다. 그것은 오늘날까지 (남아 있는) 라헬의 무덤 기둥이다.

르우벤의 추행

21 이스라엘은 떠나 **에데르의 탑** 너머에 천막을 쳤다.[13] 22 이스라엘이

---

8) 차명 요나탄은 "포도주 제주와 물 제주"(ניסוך חמר וניסוך מוי)를 따랐다고 부연하고, "장차 초막절에 그의 자손들이 하게 될 것"(עתידין בנוי למעבר בחגא דמטלייא)임을 덧붙인다.

9) 차명 요나탄은 "기름"을 "올리브 기름"(משח זיתא)이라고 하였다.

10) 히브리어 אפרתה(에프라타)를 타르굼들은 אפרת(에프랏)으로 옮긴다.

11) 차명 요나탄은 '에프랏에 이르렀을 때 그 지역은 아직 한창 수학철이었다'(והוה תוב סוגעי אשוון עללתא דארעא במיתיה לאפרת)고 옮긴다.

12) 네오피티는 "성전의 언어로"(בלשון בית־קדשה)로 벤야민이라 불렀다고 덧붙인다.

13) 히브리어 성경에서는 "믹달 에데르 너머에"(מהלאה למגדל־עדר)이다. 타르굼들은 '믹달 에데르'를 "에데르(가축)의 탑"(למוגדלא־דעדר)이라고 옮기고, 차명 요나탄은 "장차 마지막 날에 임금 메시아가 나타날 장소"라고 덧붙여 설명한다.

그 땅에 머무를 때 르우벤이 아버지의 소실[1] 빌하와 누웠다.[2] 이스라엘이
이를 들었다. 야곱의 아들들은 열둘이다.

야곱의 열두 아들

23 레아의 아들들은 야곱의 맏아들 르우벤과 시메온, 레위, 유다, 이
사카르, 즈불룬이고, 24 라헬의 아들들은 요셉과 벤야민이다. 25 라헬의
몸종 빌하의 아들들은 단과 납탈리이고,[3] 26 레아의 몸종 질파의 아들들
은[4] 가드와 아세르이다. 이들이 파딴 아람에서 태어난 야곱의 아들들이다.

이사악의 죽음

27 야곱은 마므레 곧 키르얏 아르바에[5] 있는 아버지 이사악에게 갔다.
그곳은 아브라함과 이사악이 머물렀던 헤브론이다. 28 이사악의 세월은 백
팔십 년이었다. 29 이사악은 늙고 명이 다하여, 숨을 거두고 죽어 자기 백성
들에게 소집되어 갔다. 그의 아들 에사우와 야곱이 그를 묻었다.

---

1) 네오피티는 '그의 아버지의 소실'을 옹켈로스나 차명 요나탄처럼 아람어로(פילקתיה דאבוי, לחינתא דאבוהי) 번역하지 않고 히브리어(פליגש אביו) 그대로 옮겼다. 미슈나 규정에 따라 읽되 번역은 하지 않은 경우이다. 다음 각주 참조.

2) 차명 요나탄은, 빌하가 레아의 침실을 정리하는 동안 르우벤이 빌하의 침실에 들어가 어지럽혔는데, 이를 사람들이 둘이 동침한 것으로 오해하였고, 이 오해를 전해 들은 야곱이 이스마엘과 에사우 같은 호래자식이 자기한테서 나왔음을 주님께 탄원하니, 거룩한 영이 그들 모두 의롭다(죄 없다) 하며 두려워 말라고 하였음을, 길게 부연한다. 이 구절은 성조 르우벤의 불명예가 드러나는 구절로, 회당 전례에서 성경 독서로(פרשה) 읽되 번역은 하지 않는 구절에 해당된다(미슈나 메길라 4,10; 토셉타 메길라 4[3],35 참조).

3) 네오피티에는 '라헬'과 '단과 납탈리'가 빠져 있다.

4) 네오피티에는 앞 구절과 연결되어 '몸종 질파의 아들'이 빠져 있다.

5) 네오피티는 "거인들의 성읍"(קרתהון דגיבריא)이라고 옮긴다.

가나안 아내에게서 태어난 에사우의 자손

36,1 이것은 에사우의 족보이다.[6] 그는 에돔이다.[7] 2 에사우는 가나안
의[8] 딸들에게서 아내들을 얻었다. 히타이트인 엘론의 딸 아다, 히위인 치
브온의 딸인 아나의[9] 딸 오홀리바마, 3 이스마엘의 딸이자 느바욧의 누이
바스맛이다.[10] 4 아다는 에사우에게 엘리파즈를 낳아 주었고, 바스맛은 르
우엘을 낳아 주었다. 5 오홀리바마는 여우스, 얄람, 코라를 낳았다. 이들이
가나안 땅에서 에사우에게 태어난 아들들이다.

6 에사우는 그의 아내들과 아들딸들과 집안의 모든 사람, 가축 떼와 모
든 짐승 등 가나안 땅에서 얻은 모든 소유물들을 거느리고 동생 야곱 앞에
서 (떠나) **다른** 땅으로[11] 갔다. 7 그들의 소유물은 함께 살기에 너무 많았고,
그들이 거주하는 땅도 가축 떼들 때문에 그들을 감당하지 못하였던 것이
다. 8 에사우는 세이르 산지에 살았다. 에사우는 곧 에돔이다.

---

6) "족보"를 차명 요나탄은 "계보"(ייחוסין), 네오피티는 "족보들의 계보"(ייחוס תולדוותיהון)라고 하였다. 2,4 등 참조.

7) 차명 요나탄은 "그는 에돔이라 불렸다"(הוא דאתקרי אדום)고 덧붙인다.

8) 네오피티에서는 "가나안인들"(דכנענאי)이다.

9) 칠십인역은 "치브온의 아들 아나"(Ανα τοῦ υἱοῦ Σεβεγων)라고 수정하였다. 우리말과 현대어 성경들도 '아들'로 옮겼다. 14절 참조.

10) 차명 요나탄은 바스맛을 두고 "그의 오라버니 느바욧이 (에사우에게) 아내로 내 주었다"(דאסיבא ליה נביות אחה)고 덧붙인다.

11) 타르굼들은 문맥에 맞춰 "다른 땅"(לארעא אוחרי)으로 옮겼다. 그리고 차명 요나탄은 "동생 야곱에 대한 공포가 그에게 엄습하였기 때문"(דהוות רמיא עלוי אימתיה דיעקב אחוי)이라고 부연한다.

세이르에서 태어난 에사우의 자손

9 이것은 세이르 산지 **에돔인들의**[1] 조상 에사우의 족보이다.[2] 10 이것은 에사우 아들들의 이름들로서, 에사우의 아내 아다의 아들 엘리파즈와 에사우의 아내 바스맛의 아들 르우엘이다. 11 엘리파즈의 아들들은 테만, 오마르, 츠포, 가아탐, 크나즈이다. 12 팀나는 에사우의 아들 엘리파즈의 소실인데 그가 엘리파즈에게[3] 아말렉을 낳아 주었다. 이들이 에사우의 아내 아다의 아들들이다. 13 이들은 르우엘의 아들들이다. 나핫, 제라, 삼마, 미짜이다. 이들은 에사우의 아내 바스맛의 아들들이다.[4] 14 이들은 치브온의 딸인 아나의 딸이자 에사우의 아내 오홀리바마의 아들들이다. 그는 에사우에게 여우스, 얄람, 코라를 낳아 주었다.

에돔의 족장들

15 이들은 에사우 자손들의 족장들이다. 에사우의 맏아들 엘리파즈의 아들들은 족장 테만, 족장 오마르, 족장 츠포, 족장 크나즈, 16 족장 코라, 족장 가아탐, 족장 아말렉이다. 이들이 에돔 땅에 (사는) 엘리파즈의[5] 족장들이며 에다의 자손들이다. 17 이들은 에사우의 아들 르우엘의 아들들로, 족장 나핫, 족장 제라, 족장 삼마, 족장 미짜이다. 이들은 에돔 땅에 (사는) 르우엘의 족장들이며 에사우의 아내 바스맛의 자손들이다. 18 이들은 에사우의 아내 오홀리바마의 아들들로, 족장 여우스, 족장 얄람, 족장 코라이다. 이들은 아나의 딸이자 에사우의 아내 오홀리바마의 족장들이다.

---

1) 히브리어 '에돔'(אדום)을 타르굼들은 '에돔인'(אדומי)으로 옮겼다.

2) 차명 요나탄은 "이것은 가블라 산지에서 거주하는 에돔인들의 족장 에사우의 계보이다"라고 옮긴다. 14,6 참조.

3) 차명 요나탄은 이 '엘리파즈가 욥의 친구'(אליפז חבריה דאיוב)라고 한다.

4) 네오피티에는 13절의 뒷문장이 빠져 있다.

5) 차명 요나탄은 "에돔 땅에 거주하는 엘리파즈"(אליפז דמדורהון בארעא דאדום)라고 하였다.

19 이들은 에사우의 아들들이며, 이들은 그들의 족장들이다. 곧 에돔이
다.[6]

세이르의 자손

20 이들은 호르인[7] 세이르의[8] 아들들이며 그 땅의 거류민들로서,[9] 로
탄, 소발, 치브온, 아나, 21 디숀, 에테르, 디산이다. 이들은 호르인 족장들
이자 에돔 땅에[10] 사는 세이르의 아들들이다.[11] 22 로탄의 아들들은 호르와
헤만이고 로탄의 누이는 팀나이다. 23 이들은 소발의 아들들로 알완, 마
나핫, 에발, 스포, 오남이다. 24 이들은 치브온의 아들들로 아야와 아나이
다. 아나는 아버지 치브온의 나귀들을 방목하다가 광야에서 **거인들을** 발
견하였다.[12] 25 이들은 아나의 자녀들로 디숀과 아나의 딸 오홀리바마이다.
26 이들은 디숀의 아들들로 헴단, 에스반, 이트란, 크란이다. 27 이들은 에
체르의 아들들로 빌한, 자아완, 아칸이다. 28 이들은 디산의 아들들로 우츠

---

6) 차명 요나탄은 조금 모호한 이 문장을 "곧 에돔인들의 조상이다"(הוא אבא דאדומאי)라고 해석한다.

7) 네오피티는 "하우란인"(חוורניי)이라고 수정한다.

8) 차명 요나탄은 지명 '세이르' 곧 '가블라'의(8.9절) 인명을 "게발"(גבל)이라고 하였다.

9) 차명 요나탄은 "예전부터 그 땅의 거류민들인 부족들"(גנוסיא דמקדמת דנא הוון יתבי ארעא)이라 소개한다.

10) 네오피티는 "가블라 땅"(בארעא דגבלא)이라고 하였다.

11) 차명 요나탄은 "이들은 족장들이자 오래 전부터 에돔 땅에 거주한 게발의(가블라) 아들들의 부족들이다"라고 부연한다. 네오피티에는 21절 후반부부터 30절 전반부까지가 빠져 있다.

12) 히브리어 성경에서 아나는 "온천"(הימם)을 발견한 이다. 차명 요나탄은 아나를 "들나귀를 암나귀와 교배한 사람으로", 그가 "그것들에서 나온 노새들을 발견하였다"고 부연 설명한다.

와 아란이다.[1)] 29 이들은 호르인 족장들로,[2)] 족장 로탄, 족장 소발, 족장 치
브온, 족장 아나, 30 족장 디손, 족장 에체르, 족장 디산이다. 이들이 호르
인 족장들로서 세이르 땅에 사는[3)] 그들의 족장들이다.

에돔의 임금들

31 이들은 임금이 이스라엘 자손들을 다스리기 전, 에돔[4)] 땅을 다스리
던 임금들이다. 32 브오르의 아들 벨라가[5)] 에돔을 다스렸고, 그 성읍의[6)]
이름은 딘하바이다. 33 벨라가 죽고 그 대신[7)] 보츠라의 제라의 아들[8)] 요밥
이 다스렸다. 34 요밥이 죽고 그 대신 **남쪽** 땅의[9)] 후삼이 다스렸다. 35 후
삼이 죽고 그 대신 모압 들판에서[10)] **미디안인들을 죽인** 브닷의[11)] 아들 하닷
이 다스렸다. 그의 성읍의 이름은 아윗이다. 36 하닷이 죽고 그 대신 마스
레카의 사믈라가 다스렸다. 37 사믈라가 죽고 그 대신 **유프라테스에 있는**

---

1) 차명 요나탄은 '아란'을 "아람"(ארם)이라고 옮겼다.

2) 차명 요나탄은 "이들은 부족들의 족장들"(אילין רברבי גנוסייא)이라 하였다.

3) 차명 요나탄은 "이들이 부족들의 족장들로서 예전부터 가블라 땅에 거주한 그들의 족장들이다"라고 덧붙인다.

4) 네오피티는 "에돔인들"(אדומיי)이라고 하였다.

5) 차명 요나탄은 "발라암"(בלעם)이라고 옮겼다. '발라암'은 '삼키다'(발라 בלע) + '백성'(암עם)이다.

6) 차명 요나탄은 "그의 왕실 성읍"(קרתא דבית מלכותיה)이라 하였다.

7) 네오피티에서는 "그다음에"(בתרה)이다.

8) 네오피티에서는 '보츠라의 제라의 아들'(בר זרח מבצרה)이 빠져 있다.

9) 히브리어 성경에서는 "테만인들의 땅"(מארץ התימני)이다. '테만'과 '네겝'은 지명이면서 '남쪽'을 가리키기도 한다.

10) 네오피티는 "모압인들의 영토"(בתחומייהון דמואבאי)라고 수정한다.

11) 차명 요나탄은 '브닷'을, "모압 들판에서 전열을 갖추어 미디안인들을 죽인" 사람이라고 부연한다.

르호봇의 사울이[12] 다스렸다. 38 사울이 죽고 그 대신 악보르의 아들 바알
하난이 다스렸다. 39 악보르의 아들 바알 하난이 죽고 그 대신 하다르가 다
스렸다. 그 성읍의 이름은 파우이다. 그의 아내 이름은 므헤타브엘이며 마
트렛의 딸, 곧 **금제련사의** 딸이다.[13]

에돔의 족장들

40 이들은 부족들과 지역에 따른 에사우의 족장들 이름들로, 족장 팀나,
족장 알와, 족장 여텟, 41[14] 족장 오홀리바마, 족장 엘라, 족장 피논, 42 족
장 크나즈, 족장 테만, 족장 밉차르, 43 족장 막디엘,[15] 족장 이람이다. 이
들이 그들이 소유한 땅의 거주지에 따른 에돔의 족장들이다. 에사우가 **에
돔인들의** 조상이다.

---

12) 히브리어 성경의 "그 강"(הנהר)의 르호봇을, 차명 요나탄은 옹켈로스처럼 "유프라테스에 있는"(דעל פרת) 르호봇이라 옮겼다. 네오피티는 "강들 사이의 (메소포타미아)"(מן־ביני נהרייא) 사울이라 하였다.

13) 히브리어로는 "메 자합의 딸"(בת מי זהב)이다. 타르굼들은 '메 자합'(מי זהב, 무엇이 금이냐?)에서 유추하여 다양한 해석을 이끌어낸다. 차명 요나탄은 먼저 '마트렛'(사냥)이라는 이름에서 유추하여 그를, "사냥과 사냥 그물(ובסרדיתא במטרדא) (만드는 일에) 종사한 사람"이라 소개하고, "그는 부자가 되어 재산을 얻고는 마음이 오만해져, '무엇이 은이고 무엇이 금인가?'라고 말하곤 하였다"고 덧붙였다. 네오피티는 '마트렛' 대신 "그는 평생 사냥에(במטרדה כל ימוי חיוי) 종사하며 사냥 그물을 (만든) 사람"으로 "부자가 되어 재산을 얻게 되자 무엇이 은이고 무엇이 금인지 알게 되었다"고 부연하였다.

14) 네오피티에는 41절이 빠져 있다.

15) 차명 요나탄은 '막디엘'을 두고 길게 부연한다. "그가 막디엘이라 불리는 것은 '강한 탑은 죄 지은 로마'라는 그의 성읍 이름 때문이다."

요셉을 편애한 이스라엘

37,1 야곱은 가나안 땅, 아버지가 체류하던 땅에 자리 잡았다.[1] 2 이것들은 야곱의 족보이다.

열일곱 살이 된 요셉은 형들과 양들을 쳤고,[2] 아버지의 아내인 빌하의 아들들과 질파의 아들들과 같이 **자랐다**.[3] 그는 아버지에게 그들을 나쁘게 고자질하였다.[4]

3 이스라엘은 모든 아들들보다 요셉을 더 사랑하였다. 그는 **현명한 아들이었기** 때문이다.[5] 그래서 그에게 줄무늬 옷을[6] 만들어 주었다. 4 그의 형들은 아버지가 모든 형제들보다 그를 더 사랑하는 것을 보고 그를 미워하였다.[7] 그래서 그에게 곱게 말하고 **싶어 하지** 않았다.[8]

---

1) 차명 요나탄은 "안전하게"(בשליותא) 살았다고 덧붙인다.

2) 차명 요나탄은 요셉이 열일곱 살에 "학교에서 나왔다"(במיפיקיה מן בית־מדרשא)고 부연한다.

3) 히브리어로는 "그는 (질파와 빌하의) 아들들을 (돕는) 종이다"(והוא נער את־בני)이다. 타르굼들은 히브리어 נער(소년, 젊은이, 종)에서 유추하여 '자라다, 성장하다'(רבי)를 덧붙여 옮겼다.

4) '고자질하다'(ואייתי טיפיהון ביש)를 직역하면 '나쁜 소문을 가져오다'이다. 차명 요나탄은 고자질한 내용을 덧붙였다. "그들이 살아 있는 짐승 가운데 귀와 꼬리가 찢긴 고기를 먹는 것을 보고, 아버지에게 와서 일러바친 것이다."

5) 히브리어 성경과 네오피티에서는 이스라엘이 요셉을 더 사랑한 이유가, "늘그막에 얻은 아들"(בר סיבו הוה ליה, כי־בן־זקנים הוא לו)이라서이다. 차명 요나탄은 "요셉의 모습이 자신의 모습을 닮았기"(איקונין דיוסף דמיין לאיקונין דיליה) 때문이라고 서술한다.

6) 차명 요나탄과 네오피티는 "자수를 놓은 옷"(פרגוד מצויר)이라 하였다.

7) 차명 요나탄은 "그에게 적개심을 품었다"(ונטרו ליה בבו)고 옮긴다.

8) 히브리어 "그에게 곱게 말할 수 없었다"(ולא יכלו דברו לשלם)를, 타르굼들은 "그에게 곱게 말하고 싶어 하지 않았다"(ולא צבן למללא עימיה שלם)로 옮긴다.

요셉의 꿈

5 요셉이 꿈을 꾸고 형들에게 말하여 그들은 그를 더 미워하였다. 6 요
셉이 그들에게 말하였다. "내가 꾼 꿈 좀 들어 보세요. 7 우리가 들에서 곡
식 단을 묶고 있었는데, 내 곡식 단이 일어나 똑바로 서고 형님들 곡식 단
들이 둘러서서 내 곡식 단에게 절을 하는 거예요." 8 형들이 그에게 말하였
다. "너는 우리를 다스릴 임금이 되는 **상상이라도** 한 것이냐? 아니면 우리
를 통치할 통치자가 될 **생각을** 한 것이냐?" 그래서 그들은 그의 꿈과 해몽
때문에 그를 더 미워하게 되었다.

9 요셉은 또 다른 꿈을[9] 꾸고 형들에게 떠벌려 말하였다. "또 꿈을 꾸었
는데, 해와 달과 열한 개의 별들이 저한테 절을 했어요." 10 그가 아버지와
형들에게 떠벌리자 아버지가 그를 나무라며 말하였다. "무슨 꿈을 꾼 것
이냐? 나와 네 어머니와 형들이 너한테 가서 땅에 대고 절을 한다는 것이
냐?"[10] 11 형들은 그를 시기하였고 아버지는 그 일을 간직하였다.[11]

요셉을 해친 형들과 이집트로 팔려 간 요셉

12 형들은 아버지의 양 떼를 치러 스켐에 갔다. 13 이스라엘이 요셉에
게 말하였다.[12] "네 형들이 스켐에서 양을 치고 있지 않느냐? 자, 너를 그들
에게 보내야겠다."[13] 요셉이 말하였다. "그러겠습니다." 14 이스라엘이 그
에게 말하였다. "가서 네 형들이 무사한지, 양 떼는 무사한지 보고 소식을

---

9) 네오피티는 "두 번째"(זמן תניינות) 꿈을 꾸었다고 표현한다.

10) 네오피티에서는 "그 땅의 관습대로 네 안부라도 묻는다는 것이냐?" (ארעא למשאל בשלמך בנימוס)라고 수정하였다.

11) 차명 요나탄은 "마음에"(בליביה) 간직하였다고 하였다.

12) 차명 요나탄은 "얼마가 지나고"(והוה לזמן יומין)를 덧붙였다.

13) 차명 요나탄은 이스라엘이 요셉을 형들에게 보내는 이유를 보충한다. "나는, 그들이 하모르와 스켐과 그 성읍 주민들을 공격한 일 때문에 히위인들이 와서 형들을 공격하지 않을까 걱정이다."

가지고 돌아오너라." 그는 그를 헤브론 **평원에서** 보내어,[1] 요셉은 스켐에
이르렀다.

15 한 남자가 들판에서 헤매고 있는 그를 발견하고 물었다. "무엇을 찾
고 있느냐?" 16 요셉이 말하였다. "저는 형들을 찾습니다. 그들이 어디에서
양을 치는지 알려주십시오." 17 그 남자가 말하였다. "그들은 여기서 떠났
다. 나는 그들이 '도탄으로 가자.'고 말하는 것을 들었다." 요셉은 형들을 뒤
따라가 도탄에서 그들을 찾았다. 18 멀리서 요셉을 발견한 형들은 그가 그
들에게 다가오기 전에 그를 죽일 **궁리를** 하였다.[2] 19 그들은[3] 서로 형제들
에게 말하였다. "꿈쟁이가 오고 있다. 20 이제 가서 그를 죽이고 구덩이 하
나에 던져 넣자. 그리고 사나운 짐승이 잡아먹었다고 말하자. 그의 꿈이 어
떻게 **끝나는지** 봐야겠다."[4]

21 르우벤이 듣고 그들의 손에서 요셉을 구하고자 말하였다. "목숨은 **죽
이지** 말자."[5] 22 르우벤이 말하였다. "피를[6] 쏟지 말고, 광야의 이 구덩이

---

1) 히브리어 본문에서는 "헤브론 골짜기"(מעמק חברון)이다. 차명 요나탄은 "그는 헤브론에서 아브라함에게 전해졌던 은밀한 권고대로 그를 보냈다. 곧 그 날 이집트 유배가 시작된다는 것이다"라고 부연한다. 히브리어 '골짜기'(עמק)에서 '은밀한(깊은)'(עמיק)이라는 의미를 유추해낸 해석으로 보인다.

2) 히브리어로는 '음모를 짜다'(נכל)이다. 성조들에 대한 부정적인 어조 때문에 타르굼들은 '생각하다, 궁리하다'(חשב, יעט)로 옮긴다.

3) 차명 요나탄은 '그들이' "궁리를 짜낸 형들인 시메온과 레위"(שמעון ולוי דהוו אחין בעיטתא)라고 밝혔다.

4) 옹켈로스와 네오피티를 직역하면 '그의 꿈의 끝에'(בסוף חלמוהי)이다. 차명 요나탄은 "그의 꿈 해석"(פשר חלמוי)이 어떻게 될지 보자고 하였다.

5) 차명 요나탄은 "그를 죽이지 말고 그의 피로 죄짓지 말자"를 덧붙이고, 네오피티는 "그를 죽이지 말자. 그의 목숨으로 죄짓는 것이다"라고 옮긴다.

6) 차명 요나탄은 "무고한 피"(אדם זכאיי)라고 하였다.

에 던져만 놓자. 그에게 손을[7] 뻗치지 마라." 그는 그들의 손에서 그를 구해내어 아버지에게 보내려는 것이다.

23 요셉이 형들에게 왔을 때 그들은 요셉의 옷, 그가 걸친 줄무늬 옷을 벗기고, 24 그를 끌어다 구덩이에 던졌다. 그 구덩이는 비어 있어 물이 없었다.[8]

25 그들은 **둘러앉아** 빵을 먹고 있었는데 눈을 들어 보니 **아랍** 상인들이[9] 길앗에서[10] 오고 있었다. 그들은 낙타들에게 고무와 유향과 반일향을 싣고 이집트로 내려가는 중이었다. 26 유다가 형제들에게 말하였다. "우리가 동생을 죽이고 피를 덮는다고 우리에게 무슨 **금전적** 이득이 있겠느냐?[11] 27 가서 **아랍인들에게**[12] 그를 팔아넘겨, 우리는 그에게 손대지 말자.[13] 그는 우리의 형제요[14] 살붙이다." 형제들이 그의 말을 **받아들였다.**

28 그런데 미디안 사람들인 상인들이[15] 지나가다가 요셉을 구덩이에서

---

7) 차명 요나탄과 네오피티는 "살인자들의 손"(ייד דקטולין)이라고 옮겼다.

8) 차명 요나탄은 "(그러나) 뱀들과 전갈들이 있었다"고 덧붙인다.

9) 히브리어 성경은 "이스마엘 상인들"(ארחת ישמעאלים), 옹켈로스와 차명 요나탄은 "아랍 상인들"(שׁירת ערבאי, סיעא דערבאין), 네오피티는 "사라센 상인들"(סיעא דסרקין)이라고 하였다.

10) 네오피티는 '길앗'(גלעד)을 גלעדה로 표기한다.

11) 차명 요나탄은 히브리어 성경과 옹켈로스에 없는 be 동사(הוי)를 덧붙이고, 네오피티는 명사 '이득'(הנייה)을 동사로(הני) 바꾸었다.

12) 25절 참조.

13) 차명 요나탄은 "그를 죽이지는"(למיקטליה) 말자고 덧붙인다.

14) 네오피티는 "가까운"(קרב) 형제라고 덧붙인다.

15) 히브리어 סחר(상인)를 옹켈로스와 네오피티는 תגר, 차명 요나탄은 מרי פרקמטיא라고 옮긴다.

끌어올려, 요셉을 **아랍인들에게** 은전 스무 **셀라에**[1] 팔았다.[2] 그들이[3] 요
셉과 이집트로 갔다.[4]

29 르우벤이 구덩이로 돌아가 보았으나[5] 구덩이에 요셉이 없었다. 그는
자기 옷을 찢으며, 30 형제들에게 돌아와 말하였다. "아이가 없다. 나는, 나
는 어디로 가야 하나?"[6]

31 형제들은 요셉의 옷을 가져다, 새끼 숫염소를[7] 잡아 그 피에 옷을 담
갔다. 32 그들은 줄무늬 옷을 아버지에게 들고 가[8] 말하였다. "저희가 이
것을 발견했는데 이것이 아버지의 아들 옷인지 아닌지 확인해 보십시오."
33 그는 확인해 보고 말하였다. "내 아들의 옷이다. 사나운 짐승이 잡아먹

---

1) 차명 요나탄에서는 "메아"(מעין)라고 하였다.

2) 차명 요나탄은 요셉을 판 돈으로 "샌들을 샀다"(וזבנו מנהון סנדלין)고 부연한다.

3) 여기서 '그들'이란 히브리어 성경에서는 '이스마엘인들', 옹켈로스와 차명 요나탄에서는 '아랍인들', 네오피티에서는 '사라센인들'을 가리킨다.

4) 네오피티는 "데려갔다"(ואובילו)고 옮긴다.

5) 차명 요나탄은 르우벤이 구덩이로 돌아간 경위를 상세히 부연한다. 르우벤은 아버지의 침상을 어지럽힌 일로(על דבלבל מצע אבוי) 형제들과 식사하지 않고 단식하는 중이었는데, 행여 아버지의 호의를 얻을까 싶어 구덩이로 돌아가 아버지를 위해 요셉을 데려오려고 했다는 것이다.

6) 차명 요나탄은 "아버지의 얼굴을 어떻게 뵙나?", 네오피티는 "나는 여기서 어디로 (갈지) 모르겠다. 나는, 나는 어디로 갈지 모르겠다"고 하여, 같은 말을 반복하면서 의문문을 평서문으로 바꾸어 옮겼다.

7) 차명 요나탄은 '새끼 숫염소의 피가 사람의 피와 비슷하여' 그 피를 사용하였다고 부연한다.

8) 차명 요나탄은 요셉의 옷을 "질파의 아들들과 빌하의 아들들 손에" 들려 보냈다고 부연한다. 차명 요나탄과 네오피티의 38,25에서는 유다가 요셉의 옷을 야곱에게 건넨 것으로 되어 있다.

었구나. 요셉이 정말 죽었구나."[9] 34 야곱은 옷을 찢고 자루를 허리에 **묶고
는**, 오랫동안 자기 아들을 애도하였다. 35 그의 아들들과 딸들이[10] 모두 그
를 위로하였으나, 그는 위로받기를 거절하고 말하였다. "나는 내 아들에게
스올로 내려가 애도하리라." 그의 아버지는[11] 그를 위해 울었다.

36 미디안인들이 이집트에서 파라오의 신하이자[12] **사형집행대장인**[13] 포
티파르에게 요셉을 팔았다.

유다의 며느리 타마르

38,1 그 당시 유다는 형제들에게서 내려와[14] 이름이 히라인 아둘람 사람
에게 붙어살았다. 2 유다는 이름이 수아인 가나안 사람의 딸을[15] 보고 아내
로 삼고[16] 그에게 들었다. 3 그가 임신하여 아들을 낳자, (유다는)[17] 그의 이
름을 에르라 불렀다.[18] 4 그가 또 임신하여 아들을 낳아 그의 이름을 오난이

---

9) 차명 요나탄은, 요셉을 죽인 것은 들짐승도 사람도 아니며, 야곱이 거룩한 영으로 보니 요셉 앞에 사악한 여자가 서 있다고 보충 설명한다.

10) 차명 요나탄은 "며느리들"(נשי בנוי)이라고 수정한다.

11) 차명 요나탄은 "그의 아버지 이사악조차"(ברם יצחק אבוי) 울었다고 부연한다.

12) 네오피티는 "통치자"(שליט)라고 옮긴다.

13) 히브리어 '경호대장'(שר טבח)을 옹켈로스는 רב־קטולין, 차명 요나탄과 네오피티는 רב־ספוקלטרין이라고 옮겼다.

14) 차명 요나탄에서는 '유다가 가난해져 형제들과 떨어져'(ונחת יהודה מנכסוי ואתפרש מן אחוהי) 살았다고 하여 따로 지낸 이유를 부연한다.

15) 차명 요나탄은 "상인의 딸"(ברת גבר תגר)이라고 수정한다.

16) 차명 요나탄은 "그를 개종시켜"(וגיירה) 그에게 들었다고 덧붙인다.

17) 차명 요나탄과 네오피티에서는 주어가 여성 3인칭 '그' 곧 '수아'이다.

18) 차명 요나탄은 에르의 작명 이유를 밝힌다. "그는 장차 아이 없이 죽을 것이기 때문이다"(ארום בלא וולד עתיד לממת).

라 불렀다.[1] 5 그는 또 아들을 낳아 그의 이름을 셀라라 불렀다.[2] 그가 아
들을 낳을 때 유다는 크집에[3] 있었다.
6 유다는 맏아들 에르에게 아내를[4] 얻어 주었다. 그의 이름은 타마르이
다. 7 유다의 맏아들 에르는 주님 **앞에** 악하여[5] 주님께서 그를 죽게 하셨
다.[6] 8 유다가 오난에게 말하였다. "너는 형수와 한자리에 들고 형수와 혼
인하여라. 그래서 형에게 후손을[7] 세워주어라." 9 오난은 그 후손이 자신
의 **이름으로 불리지 않을** 것을 알고, 형수와 한자리에 들 때 형에게 후손을
세워주지 않으려고[8] 바닥에 **자신의 길을** 흘렸다. 10 그가 한 짓은 주님 **앞**

---

1) 차명 요나탄은 "그의 아버지가 장차 그를 애도하게 될 것이기 때문이다"(ארום ברם עלוי עתיד אבוי לאתאבלא)라고 부연한다.

2) 차명 요나탄은 "그의 남편이 그를 잊었기 때문이다"(ארום שׁלי יתה בעלה)라고 부연한다.

3) 차명 요나탄은 "파스캇"(פסקת)이라 옮긴다. 네오피티는 같은 낱말을 동사로 이해하여 "(임신이) 멈추었다"(דהוה דפסקת)로 옮겼다.

4) 차명 요나탄은 "위대한 셈의 딸"(ברת שׁם רבא)을 아내로 주었다고 보충한다.

5) 차명 요나탄은 에르의 악행을 소개한다. "그가 모든 땅의 방식대로 아내와 관계하지 않았기 때문이다."

6) 차명 요나탄은 '주님의 진노가 그에게 거세졌다'(ותקף רוגזא דייי עליה)고 덧붙이고, '죽다'(מות)를 '죽이다'(קטל) 동사로 옮긴다. 네오피티는 그가 "주님 앞에서 나온 메므라로"(במימר מן־קדם ייי) 말미암아 죽게 되었다고 하였다. 10절 참조.

7) 네오피티는 "네 형의 이름으로 된 아들들의 후손"(זרע דבנין לשׁמה דאחוך)을 세워주라고 하였다.

8) 차명 요나탄과 네오피티는 오난이 "형의 이름으로 된 자손들을 세워주지 않으려"(דלא למקמה בנין על שׁמיה דאחוי) 하였음을 밝힌다. 히브리어 '주다'(נתן)를 '세우다'(קום)로 바꾸었다.

에 악하여 그도 죽게 되었다.[9] 11 유다가 며느리 타마르에게 말하였다. “내
아들 셀라가 자랄 때까지 네 아버지의 집에서 과부로 살고 있어라.” 그는
‘그도 형들처럼 죽으면 어쩌나.’ 하고 속으로 말하였던 것이다. 타마르는
(그곳을) 떠나 아버지의 집에서 머물렀다.

12 세월이 한참 지나 유다의 아내 수아가 죽었다. 유다는 애도를 하고
나서, 양 털을 깎으러 아둘람인 친구 히라와 팀나로 올라갔다. 13 타마르
는 “네 시아버지가 양 털을 깎으러 팀나로 올라가신단다.”는 말을 들었다.
14 그는 과부 옷을 벗고 너울로 덮어 **치장한 뒤,**[10] 팀나로 가는 길 에나임
길목에[11] 앉았다. 셀라가 자랐는데도 자신을 그의 아내로 주지 않은 것을
알았기 때문이다.

15 유다는 그가 얼굴을 덮고 있는 것을 보고 그를 창녀로 여겼다.[12]
16 그는 길을 돌려 그에게로 가 말하였다. “이리 오너라. 내가 너와 한자리
에 들겠다.” 그가 며느리인 것을 모른 것이다. 타마르가 말하였다. “저와 한

---

9) 차명 요나탄에서는 “그의 날도 잘리게 되었다”(וקטע אוף ית יומוי)인데, ‘날이 잘린다’는 것은 살 날이 줄어들었다는 뜻이다. ‘죽었다’는 것을 완곡하게 표현하고 있다. 네오피티는 “주님 앞에서 나온 메므라로”를 덧붙인다.

10) 히브리어로는 ‘가리다’(עלף)이다. 옹켈로스는 ‘고치다, 준비하다’ (תקן), 차명 요나탄과 네오피티는 ‘가리다, 옷 입다’(עטף)라고 하였다.

11) 히브리어 성경의 “에나임 어귀”(בפתח עינים)를 차명 요나탄은 “모든 눈들이 보는 길의 교차로”(בפרשת אורחין דכל עיינין מסתכלין תמן)라고 옮긴다. 히브리어 ‘에나임’(עינים)의 뜻 ‘눈들’에서 유추한 풀이로 보인다. 히브리어 ‘입구, 어귀’(פתח)를 타르굼들은 ‘교차로’(פרשה)라고 옮겼다.

12) 차명 요나탄은 본디부터 유다는 며느리 타마르를 탐탁히 여기지 않았을 뿐더러, 유다를 기다리고 있는 타마르를 전혀 알아보지 못하고 창녀인지만 확인했음을 설명하고 있다. 네오피티는 타마르가 집에서 얼굴을 가리고 있어 유다가 아예 타마르의 얼굴을 모른다고 전제하여, 며느리와 동침한 유다의 허물을 덮고자 한다.

자리에 드시면 저에게 무엇을 주시겠습니까?" 17 그가 말하였다. "내가 가
축 떼에서 새끼 염소를 하나 보내겠다." 그 여자가 말하였다. "보내실 때까
지 담보를 주십시오." 18 그가 말하였다. "내가 너에게 줄 담보는 무엇이면
되겠느냐?" 그 여자가 말하였다. "어르신의 **인장 반지와 망토**,[1] 손에 든 지
팡이입니다." 유다는 (그것들을) 그에게 주고 한자리에 들어 타마르는 그의
(아이를) 임신하였다. 19 그 여자는 일어나 떠났다. 그리고 너울을 벗고 과
부 옷을 입었다.

20 유다는 친구 아둘람인을 통해 새끼 염소를 보내어, 그 여자 손에서
담보물을 가져오려고 하였으나 그를 찾지 못하였다. 21 그는 그곳 사람들
에게 물었다. "에나임 길가에 있던 신전창녀는[2] 어디 있소?" 그들이 말하
였다. "이곳에는 신전창녀가 없습니다." 22 그는 유다에게 돌아가 말하였
다. "그를 찾지 못하였네. 그곳 사람들도 '이곳에는 신전창녀가 없습니다.'
하고 말하더군." 23 유다가 말하였다. "가지라고 하게. 우리는 웃음거리만
되지 않으면 되네. 나는 새끼 염소를 보냈고 자네는 그를 찾지 못하였으
니 어쩌겠나."

24 석 달쯤 되어 유다에게 (이런 소식이) 알려졌다.[3] "당신 며느리 타마르
가 창녀짓을 하고 임신도 하였다는군." 유다가 말하였다. "그를 끌어내어

1) 히브리어 '인장'(חותם)을 옹켈로스와 네오피티는 '인장 반지'(עזקה), 차명 요나탄은 '인장'(סיטומה)으로 옮기고, 히브리어 פתיל(끈)을 옹켈로스와 네오피티는 שושף(망토), 차명 요나탄은 חוט(술, 실)라고 옮긴다.

2) 히브리어 קדשה(신전창녀)를 옹켈로스는 מקדשה(신전창녀), 차명 요나탄은 מטעייה(신전창녀), 네오피티는 נפקת־בר(창녀)라고 옮긴다. 차명 요나탄은 "눈들이 보는 길가에 있던 신전창녀"(מטעיתא דהיא בסכות עיינין על אורחא), 네오피티는 "길가 교차로에 앉아 있던 창녀"(נפקת־ברה דיתבה בפרשות ארחתה על ארחה)라고 하였다. 15절에서는 모두 '창녀'(זונה, נפקת־בר)라 하였다.

3) 차명 요나탄은 "그가 임신한 사실이 알려졌다"(אשתמודעה דמעברה היא)고 부연한다.

불에 태워라."[4] 25[5] (타마르는) 끌려나와 시아버지에게 (사람을) 보내어 말하
였다. "저는 이것들이 자기 것인 바로 그 남자의 (아이를) 임신하였습니다."
그는 또 말하였다. "이 **인장 반지와** 망토와 지팡이가 누구의 것인지 확인해
보십시오."[6] 26 유다가 확인하고 말하였다. "그는 나보다 **무죄이고**, 나의
(아이를) **임신하였다**. 내가 그를 내 아들 셀라에게 주지 않아서[7] 그렇게 된
것이다."[8] 그는 더 이상 그를 알지 못하였다.

---

4) 차명 요나탄은 "그는 사제의 딸이 아닌가?"(הלא בת כהין היא)라고 덧붙였다.

5) 차명 요나탄과 네오피티는 타마르와 유다의 이야기를 길게 부연한다. 차명 요나탄보다 네오피티가 조금 더 길다.

6) 차명 요나탄과 네오피티의 부연에 따르면, 세 담보물을 잃은 타마르는 주님께 자신의 고통에 응답해 주시어 세 증거(담보물)들을 찾게 해 주시라고 탄원하였고, 그러면 두라 골짜기의 세 의인(거룩한 이, 곧 하난야와 미사엘과 아자리야: 다니 1,6; 3,19-23 참조)을 자기 태에서 세워 드리겠다고 약속한다. 그의 기도를 들으신 주님께서 미카엘을 통해 세 담보물을 보내 주셔서 타마르가 그것들을 내어 놓으나 임신시킨 사람을 직접 밝히지는 않는다.

한편 유다는 그 담보물들을 보고 자신이 장본인임을 밝히며 자신의 불찰을 인정하면서 말한다. "나에게는 이 세상 곧 지나갈 세상에서 부끄러운 것이, 다음 세상에서 의로운 아버지 앞에서 부끄러운 것보다 더 낫다. 나에게는 이 세상에서 끌 수 있는 불에 태워지는 것이, 다음 세상에서 끌 수 없는 불에 태워지는 것보다 더 낫다." 또한 자신이 아우 요셉에게 한 일이 되돌아 왔음을 깨닫는다.

7) 히브리어 כי־על־כן을 옹켈로스는 על־כן(그래서), 차명 요나탄은 בגין(… 때문에), 네오피티는 בגין כך(이 때문에)라고 옮겼다.

8) 차명 요나탄은 하늘에서 그분 목소리가 내려와 그 일들이 주님 앞에서 비롯하며, 그들 둘 다 심판에서 구해졌다고 보충한다. 네오피티는 같은 내용을 25절 끝에 덧붙였다. '그분 목소리'(ברת קלא, בת קול)는 하느님 계시의 한 방식이다.

27 (타마르는) 출산할 때가 되었고, 태에 쌍둥이를 배고 있었다. 28 그가
출산할 때 하나가[1] 손을 내밀자, 산파가 붙잡아 그 손에 붉은 실을 묶으며
말하였다. "이 애가 먼저 나왔구나." 29 그런데 그는 손을 들여놓고 아우가
나왔다. (산파가) 말하였다. "너는 **큰 힘을 지녔구나!**"[2] 그래서 그는[3] 그의
이름을 페레츠라 불렀다. 30 그러고 나서 손에 붉은 실을 묶은 형이 나왔
다. 그는 그의 이름을 제라라 불렀다.

사형집행대장의 종이 된 요셉

39,1 요셉은 이집트로 끌려 내려갔다. 파라오의 신하이자 **사형집행대장
인**[4] 이집트 사람 포티파르가, 그를 그곳으로 내려오게 한 **아랍인들** 손에
서 그를 샀다.[5] 2 주님의 **메므라가** 요셉의 **협력자가** 되시어 그는 다 잘 되
는 사람이었다.[6] 그는 이집트인 주인의 집에서 지냈다.[7] 3 주인이 보니, 주
님의 **메므라가** 그의 **협력자가** 되셔서 그가 하는 일은 다 주님께서 그의 손

---

1) 차명 요나탄과 네오피티는 "아이"(וולדא)가 손을 내밀었다고 덧붙인다.

2) 히브리어로는 "네가 스스로 틈을 뚫고 나왔구나!"(מה־פרצת עליך פרץ)이다. 차명 요나탄은 "네가 우월하니 너는 장차 왕국을 소유할 것이다"를 덧붙이고, 네오피티는 "너는 강하고, 장차 강한 내 아들이 되겠구나"라고 옮긴다.

3) 차명 요나탄과 네오피티에서는 이름을 지은 주체가 3인칭 여성 곧 산파이다. 히브리어 성경과 옹켈로스에서는 3인칭 남성 곧 유다를 가리킨다.

4) 37,36 참조.

5) 차명 요나탄은 "보증금을"(בערבנותא) 주고 샀다고 덧붙인다. 차명 요나탄은 포티파르가 요셉을 산 이유가 동성애자여서라고 부연한다. "그가 보니 요셉이 잘 생겨서 (동성애를 느끼고) 그와 누우려고 한 것이다. 그런데 바로 그에게 선고가 내려 그의 고환이 마르고 무력해졌다."

6) 네오피티는 '행실이 올바르다'(בעבדא טבא)를 덧붙인다.

7) 네오피티는 요셉이 "지도자요 통치자"(רב ושליט)가 되었다고 부연하였다. 9절과 연결된다.

으로 잘 되게 하셨다. 4 요셉은 주인에게 **자비를** 얻어 그를 섬겼다. 주인은 그를 집안과[8] 자신의 모든 것의 (관리인으로 삼아) 그의 손에 맡겼다.[9] 5 그가 (요셉을) 집안과 그의 모든 것의 (관리인으로) 임명한 때[10]부터, 주님께서 요셉 때문에[11] 이집트인 집안을 축복하셨다. 주님의 축복이 그의 집안과 들에 있는 모든 것에 내렸다. 6 그는 자신의 모든 것을 요셉의 손에[12] 맡기고, 자신이 먹는 음식[13] 말고는 아무것도 신경 쓰지 않았다. 요셉은 외모도 수려하고 모습도 빼어났다.

요셉을 유혹하는 포티파르의 아내

7 이런 일이 있고 나서 안주인이 요셉에게 눈독을 들이며 말하였다. "나와 함께 눕자." 8 그는 거절하고[14] 안주인에게 말하였다. "보십시오, 제 주인은 집안일은 신경 쓰지 않으시고, 자신의 모든 것을 제 손에[15] 맡기셨습

8) 차명 요나탄과 네오피티는 "집안 관리인"(אפוטרופוס על בייתיה)이라고 명시한다.

9) 네오피티는 "자신의 모든 것을 맡겨 그의 권한 아래 두었다"고 하였다.

10) 차명 요나탄과 네오피티는 '(그를) 관리인으로'(יתיה אפוטרופוס) 임명하였다고 옮긴다.

11) 차명 요나탄과 네오피티는 요셉의 "공로 때문에"(בגין זכותיה) 복을 내렸다고 옮긴다.

12) 네오피티는 "요셉의 권한 아래"(תחות רשותא דיוסף) 두었다고 덧붙였다. 4.8절 참조.

13) 차명 요나탄은 요셉이 "자기 아내 곁에 눕는 것"(אינתתיה דשכיב גבה)을 제외했다고 수정한다. 9절과 연결된다.

14) 차명 요나탄은 요셉이 "그의 곁에 가까이 가는 것을"(למקרבא לגבה) 거절하였다고 밝힌다.

15) 4.6절 참조.

니다. 9 이 집에 저 말고 지도자는 없습니다.[1] 그분은, 당신이 그분의 아내 이시니 당신 말고는 아무것도 저에게 막지 않으셨습니다. 제가 어찌 이토록 큰 악을 저질러 **주님 앞에**[2] 죄를 짓겠습니까?" 10 그는 날마다[3] 요셉에게 졸라댔으나, (요셉은) 그와 눕자, 함께 있자는 안주인의 말을[4] **받아들이지** 않았다.[5] 11 어느 날 **계산 장부를 확인하러**[6] 집에 들어갔는데 집에 집안 사람들이[7] 아무도 없었다. 12 그런데 그 여자가 그의 옷을 붙잡고 "나와 함께 눕자."고 하였다. 요셉은 그의 손에 자기 옷을 남겨둔 채 달아나 **거리로**[8]

---

1) 네오피티는 "이 집에 저 말고 지도자도 통치자도 없습니다"라고 하였다. 2절 참조.

2) 히브리어 성경에서는 "하느님께"(לאלהים)이다. 네오피티는 "하느님 앞에"(קדם אלהי)라고 옮긴다.

3) 히브리어 '날마다'(יום יום)를 옹켈로스는 그대로, 차명 요나탄은 '오늘 내일(날마다)'(יומא דין ויומחרא), 네오피티는 '오늘 다음날(날마다)'(יום בתר יום)이라고 옮겼다.

4) 네오피티와 게니자 타르굼은 "이 세상에서 그와 관계하자"는 말이라고 덧붙인다.

5) 차명 요나탄은 "다음 세상에서 대 심판의 날에 그와 함께 처벌을 받을까 싶어서다", 네오피티는 "다음 세상에서 그와 함께 있지 않기 위해서다"라고 덧붙인다.

6) 히브리어 성경에서는 "일을 하러"(לעשות מלאכתו) 집에 들어갔다고 하였다. 옹켈로스와 차명 요나탄은 "계산 장부를 확인하러/맞춰보러"(למבדק בכתבי חושבניה, למבחוש בפינקסי חושבניה), 네오피티는 "계산을 맞춰보러"(למחשבה חשבונוי) 들어갔다고 하였다.

7) 네오피티는 אנשי הבית(집안 사람)을 다른 타르굼들과 달리 עמיה דביתיה라고 하였다.

8) 히브리어 '밖으로'(החוצה)를 타르굼들은 '거리(시장)로'(לשוקא)라고 옮긴다.

나왔다. 13[9] 그 여자는 그가 옷을 자기 손에 남겨 둔 채 **거리로** 달아난 것을
보았다. 14 그는 집안 사람들을 불러 말하였다. “보아라,[10] 주인이 데려온
히브리인이 우리를 우습게 보고, 나와 한자리에 들어 함께 누우려 하여, 내
가 큰 소리를 질렀다. 15 그는 내가 큰 소리를 지르는 것을 듣고, 자기 옷을
나에게 남겨 둔 채 달아나 **거리로** 나갔다.” 16 그 여자는 주인이 집에 올 때
까지 그의 옷을 그대로 두었다가, 17 이 일들을 그에게 말하였다. “당신이
우리에게 데려온 히브리인 종이 나를 얕잡아 보고, 나와 한자리에 들었어
요. 18 내가 큰 소리를 지르자, 그는 자기 옷을 나한테[11] 남겨 둔 채 **거리로**
달아났어요.” 19 주인은 “당신 종이 나한테 이와 같은 일들을 했어요.” 하고
말하는 아내의 말을 듣고 화가 잔뜩 났다. 20 요셉의 주인은[12] 그를 끌어다
임금의 죄수들을 가두는 곳인 감옥에 보냈다.[13] 요셉은 감옥에서 지냈다.

감옥에 갇힌 요셉

21 주님의 **메므라가** 요셉의 **협력자가** 되시고 그에게 자애를 베푸시어,

---

9) 네오피티에는 13절이 빠져 있다.

10) 차명 요나탄은 “그는 침대에 계란 흰자를 던져놓고”(ורמת חלבונא דביעתא בדרגשא) 사람들을 불러, “그가 흘린 정액 분비물”(שכבת זרעא דאטיל דין)을 보게 하였다고 덧붙인다.

11) 히브리어 **אצלי**(나한테, 내 곁에)를 옹켈로스와 차명 요나탄은 **לותי**, **גבי**, 네오피티는 **בידי**(내 손에)라고 옮겼다.

12) 차명 요나탄은 “요셉의 주인은 그것이 계란 흰자라는 것을 확인한 사제의 조언을”(עיטתא ריבוניה יוסף מן כומרניא דבדקו דחלבונא הוא) 받아들였다고 부연한다.

13) 차명 요나탄은 “그를 죽이지는 않고”(ולא קטל יתיה) 감옥에 보냈다고 덧붙인다. 차명 요나탄 창세 47,22에서는 요셉이 사제의 땅을 사지 않은 이유를 이 구절과 연결시킨다. 곧 “요셉의 주인이 그를 죽이고자 할 때 사제들이 그의 무죄를 알고 사형 선고당할 뻔 한 그를 구하였기 때문이다.”

감옥 우두머리의 눈에 들어 **자비를**[1] 얻게 하셨다. 22 감옥 우두머리는 감옥의 모든 죄수들을 요셉의 손에 맡기어, 그곳에서 일어나는 모든 것을 **그의 말에 따라** 처리하였다.[2] 23 감옥 우두머리는 요셉에게서 아무 **잘못도**[3] 보지 못하였다.[4] 주님의 **메므라가** 그의 **협력자셨고** 주님께서 그가 하는 일을 다 잘 되게 하셨다.

시종장들의 꿈을 풀이한 요셉

40,1 이런 일이 있은 뒤 이집트 임금의 헌작 시종과 제빵 시종이 그들의 주인인 이집트의 임금에게 죄를 지었다.[5] 2 파라오는 이 두 대신[6] 헌작 시종과 제빵 시종 때문에 화가 났다. 3 그는 **사형집행대장** 집의 유치장, 곧 요셉이 갇힌 곳인 감옥에 그들을 보냈다. 4 **사형집행대장은** 요셉을 임명하여 그들을 섬기게 하였다. 그들은 유치장에서 얼마 동안 지냈다.

5 그들 둘 다, 곧 감옥에 갇힌 이집트 임금의 헌작 시종과 제빵 시종이

---

1) 히브리어 חן(은총, 은혜)을 옹켈로스와 차명 요나탄은 רחמין(자비)이라고 옮긴다.

2) 옹켈로스는 "그의 말에 따라"(ממימריה) 처리하였고, 차명 요나탄은 "그가 지시하는 대로 하였다"(הוא מפקד למעבד)고 옮겼다.

3) 히브리어로는 "아무것도"(את־כל־מאומה)이다. 옹켈로스와 차명 요나탄은 "아무 잘못도"(ית כל סורחן), 네오피티는 "(요셉의) 뒤에서 아무것도"(ית כל מן־דעם מן־בתרה)라고 하였다.

4) 차명 요나탄은 "감옥 우두머리는 모든 감옥들의 방식대로 요셉을 감독할 필요가 없었다"고 부연한다.

5) 차명 요나탄은 그들이 임금을 "죽이려고 먹을 것과 마실 것에 독약을 넣으라고 음모를 꾸몄다"는, 죄의 내용을 소개한다.

6) 히브리어 סריס를 옹켈로스와 차명 요나탄은 רב, 네오피티는 שליט라고 옮겼다.

같은 날 밤에 꿈을 꾸었는데, 저마다 서로의 꿈을 풀이(하였다).[7] 6 아침에 요셉이 그들에게 가서 보니 그들은 우울해하였다.[8] 7 그는 자기 주인집의 유치장에 함께 있는 파라오의 신하들에게 물었다. "오늘은[9] 어찌 얼굴빛이 나쁘십니까?" 8 그들은 그에게 말하였다. "우리가 꿈을 꾸었는데 풀이해 줄 사람이 없네." 요셉이 그들에게 말하였다. "**꿈** 풀이는 **주님 앞에서** 해야 하지 않습니까? 저에게 털어놓으십시오."

9 헌작 시종장이 자신의 꿈을 요셉에게 털어놓으며 말하였다. "내 꿈에서 포도나무가 내 앞에 있었는데, 10 가지가[10] 셋 달린 포도나무였네. 그것은 싹이 돋고 꽃이 피더니 열매가 익어 포도송이가 **되었네**. 11 파라오의 잔이 내 손에 있어,[11] 나는 그 포도송이를 따서 파라오의 잔에 짜 넣고, 파라오의 **손에**[12] 그 잔을 올려 드렸다네." 12 요셉이 그에게 말하였다. "이것이

---

7) 히브리어로는 "저마다 서로의 꿈을 풀이(하였다)"(אִישׁ כפתרון חלמו)이다. 옹켈로스와 네오피티는 그대로, 차명 요나탄은 "저마다 자기 꿈을 (꾸고) 동료의 꿈을 풀이하였다"(גבר חילמיה ופושרן חילמיא דחבריה)고 옮긴다.

8) 네오피티는 7절에 따라 "그들의 얼굴빛이 나빴다"(והא אפיהון בישין)라고 옮긴다.

9) 차명 요나탄은 "이곳에서 지내신 다른 날들보다"(מכל יומיא דהויתון הכא)를 덧붙인다.

10) 히브리어 שׂריג(가지)를 옹켈로스는 שׂבשׂה, 차명 요나탄은 מצוג, 네오피티와 게니자 타르굼은 שׂרבּיט로 옮긴다.

11) 차명 요나탄은 "나는 그들이 파라오의 잔을 내 손에 넘겨줄 때까지 보고 있었다"고 부연한다.

12) 히브리어 성경에서는 "파라오의 손바닥"(עַל־כַּף פַּרְעֹה)이다. 네오피티는 "파라오의 손의 손바닥"(בכף ידיה פרעה)이라 하였다.

그 풀이입니다.[1] '세 가지'는 사흘입니다.[2] 13 사흘 뒤에 파라오께서 (나리를) **기억하시고**[3] 다시 나리의 **임무에** 돌아가게 하시어, 나리가 그의 헌작 시종으로서 예전의 법규대로[4] 파라오의 손에 그의 잔을 올려 드리게 될 것입니다. 14[5] 나리에게 좋은 일이 생겨 혹시 제가 기억나시거든, 제게 **호의를**[6] 베푸시어 파라오 앞에서 저를 기억해 주시고 이 감옥에서 꺼내 주십시오. 15 저는 히브리인들의 땅에서 강도를 당했을 뿐, 지금도 **감옥에**[7] 갇힐 만한 일은 아무것도 하지 않았습니다."

---

1) 차명 요나탄은 "꿈풀이의 결과"(סוף פושרנא דחלמא)라고 하였다. '끝'(סוף)은 '목적, 결과'로 옮길 수 있다.

2) 차명 요나탄과 네오피티는 헌작 시종장의 꿈을 길게 풀이한다. '세 가지'(שלשת השרגים)는 곧 세 성조로서 그들의 자손들이 온갖 노동을 하며 이집트에서 종살이할 것이나 나중에 세 목자로 말미암아 구원될 것이고, '포도송이를 따서 파라오의 잔에 짜 올린 것'은 파라오가 마지막에 마시게 될 분노(네오피티는 '응보')의 잔으로, 헌작 시종장은 좋은 꿈 때문에 좋은 보상을 받을 것이라고 해몽하였다.

3) 히브리어 성경을 직역하면 '파라오가 당신 머리를 들게 한다'(ישא פרעה את־ראשך)이다. 차명 요나탄은 히브리어 성경과 옹켈로스를 합쳐서 '파라오가 당신을 기억하여(직역: 파라오 앞에 당신의 기억이 이르러) 당신이 영예롭게 머리를 들게 한다'고(יעול קדם פרעה דוכרנך וירים ית רישך ביקר) 옮겼다.

4) 네오피티에서는 직역하면 "예전의 재판 절차대로"(כסדר דינא קדמיה)이다.

5) 차명 요나탄은 14절을 시작하면서 부연한다. "요셉은 위에(하늘) 걸었던 기대를 거두고 사람에게 기대를 걸며 헌작 시종장에게 말하였다."

6) 히브리어로 חסד(자애, 신의)이다.

7) 히브리어 본문에서는 '구덩이, 지하 감옥'(בור)이다.

16 제빵 시종장은 요셉이 잘[8] 풀이하는 것을 보고[9] 그에게 말하였다.[10]
"나도 꿈을 꾸었는데, 빵 세 바구니가 내 머리 위에 있었네. 17 제빵 시종
이 만든 파라오의 모든 양식이 가장 위의 바구니에 들었는데, 새가 그 머
리 위의 바구니에서 그것들을 먹어버렸다네." 18 요셉이 대답하였다. "이
것이 그 풀이입니다. '세 바구니'는 사흘입니다.[11] 19 사흘 뒤에 파라오께서
나리의 머리를 **잘라 십자가에** 매달 것입니다.[12] 그러면 새들이 나리의 살
을 먹을 것입니다."

20 사흘째 날 그날은 파라오의 생일이어서[13] 그는 모든 신하들에게 잔치
를 베풀었다. 그는 신하들 가운데에서 헌작 시종장의 머리와 제빵 시종장
의 머리를 **기억하였다**.[14] 21 헌작 시종장은 다시 돌아와 파라오의 **손에** 잔을

---

8) 히브리어 טוב을 타르굼들은 יאות, טבאית라고 옮긴다.

9) 차명 요나탄은 '그가 동료의 꿈 풀이를 보았다'(דהוא חמא פושרן חלמא דחבריה)고 덧붙였다.

10) 차명 요나탄은 "화난 말투로 말하기 시작하였다"(ושרי למללא בלישן רוגזא)고 하여 부정적인 어조를 덧붙인다.

11) 차명 요나탄과 네오피티는 제빵 시종장의 꿈 풀이도 길게 서술한다. 12절과 비슷하면서 아울러, 파라오가 장차 이스라엘에 악한 칙령을 내려 그들의 아들들이 강에 던져지고, 파라오는 망하고 군사들은 파멸하는 반면, 이스라엘은 머리를 드러낸 채 구원된다고 부연한다. 그러나 요셉은 그 꿈 풀이는 말하지 않고 좋은 것처럼 풀이해 주었다고 덧붙인다.

12) 히브리어 성경에서는 "파라오가 나리의 머리를 나리 위에서 들어 나무 위에 매달 것입니다"(יִשָּׂא פרעה את־ראשׁך מעליך ותלה אותך על־עץ)이다. 히브리어 עץ(나무)를 번역한 아람어 צליב은 '기둥, 십자가, 교수대'를 뜻한다.

13) 히브리어 '파라오의 생일'(יום הלדת את־פרעה)을 옹켈로스는 יום בית ולדא דפרעה, 차명 요나탄은 יום גנוסא דפרעה, 네오피티는 יום גניסיא דפרעה라고 옮긴다.

14) 히브리어로는 그들의 "머리를 들게 하였다"(וישׂא את־ראשׁ)이다(13절 참조). 옹켈로스만 그들의 "머리를 기억하였다"(ואידכר ית רישׁ)고 옮겼다.

올려 드렸고, 22 제빵 시종장은 **십자가에 매달렸다.**[1] 요셉이 그들에게 풀이한 대로이다. 23 헌작 시종장은 요셉을[2] 기억하지 못하고 그를 잊었다.[3]

파라오의 꿈

41,1 이 년의 세월이[4] 지나고 파라오가 꿈을 꾸었다.[5] 그는 **강에** 서 있었는데, 2 튼실하고 살져 보이는 **소**[6] 일곱 마리가 **강에서** 올라와 풀을 뜯었다. 3 추하고 부실해 보이는 다른 소 일곱 마리도 뒤따라 **강에서** 올라와 **강**가에 있는 **소들** 앞에 섰다. 4 추하고 부실해 보이는 소들이 튼실하고 살져 보이는 소 일곱 마리를 잡아먹었다. 그러고는 파라오가 깨어났다.[7]

5 그는 다시 잠들어 두 번째 꿈을 꾸었다. 갈대 하나에서 기름지고[8] 튼

1) 차명 요나탄은 그가 "(파라오를) 죽이라고 음모를 꾸며"(דיעט למקטליה) 십자가에 매달렸다고 덧붙였다.

2) 차명 요나탄은 요셉이 "위에서(하늘) 오는 자애를 포기하고 일시적인 살인(사람) 헌작 시종장에게 기대를 걸었다"고 부연하여, 14절 부연과 연결한다.

3) 차명 요나탄은 "그가 주님 앞에서 구원될 마지막에 이를 때까지" 요셉을 기억하지 못했다고 덧붙인다. 네오피티는 더 길게 부연한다. "그는 주님의 토라의 책에 쓰여 있는 기록을 기억하지 못하였는데, 이는 '살에 기대를 걸고 살에 기대를 두는 사람의 아들은 저주를 받으리라'고 한 전쟁의 책과 비교할 만하다." 이 내용은 차명 요나탄에 없는 부연이다.

4) 차명 요나탄에는 '세월, 날들'(יומין ,ימים)이 빠져 있다.

5) 차명 요나탄은 "주님의 메므라 앞에서 요셉이 기억되었다"고 부연한다. 40,23과 연결된다.

6) 히브리어 '암소'(פרה)를 타르굼들은 남성형으로(תור, 소) 옮긴다. 3-4. 18-20절 참조.

7) 차명 요나탄은 "잠에서"(מדמכיה) 깨어났다고 덧붙인다.

8) '기름지다'는 2절 '살지다'(בריא ,פטים ,ברי)와 같은 낱말이다.

실한 이삭 일곱 개가 열렸다. 6 **마르고** 동풍에 시든 이삭[9] 일곱 개도 뒤따
라 열렸다. 7 **마른** 이삭이 튼실하고 꽉 찬 이삭 일곱 개를 삼켜버렸다. 파
라오가 깨어나 보니 꿈이었다.

8 아침이 되자 그는 마음이 복잡하여 사람을 보내, 이집트의[10] 모든 마술
사들과 모든 현인들을 불러 모았다. 파라오는 그들에게 꿈을 털어놓았으
나 아무도 파라오의 꿈을 풀이하지 못하였다.[11] 9 헌작 시종장이 파라오에
게 아뢰었다. "오늘에야 제 실수가 떠올랐습니다. 10 파라오께서는 신하들
에게 진노하시어 저와 제빵 시종장을 **사형집행대장** 집의 유치장에 보내셨
습니다.[12] 11 저와 그는 같은 날 밤에 꿈을 꾸었고 저마다 서로의 꿈을[13] 풀
이하였습니다. 12 그곳에 **사형집행대장의** 종인 히브리인이 있었는데, 저희
가 그에게 털어놓자 그가 저희의 꿈을 풀이하였습니다. 각자의 꿈대로 풀
이하였고, 13 그가 풀이한 대로 이루어져, 저는 제 임무에[14] 돌아왔고 (제빵
시종장은) 십자가에 달렸습니다."[15]

파라오의 꿈을 풀이한 요셉

14 파라오가 사람을 보내어 요셉을 불렀다. 그들이 서둘러 그를 **감옥에**

---

9) 네오피티는 "가늘고 동풍에 탄 이삭"(שבלין דקיקין ושדיפן רוח דקדים)이라고 하였다.

10) 네오피티는 "이집트인"(דמיצראי)이라고 하였다.

11) 차명 요나탄은, '요셉이 감옥에서 나올 때가 다 되어 이런 일이 일어났다'고 부연한다.

12) 차명 요나탄은 이 일이 '주님 앞에서 전해졌다'(מן־קדם ייי איסתקף)고 부연한다.

13) 차명 요나탄은 "동료의 꿈"(חילמא דחבריה)이라고 하였다.

14) 차명 요나탄은 "그의 말대로 일상 임무에"(במיליה על סדר שימושי) 돌아왔다고 옮긴다.

15) 네오피티는 "십자가 위에"(על צליבא) 매달렸다고 덧붙인다.

서 꺼내주어, 그는 면도하고 옷을 바꿔[1] 입고 파라오에게 갔다. 15 파라오
가 요셉에게 말하였다. "내가 꿈을 꾸었는데 풀이할 사람이 없다. 나는 네
가 꿈을 듣고 풀이한다고 들었다." 16 요셉이 파라오에게 대답하였다. "**제
지혜를 통해서가 아니라**[2] **오로지 주님 앞에서만** 파라오의 안녕이 **회복될
것입니다.**"[3] 17 파라오가 요셉에게 말하였다. "꿈에서 나는 **강** 가에 서 있
었다. 18 살지고 튼실해 보이는 **소** 일곱 마리가 **강에서** 올라와 풀을 뜯었다.
19 홀쭉하고 매우 추하며 부실해 보이는 다른 **소** 일곱 마리가 뒤따라 올라
왔다. 나는 이집트 온 땅에서 그것들처럼 추한 것은 본 적이 없다. 20 홀쭉
하고 추한 **소들이** 먼저 온 살진 **소들을** 잡아먹었다. 21 그것들이 배 속으로
들어갔는데도 배 속으로 들어갔는지 모르게 예전처럼 추해[4] 보였다. 그러
고는 내가 깨어났다. 22 또 꿈에서 보니 갈대 하나에서 꽉 차고 튼실한 이
삭 일곱 개가 열렸다. 23 시들과 **마르며** 동풍에 시든 이삭[5] 일곱 개가 뒤따
라 열렸다. 24 그러더니 **마른** 이삭들이[6] 튼실한 이삭들을 삼켜버렸다. 나
는 마술사들에게 말하였으나 아무도 나에게 보여 주지[7] 못했다."

25 요셉이 파라오에게 말하였다. "파라오의 꿈은 하나입니다. **주님께서**

---

1) 네오피티는 '희게 되다, 빨다'(חוור) 동사로 옮긴다.

2) 히브리어로는 "저는 아닙니다"(בלעדי)이다. 차명 요나탄은 "저는 아닙니다. 꿈을 풀이할 사람은 없습니다"(בר מיני לא אית גבר דפשר חילמין)라고 부연한다.

3) 히브리어 성경은 "하느님께서 파라오의 안녕을 두고 대답해 주실 것입니다"(אלהים יענה את־שלום פרעה)라고 하였다. 네오피티와 게니자 타르굼은 히브리어 성경대로 '대답하다'(ענ״י) 동사를 쓴다.

4) 네오피티는 '홀쭉하다'(חשיך)라고 옮긴다.

5) 6절 참조.

6) 네오피티에는 '부실한 이삭들'(שובליא לקיתא)이 빠져 있다.

7) 네오피티에서는 '풀이하다'(פשר)이다.

장차 하실 것을 파라오에게 보여 주신 것입니다. 26[8] 튼실한 **소** 일곱 마리
는 일곱 해이고, 튼실한 이삭 일곱 개도 일곱 해입니다. 곧 꿈은 하나입니
다. 27 뒤따라 올라온 홀쭉한 소 일곱 마리도 일곱 해이고,[9] 동풍에 시든[10]
마른 이삭 일곱 개도 그러합니다. 곧 기근이 들 일곱 해입니다. 28 **주님께
서** 장차 하실 일을 파라오에게 보여 주신[11] 것이라고 제가 파라오께 말씀드
린 바로 그 일입니다. 29 다가올 일곱 해에는 이집트 온 땅에 큰 풍년이 들
것입니다. 30 그러나 그다음의 일곱 해에는 기근이 듭니다. 이집트 땅에 풍
년이 든 것은 다 잊히고 기근이 땅의 **백성을**[12] 쓸어버릴 것입니다. 31 그다
음에 **있을**[13] 기근으로 땅에 풍년이 들었다는 것을 알지 못하게 되는데, 너
무 심각해서입니다. 32 그 꿈이 파라오께 두 번이나 반복된 것은, 그만큼
그 일이 **주님 앞에서** 확실하고 **주님께서** 서둘러 실행하신다는 뜻입니다.

33 이제 파라오께서는 유능하고 현명한 사람을 물색하여[14] 그를 이집트

---

8) 차명 요나탄은 26-27절에서 문장마다 '알려주다, 가리키다'(מְבַשְּׂרִן) 동사를 덧붙인다.

9) 차명 요나탄은 "다른 일곱 해"(שְׁבַע שְׁנַיָּא חוֹרָנַיָּתָא)라고 하였다.

10) 6절 참조.

11) 네오피티는 '배우다, 가르치다'(תני) 동사로 옮긴다.

12) 히브리어 '땅'(אֶרֶץ)을 옹켈로스는 '땅의 백성'(עַמָּא דְאַרְעָא), 차명 요나탄은 '땅의 주민들'(דַּיָּירֵי אַרְעָא), 네오피티는 히브리어대로 옮겼다.

13) 히브리어 אַחֲרֵי־כֵן(그다음)을 옹켈로스와 차명 요나탄은 미래 시제를 덧붙여, דִּיהֵי מִן בָּתַר כֵּן(그다음에 있을)이라고 옮겼다.

14) 네오피티는 히브리어 '보다, 찾아보다, 물색하다'(ראה)를 '임명하다'(מני)로 옮겼다.

땅 위에 **임명하십시오.**[1] 34 파라오께서는 일을 하시되[2] **믿을 만한 이를**[3] 나라에 임명하시어, 풍년이 들 일곱 해 동안 이집트 땅에서 (난 것들을) **비축하십시오.**[4] 35 다가올 풍년의 모든 **곡식을**[5] 모아 파라오의 **믿을만한 이의** 손 아래[6] 곡식을 저장하시고 성읍에 **곡식을** 보관하십시오.[7] 36 이는 이집트 땅에 있을 기근의 일곱 해 동안 땅의 **백성을 위해 숨겨 둘 곡식입니다.**[8] 그래야 기근으로 땅의 **백성들이** 쓸려가지 않을 것입니다."

섭정관이 된 요셉

37 이 일이 파라오와 모든 신하들 보기에 괜찮았다. 38 파라오는 신하들에게 말하였다. "우리가 이 사람처럼 **주님 앞에서 나온 예언의** 영을 지닌 이를[9] 찾을 수 있겠는가?" 39 파라오가 요셉에게 말하였다. "주님께서 이

---

1) 히브리어 '두다, 놓다, 자리 잡다'(שׁית)를 옹켈로스와 차명 요나탄은 '임명하다'(מני)라고 하였다.

2) 네오피티는 "파라오께서는 사람에게 맡기시되"(יפקיד פרעה גבר)라고 하였다.

3) 히브리어 פקיד(관리)를 옹켈로스는 מהימן(믿을만한 이), 차명 요나탄과 네오피티는 אפיטרופוס(관리), 칠십인역은 τοπάρχηs(관리)라고 옮겼다.

4) 히브리어로는 '오분의 일을 거두다'(חמשׁ)이다. 옹켈로스는 זרז(비축하다)로 수정하고, 차명 요나탄은 ויפקון חד מן חמשׁא(오분의 일을 거둬들이다), 네오피티는 ויהוון מפקין חד מן חמשׁה(오분의 일을 거둬들이다)라고 풀어서 옮겼다.

5) 히브리어로는 '양식'(אכל)이다. 타르굼들은 '곡식'(עבור)으로 옮겼다.

6) 네오피티는 "파라오의 권한 아래"(תחות רשותא דפרעה)라고 옮긴다.

7) 차명 요나탄에서는 성읍에 곡식을 '두고'(שׁווי) 보관하라고 하였다.

8) 차명 요나탄은 "양식으로 땅의 동굴에 비축해 둘 곡식", 네오피티는 "땅의 좋은 기억이 될 양식"이라고 옮긴다.

9) 히브리어로는 "하느님의 영을 지닌 이"(אישׁ אשׁר רוח אלהים בו)이다. 네오피티는 "주님 앞에서 거룩한 영이 머무르는 이"라고 옮겼다.

모든 것을 그대에게 알려주신 이래로 그대만큼 유능하고 현명한 이는 없
네. 40 그대를 내 집안 위에 **임명하였으니,**[10] 그대의 말이[11] 나의 온 백성을
먹여 살릴 것이네.[12] 이 **왕국의** 어좌에서만[13] 내가 그대보다 **영예로울 것이**
네." 41 파라오가 요셉에게 말하였다. "내가 그대를 **임명하여**[14] 이집트 온
땅 위에 (두는) 것을 보게." 42 파라오는 자기 손에서 인장 반지를 빼 요셉
의 손에 끼워주고, 아마 옷을 입히고 그의 목에 금 목걸이를 걸어 주었다.
43 그리고 그를 자신의 두 번째 병거에 태우자 그들이 그 **앞에서 선포하**
였다.[15] **"이 사람은 임금의 아버지다."**[16] 그는 그를 이집트 온 땅 위에 임명

---

10) 차명 요나탄은 "관리자"(אפיטרופוס)가 된다고 하였고, 네오피티는 "관리자로 임명"(ממני אפיטרופוס)된다고 하였다. 히브리어 성경에서는 "그대는 내 집안 위에 있으리라"(אתה תהיה על־ביתי)이다. 우리말 성경은 "내 집을 그대 손 아래 두겠소"라고 옮겼다.

11) 히브리어 "네 입"(פיך)을 옹켈로스는 "그대의 말"(מימרך), 차명 요나탄은 "그대의 입에서 (나온) 말의 결정"(גזירת מימר פומך), 네오피티는 "그대의 입에서 (나온) 결정" (גזירת פומך)이라고 하였다.

12) 히브리어 본문 "그대의 말에 따라 나의 온 백성이 다스려질(입맞출) 것이네"(ועל־פיך ישק כל־עמי)에서 히브리어 ישק의 의미가 모호하다.

13) 히브리어 הכסא(어좌)를 타르굼들은 כורסי מלכותא(왕국의 어좌)라고 옮겼다.

14) 파라오가 요셉을, 차명 요나탄은 "지배자"(סרכן)로, 네오피티는 "지도자요 통치자"(רב ושליט)로 임명한다고 하였다.

15) 히브리어 קרא(부르다)를 옹켈로스는 כרז(알리다, 선포하다), 차명 요나탄과 네오피티는 קלס(칭송하다)라고 옮겼다.

16) 히브리어로는 "무릎을 꿇어라!"(אברך)이다. 차명 요나탄은 "이 사람은 나이는 어리지만 지혜가 많은 임금의 아버지다", 네오피티는 "작고 아름다우며 나이는 어리지만 지혜가 많은 임금의 아버지, 만세!"라고 하였다.

하였다. 44 파라오가 요셉에게 말하였다. "나는 파라오네.[1] 그대의 **말** 없이는[2] 이집트 온 땅에서 누구도 **무기를 들려고** 손을 (올리거나) **말을 타려고** 발을 올려서는 안 되네."[3] 45 파라오는 요셉의 이름을 차프낫 파네아라고[4] 부르고, 온의 **지도자**[5] 포티 페라의 딸 아스낫을[6] 아내로 주었다. 요셉은 통치자로서 이집트 온 땅에 나섰다.

46 요셉이 이집트 임금 파라오 앞에 섰을 때 서른 살이었다. 요셉은 파라오 앞에서 나와 **통치자로서**[7] 이집트 온 땅을 다녔다.

47 땅의 **주민들은** 풍년이 든[8] 일곱 해 동안 **곡식들을 창고에 모아들였다.**[9] 48 그는 일곱 해 동안[10] 이집트 땅에서 거둔 모든 **곡식을** 모아 그 곡

---

1) 차명 요나탄은 "나는 파라오 임금이고 그대는 섭정관이네"라고 덧붙였다.

2) 히브리어로는 "그대 말고는"(בלעדיך)이다. 옹켈로스와 차명 요나탄은 בר מימרך(그대의 말 없이는), 네오피티는 בר־מינךּ라고 옮겼다.

3) 히브리어 성경은 "이집트 온 땅에서 누구도 자기 손이나 발을 올려서는 안 된다"(לא־ירים איש את־ידו ואת־רגלו בכל־ארץ מצרים)고 하였다.

4) 차명 요나탄과 네오피티는 요셉의 새 이름 '차프낫 파네아'(צפנת פענח)를, "숨겨진 일을 드러내는 사람"(גברא דטמירן מפרסם)이라는 이름 뜻으로 풀이하였다.

5) 히브리어 성경에서는 "온의 사제"(כהן און)이다. 옹켈로스는 "온의 지도자"(רבא דאון), 차명 요나탄은 "타니스의 지도자"(רבא דטניס)라고 옮겼다.

6) '아스낫'을 두고 차명 요나탄은 "디나가 스켐에게 낳아 주었으며 타니스의 지도자 포티 페라의 아내가 키운 아스낫"이라고 소개한다.

7) 차명 요나탄에서는 "지도자요 통치자"(רב ושליט)이다.

8) 차명 요나탄은 일곱 해 동안 '땅이 비옥하였다'(ואצלחת ארעא)고 하였다.

9) 차명 요나탄은 일곱 해 동안 "곡식들마다 두 배로 풍성해져, 온 창고가 가득할 정도였다"고 부연하고, 네오피티는 "창고들이 가득 찼다"고 하였다.

10) 차명 요나탄에서는 "풍년이 든 일곱 해"(שבע שני שובעא)라고 덧붙인다.

식을 성읍들에 두었다. 성읍 주변의 밭에서[11] 난 **곡식도** 그 속에 두었다.[12]
49[13] 요셉은 바다의 모래처럼 엄청난 곡식을 모았다. 셀 수가 없어[14] 세는
것을 멈출 정도였다.

아스낫이 낳아 준 요셉의 아들들

50 흉년이 들기 전에 요셉에게 두 아들이 태어났다. 온의 **지도자** 포티 페
라의 딸 아스낫이 그에게 낳아 준 것이다. 51 요셉은 맏아들의 이름을 므나
쎄라 불렀다. "**주님께서** 나의 고생과 아버지의 집안을 모두 잊게 하셨다."
고 하였기[15] 때문이다. 52 둘째의 이름은 에프라임이라 불렀다. "**주님께서**
내가 **종살이하던** 땅에서[16] 나를 불어나게[17] 하셨다."고[18] 하였기 때문이다.

기근이 든 일곱 해

53 이집트 땅에 풍년이 든 일곱 해가 끝났다. 54 요셉이 말한 대로 기근
의 일곱 해가 닥치기 시작하였다. 온 땅에 기근이 들었는데 이집트 온 땅에
는 빵이 있었다. 55 이집트 온 땅에 기근이 들어 파라오 **앞에** 빵을 달라고
백성들이 소리쳤다. 파라오가 이집트인들 모두에게 말하였다. "요셉에게
가라. 그가 너희에게 말하는 대로 하여라." 56 기근이 온 땅 위에 들자 요셉

---

11) 네오피티에서는 "성읍 주변의 영토"(תחומה דקרתא די חזר־חזר)이다.

12) 차명 요나탄은 '모으다'(כנש) 동사로 옮긴다.

13) 차명 요나탄에는 49절이 빠져 있다.

14) 네오피티는 "총량을"(סכום) 셀 수 없다고 밝혔다.

15) 차명 요나탄은 '말하다'(אמר)를 덧붙인다.

16) 히브리어 בארץ עניי(내 고통의 땅에서)를 차명 요나탄은 בארע סיגופי, 네오피티는 בארעא צערי, 옹켈로스는 בארע שעבודי(내가 종살이하던 땅)라고 하였다.

17) 차명 요나탄과 네오피티는 "나를 강하게" 하셨다고(תקף יתי) 옮긴다.

18) 차명 요나탄은 "마찬가지로 장차 여기서 고난을 겪을 아버지의 집안을 강하게 하실 것이다"를 덧붙인다.

은 **곡식이 든** 모든 **창고를** 열어[1] **이집트인들에게** 팔았다. 이집트 땅에 기
근이 심하였기 때문이다. 57 땅의 **주민들** 모두 이집트로 가 요셉에게 **곡식**
을 사고자 하였다. 온 땅에 기근이 심하였기 때문이다.

곡식을 사러 이집트로 간 요셉의 형들

42,1 야곱은 이집트에서 곡식을 **살** 수 있다는[2] 것을 알았다.[3] 야곱이 아
들들에게 말하였다. "너희는 어찌 보고만 있느냐?"[4] 2 그가 말하였다. "이
집트에서는 곡식을 **살** 수 있다고[5] 들었다. 그리로 내려가 우리를 위해 사
오너라. 우리도 살자. (이대로) 죽을 수는 없다." 3 요셉의 형들 열 명이 이
집트에 곡식을 사러 내려갔다. 4 야곱은 요셉의 아우 벤야민을 형들과 보
내지 않았다. "그에게 **죽음이** 닥쳐서는[6] 안 되지." 하고 말하였던 것이다.
5 이스라엘의 아들들은 곡식을 사려고, 가나안 땅에 기근이 들어 (이집트에)

---

1) 히브리어로는 "요셉이 그 안에 있는 모든 것을 열었다"(ויפתח יוסף את־כל־אשר בהם)이다.

2) 히브리어 성경에서는 '이집트에 곡식이 있다'(כי יש־שבר במצרים)이다. 히브리어 '있다'(יש)를 옹켈로스와 네오피티는 '사다'(מזדבן), 차명 요나탄은 '곡물들을 사서 가져오다'(עללייא זבנין ומייתן)로 옮겼다.

3) 네오피티는 "거룩한 영"(ברוח קודשא)을 통해서 알게 되었다고 덧붙인다.

4) 차명 요나탄은 "너희는 어찌 이집트에 내려가는 것을 두려워하느냐?"(למה דין אתון דחלין למיחות למצרים), 네오피티는 "너희는 어찌 기근들을 앉아서 보고만 있느냐?"(למה כען תתחמון שביעין ביני כפנין)라고 옮긴다. 차명 요나탄은 히브리어 '보다'(ראה)를 비슷한 철자의 '두려워하다'(ירא)로 이해한 듯하다.

5) 1절 참조.

6) 히브리어 "재앙"(אסון)을 옹켈로스와 차명 요나탄은 "죽음"(מות), 네오피티는 "재앙"(סקול)이라고 하였다. 차명 요나탄은 '그가 어린데'(הוא טליא) 죽음이 닥치지나 않을까 "두렵다"(ומסתפינא)고 부연한다.

들어가는 이들 속에 (끼어) 갔다.[7]

형들을 알아본 요셉

6 요셉은 그 나라의 통치자였고,[8] 그 나라의 모든 백성에게 곡식을 파는 이였다. 요셉의 형들은[9] 그에게 와서 땅에 엎드려 절하였다.[10] 7 요셉은 형들을 보고 그들인 것을 알아채고는 **그들에게 무슨 말을 할지 고민하였다.**[11] 그는 그들에게 가혹하게[12] 말하였다. "어디에서 왔느냐?" 그들이 말하였다. "가나안 땅에서 곡식을 사러 왔습니다." 8 요셉은 형들을 알아봤으나 그들은 그를 알아보지 못하였다.[13] 9 요셉은 그들에 관해 꾸었던 꿈을 기억

---

7) 차명 요나탄은, 곡식을 사러 가는 가나안인들 틈에서 이스라엘의 아들들이 곡식을 사려고 함께 들어갈 때, 악한 눈이(עיינא בישא) 그들을 지배하지 않게 하려고 저마다 다른 문으로(כל חד בתרעא חד) 갔다고 부연한다.

8) 차명 요나탄은, 통치자인 요셉이 형들이 곡식을 사러 오는 것을 알고 성문에 보초를 세워 그날 들어오는 이의 이름과 아버지의 이름을 적게 하였다고 부연한다.

9) 차명 요나탄은 요셉의 형들이 "거리와 광장과 여인숙들을 확인해 보았으나 그를 찾지 못하였다"고 부연한다.

10) 네오피티는 "그 땅의 관습대로 안부를 물었다"(ושאלו בשלמיה כנימוס ארעא)고 옮긴다.

11) 히브리어 성경에서는 "그들을 낯선 이처럼 대하였다"(ויתנכר אליהם)이다. 옹켈로스는 요셉이 어떻게 처신할지를 나름 고심했다는 뜻으로 수정한다. 차명 요나탄에서는 요셉이 '그들이 보는 데서는 낯선 이처럼 행동하였다'고 하고, 네오피티에서는 '적개심을 품었다'(אתדבב עליהון)고 하였다.

12) 네오피티는 "가혹한 말로"(מלין קשין) 말하였다고 옮긴다.

13) 차명 요나탄은 형들이 요셉을 몰라본 이유를 설명한다. 곧 형들과 헤어질 때 형들한테 수염이 있어 요셉은 그들을 알아보았고, 그때 수염이 없던 요셉에게 지금은 수염이 있어 형들이 그를 알아보지 못하였다는 것이다.

하고 그들에게 말하였다. “너희는 첩자들이다. 이 땅의 **취약한 데를**[1] 살피러 왔다.” 10 그들이 그에게 말하였다. “나리, 아닙니다. 당신의 종들은 **곡식을** 사러 왔습니다. 11 저희 모두는 한 사람의 아들들입니다. 저희는 정직한 사람입니다. 당신 종들은 첩자들이 아닙니다.” 12 그가 그들에게 말하였다. “아니다. 너희는 이 땅의 **취약한 데를** 살피러 온 것이 분명하다.” 13 그들이 말하였다. “당신의 종들은 열두 형제입니다. 저희는 가나안 땅에 사는 한 사람의 아들들입니다. 어린 아우는 오늘 아버지와 있고 다른 아우는 없어졌습니다.”[2] 14 요셉이 그들에게 말하였다. “내가 너희에게 말한 대로[3] 너희는 첩자들이다. 15 이렇게[4] 너희를 시험해 보겠다. 파라오를 걸고 맹세하건대,[5] 너희가 여기서 나가려면 오직 어린 아우를 데려오는 것뿐이다. 16 너희 가운데 하나를 보내어 아우를 데려오게 하고, 너희는 갇혀 있어라. 너희가 진실을 **말하는지**[6] 너희 말들을 시험해 보겠다. 그렇지 않으면 파라오를 걸고 맹세하건대 너희는 첩자들이다.” 17 그는 그들을 사흘 동안 유치장에 모아두었다.[7]

18 사흘째 날 요셉이 그들에게 말하였다. “너희는 이렇게 하여라. 그래야 산다. 나는 **주님 앞에서** 경외하는 이다. 19 너희 말이 맞는다면 너희 형

---

1) 히브리어로는 “이 땅의 치부”(את־ערות הארץ)이다. 차명 요나탄은 “이 땅의 수치스러운 치부”(ית עירית מטעייתא דארעא), 네오피티는 “이 땅의 입구”(מעלליא דארעא)라고 옮겼다.

2) 차명 요나탄과 네오피티는 요셉을 두고, “다른 아우는 저희를 떠나 끝내 그에게 무슨 일이 생겼는지 저희도 모릅니다”라고 덧붙인다.

3) 네오피티는 “말”(פתגמא)을 덧붙인다.

4) 차명 요나탄은 “이런 방식으로”(בהדא מיילא) 시험하겠다고 덧붙였다.

5) 네오피티에서는 요셉이 “파라오의 머리”를 걸고(חיי רישיה דפרעה) 맹세하였다.

6) 히브리어 본문에서는 “너희에게 진실이 있는지”(האמת אתכם)이다.

7) 히브리어 אסף(모으다)을 네오피티는 חבש(가두다)라고 하였다.

제 가운데 하나를[8] 유치장에 묶어 두고, 너희는 너희 집안에 **부족한** 곡식
을[9] 가지고 떠나라. 20 너희의 어린 아우가 나에게 오면 너희의 말을 믿어
줄뿐더러 너희는 죽지 않을 것이다." 그들은 그렇게 하기로 하였다. 21 그
들이 형제들끼리 서로 말하였다. "우리가 **정말로** 아우[10] 때문에 죗값을 받
나보다. 그가 고통스러워하며 우리한테 자비를 간청하는 것을 보고도 **받
아들이지** 않아서, 우리에게 이런 고통이 닥치게 된 것이다." 22 르우벤이
그들에게 대답하였다. "내가 너희에게 '아이한테 죄 짓지 마라.'고 말하지
않았느냐? 내 말을 **받아들이지** 않더니만, 그의 피까지 책임을 묻는구나."
23 그들은 그들 사이에 통역이[11] 있어서 요셉이 듣는[12] 줄 몰랐다.[13] 24 요셉
은 그들이 있는 데서 나와 울다가, 다시 가 그들에게 말하였다. 그들 가운
데 시메온을[14] 끌어다 그들 보는 데서 묶었다.

집에 돌아온 형들

25 그들의 그릇에 곡식을 채우고 저마다 돈을 자루에 담아 돌려주며 여

---

8) 네오피티는 "너희 가운데 하나 곧 다른 너희 형제를"(חד מנכון אחוכון חרנא) 이라고 하였다.

9) 히브리어 성경은 "굶주리는 너희 집안에 곡식을" 가져가라고 하였다. 옹켈로스는 "너희 집안에 부족한 곡식을", 차명 요나탄은 "굶주리는 너희 집안을 위해 사려고 한 곡식을", 네오피티는 "굶주리는 너희 집안에 양식 곧 곡식을" 가져가라고 옮겼다.

10) 네오피티는 "아우의 피"(באדמה דאחונה) 때문이라고 옮긴다.

11) 차명 요나탄과 네오피티는 "므나쎄"(מנשה)가 통역을 하였다고 덧붙인다.

12) 네오피티에는 '요셉이 듣는다'는 말이 빠져 있다.

13) 차명 요나탄은 "성전의 언어"(בלישן בית קודשא), 곧 요셉이 히브리어를 알아듣는 줄 몰랐다고 덧붙였다.

14) 차명 요나탄은 시메온을 "(요셉을) 죽이자고 부추긴"(דיעט למקטליה) 이라고 부연한다.

행 양식을 주도록 요셉이 지시하자, 그렇게 되었다. 26 그들은 나귀들에 곡식들을 싣고 거기서 떠났다. 27 하나가[1] 여인숙에서 나귀에게 짚을 주려고 자루를 열었다가 꾸러미 주둥이 쪽에 자기 돈이 있는 것을 보았다. 28 그는 형제들에게 말하였다. "내 돈이 돌아와 내 자루에 들어 있다." 그들은 **영문을 몰라**[2] 놀라서 서로 형제들에게 말하였다. "**주님께서** 우리에게 이런 일을 하시다니, 대체 무슨 일인가?"[3]

29 그들은 가나안 땅에 계신 아버지 야곱에게 가서 그들에게 일어난 모든 것을 그에게 말씀드렸다. 30 "그 나라의 지도자라는 사람이 저희에게 가혹하게[4] 말하면서, 저희를 그 나라의 첩자처럼 취급하였습니다. 31 그래서 저희가 말하였습니다. '저희 말이 맞습니다. 저희는 첩자가 아닙니다. 32 저희는 열두 형제로 한 아버지의 아들들인데, 하나는 없어졌고[5] 어린 아우는 오늘 가나안 땅에 아버지와 함께 있습니다.' 33 그 나라의 지도자라는 사람이 저희에게 말하였습니다. '이로써 너희의 말이 맞는지 내가 알 것이니, 너희 형제 하나를 나한테 두고 너희 집안에 **부족한** 곡식을 가지고 떠나라. 34 그리고 어린 너희 아우를 데려와야, 너희가 첩자가 아니고 너희의 말이 맞는다는 것을 내가 알게 될 것이다. 그러면 너희 형제를 너희에게 돌

---

1) 차명 요나탄은 자루를 연 형제를 "동기 시메온 없이 혼자 남아 있던 레위"(לוי דאישתאר בלחודיה משמעון חבריה)라고 부연한다.

2) 히브리어 본문을 직역하면 '그들의 마음이 나갔다'(ויצא לבם)이다. 옹켈로스와 차명 요나탄을 직역하면 '그들 마음의 지식이 나갔다'(ונפק מנדע לבהון), 네오피티를 직역하면 '그들 마음이 흔들렸다'(ואזדעזע לבהון)이다. 각각 '영문을 모르다', '당황하다'로 옮긴다.

3) 차명 요나탄은 "우리의 죄 때문이 아닐까?"(ולא בחובא דילנא)를 덧붙인다.

4) 차명 요나탄과 네오피티는 "가혹한 말"(מִילִין קְשִׁין)이라고 하였다.

5) 네오피티는 "저희한테서 떠난 뒤 끝내 그에게 무슨 일이 생겼는지" 모른다고 옮긴다.

려주고 너희는 이 땅에서 **장사를 할 수 있게 된다.**'"[6]

35 그들이 자기들 자루를 비우자 자루에 돈 주머니가 들어 있었다. 그들과 그들의 아버지는 이 돈 주머니들을 보고 두려워하였다. 36 그들의 아버지 야곱이 그들에게 말하였다. "너희가 나를 무자식으로 만들 셈이구나. 요셉도 없고 시메온도 **여기** 없는데 벤야민마저 데려간다는 말이냐.[7] 나한테 이런 일이[8] 한꺼번에 일어나다니." 37 르우벤이 아버지에게 말하였다. "제가 그를 아버지께 데려오지 못하면 제 아들 둘을 죽이십시오.[9] 그러니 그를 제 손에 맡기십시오. 제가 그를 아버지께 돌아오게 하겠습니다." 38 야곱이 말하였다. "내 아들을 너희와 내려 보낼 수 없다. 형도 죽고 그 아이 혼자 남았는데,[10] 너희가 가는 길에 그에게 **죽음이라도** 닥치면[11] 너희는 슬퍼하며 나의 백발을 스올로[12] 내려가게 할 것이다."

벤야민을 데리고 이집트로 간 형들

43,1 그 땅에 기근이 심하였다. 2 그들이 이집트에서 가져온 곡식을 다 먹고 나자, 그들의 아버지가 그들에게 말하였다. "돌아가서 우리를 위해 **곡**

---

6) 히브리어 성경은 "너희는 이 땅을 두루 돌아다닐 것이다"(ואת־הארץ תסחרו)이다. 34,10에서도 '두루 돌아다니다'(סחר)를 타르굼들은 '장사하다'로 옮겼다.

7) 차명 요나탄은 "요셉은 사나운 짐승이 잡아먹었다 하고, 시메온은 그 땅의 임금이 묶어 두었다 하더니, 벤야민마저 데려가고 싶어 하는구나", 네오피티는 "내가 도탄으로 너희에게 보낸 요셉은 끝내 그에게 무슨 일이 생겼는지 모르는데, 벤야민마저 데려가고 싶어 하는구나"라고 부연한다.

8) 차명 요나탄은 "시련"(צוקתא)이라고 밝힌다.

9) 차명 요나탄은 "파문(추방)하여"(בשמתא) 죽이라고 덧붙였다.

10) 차명 요나탄은 "그의 어머니에게서는"(מן אימיה) 그 아이 혼자 남았다고 하여, 요셉과 벤야민이 라헬의 아들임을 밝힌다.

11) 히브리어로는 '그에게 재앙이 닥치다'(וקראהו אסון)이다. 4절 참조.

12) 차명 요나탄은 "무덤"(קבורתא)이라고 하였다.

식을 좀 사오너라." 3 유다가 그에게 말하였다. "그 사람이 우리에게 분명
히 경고했습니다. '너희 아우와[1] 함께 오지 않는다면 내 얼굴을 보지 못할
것이다.' 4 아버지께서 아우를 저희와 함께 보내셔야 저희가 아버지를 위
하여 **곡식을** 사올 수 있습니다. 5 그러나 아버지께서 보내 주시지 않으면
저희는 내려가지 못합니다. 그 사람이 우리에게 말하였기 때문입니다. '너
희 아우와 함께 오지 않는다면 내 얼굴을 보지 못할 것이다.'" 6 이스라엘이
말하였다. "어쩌자고 아우가 더 있다고 알려 나한테 이 걱정을 시키느냐?"
7 그들이 말하였다. "그 사람이 저희와 가족관계에 대해 자세히 물었습니
다. '너희 아버지는 아직 살아 계시냐? 너희에게 형제가 있느냐?' 그래서 저
희가 그에게 이 일들을 알렸습니다. 그가 설마 '너희 아우를 데려와라.' 하
고 말할 줄 저희가 알았겠습니까?" 8 유다가 아버지 이스라엘에게 말하였
다. "그 아이를 저희와 보내십시오. 저희가 일어나 떠나야, 저희도 아버지
도 저희의 아이들도 살 수 있고 죽지 않습니다. 9 제가 그의 보증인이 되겠
으니, 저한테[2] (책임을) 물으십시오. 제가 그를 당신께 데려와 당신 앞에 세
우지 못하면, 저는 평생 당신께[3] 죄인이 되겠습니다.[4] 10 우리가 주저하지
않았다면 두 번은 돌아왔을[5] 것입니다."

11 그들의 아버지 이스라엘이 그들에게 말하였다. "그래야 한다면 이렇
게 하여라. 이 땅에서 **자랑할 만한** 것을[6] 너희 그릇에 (담아) 가지고 내려가

---

1) 차명 요나탄은 "어린 너희 아우"(אחוכון זעירא)라고 하였다.

2) 히브리어 מידי(제 손에서)를 네오피티만 מני(저에게서)라고 옮겼다.

3) 차명 요나탄은 "당신 앞에"(קמך)라고 옮긴다.

4) 히브리어 וחטאתי(내가 죄를 짓겠다, 내가 죄인이 되겠다)를 옹켈로스는 ואיהי חטי, 차명 요나탄은 ונתחייב, 네오피티는 "제가 평생 당신의 안부를 여쭙지 못하게 하십시오"라고 수정한다.

5) 히브리어 שבנו(돌아오다)를 네오피티는 חזרנון ואתינן(돌아오고 다녀오다, 다시 오다)라고 옮겼다.

6) 히브리어 מזמרת(가장 좋은 토산물)을 옹켈로스와 차명 요나탄은 מדמשבח,

그 사람에게 예물로 드려라. 유향 조금, 꿀 조금, 고무와 반일향, 향과와 편
도를[7] 가져가라. 12 돈은 두 배로 가져가고, 꾸러미 입구에 돌아온 돈도 돌
려주어라. 아마도 실수였을 것이다. 13 너희 아우도 데리고 일어나 그 사
람에게 돌아가라. 14 엘 샷다이께서[8] 그 사람 앞에서 너희에게 자비를 베
푸시어, 다른 너희 형제와 벤야민을 풀어주실 것이다. 내가 자식을 잃었던
것처럼 잃게 되겠지."[9]

다시 만난 요셉과 형제들

15 그 사람들은 이 예물들을 가져가고 **저마다** 두 배의 돈을 손에 들었
다. 그들은 벤야민을 데리고 일어나 이집트로 내려가서 요셉 앞에 섰다.
16 요셉은 벤야민이 그들과 함께 있는 것을 보고 자기 집안을 (관리하도록)
임명한 이에게[10] 말하였다. "이 사람들을 집으로[11] 데려가고, 짐승을 잡아

ממא דמשתבח(자랑할 만한 것), 네오피티는 מן טובא(최고의 것)라고 옮겼다.

7) 차명 요나탄과 네오피티는 "향과 기름과 편도 기름"(משח דבוטנין ומשח דלוזין)이라고 옮긴다.

8) 네오피티는 "하늘의 하느님"(ואלה שמיא)이라고 옮겼다.

9) 차명 요나탄은 "내가 요셉을 잃었다면 시메온과 벤야민도 잃게 되리라는 것을, 이미 거룩한 영으로 소식을 들었다", 네오피티는 "내가 내 아들 요셉을 (완전히) 잃지는 않았듯이 벤야민을 또 잃지는 않겠다", 게니자 타르굼은 "내가 내 아들 요셉을 잃었던 것처럼 벤야민까지 또 잃지는 않겠다"고 부연한다. 차명 요나탄과 네오피티는, 야곱이 아직도 요셉이 죽었다기보다 실종된 것으로 여기고 있음을 내비친다.

10) 히브리어로는 "자기 집안을 (관리하는) 이에게"(לאשר על־ביתו)이다. 차명 요나탄은 "그가 자기 집안의 관리인으로 임명한 므나쎄에게", 네오피티는 "그가 자기 집안의 관리인으로 임명한 이에게"라고 서술하였다. 16절 참조.

11) 네오피티에서는 "궁으로"(לפלטורין) 데려가라고 한다.

준비하여라.[1] 이 사람들이 **식사에서**[2] 나와 함께 먹을 것이다." 17 그 사람
은 요셉이 말한 대로 하여, 그 사람들을 요셉의 집으로[3] 데려갔다. 18 사람
들은 자신들을 요셉의 집으로 데려가는 것이 두려워 서로 말하였다. "예전
에 우리 꾸러미에 돌아온 돈 때문에 우리를 데려가나 보다. 우리를 **제압하
고** 우리를 쓰러뜨려[4] 종으로 **사고는**[5] 나귀들을 끌고 가겠지." 19 그들은
요셉의 집안을 (관리하도록) **임명된** 사람에게 다가가 그 집 어귀에서 그에
게 말하였다. 20 그들이 말하였다. "나리, 예전에도 저희는 **곡식을** 사러 내
려왔었습니다. 21 저희가 여인숙에 돌아와 꾸러미를 열어 보니, 꾸러미 주
둥이마다 돈이 있었고 가져간 돈 그대로였습니다. 그래서 다시 그것을 가
져왔습니다. 22 **곡식을** 살 돈은 따로 가져왔습니다. 누가 꾸러미에 돈을 넣
었는지는 저희도 모르겠습니다." 23 그가 말하였다. "평화를 빕니다.[6] 두
려워하지 마십시오. 여러분의 하느님이자 여러분 아버지의 하느님께서 여
러분 꾸러미에 보물들을 넣어 주셨나 봅니다. 저는 여러분의 돈을 받았습

---

1) 차명 요나탄은 "도축장을 열어 놓고 엉덩이 힘줄을 제거하여 그들 앞에서 음식을 준비하여라"고 부연한다.

2) 히브리어 בצהרים(점심에)을 옹켈로스는 בשירותא(식사에서), 차명 요나탄은 באישון שירותא דטיהרא(점심 식사 때에), 네오피티는 באשון שירותא(식사 때에)라고 옮긴다. 25절 참조.

3) 네오피티는 "요셉의 궁으로"(לפלטורין דיוסף)라고 하였다. 16.18.19.24.26절 등 참조.

4) 히브리어 성경에서는 '우리에게 달려들어 우리를 쓰러뜨린다'(להתגלל עלינו ולהתנפל עלינו)이다. 차명 요나탄은 '우리를 쓰러뜨리고 우리를 재판에 넘긴다'(למתעקפא עלן ולמדיינא עלן)고 옮긴다.

5) 히브리어 לקח(데려가다)를 옹켈로스와 차명 요나탄은 קני(사다), 네오피티는 נסב(데려가다)으로 옮긴다.

6) 직역하면 '여러분에게 평화가 있기를', 곧 '안녕들 하십니까'이다. 차명 요나탄은 '그의 주인으로부터'(מן ריבוני) 전하는 인사임을 밝힌다.

니다." 그러고는 시메온을 그들에게 데려왔다. 24 그는 그들을 요셉의 집으로 데려가 발 씻을 물을 주고 나귀들에게는 여물을 주었다. 25 형제들은 요셉이 **식사에** 올 때까지 예물들을 준비하였다. 거기서 음식을 먹을 것이라는 것을 들었기 때문이다.

26 요셉이 집에 오자 그들은 집에서 가져온 예물들을 그에게 바치고 땅에 대고 절하였다.[7] 27 요셉은 그들에게 안부를 묻고 말하였다. "너희가 말한 연로하신 너희 아버지는 안녕하시냐? 지금도 살아 계시냐?" 28 그들이 말하였다. "당신의 종인 저희 아버지는 안녕하시고 지금도 살아 계십니다." 그리고 그들은 무릎을 꿇고 절하였다.[8] 29 요셉은 눈을 들어 자기 어머니의 아들이자 아우인 벤야민을 보고 말하였다. "너희가 나에게 말한 어린 너희 아우가 이 아이냐?" 그리고 말하였다. "얘야, **주님 앞에서** 너에게 **자비가** 있으리라." 30 요셉은 급히 **침실** 방으로[9] 들어가 울었다. 아우에 대한 감정이 복받쳐 울고 싶어졌기 때문이다. 31 그는 얼굴을 씻고[10] 나와 마음을 가다듬고는 말하였다. "음식을 차려 내와라." 32 그들은 요셉 따로, 형제들 따로 상을 차리고, 그와 식사하는 이집트인들에게도 따로 상을 차려 내왔다. 이집트인들은 히브리인들과[11] 함께 식사할 수 없었다. **이집트인들이 경외하는 짐승을 히브리인들이 먹기** 때문이다.[12] 33 그들은 그 앞에 **둘러앉았다.**[13]

---

7) 18,2 참조.

8) 네오피티는 "그들은 절하며 감사와 찬사를 드렸다"(ועקדו ואודו ושבחו)라고 옮긴다.

9) 히브리어 חדר(방)를 옹켈로스는 אידרון בית־מִשכבא(침실 방), 차명 요나탄은 קיטונא דבי מדמכא(침실 방), 네오피티는 קיטונא(방)라고 옮겼다.

10) 차명 요나탄은 "얼굴에서 눈물을 씻고"(ושזג אפוי מן דמעין)라고 옮긴다.

11) 차명 요나탄은 "유다인"(יהודאי)이라고 옮긴다.

12) 히브리어 성경에서는 "그것이 이집트에 혐오스러웠기 때문이다"이다. 네오피티는 이집트인들에게 혐오스러웠다고 하였다.

13) 네오피티는 "그는 그들을 자기 앞에 눕게 하였다"(וארבע יתהון קדמוי)고 옮

형들은 형들대로, 아우들은 아우들대로[1] 앉게 되자 저마다 서로 놀랐다.[2] 34 (요셉은) 자기 앞에서 몫을 나누었는데,[3] 벤야민의 몫이 모두의 몫보다 다섯 몫이 더 많았다.[4] 그들은 그와 마시고 취하였다.[5]

요셉의 은잔

44,1 요셉은 자기 집안을 (관리하도록) **임명한 이에게**[6] 명령하였다. "히브리 사람들의 꾸러미에 **곡식을** 옮길 수 있을 만큼 가득 채워라. 꾸러미 입구에 저마다 돈을 넣어라. 2 어린 아우의 꾸러미 주둥이에는 은잔과 그의 (곡식) **살** 돈을[7] 넣어라." 그는 요셉이 말한 대로 하였다. 3 아침 동이 트자

긴다. 히브리어 '앉다'(ישׁב)를 옹켈로스는 '둘러싸다, 기대다'(סחר), 차명 요나탄은 '둘러싸다'(חזר)라고 옮겼다.

1) 차명 요나탄은 "형들은 형들의 서열대로, 아우들은 아우들의 서열대로"(רבא כהילכת ריבונתיה וזעירא כהילכת זעירותיה) 앉았다고 옮긴다.

2) 차명 요나탄은 "그는 은잔을 손에 들고 점쟁이처럼 잔을 부딪쳤다. 한쪽에는 레아의 아들들 순으로, 다른 쪽에는 질파의 아들들, 또 다른 쪽에는 빌하의 아들들, 자기 쪽에는 라헬의 아들 벤야민 순으로 앉혔다"고 부연하여, 형제들의 좌석을 어머니별로 배치하였음을 상세히 설명하였다.

3) 차명 요나탄은 요셉이 "자기 식탁 위에서"(מעל פתוריה) 몫을 나누어 "그것들을(몫) 자기 앞에서 그들 앞으로 보냈다"고 덧붙인다.

4) 차명 요나탄은 '다섯 몫'의 주인을 밝힌다. "한 몫은 (벤야민) 자신의 몫이고 다른 몫은 요셉의 것이며 또 한 몫은 그의 아내의 것이요, 두 몫들은 두 아들의 것이었다."

5) 차명 요나탄은 "그들은 그와 떨어진 날부터 포도주를 마시지 않았다. 그도 그들도 그날까지 (마시지) 않았던 것이다"고 하여 그들이 취한 이유를 덧붙인다.

6) 차명 요나탄은 관리인이 "므나쎄"(מנשה)라고 덧붙인다.

7) 히브리어 "곡식 값"(כסף שברו)을 타르굼들은 "그의 (곡식) 살 돈"(כסף זבינוי)

그 사람들은 나귀들과 길을 떠났다. 4 그들이 성읍에서 나와 멀리 가지 않았을 때 요셉은 자기 집안을 (관리하도록) **임명한 이에게** 말하였다. "일어나 그 사람들의 뒤를 쫓아가 따라붙어 그들에게 말하여라. '너희는 어찌하여 선을 악으로 갚느냐? 5 이 (은잔은) 나의 주인이 마실 때와 **확인할** 때[8] 쓰시는 것이다. 너희가 저지른 짓은 악하다.'"

6 그는 형제들을 따라붙어 그들에게 이런 말들을[9] 하였다. 7 그들이 그에게 말하였다. "나리, 어찌 그런 말씀을 하십니까? 그런 일을 당신 종들이 저지르다니요, 당치 않습니다.[10] 8 꾸러미 주둥이에서 찾은 돈도[11] 가나안 땅에서 가져와 당신께 돌려 드렸는데, 어떻게 저희가 당신 나리의 집에서 은 **그릇이든** 금 **그릇이든**[12] 훔쳐가겠습니까? 9 당신 종에게서 그것을 찾게 되면 그는 **사형감이고,**[13] 저희도 나리의 종이 되겠습니다." 10 그가 말하였다. "좋다. 너희의 말대로 하자. 그것이 발견된 이는 나의 종이 되고 너희는 무죄다." 11 그들은 저마다 서둘러 자기 꾸러미들을 땅에 내려 꾸러미를 열었다. 12 그가 형의 것에서 시작하여 아우의[14] 것까지 다 뒤지고 나니 벤야민의 꾸러미에서 잔이 나왔다. 13 그들은 자기 옷들을 찢고 저마다 나귀에

이라고 옮겼다.

8) 히브리어로는 '그가 그것으로 점을 치다'(הוא נחש ינחש בו)이다. 옹켈로스에서만 요셉이 점 친다는 표현을 피하였다.

9) 차명 요나탄은 "이 모든 말들"(כל פיתגמיא האילין)이라고 하였다.

10) 네오피티에는 뒷 문장이 빠져 있다.

11) 네오피티는 "예전에"(בקדמיתא) 찾은 돈이라고 밝힌다.

12) 히브리어 성경의 "은이나 금"(כסף או זהב)을 옹켈로스와 차명 요나탄은 "은 그릇이든 금 그릇이든"(מנין דכסף או מנין דדהב)이라고 덧붙였다.

13) 히브리어 '죽다'(מות)를 옹켈로스와 네오피티는 '죽임을 당하다'(יתקטיל), 차명 요나탄은 '죽임을 당해야 한다'(יהי חייב קטול)고 옮겼다.

14) 차명 요나탄은 '형'과 '아우'를 "르우벤"(ראובן)과 "벤야민"(בנימין)이라고 밝혔다.

짐을 실은 뒤[1] 성읍으로 돌아왔다.

14 유다와 형제들이 요셉의 집에 이르렀다. 그때까지 그가 거기에 있어 그들은 그의 앞에서 땅에 엎드렸다. 15 요셉이 그들에게 말하였다. "대체 너희는 무슨 짓을 한 것이냐? 나 같은 사람은 **꼭 확인한다는 것을** 모르느냐?" 16 유다가 말하였다. "저희가 나리께 무슨 말을 하고 무슨 변명을 하며 무슨 수로 무죄라 하겠습니까?[2] **주님 앞에서** 당신 종들의 죄가 밝혀졌으니,[3] 저희는 나리의 종들입니다. 저희도, 잔이 발견된 이도 그렇습니다." 17 요셉이 말하였다. "그러지 않아도 된다. 잔이 발견된 사람이나 나의 종이 되고 너희는 너희 아버지께 무사히 올라가라."

벤야민 대신 종이 되겠다고 나선 유다

18 유다가 그에게 다가가 말하였다.[4] "나리, 부디 당신의 종이 나리 **앞에서**[5] 아뢰게 해 주시고, 당신의 종에게 크게 분노하시지 않기를 바랍니다. 당신은 파라오와 같으십니다.[6] 19 나리께서 당신의 종에게 물으셨습

---

1) 차명 요나탄은 "그들에게 강한 힘이 생겼다"(ואתיהב להון כח גבורתא)고 덧붙인다.

2) 차명 요나탄은 각각 "처음 돈"(כספא קדמאה), "다음 돈"(כספא בתראה), "잔"(אוגבין)을 두고 일체 변명의 여지가 없음을 밝힌다.

3) 히브리어로는 "하느님께서 당신 종들의 죄를 찾으셨다"이다.

4) 네오피티는 유다가 "성난 말과 통곡의 어조로 사자처럼 울부짖으며" 말하였다고 묘사한다.

5) 히브리어로는 "나리의 귀에(나리 듣는 데서)"(באזני ארני)이다. 옹켈로스는 "나리 앞에서"(קדם רבוני), 차명 요나탄은 "나리 듣는 데서"(במשמעיה דריבוני)라고 하였다. 네오피티에는 이 말이 빠져 있다.

6) '당신은 파라오와 같으십니다'는 칭송의 어조인데 차명 요나탄과 네오피티는 원망의 어조로 바꾸어 부연한다. "저희가 당신께 온 그 시각부터 당신은 저희에게 '나는 주님 앞에서 경외한다.'고 말씀하셨습니다. 그런데 이제 당신의

니다.[7] '너희에게 아버지나 형제가 있느냐?' 20 저희가 나리께 아뢰었습니다. '연로하신 아버지가 계시고 그분이 늘그막에 얻은 어린 아들이 있습니다. 그의 형은 죽고 그의 어머니한테서는 그 혼자 남아 아버지께서 그를 아끼십니다.' 21 당신께서 당신의 종에게 말씀하셨습니다. '그 아우를 나에게 데려와라. 내 눈으로 그를 봐야겠다.'[8] 22 저희는 나리께 아뢰었습니다. '이 아이는 아버지를 떠날 수 없습니다. 그가[9] 아버지를 떠나면 (아버지는) 죽습니다.' 23 그러나 나리께서는 당신의 종에게 말씀하셨습니다. '어린 너희 아우를 데려오지 않으면 다시는 내 얼굴을[10] 보지 못할 것이다.' 24 저희는 당신의 종인 아버지에게 올라가 나리의 말씀을 알렸습니다. 25 저희 아버지는 말하였습니다. '우리를 위해 다시 **곡식을** 조금 사오너라.' 26 저희가 말하였습니다. '저희는 내려갈 수 없습니다. 어린 아우가 저희와 함께라야 내려갑니다. 어린 아우가 저희와 함께하지 않으면 그분의 얼굴을 볼 수 없기 때문입니다.' 27 당신의 종인 아버지가 저희에게 말하였습니다. '너희는 내 아내가[11] 나에게 둘을 낳아 주었다는 것을 안다. 28 하나는 나한테서 떠났다. 나는 그가 분명히 **죽임을 당했다고**[12] 말하였고 지금까지 그를

심판은 파라오의 심판과 비슷하게 바뀌셨습니다." 네오피티는, 유다가 그동안의 자초지종과 협박 섞인 자신의 각오를 피력하는 내용을 매우 길게 부연하였다. 유다의 분노 설화는 단편 타르굼과 게니자 타르굼에서도 발견된다.

7) 네오피티는 18절에 이어, 유다를 지켜본 요셉의 반응과 유다의 말을 더 덧붙인다.

8) 차명 요나탄은 "제대로"(לטבתא)를 덧붙인다.

9) 네오피티는 "그 아이"(טליא)라고 밝힌다.

10) 히브리어 פני를 옹켈로스는 אפי, 차명 요나탄과 네오피티는 סבר־אפוי라고 옮겼다.

11) 네오피티는 그 아내가 "라헬"(רחל)이라고 밝힌다.

12) 히브리어로는 '찢김을 당하다'(טָרֹף טֹרָף)이다.

보지 못하였다. 29 너희가 이 아이도 내 **앞에서**[1] 데려가 그에게 **죽음이** 닥치면 너희는 슬퍼하며 나의 백발을 스올로 내려가게 할 것이다.' 30[2] 아버지가 그를 자기 목숨처럼 **아끼는데,**[3] 이제 제가 당신의 종 아버지에게 갈 때 아이가 저희와 함께 가지 않으면, 31 아이가 없는 것을 보고 죽을 것입니다. 당신의 종은 슬퍼하며 당신의 종 저희 아버지의 백발을 스올로 내려가게 할 것입니다. 32 당신의 종은 아버지에게 이 아이를 보증하기로 하고 이렇게 말하였습니다. '제가 당신께 데려오지 않으면 저는 평생 아버지께 죄인이 되겠습니다.'[4] 33 그러니 이제 당신의 종이 아이 대신 나리의 종으로 여기에 머무르고, 아이는 형들과 올라가게 해 주십시오. 34 어떻게 제가 아이 없이 아버지의 집에 올라가겠습니까? 아버지가 겪을[5] 그 고난을[6] 저는 보지 못하겠습니다."

형들에게 정체를 드러낸 요셉

45,1 요셉은 사람들이 다 서 있는데 억제할 수가 없어[7] 소리쳤다. "다들 나한테서 내 보내라." 그래서 요셉이 형제들에게 고백할 때 그의 곁에는 아

---

1) 히브리어 מעם פני를 타르굼들은 מן־קדמיי, מן־לוותי라고 옮겼다.

2) 차명 요나탄에는 30-31절이 빠져 있다.

3) 히브리어 성경을 직역하면 '그의(아버지) 목숨이 그의(아이) 목숨에 묶여 있다'(ונפשו קשורה בנפשו)이고, 옹켈로스와 네오피티를 직역하면 '그의(아버지) 목숨은 그를 자기 목숨처럼 아낀다'(ונפשיה חביבה עלוי כנפשיה)이다.

4) 네오피티는 "제가 평생 아버지의 안부를 여쭙지 못하게 하십시오"(ניהווי מרחק מן שאלת שלמה דאבה כל יומיא)라고 수정하였다.

5) 히브리어 מצא(찾다)를 옹켈로스는 שכח(찾다), 차명 요나탄은 ברז(찌르다), 네오피티는 ארע(닥치다)라고 옮겼다.

6) 직역하면 "악"(רע, בישתא)이다.

7) 차명 요나탄은 사람들이 앞에 서 있어서 "울지 않으려고 했으나"(דלא למבכי) 억제할 수 없었다고 덧붙인다.

무도 서 있지 않았다. 2 그가 소리 내어[8] 울어 이집트인들이 들었고 파라
오의 집안 **사람도** 들었다.[9]

3 요셉이 형들에게 말하였다. "나는 요셉입니다. 아버지는 아직 살아 계
십니까?" 그의 형들은 그에게 **한 마디도**[10] 대답할 수 없었다. 그들은 그의
앞에서 겁을 먹었기 때문이다. 4 요셉은 형들에게 말하였다. "나에게 가까
이 오십시오."[11] 그들이 다가가자 그가 말하였다. "내가 형님들이 이집트로
팔아넘긴 요셉입니다. 5 이제는 나를 이곳으로 팔아넘긴 일로 **괴로워하지**
마시고 자신을 **자책하지** 마십시오.[12] **주님께서** 살게 하시려고[13] 나를 형님
들에 앞서 보내신 것입니다. 6 이 땅에는 두 해 동안 기근이 들었고, 다섯
해 더 **씨를 뿌리지도**[14] 거두지도 못합니다. 7 **주님께서는** 형님들을 이 땅
에서 살아남게 하시려고 나를 형님들에 앞서 보내셨고, 많은 이들을 구하
시고자 형님들을 살게 하신 것입니다. 8 형님들이 나를 이곳에 보낸 것이
아닙니다. **주님 앞에서** 이루어졌습니다.[15] 그분께서는 나를 파라오의 아버

---

8) 히브리어 נתן(주다)을 옹켈로스는 יהב(주다), 차명 요나탄은 רום(올리다), 네오피티는 שווי(두다) 동사로 옮겼다.

9) 네오피티는 "파라오의 궁에도 들렸다"(ואשתמע בפלטורין דפרעה)고 하였다.

10) 옹켈로스와 차명 요나탄에서 덧붙였다(פתגם).

11) 차명 요나탄은 "나에게 가까이 와서 나의 할례한 곳을 보십시오"라고 부연한다.

12) 히브리어 '슬퍼하다'(עצב)와 '화내다'(חרה)를 옹켈로스와 차명 요나탄은 '괴로워하다'(נסס)와 '자책하다'(תקף), 네오피티는 '화내다'(רגז)와 '나쁘게 하다, 해치다'(באש)라고 옮겼다.

13) 차명 요나탄은, 주님께서 "형님들을(너희) 살게 하시려고", 네오피티는 "많은 대중들을 살게 하시려고" 이렇게 되었다고 설명한다.

14) 히브리어로는 '밭을 갈다'(חריש)이다.

15) 차명 요나탄은 "그 일은 주님 앞에서 비롯되었습니다"라고 옮긴다.

지이자[1] 그의 집안 모두의 지도자이며 이집트 온 땅의 통치자로 삼으셨습니다. 9 서둘러 아버지께 올라가서 말씀 전하십시오. '아버지의 아들 요셉의 말입니다. **주님께서** 저를 온 **이집트인들의** 지도자로 삼으셨으니 **주저하지**[2] 마시고 저에게 내려오십시오. 10 고센 땅에 머무르시면 아버지와 아들들과 손자들, 양 떼와 소 떼와 당신의 모든 것들이 저와 가까이 있을 것입니다. 11 제가 거기서 아버지께 양식을 대 드리겠습니다. 다섯 해 더 기근이 남았기 때문입니다. 아버지와 아버지의 집안 **사람과** 아버지의 모든 것들이 죽지 않도록 해야 합니다.' 12 형님들과 내 아우 벤야민은 **내가** 여러분에게 **여러분 언어로** 말하는 것을[3] 직접 보고 있습니다. 13 이집트에서 내가 누리는 모든 영광과 보신 것들 모두 아버지께 알려 드리시고, 서둘러 아버지를 모시고 내려오십시오." 14 (요셉은) 아우 벤야민의 목에 (고개를) 숙이고[4] 울었다.[5] 벤야민도 그의 목에 (고개를 숙이고) 울었다. 15 (요셉은) 형들 모두와도 입을 맞추고 울었다. 그러고 나서야 형들은 그와 이야기하였다.

---

1) 차명 요나탄은 "파라오의 아버지"를 "파라오의 지도자"(לרב לפרעה)라고 하였다.

2) 히브리어 '서다'(עמד)를 타르굼들은 '주저하다'(שהי, עכב)로 옮긴다.

3) 히브리어 본문을 직역하면 "여러분에게 말하고 있는 내 입"(כי־פי המדבר אליכם)이다. 차명 요나탄과 네오피티는 "성전의 언어"(בלישן בית קודשא)라고 옮긴다(2,19 참조).

4) 차명 요나탄을 직역하면 '그는 아우 벤야민의 목의 덜미에 기대어 울었다'(ואתרכין על פריקת צוורי בנימין אחוי ובכא)이다. 네오피티도 '기대다'(רכן) 동사로 옮긴다.

5) 차명 요나탄에 따르면, 요셉이 벤야민에 기대어 운 것은 장차 벤야민의 몫으로 세워질 성전이 두 번이나 무너질 것을 보았기 때문이고, 벤야민이 요셉에 기대어 운 것은 장차 요셉의 몫이 될 실로 성막이 무너질 것을 보았기 때문이라고 부연한다.

파라오의 축하

16 요셉의 형제들이 왔다는 소식이 파라오의 집에[6] 들려와, 파라오와 그의 신하들도 좋아하였다. 17 파라오가 요셉에게 말하였다. "형제들에게 말하게. '너희는 너희 가축들에 짐들을 싣고 가나안 땅으로 **가지고** 가라. 18 너희 아버지와 집안 **사람을** 나에게 데리고 와라. 내가 너희에게 이집트 땅에서 좋은 것을[7] 주겠다. 너희는 이 땅에서 **좋은 것을**[8] 먹게 될 것이다.' 19 또 그대는 이렇게 지시하게.[9] '너희는 너희 아이들과 아내들을 위하여 수레를 이집트 땅에서 가져가라.[10] 너희 아버지도 태워 오너라. 20 너희의 도구들에는[11] 미련을 갖지 마라. 이집트 온 땅의 좋은 것이 너희의 것이다.'"

집에 돌아온 형제들

21 이스라엘의 아들들은 그대로 하였다. 요셉은 파라오의 **말대로**[12] 그들에게 수레를 주고 여행 양식도 주었다. 22 그들 모두에게 저마다 **입을 만한**

---

6) 차명 요나탄은 "파라오의 왕궁"(בית מלכותא דפרעה), 네오피티는 "파라오의 궁"(בפלטורין דפרעה)이라고 옮겼다.

7) 히브리어 טוב(좋은 것, 명물)을 차명 요나탄은 שפר ארג(최고로 좋은 것)이라고 옮긴다.

8) 히브리어로는 חלב(기름, 기름진 것)이다. 차명 요나탄은 히브리어 본문대로 옮겼다.

9) 차명 요나탄은 "그대 요셉은 아버지의 영예에 책임이 있으니 그대의 형제들에게 이렇게 말하게"(ואנת יוסף מפקד דאיקר אבך בגין כן אימר לאחך)라고 하였다.

10) 차명 요나탄은 "너희는 소가 끄는 수레를 이집트 땅에서 가져가 그것으로 너희 아이들과 아내들을 실어 오도록 하여라"고 옮겼다.

11) 네오피티는 "너희의 전쟁 도구들(무기)"(מאני זייניכון)이라고 옮겼다.

12) 히브리어 על־פי פרעה(파라오에 따라, 파라오의 지시대로)를, 옹켈로스와 차명 요나탄에서는 על מימר פרעה(파라오의 말대로), 네오피티에서는 על גזרת פומיה דפרעה(파라오의 결정에 따라)라고 하였다.

예복들을[1] 주고 벤야민에게는 은전 삼백 **셀라와 입을 만한 예복** 다섯 벌을 주었다. 23 아버지에게는 나귀 열 마리에 이집트의 좋은 것을 싣고,[2] 암나귀 열 마리에 곡식과 아버지를 위한 여행 양식과 빵을 실어 보냈다. 24 그는 형들을 보내면서 떠나는 그들에게 말하였다. "길 가다 **다투지** 마십시오."[3]

25 그들은 이집트에서 올라가 가나안 땅의 아버지 야곱에게로 갔다. 26 그들은 그에게 알렸다. "요셉이 지금 살아 있습니다. 그가 이집트 온 땅의 통치자였습니다." 그러나 야곱은 믿기지 않아 그의 마음은 **이 말들에** 냉담하였다.[4] 27 그들은 요셉이 그들에게 한 모든 일들을 야곱에게 전하였고, 그는 요셉이 자기를 모셔오라고 보낸 수레들을 보았다. **거룩한 영이 아버지 야곱 위에 머물자**,[5] 28 이스라엘은 말하였다. "**이렇게 기쁠 수가**[6] **있**

---

1) 히브리어로는 "바꿔 입을 옷들"(חלפות שמלת)이다. 옹켈로스는 관계사 'ד'를 사용하여 אסטלון דלבושא(직역: 의복의 예복)라 하였고, 차명 요나탄과 네오피티는 접속사 'ו'로 연결하여 אסטולי ולבוש(예복과 의복)라고 옮겼다.

2) 네오피티는 "선물로"(דורון), 차명 요나탄은 "선물로"(דורון) "포도주"(חמר)를 보냈다고 덧붙인다.

3) 히브리어로는 '흔들리다, 떨다, 화내다'(רגז)이다. 옹켈로스와 차명 요나탄은 '다투다'(נצי), 네오피티는 '화내다'(רגז)라 하였다. 차명 요나탄은 "길 가는 사람들이 형님들에게 화내지 않도록 내가 팔려간 일을 두고 다투지 마십시오"라고 부연하였다.

4) 히브리어 성경에서는 "그의 마음은 냉담하였다"(ויפג לבו)이다. 옹켈로스는 "그의 마음은 이 말들에 냉담하였다"(והואה מליא פיגן על ליביה), 차명 요나탄과 네오피티는 "그의 마음은 갈라졌다"(ופליג ליביה)라고 옮긴다.

5) 차명 요나탄은 "그들이 요셉을 팔았을 때 아버지 야곱에게서 떠난 예언의 영이 돌아와 그 위에 머물"렀다고 부연한다.

6) 히브리어 '크다, 많다, 충분하다'(רב)를 옹켈로스는 '나에게 기쁨이 크다'(לי חדוא סגי)라고 옮겼다.

나. 내 아들 요셉이 지금까지 살아 있다니.[7] 어서 가서 죽기 전에 그를 보아야겠다."

이집트로 떠나는 야곱에게 하신 하느님의 약속

46,1 이스라엘은 자신의 모든 것을 가지고 떠났다. 그는 브에르 세바에 이르러 아버지 이사악의 하느님께 제물을 바쳤다. 2 **주님께서** 밤의 환시에서[8] 이스라엘에게 말씀하셨다. "야곱아, 야곱아!" 그가 아뢰었다.[9] "접니다."[10] 3 그분께서 말씀하셨다. "나는 하느님, 네 아버지의 하느님이다. 이집트로 내려가는 것을[11] 두려워하지 마라. 내가 너를 그곳에서 큰 백성으로 만들겠다. 4 나는[12] 너와 함께 이집트로 내려갔다가, 반드시 너를 다시 올

---

7) 차명 요나탄은 길게 부연한다. "주님께서 나에게 많은 호의를 베푸시어 나를 에사우와 라반의 손에서, 나를 뒤쫓아 오는 가나안인들 손에서 구하셨다. 내가 많은 위로를 지켜보면서 그렇게 되기를 기대했으나, 내 아들 요셉이 살아 있으리라고는 기대하지 않았다." 곧 주님께서 함께하신 지나온 날들과 위기의 순간들을 되돌아 보며 요셉의 생존을 실감하지 못한다.

8) 차명 요나탄은 "밤의 예언에서"(בנבואה דליליא)라고 하였다.

9) 네오피티 여백 각주는 "야곱이 성전의 언어로 대답하여 아뢰었다"고 덧붙인다.

10) 네오피티는 히브리어 '접니다'(הנני)를 아람어로 번역하지 않고 히브리어 그대로 두었다.

11) 차명 요나탄은 주님께서 "아브라함에게 종살이를 선고한 일로" 이집트로 내려가게 되었다고 덧붙인다.

12) 차명 요나탄은 "나는 나의 메므라로 너와 함께 이집트로 내려갈 분"이라고 소개하여, 하느님의 의인화를 피하였다.

라오게 하리라.[1] 요셉이 자기 손으로 너의 눈을 감겨줄 것이다."[2] 5 야곱은 브에르 세바에서 일어났다. 이스라엘의 아들들은 파라오가 그들을 데려오라고 보낸 수레에 아버지 야곱과 자신들의 아이들과 아내들을 태웠다.

6 그들은 가축들과 가나안 땅에서 모은 재산들을 끌고서, 야곱과 **자손들이** 모두 이집트로 갔다. 7 그의 아들들과 손자들, 그의 딸들과 손녀들,[3] 곧 그의 모든 자손들이 그와 함께 이집트로 갔다.[4]

이집트에 들어간 이스라엘의 자손

8 이는 이집트에 들어간 이스라엘의 자손들, 곧 야곱과 그의 아들들의 이름이다. 야곱의 맏아들은 르우벤이다. 9 르우벤의 아들들은 하녹, 팔루, 헤츠론, 카르미이다. 10 시메온의 아들들은 여무엘, 야민, 오핫, 야킨, 초하르, 가나안 여자의 아들 사울이다.[5] 11 레위의 아들들은 게르손, 크핫, 므라리이다. 12 유다의 아들들은 에르, 오난, 셀라, 페레츠, 제라이다. 에르와 오난은 가나안 땅에서 죽었다.[6] 페레츠의 아들들은[7] 헤츠론과 하물이

1) 차명 요나탄은 "나는 네 자손들의 고통을 보고 나의 메므라가 너를 그곳에서 올라오게 하리라. 네 자손들도 그곳에서 올라오게 하리라"고 하였다.

2) 직역하면 '요셉이 네 눈에 자기 손을 얹을 것이다'(ויוסף ישוי ידוהי על עינך)이다.

3) "손녀들"은 직역하면 '그의 아들들의 딸들'(בנת בנוי)이다. 네오피티는 "(그의) 딸들의 딸들(외손녀들)"(בנת בנתיה)이라고 하였다.

4) 네오피티에서는 '내려가다'(נחת)이다.

5) "가나안 여자의 아들 사울"을 두고 차명 요나탄은 "사울은 시팀에서 가나안인들의 행실을 따라한 지므리"라고 부연 설명한다.

6) 차명 요나탄은 에르와 오난이 "그들의 악행 때문에" 가나안에서 죽었고 (38,7-10), "셀라와 제라는 가나안 땅에서 아들을 낳지 못하였다"고 덧붙인다.

7) 차명 요나탄은 "이집트에 내려온 페레츠의 아들들"이라고 하였다.

다.[8] 13 이사카르의 아들들은[9] 톨라, 푸와, 욥, 시므론이다. 14 즈불룬의 아들들은[10] 세렛, 엘론, 야흘엘이다. 15 이들은 레아가 파딴 아람에서 야곱에게 낳아 준 아들들이고, 딸 디나도 있다. 그의 아들들과 딸들은 모두 서른세 명이다.

16 가드의 아들들은 치프욘, 하끼, 수니, 에츠본, 에리, 아로디, 아르엘리이다. 17 아세르의 아들들은 임나, 이스와, 이스위, 브리아이고 그들의 누이 세라가 있다.[11] 브리아의 아들들은 헤베르와 말키엘이다. 18 이들은 라반이 자기 딸 레아에게 준 질파가 야곱에게 낳아 주었다. 그들은 열여섯 명이다.

19 야곱의 아내 라헬의 아들들은 요셉과 벤야민이다. 20 요셉에게는 이집트 땅에서 그들이 태어났는데,[12] 온의 **지도자** 포티 페라의 딸 아스낫이[13] 므나쎄와 에프라임을 낳아 주었다. 21 벤야민의 아들들은 벨라, 베케르, 아

8) 네오피티에서는 "에르와 오난은 가나안 땅에서 죽었다. 페레츠의 아들은" 이 대목이 빠지고 '제라' 다음에 '헤츠론과 하물'을 이어서 나열한다.

9) 차명 요나탄은 이사카르의 아들들을 "현인들이요 계산의 스승들"(חכימין ומרי חושבנא)이라고 소개한다.

10) 차명 요나탄은 즈불룬의 아들들을 두고, "상인이자 무역상으로서, 그들의 형제들인 이사카르의 아들들을 부양하여 그들처럼 보상을 받는다"고 부연하였다.

11) 차명 요나탄은 세라에 대해 부연한다. "세라는 살아 있을 때 (에덴) 동산에 이끌려 왔다. 그가 야곱에게 요셉이 살아 있다고 알렸기 때문이다. 그는 요압 시대에 죽음의 심판에서 아벨의 주민들을 구하였다." 한편 차명 요나탄 49,21에서는 날쌘 전령인 납탈리가 요셉의 소식을 전한다.

12) 차명 요나탄은 이집트에서 요셉의 "아들들"(בנין)이 태어났다고 덧붙인다.

13) 차명 요나탄은 아스낫을 "타니스의 지도자 포티 페라의 집에서 자란 디나의 딸"로 소개한다.

스벨, 게라, 나아만, 에히, 로스, 무핌, 후핌, 아르드이다.[1] 22 이들은 야곱에게 태어난 라헬의 아들들이다.[2] 그들은 모두 열네 명이다.

23 단의 아들들은 후심이다.[3] 24 납탈리의 아들들은 야흐츠엘, 구니, 예체르, 실렘이다. 25 이들은 라반이 자기 딸 라헬에게 준 빌하가 야곱에게 낳아 주었다. 그들은 모두 일곱 명이다.[4]

26 야곱과 함께 이집트로 들어간 사람으로 야곱의 며느리들을 뺀 그의 직계는[5] 모두 예순여섯 명이다. 27 이집트에서 태어난 요셉의 아들들은 두 명이다. 그래서 이집트로 들어간 야곱 집안 사람들은 모두[6] 일흔 명이다.[7]

---

1) 차명 요나탄은 "벤야민의 아들들은 열 명으로 그들의 이름은 형 요셉의 기적에 따른 것"이라고 덧붙이면서, 벤야민 아들들의 이름을 저마다 미드라시적으로 풀이하여 덧붙였다.

2) 네오피티는 "라헬이 야곱에게 낳아 준 아들들"(בנוי דרחל דילידת ליעקב)이라고 하였다.

3) "단의 아들들"(בני־דן)은 복수여서 여러 명이어야 하는데, 이름은 한 명만 언급된다. 그래서 차명 요나탄은 "단의 아들들은 유능한 상인들이며 그들의 총수는 (알 수) 없다"고 수정하여 옮겼다.

4) 네오피티의 이 구절에서만 일곱 '명'(נפשין[사람])이라는 단위를 붙였다.

5) 직역하면 '그의 넓적다리에서 나온 이들'(נפקי ירכיה)이다.

6) 히브리어로는 כל־הנפש לבית־יעקב(야곱 집안 사람은 모두)이다. 옹켈로스는 히브리어대로, 차명 요나탄은 סכום כל נפשתא לבית יעקב(야곱 집안 사람은 모두 총)이라 옮기고, 네오피티는 כל נפשתא דאנשי־ביתיה(직역: 그의 집안 사람들의 사람들은 모두)라고 하였다.

7) 야곱의 직계 66명과(26절) 요셉과 두 아들을 합하면 69명이다. 차명 요나탄은 "이집트에 있었던 요셉과 그들이 이집트에 들어갈 때 벽 사이에서 태어난 레위의 딸 요케벳"을 포함시켜 일흔 명을 채운다.

가족과 재회한 요셉

28 이스라엘은 자기보다 먼저 유다를 요셉에게 보내어, 자기보다 먼저 고센을 **닦게 하였다.**[8] 그들은 고센 땅에 이르렀다. 29 요셉은 병거를 갖추어 아버지 이스라엘을 보러 고센으로 올라갔다. 그는 아버지를 보고 그의 목에 (고개를) 떨구고 목 위에서 울었다.[9] 30 이스라엘이 요셉에게 말하였다. "**만약** 이제 내가 죽게 되더라도[10] 네 얼굴을 본 다음이니, 나는 **안심이 된다.**[11] 지금까지 네가 살아 있었으니 말이다."

31 요셉이 형제들과 아버지 집안에게 말하였다. "제가 올라가 파라오께 알리고 (이렇게) 아뢰겠습니다. '가나안 땅에 살던 제 형제들과 아버지 집

---

8) 히브리어 성경의 גשנה(고센으로)를 옹켈로스는 לגושן(고센으로), 차명 요나탄과 네오피티는 בגושנא(고세나에서)라고 옮겼다. 차명 요나타과 네오피티는 방향 접미어(ה ָ, -아)가 붙은 히브리어 지명을 그대로 옮긴 것이다. 한편 히브리어 '가르치다'(להורת)를 옹켈로스는 '(방향을) 돌리다, 치우다, 닦다'(לפנאה), 차명 요나탄과 네오피티는 '마련하다'(למתקנה), 칠십인역은 συναντῆσαι(만나다)라고 옮겼다. 차명 요나탄은 유다를 먼저 보낸 이유를 설명한다. "자기보다 먼저 길에서 그 땅의 기둥들을 만나 제압하게 하고, 자기보다 먼저 고센에 거주지를 마련하게 하였다."

9) 차명 요나탄은 "아버지가 그를 알아보기 전에 (요셉에게) 절하는 바람에 요셉은 햇수가 짧아져 버렸"고, "그래서 그는 후회하며 아버지에게 자신을 보여 주고 그의 목덜미에 기대었다"고 부연한다. 곧 아버지가 자신에게 절한 일로 요셉이 형제들보다 빨리 죽게 된다는 해석이다. 그리고 "아버지가 그에게 절하여"(על דיסגד ליה) 울었다고 덧붙였다.

10) 히브리어 '나는 이제 죽으리라'(אמותה הפעם)를 타르굼들은 조건문으로 바꾸었다(אילו אנא מאית).

11) 차명 요나탄은 "만약 이제 내가 죽게 되더라도 네 얼굴을 본 다음에 의로운 이들이 죽는 죽음으로 내가 죽는 것이니, 나는 안심이 된다"고 부연하였다. 네오피티는 "죽지 않을 것이다"고 하였다.

안이 저를 찾아왔습니다. 32 이 사람들은 가축의 목자 곧 가축들의 **주인인** 사람들로서 양 떼와 소 떼, 그들의 모든 것을 가지고 왔습니다.' 33 파라오가 여러분에게 말씀하실 것입니다. '너희는 무슨 일을 하느냐?' 34 여러분은 (이렇게) 말하십시오. '당신의 종들은 어릴 때부터 지금까지 가축들의 **주인인** 자들입니다. 저희도, 저희 아버지도 그러합니다.'[1] 그러면 고센 땅에 머무르게 될 것입니다. **이집트인들은** 가축을 치는 목자를 모두 멀리하기 때문입니다."

요셉의 가족을 환대한 파라오

47,1 요셉은 파라오에게 가서 알리고 아뢰었다. "제 아버지와 형제들, 양 떼와 소 떼, 그들의 모든 것들이 가나안 땅에서 떠나 고센 땅에 있습니다."[2]
2 그는 형제들 **가운데 일부** 다섯 사람을 데리고[3] 파라오 앞에 세웠다. 3 파라오가 형제들에게[4] 말하였다. "너희는 무슨 일을 하느냐?" 그들이 파라오에게 아뢰었다. "당신의 종들은[5] 가축을 치는 목자입니다. 저희도[6] 저희 아버지도 그러합니다." 4 그들은 파라오에게 말하였다. "저희는 이 땅에 체류하러 왔습니다. 가나안 땅에 기근이 심하여[7] 당신 종들의 양 떼를 위한 목

---

1) 차명 요나탄에는 이 문장이 빠져 있다.

2) 네오피티에서만 '자리 잡다'(יהיב) 동사를 덧붙인다.

3) 히브리어 성경은 "그는 형제들을 끝에서부터 다섯 사람을 데리고 갔다"(ומקצה אחיו לקח חמשה אנשים)고 하였다. 차명 요나탄은 다섯 사람을 '즈불룬, 단, 납탈리, 가드, 아세르'라고 밝힌다.

4) 차명 요나탄은 "요셉의 형제들에게"(לאחוי דיוסף)라고 하였다. 칠십인역과 페시타도 '요셉'을 밝혔다(τοῖς ἀδελφοῖς Ιωσηφ, ܠܐܚܘܗܝ ܕܝܘܣܦ).

5) 네오피티는 "당신의 종들인 그들"(אנון עבדך)이라고 하였다.

6) 네오피티는 "그들도"(לחוד אנון)라고 하였다.

7) 네오피티는 기근이 "매우"(לחדא) 심하다고 하였다.

초지가[8] 없습니다.[9] 이제 당신의 종들이 고센 땅에 머무르게 해 주십시오."
5 파라오가 요셉에게 말하였다. "그대의 아버지와 형제들이 그대를 찾
아왔네. 6 그대 앞에 있는 이집트 땅에서 비옥한[10] 땅에 그대 아버지와 형
제들을 머무르게 하게. 고센 땅에 머물러도 되네. 그들 가운데 힘센 사람이
있는지 그대가 알거든, 내 가축들의 책임자로[11] 임명하게." 7 요셉이 아버
지 야곱을 모시고 와 파라오 앞에 세웠다. 야곱은 파라오를 축복하였다.[12]
8 파라오가 야곱에게 말하였다. "당신의 세월은 몇 년이시오?" 9 야곱이 파
라오에게 말하였다. "제가 떠돈 햇수는 백삼십 년입니다. 제 세월의 햇수는
얼마 안 되고 고생스러웠으나[13] 제 조상들이 떠돈 세월의 햇수에는 못 미칩
니다." 10 야곱은 파라오를 축복하고 파라오 앞에서 나왔다.
11 요셉은 아버지와 형들에게 자리를 잡아주고, 파라오가 명령하였듯이
이집트 땅에서 비옥한 땅인 라메세스[14] 땅을 그들에게 소유지로 주었다.[15]
12 그리고 요셉은 아버지와 형들과 아버지 집안 모두에게 아이들의 (수)만
큼[16] 양식을 주었다.[17]

---

8) 차명 요나탄은 "목초지로 쓸 장소"라고 하였다.

9) 네오피티는 '그것들이 약해졌다'(ואישתלחון)고 덧붙인다.

10) 차명 요나탄과 네오피티는 "비옥한 곳"(בית שפר)이라고 하였다.

11) 네오피티는 "가축들 곧 내 모든 것의 책임자"라고 하였다.

12) 차명 요나탄에서는 야곱의 축복 내용을 덧붙인다. "당신 시대에 나일강의 물이 불어나고 세상의 기근이 끝나기를 빕니다."

13) 차명 요나탄에서는 야곱이 고생한 내용을 덧붙인다. "어려서부터 형 에사우 앞에서 달아나 내 것이 아닌 땅에서 떠돌았고, 지금도 백발이 성성하여 이곳까지 내려와 떠돌아야 하니 말입니다."

14) 차명 요나탄과 네오피티 여백 각주는 "펠루시움"(פילוסין)이라 하였다.

15) 네오피티에는 첫 문장만 남아 있다.

16) 차명 요나탄은 "아이들이 필요로 하는 만큼"이라 하였다.

17) 네오피티에는 뒷문장만 남아 있다.

요셉의 양곡 관리

13 기근이 매우 심하여 온 땅에 양식이 바닥났고, 이집트 땅의 **백성과** 가나안 땅의 **백성이**[1] 기근으로 약해졌다. 14 요셉은 (곡식을 팔아) 이집트 땅과 가나안 땅에 있는 돈을 모두 모아들였다. 요셉은 그 돈을 파라오의 집으로[2] 가져갔다. 15 이집트 땅과 가나안 땅에서 돈이 바닥나자[3] 온[4] 이집트인들이 요셉에게 와서 말하였다. "저희에게 양식을 주십시오. 저희가 어쩌다가 당신 앞에서 죽게 되었을까요? 돈이 바닥나버렸습니다."[5] 16 요셉이 말하였다. "돈이 바닥났으면,[6] 여러분의 가축을 내주시오. 가축에 따라 여러분에게 (양식을)[7] 주겠소." 17 그들은 요셉에게 자기 가축들을 데려왔다.[8] 요셉은 그들에게 말과 양 떼와 소 떼와 나귀에 따라 양식을 주었다. 그 해에는 모든 가축에 따라 양식을 대 주었다. 18 그 해가 다 가고 두 번째

---

1) 히브리어로는 "이집트 땅과 가나안 땅"(ארץ מצרים וארץ כנען)이다. 차명 요나탄과 네오피티는 이집트와 가나안의 "땅의 주민들"(דיירי ארעא)이라고 하였다.

2) 차명 요나탄은 "파라오의 보고"(בית היפתיקא דפרעה), 네오피티는 "파라오의 궁"(פלטורין דפרעה)이라 옮겼다.

3) 히브리어 תמם(끝나다, 다 쓰다)을 타르굼들은 שלם으로 옮긴다.

4) 차명 요나탄에는 이 낱말이 빠져 있다.

5) 히브리어 אפס(없다)를 타르굼들은 שלם으로 옮긴다. 차명 요나탄은 '모두'(כל)를 덧붙인다.

6) 히브리어 אפס를 옹켈로스와 네오피티는 שלם으로, 차명 요나탄은 פסק(끝나다)으로 옮긴다.

7) 차명 요나탄은 "양식"(מזון)을 덧붙였다. 칠십인역도 ἄρτους를 첨가하였다.

8) 네오피티에서는 "이집트인들 모두 요셉에게 (그것들을) 데려와 말하였다. '저희에게 양식을 주십시오'"라고 수정하였다.

해에 그들이[9] 요셉에게 와서 말하였다. "나리께 숨기지[10] 않겠습니다. 돈도
바닥나고 가축 떼는[11] 나리께 드려, 나리 앞에 저희의 몸과 땅 말고는 남은
것이 없습니다. 19 저희가 어쩌다가 나리가 보는 데서[12] 죽게 되었을까요?
양식 대신 저희와 저희 땅을 사십시오. 저희는 땅과 더불어 파라오의 종이
되겠습니다. 씨앗을 주십시오. 그래야 저희는 죽지 않고 살 것이고, 땅은
황폐해지지 않을 것입니다."

20 요셉은 파라오를 위해 이집트 온 땅을 샀다. 기근이 심하여 이집트
인들이 저마다 자기 밭을 팔았기 때문이다. 그래서 그 땅은 파라오의 것
이[13] 되었다. 21 그는 백성을 성읍에서 성읍까지, 이집트의 경계 이 끝에서
저 끝까지 옮기게 하였다.[14] 22 그는 사제들의[15] 땅만은 사지 않았다. 사제들

---

9) 차명 요나탄은 "이집트인들이 모두"(כל מצראי) 요셉에게 왔다고 밝혔다.

10) 네오피티는 '숨기다'(כסי)를 '거짓말하다'(שקר)로 옮긴다.

11) 히브리어 מקנה הבהמה(가축 떼)를 옹켈로스와 차명 요나탄은 גיתי בעירא(가축 떼), 네오피티는 'ו'(그리고)를 더해 ענה ובעירא(양과 가축)라고 옮겼다.

12) 히브리어 성경과 옹켈로스를 직역하면 '당신 눈에'(לעינך)이다. 차명 요나탄은 '보다'를 덧붙였고(ועינך חמן) 네오피티는 '당신 앞에'(קדמיך)라고 하였다.

13) 차명 요나탄은 "파라오의 재산"(חליטא לפרעה)이라고 옮겼다.

14) 차명 요나탄은, 요셉의 형제들이 유배자들이라 불리지 않게 하려고 이집트인들을 이집트 곳곳으로 이주시켰다고 부연한다. 네오피티는 나쁜 말로 중상한 백성을 유배시켜, 이집트인들이 요셉의 형제들을 조롱하지 않고 "집 없는 유배자들"(אכסניא גלוליא)이라 불리지 않게 하였다고 길게 덧붙인다. 단편 타르굼과 네오피티 여백 각주도 차명 요나탄이나 네오피티와 비슷하게 부연하였다.

15) 히브리어 כהן(사제)을 타르굼들은 כומר(이방인 사제)로 옮긴다. 차명 요나탄은 요셉이 사제의 땅을 사지 않은 이유를 밝힌다. "요셉의 주인이 그를 죽이고자 할 때 사제들이 그의 무죄를 알고 사형당할 뻔 한 그를 구하였기 때문이다."

의 몫은 파라오 앞에서 나오고,[1] 그들은 파라오가 그들에게 주는 몫으로 먹고 살았기 때문이다. 그래서 그들은 자기들의 땅을 팔지 않았다. 23[2] 요셉은 백성에게 말하였다. "나는 오늘 파라오를 위하여 여러분과 여러분의 땅을 샀소. 여러분에게 줄 씨앗이 있으니 땅에 뿌리시오. 24 수확을 **거둘** 때[3] 오분의 일은 파라오에게 바치고 네 몫은 여러분의 것이오. 밭에 씨를 뿌려 여러분과 여러분의 집안 **사람들이**[4] 먹고 아이들을 먹이시오." 25 그들이 말하였다. "나리께서 저희를 살리셨으니 저희가 나리께 **자비를** 얻게 하십시오. 저희는 파라오의 종이 될 것입니다." 26 요셉은 이집트 땅에 관하여 오늘날까지 (이어지는) 법령을 세웠다. 곧 오분의 일을[5] 파라오에게 **바친다는**[6] 것이다. 단 사제들의 땅은 파라오의 것이 되지 않았다.

야곱의 유언

27 이스라엘은 이집트 땅의 고센 땅에 머물렀다. 그들은 그곳을 소유하고 (자손들이) 불어나 매우 번성하였다.[7] 28 야곱은 이집트 땅에서 십칠 년을 살아, 야곱이 산 세월은 백사십칠 년이 되었다. 29 이스라엘은 죽을 날

---

1) 차명 요나탄은, 요셉이 파라오의 몫을 사제들에게 주도록 지시하였다고 부연한다.

2) 네오피티에는 23절이 빠져 있고 네오피티 여백 각주에서 보충하였다.

3) 히브리어 והיה בתבואת(수확 때)를 옹켈로스는 ויהי באעולי עללתא(수확을 거둘 때), 차명 요나탄은 ויהי באשׂוניה במכנושׁ עללתא(수확을 거두는 철에), 네오피티는 ויהווי באשׂון עללתא(수확 철에)라고 옮긴다.

4) 차명 요나탄과 네오피티는 "여러분 집안의 부양가족"(ולפרנוס בתיכון, ולתפניק בתיכון)이라고 옮겼다.

5) 차명 요나탄은 "수확의 오분의 일"(חומשׁא מן עללתא)이라고 하였다.

6) 차명 요나탄은 '가져가다'(למיסב)라고 수정하였다.

7) 차명 요나탄은 구체적으로 "그들은 고센 땅에 학교와 저택을 세우고", 그곳에서 "들판과 포도밭을 소유하였다"고 보충한다.

이 다가와 아들 요셉을 불러 말하였다. "이제 내가 너에게 **자비를** 얻을 수
있다면 네 손을 내 넓적다리 아래에[8] 얹어라. 나에게 **호의와** 진실을 베풀
어 나를 이집트에 묻지 말아 다오. 30 내가 조상들과 함께 자리에 들 때[9]
나를 이집트에서 옮겨 그들 무덤에 묻어 다오." 요셉이 말하였다.[10] "아버지
말씀대로 하겠습니다." 31 그가 말하였다. "나에게 맹세하여라." 요셉이 맹
세하였다. 이스라엘은 침상 머리맡에서 절하였다.[11]

요셉의 아들 에프라임과 므나쎄를 아들로 삼은 야곱

48,1 이런 일들이 있은 뒤 어떤 이가 요셉에게 말하였다. "당신 아버지께
서 편찮으십니다."[12] 그는 두 아들 므나쎄와 에프라임을 데리고 갔다. 2 어
떤 이가 야곱에게 알려 말하였다. "당신 아들 요셉이 왔습니다." 이스라엘
은 힘을 내어 침상 위에[13] 앉았다.
3 야곱이 요셉에게 말하였다. "엘 샤다이께서[14] 가나안 땅 루즈에서 나에
게 **나타나시어** 복을 내리시며 4 말씀하셨다. '나는 너를 불어나고 번성하
게 하겠다. 너를 **지파들의 의회로**[15] 만들고, 이 땅을 네 뒤에 올 **자손들에게**

---

8) 차명 요나탄은 "나의 할례한 곳에"(בגזירת מהולתי), 네오피티는 "내 계약의 표시 아래"(תחות קיימי)라고 하였다.

9) 네오피티는 "조상들에게 소집될 때"(ואתכנש לוות אבהתי)라고 옮겼다.

10) 차명 요나탄은 요셉이 민감하게 반응하였음을 덧붙인다. 그는 "그의 아들이었기 때문에 (넓적다리 아래에) 손을 얹지 않았다."

11) 차명 요나탄은 "곧바로 주님 셰키나의 영광이 그에게 나타나셨다"고 덧붙이고, 네오피티는 "감사와 찬미를 드렸다"고 수정한다.

12) 차명 요나탄은 '앓아 누우셨다'(שכיב מרע)라고 옮긴다.

13) 네오피티와 게니자 타르굼은 "침상 머리맡에"(על ריש דרגשה) 앉았다고 하였다.

14) 네오피티와 게니자 타르굼은 "하늘의 하느님"(אלה שמיא)이라고 옮긴다.

15) 네오피티는 "의로운 민족들의 의회에 회중"(לקהל כנישת אומין צדיקין)이라

영원한 소유지로 주겠다.' 5 내가 이집트로 너에게 오기 전에, 이집트 땅에
서 태어난 네 두 아들은 이제 나의 것이 된다. 에프라임과 므나쎄는 **내 앞
에서** 르우벤과 시메온처럼 되는 것이다.[1] 6 네가 그들 다음에 낳을 **아들들
은**[2] 너의 것이다.[3] 그들은 그들의 소유지에서 제 형들의 이름으로 불릴 것
이다.[4] 7 내가 파딴에서[5] 나올 때[6] 라헬이 도중에 가나안 땅에서 죽었다.
에프랏으로[7] 들어가려면 아직 꽤 (거리가) 남은 곳이다.[8] 나는 그곳 에프랏
으로 가는 길에 그를 묻었다.[9] 그곳은 베들레헴이다."

고 부연한다.

1) 차명 요나탄은 "나의 것으로 여겨지리라"(מתחשבין לי), 네오피티는 "나의 이름으로 (불릴) 것이다"(יהוון לשמי)라고 옮긴다.

2) 히브리어 מולדתך(네 후손)를 옹켈로스는 בנין(아들들), 차명 요나탄은 בנך(네 아들들), 네오피티는 תילדותך(네 후손), 칠십인역은 τὰ δὲ ἔκγονα라고 옮긴다.

3) 네오피티는 5절에서처럼 "너의 이름으로 (불릴) 것이다"(לשמך יהוון)라고 옮긴다.

4) 형들 이름으로 소유지(상속 재산)를 받는다는 뜻이다.

5) 칠십인역은 "파딴에서"를 "시리아의 메소포타미아에서"(ἐκ Μεσοποταμίας τῆς Συρία)라고 옮겼다.

6) 차명 요나탄에는 "내가 파딴에서 나올 때"(ואנא במיתא מפדן)가 빠져 있고, 대신 "내가 너에게 당부하니 나를 내 조상들과 함께 묻어다오"(ואנא דבעיתי מינך למקברי עם אבהתיי)를 덧붙였다.

7) 칠십인역은 "카브라타의 전차경주장"(κατὰ τὸν ἱππόδρομον χαβραθα)이라고 옮겼다.

8) 네오피티는 "에프랏으로 가는 곳이 수확 철일 때"(באשון עללתא דארעא למיתא לאפרתה)를 덧붙였다.

9) 차명 요나탄은 야곱이, "내가 그를 이중 동굴에 옮겨다가 묻을 수 없어서"(ולא יכילת לסוברותה למקברה במערת כפילתא) 조상들의 무덤에 묻지 못하였음

8 이스라엘이 요셉의 아들들을 보고 말하였다. "이들은 누구냐?"[10] 9 요
셉이 아버지에게 말하였다. "이들은 **주님께서** 여기에서[11] 저에게 주신 제
아들들입니다."[12] 그가 말하였다. "그들을 나에게 **가까이 오게** 하여라.[13] 내
가 그들을 축복하겠다." 10 그런데 이스라엘은 나이가 들어 눈이 무거워져
볼 수가 없었다. 그들이 그에게 가까이 가자 그는 그들에게 입을 맞추고 그
들을 안았다. 11 이스라엘이 요셉에게 말하였다. "나는 네 **얼굴을** 보리라
고 **기대도**[14] 안 했는데, **주님께서** 나에게 네 **아들들까지** 보게 해 주셨다."
12 요셉은 그들을 그 **앞에서**[15] 물러나게 하고는 땅에 얼굴을 대고 절하였
다.[16]

을 덧붙인다.

10) 차명 요나탄에서 야곱은 아들들에게 "이들은 누가 너에게 낳아 주었느냐?"(מן מאן איתילידו לך אילין)고 묻는다. 적법하게 얻은 자식들인지, 야곱의 염려를 드러낸 질문이다.

11) 히브리어 בזה(이곳에서, 이것으로)를 차명 요나탄은 בדין, 옹켈로스와 네오피티와 게니자 타르굼은 הכא(여기에서)라고 옮긴다.

12) 차명 요나탄은 8절의 질문에 맞춰, "제가 아버지의 딸인 디나의 딸 아스낫을 아내로 맞이하여 맺은 이 혼인 계약에 따라" 아들들이 태어났다고 부연한다. 곧 요셉이 합법적인 혼인(디나의 딸, 혼인 계약)을 통해 얻은 아들들이므로 야곱이 염려할 필요가 없음을 설명한다.

13) 히브리어 לקח(데려오다)를 옹켈로스와 차명 요나탄은 קרב(가까이 오다), 네오피티는 דבר(데려오다)라고 옮긴다.

14) 히브리어 פלל(기도하다)을 옹켈로스와 페시타는 סבר(기대하다), 차명 요나탄은 חשב(생각하다), 네오피티와 게니자 타르굼은 סכי(기대하다)라고 옮겼다.

15) 히브리어 성경은 "그의 무릎에서"(מעם ברכיו) 물러나왔다고 하였다. 네오피티는 "그가 그들을 축복한 뒤"(מן דברך יתהון) 물러나게 했다고 한다. '무릎'(בֶּרֶךְ)을 '축복'(בְּרָכָה)으로 혼돈한 듯하다.

16) 네오피티는 "그들은 그의 앞에서 땅에 대고 절하였다"고 옮긴다. 네오피

13 요셉은 그들 둘을 데려다 에프라임의 오른손을[1] 이스라엘의 왼손에,
므나쎄의 왼손을 이스라엘의 오른손에 놓고 그에게 가까이 가게 하였다.
14 이스라엘은 오른손을 뻗어 동생인 에프라임의 머리에 얹고, 왼손은 므
나쎄의 머리에 얹었다. 므나쎄가 맏아들인 것을 **알면서도** 그의 손을 그렇
게 한 것이다.[2]

15 그는 요셉을 축복하며 말하였다.

"나의 조상 아브라함과 이사악을 당신 앞에서 **예배하게 하신 주님**,[3]

제가 생겨날 때부터[4] 오늘까지 저를 **먹여 살리신 주님**,[5]

16 모든 악에서 저를 구하신 천사님,[6] 이 아이들을 축복하소서.

그들을 통해 제 이름과 저의 조상 아브라함과 이사악의 이름이

티 여백 각주는 "그 땅의 관습대로 그의 안부를 물었다"고 수정한다.

1) 차명 요나탄은 방향의 '쪽'(סטר)이라는 낱말을 덧붙인다.

2) 히브리어 성경에서는 "므나쎄가 맏아들인데도 그의 손을 교차하였다"(שׂכל את־ידיו כי מנשה הבכור)이다. 히브리어 '교차하다'(שׂכל)를 옹켈로스는 '알다'(חכם), 차명 요나탄과 네오피티는 '바꾸다'(פרג, שׁלחף), 칠십인역은 부사를 사용하여 '교차하게'(ἐναλλάξ)라 하였다.

3) 히브리어로는 당신 앞에서 "걸어가게(살게) 하신 하느님"(האלהים אשׁר התהלכו)이다. 차명 요나탄은 옹켈로스처럼 옮기고(פלח), 네오피티는 "진실하게"(בקושטא) 살게 하신 주님이라고 덧붙인다.

4) 히브리어 מעודי를 옹켈로스와 차명 요나탄은 "제가 생겨날 때부터"(מדאיתני), 네오피티는 "제가 어릴 때부터"(מן טליותי)라고 하였다.

5) 히브리어로는 "저의 목자가 되어 주신 하느님"(האלהים הרעה אתי)이다. 차명 요나탄은 옹켈로스처럼(ייי דאיזן יתי), 네오피티에서는 "저를 이끌어 주신 주님"(ייי דדבר יתי)이다.

6) 차명 요나탄은 "당신께서(주님) 저를 위해 모든 악에서 저를 구하도록 임명하신 천사가, 당신 앞에서 … 빕니다"라고 보충한다.

불리게 되고,
그들이 땅의 **사람들 속에서 바다의 물고기처럼** 불어나게
되리이다."[7]

17 요셉은 아버지의 오른손이 에프라임의 머리 위에 있는 것을 보았다.
그가 보기에 그것이 거슬렸다.[8] 그는 아버지의 손을 들어 에프라임의 머리
위에서 바꾸어 므나쎄의 머리 위에 **내려놓았다.**[9] 18 요셉이 아버지에게 말
하였다. "아버지, 맞지 않습니다. 이 아이가 맏아들이니 당신 오른손을[10] 그
의 머리에 얹으십시오." 19 아버지는 이를 거부하며 말하였다. "나도 안다.
아들아, 나도 안다.[11] 그도 민족을 이루어 불어날 것이다. 그러나 동생이 그
보다 더 불어나 그의 **자손들이 민족들을 지배할 것이다.**"[12]

20 야곱은 그날 그들을 축복하며 말하였다.
"이스라엘이 너를[13] 이렇게 축복할 것이다.[14]
'**주님께서** 너를 에프라임과 므나쎄처럼 만드시리라.'"

---

7) 차명 요나탄은 "바다의 물고기가 물속에서 계속 불어나듯이 요셉의 아들들이" 땅에서 불어난다고 보충 설명한다.

8) 네오피티는 "그가 보기에 그것이 마땅치 않았다"(והוא לא שפר באפוי)라고 옮긴다.

9) 히브리어 '옮기다, 없애다'(להסיר)를 옹켈로스와 차명 요나탄은 '바꾸어'(לאעראה) '내려놓다'(לאנחותה)라고 하고, 네오피티는 '돌려놓다'(למחזרה)라고 옮겼다.

10) 차명 요나탄에서만 '손'(יד)을 덧붙인다.

11) 차명 요나탄은 반복을 피하여 "아들아, 나도 그가 맏아들인 것을 안다"(ידענא ברי דהוא בוכרא)고 하였다.

12) 차명 요나탄은 "그의 자손들이 민족들 안에서 커질 것이다", 네오피티는 옹켈로스처럼 옮긴다(ובנוי יהון סגיאין בעממיא).

13) 네오피티는 이스라엘에 "네 공로로"(בזכותך) 축복을 받는다고 옮겼다.

14) 차명 요나탄은 이 구절을 할례 예식과 연결한다.

(이렇게) 그분께서 에프라임을 므나쎄 앞에 두셨다.[1)]

21 이스라엘이 요셉에게 말하였다. "나는 죽는다.[2)] **주님의 메므라께서**
너희의 **협력자가 되시어** 너희를 조상들의 땅으로 돌아가게 하실 것이다.
22 나는 네 형제들보다 너에게 **나머지 한 몫을** 더 준다.[3)] 내가 칼과 활로 아
모리족의 손에서 빼앗은 것이다."[4)]

야곱의 축복

49,1 야곱이 자기 아들들을 불러 말하였다. "다들 모여 보거라.[5)] **마지막
날에** 너희에게 닥칠 일을 너희에게 알려 주겠다.[6)] 2 야곱의 아들들아, 모여

---

1) 차명 요나탄은 "지파를 셀 때 에프라임의 족장을 므나쎄의 족장 앞에 셀 것이다"라고 덧붙인다. 네오피티는 "(이렇게) 그분께서 므나쎄의 축복을 (에프라임에게) 두셨다"고 옮긴다.

2) 게니자 타르굼은 "나는 이제 (조상들에게) 소집된다"(אנא כען מתכנש)이다.

3) 히브리어로는 "나는 너에게 스켐 하나를 더 준다"(ואני נתתי לך שכם אחד)이다. 차명 요나탄은 "나머지 선물로 한 몫의 스켐 성읍을"(ית קרתא דשכם חולק חד למתנא יתיר) 요셉에게 더 준다고 하였다.

4) 네오피티는 아모리족에게서 스켐을 빼앗은 도구는 칼과 활이 아니라고 소개한다. 첫 아담의 옷은(לבושיה דאדם קדמיי) 니므롯에게 빼앗겼다가 아브라함이 되찾아 이사악을 거쳐 에사우의 손에 넘어갔으나, 칼과 활보다 훌륭한 야곱의 공로와 선행(덕행)으로(בזכותי ובעובדיי טביא) 야곱의 손에 이르렀고, 마찬가지로 스켐도 야곱의 칼과 활이 아닌 그의 공로와 선행으로 아모리족에게서(מן ידיהון דאמוראי) 빼앗을 수 있었다고 부연하였다.

5) 차명 요나탄은 "부정을 씻어라"(אידכו מסואבותא)로 축복을 시작한다.

6) 차명 요나탄과 네오피티에서는, 야곱이 "의인에게는 보상을, 악인에게는 처벌을, 에덴에게는 평온을" 줄 "숨겨진 비밀 곧 봉인된 마지막 때"를 알려 주고자 한다. 그러고 나서 차명 요나탄은 열두 지파가 다같이 모여들어 야곱이 누워 있는 황금 침상을 에워쌌는데, 주님 셰키나의 영광이 나타나시자 임금 메

서 들어 봐라. 아버지 이스라엘의 **가르침을 받아들여라**.

3 르우벤은 나의 맏아들,
너는 나의 힘,[7] 내 정력의 첫 열매이다.[8]
너는 세 가지 몫, 맏아들 권리와 사제직과 왕권을 가졌다.[9]
4 너는 물처럼 **앞으로만 가버려**
이득도 못 보고 남은 몫도 챙기지 못하였다.[10]
네가 아버지 **침실에**[11] 올라갔기 때문이다.
내 아들아, 너는 **올라가** 내 잠자리를 더럽혔다.[12]

시아가 오실 마지막 때가 그에게 숨겨졌다고 부연한다.

7) 차명 요나탄은 "나의 첫 교합의 힘"(ריש חיל שימושי)이라고 하였다.

8) 차명 요나탄은 "나의 뜨거운 감정의 첫 분출"(ושירוי קריות הירהורי), 네오피티는 "나의 첫 슬픔"(ושרוי צערי)이라고 하였다.

9) 히브리어 성경에서는 "너는 영광이 넘치고 힘이 넘친다"(יתר שאת ויתר עז)고 하였다. 차명 요나탄은 옹켈로스처럼 옮기고, "그러나 내 아들아, 네가 죄를 지어 맏아들 권리는 요셉에게, 왕권은 유다에게, 사제직은 레위에게 넘어갔다"고 덧붙인다. 네오피티는 차명 요나탄과 똑같고 다만 '대사제직'(כהנתא רבתא)이 '레위 지파'(לשבטוי דלוי)에게 넘어간다고 묘사한다. 한편 칠십인역은 "(너는) 견디지 못하고(인내심 없고) 완고하고 고집 세다"(σκληρὸς φέρεσθαι καὶ σκληρὸς αὐθάδης)라고 덧붙였다.

10) 히브리어 성경에서는 "그러나 너는 물처럼 무모하여 남아 있지 못하리라"(פחז כמים אל־תותר)이다. 차명 요나탄과 네오피티는 르우벤을, '빠르고 거세어 견디지 못하고 압도될 정도의 시내가 흐르는 작은 정원'에 비유하였다.

11) 옹켈로스는 히브리어 '침상'(משכב)을 '침실'(בית־משכב)로 옮기고, 차명 요나탄은 '잠자리'(שוי)에 올라가 어지럽혔다고(בלל) 하였다. 르우벤이 지은 죄의 심각성을 줄여 보려는 번역이다.

12) 차명 요나탄은 "내 아들 르우벤아, 너는 죄를 지었다. 더 (죄짓지) 마라. 네

5 시메온과 레위는 형제,[1] **강한 사람들,**
그들은 체류하는 땅에서 위대한 업적을 이루었다.[2]
6 나는 그들의 비밀 모의에[3] 있지 않았고[4]
그들이 모일 때 나는 내 **영광에서 내려가지 않았다.**[5]
그들은 격분하여 살해를 저질렀고[6]

가 죄를 지은 것은 용서받으리라. 네가 내 잠자리에 올라가 어지럽힌 일이 네가 네 아버지의 부인과 관계하려고 그에게 올라간 것처럼 여겨졌다"라고 부연한다. 네오피티에는 마지막 두 절 "너는 아버지 침상에 올라갔고, 그때 내 침상을 더럽혔기 때문이다"가 히브리어로 남아 있다. 성조 르우벤의 불명예가 드러나는 이 구절은, 히브리어로 읽되 아람어로 번역하지 않도록 규정한다(미슈나 메길라 4,10).

1) 차명 요나탄과 네오피티는 "쌍둥이 형제"(אחין תלאמין)라고 하였다.

2) 히브리어로는 "그들의 칼은 폭력의 도구"(כלי חמס מכרתיהם)이다. 차명 요나탄은 "날카로운 무기로 강탈하는 것이 그들의 특징이다", 네오피티는 "어릴 때부터 날카로운 무기로 싸움을 일삼더니 적들의 땅에서 싸워 이겼다"고 번역하였다.

3) 히브리어 סדם(비밀 모의)을 옹켈로스는 רזהון(비밀 모의), 차명 요나탄은 עטתהון(모의), 네오피티는 כנישתיהון בעצתיהון(모의하는 모임)이라고 하였다.

4) 차명 요나탄과 네오피티는 그들의 모의가 야곱에게 '달갑지 않았다'(לא אתרעיית)고 하였다.

5) 네오피티는 "그들이 스켐을 치러 요새에 모일 때 내 영광에는 관심 없었다"고 하여 두 아들이 야곱의 명예를 떨어뜨렸음을 내비친다. 차명 요나탄도 이 구절을 그들이 스켐을 공격한 일과 연결하여 야곱이 이 일에 말려들지 않았다고 하였다.

6) 히브리어로는 "그들이 '사람'을 살해하였다"(הרגו איש)이다. 차명 요나탄은 "임금과 통치자"(מלכא ושולטניה)를, 네오피티는 "임금들"(מלכין)을 죽였다고 덧붙인다.

그들 뜻대로 **증오의 벽을** 부수었다.[7)]

7 그들의 격분은 강하고 그들의 분노는 거세었으니
저주를 **받았다**.[8)]
나는 그들을 야곱에게서 갈라놓고
이스라엘에서 흩어지게 하리라.[9)]

8 유다야, **너는 고백하고 부끄러워하지 않았으니**,[10)]
네 형제들이 너를 찬양하리라.[11)]

---

7) 히브리어 성경에서는 "그들은 내킬 때 소를 못 쓰게 만들었다"(וברצנם עקרו־שור)이다. 차명 요나탄과 네오피티는 "악에 받쳐 적들의 벽을 무너뜨렸다"(וברעותהון פכר שור בעלי־דבבהון)라고 번역하였다. '소'(שׁוֹר)를 '성벽'(שׁוּר)으로 이해한 것이다.

8) 차명 요나탄에서 저주의 대상은 '그들이 들어가 공격한 스켐 성읍'과 '요셉을 향한 그들의 분노'이다. 네오피티에서는 "시메온과 레위가 격분하여 들어가 공격한 스켐 성읍"이 저주를 받는다. 저주의 대상이 네오피티에서는 시메온과 레위의 분노에서 스켐 성읍으로 바뀌고, 차명 요나탄은 둘 다 저주한다.

9) 차명 요나탄은 시메온과 레위를 두고, 그들 둘이 함께 살게 되면 아무 임금도 통치자도 그들을 통제하지 못하게 되니, 시메온 자손들의 소유를 두 몫으로 나누어 한 몫은 유다 자손들 소유지에서 그에게 주고 다른 몫은 야곱의 나머지 지파들 사이에서 떼어 줄 것이며, 레위 지파는 이스라엘 모든 지파에서 흩어버리겠다고 부연하였다. 한편 네오피티는, 시메온의 몫은 야곱 집안 안에서 나누고, 레위의 소유는 이스라엘 자손들의 지파 안에서 많게 하겠다고 하였다.

10) 차명 요나탄은 '타마르의 일을 고백한'(אודיתא על עובדא דתמר) 일로 찬양받으리라고 덧붙인다.

11) 차명 요나탄과 네오피티는 아울러 "그들은(네오피티: 모든 유다인들) 네 이름을 따서 유다인들이라 불리리라"(ויתקרון יהודאין על שמך)고 부연하였다.

너의 손은 네 적들보다 **우세하여 원수들이 산산조각이 나리라.**[1]
그들은 네 앞에서 고개를 **돌리리라.**
네 아버지의 아들들이 **앞에 나와 너의 안부를 물으리라.**[2]
9 유다 **집안에서 처음에는 통치자가 나오고**
마지막에는 임금이 일어나리라.[3]
내 아들아, 네가 네 목숨을 **죽음의 심판에서**
들어 올렸기 때문이다.[4]
그는 **쉬면서** 수사자와 암사자처럼 **강하게 살리라.**[5]
그를 떨게 할 왕국은 없다.[6]

---

1) 히브리어 성경에서는 "너의 손은 네 원수들의 목덜미를 (잡으리라)"(ידך בערף איביך)이다. 차명 요나탄은 "너의 손은 네 적들에게 화살을 던져 보복하리라", 네오피티는 그냥 "보복하리라"(יתפרעון)고 하였다.

2) 히브리어 성경은 "네 아버지의 아들들이 너에게 절하리라"(ישתחוו לך בני אביך)고 하였다.

3) 히브리어 성경에서는 "유다는 어린 사자"(גור אריה יהודה)이다. 옹켈로스는 '사자'에서 임금 상징을 끌어냈다.

4) 히브리어로는 "내 아들아, 너는 먹잇감(찢겨진 것)에서 자랐다(올라왔다)"(מטרף בני עלית)이다. 차명 요나탄은 "너는 내 아들 요셉을 죽음에서 들어 올렸으니, 타마르의 심판에서 너는 풀려났다", 네오피티는 "너는 내 아들 요셉을 살인자들에게서 구하였으니, 내 아들아, 타마르의 심판에서 너는 무죄다"라고 부연하였다. 유다가 요셉의 목숨만은 다치지 않게 하려고 애쓴 것과 연결된다(37,26-27 참조). 38,26에서는 유다가 타마르의 목숨을 구한다.

5) 히브리어 본문에서는 "그가 사자처럼, 암사자처럼 웅크려 엎드리리라"(כרע רבץ כאריה וכלביא)이다. 네오피티는 유다가 "전쟁 속에서"(בגו קרבא) 살 것이라고 하였다.

6) 히브리어 성경에서는 "누가 그를 일으켜 세우랴?"(מי יקימנו)이다. 차명 요나탄은 "그가 쉴 때 누가 그를 일으켜 세우랴?"(דכד נח מן יקימיניה), 네오피티는

10 **통치자가 유다 집안에서,**
서기관이[7] **그의 자손들의 자손들한테서** (나와)
영원히 끝나지 않으리라.[8]
메시아가 올 때까지[9] 그러하리니,
왕국이 그의 것이고 민족들이 그에게 순종하리라.[10]
11 **그가 이스라엘을 그의 성읍으로 이끌고 백성들은**
성전을 세우리라.[11]

"어느 민족도 왕국도 너를 거슬러 일어나지 못하리라"(ולית אומה ומלכו דתיקום לקובלך)고 하였다.

7) 차명 요나탄과 네오피티는 "토라를 가르치는 서기관들"(וספרין מאלפי אורייתא)이 멈추지 않고 나온다고 하였다.

8) 히브리어 성경에서는 "왕홀이 유다에게서, 지휘봉이 그의 다리 사이에서 떠나지 않으리라"(לא־יסור שׁבט מיהודה ומחקק מבין רגליו)이다. 옹켈로스는 '왕홀'(שׁבט)을 '통치자'(שׁליט)로, '지휘봉'(מחקק)을 철자가 유사한 '법, 규정'(חק)에서 유추하여 '서기관'(ספר)으로 옮겼다.

9) 히브리어로는 '그가 실로에 올 때까지'(עד כי־יבא שׁילה)이고, 우리말 성경은 '그(유다)에게 조공을 바칠 때까지'라고 옮겼다. 타르굼들은 '실로'를 '메시아'로 해석한다. 곧 차명 요나탄은 "그의 어린 자손인 임금 메시아"(בנוי מלכא משׁיחא זעיר), 네오피티는 "임금 메시아"(מלכא משׁיחא)라고 하였다. 초기 그리스도인들과의 메시아 논쟁이 엿보인다. 한편 칠십인역은 "그에게 유보된 것들이 올 때까지"(ἕως ἂν ἔλθῃ τὰ ἀποκείμενα αὐτῷ)라고 해석하였다.

10) 차명 요나탄에서는 "민족들이 그로 말미암아 사라지리라"(ובדיליה יתימסון עממייא)고 옮겼다.

11) 히브리어 성경에서는 "그는 제 어린 나귀를 포도 넝쿨에, 새끼 나귀를 좋은 포도나무에 묶는다"(אסרי לגפן עירה ולשׂרקה בני אתנו)이다. 차명 요나탄과 네오피티는 "장차 유다 집안에 일어날 임금 메시아는 얼마나 아름다운가!"로 시작한다.

의인들이 그의 둘레를 돌고, 가르침대로 율법을 실행하는 이들이
그와 함께 있으리라.[1)]
그의 의복은 **고운 보라색으로,**
그의 털 겉옷은 주홍색으로 **염색하리라.**[2)]
12 **그의 산들은 포도밭으로 붉고 그의 포도확에는** 포도주가
흘러넘치며,
그의 골짜기는 곡식들과 가축 떼들로 희어지리라.[3)]

13 즈불룬은 바닷가에 살면서
배로 항구들을 **정복하리라.**
바다에서 좋은 것을 먹고 그의 경계는 시돈까지 이르리라.[4)]

---

1) 히브리어로는 "새끼 나귀를 좋은 포도나무에 묶는다"이다. 차명 요나탄은 "그는 허리띠를 묶고 내려와 적들에 맞서 전열을 가다듬으며, 통치자들과 함께 임금들을 죽인다. 그 앞에 나설 임금과 통치자는 없다"고 하였다. 네오피티도 비슷하다.

2) 히브리어 성경은 "포도주로 제 옷을, 포도의 붉은 즙으로 제 겉옷을 빤다"(כבס ביין לבשו ובדם־ענבים סותה)고 과장하였다. 차명 요나탄과 네오피티는, 포도에서 피를 연상하여 살육의 피와 연결한다.

3) 히브리어 성경에서는 "그의 눈은 포도주보다 검고(반짝이고) 그의 이는 우유보다 희다"(חכלילי עינים מיין ולבן־שנים מחלב)이다. 차명 요나탄은 '그의 눈'을 두고 "순 포도주처럼 임금 메시아의 눈"이 아름답고, 네오피티는 "순 포도주보다 임금 메시아의 눈"이 더 아름다워, "알몸이 드러나거나 무고한 피가 쏟아지는 것을 보지 않는다"고 덧붙인다. 한편 '그의 이'는 '훔친 것이나 강탈한 것을 먹지 않아 우유보다 희고', 그래서 '그의 산들과 포도확은 포도주로 붉어지고, 그의 언덕들은 수확물과 가축들 우리로 희어진다'고 부연하였다.

4) 히브리어 성경에서는 "즈불룬은 바닷가에 살면서 배들의 항구가 되고 그의 경계는 시돈에 이르리라"고 하였다.

14 이사카르는 **재산이 많은 부자,**
그의 상속재산이 경계들 사이에 **있다.**[5)]
15 그는 **자기 몫이** 좋고 그 땅이 **열매를 내는** 것을 보았다.[6)]
그는 **민족들의 부락들을 정복하고 거류민들을 쓸어버리리라.**
남은 자들은 그를 섬기고 조공을 바치리라.[7)]

16 단 **집안에서 한 사람이 선택되어 일어나리라.**
그의 날에 그의 백성들이 **구원되고,**

---

5) 히브리어 성경은 "이사카르는 튼튼한 나귀, 가축우리들 사이에 엎드린다"(יששכר חמר גרם רבץ בין המשפתים)고 하였다. 히브리어 חמר גרם을 직역하면 '뼈의 나귀', 곧 '뼈가 튼튼한 나귀'일 수 있다. 옹켈로스는 "재산이 많은 부자"(עתיר בנכסין), 네오피티는 "강한 지파"(שבט תקיף)라 하였고, 차명 요나탄은 '율법에 엄격한 이, 강한 지파, 때를 정할 줄 아는 이'라고 하였다. 칠십인역은 "좋은 것을 갈망하는 이"(τὸ καλὸν ἐπεθύμησεν)라고 하였다. 뒷문장은 차명 요나탄이 "형제들의 경계들 사이에 눕는다", 네오피티가 "두 경계들 사이에 눕는다"고 하였다.

6) 히브리어 성경에서는 "그는 안식처가 좋고 그 땅이 아름다운 것을 보았다"(וירא מנחה כי טוב ואת־הארץ כי נעמה)이다. 옹켈로스는 "안식처"(מנחה)를 "몫"(חולקא) 곧 상속재산으로 옮긴다. 차명 요나탄에서는 "다음 세상의 안식"(נייחא דעלמא דאתי)을 언급한다. '아름다운 땅'(הארץ כי נעמה)이라는 추상적 표현을 옹켈로스는 '열매를 내는 땅'(ארעא ארי מעבדא פירין), 네오피티는 '열매가 풍부한 이스라엘 땅'(ארעא דישראל ארום שמינין פריה)이라고 구체적으로 옮긴다. 칠십인역은 '비옥한 땅'(τὴν γῆν ὅτι πίων)이라고 하였다.

7) 히브리어로는 "어깨를 펴 짐을 지고 강제 노동을 하게 되었다"(ויט שכמו לסבל ויהי למס־עבד)이다. 오히려 옹켈로스는 가나안을 정복하여 쓸어버리고 남은 자들에게 조공을 바치게 한다고 하고, 차명 요나탄과 네오피티는 토라 연구와 연결시켜 이사카르의 학식을 강조한다. "그래서 그는 토라를 연구하기 위해 어깨를 구부리고, 그의 형제들은 그에게 예물을 바쳤다."

그의 해에 이스라엘 지파들이 **다함께 쉬리라.**[1)]
17 **선택된 사람이** 단 **집안에서 일어나**
그의 공포가 이민족들에게 떨어지리니
필리스티아인들을 세게 치리라.
그는 독사처럼 길에 **숨어 있다가,** 뱀처럼 오솔길에 **누워 있다가**
필리스티아 진영의 용사와 기병과 보병들을 죽이고,[2)]
말과 병거들을 못 쓰게 만들어 기수들을 뒤로 던져버리리라.[3)]

18 주님, 제가 당신의 구원을 기다립니다.[4)]

---

1) 히브리어 성경 16절은 "단은 이스라엘 지파들의 하나로서(지파들처럼) 제 백성을 정의로 심판하리라"(דן ידין עמו כאחד שבטי ישראל)고 하였다. 옹켈로스에서 말한 '단 집안에서 선택된 한 사람'(מדבית דן יתבחר)을, 차명 요나탄은 '진실한 심판으로 그의 백성을 심판할 사람'(גברא דידון ית עמיה דינין דקשוט), 네오피티는 "구원자와 판관"(פורקן ודיין)이라고 하였다. 한편 마지막 문장의 히브리어 כאחד(…의 하나로서/처럼)를 '다함께'로 이해하여, 차명 요나탄과 네오피티와 게니자 타르굼은 '여느 지파들이 다함께' 단 지파에게 순종할 것이라고 해석한다(כחדא ישתמעון ליה שבטיא דישראל).

2) 차명 요나탄과 네오피티는 "그의 공포로 말미암아 기수가 뒤로 돌아 떨어진다. 그래서 마노아의 아들 삼손이 필리스티아인들의 모든 병사와 기수들과 보병들을 죽이리라"고 하였다.

3) 히브리어 성경에서는 "단은 길 위의 뱀, 오솔길 위의 독사, 말의 뒤꿈치를 물어 그 위에 탄 사람이 뒤로 떨어진다"(יהי־דן נחש עלי־דרך שפיפן עלי־ארח הנשך עקבי־סוס ויפל רכבו אחור)이다. 차명 요나탄은 마지막 문장을 "말들을 못 쓰게 만들어 적들을 뒤로 던져버리리라", 네오피티는 "그는 원수들에 맞서 전투에 나가 통치자와 함께 임금들을 죽인다"고 하였다. 옹켈로스의 '기수들'(רכביהון)을 차명 요나탄은 '적들'(בעלי־רבביהון), 네오피티는 '원수들'(שנאוי)이라 옮긴다.

4) 차명 요나탄에서는, 야곱이 구원자로 세워진(דקיימין לפרוקין) 요아스의 아

19 가드 **집안에서는**[5] **무장한 진영들이**
형제들 앞에서 요르단을 건너 전투에 나서리라.
그들은 많은 재산을 가지고 자기들 땅으로 돌아오리라.[6]

20 아세르, **그의 땅은 비옥하여**
임금들이 즐기는 것들을 **길러 내리라.**[7]

21 납탈리, **그는 비옥한 땅에 전부를 걸리라.**

들 기드온과(גדעון בר יואש) 마노아의 아들 삼손을(שמשון בר מנוח) 보고, 주님께 아뢰며 기도한다. "저는 기드온의 구원을 기대하지 않고, 삼손의 구원을 기다리지 않습니다. 그들의 구원은 (제한된) 시간의 구원입니다. 그러나 주님, 제가 당신의 구원을 기대하고 기다리오니, 당신의 구원이야말로 영원한 구원입니다." 네오피티도 비슷한 내용을 덧붙였다.

5) 차명 요나탄에서는 "가드 지파"(שיבטא גד)라고 하였다.

6) 히브리어 성경은 "가드는 적군이 그를 공격하리라. 그러나 그가 (그들의) 뒤꿈치를 공격하리라"(גד גדוד יגודנו והוא יגד עקב)고 하였다. 차명 요나탄은, 가드 지파는 나머지 지파들과 함께 아르논 시내를 건너고, 땅의 기둥들을 정복하여 많은 재산을 가지고 돌아와, 요르단 건너편에서 안전하게 살 것이라고 하였다. 네오피티도 비슷하다.

7) 히브리어 성경은 "아세르에게는 양식이 넉넉하여 그는 임금이 즐기는 것들을 바치리라"(מאשר שמנה לחמו והוא יתן מעדני־מלך)고 하였다. '넉넉한 양식'을 옹켈로스는 '비옥한 땅'(טבא ארעיה)으로, 차명 요나탄은 '열매가 튼실하고 향신료와 약초 뿌리가 자라는 땅'(בירוי ארעיא מרביא בושמין ועיקרי סמנין), 네오피티는 '튼실한 열매와 소출이 자라는 땅'으로 이해하였다. 히브리어 '주다, 내놓다'(נתן)를 아람어 '자라다, 길러 내다'(רבי)로 옮겼다. 그리고 차명 요나탄은 "그는 세상의 주인 앞에서 그것들을 두고 감사와 찬미를 드린다"(ומודי ומשבח עליהון קדם מרי עלמא)고 덧붙였다.

그의 소유지는 열매를 만들어 내리니,
그들은 그것들을 두고 감사와 축복 기도를 바치리라.[1)]

22 요셉은 **번성할 내 아들,**
물가의 샘에 심긴 **포도넝쿨처럼 축복받은 내 아들,**
두 지파가 그의 아들에게서 나와 그들이 몫과 소유지를 받으리라.[2)]
23 **용사들, 그의 적대자들이**(분열자) 그를 못살게 굴고
그에게 앙갚음하며 그를 억압하였다.[3)]

---

1) 히브리어 성경에서는 "납탈리는 풀려난 암사슴, 사랑스러운 새끼들을 낳는다"(נפתלי אילה שלחה הנתן אמרי־שפר)이다. 차명 요나탄은 납탈리를 "날쌘 전령, 산꼭대기들 위를 달리는 사슴과도 같아, 기쁜 소식을 전한다", 네오피티는 "기쁜 소식을 전하는 날쌘 전령"이라고 소개한다. 그래서 "그가 아버지 야곱에게 요셉이 아직 살아 있음을 처음으로 전하였"고(46,17 참조) "짧은 시간에 이집트로 내려가 요셉의 궁에서 들판의 판매 증서를 가져왔다"고 부연한다. 차명 요나탄은 여기서 이 증서를 "에사우에게는 몫이 없는 이중 (동굴) 들판의 판매 증서"(אוניתא דחקיל כפילתא דלית בה לעשו חולקא)라고 하였다.

2) 히브리어로는 "요셉은 열매 많은 나뭇가지, 샘가의 열매 많은 나뭇가지. 그 가지들이 담 너머로 넘어 간다"(בן פרת יוסף בן פרת עלי־עין בנות צעדה עלי־שור)이다. 차명 요나탄은, 요셉이 겪은 일들까지 상세히 부연한다. 곧 여주인 문제와 형제들 문제를 잘 극복할 만큼 강해졌고, 지혜와 선행으로 이집트인 요술사들을 이겨냈으며, 통치자들의 딸들이 반지 목걸이 등을 던져도 눈길도 주지 않았으니 대 심판의 날에 그들 때문에 벌을 받게 될까봐서라고 부연하였다. 네오피티는 여기에 더 길게 덧붙인다.

3) 히브리어 성경에서는 "궁수들이 그를 못살게 굴고 활을 쏘며 그에게 원한을 품었다"(וימררהו ורבו וישטמהו בעלי חצים)이다. 차명 요나탄은 "모든 이집트인 요술사들이 그를 못살게 굴고 시비를 걸며, 파라오 앞에서 그를 고발하여 그의 영광을 떨어뜨리고자 하고, 화살처럼 가혹하게 그를 중상모략하였다"고 부연한다.

24 **그는 몰래 율법을 지키고 믿음이 확고하여**
그의 예언이 이루어졌고,[4)]
그래서 그는 팔에 **금을 차고 왕국의 소유지를 차지하여**
굳건해졌으니,[5)]
이것은 야곱의 **강력한 하느님 앞에서 이루어졌다.**[6)]
그분께서는 당신 메므라로 조상들과 이스라엘 자손들을
먹여 살리신다.[7)]
25 네 아버지의 하느님 **메므라께서 너의 협력자가 되시리라.**[8)]
샷다이, 그분께서 위로 하늘의 **이슬에서 내리는** 복,

---

4) 히브리어로는 "그의 활은 팽팽하다"(ותשב באיתן קשתו)이다. 칠십인역은 "그들의 활은 힘으로 부서졌다"(καὶ συνετρίβη μετὰ κράτους τὰ τόξα αὐτῶν)고 하였다. 차명 요나탄은 "그는 안주인과 교합하지 않으려고 신체 부위의 힘을 이전으로 돌렸고 손으로 쾌락적인 생각을 떨쳐버렸다"고 하였다. '신체 부위'(איבריה)는 남성 생식기를 가리킨다. 네오피티는 "그는 강하신 분께 신뢰를 두었다"고 옮겼다.

5) 히브리어 성경에서는 "그의 손의 팔뚝들은 민첩하다"(ויפזו זרעי ידיו)이다.

6) 히브리어로는 "(이는) 야곱의 강하신 분의 손에서"(מידי אביר יעקב)이다. 차명 요나탄은 "야곱에게 받은 엄격한 가르침으로 자신의 욕구를 극복하였다", 네오피티는 "그는 손과 팔을 뻗어 아버지 야곱의 강하신 분께 자비를 간청하였다"고 하였다.

7) 히브리어 성경은 "이스라엘의 목자요 바위이신 분의 이름에서"(משם רעה אבן ישראל) 왔다고 하였다. 차명 요나탄은 "거기서 그는 관리자가 될 자격이 생기고 그의 이름이 이스라엘의 돌 위에 새겨지게 되었다"고 부연한다. 네오피티는 "이스라엘의 모든 지파가 그의 든든한 팔 아래에서 살아가게 되었다"고 하였다.

8) 히브리어 성경은 "네 아버지의 하느님에게서 (왔으니,) 그분께서 너를 도우시리라"(מאל אביך ויעזרך)고 하였다.

아래로 땅의 **깊은 데서 솟는** 복,
네 아버지와 네 어머니의 복을 너에게 내리시리라.[1]
26 **나의 조상들이 나를 축복한 복에** 네 아버지의 복이 **보태지리니**,
세상의 지도자들이 그들에게 바라던 (복이다.)[2]
이것들 모두 제 형제들과 **구별되는 이**,
요셉의 **머리 위에** 내리리라.[3]

27 벤야민, **그의 땅에 셰키나가 머무르시고**

---

1) 히브리어로는 "샤다이, 그분께서 너를 축복하시리라. 곧 위로는 하늘의 복, 아래에 놓여 있는 심연의 복, 가슴과 자궁의 복이다"(ואת שׁדי ויברכך בכרת שׁמים מעל ברכת תהום רבצת תחת ברכת שׁדים ורחם)라고 하였다. 차명 요나탄은 "샤다이라 불리는 분께서 너에게 복을 내리시리니, 위로 하늘의 이슬에서 내리는 복, 심연의 샘에서 올라와 아래로 식물들을 자라게 하는 최상의 복"이며, "너에게 젖을 물린 가슴과 네가 누웠던 자궁이 복을 받으리라"고 하였다. 네오피티도 비슷한 내용이다.

2) 이 구절의 히브리어가 모호하다. 칠십인역은 "네 아버지와 네 어머니의 복은 안정된 산들의 복과 영원한 언덕들의 복을 능가한다"(εὐλογίας πατρός σου καὶ μητρός σου ὑπερίσχυσεν ἐπ' εὐλογίαις ὀρέων μονίμων καὶ ἐπ' εὐλογίαις θινῶν ἀενάων)고 하였다. 차명 요나탄은 "나의 조상 아브라함과 이사악이 나를 축복한 복에 네 아버지의 복이 보태지리"니, "세상의 지도자인 이스마엘과 에사우와 크투라의 자식들 모두가 그들에게 바라던" 복이라고 부연하였다. 네오피티도 비슷하다.

3) 히브리어 성경에서는 "(아버지의 복이) 요셉의 머리 곧 그의 형제들의 나지르인의 정수리에 있으리라"(תהיין לראשׁ יוסף ולקדקד נזיר אחיו)이다. 차명 요나탄은 "이 복들이 모두 모여 위대한 왕관을 만들리니, 요셉의 머리 곧 이집트의 지도자이자 통치자가 되어 형제들의 영광을 빛내 준 사람의 정수리에 (놓이리라)"고 하였다. 네오피티도 비슷한 내용이다.

그의 소유지에 성소가 세워지리라.[4)]
아침 저녁으로 **사제들이 예물을 바치고,**
저녁 시간에 그들은 거룩한 제물의 나머지에서 남은 것을
자기들 몫으로 나누리라."[5)]

28 이들 모두가 이스라엘의 열두 지파이다. 이는 그들의 아버지가 그들을 축복하며 말한 것으로서, 그들을 저마다의 복에 따라 축복하였다.[6)]

야곱의 죽음

29 야곱이 그들에게 명하였다. "나는 내 백성에게 소집된다. 나를 나의 조상들과 함께 히타이트인 에프론의 밭에 있는 동굴에 묻어라. 30 가나안 땅 마므레의 맞은편 밭에 있는 **이중** 동굴이다. 아브라함이 히타이트인 에프론에게 무덤 소유지로 그 밭을 사 두셨다. 31 그곳에 아브라함과 그의 아내 사라가 묻히셨고, 그곳에 이사악과 그의 아내 레베카가 묻히셨으며, 나는 그곳에 레아를 묻었다. 32 밭과 그곳에 있는 동굴을 히타이트 사람들한

---

4) 히브리어로는 "벤야민은 먹이를 잡는 늑대"(בנימין זאב יטרף)이다. 옹켈로스는 벤야민을 늑대에 비유하는 것을 피하고, 성전이 세워진 지역으로서 칭송한다. 차명 요나탄과 네오피티는 "강한 지파"(שיבט תקיף)로서 "세상의 주인이신 셰키나가 그의 땅에 머무르시고 그의 소유지에 성전이 세워지리라"고 하였다.

5) 히브리어 성경에서는 "아침에는 (잡은) 먹이를 먹고 저녁에는 (잡고 남은) 노획물을 나누리라"(בבקר יאכל עד ולערב יחלק שלל)이다. 차명 요나탄은 "아침에는 사제들이 네 시까지 정규 예물인 양을 바치고, 해질녘에는 둘째 양을 바치며, 저녁에는 나머지 예물들에게 남은 것을 나누어 자기 몫대로 먹으리라"고 하였다. 네오피티는 "일일 예물인 양과 곡식 예물"(אימר תמידא ובמנחתא)을 바치고, '남은 것은 나누라'(יהוון מפלגין מותרו)고 하였다.

6) 차명 요나탄은 중간에 "그들 모두 하나같이(똑같이) 의롭다"(כולהון צדיקין כחדא)고 덧붙이고, 네오피티는 뒷문장을 "이는 (야곱이) 그들을 축복한 복"(ודא ברכתא די ברך יתהון)이라고 하였다.

테서 샀다."

33 야곱은 아들들에게 명령을 마치고 나서 침상에서 다리를 모았다. 그는 숨을 거두고[1] 자기 백성들에게 소집되었다.

야곱의 장례

50,1[2] 요셉은 아버지 얼굴 위에 (고개를) 떨구고 울며 그에게 입을 맞추었다. 2 요셉은 자기 종들인 의사에게 아버지를 방부 처리하도록 명하였고, 그 의사들이 이스라엘을 방부 처리하였다. 3 그를 위해 사십 일이 걸렸다. 방부 처리하는 데 걸리는 날이 그러하였다. 이집트인들은 칠십 일 동안 그를 위해 울었다.[3]

4 애도의 날이 지나고 요셉은 파라오의 집안에게[4] 말하였다. "여러분

---

1) 네오피티는 '(생을) 마치고 죽었다'(וסאף ומית)고 하였다.

2) 차명 요나탄과 네오피티는 장례 절차를 자세히 부연한다. 차명 요나탄에 따르면, 먼저 요셉은 아버지를 금을 입혀 귀한 돌을 박은 상아 침대에 눕히고 아마 끈으로 묶은 뒤, 거품을 낸 포도주를 거기에 붓고 최상의 향료를 태운다. 그리고 에사우와 이스마엘 집안의 용사들을 세우고, 유다가 나서서 형제들에게 말한다. "와서 아버지를 위해 웁시다"(איתון וניבכי על אבונן). 키 큰 향백나무의 머리가 하늘에 이르고 가지들이 땅의 주민들을 뒤덮으며 뿌리가 심연 아래까지 이르듯이, 그의 아버지에게서 열두 지파가 나오고 임금과 통치자, 조별로 예물을 바칠 사제와 부서별로 노래할 레위인들이 나올 것이라고 하였다. 네오피티에서도 비슷하며 크투라의 자손들도 장례식에 초대된다.

3) 차명 요나탄은 야곱을 위해 이집트인들이 칠십 일 동안 애도한 이유를 부연한다. "사십이 년 동안 기근이 들기로 결정되었으나 야곱 덕분에 이집트에서 사십 년이 줄어들고 이 년만 기근이 들었기 때문이다."

4) 차명 요나탄은 "파라오 집안의 지도자들에게"(עם רבני בית פרעה), 네오피티는 "파라오의 집안 사람들에게"(עם אנשי־בייתיה דפרעה) 말하였다고 옮긴다.

이 나에게 **자비를** 베풀어 파라오 앞에[5] 전해 주십시오. 5 '아버지가 저에게
이렇게 맹세를 시키셨습니다. '내가 죽으면 내가 가나안 땅에 **마련해 둔**[6]
나의 무덤에 묻어라.' 이제 제가 올라가 아버지를 묻고 돌아오겠습니다.'"
6 파라오가 말하였다. "올라가서 그대 아버지가 그대에게 맹세시킨 대로
그를 묻고 오게나."

7 요셉은 아버지를 묻으러 올라갔다. 파라오의 신하들 모두, 곧 그 집안
의 원로들과 이집트 땅의 모든 원로들이 그와 함께 올라갔다. 8 요셉의 집
안 모두와 형제들과 아버지 집안이 (올라갔고), 아이들과 양 떼와 소 떼는 고
센 땅에 남겨 두었다. 9 또한 병거와 기병도 그와 함께 올라가, 진영이 매우
컸다. 10 그들은 요르단 건너 아탓의 **타작마당에**[7] 이르러 매우 크고 장대
하게 곡을 하였다. 그는 이레 동안 아버지를 애도하였다. 11 가나안 땅 주
민이 아탓의 **타작마당에서** 벌어진 애도를 보고 말하였다.[8] "이것이 이집트
인들의 장대한 애도로구나." 그래서 (그곳의) 이름을 요르단 건너편에 있는
아벨 미츠라임이라 불렀다.

12 야곱의 아들들은 야곱이 그들에게 당부한 대로 하였다. 13 그의 아들
들은 가나안 땅으로 그를 옮겨, 아브라함이 히타이트 사람 에프론에게 선
묘로 사 둔, 마므레 맞은편 들판의 **이중** 동굴에 그를 묻었다.[9] 14 아버지를

---

5) 히브리어 באזני פרעה(파라오의 귀에)를 타르굼들은 קדם פרעה(파라오 앞에) 또는 במשמעיה דפרעה(파라오 듣는 데서)라고 옮겼다.

6) 히브리어 성경과 나머지 타르굼들은 '파다'(כרה, חפר) 동사를 사용하였다.

7) 히브리어로는 "고렌 아탓"(גרן האטד)이다.

8) 차명 요나탄은 "그들은 야곱에게 경의를 표하여 자기들 허리띠를 풀고 손으로 가리키면서" 말하였다고 한다.

9) 차명 요나탄은, 에사우가 많은 부대들을 거느리고 헤브론으로 오자, 납탈리는 에사우와 야곱이 이중 동굴 분할을 두고 쓴 판매 증서를 가져오고, 요셉이 단의 아들 후심에게 손짓을 하여 그가 그(에사우)의 목을 잘라, 에사우도 야곱과 함께 그곳 이중 동굴에 안장된다는 전승을 덧붙인다.

묻고 나서 요셉과 형제들, 아버지를 묻으려고 그와 함께 올라온 이들 모두 이집트로 돌아왔다.

형들을 안심시킨 요셉

15 요셉의 형제들은, 아버지가 돌아가신 것을 보고 말하였다.[1] "요셉이 우리에게 적개심을[2] 품어 우리가 그에게 저지른 모든 악을 우리에게 돌려주지 않을까?" 16 그들이 요셉에게 당부하였다.[3] "자네 아버지께서 돌아가시기 전에 당부하셨네. 17 '너희는 요셉에게 이렇게 말하여라. '그들이 너에게 악을 저질렀으나 네 형제들의 죄와 잘못을 용서해 주길 바란다." 그러니 자네 아버지의 하느님의 종들이 지은 죄를 용서해 주게나." 요셉은 그들이 말한 것을 (듣고) 울었다.

18 그의 형제들도 와서 그 앞에 **얼굴을** 떨구며 말하였다. "우리는 자네의 종이네." 19 요셉이 그들에게 말하였다. "두려워하지 마세요. 나는 **주님 앞에서 경외하는 사람입니다.**[4] 20 형님들은 나를 두고 악을 꾀하였지만 **주님 앞에서** 그것은 선으로 **여겨졌습니다.**[5] 많은 백성을 살게 하시려

---

1) 차명 요나탄은 "그가 그들과 함께 둘러앉아(기대어 앉아) 음식을 먹지 않는 것을" 보았다고 덧붙였다. 요셉이 그들과 함께 음식을 먹지 않자, 그가 적개심을 품은 것이라고 짐작하여 요셉의 눈치를 살피게 되었다는 것이다.

2) 차명 요나탄과 네오피티는 "증오심"(סנאה)이라 옮겼다.

3) 차명 요나탄은 "빌하"(בלהה)에게, 네오피티는 "지파들이 요셉의 양모인 빌하"에게 당부하여 요셉에게 전했다고 덧붙인다.

4) 히브리어 성경은 의문문으로 물었다. "내가 하느님 대신이라도 된다는 말입니까?"(כי התחת אלהים אני). 차명 요나탄은 "나는 형님들에게 악을 저지르지 않고 선을 (행할) 것입니다. 나는 주님 앞에서 경외하는 겸손한 사람입니다", 네오피티는 "나는 형님들이 나에게 저지른 악을 갚지 않습니다. 이로써 사람의 아들의 생각이 주님 앞에서 드러나지 않겠습니까?"라고 부연하였다.

5) 히브리어 성경에서는, "형님들은 나를 두고 악을 꾀하였지만 하느님께서

고 오늘처럼 하신 것입니다.[6] 21 이제 두려워 마십시오. 내가 형님들과 아
이들을 먹여 살리겠습니다."[7] 그는 그들을 안심시키고 그들의 마음에 **위
로의** 말을 해 주었다.[8]

요셉의 죽음

22 요셉과 그 아버지의 집안이 이집트에서 살았다. 요셉은 백십 년을[9]
살았다. 23 요셉은 에프라임의 삼 (대의)[10] 자손들을 보았고, 므나쎄의 아들
인 마키르의 아들들도 태어나 요셉이 (그들을) **키웠다.**[11]

는 선을 꾀하셨습니다"(ואתם חשבתם עלי רעה אלהים חשבה לטבה)이다. 옹켈로스와 네오피티는 '꾀하다, 생각하다' 동사(חשב)를 수동형(אתחשבת)으로 바꾸어 '꾀해지다, 여겨지다'라고 옮겼다. 차명 요나탄에서는, 요셉이 적개심을 품어 형님들과 함께 둘러앉아 먹지 않는 것이라고 그들이 오해를 하지만, 주님의 메므라는 요셉을 위해 좋게 여기셨다고 하여 오해를 풀어준다.

6) 차명 요나탄은 길게 부연한다. "아버지께서 윗자리인 당신의 영광 앞에 나를 앉히셔서 내가 받아들였으나, 이제는 받아들이지 않습니다. 나는 오늘 우리에게 구원이 이루어진 것으로 됐습니다. 야곱 집안으로 말미암아 많은 백성을 살게 하기 위해서입니다."

7) 네오피티는 요셉의 말을 길게 부연한다. "열 개의 별이 한 개의 별을 파괴하고자 했으나 파괴하지 못했습니다. 한 개의 별은 열 개의 별을 파괴할 수 없습니다."

8) 히브리어로는 "그는 그들의 마음에 말하였다"(וידבר על־לבם)이다. 옹켈로스와 차명 요나탄에서는 '위로'(תנחומין)를 말하고, 네오피티에서는 '평화의 말'(מלין דשלם)을 한다.

9) 차명 요나탄은 '백이십 년'(מאה ועשרים שנין)이라고 하였다가 26절에서 '백십'으로 수정하였다.

10) 차명 요나탄과 네오피티는 '삼 대'(דרין תליתאין)라고 하였다.

11) 차명 요나탄은 "요셉이 그들을 할례하였다"(גזרינון יוסף), 네오피티는 히브

24 요셉이 형제들에게 말하였다. "저는 죽습니다. **주님께서** 형님들을 **기억하시어,**[1] 이 땅에서 아브라함과 이사악과 야곱에게 맹세하신 땅으로 형님들을 데리고 올라가실 것입니다."

25 요셉은 이스라엘의 아들들에게 맹세를 시키며 말하였다.[2] "주님께서 여러분을 **기억하실 것이니**, 여러분은 이곳에서 내 뼈를 가지고 올라가십시오."[3]

26 요셉은 백십 세에 죽었다. 사람들은 그를 방부 처리하고[4] 이집트에서 관에 넣었다.[5]

리어 성경대로 그들이 "요셉의 무릎 위에서 태어났다"(אתיילדו על ברכוי דיוסף)고 옮긴다.

1) 히브리어 성경에서는 '찾아오신다'(פקד)이다. 네오피티는 "그분의 선하신 자비로"(ברחמוי טביא) 기억하신다(דכר)고 덧붙인다.

2) 차명 요나탄은 "그들의 아들들에게"(לבנהון) 말하였다고 덧붙인다.

3) 차명 요나탄은, 이집트에서 종살이하게 될(משתעבדין במצרים) 그들의 운명과, 두 명의 구원자가 나타날 때까지(עד זמן דייתון תרין פרוקין) 기다리라는 요셉의 당부를 부연한다. '두 구원자'는 모세와 아론이다.

4) 차명 요나탄은 '그를 장식했다'(ועטרון יתיה)고 덧붙인다.

5) 차명 요나탄은 "이집트 나일강 속에 그를 가라앉혔다"(ושקעון יתיה בגוא נילוס דמצרים)고 부연한다.

타르굼 차명 요나탄 창세기

본문 번역

세상 창조

1,1 처음에 하느님께서 하늘과 땅을 창조하셨다. 2 그 땅은 형태가 없
고 공허하며, **사람의 아들도** (없이) **적막하고 들짐승도** (없이) **텅 비었다**. 어
둠이 심연 위에 있고 하느님 **앞에서 나온 자비의** 영이 그 물 위에서 **불고**
있었다.

3 하느님께서 말씀하셨다. "**세상을 비추는** 빛이 생겨라." 그러자 **곧바**
로 빛이 생겼다. 4 하느님께서 그 빛을 보시고 좋아하셨다. 하느님께서 빛
과 어둠 사이를 가르셨다. 5 하느님께서 그 빛을 **낮이라** 부르셨는데, **그때**
세상 주민들이 일하도록 그것을 만드셨다. 그 어둠을 밤이라 부르셨는데,
그때 피조물들이 쉬도록 그것을 만드셨다. 저녁이 되고 아침이 되어 하루
가 되었다.

6 하느님께서 말씀하셨다. "물 한가운데에 궁창이 생겨라. 그래서 **윗물**
과 아랫물 사이를 갈라라." 7 하느님께서 **하늘 경계와 대양의 물 사이에 세**
손가락 두께의 궁창을 만드시고 궁창 아랫물과 궁창 **저장소에 있는** 윗물
사이를 가르셨다. 그러자 그렇게 되었다. 8 하느님께서 그 궁창을 하늘이
라 부르셨다. 저녁이 되고 아침이 되어 둘째 날이 되었다.

9 하느님께서 말씀하셨다. "하늘 **아래 남아 있는** 아랫물이 한곳으로 모
이고 **땅은 말라** 뭍이 드러나라." 그러자 그렇게 되었다. 10 하느님께서 **그**
마른 곳을 땅이라, 물이 **모인 곳을** 바다라 부르셨다. 하느님께서 보시고 좋
아하셨다. 11 하느님께서 말씀하셨다. "땅은 싹 곧 씨 있는 풀을 **자라게** 하
고, 씨 있는 열매 맺는 과일나무를 제 종류대로 땅 위에 돋게 하여라." 그러
자 그렇게 되었다. 12 땅은 싹 곧 씨 있는 풀을 나오게 하고, [씨 있는] 열매
맺는 과일나무를 [제 종류대로] 돋게 하였다. 하느님께서 보시고 좋아하셨
다. 13 저녁이 되고 아침이 되어 셋째 날이 되었다.

14 하느님께서 말씀하셨다. "하늘 궁창에 빛물체들이 생겨라. 그래서 낮
과 밤 사이를 가르고 **징표와** 절기가 되어, 그것들로 날의 **수를 세고 달의 시**

작과 해의 **시작, 윤달과 윤년, 하지와 초승달과 주기를 성별하여라.** 15 그리고 하늘 궁창에서 빛물체들이 되어 땅 위를 비추어라." 그러자 그렇게 되었다. 16 하느님께서 큰 빛물체 두 개를 만드셨는데, **그것들의 영광은 스물한 시간 육백칠십이 분 미만 동안 똑같았다. 그 뒤 달이 태양을 거슬러 중상모략을 하여 더 작아졌다. 낮을** 다스리도록 큰 빛물체인 **태양을,** [밤을 다스리도록] 작은 빛물체인 **달과** 별들을 **임명하셨다.** 17 하느님께서 그것들을 하늘 궁창의 **궤도 위에 배치하시고** 땅 위를 비추게 하셨다. 18 그리고 **낮과** 밤을 **섬기고** 다스리며 **낮의** 빛과 **밤의** 어둠 사이를 가르게 하셨다. 하느님께서 보시고 좋아하셨다. 19 저녁이 되고 아침이 되어 넷째 날이 되었다.

20 하느님께서 말씀하셨다. "물 있는 **늪지는** 생물을 우글거리게 하고, 새는 **둥지를** 땅 위에 두고 날아라. **나는 길은** 하늘 궁창의 **공중** 위에 있다." 21 하느님께서 큰 바다괴물, 곧 **위로의 날을 위해 마련된 레비아탄과 그 짝,** 그리고 **맑은** 물에서 **기어 다니는** 모든 생물을 **정결한 종류든 정결하지 않은 종류든** 제 종류대로, 날개로 **날아다니는** 모든 새를 **정결한 종류든 정결하지 않은 종류든** 제 종류대로 창조하였다. 하느님께서 보시고 좋아하셨다.

[22 …] 23 저녁이 되고 아침이 되어 다섯째 날이 되었다.

24 하느님께서 말씀하셨다. "땅의 **진흙은 피조물을** 제 종류대로, 집짐승과 길짐승과 들짐승을 **정결한 종류든 정결하지 않은 종류든** 제 종류대로 나오게 하여라." 그러자 그렇게 되었다. 25 하느님께서 들짐승을 **정결한 종류든 정결하지 않은 종류든** 제 종류대로, 집짐승을 제 종류대로, 모든 길짐승을 **정결한 종류든 정결하지 않은 종류든** 제 종류대로 만드셨다. 하느님께서 보시고 좋아하셨다.

26 하느님께서 **세상 창조 둘째 날에 창조하신, 그분 앞에서 시중드는 천사들에게** 말씀하셨다. "우리 형상대로 우리 **모상처럼** 사람을 만들자. 그래서 그들이 바다의 물고기와 하늘 공중의 새와 집짐승과 모든 들짐승과 땅 위에서 기어 다니는 동물인 모든 **길짐승을** 다스리게 하자." 27 하느님께서

그분의 **모상대로 아담을** 창조하셨다.

하느님의 형상대로 그를,

이백마흔여덟 개의 기관과 육백예순다섯 개의 신경을 지니고

그 위에 피부를 덮고 살과 피로 채워 창조하셨다.

그리고 **그들 외모에 따라** 남자와 여자로 그들을 창조하셨다.

28 하느님께서 그들을 축복하시고 말씀하셨다. "**많아지고** 번성하여 땅을 **아들들과 딸들로** 가득 채우고 **그 위에서 소유물로 강해져라**. 그리고 바다의 물고기와 하늘의 새와 땅 위에서 기어 다니는 동물인 모든 **길짐승을** 다스려라."

29 하느님께서 말씀하셨다. "이제 내가 너희에게 온 땅 위에 씨가 있는 온갖 풀과, **건물을 짓거나 땔감으로 쓰일 열매 맺지 못하는 온갖 나무**를 준다. 씨가 있는 열매 맺는 나무들이 너희에게 양식이 될 것이다.
30 살아 있는 생물인, 땅의 모든 동물과 하늘의 모든 새와 땅 위의 모든 길짐승에게는 온갖 푸른 풀을 [먹이로] 준다." 그러자 그렇게 되었다.
31 하느님께서는 만드신 모든 것을 보시고 매우 좋아하셨다. 저녁이 되고 아침이 되어 여섯째 날이 되었다.

2,1 하늘과 땅과 그것들에 딸린 모든 것들의 **창조가 완성되었다**.
2 하느님께서는 일곱째 날에, 하시던 일과 **해질 무렵 창조하신 열 가지 것들을 완성하셨다**. 일곱째 날에 하시던 모든 일에서 **쉬셨다**.
3 하느님께서 **일주일의 어느 날들보다** 일곱째 날을 축복하시고 그날을 성별하셨다. 그때 하느님께서 창조하시고 **장차 하실** 모든 일들에서 쉬셨기 때문이다.

4 하늘과 땅이 창조될 때, 곧 주 하느님께서 땅과 하늘을 **창조하시던** 날, 그것들의 족보는 이러하였다.

에덴 동산

5 땅에는 아직 아무 들 **나무도** 없었고 아직 아무 들풀도 싹트지 않았다. 주 하느님께서 땅 위에 비를 내리지 않으셨고 **땅을** 일굴 사람도 없었기 때

문이다. 6 그런데 **영광의 어좌 아래에서 영광의** 구름이 **내려와** (땅을) **대양**
의 물로 가득 채우더니, (구름이) **다시 땅에서 올라와 비를 내리게 하고** 흙
표면을 모두 적셨다. 7 주 하느님께서 **두 가지 본성을 지닌 아담을 창조하**
셨다. 성전 터와 세상의 네 가지 바람에서 나온 먼지에, 세상의 모든 물을
섞어 붉고 검고 희게 창조하셨다. 그리고 그의 코에 생명의 숨을 불어넣으
시자, 그 숨이 **아담의 몸에서 말하는 영이** 되고 **눈을 빛나게 하며 귀를 듣**
게 하였다.

8 **세상이 창조되기 전 주 하느님의 메므라가 의인들을 위하여** 에덴에 동
산을 세우셨는데, **아담을 창조하시면서** 그를 거기에 살게 하셨다. 9 주 하
느님께서 보기에 탐스럽고 먹기에 좋은 온갖 나무를 흙에서 **자라게** 하시
고, 동산 한가운데에는 **높이가 오백 년 걸리는** 생명 나무와, **열매를 먹으면**
선과 악을 **알게** 하는 나무를 두셨다.

10 에덴에서 강이 나와 동산을 적시고 거기서 갈라져 네 개의 **강줄기가**
되었다. 11 하나의 이름은 피손으로, 금이 나는 **힌디키** 온 땅을 둘러쌌다.
12 그 땅의 금은 **정선된 것으로** 거기서 브델리움과 **귀한 보석인 녹옥이** 난
다. 13 둘째 강의 이름은 기혼으로, 쿠스 온 땅을 둘러쌌다. 14 셋째 강의
이름은 티그리스로, 아수르 동쪽으로 흘렀다. 넷째 강은 유프라테스이다.

15 주 하느님께서 **창조가 이루어진 곳인 예배의 산에서 아담을** 데려다
에덴 동산에 두시고, **토라를** 섬기고 **그 법령들을** 지키게 하셨다. 16 주 하
느님께서 **아담에게** 명령하셨다. "너는 동산의 모든 나무에서 먹을 수 있다.
17 그러나 **열매를 먹으면** 선과 악을 **알아 현맹해지는** 나무에서는 먹어서는
안 된다. [그것을] 먹는 날 너는 **사형** (선고를) **받아야** 한다." 18 주 하느님께
서 말씀하셨다. "**아담이** 혼자 **잠드는** 것은 **맞지** 않다. 그를 위하여 그의 곁
에 **있을** 협력자인 **여자를** 만들어야겠다." 19 주 하느님께서 흙에서 들의 온
갖 짐승과 하늘의 온갖 새를 **창조하시고** 사람에게 데려가 그가 그것의 **이**
름을 무엇이라고 부르는지 보셨다. **아담이** 생물을 부르는 대로 모두 그것
의 이름이 되었다. 20 **아담은** 온갖 집짐승과 하늘의 **온갖** 새와 온갖 들짐승

에게 이름을 불러 주었다. 그러나 **아담을** 위해서는 **아직까지** 그의 곁에 둘
협력자를 찾지 못하였다. 21 주 하느님께서 **아담** 위에 **깊은 잠을 던지시어**
그가 잠들었다. 그러자 그의 갈비뼈에서 하나, **곧 오른쪽 열세 번째 갈비뼈
에서** 빼고 **그 자리를** 살로 닫으셨다. 22 주 하느님께서 사람에게서 뺀 갈비
뼈를 가지고 여자를 세우시고 사람에게 데려가셨다. 23 **아담이** 말하였다.

"이제 **다시는 그가 나에게서,**
곧 뼈는 내 뼈에서
살은 내 살에서 **창조되듯이**
남자에게서 여자가 창조되지는 않으리라.
그가 남자에게서 나왔으니
여자라고 부르는 것이 **맞다.**"

24 그래서 남자는 아버지와 어머니의 **숙소에서** 떠나고 **갈라져 나와** 자
기 아내와 결합하여 **둘이** 하나의 살이 된다.

25 그들 둘, **아담과** 그의 아내는 **현명해졌으나 자신들의 영광 속에 머
물지 않았다.**

첫 사람 아담의 죄와 벌

3,1 뱀은 주 하느님께서 만드신 들의 어떤 짐승보다 **악을 행하는 데 영
리하여,** 여자에게 말하였다. "주 하느님께서 동산의 모든 나무를 먹지 말
라고 말씀하셨다는데 그것이 **정말이냐?**" 2 여자가 뱀에게 말하였다. "동산
의 **나머지** 나무 열매들을 먹는 것은 **우리에게 허용된다.** 3 그러나 동산 한
가운데 있는 나무 열매는, '너희가 죽지 않으려면 그것을 먹어서도 안 되고
가까이해서도 안 된다.'고 **주님께서** 말씀하셨다." 4 그때 뱀은 **창조주를 중
상모략하며** 여자에게 말하였다. "절대로 죽지 않는다. **장인은 누구나 동료
장인들을 싫어하기 마련이다.** 5 너희가 그것을 먹는 날 [너희 눈이 열려,] **현
명해진 위대한 천사들처럼** 선과 악을 알게 될 것이 **주님 앞에 드러나기** 때
문이다." 6 그 여자는 **죽음의 천사 사마엘을 보고 두려웠으나,** 그 나무가

먹기도 좋고 눈도 **밝아지게 치료하며** 똑똑해질 것처럼 끌리는 것을 **알고,**
그 열매를 따서 먹고 함께 있던 남편에게도 주어 그가 먹었다. 7 그러자 그
들의 두 눈이 **밝아져** 자신들이 알몸인 것을 알게 되었다. **그들이 창조될 때
입었던 손톱피부가 벗겨졌기 때문이다.** 그들은 **부끄러워져** 서로 무화과나
무 잎을 엮어 가리개를 만들어 주었다.

8 그들은 그날 **한산한 때에** 동산을 거니시는 주 하느님의 **메므라의** 소리
를 들었다. **아담과** 그의 아내는 주 하느님 앞에서 동산의 나무 한가운데에
숨었다. 9 주 하느님께서 **아담을** 부르시며 말씀하셨다. "**내 앞에서는 어둠
도 빛처럼 드러나도록 내가 온 세상을 창조하지 않았느냐? 어떻게 너는 내
앞에서 숨을 수 있다고 마음속으로 생각하느냐? 네가 숨은 곳을 내가 보지
못할 것 같으냐? 내가 너에게 명령한 법령들은** 어디 있느냐?" 10 그가 말하
였다. "동산에서 당신 **메므라의** 소리를 듣고, 제가 알몸인 데다 **저에게 명
령하신 계명들을 어긴 것이** 두렵고 **부끄러워** 숨었습니다." 11 그분께서 말
씀하셨다. "누가 너에게 네가 알몸인 것을 **보여 주었느냐?** 먹지 말라고 내
가 명령한 그 나무 **열매를** 네가 먹은 것이냐?" 12 **아담이** 말하였다. "당신
께서 **제 곁에** 있으라고 주신 여자가 그 나무 **열매를** 저에게 주어 제가 먹었
습니다." 13 주 하느님께서 **그의** 여자에게 말씀하셨다. "네가 무슨 짓을 한
것이냐?" 여자가 말하였다. "뱀이 **영리하게** 저를 속이고 **사악하게 저를 미
혹하여** 제가 먹었습니다."

14 주 하느님께서 **그들 셋을 심판하시고자 데려오시고,** 뱀에게 말씀하
셨다.

"네가 이것을 저질렀으니
너는 모든 집짐승과 모든 들짐승 가운데에서 저주를 받아,
다리는 잘려 배로 다니고
일곱 해마다 한 번씩 가죽을 벗으며 네 입에는 죽음의 독을 지니리라.
또한 네가 사는 동안 내내 먼지를 먹으리라.

15 내가 너와 여자 사이에,

네 **자손의** 후손과 그의 **자손의** 후손 사이에 증오심을 일으키겠다.
여자의 자손이 토라의 계명들을 지키면 그들이 네 머리를 치려고 할 것이고,
그들이 토라의 계명들을 저버리면 너희가 그들의 발꿈치를 물려고 할 것이다.
그들은 치유되겠지만 너는 치유되지 않을 것이다.
그들은 장차 마지막에, 임금 메시아의 날에야 평온해지리라."
16 여자에게 [그분께서 말씀하셨다.]
"나는 네가 **처녀의 피로** 심한 고통을 겪으며 임신하게 하리라.
너는 고통 속에서 자식들을 낳으리라.
너는 네 남편을 갈망하고
죄가 없든 죄가 있든 그가 너를 지배하리라."
17 그리고 **아담에게** 말씀하셨다. "너는 네 아내의 **말을 받아들여** 내가
너에게 먹지 말라고 명령한 나무 **열매를** 먹었다.
그 땅은 **너에게 네 죄를 보여 주지 않아** 저주를 받고,
너는 사는 동안 내내
수고해야 그것을 먹을 것이다.
18 그것은 너 때문에 가시들과 덤불을 싹트게 하고 **자라게 하며**
너는 들 **위의** 풀을 먹으리라."
아담이 대답하여 아뢰었다.
"주님 당신 앞에 자비를 간청합니다.
당신 앞에 저희가 들 위의 풀이나 **먹는 집짐승처럼 여겨지지 않게 해 주십시오.**
이제 저희는 일어나 손으로 열심히 노동하여 땅의 양식을 먹을 것이니,
이제 당신 앞에서 사람의 자손과 집짐승의 자손을 구분하여 주십시오."

19 "너는 네가 **창조된 먼지로** 돌아갈 때까지
너의 **손이 수고하여** 양식을 먹으리라.
너는 먼지이니 먼지로 돌아가리라.
그러나 장차 대 심판의 날 너는 먼지에서 일어나
네가 행한 모든 것에 따라 심판을 받고 셈을 치르리라."

20 **아담은** 제 아내의 이름을 하와라고 불렀다. 그가 모든 **사람의** 어머
니가 되었기 때문이다. 21 주 하느님께서 **아담과** 그의 아내에게 **그들 살의**
피부 **위에 그들이 벗어버린 손톱피부 대신, 뱀이 벗어버린 가죽에서 영광**
의 옷을 만들어 입히셨다. 22 주 하느님께서 **그분 앞에서 시중드는 천사들**
에게 말씀하셨다. "자, **내가 하늘 높은 데서 유일하듯이 아담이 땅에서 유**
일하게 되어, 장차 그에게서 선과 악을 구별할 줄 아는 이들이 일어나리라.
만약 내가 그에게 명령한 계명을 그가 지키면 생명 나무처럼 영원히 살아
서 있을 것이다. 그러나 내가 그에게 명령한 것을 그가 지키지 않으면, 그가
손을 뻗쳐 생명 나무의 **열매를** 따기 **전에,** 우리가 **그를 잘라내고 에덴 동산**
에서 쫓아내리라. 만약 그가 그것을 먹으면 영원히 살아 **서 있게 될 것이기**
때문이다." 23 주 하느님께서 그를 에덴 동산에서 **쫓아내시어, 그는 모리야**
산으로 가 자리 잡고 자신이 **창조된** 흙을 일구었다. 24 그분께서는, **처음에**
당신 셰키나의 영광을 두 커룹들 **사이에 머무르게 하신 곳에서 아담을** 쫓
아내셨다. **세상을 창조하시기 전 그분께서는 토라를 창조하셨다. 의인들을 위해서는 에덴 동산을 세우시어 그들이 나무 열매들을 먹고 즐거워하게 하셨다. 그들이 살면서 이 세상에서 토라의 가르침을 섬기고 그 법령들을 준수하도록 하셨다. 악인들을 위해서는 게헨나를 세우시어 날카로운 칼이 양쪽 끝에서 삼키게 하셨다. 그 속에 불꽃과 불타는 석탄을 두시어 살면서 토라의 가르침을 위반한 악인들을 심판하도록 하셨다. 토라를 섬기는 것이 생명 나무 열매보다 더 낫다. 주님의 메므라가 그것을 지키도록 세우셨으니 그것을 준수하여 다음 세상에서 생명의 길을 걸어야 한다.**

카인과 아벨의 불화

4,1 **아담은** 자기 아내 하와가 **주님의 천사 사마엘에게서 임신한** 것을 알았다. 2. 그리고 (하와는) **자기 남편 아담에게서 여자 쌍둥이와** 아벨을 낳았다. 아벨은 양을 치는 목자가 되고 카인은 **땅을** 일구는 **사람이** 되었다. 3 날들이 지나 **니산 달 열넷째 날에** 카인은 **아마 씨앗에서 나온** 땅의 소출을 주님 **앞에 맏물들의** 제물로 가져왔다. 4 아벨도 양의 맏배들과 굳기름을 가져왔는데, 그것이 주님 **앞에 호의를 얻어** 그분께서 아벨과 그의 제물에 **기대를 거셨다.** 5 그러나 카인과 그의 제물에는 **기대를 걸지** 않으시자, (그 일이) 카인에게는 너무 **가혹하여** 그의 얼굴 **모습이 풀이 죽었다.** 6 주님께서 카인에게 말씀하였다. "어찌하여 (그 일이) 너에게 **가혹하단 말이냐**? 어찌하여 네 얼굴 **모습이 풀이 죽었느냐**? 7 네가 **한 일이** 올바르다면 **네 죄가 용서받지** 않겠느냐? 그러나 네가 **이 세상에서 한 일이** 올바르지 않다면 **대심판의 날 네 죄는 남으리라.** 그 죄는 **네 마음의** 문에 웅크리고 있고, **나는 네 손에 악한 본성의 힘을 보냈다.** 그것이 너를 노려 **죄가 없든 죄가 있든** 너는 **그것에** 지배되리라."

8 카인이 그의 형제 아벨에게 말하였다. "**나오너라. 둘이서 들에 나가자.**" 그들 **둘이** 들에 **나갔을 때 카인이 아벨에게 대답하여 말하였다. "나는 세상이 자비로 창조된 줄로 알았는데 올바른 일들의 열매에 따라 움직이지 않고 판결은 불공평하다. 어째서 네 제물은 호의로 받아들여지고 내 제물은 호의로 받아들여지지 않느냐?" 아벨이 카인에게 대답하여 말하였다. "세상은 자비로 창조되었고 올바른 일들의 열매에 따라 움직이며 판결은 불공평하지 않아요. 내가 한 일들의 열매가 형의 것보다 올바르고 형의 것보다 우선하여, 내 제물이 호의로 받아들여진 것이에요." 카인이 아벨에게 대답하여 말하였다. "판결도 없고 재판관도 없고 다른 세상도 없으면서, 의인에게 주는 올바름의 보상은 있고 악인에게 처벌은 있다." 아벨이 카인에게 대답하여 말하였다. "판결도 있고 재판관도 있고 다른 세상도 있으면서, 의인에게는 올바른 보상이 주어지고 악인에게는 처벌이 내려집니다." 그들**

은 들에서 이 문제들을 두고 싸우다가, 카인이 그의 형제 아벨에게 일어나
돌로 그의 이마를 찍어 그를 죽였다. 9 주님께서 카인에게 말씀하셨다. "네
형제 아벨이 어디 있느냐?" 그가 말하였다. "저는 모릅니다. 제가 형제나 지
키는 이입니까?" 10 그분께서 말씀하셨다. "네가 무슨 짓을 한 것이냐? **진
흙 속에 삼켜진 살해된 네 형제의** 피들의 소리가 땅에서 내 **앞에** 울부짖고
있다. 11 **네가 그를 죽였으니** 이제 너는, 입을 벌리고 네 손에서 네 형제의
피를 받아들인 땅에서 저주를 받았다. 12 네가 땅을 일구어도 더 이상 너에
게 **열매의** 힘을 보태 주지 않을 것이다. 너는 땅을 떠돌며 유배 다니리라."
13 카인이 주님 **앞에** 아뢰었다. "저의 **반역이** 짊어지기에 **몹시** 큽니다만 **당
신 앞에는 그것을 용서할 능력이 있으십니다**. 14 당신께서 오늘 저를 땅 위
에서 쫓아내시니 저는 당신 **앞에서 숨을 수밖에 없습니다**. 그래서 땅을 떠
돌고 유배 다니다가 **누구든 의인이** 저를 찾으**면** 저를 죽이고야 말 것입니
다." 15 주님께서 그에게 말씀하셨다. "그래. 카인을 죽이는 이는 모두 일곱
대에 걸쳐 그에게 되돌려 받으리라." 주님께서 카인의 **얼굴 위에 위대하고
영광스러운 이름의** 글자를 **새기시어**, 그를 찾아 **만난** 사람은 누구도 그를
죽이지 못하게 하셨다. 16 카인은 주님 앞에서 나와 **처음부터** 에덴 **동산에
그를 위해 만들어진, 유배와 방랑의** 땅에 자리 잡았다.

카인의 자손

17 카인이 자기 아내를 알아 (아내가) 임신하여 에녹을 낳았다. 카인은
성읍을 세우고 그곳의 이름을 아들 이름대로 에녹이라 불렀다. 18 에녹은
이랏을 낳고 이랏은 므후야엘을 낳았으며, 므후야엘은 므투사엘을 낳고 므
투사엘은 라멕을 낳았다. 19 라멕은 두 여자를 얻었는데, 하나의 이름은
아다이고 둘째의 이름은 칠라였다. 20 아다는 야발을 낳아 그가 천막 거주
자들과 가축 **주인들 모두의 지도자가** 되었다. 21 그의 형제의 이름은 유
발로서, 그는 비파와 피리를 **다루고 연주하는** 모든 이의 **지도자가** 되었다.
22 칠라도 투발 카인을 낳았는데, 그는 청동과 쇠를 만들 줄 아는 모든 **기**

술자의 지도자가 되었다. 투발 카인의 누이는 나아마로서 **희극과 노래의 전문가이다.**

23 라멕이 자기 아내들에게 말하였다.

"아다와 칠라야, 내 소리를 **받아들여라.**
라멕의 아내들아, 내 말을 들어라.
내가 사람을 죽이지 않았는데도 그 대신 죽어야 한다.
또한 소년을 해치지 않았는데도 내 후손이 멸망하리라.
24 **죄를 짓고 회개한** 카인이 일곱 **대까지 보류된다면,**
죄짓지 않은 그의 손자인 라멕은 일흔일곱 (대)**까지 판결이**
보류되리라."

셋과 그의 아들

25 **아벨이 죽은 지 백서른 해가 지나고** 아담이 자기 아내를 다시 알아
아내가 아들을 낳고 그의 이름을 셋이라 불렀다. "주님께서 나에게 카인
이 죽인 아벨 대신 다른 **아들을 주셨다.**"고 **말하였기** 때문이다. 26 셋에게
도 아들이 태어나 그의 이름을 에노스라 불렀다. **그의 시대에 그들은 방황**
하며 우상들을 섬기고 주님 메므라의 이름으로 그들의 우상들에게 이름을
붙이기 시작하였다.

아담의 족보

5,1 이것은 아담의 **직계** 족보이다. **주님께서** 아담을 창조하시던 날 그분
께서는 그를 **주님의 모상대로** 만드셨다. 2 그분께서 그들을 남자와 여자로
창조하셨다. 그들이 창조되던 날 그분께서는 **그분 메므라의 이름으로** 그들
을 축복하시고 그들의 이름을 아담이라 부르셨다.

3 아담은 백삼십 년을 살고 자신의 **모상과** 모습을 **닮은 셋을 낳았다. 하**
와는 (셋) **앞에** (아담)**에게서도 아니고 그를 닮지도 않은 카인을 낳았는데,**
아벨은 카인의 손에 죽고 카인은 추방되어 그의 후손들은 아담의 계보에

들지 못하였다. 그리고 나서 자신을 닮은 아이를 낳아 그의 이름을 셋이라
부른 것이다. 4 셋을 낳은 뒤 아담의 세월은 팔백 년이었다. [… 5 …
6 … 7 …] 팔백칠 년이다. 그리고 아들들과 딸들을 낳았다. 8 셋의 세월
은 모두 구백십이 년이었고, 그는 죽었다.
9 에노스는 구십 년을 살고 케난을 낳았다. 10 에노스는 케난을 낳은 뒤
팔백십오 년을 살면서 아들들과 딸들을 낳았다. 11 에노스의 세월은 모두
구백오 년이었고, 그는 죽었다.
12 케난은 칠십 년을 살고 마할랄엘을 낳았다. 13 케난은 마할랄엘을 낳
은 뒤 팔백사십 년을 살면서 아들들과 딸들을 낳았다. 14 케난의 세월은 모
두 구백십 년이었고, 그는 죽었다.
15 마할랄엘은 육십오 년을 살고 예렛을 낳았다. 16 마할랄엘은 예렛을
낳은 뒤 팔백삼십 년을 살면서 아들들과 딸들을 낳았다. 17 마할랄엘의 세
월은 모두 팔백구십오 년이었고, 그는 죽었다.
18 예렛은 백육십이 년을 살고 에녹을 낳았다. 19 예렛은 에녹을 낳은 뒤
팔백 년을 살면서 아들들과 딸들을 낳았다. 20 예렛의 세월은 모두 구백육
십이 년이었고, 그는 죽었다.
21 에녹은 육십오 년을 살고 므투셀라를 낳았다. 22 에녹은 므투셀라를
낳은 뒤 삼백 년을 **주님 앞에서 진실하게 섬기면서** 아들들과 딸들을 낳았
다. 23 에녹이 **땅의 주민들과 함께한** 세월은 모두 삼백육십오 년이었다.
24 에녹은 **주님 앞에서 진실하게 섬겼다. 그런데 땅의 주민들과 함께 있지
는** 않았다. 그는 거두어져 **주님 앞의 메므라에 따라 하늘로 올라갔기** 때문
이다. **그의 이름은 위대한 저술가 메타트론이라 불렸다.**
25 므투셀라는 백팔십칠 년을 살고 라멕을 낳았다. 26 므투셀라가 라멕
을 낳은 뒤 칠백팔십이 년을 살면서 아들들과 딸들을 낳았다. 27 므투셀라
의 세월은 모두 구백육십구 년이었고, 그는 죽었다.
28 라멕은 백팔십이 년을 살면서 아들을 낳고, 29 "이 아이가 주님께서
인간의 죄 때문에 저주하신 땅에서 우리가 **쓸데없이** 수고하고 우리 손이

고생하는 것에서 우리를 위로할 것이다."고 하여, 그의 이름을 노아라고 불렀다. 30 라멕이 노아를 낳은 뒤 오백구십오 년을 살면서 아들들과 딸들을 낳았다. 31 라멕의 세월은 모두 칠백칠십칠 년이었고, 그는 죽었다.

32 노아는 오백 년을 살고 셈과 함과 야펫을 낳았다.

거인의 아들들과 사람의 딸들

6,1 사람의 **아들들이** 땅 위에 많아지기 시작하고 그들에게 **아름다운** 딸들이 태어났다. 2 **거인들의** 아들들은 사람의 딸들이 **눈 화장과 입술 화장을 하고 살을 드러내 놓고 걷는 것이** 아름다워 보여, **그들은 욕정을 품고서 자신들을 즐겁게 해 주는 이들** 가운데에서 (골라) 아내로 삼았다. 3 주님께서 **당신 메므라로** 말씀하셨다. **"장차 일어날 악한 세대는 누구도, 세상에서 멸망하고 없어져버릴 것이라는 홍수 세대의 심판 명령에 따라 심판받아서는 안 된다. 그들이 올바른 행실을 하라고 내가 그들에게 거룩한** 영을 **주지 않았느냐? 그런데 그들의 행실은 사악하였다. 나는 그들이 회개하라고 길게** 백이십 년을 그들에게 **주었다. 그러나 그들은** (그렇게) **하지 않았다."**

4 그 시절 땅에는 **하늘에서 떨어진 샴하자이와 아자엘이** 있었다. 그다음에도 **거인들의** 아들들이 사람의 딸들에게 들어 아이를 낳았는데, 그들은 옛날의 용사들이요 이름 있는 사람들이다.

인류의 타락

5 주님께서 사람의 악이 땅에 많아지고 마음속에서 떠오르는 생각마다 하루 종일 악하기만 한 것을 보셨다. 6 주님께서는 **당신 메므라로** 땅에 사람을 만드신 것을 후회하시고, **당신 메므라로 그들을 심판하셨다.** 7 주님께서 말씀하셨다. "내가 창조한 사람을 땅 위에서 지워버리리라. 사람부터 가축과 길짐승과 하늘의 새들까지 그러하리라. 내가 만든 것들을 **내 메므라를 통해** 후회하기 때문이다." 8 **의인이었던** 노아는 주님 **앞에서** 은총을 얻었다.

노아

9 이것들은 노아의 **가족 계보이다.** 노아는 그 세대에 **행실이 반듯한** 의
롭고 온전한 사람이었다. 그는 **주님을 경외하며** 살아갔다. 10 노아는 아들
셋, 곧 셈과 함과 야펫을 낳았다. 11 땅은 부패하였으니, **주님** 앞에 **올바른**
길에서 벗어난 주민들 때문이다. 땅이 **탐욕으로** 가득 찬 것이다. 12 **주님**
께서 땅이 부패한 것을 보셨다. 모든 살덩이가 **하나도 빠짐없이** 땅 위에서
자신의 길을 부패시켰다.

13 **주님께서** 노아에게 말씀하셨다. "모든 살덩이의 끝이 내 앞에 이르렀
다. 그들의 **행실이 사악하여** 땅이 **탐욕으로** 가득 찼다. 자, 내가 그들을 땅
과 함께 파괴하리라. 14 너는 삼나무들로 된 방주를 만들어라. 방주 **왼쪽**
에 폭이 서른여섯인 백오십 개의 칸을 만들고, **가운데 열 개의 선실에는 양**
식을 두어라. 저장고는 오른쪽에 다섯 개, 왼쪽에 다섯 개씩이다. 안과 밖
에 역청을 **발라라.** [15 …] 16 **너는 피손으로 가서 귀한 돌을 가져다 방주에**
두고 너희를 비추게 하여라. 위로 한 암마 되게 마무리하여라. 방주의 문
을 양쪽에 두고, 바닥과 둘째와 셋째 층에 **칸을** 만들어라. 17 이제 내가 땅
위에 홍수를 몰고 와 생명의 영이 있는 모든 살덩이를 하늘 아래에서 파멸
하리라. 땅에 있는 모든 것이 숨을 거두리라. 18 그러나 너와는 계약을 맺
을 것이다. 너는 네 아들들과 아내와 네 아들들의 아내와 함께 방주로 들
어가라. 19 모든 생물 가운데, 모든 살덩이 가운데에서 저마다 둘씩 방주
로 들어가게 하여, 너와 함께 살게 하여라. 그것들은 수컷과 암컷이어야 한
다. 20 새도 제 종류대로, 집짐승도 제 종류대로, 땅의 모든 길짐승도 제
종류대로, 저마다 둘씩 **천사들이 그것들을 데리고** 너에게 와서 살게 하여
라. 21 너는 먹을 만한 양식을 모두 가져와 [모아두어라.] 그것들이 너와 그
들에게 양식이 되어야 한다." 22 노아는 **주님께서** 명령하신 대로 다 하였
다. [그대로 하였다.]

7,1 주님께서 노아에게 말씀하셨다. "너와 네 집안 **사람** 모두 방주로 들
어와라. 이 세대에서 내 앞에 **죄 없는 이는** 너뿐임을 내가 보았다. 2 정결

한 집짐승 가운데에서 **수컷과 암컷으로** 일곱씩 일곱씩, 정결하지 않은 집짐승 가운데에서 **수컷과 암컷으로** 둘씩 가져와라. 3 하늘의 새에서도 **수컷과 암컷으로** 일곱씩 일곱씩 가져와 **그것들로 말미암아** 그 씨가 땅 위에 살게 하여라. 4 **자, 내가 그들에게 길게 이레를 준다. 그들이 회개하면 그들을 용서하고**, 이레의 **시간에 회개하지 않으면** 나는 땅 위에 사십 일 낮과 사십 일 밤을 비를 내려, **사람과 들짐승의 몸을** 모조리 땅에서 **쓸어버리리라.**"
5 노아는 주님께서 명령하신 대로 다 하였다.

홍수

6 노아가 육백 살일 때 땅 위에 홍수가 났다. 7 홍수가 나자 노아는 아들
들과 아내와 며느리들과 함께 방주로 들어갔다. 8 정결한 집짐승과 정결하
지 않은 집짐승, 새와 땅 위를 기는 모든 것이 9 수컷과 암컷으로 둘씩 둘
씩 노아의 방주로 들어갔다. **주님께서** 노아에게 명령하신 대로다. 10 **므투
셀라의 애도가 끝나고** 이레 뒤에 **주님께서는 사람들이 회개하지 않는 것을
보셨다.** 그러자 **하늘로부터 끓어오르는** 홍수가 땅 위에 **내렸다.**
11 노아의 세월이 육백 년 되던 해 둘째 달 곧 **마르헤슈반 달**, — **그때까
지는 세상이 완성된 해의 시작인 티슈리 달부터 달을 세었다.** — 그달 십
칠 일 그날에 대심연의 모든 샘들이 솟구쳤다. **용사의 자손들이 자식들을
그곳에 두고 샘들을 닫았는데 나중에** 하늘의 창들이 열린 것이다. 12 사십
일 낮 사십 일 밤을 땅 위에 비가 **내렸다.** 13 같은 날 노아는 노아의 아들
셈과 함과 야펫, 노아의 아내와 아들들의 세 아내와 함께 방주로 들어갔다.
14 그들과, 모든 들짐승이 제 종류대로, 모든 집짐승이 제 종류대로, 땅 위
를 기는 길짐승이 제 종류대로, 모든 날짐승이 제 종류대로, 곧 **날아다니
는** 모든 새가 (들어갔다.) 15 생명의 영이 있는 모든 살덩이 가운데 둘씩 둘
씩 노아에게 방주로 들어갔다. 16 모든 살덩이에서 수컷과 암컷이 들어갔
다. 주 하느님께서 노아에게 명령하신 대로 들어갔다. 주님의 **메므라가 그
의 앞에서 방주의 문을 막으셨다.**

17 사십 일 동안 땅 위에 홍수가 나고 물이 불자, (물이) 방주를 띄워 (방주가) 땅 위에서 높아졌다. 18 물이 거세지고 땅 위에서 몹시 많아져 방주가 물 위를 **떠다니며** 움직였다. 19 물이 땅 위에서 더욱 거세져 온 하늘 아래 있는 모든 높은 산들이 덮일 정도였다. 20 물은 위로 열다섯 암마 되게 거세져 산들을 덮었다. 21 땅 위를 기는 모든 살덩이와 새와 집짐승과 짐승들, 땅 위를 기는 모든 길짐승과 모든 사람이 죽었다. 22 뭍에 사는 모든 것 가운데 코에 생명의 영으로 숨 쉬는 것들은 모조리 죽었다. 23 땅 위에 있는 **사람과 짐승의 몸뚱이를** 모조리, 곧 사람부터 집짐승과 길짐승과 하늘의 **공중을 나는** 새까지 쓸어버리셨고 그것들은 땅에서 쓸려갔다. 그러나 노아와 그의 일행은 방주에 살아남았다. 24 물은 땅 위에서 백오십 일 동안 거세졌다.

홍수가 그치다

8,1 **주님께서는 당신 메므라로** 노아와, 방주에 그와 함께 있는 모든 짐승과 모든 집짐승을 기억하셨다. 하느님께서 땅 위에 **자비의** 영을 지나가게 하시니 물이 잠잠해졌다. 2 심연의 샘과 하늘의 창이 닫히고 하늘에서 **내리던** 비가 멎었다. 3 물이 점점 땅 위에서 빠지고 백오십 일이 지나면서 물이 줄어들었다. 4 일곱째 달인 **니산 달** 십칠 일에 방주가 **카르두**산들 위에 내렸다. **한 산의 이름은 카르두니아이고 다른 산의 이름은 아르메니아이다. 그곳에는 동쪽 땅에 아르메니아 성읍이 세워져 있다.** 5 물이 열째 달인 **탐무즈 달까지** 점점 줄어 **탐무즈 달** 초하룻날에는 산꼭대기들이 보였다.

6 사십 일이 지나 노아는 자신이 만든 방주의 창을 열고 7 까마귀를 보내 봤더니, (까마귀는) 나갔다가 땅 위에서 물이 마를 때까지 드나들었다. 8 또 물이 땅 위에서 약해졌는지 보려고 **정결한** 비둘기를 자신이 있는 데서 보내 봤다. 9 비둘기는 발바닥 디딜 데를 찾지 못해 방주로 그에게 돌아왔다. **그는** 온 땅 위에 물이 있음을 **알고** 손을 뻗쳐 비둘기를 데려다 방주로 들여놨다. 10 이레가 더 지나고 나서 다시 한 번 방주에서 비둘기를 보

내 봤다. 11 저녁때쯤 비둘기가 **뽑아서** 딴 올리브 잎을 부리에 **물고** 그에게 돌아왔다. **올리브 산에서 가져온 것이다**. 노아는 땅 위에서 물이 약해졌음을 알았다. 12 이레가 더 지나고 나서 비둘기를 보내 봤더니, 더 이상 그에게로 돌아오지 않았다.

13 노아가 육백한 살 되던 해 **티슈리 달** 초하룻날에, **곧 새해에** 물이 땅 위에서 말랐다. 노아는 방주의 덮개를 제치고 땅 위가 말라 있는 것을 보았다. 14 **마르헤슈반 달** 이십칠 일에는 땅이 말랐다.

방주에서 나오다

15 **주님께서** 노아에게 말씀하셨다. 16 "너는 네 아내와 아들들과 아들들의 아내들과 함께 방주에서 나오너라. 17 너와 함께 있는 짐승들, 곧 모든 살덩이들 가운데 새와 집짐승과 땅 위를 기어 다니는 모든 길짐승은 너와 함께 나오너라. 그것들은 땅에서 **낳고** 번식하고 땅 위에서 번성하리라." 18 노아는 아들들과 아내와 아들들의 아내들과 함께 나왔다. 19 모든 들짐승과 모든 길짐승과 모든 새와 땅 위에서 움직이는 모든 것이 제 종류대로 방주에서 나왔다.

노아의 제사와 하느님의 다짐

20 노아는 주님 **앞에** 제단을 세웠는데, **아담이 에덴 동산에서 쫓겨날 때 세워 그 위에서 제물을 바쳤으며 카인과 아벨이 제물을 바친 그 제단이다**. 그러나 **홍수가 내려 파괴되었다**. **노아가** (다시) **세워** 정결한 모든 집짐승과 정결한 새 가운데에서 가져와, **바로 그** 제단 **위에서 네 마리를** 번제물로 바쳤다. 21 주님께서는 **그 제물을 호의로 받아들이시고 주님 메므라로** 말씀하셨다.

"사람의 아들의 죄 때문에 더 이상 땅을 저주하지 않으리라.
사람 마음의 욕망은 어려서부터 악하다.
내가 한 것처럼 더 이상 어떤 생물도 지워버리지 않으리라.

22 땅이 있는 한
티슈리 달의 파종 **기간과 니산 달의** 수확 **기간,**
테벳 달의 추위 **기간과 탐무즈 달의** 더위 **기간,**
여름과 겨울, 낮과 밤이 멈추지 않으리라."

노아와 계약을 맺으신 하느님

9,1 하느님께서 노아와 아들들을 축복하시고 말씀하셨다. "번식하고 번
성하여 땅을 채워라. 2 땅의 모든 들짐승과 하늘의 모든 새, 땅을 기어 다
니는 모든 것들과 바다의 모든 물고기들이 너희를 두려워하고 무서워할 것
이다. 그것들을 너희 손에 맡긴다. 3 살아 있어 움직이는 것들은 모두 너희
에게 양식이 될 것이다. (내가 전에 준) 푸른 풀처럼 모두를 너희에게 준다.
4 **살아 있는 짐승 가운데 찢겨졌으나 아직 목숨이 붙어 있는, 또는 도살된
짐승 가운데 찢겨졌으나 아직 숨이 끊어지지 않은** 살덩이는 먹어서는 안
된다. 5 나는 너희의 피는 너희의 목숨으로 요구할 것이고, **사람의 아들을
죽인** 모든 짐승에게도 요구하여 **죽임을 당하게 할 것이다.** 사람 곧 형제의
피를 쏟은 사람에게는 사람의 목숨을 요구할 것이다.

6 **증인 앞에서** 사람의 피를 쏟은 자는
재판관들이 사형을 선고할 것이다.
그러나 증인 없이 쏟은 자는
세상의 주인께서 장차 대 심판의 날 그에게 되갚아 주실 것이다.
하느님의 **모상대로**
사람을 만드셨기 때문이다.
7 너희는 번식하고 번성하여라.
땅에서 많이 낳고 번성하여라."

8 하느님께서 노아와 그와 함께 있는 아들들에게 말씀하셨다. 9 "내가
이제 너희와 너희 다음의 **자손들과** 함께 내 계약을 세운다. 10 너희와 함
께 있는 모든 생물, 곧 방주에서 나온 땅의 모든 짐승들 가운데 너희와 함

께 있는 새와 집짐승과 들짐승과도 그러하다. 11 나는 너희와 내 계약을 세울 것이다. 다시는 모든 살덩이를 홍수로 쓸어버리지 않으리라. 다시는 땅을 홍수로 파멸시키지 않으리라."

12 하느님께서 말씀하셨다. "이것은 내가 내 **메므라와** 너희와 너희와 함께 있는 모든 짐승들 사이에서 내가 세상의 세대들에게 **세운** 계약의 표시이다. 13 내가 구름에 내 무지개를 둘 것이니, 그것이 내 **메므라와** 땅 사이에 계약의 **징표가** 될 것이다. 14 **내가** 땅 위로 **영광의** 구름을 **퍼지게 하여 낮에** 무지개가 보이면 **해가 구름에 삼켜지지 않는 한**, 15 나는 내 **메므라와** 너희 사이에 맺은 계약을 떠올릴 것이다. 다시는 홍수가 모든 살덩이를 파멸하지 못하게 하리라. 16 구름 속에 무지개가 있는 것을 보고, 나는 **주님의 메므라와** 땅 위에 있는 살덩이를 지닌 모든 생물들 사이에 맺은 영원한 계약을 떠올릴 것이다."

17 하느님께서 노아에게 말씀하셨다. "이것은 나의 **메므라와** 땅 위에 있는 모든 살덩이의 **메므라** 사이에 맺은 계약의 표시이다."

셈과 함과 야펫

18 방주에서 나온 노아의 자손들은 셈과 함과 야펫이다. 함은 가나안의 조상이다. 19 이 셋이 노아의 아들들이고 이들에게서 **사람들이** 온 땅에 **살려고 널리** 흩어져 나갔다. 20 노아는 땅을 **일구는** 첫 사람이 되었다. 그는 **에덴 동산에서 강을 따라 쓸려 나온 포도를 발견하여** 포도밭을 만들려고 심었더니, **그날 싹이 트고 포도 열매가 열어 그는 그것들을 압착하였다.** 21 그는 포도주를 마시고 취하여 천막 안에서 자신을 드러낸 채 있었다. 22 가나안의 조상 함은 아버지의 알몸을 보고 **거리에서** 두 형제에게 알렸다. 23 셈과 야펫은 옷을 들어 자기들 둘의 어깨에 걸치고는 **돌아서서** 가 아버지의 알몸을 덮었다. 그들은 얼굴을 **돌리고 있어서** 아버지를 보지 못했다. 24 노아는 술에서 깨어나, 아들 **함이** 한 일을 **꿈에서 이야기해 주어** 알게 되었다. **그로 말미암아 노아가 넷째 아들을 낳지 못하게 되어** (함의 **가**

치가 약해졌다. 25 (노아가) 말하였다.

"(함의) **넷째 아들인** 가나안은 저주를 받아
제 형제들을 위해 **종살이하는** 종이 되리라."

26 그는 말하였다.

"**행실이 의로운** 셈의 주 하느님께서는 찬미받으소서.
가나안은 그의 종이 되리라.

27 하느님께서는 야펫의 **지역을 아름답게 하시고**
그의 아들들이 개종하여 셈의 학교에 머물게 하소서.
가나안은 그들의 종이 되리라."

28 노아는 홍수 이후에 삼백오십 년을 살았다. 29 노아의 세월은 모두 구
백오십 년이었고, 그는 죽었다.

노아의 족보

10,1 이것들은 노아의 아들 [셈과 함과 야펫의] 족보이다. 홍수가 (그친) 다
음 그들에게 아들들이 태어났다.

2 야펫의 아들들은 고메르, 마곡, 마다이, 야완, 투발, 메섹, 티라스이고,
그들의 구역 이름은 프리기아, 게르마니아, 메디아, 마케도니아, 비티니아,
아시아, 트라키아이다. 3 고메르의 아들들은 아스크나즈, 리팟, 토가르마
이다. 4 [야완의 아들들은 …] **헬라스, 타르수스, 아카이아, 다르다니아이다.**
5 이들 **집안에서** 저마다 그들의 언어와 씨족과 민족에 따라 [그들의 땅에 있
는] 바다 민족이 갈라져 나왔다.

6 함의 아들들은 에티오피아, 이집트, 풋, 가나안이고, **그들의 구역 이**
름은 아라비아, 이집트, 알리흐록, 가나안이다. 7 에티오피아의 아들들은
스바, 하윌라, 삽타, 라아마, 삽트카이고, [라아마의 아들들은 …] **그들의 구**
역 이름은 시니리아, 힌디키, 세마리아, 리비아, 진기아이다. 마우리타노스
의 아들들은 제마르가드와 메작이다. 8 에티오피아는 니므롯을 낳았는데,
그는 세상에서 **죄 지은** 첫 장사가 되어 **주님 앞에 반역하였다.** 9 그는 주님

앞에서 **반역한** 장사였기에, '**세상이 창조된 날부터** 니므롯만 한 사냥꾼이 자 **주님 앞에 반역한 장사도 없다.**'고 말하곤 하였다. 10 그의 왕국의 시작은 **폰투스** 땅에 있는 **대** 바벨, **에데사, 니치빈, 크테시폰이다.** 11 **니므롯은** 그 땅에서 나와 아시리아를 **다스렸다.** 그는 **갈라진 세대의 계획에 따르고 싶지 않아서 이 네 성읍들을 떠났다. 그러자 주님께서 그에게 한 곳을 주셨다. 그는 다른 네 성읍들인** 니네베와 **성읍의 거리들과 아디아베네를** 세웠고, 12 니네베와 큰 성읍 **아디아베네** 사이에 **틀라사르를** 세웠다.

13 이집트는 **니바티아인, 마레오티아인, 리비아인, 펜타스케니아인,** 14 **나시오티아인과,** 필리스티아인들이 거기서 나온 **펜타폴리스인들, 카파도키아인들을** 낳았다.

15 가나안은 맏아들 시돈과 히타이트, 16 여부스족, 아모리족, 기르가스족, 17 히위족, 아르케족, **안토시아족,** 18 로타시아족, **하마치아족, 안티오키아족을** 낳았다. 그 뒤로 가나안족의 씨족이 흩어졌다. 19 가나안족의 지역은 **보트네아스에서** 그라르 쪽으로는 가자까지, 소돔과 고모라와 아드마와 츠보임 쪽으로는 **칼리로에까지였다.** 20 이들이 그들의 **직계** 씨족과 언어에 따른 그들 지역의 **거주지별,** 그들 민족의 **친족별** 함의 자손들이다.

21 셈에게도 **아들이** 태어났다. 그는 모든 **히브리인** 자손들의 조상이며 **주님을 경외하는** 위대한 이로서 야펫의 형이다. 22 셈의 아들들은 엘람, 아시리아, 아르팍삿, 루드, 아람이다. [23 …] 24 아르팍삿은 셀라흐를 낳고 셀라흐는 에베르를 낳았다. 25 에베르에게 아들 둘이 태어났다. 하나의 이름은 펠렉으로 그의 시대에 땅이 갈라졌다. 그의 형제의 이름은 욕탄이다. 26 욕탄은 **밧줄로 땅을 재는** 알모닷, **강물을 끌어오는** 셀렙, 하차르마웻, 예라, 27 하도람, 우잘, 디클라, 28 오발, 아비마엘, 스바, 29 오피르, 하윌라, 요밥을 낳았다. 30 그들의 **거주 장소는** 메사에서 동쪽 산인 스파르와임 쪽이었다. 31 이들이 그들의 씨족[과 언어]에 따른 그들 지역의 **거주지별,** 그들 민족의 **친족별** 셈의 자손들이다.

32 이것들은 족보에 따른 민족별 노아 자손들의 족보이다. 이들에게서

홍수 이후에 민족들이 땅에서 흩어졌다.

바벨탑

11,1 온 땅이 한 가지 언어와 한 가지 말과 **한 가지 조언을** 쓰고 있었다.
**그들은 성전의 언어로 대화하였는데 처음부터 그것으로 세상이 창조되었
다**. 2 사람들은 동쪽에서 옮겨와 **바벨** 땅에서 평지를 발견하고 그곳에 자
리 잡았다. 3 그들은 서로 말하였다. "어서 벽돌을 **빚어 화덕에** 구웁시다."
그러자 그들에게 돌이 벽돌이 되고 진흙이 역청이 되었다. 4 그들이 말하
였다. "성읍과 탑을 세워 꼭대기가 하늘 **높은 데까지 이르게** 하고, **그 꼭대
기에 우리를 위하여 우상을 만듭시다. 그가 손에 칼을 들고 전열을 갖추어
맞서게 합시다**. 그래서 **더 이상** 온 땅 위에서 흩어지지 맙시다." 5 주님께
서 성읍을 만들고 탑을 세운 이들을 **처벌하시려고 나타나셨다**. 6 주님께서
말씀하셨다. "저들 모두 한 백성이고 한 언어를 쓴다. 그들이 이 일을 하려
고 **작정했으니**, 이제 하려고만 하면 뭐든 말릴 수 없을 것이다." 7 **주님께
서 당신 앞에 서 있는 일흔 명의 천사들에게 말씀하셨다**. "**이제** 내려가서
그들의 언어를 섞어 놓고 서로 상대방의 언어를 알아듣지 못하게 하자."
8 **주님의 메므라가 일흔 명의 천사들과 함께 성읍에 나타나셨다**. **그들은
일흔 민족에 해당되며 저마다 수중에 자기 민족의 언어와 기록**(에 쓸) **문자
를 지니고 있었다**. 그분께서 **일흔 가지 언어로** 그들을 거기서 온 땅 위로
흩어 놓으시자, **저마다 서로가 말하는 것을 알지 못하였고 서로를 죽였다**.
그들은 성읍 세우는 것을 못하게 되었다. 9 그리하여 그곳의 이름을 바벨
이라 불렀다. 주님께서 온 땅의 **주민들의** 언어를 섞으시고 거기서 온 땅 위
로 흩으셨기 때문이다.

셈에서 아브라함까지

10 이것들은 셈의 족보이다. 셈은 백 살에 아르팍삿을 낳았다. 홍수 이
후 두 해 만이다. 11 셈은 아르팍삿을 낳은 뒤 오백 년을 살면서 아들들과

딸들을 낳았다.
12 아르팍삿은 삼십오 년을 살고 셀라흐를 낳았다. 13 아르팍삿은 셀라
흐를 낳은 뒤 **사백삼십** 년을 살면서 아들들과 딸들을 낳았다.
14 셀라흐는 삼십 년을 살고 에베르를 낳았다. 15 셀라흐는 에베르를 낳
은 뒤 사백삼 년을 살면서 아들들과 딸들을 낳았다.
16 에베르는 삼십사 년을 살고 펠렉을 낳았다. 17 에베르는 펠렉을 낳은
뒤 사백삼십 년을 살면서 아들들과 딸들을 낳았다.
18 펠렉은 삼십 년을 살고 르우를 낳았다. 19 펠렉은 르우를 낳은 뒤 이
백구 년을 살면서 아들들과 딸들을 낳았다.
20 르우는 삼십이 년을 살고 스룩을 낳았다. 21 르우는 스룩을 낳은 뒤
이백칠 년을 살면서 아들들과 딸들을 낳았다.
22 스룩은 삼십 년을 살고 나호르를 낳았다. 23 스룩은 나호르를 낳은 뒤
이백 년을 살면서 아들들과 딸들을 낳았다.
24 나호르는 이십구 년을 살고 테라를 낳았다. 25 나호르는 테라를 낳은
뒤 **백십육** 년을 살면서 아들들과 딸들을 낳았다.
26 테라는 칠십 년을 살고 아브람과 나호르와 하란을 낳았다.

27 이것들은 테라의 족보이다. 테라는 아브람과 나호르와 하란을 낳고,
하란은 롯을 낳았다. 28 **아브람이 니므롯의 우상을 섬기지 않아 니므롯이
아브람을 화덕에 던졌다. 그런데 그 불은 그를 태울 수 없었다. 그때 하란
은 마음이 갈라져 말하였다. "나는 니므롯이 이기면** (니므롯의) **편이 되고
아브람이 이기면** (아브람의) **편이 되겠다." 거기 있던 백성들은 모두 불이
아브람을 제압하지 못하는 것을 보고 서로 말하였다. "하란은 마술사이자
요술사인, 아브람의 아우가 아닌가? 그가 불로 요술을 부려서 형을 태우
지 못하나 보다." 그러자 곧바로 하늘 높은 데서 불이 떨어져** (하란을) **태웠
다**. 그래서 하란은 칼데아인들이 **그의 형 아브람을 위해 만든 화덕에서 불
타**, 고향 땅 자기 아버지가 **보는 데서** 죽었다. 29 아브람과 나호르는 아내

들을 얻었다. 아브람의 아내 이름은 사라이이고 나호르의 아내 이름은 하란의 딸 밀카이다. 하란은 (밀카의) 아버지이자 이스카 **곧 사라이의** 아버지다. 30 사라이는 불임의 몸이어서 자식이 없었다. 31 테라는 자신의 아들 아브람과 자신의 손자이자 하란의 아들 롯과 자신의 며느리이자 아브람의 아내인 사라이를 데리고, 칼데아의 **불길에서** 가나안 땅으로 함께 떠났다. 그들은 하란에 이르러 거기에 자리 잡았다. 32 테라의 세월은 이백오 년이고 테라는 하란에서 죽었다.

하느님의 부르심에 응답한 아브람

12,1 주님께서 아브람에게 말씀하셨다. "너의 고장이자 고향, 네 아버지의 집에서 내가 너에게 보여 줄 땅으로 가라. 2 나는 너를 큰 민족으로 만들겠다. 너를 축복하고 네 이름을 위대하게 하여 **너는 복 받은 이가** 될 것이다. 3 나는 **손을 펼쳐 기도하는 사제들을** 축복하고 **너의 아들들을 축복할 것이다. 그러나 그들을 저주하는 발라암은** 저주하여, **그들이 그를 칼로 죽일 것이다.** 그리고 세상의 모든 후손들이 너를 통해서 복을 받을 것이다."

4 아브람은 주님께서 말씀하신 대로 떠났다. 롯도 함께 떠났다. 하란을 떠날 때 아브람의 나이는 일흔다섯 살이었다. 5 아브람은 아내 사라이와 조카 롯과, 그들이 얻은 모든 소유물들과 하란에서 **개종한 이들을** 데리고 가나안 땅으로 떠나, 가나안 땅에 이르렀다. 6 아브람은 그 고장을 지나 스켐 지역과 **지시받은 평원에** 다다랐다. 그 고장에는 가나안족이 살고 있었다. **그때는 아직 이스라엘 자손들이 그곳을 차지하러 도착하지 않았을 때였다.** 7 주님께서 아브람에게 **나타나시어** 말씀하셨다. "내가 네 **자손들에게** 이 땅을 준다." 그는 거기서 그에게 **나타나신** 주님 **앞에** 제단을 세웠다. 8 그는 거기서 베텔의 동쪽 산으로 올라가, 서쪽으로 베텔이 있고 동쪽으로 아이가 있는 곳에 천막을 펼쳤다. 그리고 거기에 주님 **앞에** 제단을 세우고 주님의 이름으로 **기도하였다.** 9 아브람은 다시 일어나 더 **남쪽으로** 떠났다.

이집트로 간 아브람

10 그 고장에 기근이 들어 아브람은 이집트로 내려가 거기에 자리 잡았다. 그 고장에 기근이 극심하였기 때문이다. 11 이집트 **지역에** 가까이 다다랐을 때, **그들은 강에 이르러 자기들 몸을 드러낸 채로 건넜다**. 아브람이 아내 사라이에게 말하였다. "**이제까지 나는 당신 몸을 보지 못했다가**, 이제야 당신이 아름다운 여인인 줄 알게 되었소. 12 이집트인들이 당신을 보고 **당신의 아름다움을 알아채고는** '이 여자는 저 사람의 아내요.'라고 말하며, 나는 죽이고 당신은 살려둘 것이오. 13 **부탁이니** 당신이 내 누이라고 말해 주시오. 그래야 당신 때문에 나한테 좋고 내 목숨이 살 것이오." 14 아브람이 이집트로 들어갈 때 이집트인들이 그 여자를 보았는데 정말 아름다웠다. 15 파라오의 대신들이 그 여자를 보고 파라오에게 칭찬하자, 그 여자는 파라오의 **왕궁에** 불려갔다. 16 **파라오는** 사라이 때문에 아브람에게 잘해 주었다. 양과 소와 수나귀, 남종과 여종, 암나귀와 낙타들을 (아브람에게) 주어 **그의 것이** 되었다.

17 주님의 **메므라가** 아브람의 아내 사라이 일로 파라오와 그 집안 **사람에게** 큰 재앙이 **터지게 하셨다**. 18 파라오는 아브람을 불러 말하였다. "네가 나한테 무슨 짓을 한 것이냐? 그 여자가 네 아내라고 왜 나에게 알려주지 않았느냐? 19 어찌하여 너는 누이라고 말해서 내가 아내로 삼게 하였느냐? **곧바로 나에게 재앙이 터져 사라이에게 접근하지 못하였으니**, 이제 네 아내를 데리고 떠나라." 20 파라오가 사람들에게 명하여 그들이 아브람과 아내와 그의 모든 소유와 함께 **동행하였다**.

아브람에게서 갈라진 롯

13,1 아브람은 아내와 모든 자기 소유와 롯과 함께 이집트에서 나와 남쪽으로 올라갔다. 2 아브람은 가축과 은과 금으로 매우 **강해졌다**. 3 그는 남쪽에서 떠나 베텔까지 이동하여, 곧 베텔과 아이 사이에 처음 천막을 **쳤던** 지역까지 **돌아왔다**. 4 그곳은 처음 제단을 만든 장소로서, 거기서 아브

람은 주님의 이름으로 기도하였다.

5 아브람 **덕분에 따라온** 롯에게도 양과 소와 천막이 있었다. 6 그 땅은 그들이 함께 머무르는 것을 버텨내지 못하였다. 그들의 재산이 너무 많아서 함께 머무를 수 없었던 것이다. 7 아브람 가축의 목자들과 롯 가축의 목자들 사이에 논쟁이 있었다. **아브람의 목자들은 가나안족과 프리즈족에게 가지 말라는 지시를 받았다. 그 고장이 아직은 그들의 영역이었기 때문이다. 그들은 가축들에게 입마개를 씌워 목초지에 도착할 때까지 아무것도 훔쳐 먹을 수 없게 하였다. 그러나 롯의 목자들은** (가축들이) **아직** 그 고장에 살고 있는 가나안족과 프리즈족의 **밭에 들어가 먹게 방치한 것이다.**

8 아브람이 롯에게 말하였다. "나와 너 사이에, 내 목자와 네 목자 사이에 **다툼이** 있어서는 안 된다. 우리는 혈육을 나눈 친족이다. 9 온 땅이 네 앞에 있으니 나와 갈라지지 않겠느냐? 이제 네가 **북쪽으로** 가면 나는 **남쪽으로**, 네가 **남쪽으로** 가면 나는 **북쪽으로** 가겠다." 10 롯은 **음탕하게** 눈을 들어 요르단 평원을 둘러보니, 곳곳이 물을 댈 수 있는 곳이었다. 주님께서 **진노하시어** 소돔과 고모라를 멸망하시기 전이라, **네가** 초아르에 들어가기까지 마치 주님의 동산처럼 **나무가**, 이집트 땅처럼 **열매가 감탄할 만하였다**. 11 롯은 요르단 온 평원을 선택하고 먼저 동쪽으로 옮겨갔다. 그들은 서로 친족에게서 갈라졌다. 12 아브람은 가나안 땅에 살고 롯은 평원의 성읍들에 살았다. 그는 소돔에까지 **천막을** 펼쳤다. 13 그런데 소돔 사람들은 **자기 재물들을 가지고 서로에게** 사악하게 굴고, **치부를 드러내며 육체적으로** 죄를 짓고, **무죄한 피를 쏟으며 이방 신을 숭배하는 등** 주님의 **이름을 거슬러** 심하게 **반역하였다**.

14 롯이 아브람에게서 갈라진 뒤, 주님께서 아브람에게 말씀하셨다. "눈을 들어 네가 있는 곳에서 북쪽과 남쪽, 동쪽과 서쪽을 둘러보아라. 15 네가 둘러본 온 땅을 너와 네 **자손들에게** 영원히 준다. 16 내가 네 **자손들을** 땅의 먼지처럼 **많게** 하겠다. 땅의 먼지를 셀 수 있는 이라야 네 자손들을 셀 수 있을 것이다. 17 자, 일어나 이 땅을 세로로 가로로 다니며 **차지하여라**.

내가 너에게 주겠다." 18 아브람은 천막을 접고 **소와 양과** 헤브론의 **마므레의 환시로** 가 자리를 잡고는, 거기서 주님 앞에 제단을 세웠다.

민족들의 전쟁과 위기에 처한 롯

14,1 그때는 아므라펠 **곧 아브람을 불에 던지라고 말한 폰투스 임금 니므롯과, 거인처럼 키가 큰 틀라사르** 임금 아르욕, **곡식 단처럼 작고** (뭘 잘) **뒤집는** 엘람 임금 크도를라오메르, **여우처럼 교활하고 굴복당한 민족들의** 임금 티드알의 시절이었다. 2 그들은, **그 행실이 악한** 소돔 임금 베라, **그 행실이 사악한** 고모라 임금 비르사, **심지어 자기 아버지를 미워한** 아드마 임금 신압, **불륜으로 자기 몸을 망가뜨린** 츠보임 임금 세므에베르, **거류민들을 삼켜버린 도성의** 임금 초아르와 전쟁을 벌였다. 3 이들은 모두 **정원의 평원** 곧 **물줄기가 솟았다가 버려지는** 소금 바다의 **한 장소로** (와) 단결하였다. 4 그들은 십이 년 동안 크도를라오메르를 섬겼다가 십삼 년째에 반란을 일으킨 것이다. 5 십사 년째에 크도를라오메르는 자기 편인 임금들을 이끌고 나가, 아스타롯 카르나임에서는 **거인들을, 함타에서는 용사들을,** 샤웨 키르야타임에서는 **무시무시한 이들을** 쳤다. 6 **가블라 고산 지대에서는** 호르족도 (쳐서) 광야 **쪽에서 가까운** 파란 **평원까지** 이르렀다. 7 그들은 돌아서 **다툼의 샘에서 모세 예언자의 심판이 내려진 장소인 레캄으로** 가, 아말렉족의 모든 들판과 **엔 게디에** 사는 아모리족도 쳤다.

8 그러자 소돔 임금, 고모라 임금, 아드마 임금, 츠보임 임금, **거류민들을 삼켜버린 도성의 임금** 초아르가 나와 **정원의 평원에서** 함께 전열을 갖추었다. 9 엘람 임금 크도를라오메르, **민족들을 굴복시킨** 임금 티드알, **폰투스** 임금 아므라펠, **틀라사르** 임금 아르욕 등 이 네 임금들이 다섯에게 맞서 **전열을 갖추었다.** 10 그 **정원의 평원에는** 역청이 **들어찬** 구덩이들이 있어, 소돔 임금과 고모라 임금은 달아나다 거기에 빠졌고 나머지들은 산으로 달아났다. 11 그들은 소돔과 고모라의 모든 소유물과 양식을 가지고 떠났다. 12 그들은 아브람의 조카이자 소돔에 사는 롯과, 그의 소유물도 **빼**

앗아 떠났다.

13 **그런데 홍수 때 죽은 거인족들 가운데에서 옥이 살아남아 방주에 올라탔다. 그는 머리를 덮고 노아의 양식으로 버티었다. 그가 자신의 공로로 살아남은 것은 아니다. 세상의 주민들이 주님의 힘을 보고 말하였다. "처음에 세상의 주인께 반란을 일으킨 것이 거인들 아닌가? 그래서 그들이 땅에서 쓸려간 것이다." 이 임금들이 전쟁을 할 때 옥은 그들과 함께 있었다. 그가 속으로 말하였다. '내가 아브람에게 가서 롯이 붙잡힌 것을 알려야겠다. 그래야** (아브람이) **임금들 손에서** (롯을) **구하러 올 것이다.** (아니면) **그는 그들 손에 넘어갈 것이다.' 파스카 날 저녁에 옥은** (아브람이) **와서 누룩 없는 빵을 만드는 것을 보았다.** 그래서 그는 히브리인 아브람에게 알렸다. 아모리족의 마므레의 **환시에** 살면서 에스콜과도 형제로, 아네르와도 형제로 지냈다. 이들은 아브람과 계약을 맺은 **지도자들이다.** 14 아브람은 조카가 붙잡혔다는 말을 듣고, 자기 집에서 **자라고 전쟁을 위해** 훈련받은 **장정들을 무장시켰으나 그들은 나가려 하지 않았다. 그래서 그들 가운데 니므롯의 아들 엘리에제르를 뽑아** 단까지 쫓아갔다. 그는 삼백열여덟 명 **전부**(를 합친 것만큼이나) **똑같이 힘이 세다.** 15 밤이 그들을 위해 **길에서** 갈라져, **반은 임금들을 무릎 꿇리고 반은 이집트의 맏배들을 치려고 매복하였다.** 아브람과 종들은 **일어나** 그들을 공격하고 **그들 가운데 남은 자들은** 다마스쿠스 북쪽 **단에서 장차 저질러질 죄를** (아브라함이) **기억해낸 곳까지** 추격하였다. 16 그는 모든 재물들, 곧 조카 롯과 그의 재물들도 다시 가져오고 여자들과 백성도 다시 데려왔다.

예루살렘 임금 멜키체덱

17 (아브람이) 크도를라오메르와 그와 함께한 임금들을 공격하고 돌아온 뒤, 소돔 임금이 임금의 **경주장이 있는 반반한 평원으로** 그의 앞에 나왔다.
18 **의로운 임금 곧 노아의 아들이자 예루살렘** 임금인 **셈도 아브람 앞에 나와** 그에게 빵과 포도주를 가져왔다. 그는 그 **당시에** 지극히 높으신 하느님

앞에서 섬기는 이였다. 19 그는 아브람을 축복하며 말하였다.

"**의인들을 위해** 하늘과 땅을 소유하신
지극히 높으신 하느님께
아브람은 복을 받으리라.
20 당신의 원수를 **공격을 받은 방패처럼 만드신**
지극히 높으신 하느님께서는 찬미받으소서."

아브람은 **그가 돌려준** 모든 것에서 십분의 일을 그에게 주었다. 21 소
돔 임금이 아브람에게 말하였다. "**당신이 돌아오게 한 내 백성의** 사람 목
숨들은 내게 돌려주고 재물들은 당신이 가지시오." 22 아브람이 소돔 임
금에게 말하였다. "**의인들을 위해** 하늘과 땅을 소유하신 지극히 높으신 하
느님, 주님 **앞에** 손을 높이 들어 **맹세합니다.** 23 실 한가닥 신발 끈 하나라
도 내가 당신의 것 가운데 뭐든 가질 것 같소? '내가 **내 것으로** 아브람을 부
자가 되게 하였다.'고는 절대 **자랑삼아** 말하지 마시오. 24 **나한테 모든 전
리품에 대한 권한이 없지는 않소.** 나는 빼고, 장정들이 먹은 것과 나와 함
께 간 사람들, 곧 아네르와 아스콜과 마므레의 몫은 (주시오.) 이들**도** 자기
들 몫을 받아야 하오."

아브람의 환시

15,1 이런 일들이 있은 뒤, **곧 임금들이 모였다가 아브람 앞에 쓰러져 그
가 네 임금들을 죽이고 아홉 진영들을 돌려보낸 뒤, 아브람은 속으로 생각
하며 말하였다. '슬프도다. 이 세상에서는 내가 계명들을** (지켜) **보상을 받
았으나 다음 세상에서는 나에게 몫이 없다. 아마도 이 죽은 자들의 형제들
과 친척들이 군대와 연합하여 나에게 올 것이다. 아마도 그때는 사소한 공
로로 얻은 보상이 나에게 발견되어 그들은 내 앞에 쓰러질 것이다. 두 번째
때에는 그 보상이 나에게서 발견되지 않아 하늘의 이름께서는 내 안에서
모독을 당하실 것이다.'** 그러자 주님의 말씀이 아브람에게 환시로 내렸다.
"[아브라함아,] 두려워하지 마라. **그들이 군대들과 연합하여 나에게 맞서러**

오더라도 나의 **메므라가** 너에게 방패가 될 것이다. **이들이 이 세상에서 네**
앞에 쓰러질 뿐 아니라, 너의 **착한 행실은** 보상이 **지켜지고 다음 세상에서**
내 앞에서 몹시 큰 (보상이) **마련될 것이다**.” 2 아브람이 아뢰었다. “주 하느
님, **저한테 많은 것을 주셨고 제게 주신 것이** (아직) **당신 앞에 많습니다**. 그
런데 제가 아들도 없이 **세상에서 지나갈 텐데 다 무슨 소용이겠습니까**? 다
마스쿠스에서 **저를 위해 그 손으로 기적을 일으켰던** 제 집안의 **관리자** 엘
리에제르가 제 상속자가 **되려고 하겠습니까**?” 3 아브람이 아뢰었다. “저에
게 **아들을** 주지 않으셔서 제 집안의 **관리자가** 저를 상속하게 생겼습니다.”
4 주님 **앞에서** 말씀이 그에게 내렸다. “네 상속자는 그가 아니다. 오로지
네가 낳은 아들이 네 상속자가 될 것이다.” 5 그리고 그를 밖으로 데리고 나
가 말씀하셨다. “하늘을 쳐다보고 별들을 셀 수 있으면 세어 보아라.” 또 말
씀하셨다. “네 **자손들이** 이렇게 될 것이다.” 6 그는 주님의 **메므라를** 믿었
고, **그분 앞에서 말로 거역하지 않은** 그의 죄 없음을 그분께서 인정하셨다.

7 그분께서 그에게 말씀하셨다. “나는 이 땅을 너에게 주어 물려받게 하
려고, 너를 칼데아의 **불타는 화덕에서** 데리고 나온 주님이다.” 8 아브람이
아뢰었다. “주 **하느님**, 제가 그 땅을 물려받을지 어떻게 알 수 있습니까?”
9 주님께서 그에게 말씀하셨다. “나에게 **예물들을** 가져와라. 곧 **내 앞에** 삼
년 된 암송아지, 삼 **년** 된 **숫염소**, 삼 **년** 된 암염소, 산비둘기와 집비둘기를
한 마리씩 **바쳐라**.” 10 그는 이 모든 것을 그분 **앞에 바치고** 그것들을 가운
데에서 잘라, 자른 것을 서로 마주보게 **정렬하였다**. 새들은 자르지 않았다.
11 **부정한 새들을 좋아하는 민족들이 이스라엘의 소유물을 약탈하려고** 내
려왔으나, 아브람의 **공로가** 그것들을 **보호하였다**.

12 해가 **거의 가라앉을** 무렵, 아브람 위로 **깊은** 잠이 **쏟아졌다. 네 왕국**
들이 그의 자손들을 노예로 삼으려고 일어났다. ‘공포’ **이는 바빌론이다**.
‘어둠’ **이는 메디아이다**. ‘거대함’ **이는 그리스이다**. ‘함락’ **이는 장차 쓰러져**
일어나지 못할 에돔이다. 거기에서 이스라엘 집안의 백성이 올라올 것이
다. 13 주님께서 아브람에게 말씀하셨다. “잘 알아두어라. 네 자손들은 자

신들의 것이 아닌 땅에서 **거류민이** 되리라. **네가 믿지 않았기 때문이다**. 그리고 사백 년 동안 종살이하며 고통을 겪을 것이다. 14 그러나 그들이 섬길 민족도 내가 **이백오십 가지의 재앙으로** 심판하리라. 그러고 나서 그들은 많은 재산들을 가지고 **자유롭게** 나올 것이다. 15 너는 네 조상들에게 **소집되어 네 영혼은** 평화로이 **쉬고**, 장수를 누리다 묻힐 것이다. 16 **네 자손들의** 네 번째 세대가 (땅을) **물려받으러** 이리로 돌아올 것이다. 아모리족의 죄가 아직 끝나지 않았기 때문이다."

17 해가 **가라앉고** 어두워질 무렵, **아브람은 게헨나를 보았는데, 사악한 이를 심판하기 위해 숯이 타서 연기가 오르고 타오르는 불꽃이 튀고 있었다**. 그는 가른 것들 사이를 지나갔다. 18 그날 주님께서 **아브람의 자손들은 심판하지 않으시고 왕국들로부터 그들을 구원하시기로** (약속하시며) 그와 계약을 맺으시고 말씀하셨다. "내가 이 땅을 이집트의 **나일 강에서** 큰 강 유프라테스 강까지 너의 자손들에게 준다. 19 곧 (그곳은) **샬마이족**, 크나즈족, 카드몬족, 20 히타이트족, 프리즈족, **거인족**, 21 아모리족, 가나안족, 기르가스족, 여부스족의 땅이다."

하가르와 이스마엘에게 나타난 주님의 천사

16,1 아브람의 아내 사라이는 그에게 아이를 낳아 주지 못하였다. 그에게는 이집트인 여종이 있었는데 그의 이름은 **파라오의 딸** 하가르이며, **파라오가 사라이를 아내로 삼아 주님 앞에서** (나온) **메므라가 그를 치실 때, 그가 그에게 여종으로 주었다**. 2 사라이가 아브람에게 말하였다. "주님께서 나에게 출산을 막으시니 이제 내 종에게 드시고 **그를 풀어주세요**. 나도 그에게서 아들이 생기는 셈이니까요." 아브람은 사라이의 말을 **받아들였다**. 3 아브람의 아내 사라이는 이집트인 여종 하가르를 데려왔다. 아브람이 가나안 땅에 머문 지 십 년이 지나면서, 그 여자를 **풀어주고** 남편 아브람에게 아내로 준 것이다. 4 아브람이 하가르에게 들어 그가 임신하였다. 그는 임신한 것을 알고는 안주인의 **영예를** 가볍게 보았다. 5 사라가 아브

람에게 말하였다. "**내 모든 굴욕은 당신에게서 비롯했습니다. 나는 당신이**
나를 정당하게 대할 것으로 믿었기 때문에, 나는 내 나라와 아버지의 집을
떠나 이 외국 땅에 당신과 함께 왔지요. 내가 아이를 낳지 못하여 내 여종
을 **자유로 풀어주고** 당신에게 주어 **당신 품에 들어 눕게 하였습니다.** 그런
데 그가 자신이 임신한 것을 알고는 나의 **영예를 무시하였습니다. 이제 나**
의 굴욕이 주님 앞에 드러났고 그분께서는 나와 당신 사이에 **그분의 평화**
를 펼치시어 온 땅이 우리로 말미암아 가득 찰 것입니다. 그래서 우리는 당
신을 불타는 화덕으로 던진 니므롯의 아들인 파라오의 딸 하가르가 낳은
아들이 필요 없어질 것입니다." 6 아브람이 사라이에게 말하였다. "당신의
여종은 당신 손에 있소. 당신 보기에 적절하게 처리하시오." 사라이가 하가
르를 괴롭히자 하가르는 사라이 앞에서 달아났다.

7 주님의 천사가 광야의 샘 곧 **하그라로** 가는 길에 있는 샘에서 하가르
를 발견하였다. 8 그가 말하였다. "사라이의 여종 하가르야, 너는 어디에서
와서 어디로 가느냐?" 그가 말하였다. "저는 저의 안주인 사라이 앞에서 달
아났습니다." 9 주님의 천사가 말하였다. "너의 안주인에게 돌아가 종살이
하고 그에게 복종하여라." 10 주님의 천사가 그에게 말하였다. "내가 네 **자**
손들을 번성하게 하겠다. 너무 번성하여 셀 수 없을 것이다." 11 [주님의] 천
사가 그에게 또 말하였다.

"너는 임신 중이고
아들을 낳으리니
그의 이름을 이스마엘이라 불러라.
너의 고통이 **주님 앞에 드러났다.**
12 그는 사람의 **자손들 안에서** 들나귀 **같아지리라.**
그의 손은 **적들에게 복수할 것이고**
그의 적들의 손은 그를 **해치려고 뻗칠 것이다.**
그는 자기 형제들 앞에서 **섞여서** 살아가리라."

13 하가르는 주님 **메므라로 자기와 말씀을 나누신 그분 앞에 감사를 드**

리며 아뢰었다. "당신께서는 **살아 계시며 존재하시는 분, 보시지만 보이지 않는 분이십니다.**" 그가 말하였다. "**환시가 있은 뒤에 환시가, 곧 주님 셰키나의 영광이 여기에서 드러났다.**" 14 그러고 나서 그 우물은 '**살아 계시며 존재하시는 분이 나타나신** 우물'이라 불렀다. 그곳은 **레캄과 할루차** 사이에 **위치한다.**

15 하가르는 아브람에게 아들을 낳아 주었고 아브람은 하가르가 낳은 아들 이름을 이스마엘이라 불렀다. 16 하가르가 아브람에게 아이를 낳아 주었을 때 아브람은 팔십육 세였다.

하느님과의 계약과 아브람의 할례

17,1 아브람이 구십구 세 되었을 때 주님께서 아브람에게 **나타나시어** 말씀하셨다. "나는 엘 샤다이이다. 내 앞에서 **섬기고 네 몸을 완전하게 하여라.** 2 나는 내 **메므라와** 너 사이에 나의 계약을 주고 너를 매우 번성하게 하겠다."

3 그런데 아브람은 **할례를 하지 않아 서 있을 수 없었고,** 그래서 얼굴을 숙여 **절하자 주님께서** 그에게 말씀하셨다. 4 "나는 너와 내 계약을 **맺는다.** 너는 많은 민족들의 아버지가 될 것이다. 5 네 이름은 더 이상 아브람이라 불리지 않고, 네 이름은 아브라함이 되리라. 내가 너를 **크고** 많은 민족들의 아버지로 삼았기 때문이다. 6 나는 너를 매우 번창하게 하고, 너를 **의회로** 삼아 **민족들을 다스릴** 임금들이 너에게서 나오게 하겠다. 7 나는 내 **메므라와** 너, 그리고 네 뒤에 오는 **자손들** 사이에 대대로 내 계약을 영원한 계약으로 세우고, 너와 네 뒤에 오는 **자손들에게** 하느님이 될 것이다. 8 나는 너와 네 뒤에 오는 **자손들에게** 네가 거주하는 땅, 가나안 온 땅을 영원한 소유지로 주고, 그들에게 하느님이 되어 주겠다."

9 **주님께서** 아브라함에게 말씀하셨다. "너는 내 계약을 지켜야 한다. 너와 네 뒤에 오는 **자손들이** 대대로 그렇게 해야 한다. 10 이것은 내 **메므라와** 너희와 네 뒤에 오는 **자손들** 사이에서 지켜야 할 내 계약이다. 곧 **할례**

해 줄 아버지가 없더라도, 너희 모든 남자들은 할례를 해야 한다. 11 너희
는 포피의 살을 잘라 할례를 해야 한다. 그것이 내 **메므라와** 너희 사이의
계약의 표징이다. 12 너희 모든 남자는 대대로 여드레 만에 할례를 해야 한
다. **너희** 집에서 **자란** 종과, 너희에게서가 아닌 외국인에게서 **너희** 돈으로
산 종 모두 그렇게 해야 한다. 13 **할례를 한 사람이 너희** 집에서 **자란** 종과
돈으로 산 종에게 할례를 해야 한다. 이로써 너희 살로 맺은 내 계약은 영
원한 계약이 될 것이다. 14 할례를 하지 않은 남자, 곧 **아무도 그에게 할례
를 해 주지 않아** 자기 포피의 살을 자르지 않은 자, 그 **사람은 나의** 백성에
게서 떨어져 나가리라. 그는 내 계약을 **바꾸었다**."

15 **주님께서** 아브라함에게 말씀하셨다. "네 아내 사라이를 사라이라는
이름으로 부르지 마라. 그의 이름은 '사라'이다. 16 나는 (사라의) **몸을** 축
복하여 그에게서 네 아들을 주고 그 **아들을** 축복하겠다. 사라는 **의회가** 되
고, 그에게서 민족들을 **다스릴** 임금들이 나오리라." 17 아브라함은 엎드린
채 **놀라서** 속으로 말하였다. '백 살에 아들을 낳는다고? 사라가 아흔 살인
데 아이를 낳는다고?' 18 아브라함이 **주님 앞에** 아뢰었다. "이스마엘이 살
아가면서 당신 앞에서 **섬기기를** 바랄 뿐입니다." 19 **주님께서** 말씀하셨다.
"**진실로** 네 아내 사라가 너에게 아들을 낳아 줄 것이다. 그의 이름을 이사
악이라 불러라. 내가 그와 내 계약을 세워 그 뒤에 오는 **자손들에게** 영원한
계약이 되게 하겠다. 20 이스마엘을 두고 한 **네 기도도 받았다**. 나는 그를
축복하여 그가 번창하고 매우 번성하게 하겠다. 그는 열두 족장들을 낳고
나는 그를 큰 민족이 되게 하겠다. 21 나는 내년 이맘 때 사라가 너에게 낳
아 줄 이사악과 내 계약을 세울 것이다." 22 그분께서 그에게 말씀을 마치
시자 **주님의 영광이** 아브라함 위로 올라가셨다.

23 아브라함은 아들 이스마엘과 그의 집에서 **자란** 종과, 돈으로 산 종,
아브라함 집에 있는 남자들을 모두 데려다가, **주님께서** 그에게 말씀하신
대로 그날 포피의 살을 잘라 할례를 하였다. 24 아브라함이 자기 포피의
살을 잘라 할례를 할 때 그의 나이는 아흔아홉 살이었고, 25 아들 이스마

엘이 자기 포피의 살을 잘라 할례를 할 때 그의 나이는 열세 살이었다.
26 같은 날 **열나흗날에** 아브라함과 그의 아들 이스마엘이 할례를 하였다.
27 그의 집에 있는 사람 모두, 곧 집에서 **자란** 종과 이민족에게서 돈으로
산 종들도 그와 함께 할례를 하였다.

아브라함에게 파견된 세 천사

18,1 주님의 **영광이 환시의 마므레에서** 그에게 **나타셨다.** (아브라함은)
할례의 고통을 겪으면서 낮의 **절정에 장막** 입구에 앉아 있었다. 2 그가 눈
을 떠 보니 남자들 **모습을 한 천사들** 셋이 그 **앞에** 서 있었다. **그들은 세 가
지 일을 위하여 파견되었다. 한 천사가 한 가지 일 이상을 수행하기 위해 파
견되는 것은 불가능하다. 하나는 사라가 아들을 낳을 것이라는 소식을 알
리기 위하여 왔고, 또 하나는 롯을 구하기 위하여 왔으며, 다른 하나는 소
돔과 고모라를 파괴하기 위하여 왔다.** 그는 **그들을** 보고 **성막** 입구로 그들
앞에 달려 나가 땅에 (엎드려) 절하였다. 3 그가 아뢰었다. "**주님, 제가 당신
앞에 자비를 간청하오니** 지금 당신 앞에서 은총을 얻을 수 있다면, **제가 이
나그네들을 맞이할 때까지 당신 셰키나의 영광이 당신 종인 저에게서 올라
가지** 말아 주소서." 4 **아브라함은 다시 그 남자들에게 말하였다.** "물을 조
금 가져오게 하여 발을 씻으시고 나무 아래에 기대십시오. 5 제가 빵이나
먹거리를 가져올 테니 기운부터 차리시고, **주님 메므라의 이름에 감사하십
시오. 때마침 식사 때에 방문하셨고** 이왕 당신 종을 지나치게 되셨으니 **기
운부터 차리시고,** 그러고 나서 지나가십시오." 그러자 그들이 대답하였다.
"좋소. 말씀하신 대로 하시오."

6 아브라함은 서둘러 성막으로 가 사라에게 말하였다. "서둘러 고운 밀
가루 세 스아를 반죽하여 빵을 만드시오." 7 아브라함은 **외양간으로** 달려
가 부드럽고 **살진** 송아지를 끌어다 하인에게 주고, 서둘러 **음식을** 장만하
였다. 8 그는 기름진 버터와 우유와 **하인이** 요리한 송아지 고기를 **세상 피
조물의 방식과 관습에 따라** 그들 앞에 내어 놓았다. 그는 [나무 아래에] 그들

앞에서 시중을 들었고, 그들은 **앉아서 마치** 먹는 것 **같았다**.
9 그들이 그에게 말하였다. "당신 아내 사라는 어디 있소?" 그가 대답하
였다. "장막에 있습니다." 10 **그들 가운데 하나가** 말하였다. "**다음 해에** 다
시 당신에게 돌아오겠소. 당신들은 살아 있을 것이고, 당신 아내 사라에게
아들이 있을 것이오." 사라가 장막 입구에서 듣고 있었고, **이스마엘이** 그의
뒤에 **서서 천사가 말하는 것을 듣고 있었다**. 11 아브라함과 사라는 나이 들
어 노년기에 들어섰고, 사라에게는 여자로서 **부정한** 일도 멈추었다. 12 사
라는 **놀라** 속으로 말하였다. '다 늙은 뒤에 내가 **임신을 한다니**, 더구나 내
주인 **아브라함도** 늙어 버렸는데.' 13 주님께서 아브라함에게 말씀하셨다.
"어찌하여 사라는 웃으면서 '내가 정말로 아이를 낳는다고? 나는 늙어 버
렸는데.' 하고 말하느냐? 14 주님 **앞에** 숨길 **것이 있을 수** 있느냐? **축제** 이
맘때 내가 너에게 돌아올 텐데, **너희는** 살아 있을 것이고 그때 사라에게는
아들이 있을 것이다." 15 사라는 부인하였다. "**놀라지** 않았습니다." **천사가**
말하였다. "**두려워하지 마시오**. 그러나 **진실로** 당신은 웃었소."

소돔과 고모라를 위해 간청하는 아브라함

16 남자들 **모습을 한 그 천사들은** 그곳에서 일어났다. **사라에게 기쁜 소
식을 전한 이는 하늘 높은 곳으로 올라가고, 그들 가운데 둘이** 소돔 위에서
바라보았다. 아브라함이 그들과 **동행하여** 함께 갔다. 17 주님께서 **당신 메
므라로** 말씀하셨다. "내가 앞으로 하려는 **것을** 아브라함한테 숨길 **수야 없
지! 내가 그에게 알려줄 때까지** (아무 일도) **하지 않는 것이 옳다**. 18 아브라
함은 **장차** 크고 강한 민족을 이루고, 땅의 모든 민족들이 그를 통하여 **그
덕분에** 복을 받으리라. 19 그가 그의 자식들과 그 뒤에 오는 자기 집안 **사
람에게** 명령하여, 그들이 정의와 공정을 실행함으로써 주님 **앞에 합당한**
길을 지키도록 한, **그의 신실함이 내 앞에 드러났다**. 주님이 그에 관해 말
한 **좋은 것을** 아브라함에게 이루리라."
20 주님께서 **시종 천사들에게** 말씀하셨다. "소돔과 고모라가 **가난한 이**

들을 착취하고 가난한 이들에게 빵조각이라도 주는 이는 누구든지 불에
태우겠다고 선포하여, 항의가 빗발친다. 그들의 죄악이 너무도 엄청나다.
21 이제 내가 **나서서**, 내 **앞에 올라온 처녀 플레텃의 항의대로** 그들이 (그
런 일을) 저질렀는지 보겠다. (그렇다면) **그들은 끝장나야 한다.** 그러나 **만약**
그들이 회개하면 그들은 내 앞에서 결백해지지 않겠느냐? 내가 몰랐던 것
처럼 나는 처벌하지 않겠다.” 22 남자들 **모습을 한 천사들 둘은** 그곳에서
돌아서 소돔으로 갔으나, 아브라함은 아직 **롯을 두고 자비를 간청하고** 주
님 앞에서 **기도하며 섬겼다.** 23 아브라함은 **기도하며** 아뢰었다. “**죄 없는**
이를 죄인과 함께 **당신 진노로** 쓸어버리시렵니까? 24 **다섯 성읍 곧 소돔과**
고모라, 아드마와 츠보임과 초아르에서, 각 성읍마다 열 명씩 당신 앞에서
기도하는 죄 없는 이들이 오십 명 있어도 **당신 진노로** 쓸어버리시렵니까?
그 안에 있는 오십 명의 **공로** 때문에라도 그곳을 용서하지 않으시렵니까?
25 **죄 없는 이를 죄인과** 함께 죽여 **죄 없는 이가 죄인처럼** 되는 그런 일을
하시는 것은 **당신께 모독입니다. 당신께 모독인데, 온 땅의 재판관 가운데**
누가 공정을 행하지 않을 수 있겠습니까?” 26 주님께서 말씀하셨다. “소돔
에서 **내 앞에서 기도하는 죄 없는 이** 오십 명을 성읍에서 찾는다면 그들 때
문에 그곳 모두를 용서할 것이다.”

27 아브라함이 다시 아뢰었다. “**자비를 간청합니다.** 이제 주님 **앞에** 제
가 **먼저** 아뢰오니 저는 먼지나 재와 **같습니다.** 28 **죄 없는 이** 오십 명 가운
데 다섯 명이 부족하면 **초아르에서 부족한** 다섯 명 때문에 온 성읍을 파멸
하시렵니까?” 그분께서 말씀하셨다. “그곳에서 마흔다섯 명을 찾는다면 파
멸하지 않을 것이다.” 29 그는 그분 **앞에서** 더 아뢰었다. “**곧 네 성읍에서**
각 성읍마다 열 명씩 마흔 명을 그곳에서 찾는다면 어떻습니까? **죄가 가벼**
운 초아르는 당신 자비로 용서해 주십시오.” 그분께서 말씀하셨다. “마흔
명 때문에 **끝장내지** 않을 것이다.”

30 그가 아뢰었다. “**온 세상의** 주인이신 **주님의 진노가 거세지지 않기**
를 (바라며) 제가 아룁니다. 그곳에서 **기도하는** 서른 명, 곧 **세 성읍에서 각**

성읍마다 열 명씩을 찾는다면 어떻습니까? **츠보임과 초아르는 당신 자비로 용서해 주십시오.**" 그분께서 말씀하셨다. "그곳에서 서른 명을 찾는다면 **끝장내지** 않을 것이다."

31 그가 아뢰었다. "**자비를 간청합니다.** 이제 **온 세상의** 주인이신 **주님 앞에** 제가 **먼저** 아뢰니다. **세 성읍에서 열 명씩 기도하는** 이십 명을 찾는다면 **당신 자비로** 그들을 **용서하시렵니까?**" 그분께서 말씀하셨다. "이십 명의 **공로** 때문에라도 파멸하지 않을 것이다."

32 그가 아뢰었다. "**당신 앞에 자비를 간청합니다. 온 세상의** 주인이신 **주님의 진노가 거세지지 않기를** (바라며) 제가 이번에도 아뢰니다. 그곳에서 열 명을 찾아 **그들과 제가 그곳 모두를 위해 자비를 간청한다면,** 그들을 **용서하시렵니까?**" 그분께서 말씀하셨다. "열 명의 **공로** 때문에라도 파멸하지 않을 것이다."

33 주님 **셰키나의 영광이** 아브라함과 말씀을 마치시고 **올라가셨다.** 아브라함도 자기 고장으로 돌아갔다.

소돔의 멸망과 롯의 피신

19,1 저녁에 두 천사가 소돔에 들어갔다. 롯은 소돔 입구에 앉아 있다가
(그들을) 보고 그들 앞에서 일어나 얼굴을 땅에 대고 절하며, 2 말하였다.
"나리, 이제 **여기서** 가서 당신들 종의 집으로 **드시어** 묵으시고 발도 씻으시기 **바랍니다.** 그리고 일찍 일어나 가실 길을 가십시오." 그들이 말하였
다. "아니오. **거리에서** 밤을 보내겠소." 3 그가 열심히 권하여 그들이 그에
게로 가서 그의 집에 들었다. 그가 그들을 위해 상을 차려 **그들에게** 누룩 없는 빵을 구워 주었더니, 그들은 **마치** 먹는 것 **같았다.**

4 그런데 그들이 자리에 눕기 전에, 성읍에 **있는 사악한** 사람들 곧 소돔
사람들이 젊은이부터 노인까지 모든 사람이 사방에서 그 집을 둘러쌌다.
5 그들이 롯을 불러 말하였다. "오늘 밤 당신에게 온 남자들은 어디에 있
소? 데리고 오시오. **그들과 관계해야겠소.**" 6 롯은 입구로 그들에게 나가

뒤쪽으로 문을 닫고는, 7 말하였다. "나의 형제여, **제발** 못된 짓을 하지 마
시오. 8 나에게 남자와 **관계하지** 않은 두 딸이 있어 그들을 당신들에게 내
보낼 테니, 당신들 **앞에서** 좋을 대로 하시오. 그러나 그들은 **내 집에** 들어
와 내 집 지붕 **아래에 은신하고 있으니**, 이 남자들에게만은 **못된** 짓을 하
지 마시오." 9 그들이 말하였다. "저리 가라." 그들이 말하였다. "**이자는 혼
자 우리 가운데** 객지살이하러 온 자가 아니냐? 그런데 **스스로 재판관이 되
어 우리 모두를** 심판하다니. 그들보다 너를 손봐야겠다." 그들은 그 남자
롯에게 달려들어 문을 부수려고 다가갔다. 10 그때 그 남자들이 손을 뻗
어 롯을 데리고 그들 집으로 들어가 문을 닫아버렸다. 11 그들이 집 입구
에 있는 사람들을 아이부터 **노인까지** 눈이 멀게 쳐서, 입구를 찾느라 지
치게 하였다.

12 그 남자들이 롯에게 말하였다. "여기 **이 성읍에** 당신에게 **친척이나
형제 등** 누가 더 있소? **당신** 사위와 당신 아들들과 딸들을 데리고 이곳에
서 나가시오. 13 우리가 이곳을 파멸할 것이오. 주님 앞에 그들의 **항의가**
빗발쳐 주님께서 이곳을 파멸하시려고 우리를 보내셨소." 14 롯은 나가서
딸들을 데려갈 사위들에게 말하였다. "일어나 이곳에서 나가자. 주님께서
성읍을 파멸하실 것이다." 그러나 사위들 보기에는 **그 말이 이상하고 농담
하는 사람**(의 말) **같았다**.

15 **막 동이** 틀 무렵 천사들이 롯을 재촉하며 말하였다. "일어나 당신 아
내들과 **당신 곁에 있는** 두 딸들을 데리고 떠나시오. 성읍 **주민들의** 죄악들
로 당신이 **쓸려가지** 않게 하시오." 16 롯이 주저하자 주님 **앞에서** 자비가
그에게 내려, 남자들이 그와 그의 아내와 두 딸들의 손을 잡아끌고, 성읍
밖으로 그를 데리고 나왔다. 17 (남자들이) 그들을 밖으로 데리고 나왔을 때
**그들 가운데 하나가 소돔을 파멸시키러 돌아갔다. 다른 하나는 롯과 함께
있으면서 그에게** 말하였다. "당신 **목숨이나 불쌍히 여기시오**. 뒤 돌아보지
마시오. 평원 어디에서도 멈추지 말고 산으로 달아나 **쓸려가지** 않게 하시
오." 18 롯이 그들에게 말하였다. "**제가 주님 앞에 자비를 간청할 때까지**

잠깐 저를 기다려 주시기를 당신께 청합니다. 19 당신 종인 제가 당신 **앞에
서 자비를 얻고** 당신의 **호의를** 많이 입어 목숨을 부지하게 하셨습니다만,
저는 저 산으로는 달아날 수 없습니다. 죄악이 저에게 떨어져 죽지 않게 해
주십시오. 20 **청하건대** 이 성읍은 **거주지가** 가깝고 저곳으로 피할 만한 데
다 **죄악이** 작고 **가벼워 보이니**, 저곳으로 달아나겠습니다. 작지 않습니까?
제 목숨이야 부지할 것입니다." 21 그가 (롯에게) 말하였다. "이번 일도 당신
얼굴을 봐서, **당신이 달아나겠다고** 말한 성읍을 파괴하지 않겠소. 22 어서
그곳으로 달아나시오. 당신네가 그곳에 들어가기 전까지는 내가 아무것도
할 수 없소." 그래서 그 성읍의 이름을 초아르라 불렀다.

23 해는 **바다를 가로질러** 땅 위로 나오고, 롯은 **세 시간 만에** 초아르로
들어갔다. 24 주님의 **메므라가** 소돔과 고모라 위에 **은혜의 비를 내려 그들
이 회개하게 하였으나, 그들은 그렇게 하지 않고 말하였다. "악행은 주님
앞에 드러나지 않는다." 그래서** 주님 **메므라 앞에서** 나온 유황과 불이 하
늘에서 **그들 위에 내려왔다.** 25 그리하여 이 성읍들과 모든 평원, 성읍의
주민들 모두와 땅의 식물을 파괴하셨다. 26 롯의 아내는 **소돔 사람의 딸로
서 아버지 집의 최후가 어떤지 알고자 천사의** 뒤에서 돌아보았다. **그가 나
그네의** (존재를) **떠벌려 소금으로 죄를 지었기 때문에** 소금 기둥이 되었다.

27 아브라함은 아침 일찍 일어나 주님 앞에서 **섬기며 기도하던** 곳으로
갔다. 28 그는 소돔과 고모라와 평원의 온 땅 위를 바라보며 땅의 연기가
화로의 연기처럼 올라오는 것을 보았다.

29 **주님께서** 평원의 성읍들을 파멸하실 때 아브라함의 **공로를** 기억하
셔서, 롯이 머물던 성읍들을 파괴하시면서 그 파괴의 한가운데에서 롯을
내보내셨다.

롯과 두 딸들

30 롯이 초아르에서 올라와 두 딸들과 함께 산에서 살았다. 초아르에 사
는 것이 두려워서 그는 두 딸들과 동굴에서 살았다. 31 큰딸이 작은딸에게

말하였다. "우리 아버지는 늙고 온 땅의 방식대로는 그 땅에서 우리에게 들
남자가 없다. 32 자, 우리가 아버지에게 포도주를 드시게 하여 **그가 취하셨
을 때** 함께 **관계하고** 아버지에게서 **자손들을** 일으키자." 33 그날 밤 그들은
아버지에게 포도주를 드시게 하고 **그가 취하자** 큰딸이 **일어나** 아버지와 누
웠다. 그는 큰딸이 누울 때는 알지 못하였으나 일어날 때는 **알았다**. 34 다
음 날이 되어 큰딸이 작은딸에게 말하였다. "지난 저녁에는 내가 아버지와
함께 **관계하였다**. 오늘 밤에도 그에게 포도주를 드시게 하여 네가 그와 함
께 눕고 아버지에게서 **자손들을** 일으키자." 35 그날 밤도 그들은 아버지에
게 포도주를 드시게 하고 작은딸이 일어나 그와 함께 **관계하였다**. 그는 작
은딸이 누울 때도 일어날 때도 알지 못하였다. 36 롯의 두 딸들은 아버지에
게서 임신하였다. 37 큰딸은 아들을 낳고 **그가 아버지에게서 임신하였으므
로**, 그의 이름을 모압이라 불렀다. 그는 오늘날까지 **모압인들의** 조상이다.
38 작은딸도 아들을 낳고 **그가 아버지의 아들이므로** 그의 이름을 '**그의 아
들**'이라 불렀다. 그는 오늘날까지 **모압 백성의** 조상이다.

아브라함과 아비멜렉과 사라

20,1 아브라함은 그곳에서 남쪽 땅으로 떠나 **레캄과 하그라** 사이에 자
리를 잡고 그라르에 머물렀다. 2 아브라함은 자기 아내 사라를, "이 여자는
나의 누이요."라고 말하여, 그라르 임금 아비멜렉이 사람을 보내 사라를 데
려갔다. 3 하느님 **앞에서 나온 메므라가** 그날 밤 꿈에서 아비멜렉에게 와
말하였다. "네가 **강제로 데려온** 여자 때문에 너는 죽는다. 그는 **한 남자와
혼인한 이다**." 4 아비멜렉은 그 여자를 **부정하게 할까봐** 가까이 가지 않고
말하였다. "주님, **재판에서 무죄가 드러났는데도** 죄 없는 이민족의 **자손을**
죽이십니까? 5 아브라함은 저에게 '그 여자는 제 누이요.' 하였고, 그 여자
도 '그는 제 오라비입니다.' 하지 않았습니까? 저는 마음은 정직하고 손은
깨끗하게 이 일을 했습니다." 6 **주님께서** 꿈에 그에게 말씀하셨다. "네가
마음을 정직하게 이 일을 했다는 것이 **내 앞에서도 드러났고**, 나도 너를 내

앞에서 죄 짓지 못하게 막아, 네가 그에게 **가까이 가게** 두지 않은 것이다.
7 이제 그 남자의 아내를 돌려보내라. 그는 예언자이고 그가 너를 위해 기
도하면 너는 살 것이다. 그러나 돌려보내지 않으면 너와 너에게 속한 모든
이가 죽을 것임을 명심하여라."

8 아비멜렉이 아침에 일어나 종들을 모두 불러 그들 **앞에** 이 일들을 다
알렸다. 사람들은 몹시 두려워하였다. 9 아비멜렉이 아브라함을 불러 말하
였다. "당신은 우리한테 무슨 짓을 한 것이오? 내가 당신에게 무슨 죄를 지
어 당신이 나와 우리 왕국에 큰 벌을 가져온 것이오? 하지 말았어야 할 일
들을 나에게 했소." 10 아비멜렉이 아브라함에게 말하였다. "당신은 뭘 보
고 이런 일을 저질렀소?" 11 아브라함이 말하였다. "'이 땅은 주님을 경외
하지 않으니 내 아내 때문에 나를 죽이겠구나.' 하고 **속으로** 생각했습니다.
12 그러나 정말로 그 여자는 내 누이입니다. 아버지 **형제의** 딸이나 어머니
의 **친척 가운데에서는** 아니어서 내 아내가 되었습니다. 13 **우상을 섬기는
이들이 나를 방황하게 만들었을 때**, 나는 아버지 집에서 **나와** 아내에게 말
하였습니다. '[이것이] 당신이 나를 위해 할 수 있는 좋은 일이니 우리가 들
어가는 곳마다 '그는 나의 오라비입니다.' 하고 말하시오.'"

14 아비멜렉은 양과 소, [남종과] 여종을 데려다 아브라함에게 주고, 그
의 아내 사라도 돌려보냈다. 15 아비멜렉이 말하였다. "내 땅이 당신 앞에
있소. 당신 눈에 **적당한** 곳에서 머무르시오." 16 그가 사라에게 말하였다.
"내가 당신 오라비에게 은전 천 **셀라를** 주었으니, 그것들이 당신 눈을 (덮
을) 덮개요. **단 하룻밤 당신 남편한테서 당신을 숨기고 내가 당신 몸을 본
것 대신이요. 내가 가진 것을 다 주어도 충분하지 않을 것이오." 이로써 그
일들이** 입증되었고 **아브라함은 아비멜렉이 자기 아내 사라에게 가까이 가
지 않았음을 알았다**.

17 아브라함이 하느님 **앞에서** 기도하여 하느님께서 아비멜렉과 그의 아
내와 **소실들을** 고쳐 주셨다. 그들은 다시 아이를 낳게 되었다. 18 주님의
메므라가 아브라함의 아내 사라 때문에 아비멜렉 집안 **여자들의** 모든 태의

입구를 닫으셨던 것이다.

이사악의 출생

21,1 주님께서 **아브라함에게** 말씀하신 대로 사라를 **기억하셨고, 아브라함이 아비멜렉을 위하여 기도한** 대로 사라에게 **기적을** 일으켜 주셨다.
2 사라는 임신하여 아브라함에게 **그를 닮은** 아들을 낳아 주었는데, **주님께서** 말씀하신 그때이다. 3 아브라함은 사라가 낳아 주고 자신에게 태어
난 아들의 이름을 이사악이라고 불렀다. 4 아브라함은 주님께서 명령하신
대로 여드레째에 아들 이사악을 할례하였다. 5 아브라함에게 아들 이사악
이 태어났을 때 그는 백 살이었다. 6 사라가 말하였다. "**주님께서** 나에게
놀라운 일을 하셨다. 이를 들은 이들은 모두 나에게 **놀랄 것이다**." 7 또 말
하였다. "**장차** 사라가 아들들에게 젖을 물리리라고 말하며 아브라함에게 **기쁜 소식을 전한 분은 얼마나 진실하신가!** 내가 **노년의** 그에게 아들을 낳아 주다니."

하가르와 이스마엘의 추방

8 그 아이는 자라 젖을 떼었고, 이사악이 젖을 떼던 날 아브라함은 큰
잔치를 벌였다. 9 사라는 이집트인 하가르가 아브라함에게 낳아 준 아들이 **이방인의 신상을 가지고** 놀면서 **주님께 절하는** 것을 보고, 10 아브라함
에게 말하였다. "이 여종과 그의 아들을 내보내세요. 여종의 아들이 내 아들과 상속을 받아 이사악과 **전쟁을 벌일 수는** 없어요." 11 아브라함 보기
에 이 일이 몹시 불쾌하였다. **이방인 신상을 섬기는** 아들 **이스마엘** 때문이
다. 12 **주님께서** 아브라함에게 말씀하셨다. "**네가 훈육하기를 포기한** 아이와 **내보낼** 여종에 **대해** 불쾌해하지 마라. 사라가 말한 모든 것을 **받아주어라. 그는 여예언자이다.** 네 **자손들은** 이사악으로 불릴 것이나 **여종의 아들은 족보에서 네 뒤를 잇지 못할 것이다.** 13 그러나 여종의 아들도 네 **아들이니** 내가 **약탈** 민족을 이루게 할 것이다."

14 아브라함은 아침에 일어나 빵과 물주머니를 가져다 하가르에게 주고 어깨 위에 걸치게 하였다. **그가 여종임을 알리기 위해 그것을 허리에 묶어 주고는** 아이와 함께 내보냈다. **그리고 이혼증서를 써서 풀어주었다.** 하가르는 가다가 브에르 세바 **근처** 광야에서 **길을** 헤매었다. 15 **그들은 광야 입구에 이르렀을 때 이방 신 예배를 하다 헤매던 것이 떠올랐다. 이스마엘은 타는 갈증에 사로잡혀** 주머니의 물이 떨어질 **때까지 다 마셔버렸다. 그의 살은 그을리고 가늘어져** (하가르가) **그를 업었다.** (하가르는) **기진맥진하여 자기 아버지의 신을 불렀다. 그러나 아무 대답이 없었다.** 하가르는 **곧바로** 나무 아래에 아이를 던져두고, 16 걸어가 **한 쪽에 앉아 이방인의 신상을 던지고 아들과** 화살이 미치는 거리에 **떨어져 있으면서** 말하였다. '아이가 죽는 것을 지켜볼 **수는** 없다.' 그는 **아들과** 마주 앉아 소리 높여 울었다. 17 **아브라함의 공로 덕분에 주님 앞에** 아이의 소리가 **들렸다.** 주님의 천사가 하늘에서 하가르를 불러 말하였다. "하가르야, 무슨 일이냐? 두려워하지 마라. 아이의 소리가 **주님 앞에 들렸다. 그분께서는 장차 그가 행할 악한 행실에 따라 그를 심판하지 않으시니, 아브라함의 공로 덕분에** 저곳에 있는 (이스마엘에게) **자비를 베푸신다.** 18 일어나 아이를 일으켜 네 손으로 붙들어라. 내가 큰 민족으로 만들겠다." 19 **주님께서** (하가르의) 눈을 열어 주시어 우물이 **그의 눈에 띄었고,** 가서 물주머니를 가득 채워 아이에게 마시게 하였다.

20 **주님의 메므라가** 아이의 **협력자가 되어 주시어** 잘 자랐다. (이스마엘은) 광야에 살면서 활을 **능숙하게** 쏘는 이가 되었다. 21 그는 파란 광야에 살면서 **아디샤를 아내로 얻었는데 이혼하였다.** 그의 어머니가 이집트 땅에서 **파티마를** 아내로 얻어 주었다.

아브라함과 아비멜렉의 계약

22 그 당시 아비멜렉과 그의 장수 피콜이 아브라함에게 말하였다. **"주님의 메므라가** 당신이 하는 모든 일에서 **협력자시군요.** 23 이제 **주님의 메므**

라를 걸고 나에게 맹세해 주시오. 나와 내 아들과 내 **손자들을** 속이지 말고, 내가 당신을 선으로 대하였듯이 당신도 나와 당신이 머무르는 땅에서 그렇게 해 주시오." 24 아브라함이 말하였다. "맹세하오."

25 아브라함은 아비멜렉의 종들이 빼앗은 우물 때문에 아비멜렉을 나무랐다. 26 아비멜렉이 말하였다. "누가 이 일을 했는지 나는 모르겠소. 당신도 나에게 알리지 않았고 나도 오늘 **당신한테서** 말고 **다른 이에게서는** 듣지 못하였소." 27 아브라함이 양 떼와 소들을 데려다 아비멜렉에게 주고 둘이서 계약을 맺었다. 28 아브라함은 양 떼에서 어린 암양 일곱 마리를 별도로 세워두고 **소들에서 분리하였다.** 29 아비멜렉이 아브라함에게 말하였다. "당신이 별도로 세워둔 이 어린 일곱 암양은 무엇이오?" 30 그가 말하였다. "당신은 어린 암양 일곱 마리를 내게서 받으시오. 내가 이 우물을 팠다는 증거가 될 것이오." 31 그리하여 그 **우물을 '일곱 암양의 우물'**이라고 불렀다. 거기서 그들 두 사람이 맹세하였기 때문이다. 32 그들은 **'일곱 암양의 우물'**에서 계약을 맺었고, 아비멜렉과 그의 장수 피콜은 일어나 필리스티아 땅으로 돌아갔다.

33 아브라함은 **'일곱 암양의 우물'**에 **과수원을** 짓고, **오고 가는 이들을 위해 그곳에 먹을 것과 마실 것을 마련해 두었다.** 그는 그곳에서 **그들에게 선포하였다. "감사하십시오.** 영원한 하느님이신 주님 **메므라의 이름을 믿으십시오."** [34 …]

스스로 제물이 된 이사악

22,1 **이사악과 이스마엘이 싸운** 일이 있고 나서 **이스마엘이 말하였다. "내가 맏아들이니 내가 아버지의 상속자여야 한다." 이사악이 말하였다. "나는 아버지의 부인 사라의 아들이고 형님은 어머니의 여종 하가르의 아들이므로, 내가 아버지의 상속자여야 합니다." 이스마엘이 대답하였다. "나는 열세 살에 할례를 하였으니 너보다 더 권리가 있다. 만약 내가 거부하고 싶었으면 나 자신을 할례에 넘기지 않았을 것이다. 그런데 너는 여드**

레 만에 할례하였다. 네가 알았다면 네 자신을 할례에 넘기지 않았을 것이다." 이사악이 대답하였다. "오늘 나는 서른일곱 살이에요. 거룩하시고 찬미받으실 분께서 내 몸의 모든 기관을 원하시더라도 나는 거부하지 않을 거예요." 이 말들이 곧바로 세상의 주인 앞에 들어가 주님의 메므라가 아브라함을 시험하시며 말씀하셨다. "아브라함아!" 그가 아뢰었다. "저 여기 있습니다." 2 그분께서 말씀하셨다. "네가 사랑하는 외아들 이사악을 데리고 **예배의 땅으로** 가라. 내가 너에게 말해 줄 산 하나에서 그를 번제물로 올려라."

3 아브라함은 아침에 일어나 당나귀에 안장을 묶고 두 남종 **엘리에제르와 이스마엘과** 아들 이사악을 데리고 번제물에 **적당한 올리브, 무화과, 대추야자** 나무를 쪼개었다. 그는 일어나 주님께서 그에게 말씀하신 곳으로 갔다. 4 셋째 날 아브라함은 자기 눈을 들어 **산 위에 영광의 구름이 감도는 것을** 보고 멀리서 **알아차렸다.** 5 아브라함이 남종들에게 말하였다. "너희는 여기서 당나귀와 **기다려라.** 나와 아이는 저곳에 **이르를** 터인데, **'네 아들들이 이렇게 될 것이다.'라고 나에게 알려진 것이 일어날지를 시험하기 위해서다.** 우리는 경배하고 너희에게 돌아오겠다." 6 아브라함은 번제물용 나무를 가져다 아들 이사악 위에 지우고 손에는 불과 칼을 들었다. 둘은 함께 걸어갔다. 7 이사악이 아버지 아브라함에게 말하였다. "아버지!" 그가 말하였다. "그래, [아들아!]" 그가 말하였다. "불과 나무는 있는데 번제물용 양은 어디에 있습니까?" 8 아브라함이 말하였다. "아들아, 번제물용 양은 **주님께서 골라놓으실 것이다."** 둘은 **온전한 마음으로** 함께 걸어갔다.

9 그들이 **주님께서** 그에게 말씀하신 곳에 이르자, 거기에다 아브라함은 **아담이 세우고 홍수로 무너졌으며 노아가 다시 세웠으나 분리 세대에 무너진** 제단을 세우고 **그 위에** 나무를 쌓았다. 그리고 아들 이사악을 묶어 제단 위의 나무 위에 놓았다. 10 아브라함은 손을 뻗쳐 아들을 죽이려고 칼을 잡았다. **이사악이 아버지에게 말하였다. "제 영혼이 고통 속에서 떨다가 멸망의 구덩이에 던져지지 않도록 잘 묶어 주십시오. 아버지의 제물에서 흠이**

발견될 수 있습니다." 아브라함의 눈은 이사악의 눈을 바라보고, 이사악의 눈은 높은 곳의 천사들을 바라보았다. 이사악은 그들을 보았으나 아브라함은 보지 못하였다. 높은 곳의 천사들이 말하였다. "와서 보아라, 세상에서 유일한 두 사람을. 하나는 도살자이고 하나는 도살당하는 자, 도살자는 주저하지 않고 도살당하는 자는 자기 목을 내민다." 11 주님의 천사가 하늘에
서 그를 불러 말하였다. "아브라함아, 아브라함아!" 아브라함이 말하였다.
"저 여기 있습니다." 12 그가 말하였다. "아이에게 손을 뻗치지 마라. 그에게 아무 **나쁜** 짓도 하지 마라. 이제 네가 주님을 경외하고 네 외아들을 나에게서 저지하지 않는다는 것이 **내 앞에 드러났다."** 13 아브라함이 눈을 들
어 숫양 한 마리를 보았다. **그것은 세상이 완성되던 해질녘에 창조된 것으로서, 나뭇가지들에** 뿔이 걸려 있었다. 아브라함은 가서 **그것을** 데려다 아들 대신 번제물로 올렸다. 14 아브라함은 **그곳** 그 장소에서 **감사하고 기도
하며 아뢰었다. "주님, 당신 앞에 자비를 간청합니다. 제 마음에 기만이 없고 제가 기쁘게 당신의 명을 수행했음이 당신 앞에 드러났습니다. 그러니 제 아들 이사악의 자손들이 고통의 시간에 들어설 때 그들을 기억해 주시고 응답해 주시어 구원해 주십시오. 장차 존재할 모든 세대들이** 말할 **것입니다. '아브라함이 이** 산에서 **아들 이사악을 묶었고 거기서** 주님의 **셰키나가 그 위에 나타나셨다.'"**

15 주님의 천사가 하늘에서 아브라함을 두 번째로 불러 16 말하였다.
"내 메므라를 걸고 맹세한다. 주님께서 말씀하신다. 너는 이 일을 수행하였고 네 외아들도 막지 않았다. 17 그러니 나는 너를 축복하고 네 **자손들을** 하늘의 별처럼 바닷가의 모래처럼 많게 하겠다. 네 **자손들은** 원수들의 성
읍들을 물려받을 것이다. 18 네가 내 **메므라를 받아들였으니** 땅의 모든 민족들이 네 **자손들의 공로 때문에** 축복을 받을 것이다."

19 **높은 곳의 천사들이 이사악을 데리고 위대한 셈의 학교에 갔다. 그는 거기서 삼 년을 지냈다. 그날** 아브라함은 남종들에게 돌아왔다. 그들은 일어나 함께 브에르 세바로 갔다. 아브라함은 브에르 세바에서 살았다.

아브라함의 아우 나호르의 자손

20 이런 일들이 있은 뒤 **곧 아브라함이 이사악을 묶은 뒤, 사탄이 와서 사라에게 아브라함이 이사악을 살해하였다고 말하였다. 사라는 일어나 소리 지르다 숨이 막혀 고통스럽게 죽었다. 아브라함은 오면서 길에서 밤을 보내다가**, 아브라함에게 이런 말이 전해졌다. "밀카도 **자기 언니 덕분에** 출산하여, 당신 아우 나호르에게 아들들을 **낳아줄 수 있었소**. 21 곧 맏아들 우츠, 그의 동생 부즈, 아람 **마술사들의 지도자** 크무엘, 22 케세드, 하조, 필다스, 이들랍, 브투엘이오." 23 브투엘은 레베카를 낳았다. 이 여덟을 밀카가 아브라함의 동생 나호르에게 낳아 주었다. 24 이름이 르우마인 나호르의 소실도 테바, 가함, 타하스, 마아카를 낳아 주었다.

사라의 죽음과 첫 소유지인 막펠라

23,1 사라의 세월은 백이십칠 년으로 이는 사라가 산 햇수이다. 2 사라는 키르얏 아르바 곧 가나안 땅 헤브론에서 죽었다. 아브라함은 **예배의 산에서 돌아와 사라가 죽었다는 것을 알고** 그를 애도하며 울었다. 3 아브라함은 죽은 이의 얼굴이 **보이는 데서** 일어나 히타이트 사람들에게 말하였다. 4 "나는 이방인이요 거류민으로 당신들과 함께 지내고 있습니다. 나에게 당신들의 소유지인 무덤을 **팔기 바랍니다**. 망자를 **거기에** 묻으려고 합니다." 5 히타이트 사람들이 아브라함에게 대답하였다. 6 "나리, 우리의 (뜻을) **받아주십시오**. 나리는 **주님 앞에서** 우리에게 위대한 분이시니, 우리의 무덤 가운데 가장 좋은 무덤에 나리의 망자를 묻으십시오. 아무도 나리가 망자를 묻지 **못하게** 막을 수 없습니다." 7 아브라함은 일어나 그 땅의 백성인 히타이트 사람들에게 절하고, 8 그들에게 말하였다. "당신들이 **기꺼이** 내가 망자를 내 앞에 묻게 하시려거든 내 (뜻을) **받아주십시오**. 나를 위해 초아르의 아들 에프론 **앞에** 청하여, 9 그가 나에게 밭 가장자리에 **세워진** 자신의 **이중** 동굴을 **팔게** 해 주십시오. 당신들의 소유지인 무덤에 충분한 값을 내겠습니다." 10 에프론은 히타이트 사람들 안에 앉아 있었는데,

에프론은 성문 입구에 나와 있는 모든 히타이트 사람들 **앞에서** 아브라함에게 대답하였다. 11 "나리, 아닙니다. 제 (뜻을) **받아주십시오**. 제가 밭을 드리고 그 안에 있는 동굴도 **선물로** 드리겠습니다. 제 백성들 보는 데서 드릴 테니 망자를 묻으십시오." 12 아브라함이 **히타이트 사람들** 앞에 절하고
13 그 땅의 백성 앞에서 에프론에게 말하였다. "당신이 **나에게 호의를 베풀고 싶다면** 제 (뜻을) **받아주십시오**. 밭 **값으로** 은전을 드릴 테니 받으십시오. 그래야 망자를 묻을 수 있습니다." 14 에프론이 아브라함에게 대답하
였다. 15 "나리, 제 (뜻을) **받아주십시오**. 저와 당신 사이에 은전 사백 **셀라 값어치의** 땅이 무슨 대수겠습니까? 망자를 묻으십시오." 16 아브라함이 에
프론(의 말)을 **받아들여** 에프론이 히타이트 사람들 **앞에서** 말한 사백 **셀라를**, **모든** (환전) **탁자에서 통용되고 모든** 상거래에서 **받아들이는 좋은** 은전으로 무게를 달아 주었다.

17 그래서 마므레 앞 **카펠타** 동굴에 있는 에프론의 밭 **매입은** 밭과 동굴,
밭의 모든 경계 사방에 있는 모든 나무들까지, 18 성문 입구에 나와 있는 모
든 히타이트 사람들 **앞에서** 아브라함이 **매입한 것이** 되었다.

19 그러고 나서 아브라함은 아내 사라를 가나안 땅 헤브론의 마므레 앞
에 있는 밭의 **이중** 동굴에 묻었다. 20 그 밭과 그 안의 동굴이 히타이트 사
람들에게서 아브라함의 소유지인 무덤이 되었다.

레베카를 아내로 맞은 이사악

24,1 아브라함은 늙고 나이 들었다. 주님의 **메므라가** 아브라함을 온갖 **종류의 복으로** 축복하셨다. 2 아브라함은 자신의 모든 **재산을** 관리하는 집
안의 늙은 종 **엘리에제르에게** 말하였다. "네 손을 나의 **할례한 곳에** 얹어
라. 3 나는 너를 하늘 **높은 데에 머무르시는** 하느님이시며 땅을 **지배하시는** 하느님이신 주님 **메므라의 이름으로** 맹세하게 하겠다. 너는 내 아들의 아내를 내가 살고 있는 가나안의 딸들에게서 데려오지 말고, 4 오직 내 고
향, 내 친족, **내 가족의 집으로** 가서 내 아들 이사악의 아내를 데려와라."

5 그 종이 아브라함에게 말하였다. "혹시라도 그 여자가 저를 따라서 이 땅
으로 오고 싶어 하지 않는다면, 제가 나리의 아들을 데리고 당신이 떠나신
땅으로 돌아가야 합니까?" 6 아브라함이 그에게 말하였다. "너는 내 아들
을 그곳에 데려가는 일이 없게 조심하여라. 7 내 아버지의 집과 내 고향 땅
에서 나를 데리고 나오시고 나에게 말씀하시며, '네 **자손들에게** 이 땅을 주
겠다.'고 맹세하신 하늘 **높은 데에 머무르시는** 하느님이신 주님께서, 네 앞
에 그분의 천사를 보내시어 그곳에서 내 아들의 아내를 데려오게 하실 것
이다. 8 혹시라도 그 여자가 네 뒤를 따라오고 싶어 하지 않으면, 너는 나
의 맹세에서 자유롭다. 내 아들만은 그곳에 데려가서는 안 된다." 9 그 종은
주인 아브라함의 **할례한 곳에** 손을 얹고 이 일을 두고 그에게 맹세하였다.
10 종은 주인의 낙타들 가운데 열 마리를 끌고 주인의 **재산에서** 온갖 좋
은 것들을 가지고 일어나, **유프라테스 위에 있는** 나호르의 성읍 아람으로
갔다. 11 저녁 무렵 그는 성읍 밖 우물에 낙타들을 풀어 놓았다. 물 깃는 여
자들이 나오는 때였다. 12 그는 말하였다. "제 주인 아브라함의 하느님이신
주님, 오늘 제 앞에 **적당한 여자를** 마련하시고 제 주인 아브라함에게 **호의
를** 베풀어 주소서. 13 저는 샘물에 서 있다가 성읍 사람의 딸들이 물을 채
우러 나오면, 14 한 소녀에게 말을 걸겠습니다. '물동이를 기울여 물을 마
시게 해 주시오.' 그 소녀가 '드십시오. 당신 낙타들도 마시게 하겠습니다.'
하고 말한다면, 당신께서 그를 당신의 종 이사악을 위해 **운명적으로** 마련
하셨고, 그를 통해 제 주인에게 **호의를** 베푸신 줄로 알겠습니다."
15 **바로 그때** 그가 아직 말을 맺기도 전에 레베카가 어깨에 물동이를 이
고 나왔다. 그는 아브라함의 아우 나호르의 아내인 밀카의 아들 브투엘에
게서 태어났다. 16 그 소녀는 몹시 예뻐 보이는 처녀로서 **잠자리에서** 남자
를 알지 못하였다. 소녀는 샘으로 내려가 물동이를 채워 올라왔다. 17 종이
그 앞으로 달려가 말하였다. "물동이에서 물을 좀 **맛봅시다.**" 18 그가 말하
였다. "나리, 드십시오." 그는 서둘러 물동이를 손 위에 내려놓고 그가 마
시게 하였다. 19 그가 다 마시게 하고는 소녀가 말하였다. "낙타도 충분히

마실 때까지 제가 채우겠습니다." 20 그는 서둘러 물동이를 **물통에 비우고는**, 더 물을 채우러 우물로 달려가 낙타들 모두를 위해 물을 채웠다. 21 그 남자는 그를 **기다리면서** 주님께서 자신의 길을 성공시키실지 아닐지 조용히 알아보았다.

22 낙타들이 다 마시고 나자 그 남자는 무게가 한 **다릭** 나가는 금 코걸이를 (라헬에게 걸어 주고) — (이는) **그의 자손들이 성막을 만들 때 머릿수마다 한 다릭씩 내려고 준비한 것에 해당한다.** — 무게가 금으로 열 **셀라** 나가는 팔찌 두 개를 — (이는) **총 무게가 십계명이 쓰인 두 서판의 무게에 해당한다.** — 그의 손에 채워주었다. 23 그가 말하였다. "당신은 뉘댁 딸이오? 내게 알려주시오. 당신 아버지 집에 우리가 묵을 만한 **적당한** 곳이 있소?" 24 레베카가 그에게 말하였다. "저는 밀카가 나호르에게 낳아 준 (이의) **딸**, 브투엘의 딸입니다." 25 **또** 말하였다. "저희는 꼴과 여물도 많고 묵을 만한 **적당한** 곳도 있습니다." 26 그 남자는 무릎을 꿇고 **자신 앞에 적당한 여자를 마련하신** 주님 **앞에** 절하며, 27 말하였다. "내 주인 아브라함의 하느님이신 주님께서는 찬미받으소서. 그분께서 내 주인에게 **호의와** 진실을 거두지 않으시어 내가 **그의 공로로 올바른** 길로 (들어서고), 주님께서 나를 내 주인의 아우 집으로 이끄셨구나."

[28 …] 29 레베카에게는 라반이라는 이름의 오라버니가 있었다. 라반은 샘 밖에 있는 그 남자에게 달려갔다. 30 그는 코걸이와 누이의 손 위에 걸린 팔찌를 보고, 그리고 레베카가 "그 남자가 나에게 이렇게 말하였습니다." 하고 말한 일들을 듣고 그 남자에게 간 것이다. 그는 샘에 낙타들과 서 있었다. 31 라반은 **그가 아브라함이라고 여겨** 말하였다. "주님의 복을 받으신 분, 들어오십시오. 왜 밖에 서 계십니까? 제가 **이방 신 숭배하던** 집을 비우고 낙타를 둘 곳을 **마련하였습니다.**" 32 그 남자는 집으로 들어갔다. 라반은 낙타들의 **입마개를** 풀고 낙타들에게 꼴과 여물을 주었고, 그와 일행들이 발을 씻도록 물을 주었다. 33 그들이 그 앞에 **독약이** 든 먹을 것을 **한 접시 내오자** 그 남자가 **이를 알아차리고** 말하였다. "제 할 일을 말씀드릴 때

까지는 먹을 수 없습니다." 라반이 말하였다. "말씀하십시오."
34 그가 말하였다. "저는 아브라함의 종입니다. 35 주님께서 제 주인에
게 복을 내리셔서 그는 번성하였고, 그에게 양과 소, 은과 금, 남종과 여종,
낙타와 나귀들을 주셨습니다. 36 제 주인의 아내 사라가 다 늙어 주인에게
아들을 낳아 주셨는데, 주인은 아들에게 자기가 가진 모든 것을 주셨습니
다. 37 제 주인이 저에게 말씀하셨습니다. '내가 머무르는 땅인 가나안족의
딸들에서 내 아들의 아내를 데려와서는 안 된다. 38 너는 **오로지** 아버지의
집안, 나의 친족에게 가서 내 아들의 아내를 데려와라.' 39 제가 주인께 아
뢰었습니다. '혹시 그 여자가 저를 따라오지 않으면 **어찝니까**?' 40 그가 제
게 말씀하셨습니다. '내가 그분 앞에서 **섬기는** 주님께서 당신의 천사를 너
와 함께 보내시고 네 길을 성공시키시어, 너는 내 친족, 내 아버지의 집안
에서 내 아들의 아내를 데려올 것이다. 41 네가 내 친족에게 들어갔으므로
너는 내 맹세에서 자유롭다. 그들이 너에게 (여자를) 주지 않더라도 너는 내
맹세에서 자유롭다.'
42 오늘 저는 그 샘에 이르러 아뢰었습니다. '제 주인 아브라함의 하느님
이신 주님, 제발 **당신 앞에서** 제가 갈 길을 성공하게 해 주십시오. 43 제가
샘물에 서 있다가 물을 채우러 나오는 소녀가 있으면 그에게 '물동이에서
물을 좀 마십시다.' 하고 말을 걸겠습니다. 44 그가 저에게 '드십시오. 나리
낙타를 위해서도 채워 오겠습니다.' 하고 말하면 그는 주님께서 제 주인의
아들을 위해 **운명적으로** 마련하신 여자입니다.'
45 제가 마음속으로 **생각하며** 아직 말을 맺기도 전에 레베카가 어깨에
물동이를 이고 나와 샘에 내려놓고 물을 채우기에, 제가 말하였습니다. '물
을 좀 마십시다.' 46 그는 서둘러 물동이를 내려놓고 말하였습니다. '드십
시오. 낙타도 마시게 하겠습니다.' 그래서 저도 마시고 낙타들도 마셨습니
다. 47 제가 그에게 물었습니다. '뉘댁 딸이오?' 그가 대답하였습니다. '밀
카가 나호르에게 낳아 준 아들 브투엘의 딸입니다.' 그래서 저는 그의 코에
코걸이와 그의 손에 팔찌를 걸어 주었습니다. 48 그리고 무릎을 꿇고 주님

앞에 절하며 제 주인 아브라함의 하느님이신 주님을 찬미하였습니다. 그분께서는 저를 진실의 길로 이끌어 제 주인의 아들이 그분 아우의 딸을 얻게 하셨습니다. 49 이제 여러분들이 제 주인에게 **호의와** 진실을 베푸시려면, 저에게 알려 주십시오. 그렇지 않더라도 저에게 알려 주십시오. 저는 **남쪽으로든 북쪽으로든** 가겠습니다."

50 라반과 브투엘이 대답하였다. "**이사악에게 레베카를 보내는** 일은 주
님 **앞에서** 나왔습니다. 우리는 당신께 가타부타 말할 수 없습니다. 51 당
신 앞에 레베카가 있으니 데리고 가서, 주님께서 말씀하신 대로 당신의
주인 아들의 아내로 삼으십시오." 52 아브라함의 종은 그들의 말을 듣고
땅에 대고 주님 **앞에** 절하였다. 53 그 종은 은붙이와 금붙이와 옷가지를
꺼내 레베카에게 주고, 그의 오라버니와 어머니에게는 **선물들을** 주었다.
54 종과 함께 온 일행들은 먹고 마시고 묵었다. 그리고 아침에 일어나 말하
였다. "제 주인에게 저를 보내 주십시오." 55 **그들이 저녁에 이야기하는 동
안 브투엘은 그 음식을 먹었다. 해 뜰 무렵 그들은 그가 죽은 것을 발견하
였다.** 레베카의 오라버니와 어머니가 말하였다. "저 아이가 **일 년이나 열
달쯤** 저희와 머물다가 떠나게 해 주십시오." 56 그가 그들에게 말하였다.
"저를 지체하게 하지 마십시오. 주님께서 저의 길을 성공시키셨으니, 저를
배웅해 주십시오. 저는 제 주인에게 가겠습니다." 57 그들이 말하였다. "아
이를 불러 **그가 말하는 것을 들어봅시다.**" 58 그들이 레베카를 불러 말하였
다. "너는 이 남자와 함께 떠날 것이냐?" 레베카가 말하였다. "가겠습니다."
59 그들은 누이 레베카와 그의 **보모를** 아브라함의 종과 그의 남자들과 함
께 **배웅하였다.** 60 레베카를 축복하며 그들이 말하였다.

"**지금까지 너는** 우리 누이였으나,
이제 너는 가서 의인의 아내가 될 것이다.
너에게서 수천만이 **나오기를 빈다.**
네 **자손들은** 적들의 **성읍을** 물려받으리라."

61 레베카는 몸종들과 일어나 낙타에 올라타고 그 남자를 따라갔다. 그

종은 레베카를 데리고 갔다. **파딴 아람으로 갈 때 길이 짧아졌듯이 돌아 올 때도 그런 식으로 길이 짧아져, 하루 만에 갔다가 하루 만에 돌아왔다.**

62 이사악은 **위대한 셈의 학교에서, 살아 계시며 존재하시는 분, 보시지만 보이지 않는 분이 그에게 나타나신 우물 입구로 왔다.** 그는 **남쪽** 땅에 살고 있었다. 63 저녁 **때** 이사악은 **기도하러** 들에 나갔다가 눈을 들어 보니 낙타들이 오고 있었다. 64 레베카도 눈을 들어 이사악을 보고 낙타에서 내려, 65 종에게 말하였다. "들에서 우리에게 걸어오는 **훤칠하고 빼어난** 저 남자는 누구입니까?" 종이 말하였다. "나의 주인입니다." 그는 너울을 가져다 자신을 가렸다. 66 종은 이사악에게 자신이 한 일들을 모두 알렸다. 67 이사악은 레베카를 어머니 사라의 천막으로 데리고 들어갔다. **곧바로 사라가 죽을 때 꺼진 등불이 빛났다.** 그래서 그는 레베카를 맞아들여 아내로 삼았다. 이사악은 **어머니의 품행처럼 그의 품행이 단정한 것을 보고** 레베카를 사랑하였고 어머니를 여읜 뒤 위로를 받았다.

크투라에게서 얻은 아브라함의 자손

25,1 아브라함이 또 아내를 얻었다. 그의 이름은 크투라로서, **그는 처음부터 아브라함에게 묶여 있던 하가르이다.** 2 그는 그에게 지므란, 욕산, 므단, 미디안, 이스박, 수아를 낳아 주었다. 3 욕산은 세바와 드단을 낳았는데, 드단의 자손들은 **상인, 무역상, 백성의 우두머리들이** 되었다. 4 미디안의 자손들은 에파, 에페르, 하녹, 아비다, 엘다아이다. 이들 모두 크투라의 자손들이다. 5 아브라함은 자신의 모든 것을 이사악에게 **선물로** 주었다. 6 소실들의 아들들에게는 아브라함이 선물로, **옮길 수 있는 재산을** 주었다. 그리고 그는 생전에 그들을 자기 아들 이사악에게서 **추방하여, 그들은** 해 뜨는 땅 동쪽으로 **가 자리 잡았다.**

아브라함의 죽음

7 아브라함 생애의 **총** 날수는 백칠십오 년이다. 8 아브라함은 늙어 노년

을 잘 보내고 **모든 것에** 만족해하면서 숨을 거두고 죽었다. **이스마엘도 그**
의 생전에 회개하였다. 그런 뒤에 아브라함은 자기 백성들에게 소집되었
다. 9 그의 아들 이사악과 이스마엘이 그를 **이중** 동굴에 묻었다. 이곳은 마
므레 앞, 히타이트인 초하르의 아들 에프론의 밭이다. 10 아브라함이 이 밭
을 히타이트 자손들에게서 사들여 아브라함과 그의 아내 사라가 그곳에 묻
혔다. 11 **아브라함은 이스마엘을 축복하고 싶지 않아서 이사악도 축복하**
지 않았다. 이사악은 축복하고 이스마엘은 축복하지 않으면 서로 원수가
될 것이기 때문이다. 그러나 아브라함이 죽은 뒤 주님께서 그의 아들 이사
악을 축복하셨다. 이사악은 **살아 계시며 존재하시는 분, 보시지만 보이지**
않는 분의 영광이 그에게 나타난 우물 근처에 자리 잡았다.

이스마엘의 족보

12 이것들은 사라의 이집트인 여종 하가르가 아브라함에게 낳아 준 아
브라함의 아들 이스마엘의 족보이다. 13 곧 이것들이 이스마엘 아들들의
이름으로서, 그들 족보의 이름들에 따른 것이다. 이스마엘의 맏아들 **느밧**
과 아랍, 앗브엘, 밉삼, 14 **차에타**, **세투카**, **소바라**, 15 **하리파**, 테마, 여투
르, 나피스, 케드마이다. 16 이들이 이스마엘의 자손들이고, 이것들이 그
들의 마을과 고을에 따른 이름이니, 곧 그들 백성의 열두 지도자들이다.
17 이스마엘이 산 햇수는 백삼십칠 년이다. 그는 **회개하고** 숨을 거두어 자
기 백성들 모인 곳으로 갔다. 18 그들은 **힌디키에서 할루차에** 이르는 곳에
살았는데, 그곳은 이집트의 앞이자 아시리아로 향한다. 그는 자기 형제들
맞은편 자신의 **소유지에서 살았다.**

에사우와 야곱의 출생

19 이것들은 아브라함의 아들 이사악의 족보이다. **이사악의 모습이 아**
브라함의 모습과 닮아 사람들이 말하였다. "참으로 아브라함이 이사악을
낳았구나." 20 이사악은 마흔 살에 파딴 아람의 아람인 브투엘의 딸이자 아

람인 라반의 누이인 레베카를 아내로 얻었다. 21 이사악은 **아버지가 자신**
을 묶었던 곳인 예배의 산으로 갔다. 그리고 이사악은 기도하여 **그분의 뜻**
을 바꾸었다. 곧 그분께서 그의 아내에게 그처럼 이십이 년 동안 불임임을
선고하시려 했던 것이다. 이사악 또한 불임임을 선고하시려다가 그 때문에
당신 뜻을 바꾸셨다. 그는 임신할 수 있게 되었고 아내 레베카는 임신하였
다. 22 그런데 배 속에서 아이들이 **전투하는 남자들처럼** 밀어대자 레베카
가 말하였다. "**이것이 아이 낳는 이의 고통이라지만**, 어찌하여 나에게 이런
아이들이 (생겼는가)?" 이사악은 주님 **앞에 자비를** 간청하러 **위대한 셈의 학**
교로 갔다. 23 주님께서 말씀하셨다.

"너의 배 속에 두 민족이 있으니,
두 **왕국이** 네 배 속에서 갈라지리라.
한 **왕국이** 다른 왕국보다 강한데,
동생의 아들들이 토라의 법령들을 지키면 형이 동생에게
복종하리라."

24 **임신한 지 이백칠십 일**, 곧 출산일이 다 되었고 그의 배 속에는 쌍둥
이가 있었다. 25 첫째가 나왔는데 (몸이) 붉고 온통 털옷 같아서 이름을 에
사우라 불렀다. **그는 태어날 때 머리카락, 수염, 치아, 어금니까지 다 있었**
기 때문이다. 26 그러고 나서 동생이 나왔는데 그의 손이 에사우의 발꿈치
를 붙잡고 있어서 그의 이름을 야곱이라 불렀다. 이사악이 그들을 낳을 때
육십 살이었다.

27 아이들이 자라자, 에사우는 **새들과 짐승들을 잡는** 사냥꾼이 되었고
사람도 죽이는 들사람이 되었다. **그가 니므롯과 그의 아들 에녹을 죽였다.**
야곱은 **에베르의 학교에서 일하면서 주님 앞에 가르침을 구하는, 행실이**
온전한 사람이 되었다. 28 이사악은 **입으로 속임수를 쓰는** 에사우를 좋아
하였고, 레베카는 야곱을 좋아하였다.

맏아들 권리를 판 에사우

29 **아브라함이 죽은 날** 야곱은 **편두콩을** 끓여 **아버지를 위로하러 갔고,**
에사우는 밖에서 돌아와 지쳐 있었다. **그날 그는 다섯 가지를 위반하였다.**
곧 이방 신을 숭배하였고 무죄한 피를 쏟았으며 약혼한 여종에게 들었고
다음 세상의 삶을 부인하였으며 맏아들 권리를 무시하였다. 30 에사우가
야곱에게 말하였다. "그 붉은 **죽을** 좀 **맛보자**. 내가 지쳐서 그런다." 그래서
그의 이름을 에돔이라 불렀다. 31 야곱이 말하였다. "그럼 **형이 장차 상속**
받을 그날처럼 오늘 맏아들 권리를 나에게 파세요." 32 에사우가 말하였다.
"나는 죽을 것 같고 **다른 세상에서는 다시 살지 않을 텐데, 네가 말한** 맏아
들 권리와 (다음) **세상의 몫이** 나한테 무엇이란 말인가?" 33 야곱이 말하였
다. "**바로 그날처럼** 나에게 맹세하세요." 에사우는 그에게 맹세하고 자신
의 맏아들 권리를 야곱에게 팔았다. 34 야곱이 에사우에게 빵과 편두콩 죽
을 주었다. 그는 먹고 마시고 일어나 갔다. 에사우는 맏아들 권리와 **다음**
세상의 몫을 우습게 여겼다.

이사악과 아비멜렉과 레베카

26,1 **가나안** 땅에 **큰** 기근이 들었다. 일찍이 아브라함 시절에도 기근이
들었었다. 이사악은 그라르의 필리스티아 임금 아비멜렉에게 갔다. 2 **이사**
악은 이집트로 내려갈 마음을 먹었는데, 주님께서 그에게 **나타나** 말씀하셨
다. "이집트로 내려가지 말고, 내가 너에게 말한 땅에 머물러라. 3 너는 이
땅에 체류하여라. 나의 **메므라가** 너의 **협력자가** 되고 너를 축복해 주겠다.
너와 네 **자손들에게** 이 온 땅을 주고 너의 아버지 아브라함에게 맹세한 맹
세를 이루어 주겠다. 4 너의 **자손들을** 하늘의 별처럼 많게 하고 이 온 땅을
네 **자손들에게** 주겠다. 온 땅의 민족들이 네 **자손들 때문에** 복을 받으리라.
5 아브라함이 내 **메므라를 받아들이고** 내 **메므라의** 지침, 곧 내 법령들과
내 계약들과 나의 토라들을 지켰기 때문이다."

6 이사악은 그라르에 자리 잡았다. 7 그런데 그곳 사람들이 그의 아내를

두고 물어 이사악이 "누이요." 하고 말하였다. 그는 "내 아내요." 하고 하기 가 두려웠다. '레베카의 모습이 아름다워 그곳 사람들이 나를 죽일 수도 있다.'고 **마음속으로 생각하였기 때문이다.**

8 그가 그곳에서 여러 날 오래 **머물렀을** 때 필리스티아 임금 아비멜렉이 창문에서 내다보니, 이사악이 아내 레베카와 놀고 있었다. 9 아비멜렉이 이사악을 불러 말하였다. "그는 당신의 아내인데 왜 당신은 '누이요.' 하였소?" 이사악이 말하였다. "(아내) 때문에 제가 **죽임을 당할까봐** 그리 말했습니다." 10 아비멜렉이 말하였다. "당신은 우리한테 무슨 일을 한 것이요? 백성 가운데 **유일한 임금이** 당신 아내와 눕기라도 했으면 당신은 우리에게 죄악을 불러왔을 것이오." 11 아비멜렉이 온 백성에게 명령하였다. "이 남자와 그의 아내에게 **악한** (의도로) **가까이 가는** 자는 **죽임을 당할 것이다.**"

12 이사악은 **자선을 위해** 그 땅에 씨를 뿌려, **추정하건대** 그 해에 백 배를 거두었다. 주님께서 그를 축복해 주시어 13 번성하고 점점 늘어나, 드디어 큰 부자가 되었다. 14 그에게는 양 떼와 소 떼, 종들이 많이 있었다. 필리스티아인들이 그를 질투하였다. 15 필리스티아인들은 그의 아버지 아브라함 시절에 아버지의 종들이 판 우물을 모두 막고 흙으로 그것을 채웠다. 16 아비멜렉이 이사악에게 말하였다. "우리 백성에게서 떠나시오. 당신네가 우리보다 **재물에서** 훨씬 강해졌소."

17 이사악은 거기서 나와 그라르의 마른강에 진을 치고 그곳에 자리 잡았다. 18 이사악은 다시 자기 아버지 아브라함 시절에 **아버지의 종들이** 팠던 우물들을 팠다. 아브라함이 죽은 뒤 필리스티아인들이 닫은 것이다. 그곳의 이름을 아버지가 부른 그 이름대로 불렀다. 19 이사악의 종들이 마른강의 **가장자리를** 파다가 물이 **솟는** 우물을 찾아냈다. 20 그라르의 목자들이 이사악의 목자들에게 시비를 걸어 "그 물은 우리의 것이다." 하였다. **그런데 하늘의 뜻에 따라** (물이) **말라 버렸다. 그들이 이사악에게 돌려주자** (물이) **솟았다.** 그들이 **그것을 두고** 그와 다투었다고 해서 우물의 이름을 에섹이라 불렀다. 21 그들이 다른 우물을 팠는데도 또 시비를 걸었고, (물이)

말라 버리고 또 솟지 않자, 그곳의 이름을 시트나라 불렀다. 22 그곳에서 올라가 다른 데서 우물을 팠더니 그것을 두고는 **처음처럼** 시비를 걸지 않아, 그곳의 이름을 **'널찍한 곳'**이라 부르며 말하였다. "이제 주님께서 우리에게 넓은 곳을 주시어 이 땅에서 우리를 **넓혀가게 하시리라**."

23 이사악은 그곳에서 브에르 세바로 올라갔다. 24 주님께서 그날 밤 그에게 **나타나** 말씀하셨다. "나는 네 아버지 아브라함의 하느님이다. 두려워하지 마라. 나의 **메므라가** 너의 **협력자가** 되고 너를 축복하겠다. 나의 종 아브라함의 **공로** 때문에 네 **자손들을** 많게 하겠다." 25 그는 거기에 제단을 세우고 주님의 이름으로 **기도하였다**. 그곳에서 그는 천막을 펴고 이사악의 종들은 우물을 팠다.

26 **이사악이 그라르에서 떠나자 그들의 우물들이 마르고 나무들이 열매를 맺지 못하였다. 그들은 이 모든 것이 이사악을 추방하여 그들에게 일어났음을 깨달았다**. 그래서 아비멜렉은 **같이 갈** 친구들과 군대의 장수 피콜을 **데리고** 그라르에서 이사악을 찾아왔다. 27 이사악이 그들에게 말하였다. "내가 미워서 나를 당신들한테서 **내쫓을** 때는 언제고, (이제 와서) 당신네들이 무슨 일로 나를 찾아와 **당신들을 위해 기도하라는 것이오?**" 28 그들이 말하였다. "우리는, 주님의 **메므라가** 당신의 **협력자시라 당신 덕분에 우리에게 좋은 일들이 일어났고, 당신이 우리 땅을 떠나자 우물이 마르고 나무들이 열매 맺지 못하는 것을** 보았소. 그래서 우리는 서로 말하였소. **'그를 우리에게 돌아오게 합시다.'** 우리 사이에는 **맹세가 있었소. 그러니** 이제 우리와 당신 사이에도 **합시다**. 당신과 계약을 맺고 싶소. 29 그래도 우리가 당신에게 **악한 의도로 접근한 것도** 아니고 당신과 잘 지내다 평화롭게 내보낸 만큼, 당신이 설마 우리에게 해코지야 하겠소. 당신은 이제 주님께 축복을 받은 이요." [30 …] 31 그들은 아침 일찍 일어나 서로 계약을 맺었다. **아비멜렉은 당나귀의 굴레를 잘라 자른 것을 그들에게 하나씩 증거로 나눠 주었다. 이사악이 그들을 위해 기도하여 그들은 안도하였다**. 이사악은 그들을 **배웅하고** 그들은 평화롭게 그에게서 떠났다.

32 그날 이사악의 종들이 그를 보러 와 자신들이 판 우물을 두고 말하였다. "저희가 물을 발견하였습니다." 33 그는 그것을 시브아라 불렀다. 그래서 그 성읍의 이름은 오늘날까지 브에르 세바라고 한다.

에사우의 히타이트 아내들

34 에사우는 마흔 살이 되어 히타이트 사람 브에리의 딸 여후딧[과 히타이트 사람 엘론의 딸 바스맛]을 아내로 삼았다. 35 그들은 **이방 신 예배에서 절하며 못되게 굴어** 이사악과 레베카를 **거슬렀다**.

아버지의 축복을 받은 야곱

27,1 이사악은 늙고 눈도 침침하여 보기 어려워졌다. **그의 아버지가 자신을 묶었을 때 그가 영광의 어좌를 보게 되어 그때부터 눈이 침침해지기 시작한 것이다.** 그는 **니산 달 열나흗날에** 큰아들 에사우를 불러 말하였다. "아들아, **오늘 밤 높은 곳에 있는 이들이 세상의 주인을 찬양하고 이슬의 창고들이 그곳에서 열린다.**" 에사우가 말하였다. "예, 접니다." 2 이사악이 말하였다. "나는 늙고 죽을 날이 (언제일지) 모른다. 3 이제 네 장비들, 화살통과 활을 가지고 들로 나가 나를 위해 사냥을 하여라. 4 내가 좋아할 만한 **음식을** 만들어 나에게 오너라. 내가 먹고 죽기 전에 너를 축복하겠다."

5 레베카는 **거룩한 영으로** 이사악이 아들 에사우에게 한 말을 들었다. 에사우는 사냥하여 **그것을** 가져오고자 들로 나갔다. 6 레베카가 아들 야곱에게 말하였다. "**오늘 밤 높은 곳에 있는 이들이 세상의 주인을 찬양하고 이슬의 창고들이 그곳에서 열린다.** 네 아버지가 네 형 에사우와 말하는 것을 들었다. 7 '나에게 사냥한 것을 가져와 **음식을** 만들어라. 내가 먹고 죽기 전에 **주님 앞에서** 너를 축복하겠다.' 8 아들아, 내 (말을) **받아들여** 내가 너에게 시키는 대로 하여라. 9 가축에게 가서 **살진** 새끼 염소 두 마리, **곧 하나는 파스카를 위해, 하나는 축제 예물을 위해** 나에게 가져 와라. 내가 아버지가 좋아하실 만한 **음식을** 만들겠다. 10 네가 아버지께 가져다 드려,

그가 잡수시고 돌아가시기 전에 너를 축복하시게 하여라." 11 **야곱은 죄를**
(지을까) **두렵고 아버지가 저주를 내릴까 두려웠다.** 그래서 [어머니 레베카에
게] 말하였다. "형 에사우는 털보이고 저는 매끈한 사람인데, 12 아버지가
만져보시고 그분 보시기에 제가 놀린 것처럼 되면, 축복은 고사하고 저주
를 받을 것입니다." 13 그의 어머니가 그에게 말하였다. "(아버지가) **너를 축
복하면 그 축복이 너와 네 자손에게 이를 것이고, 그가 너를 저주하면 그 저
주가 나와 내 영 위에 닥칠 것이다.** 그러니 내 (말을) **받아들여** 가져오너라."
14 그가 가서 어머니에게 가져오자 (레베카는) 그의 아버지가 좋아할 만한
음식을 만들었다. 15 레베카는 **첫 아담에게서 온** 큰아들 에사우의 값진 옷
을 가져왔다. **그날 에사우가 그것을 입지 않아** 집에 **남아 있었고,** 그는 그것
을 작은아들 야곱에게 입혔다. 16 새끼 염소 가죽을 그의 손과 목의 매끈한
곳 위에 입히고, 17 그가 만든 **음식과** 빵을 아들 야곱의 손에 **차려 보냈다.**

18 그는 아버지에게 가서 말하였다. "아버지!" 그가 말하였다. "오냐. 아
들아, 너는 누구냐?" 19 야곱이 아버지에게 말하였다. "저는 아버지 맏아
들 에사우입니다. 아버지가 말씀하신 대로 제가 만들어 왔으니, 일어나 **돌
아앉으셔서** 사냥한 것을 드십시오. 그래야 아버지의 영이 저를 축복하시
지요." 20 이사악이 아들에게 말하였다. "아들아, 어찌 이리도 빨리 찾았느
냐?" 그가 말하였다. "아버지의 하느님이신 주님께서 제 앞에 **장만해 주셨
습니다.**" 21 이사악이 야곱에게 말하였다. "가까이 오너라, 아들아! 네가
에사우인지 아닌지 너를 만져봐야겠다." 22 야곱은 아버지 이사악에게 가
까이 가 만지게 하였다. 그가 말하였다. "목소리는 야곱의 목소리인데, **그
러나** 손의 **촉감은** 에사우 손의 **촉감과 같구나.**" 23 그의 손이 형 에사우의
털 많은 손 같아서 알아차리지 못하였고, 그를 축복하였다. 24 이사악이
말하였다. "네가 바로 내 아들 에사우냐?" 야곱이 말하였다. "예, 접니다."
25 그가 말하였다. "나에게 가까이 오너라. 내 아들이 사냥한 것을 먹고 내
영이 너를 축복해야겠다." 야곱이 가까이 가져가 그가 먹었다. **그에게는** 포
도주가 **없어서 천사가 그를 위해 장만하였다. 세상이 시작된 날부터** (있던)

포도에서 나온 포도주를 가져와 야곱의 손에 건넨 것이다. 야곱이 아버지
에게 드리자 그가 마셨다.
26 아버지 이사악이 그에게 말하였다. "가까이 와서 나에게 입을 맞추어
라, 아들아!" 27 그가 가까이 가 그에게 입을 맞추자, 그는 옷 냄새를 맡고
그에게 축복하며 말하였다.

"보아라, 내 아들의 냄새는
장차 성전 산에서 바쳐질 향기로운 향 냄새와 같구나.
그곳은 '주님께서 축복하시고
그분 셰키나가 머물고자 하신 들판'이라 불린 곳이다.
28 **주님의 메므라가** 너에게
하늘에서 **내리는 좋은** 이슬과
땅 **아래에서 솟아 채소들을 키우는 좋은 샘들을** 주시고,
곡식과 포도주를 풍성히 주시리라.
29 **에사우의 모든 자식들인** 민족들이 너에게 **복종하고**
크투라의 모든 자식들인 왕국들이 네 앞에 절하리라.
너는 네 형제들의 지도자와 **통치자가** 되고,
네 어머니의 자식들이 먼저 **네 안부를 물으리라.**
내 아들인 너를 저주하는 이는 **브오르의 아들 발라암처럼** 저주를 받고,
너를 축복하는 이는 **예언자이자 이스라엘의 서기관인 모세처럼** 복을 받으리라."

아버지의 축복을 빼앗긴 에사우

30 이사악이 야곱에게 축복을 끝냈을 때 야곱은 아버지 이사악 앞에서
두 발걸음쯤 먼저 나오고, 형 에사우는 사냥에서 돌아왔다. 31 **이제 주님의**
메므라는 순수한 사냥을 금하셨으나 에사우는 개 한 마리를 발견하고 죽였
다. 그는 또한 그것에서 음식을 만들어 아버지에게 들어가 아버지에게 말

하였다. "일어나세요, 아버지! 아버지의 아들이 사냥한 것을 좀 드세요. 아
버지의 영이 저를 축복하셔야지요." 32 아버지 이사악이 그에게 말하였다.
"너는 누구냐?" 그가 말하였다. "아버지의 아들, 아버지의 맏아들 에사우입
니다." 33 이사악은 **에사우의 목소리를 듣고 게헨나의 불 냄새 같은 음식**
냄새가 그의 코에 올라오자, 몹시 놀라 떨면서 말하였다. "그가 사냥한 것
을 나에게 가져와 네가 오기 전에 다 먹고 그를 축복하였는데, 그럼 그는
누구냐? 그가 복을 받을 것이다." 34 에사우는 아버지의 말을 듣고 크게 소
리 지르며 몹시 억울하여 아버지에게 말하였다. "저를 축복해 주세요. 저도
요, 아버지!" 35 그가 말하였다. "네 동생이 와서 **교묘하게 나한테서** 너의
복을 **받아갔다**." 36 에사우가 말하였다. "그의 이름을 야곱이라 부른 것이
딱 맞네요. 그는 저한테도 두 번이나 **교묘하게 수를 써서** 저의 맏아들 권리
를 가져가더니 이제는 저의 축복까지 **받아갔습니다**." 그가 계속 말하였다.
"저를 위해 축복을 남겨두지 않으셨어요?" 37 이사악이 에사우에게 대답하
였다. "나는 그를 너의 지도자로 삼았고 그의 모든 형제들을 **그 앞에** 종으
로 주었다. [곡식과 포도주를 주어 살아가게 하였다.] 그러니 **어서 나한테서 떠**
나라. 내가 너를 위해 무엇을 할 수 있겠느냐, 아들아!" 38 에사우가 아버지
에게 말하였다. "아버지의 축복은 하나입니까, 아버지? 저도 축복해 주십
시오, 아버지!" 에사우는 소리 높여 울었다.

39 아버지 이사악이 **에사우에게** 대답하였다.

"네 거주지는
땅의 비옥한 **열매에** 있으나,
위로 하늘의 이슬에서는
(멀리) 있으리라.

40 너는 네 칼에 **의지하여 모든 곳에 들어가나**
다닐 때마다 경보를 울리게 하여,
네 동생에게 복종하리라.
네가 (그들을) **방황하게 하고**

(야곱의) **자손들이 토라의 법령들을 지키는 것에서 내려오게 하면,**
너는 네 목에서
그의 **종살이의** 멍에를 벗으리라."

하란으로 피신하는 야곱

41 에사우는 아버지가 **동생** 야곱에게 내린 축복의 **순서를** 두고 그에게 증오의 **마음을** 품어, 마음속으로 생각하였다. '**나는 아버지가 살아 계실 때 아벨을 죽인 카인처럼은 하지 않겠다. 그의 아버지는 셋을 낳고 돌아가셨다. 나는** 아버지가 **돌아가실** 애도의 날에 **이를 때까지 미루었다가** 동생 야곱을 죽여야겠다. **나는 살인자요 상속자가 되리라.**' 42 **야곱을 죽이려고 마음속으로 생각한** 큰아들 에사우의 계획이 **거룩한 영으로** 레베카에게 알려져, 그는 작은아들 야곱을 불러 말하였다. "네 형 에사우가 **매복해 있으면서 너를** 죽일 **음모를 꾸미고 있다.** 43 아들아! 내 (말을) **받아들여라.** 일어나 **네 목숨을 위해** 달아나, 하란의 나의 오라버니 라반에게 **가 있어라.** 44 네 형의 분노가 가라앉을 때까지 잠시 그와 지내라. 45 네 형의 분노가 **멈추고** 네가 한 일을 그가 잊을 때까지만이다. 그럼 내가 사람을 보내 너를 거기서 데려오겠다. 내가 어찌 한 날에 **너는 죽고 그는 쫓겨나,** 너희를 둘 다 잃을 수 있겠느냐? **하와가 카인이 죽인 아벨을 잃고, 아담과 하와의 생애 내내 그들 둘 다 아담과 하와 앞에서 떠났듯이 말이다.**"

46 레베카가 이사악에게 말하였다. "히타이트인들의 딸들 앞에서 사는 것이 괴로워요. 야곱이 이 땅의 **백성들의** 딸들과 같은 히타이트인들의 딸들 가운데에서 **사악한** 아내를 얻는다면 내가 어찌 살겠어요?"

28,1 이사악이 야곱을 불러 축복하고 그에게 명하였다. "가나안의 딸들에서는 아내를 얻지 마라. 2 일어나 파딴 아람에 (있는) 네 어머니의 아버지 브투엘의 집으로 가라. 거기서 어머니의 오라버니 라반의 딸들 가운데에서 아내를 얻어라. 3 엘 샤다이께서 **많은 재물로** 너를 축복하시어 네가 많고 **열두 지파로** 번성하게 하시리라. 그래서 너는 **총 일흔 명의 산헤드린 지도**

자들로 의회를 이루어 민족들의 **수만큼 되리라.** 4 그분께서 아브라함의 축복을 너와 네 **자손들에게** 주시어, **주님께서** 아브라함에게 주신 네가 머무르는 땅을 너에게 물려주시리라." 5 이사악은 야곱을 떠나보냈다. 야곱은 파딴 아람의 아람 사람 브투엘의 아들이자, 야곱과 에사우의 어머니인 레베카의 오라버니인 라반에게로 떠났다.

이스마엘의 딸과 혼인한 에사우

6 에사우는, 이사악이 야곱을 축복하여 파딴 아람으로 보내고는 거기서 아내를 얻도록 그를 축복하며 "가나안의 딸들 가운데에서는 아내를 얻지 마라."고 명하는 것을 보았다. 7 야곱이 아버지의 말과 어머니의 **말을** 따라 파딴 아람으로 가는 것도 (보았고,) 8 가나안의 딸들이 아버지 이사악의 눈에 불쾌하다는 것도 보았다. 9 에사우는 이스마엘에게 가서 마할랏을 아내로 삼았는데, **그는 바스맛으로서** 아브라함의 아들 이스마엘의 딸이자 느바욧의 누이다. 그는 (느바욧의) **어머니에게서 나왔다.** 그에게는 (이미) 아내들이 있었다.

야곱의 꿈

10 야곱이 브에르 세바에서 떠날 때 **그에게 다섯 가지 기적이 일어났다. 첫 번째 기적은 그날의 시간이 짧아져 제 시간이 안 되어 해가 진 것이다.** (그분의) **디베라가 그에게 말씀하시기 위해서였다. 두 번째 기적은 그가 베개로 삼은 네 개의 돌이 아침에 하나의 돌이 된 것이다. 세 번째 기적은 모든 가축 떼가 모여 우물 입구에서 굴려서 그에게 가져온 돌을, 그가 한 팔로 굴린 것이다. 네 번째 기적은 우물에서 물이 올라와 그 앞으로 흐르더니 그가 하란에 있는 날 내내 흐른 것이다. 다섯 번째 기적은 그 앞에서 땅이 줄어들어** 떠난 **그날에** 하란에 이르게 된 것이다. 11 그는 **성전** 터에서 **기도하였고** 해가 가라앉자 거기서 묵었다. 그는 그곳의 돌들을 **네 개** 가져다 베개로 삼고 그곳에 누웠다. 12 그가 꿈을 꾸었다. 사다리가 땅에 **고정**

되고 그 꼭대기가 하늘 **높은 데까지** 이르렀다. **소돔으로 갔다가 세상 주인**
의 비밀들을 누설해 그들 관할에서 쫓겨난 두 천사가 있었다. 그들은 야곱
이 아버지의 집에서 나올 때까지 계속 쫓겨나 있다가 나와, 친절하게도 그
와 베텔까지 동행하였다. 그날 그들이 하늘 높은 곳으로 올라가 **말하였다.**
"와서 경건한 야곱을 보시오. 여러분이 보고 싶어 하던 그의 모습이 영광의
어좌에 새겨졌소." 그러자 주님의 거룩한 나머지 천사들이 **그를 보러** 내려
왔다. 13 주님의 **영광이** 그 위에 서서 **그에게** 말씀하셨다. "나는 네 아버지
아브라함의 하느님이자 이사악의 하느님인 주님이다. 네가 누워 있는 땅을
너와 네 **자손들에게** 주겠다. 14 너의 **자손들은** 땅의 먼지처럼 **많아지고** 너
는 서쪽과 동쪽, 북쪽과 남쪽에서 **강해질 것이다.** 땅의 모든 **가문들이** 너의
공로 때문에 그리고 네 **자손들의 공로** 때문에 복을 받을 것이다. 15 나의
메므라가 너의 **협력자로서** 네가 가는 곳 어디에서든 늘 지켜 주고, 너를 이
땅으로 데려오겠다. 내가 너에게 말한 것이 이루어질 때까지 너를 떠나지
않을 것이다." 16 야곱은 잠에서 깨어나 말하였다. "**참으로** 주님 **셰키나의**
영광이 이곳에 **머무르시는구나.** 나는 몰랐다." 17 그는 두려워 말하였다.
"이곳은 얼마나 두렵고 **경배할** 곳이란 말인가! 이곳은 **불경한 곳이** 아니라
주님 이름을 위한 성소이다. 이곳은 기도하기에 적당한 곳으로, 하늘의 **문**
앞이자 영광의 어좌 아래에 세워진 곳이다."

18 야곱은 아침 일찍 일어나 **베개로** 삼았던 돌을 가져다 그것을 세워 꼭
대기에 기름을 부었다. 19 그리고 그곳의 이름을 베텔이라 불렀다. 그 성
읍의 처음 이름은 루즈였다. 20 야곱은 **맹세하였다. "주님의 메므라가** 저
의 **협력자가 되어 주시어,** 제가 가는 이 길에서 **무고한 피를 쏟는 일과 이**
방 신 숭배와 치부를 드러내는 일에서 저를 지켜 주시고, 저에게 먹을 빵
과 입을 옷을 주시며, 21 제가 무사히 아버지의 집에 돌아오게 하신다면,
주님께서는 저에게 하느님이 되실 것입니다. 22 제가 기둥으로 세운 이 돌
은 **주님의 성전에 마련되어 세대들이 그 위에서 주님의 이름을 섬길 것이**
고, 저는 당신께서 저에게 주신 모든 것에서 십분의 일을 당신 **앞에 따로**

떼어 바치겠습니다."

야곱과 라헬의 첫 만남

29,1 야곱은 **여행을 떠나기 위해 활기차게** 발걸음을 떼고 동쪽 사람들의 땅으로 갔다. 2 그는 들에 우물이 있고 그곳 한쪽에 양 떼 세 무리가 누워 있는 것을 보았다. 그 우물에서 양 떼들은 물을 마시는데, 큰 돌이 우물 입구에 놓여 있었다. 3 그곳에 가축들이 다 모이면 우물 입구에서 돌을 굴려 양 떼에게 물을 먹이고는 우물 입구 제자리에 돌을 돌려놓곤 한다.

4 야곱이 그들에게 말하였다. "형제여, 당신들은 어디에서 오셨소?" 그들이 말하였다. "우리들은 하란에서 왔소." 5 그가 그들에게 말하였다. "당신들은 나호르의 아들 라반을 아시오?" 그들이 말하였다. "압니다." 6 그가 [그들에게] 말하였다. "그분은 평안하시오?" 그들이 말하였다. "평안하시오. 그의 딸 라헬이 양들과 오고 있네요." 7 그가 말하였다. "**낮이 길어** 아직 짐승을 모을 시간이 아니니, 가축에게 물을 먹이고 풀을 뜯기러 가야겠군요." 8 그들이 말하였다. "가축들이 다 모일 때까지는 어쩔 수 없고, 우물 입구에서 돌을 굴려야 양 떼에게 물을 먹일 수 있소."

9 야곱이 그들과 아직 말하고 있는데 라헬이 아버지의 양 떼와 왔다. (라헬은) **그 당시에** 목자였다. **라반의 가축들에게 주님의 전염병이 돌아** (가축들이) **그들에게 얼마 남지 않았다. 그는 그의 목자들을 내보내고 남은 것들을 딸 라헬 앞에 맡긴 것이다.** 10 야곱은 어머니의 오라버니인 라반의 딸 라헬[과 어머니의 오라버니인 라반의 양 떼]을 보고, 가까이 가 **한 팔로** 우물 입구에서 돌을 굴렸다. **그러자 우물에서 물이 흐르더니 그 앞에서 물이 솟아**, 그가 어머니의 오라버니인 라반의 양 떼에게 물을 마시게 하였다. **그곳은 이십 년 동안 계속 물이 흘렀다.** 11 야곱은 라헬에게 입을 맞추고 소리 높여 울었다. 12 야곱은 라헬에게, 자신이 **그의 아버지와 살면서 그의 딸을 아내로 삼으려고 왔다고** 알렸다. **라헬이 대답하였다. "그는 사기꾼이니 당신은 그와 살 수 없어요." 야곱이 말하였다. "나는 그보다 더 사기꾼**

이고 더 영리하니 그가 나에게 해코지할 수 없을 것이오. 주님의 메므라가 나의 협력자이기 때문이오." 라헬은 **그가** 레베카의 아들인 것을 **알고** 달려가 아버지에게 알렸다.

13 라반은 자기 누이의 아들 야곱의 **용기와 경건함에 관한** 소식, **곧 그가 어떻게 형에게서 맏아들 권리와 축복의 순서를 얻었는지, 주님께서 어떻게 베텔에서 그에게 나타나셨는지, 그가 어떻게 돌을 구르고 우물이 어떻게 그 앞에서 솟았는지를** 듣고, 그의 앞에 달려와 그를 안고 입을 맞추고는 그를 데리고 집으로 들어갔다. 그는 라반에게 이 모든 사건들을 설명하였다. 14 라반이 그에게 말하였다. "자네는 **내 친족이요 내 피붙이네.**" 야곱은 그와 함께 한 달을 살았다.

야곱의 혼인

15 라반이 야곱에게 말하였다. "아무리 자네를 내 친족으로 **여긴다 해도** 내 일을 거저 할 수야 있겠나? 자네 임금이 얼마인지 알려주게." 16 라반에게는 두 딸이 **있었는데** 큰딸 이름은 레아이고 작은딸 이름은 라헬이었다. 17 레아는 **주님께서 자신을 사악한 에사우에게 맡기시지 않도록 그분 앞에서 울며 간청하느라** 눈이 **촉촉하였고,** 라헬은 얼굴도 예쁘고 모습도 아름다웠다. 18 야곱은 라헬을 사랑하여 말하였다. "작은딸 라헬을 위해 칠 년을 일하겠습니다." 19 라반이 **속임수로** 말하였다. "그를 다른 남자에게 주는 것보다 자네에게 주는 것이 더 낫겠지. 나와 함께 지내세." 20 야곱은 라헬 **때문에** 칠 년을 일하였다. 그는 그를 사랑하여 그의 눈에는 짧은 시간 **같았다.**

21 야곱이 라반에게 말하였다. "제가 **일할** 날을 채웠으니 제 아내를 주십시오. 제가 그에게 들 것입니다." 22 라반은 모든 사람들을 한자리에 모아 **그들에게** 잔치를 베풀고 **말하였다. "야곱이 우리에게 온 지 칠 년이 되었소. 우리 우물은 부족하지 않고 물 마실 곳도 많아졌소. 그러니 이제 속임수로 계략을 짜서 그를 묶어둡시다." 그들은 속임수로 계략을 꾸며 라헬**

대신 레아를 아내로 데려갔다. 23 저녁이 되어 그는 딸 레아를 데리고 그
에게 들어가게 하여, 야곱이 레아에게 들었다. 24 라반은 **자신의 소실이 그**
에게 낳아 준 딸 질파를 **야곱에게 주었고,** 딸 레아에게 몸종으로 주었다.
25 그런데 아침 **시간에** 보니 그는 레아였다. **밤새도록 그는 라헬이라고 생**
각하였다. 야곱이 (라헬에게) **건네준 모든 것을 라헬이** (레아에게) **건넸기 때**
문이다. 야곱은 이를 보고 라반에게 말하였다. “저한테 무슨 일을 하신 겁
니까? 제가 삼촌 일을 한 것은 라헬을 위해서가 아닙니까? 어찌하여 저한
테 거짓말을 하셨습니까?” 26 라반이 말하였다. “우리 고장에서는 작은딸
을 큰딸에 앞서 주지 않는다네. 27 일단 이번 **잔치의 칠 일을** 채우게. 다른
칠 년을 다시 내 일을 하겠다면 작은딸도 자네에게 주겠네.” 28 야곱은 그
렇게 하기로 하고 이번에 **레아**(를 위한) **잔치의 칠 일을** 채웠다. 라반은 작
은딸 라헬을 그에게 아내로 주었다. 29 라반은 **자신의 소실이 그에게 낳아**
준 딸 빌하를 딸 라헬에게 **주었다.** 곧 몸종으로 그에게 주었다. 30 야곱은
라헬에게도 들었다. 그는 레아보다 라헬을 더 사랑하였다. 그는 다른 칠 년
을 다시 (라반과) 함께 일하였다.

야곱의 아들들

31 레아가 **야곱에게 사랑받지 못하는** 것이 주님 **앞에 드러나, 그분께서**
당신의 메므라로 그에게 **아들들을** 주시겠다고 **말씀하셨다.** 그러나 라헬은
임신하지 못하였다. 32 레아가 임신하여 아들을 낳고 이름을 르우벤이라
불렀다. “**내 치욕이 주님 앞에 드러났으니** 이제 남편이 나를 사랑해 주겠
지. **그리고 내 치욕이 주님 앞에 드러났듯이 내 자식들이 이집트 땅에서 종**
살이하게 될 때 그들의 치욕도 주님 앞에 드러나리라.” [하고 말하였기 때문
이다.] 33 그는 더 임신하여 아들을 낳고 말하였다. “내가 미움받는 것이 주
님 **앞에 들려** 이 아이를 또 나에게 주셨구나. **마찬가지로 내 자식들이 이집**
트에서 종살이할 때 그들의 소리가 그분 앞에 들리리라.” 그래서 그는 그
의 이름을 시메온이라 불렀다. 34 그는 또 임신하여 아들을 낳고 말하였다.

"내가 아들을 셋이나 낳았으니 이번에는 내 남편이 나와 함께하겠지. **마찬가지로 장차 그의 자식들이 주님 앞에서 섬기며 함께하리라.**" 그래서 그는 그의 이름을 레위라 불렀다. 35 그는 또 임신하여 아들을 낳고 말하였다. "이번에는 주님 **앞에** 감사드리리라. **이 아들에게서 장차 임금들이 나와 그에게서 주님 앞에 감사드릴 다윗 임금이 나오리라.**" 그래서 그는 그의 이름을 유다라 불렀다. 그리고는 출산이 멈추었다.

30,1 라헬은 야곱에게 아이를 낳아 주지 못하는 것을 알고 언니를 질투하며 야곱에게 말하였다. "나에게도 아들들을 주시도록 **주님 앞에 기도하세요.** 그렇지 않으면 나는 죽은 **사람처럼 여겨질 거예요.**" 2 야곱은 라헬에게 **크게** 화를 내며 말하였다. "**당신은 얼마나 더 나한테 간청할 거요? 주님 앞에서 간청하시오. 자식들이야 그분 앞에서 나오는 법,** 그분께서 당신한테서 태의 소생을 막으셨소." 3 라헬이 말하였다. "내 몸종 빌하에게 드세요. 그가 낳아 내가 **키우면** 나도 그에게서 아들이 생기는 셈이니까요." 4 라헬은 (야곱을 위해) 몸종 빌하를 **자유롭게 해 주고** 그에게 아내로 주어, 야곱이 그에게 들었다. 5 빌하가 임신하여 야곱에게 아들을 낳아 주었다. 6 라헬이 말하였다. "**주님께서 선하신 자비로** 나를 심판하시고 내 **기도** 소리도 들으시어 나에게 아들을 주셨다. **마찬가지로 장차 그의 후손들 가운데 마노아의 아들인 삼손을 통해서 심판하시고 필리스티아 백성을 그의 손에 넘기시리라.**" 그래서 그의 이름을 단이라 불렀다. 7 라헬의 몸종 빌하가 또 임신하여 야곱에게 두 번째 아들을 낳아 주었다. 8 라헬이 말하였다. "내가 **주님 앞에 기도로 재촉하였더니, 내가 언니처럼 아들을 갖고자 간청한 것을 그분께서 받아들이시어, 나에게도 둘이나 주셨다. 마찬가지로 장차 그의 자손들이 주님 앞에 기도로 재촉하면 그들이 적들 손에서 구원되리라.**" 그래서 그의 이름을 납탈리라 불렀다.

9 레아는 자신의 출산이 멈춘 것을 알고 몸종 질파를 **자유롭게 해 주고** 야곱에게 아내로 주었다. 10 레아의 몸종 질파가 야곱에게 아들을 낳아 주었다. 11 레아가 말하였다. "**좋은 행운이 와, 장차 그의 자손들이 요르단**

건너 동쪽을 자신들의 소유지로 상속받으리라." 그래서 그의 이름을 가드
라 불렀다. 12 레아의 몸종 질파가 야곱에게 두 번째 아들을 낳아 주었다.
13 레아가 말하였다. "**칭송은 나의 것, 이스라엘의 딸들이 나를 칭송하리
라. 마찬가지로 그의 자손들은 그들 땅의 열매들이 튼실하여 주님 앞에서
칭찬받으리라.**" 그래서 그의 이름을 아세르라 불렀다.

14 밀 수확**절 시완 달** 어느 날에 르우벤이 나가 들에서 합환채를 발견하
였다. 그는 어머니 레아에게 그것을 가져다주었다. 라헬이 레아에게 말하
였다. "언니 아들의 합환채를 나에게 좀 주세요." 15 레아가 말하였다. "너
는 내 남편을 데려간 것이 부족해서 내 아들의 합환채도 가져가길 **청하느
냐**?" 라헬이 말하였다. "언니 아들의 합환채 대신 그가 오늘 밤 언니와 눕
게 할게요." 16 저녁에 야곱이 들에서 오자 레아는 **당나귀가 우는 소리를
듣고 야곱이 돌아온 것을 알고는**, 그 앞에 나가 말하였다. "내 아들의 합환
채를 (주고) 내 동생 **라헬한테서** 당신을 빌렸으니 저에게 드세요." 그는 그
날 밤 그와 함께 누웠다. 17 **주님께서** 레아의 **기도를 받아들이시어** 그가 임
신하여 야곱에게 다섯 번째 아들을 낳아 주었다. 18 레아가 말하였다. "내
가 몸종을 남편에게 주었더니 **주님께서** 내 (몸종의) 품값을 주셨다. **마찬가
지로 장차 그의 자손들은 율법을 차지하여 좋은 보상을 받으리라.**" 그래서
그의 이름을 이사카르라 불렀다.

19 레아가 또 임신하여 야곱에게 여섯 번째 아들을 낳아 주었다. 20 레
아가 말하였다. "**주님께서** 나에게 **아들을** 좋은 선물로 주셨다. 내가 그에
게 아들을 여섯이나 낳아 주었으니 **이번에는 남편의 처소가** 나에게 **있겠
지. 마찬가지로 장차 그의 자손들은 좋은 몫을 받을 것이다.**" 그래서 그의
이름을 즈불룬이라 불렀다. 21 그러고 나서 (레아는) 딸을 낳고 그의 이름을
디나라 불렀다. 그가 (이렇게) **말하였기 때문이다. "지파들의 반이 나에게서
나온다는 결정이 주님 앞에서 내려졌다. 그러나 내 동생 라헬에게서는 두
지파만이 나올 터인데 그들조차 저마다 몸종들한테서 나오기를." 레아의
이 기도가 주님 앞에 들려 그들의 태에서 태아가 바뀌었다. 곧 라헬의 태에**

요셉을, 레아의 태에 디나를 주신 것이다. 22 **주님 앞에 라헬의 기억이 이**
르고 그의 **기도 소리가** 주님 **앞에 들려 그분 메므라로** 그에게 **아들들을** 주
시겠다고 **말씀하셨다.** 23 (라헬이) 임신하여 아들을 낳고 말하였다. "**주님**
께서 나의 수치를 거두어들이셨다. **마찬가지로 장차 요셉의 자손 여호수아**
는 이스라엘 자손들에게서 이집트의 수치를 거두어들이고, 요르단 건너편
에서 그들을 할례할 것이다." 24 그는 그의 이름을 요셉이라 부르며 말하였
다. "주님께서 나에게 **이 아들에 다른** 아들을 더해 주셨다."

야곱의 임금을 떼 먹은 라반

25 라헬이 요셉을 낳았을 때 야곱이 **거룩한 영으로 말하였다. "요셉의**
집안은 장차 에사우의 집안을 없애버릴 불꽃처럼 될 것이다." 그가 말하
였다. "이제 나는 에사우와 그의 부대들이 두렵지 않다." 그리고 그는 라
반에게 말하였다. "저를 보내 주십시오. 제 고향, 저의 땅으로 가겠습니다.
26 제가 아내들과 자식들을 위해서 장인어른의 일을 하였으니 그들을 내주
십시오. 제가 떠나야겠습니다. 제가 장인어른에게 한 일을 장인어른도 아
십니다." 27 라반이 그에게 말하였다. "내가 자네 **덕을** 보게 해 주게나. **요**
술을 부려 보니 주님께서 자네 때문에 나에게 복을 주신 것이더군." 28 그
가 말하였다. "나한테 자네 임금을 정해 주게나. 내가 주겠네." 29 (야곱이)
그에게 말하였다. "제가 장인어른의 일을 한 것과 저에게 있는 장인어른의
가축들을 **지킨** 것을 장인어른은 아십니다. 30 저 이전에는 장인어른의 **가**
축이 부실했으나 (이제는) 아주 많아졌습니다. 제 발걸음대로 주님께서 장
인어른에게 복을 주셔서입니다. 제가 장인어른의 **집에 들어가면서 장인어**
른에게 이득을 보게 해 드렸습니다. 저도 제 집안 **사람들의 생계를 꾸려나**
가야 하는데 언제쯤에야 제가 (제) 일을 하겠습니까?" 31 (라반이) 말하였
다. "무엇을 자네에게 주면 되겠나?" 야곱이 말하였다. "아무것도 안 주셔
도 됩니다. 다만 이 일을 해 주신다면 저는 장인어른의 양 떼를 다시 먹이
고 지키겠습니다. 32 오늘 장인어른의 양 떼를 다 지나다니며 거기서, 어린

양들에서는 얼룩이, 점박이 어린 양, 검은 어린 양을 다, 염소들에서는 점박이와 얼룩이들을 다 가려내겠습니다. 그것들이 제 임금이 될 것입니다. 33 제 정직함은 나중에 장인어른이 당신 앞에 있는 제 임금을 보러 오셔서 확인하실 것입니다. 염소에서 얼룩이와 점박이가 아니거나, 어린 양에서 검은 것이 아닌 것은 다 제가 훔친 것일 테니까요." 34 라반이 말하였다. "**좋네**. 자네 말대로 하겠네." 35 그날 (라반은) **다리에 표시가 있고** 점박이인 숫염소들과, 얼룩이와 점박이 암염소들, 어린 양들에서 흰 **점이 있는** 것과 검은 것들 모두를 가려내어 자기 아들들 손에 주었다. 36 그는 자신의 **양 떼와** 야곱 사이를 사흘거리가 되게 하였다. 야곱은 남아 있는 **늙고 병든** 라반의 양 떼를 쳤다.

37 야곱은 싱싱한 흰 백양나무, 아몬드나무, **월계수의** 막대를 가져다 흰 껍질을 벗겨 막대 위에 흰 것이 드러나게 하였다. 38 껍질 벗긴 막대들을 물 마시는 통, 곧 양 떼가 물 마시러 오는 곳에 꽂고 양 떼가 마주 보게 **놓았다**. 그런데 그것들은 물을 마시러 와서 짝짓기를 하였다. 39 양 떼는 막대 있는 데서 짝짓기를 하고 **다리에 표시가 있는 줄무늬**, 점박이, **등이 흰 것들을** 낳았다. 40 야곱은 어린 양들을 가려내고, 양 떼의 **머리 쪽에** 라반의 양 떼에서 줄무늬와 검은 것 등 모두를 **선두로** 오게 하였다. 자신의 가축들은 따로 두어 라반의 양 떼와 섞이지 않게 하였다. 41 **처음 번식할** 양들이 짝짓기를 할 때마다 야곱은 양들이 보도록 물통에다 막대들을 두어, 막대들 **앞에서** 짝짓기를 시켰다. 42 **나중에 번식할** 양에게는 (막대를) 두지 않았다. **나중 것들은** 라반에게, **처음 것들은** 야곱에게 돌아갔다. 43 (야곱은) 매우 큰 부자가 되어 많은 가축 떼와 여종과 남종, 낙타와 당나귀들이 그의 것이 되었다.

야곱의 도주

31,1 야곱은 라반의 아들들이 이렇게 말하는 것을 들었다. "야곱이 우리 아버지의 것을 모조리 가져다가, **자신을 위해** 우리 아버지의 것에서 이 모

든 **재산들의** 영광을 이루게 되었다." 2 야곱이 라반의 **안색을** 보니 어제나
예전처럼 자신을 **편하게** 대하지 않았다. 3 주님께서 야곱에게 말씀하셨다.
"네 조상들의 땅으로, 네 고향으로 돌아가라. 나의 **메므라가** 네 **협력자가**
될 것이다." 4 야곱은 **날쌘 전령 납탈리를** 보내어 라헬과 레아를 부르고 가
축 떼가 있는 들로 나가, 5 그들에게 말하였다. "내가 당신들 아버지의 **안
색을** 보니 어제나 **예전처럼** 나를 대하지 않으시오. 내 아버지의 **주님의 메
므라가** 나의 **협력자가** 되어 주셨소. 6 당신들도 알다시피 나는 온 힘을 다
해 당신들 아버지의 일을 하였소. 7 당신들의 아버지는 나에게 거짓말하였
고 내 임금을 열 **번이나** 바꿔치기하셨소. **주님께서는** 나를 해칠 **권한을 그
에게 주지** 않으셨소. 8 그가 '점박이가 자네 임금이네.' 하면 모든 양들이
점박이를 낳고, '**다리에 자국이 있는 것이** 자네 임금이네.' 하면 모든 양들
이 **다리에 자국이 있는 것을** 낳았소. 9 그렇게 **주님께서는** 당신들 아버지
의 가축을 **비우시고** 나에게 주셨소. 10 양들이 짝짓기를 할 때 꿈에서 눈
을 들어 보니 양들 위에 올라간 수컷들이 **다리에 자국이 있는 것과** 점박이
와 **등이 흰 것들이었소**. 11 꿈에서 **주님의** 천사가 나에게 말씀하셨소. '야
곱아!' 내가 말하였소. '예, 접니다.' 12 그분께서 말씀하셨소. '이제 눈을 들
어 보아라. 양들 위에 올라가는 수컷들이 모두 **다리에 자국이 있는 것과** 점
박이와 **등이 흰 것들이다**. 라반이 너에게 한 모든 **강도짓이** 내 **앞에 드러났
다**. 13 나는 베텔에서 **너에게 나타나** 네가 기둥에 기름을 붓고 내 **앞에서 맹
세한** 그 하느님이다. 이제 일어나 이 땅에서 떠나 네 고향으로 돌아가라.'"
14 라헬이 레아의 **동의 아래** 그에게 대답하였다. "아버지의 집에서 우리
에게 올 몫과 유산이 더 **있을 수** 있나요? 15 아버지께야 우리가 이방인으
로 생각되지 않으시겠어요? 우리를 팔아넘기셨고 우리 돈도 써버리셨으니
말이에요. 16 **주님께서** 우리 아버지한테서 **비우신** 모든 재물은 우리와 우
리 아들들의 것이니, 이제 **주님께서** 당신에게 말씀하신 대로 다 하세요."

17 야곱은 일어나 자식들과 아내들을 낙타들 위에 태웠다. 18 모든 가축
들과 모아놓은 모든 재산들, 곧 파딴 아람에서 모은 가축들과 재산들을 끌

고 가나안 땅의 아버지 이사악에게 돌아가려고 하였다.
19 라반이 양털을 깎으러 가자 라헬은 **형상들을** 훔쳤다. **그들은 맏아들**
인 한 남자를 죽여 그의 머리를 자르고 소금과 향신료로 간을 하여, 금으로
된 판에 주문을 쓰고 그것을 그의 혀 아래에 두고는, 벽에 세우고 그것들
에게 말한다. 그의 아버지는 그것들에게 절한다. 20 야곱은 아람인 라반을
속이고 **떠나는** 것을 알리지 않았다. 21 자신의 것들을 모두 가지고 일어나
떠났다. 그는 **유프라테스를** 건너 길앗 산지로 올라갔다. **그는 거룩한 영으**
로 장차 길앗 출신 입타의 시절에 그곳이 그의 자손들에게 피신처가 되리
라는 것을 내다보았기 때문이다.

라반의 추격

22 **야곱이 떠나고 나서 목자들이 우물에 갔으나 물이 없었다. 물이 솟을**
까 사흘을 기다렸는데도 물이 솟지 않자, 사흘째 날에 라반에게 **갔다.** 그제
서야 야곱이 달아났다는 것을 **알았다.** (야곱) **덕분에 이십 년 동안 물이 솟**
았기 때문이다. 23 그는 **친족들을** 데리고 이레 **거리를** (달려) 야곱의 뒤를
쫓았다. 길앗 산지에 **진을 치고 하느님 앞에 감사드리며 기도하는** 그에게
이르게 되었다. 24 **천사가 주님 앞에서 나온 말씀에 따라** 그날 밤 꿈에 나
타나, **사기꾼** 라반에게 **칼을 겨누며** 그에게 말하였다. "야곱에게 좋은 말도
나쁜 말도 하지 않도록 명심하여라."
25 라반이 야곱을 따라잡았고, 야곱은 산에 천막을 치고 있었다. 라반
도 **같은** 길앗 산지에 친척들과 진을 쳤다. 26 라반이 야곱에게 말하였다.
"나를 속이고 내 딸들을 전쟁 포로처럼 끌고 가다니 무슨 이런 경우가 다
있나? 27 어찌하여 몰래 **떠나** 나를 속이고 알리지 않았나? **만약 나에게 알**
렸다면 나는 손북과 비파로 기쁘게 노래하며 자네를 보냈을 터인데. 28 자
네는 내 **손자들과** 내 딸들에게 입을 맞추는 것도 **기다려 주지** 않는군. 자
네가 한 일은 어리석었네. 29 자네들을 해칠 **기회가** 내 손에 있으나 간밤
에 자네들 아버지의 하느님께서 나에게 말씀하셨네. '야곱에게 좋은 말도

나쁜 말도 하지 않도록 명심하여라.' 30 자네 아버지의 집이 그토록 그립다니 떠나야겠지만, 내 **우상들의 형상들은** 왜 훔쳐갔나?" 31 야곱이 라반에게 대답하였다. "저는 장인어른이 당신 딸들을 저한테서 데려가시면 어쩌나 하는 생각에 두려웠습니다. 32 장인어른의 **우상들의 형상들이** 발견된 사람은 **누구든지 제 시간도 아닌 때에** 죽을 것입니다. 저희 **모든** 친척들 앞에서 저에게 있는 **당신의 것을** 알아서 찾아가십시오." 야곱은 라헬이 그것들을 훔쳤는지 몰랐던 것이다. 33 라반이 야곱의 천막과 레아의 천막과 두 **소실들의** 천막에 들어갔으나 발견하지 못하였다. 그는 레아의 천막에서 나와 라헬의 천막에 들어갔다. 34 라헬은 그 **형상들을** 가져다 낙타의 안장에 얹고 그 위에 앉아 있었다. [라반은] 온 천막을 뒤졌으나 찾지 못하였다. 35 라헬이 [아버지에게] 말하였다. "나의 주인께서는 불쾌해하지 마십시오. 제가 여자의 일 중이라 당신 앞에 설 수가 없습니다." 그는 뒤졌으나 **형상들을** 찾지 못하였다.

36 야곱은 **크게** 화가 나서 라반에게 대들었다. 야곱은 라반에게 대답하였다. "저의 죄가 무엇이고, 저의 잘못이 무엇이기에 **서둘러** 저를 따라 오셨습니까? 37 저의 모든 기물들을 뒤지셨는데 당신 집의 기물들 가운데 무엇이든지 찾으셨으면, 제 친척들과 당신 친척들 앞에 **당신의 결정을** 내놓아 보십시오. 그들이 우리 둘 사이에서 **진실을 밝혀줄 것입니다**. 38 제가 이 이십 년을 당신과 지내면서, 당신의 암양들과 암염소들은 새끼를 잃지 않았고 저는 당신 양 떼의 수컷들 **값을** 떼먹지도 않았습니다. 39 **들짐승에게** 찢긴 것을 당신에게 가져간 적 없고, **만약 제가 잘못이라도 하면** 당신은 저에게 그것을 요구하셨습니다. 낮에 **사람이 훔쳐간 것도 제가 물어냈고** 밤에 **들짐승이 훔쳐간 것도 제가 물어냈습니다**. 40 낮에는 **들에서** 더위가, 밤에는 추위가 저를 삼켜 잠이 **저에게서** 달아났습니다. 41 저는 이 이십 년을 당신의 집에서 당신과 지내면서, 당신의 두 딸을 위해 십사 년을, 당신의 가축들을 위해 육 년 동안 당신 일을 했는데, 장인어른은 제 임금을 열 **번이나** 바꿔치기하셨습니다. 42 제 조상들의 하느님, 아브라함의 하느님,

이사악이 **두려워한 분께서 제 협력자가** 아니셨다면 장인어른은 저를 지금
빈털터리로 내보내셨을 것입니다. 그러나 저의 수고와 제 손의 노고가 **주
님 앞에 드러나** 간밤에 꾸짖으신 것입니다."

야곱과 라반의 계약

43 라반이 야곱에게 대답하였다. "**자네가 아내로 삼은** 딸들은 내 딸들
이고 **그들이 낳은** 아들들은 내 아들들이나 **마찬가지며** 양들은 내 양들**에
서 왔네**. 자네가 보는 모든 것이 내 것**에서 왔지만** 오늘 내 딸들과 그들이
낳은 아들들에게 내가 뭘 **할 수 있겠는가**? 44 이제라도 어서 나와 자네가
계약을 맺어 보세. 그것이 나와 자네 사이에 증거가 되어줄 것일세." 45 야
곱이 돌을 가져다 기둥을 세웠다. 46 야곱은 **친척이라고 불리는 아들들에
게** 말하였다. "돌을 모아 오너라." 그들이 돌들을 가져와 돌 더미를 만들
고, 그곳의 돌 더미 위에서 먹었다. 47 라반은 그것을 **오가르 사힛이라** 불
렀고, 야곱은 **성전의 언어로** 갈엣이라 불렀다. 48 라반이 말하였다. "오늘
이 돌 더미가 나와 자네 사이에 증인이네." 그래서 갈엣이라 불렸다. 49 **사
쿠타**라고도 하는데, 그가 이렇게 말하였기 때문이다. "우리가 서로 이웃들
에게서 숨어 지낼 때 주님의 **메므라가** 나와 자네 사이에 망을 보실 것이네.
50 자네가 내 딸들을 괴롭히거나 내 딸들 말고 (다른) 아내들을 얻으면, 아
무도 우리와 함께 없더라도 보게나, **주님의 메므라가** 나와 자네 사이에 증
인이 되실 것이네."

51 라반이 야곱에게 말하였다. "이 돌 더미를 보고, 나와 자네 사이에 세
운 기둥을 보게. 52 이 돌 더미가 증인이고 그 기둥이 증인이니, 나는 이 돌
더미를 넘어 자네에게 가지 않으며, 자네도 (나를) 해치러 이 돌 더미와 이
기둥을 넘어 나에게 오지 않기로 하세. 53 아브라함의 하느님과 나호르의
하느님, 그들 조상의 하느님께서 우리 사이를 심판하실 것이네." 야곱이 아
버지 이사악이 **두려워한 하느님을** 두고 맹세하였다. 54 야곱은 그 산에서
제사를 지내고 **라반과 함께 온** 그의 **친족들에게** 음식을 **들자고** 불렀다. 그

들은 음식을 **들고** 그 산에서 묵었다.

32,1 라반은 아침 일찍 일어나 **야곱의** 아들들과 자신의 딸들에게 입을 맞추고 그들을 축복하였다. 라반은 (그곳을) 떠나 자기 고장으로 돌아갔다.

에사우를 만나러 오는 야곱

2 야곱은 길을 나섰다가, **주님의** 천사들을 만나게 되었다. 3 야곱이 그들을 보고 말하였다. "**이들은 나를 만나러 오는 에사우의 진영들도 아니고 다시 나를 뒤쫓아 오는 라반의 진영들도 아니다. 이들은** 주님 앞에서 **보내진 거룩한 천사들의** 진영들이다." 그래서 그 장소의 이름을 **성전의 언어로** 마하나임이라고 불렀다.

4 야곱은 **에돔인들** 지역 **가블라** 땅의 형 에사우에게 자기에 앞서 전령들을 보냈다. 5 그가 그들에게 명령하였다. "너희는 나의 주인 에사우에게 이렇게 말하여라. '나리의 종 야곱이 이렇게 말합니다. '저는 라반한테서 체류하느라 지금까지 **늦어졌습니다.** 6 **아버지께서 제게 축복해 주신 것 가운데 아무것도 제 손에 없습니다. 그러나 얼마의** 소와 나귀, 양과 염소, 남종과 여종은 있습니다. **그 축복이 제게 아무 이득이 못 되었음을** 주인께 알리려고 소식 전하니, **자비를** 베풀어 주시어 **그 일로 저에게 악의를 품지는 마십시오.**'""

7 전령들이 야곱에게 돌아와 말하였다. "나리의 형님 에사우에게 다녀왔습니다. 그분도 나리를 만나러 사백 명의 장정 곧 **병사들을** 거느리고 오십니다." 8 야곱은 **이십 년 동안 아버지의 영광을 살피지 못하여** 몹시 두렵고 걱정이 되었다. 그래서 같이 있던 백성과 가축 떼와 소와 낙타들을 두 진영, **곧 레아의 선물과 라헬의 선물로** 나누었다. 9 그는 생각하였다. '에사우가 한 진영에 와서 치더라도 남은 진영은 구할 수 있다.'

10 야곱이 아뢰었다. "아브라함의 하느님, 아버지 이사악의 하느님! 주님께서는 저에게 말씀하셨습니다. '너의 땅, 너의 고향으로 돌아가라. 내가 너에게 잘하겠다.' 11 당신께서 당신 종에게 베푸신 **호의와** 진실에 비

해 **저는 하잘것없고** 미천합니다. 저는 **혼자서** 이 요르단을 건넜으나 이제
는 두 진영을 이루었습니다. 12 제 형의 손에서 에사우의 손에서 저를 구
해 주십시오. **그가 아버지의 영광을 살펴 왔으니** 그가 와서 저와 어미와 자
식들까지 치지 않을까, **그가** 두렵습니다. 13 당신께서는 **약속하셨습니다.**
'내가 꼭 너에게 잘하고 네 **자손들을** 바다의 모래처럼 **많게 하여** 셀 수 없
게 하겠다.'"

14 그날 밤 그는 거기 묵으면서 자기 손으로 **마련한 것** 가운데 형 에사
우에게 줄 선물을 골랐다. 15 암염소 이백 마리와 숫염소 스무 마리, 암양
이백 마리와 숫양 스무 마리, 16 **암낙타와** 새끼들 서른 마리, 암소 마흔 마
리와 황소 열 마리, 암나귀 스무 마리와 **리비아산 나귀** 열 마리다. 17 그는
가축 떼별로 따로따로 종들에게 **준비시키며** 말하였다. "나보다 앞서 가고
가축 떼 사이에 간격을 두어라." 18 앞에 선 이에게 명령하였다. "나의 형
에사우가 너를 만나 '너는 누구의 사람이냐? 어디로 가느냐? 네 앞에 이것
들은 무엇이냐?' 하고 묻거든, 19 이렇게 말하여라. '그것은 당신의 종 야
곱이 주인 에사우에게 보내는 선물입니다. 그도 저희 뒤에 따라옵니다.'"
20 그는 두 번째 사람에게도 세 번째 사람에게도 가축들 뒤에 가는 모든 이
에게도 명령하였다. "그를 만나거든 이 말대로 전하고, 21 이렇게 말하여
라. '당신의 종 야곱이 저희 뒤에 따라옵니다.'" 야곱은 (속으로) 말하였다.
'나보다 앞서 예물을 보내어 그의 **안색을** 풀어 주어야겠다. 그러고 나서 그
의 얼굴을 봐야 나를 봐 줄 것이다.' 22 예물이 그에 앞서 넘어가고 그는 그
날 밤 진영에서 묵었다.

천사와 겨룬 야곱

23 그는 밤에 일어나 두 아내와 두 **소실과** 아들 열한 명을 데리고 야뽁
건널목을 건넜다. 24 그는 그들을 이끌어 마른강을 건너게 하고 그의 것들
도 건네 보냈다. 25 야곱은 **야뽁 건널목에** 혼자 남아 있었는데, 사람 **모습
을 한 천사가** 그에게 싸움을 걸며 말하였다. **"너는 네가 가진 모든 것에서**

십일조를 하겠다고 말하지 않았느냐? 너는 열두 아들과 딸 하나를 두었으면서도 그들을 십일조하지 않았다." 그는 곧바로 어머니 넷의 맏아들을 따로 두니 여덟 명이 남았고, 시메온부터 세기 시작하자 레위가 십일조가 되었다. 미카엘이 말하였다. "세상의 주인이신 주님, 이 사람이 당신 몫입니다." 그가 새벽 기둥이 오를 때까지 **마른강 건너에서 지체한 것은 이 일 때문이다.** 26 그는 야곱을 이길 수 없음을 알고 그의 엉덩이뼈를 쳐서, 야곱은 그와 씨름하다 엉덩이뼈가 **움직였다.** 27 그가 말하였다. "**새벽 기둥이** 올라왔으니 나를 보내다오. **높은 데에 있는 천사들이 세상의 주인께 찬미드릴 시간이 다 되었다. 나는 찬미하는 천사 가운데 하나다. 세상이 창조된 날부터 내가 찬미할 시간은 이 시간 아니면 오지 않는다.**" (야곱이) 말하였다. "저를 축복하시지 않으면 보내드리지 않겠습니다." 28 그가 말하였다. "네 이름이 무엇이냐?" 그가 말하였다. "야곱입니다." 29 그가 말하였다. "더 이상 네 이름은 야곱이라 하지 않고 이스라엘이라 부를 것이다. 네가 **주님의 천사들 사이에서**, 사람들 사이에서 **위대하여 그들을** 이겼기 때문이다." 30 야곱이 여쭈었다. "그럼 당신의 이름을 알려 주십시오." 그가 말하였다. "너는 왜 내 이름을 묻느냐?" 거기서 그가 **야곱을** 축복하였다. 31 야곱은 그 장소의 이름을 프니엘이라 불렀다. 그가 이렇게 **말하였기** 때문이다. "나는 **주님의 천사들을** 얼굴을 맞대고 뵈었고 내 목숨을 구하였다." 32 **그가 브에르 세바를 떠날 때 그를 위해 제 시간보다 먼저 떠오르던** 해가, 그가 프니엘을 지날 때도 **제 시간보다 먼저** 떠올랐다. 그는 엉덩이뼈 때문에 다리를 절었다. 33 그래서 오늘날까지 이스라엘 자손들은 **가축과 들짐승의** 엉덩이뼈 위의 질긴 힘줄을 먹지 않는다. 그가 질긴 힘줄이 있는 야곱의 **오른쪽** 엉덩이뼈를 쳤기 때문이다.

야곱과 에사우의 만남

33,1 야곱은 눈을 들어 에사우가 사백 명의 장정 곧 **병사들을** 거느리고 오는 것을 보았다. 그는 레아와 라헬과 두 **소실들에게** 자식들을 나누어 맡

겼다. 2 **소실들과** 아들들을 맨 앞에 세우고, **그는 이렇게 말하였다. "에사우가 아이들을 살해하고 여자들을 모욕한다면 이들에게 하게 될 것이니, 그러는 동안 나는 일어나 그와 전쟁을 벌일 것이다."** 그러고는 레아와 **아이들을** 두 번째에, 라헬과 요셉을 그들 뒤에 세웠다. 3 (야곱은) 그들의 앞을 지나면서 **주님 앞에 기도하며 자비를 간청하였다.** 그리고 형에게 이를 때까지 땅에 대고 일곱 번 절하였다.

4 에사우는 그의 앞으로 달려가 그를 안았다. (에사우가) 고개를 **숙이고 그를 물어뜯어 그들은** 울었다. **에사우는 흔들리는 치아의 고통 때문에 울었고, 야곱은 목의 고통 때문에 울었다.** 5 그는 눈을 들어 여자들과 아이들을 보고 말하였다. "이들은 너에게 누구냐?" 그가 말하였다. "그들은 당신 종인 **저에게** 주님 **앞에서 은혜로 주어진** 제 아들들입니다." 6 **소실들과** 아들들이 다가와 절하였다. 7 레아와 그 아들들도 다가와 절하였고, 그다음으로 요셉이 다가와 라헬 **앞에 서서 자기 몸으로** (라헬을) **숨기고** 절하였다.

8 그가 말하였다. "내가 (오다가) 마주친 이 진영들은 다 너에게 무엇이냐?" 그가 말하였다. "주인께 **자비를** 얻고자 **제가 보낸 예물들입니다.**" 9 에사우가 말하였다. "내 동생아, 나에게도 **재산이** 많다. 너에게 **있는** 것은 너를 위해 **남겨두어라.**" 10 야곱이 말하였다. **"그런 말씀 마십시오.** 이제 저에게 **자비를** 베푸시기를 바라오니, 제 선물을 제 손에서 **받으십시오.** (이토록) 기쁘게 맞아 주시니, 제가 당신 얼굴 **안색을** 본 것이 **당신 천사의** 얼굴을 뵌 것과 **같습니다.** 11 당신께 드리는 제 선물을 **받으십시오. 주님 앞에서 은혜로 저에게 베풀어졌고** 모든 것이 저에게 있기 때문입니다." 그가 밀어붙이자 그가 **받았다.**

에사우와 헤어진 야곱

12 그가 말하였다. "자, 어서 가자. **네 진영의 집에 이를 때까지** 내가 네 앞에 가마." 13 야곱이 에사우에게 말하였다. "주인께서도 아시겠지만 저에게는 약한 아이들과 젖먹이 양들과 소들이 있습니다. **제가 그들을** 하루

만 재촉해도 가축들은 다 죽습니다. 14 주인께서는 종보다 앞서 건너가시기 **바랍니다**. 저는 **가블라의** 주인께 이를 때까지 제 앞의 가축들의 발걸음에 따라, 어린 것들의 발걸음에 따라 **혼자서** 쉬엄쉬엄 끌고 가겠습니다."

15 에사우가 말하였다. "나와 함께 온 **병사들** 가운데 몇을 너에게 남겨 두어야겠다." 그가 말하였다. "왜 그러십니까? 저는 주인의 **자비를** 찾을뿐입니다." 16 **이렇게 야곱에게 기적이 일어났다**. 그날 에사우는 가던 길인 **가블라로** 돌아갔다. 17 야곱은 수콧으로 떠나 **그 해의 열두 달을 그곳에 체류하며**, 자신을 위해 **학교를** 짓고 가축들을 위해 초막을 만들었다. 그래서 그 장소의 이름을 수콧이라 불렀다.

스켐의 들을 산 야곱

18 야곱은 파딴 아람에서 나와 **그에게 속한 모두와** 가나안 땅 스켐 성읍에 무사히 도착하여, 성읍 앞에 진을 쳤다. 19 그리고 천막을 친 들의 **소유지를** 스켐의 아버지 하모르의 아들들에게서 진주 백 개에 샀다. 20 그는 그곳에 제단을 세우고 **그곳에서** 이스라엘의 하느님이신 엘 **앞에 자신의 모든 것에서 따로 떼어 십일조를 바쳤다**.

스켐에게 폭행을 당한 디나

34,1 레아가 야곱에게 낳아 준 딸 디나가 그 땅 **백성의** 딸들의 **관습을** 보려고 나갔다. 2 그 땅의 우두머리인 히위인 하모르의 아들 스켐이 그를 보고는, **강제로 끌고 가서** 누워 그를 욕보였다. 3 그는 야곱의 딸 디나에게 반하고 그 소녀를 사랑하여 소녀의 마음에 **위로의** 말을 하였다. 4 스켐이 아버지 하모르에게 말하였다. "이 소녀를 제 아내로 삼게 해 주세요." 5 야곱이 딸 디나가 부정해진 것을 들었다. 그의 아들들은 들에서 가축들과 있어 야곱은 그들이 돌아올 때까지 입을 다물었다.

하모르와 야곱의 혼인 계약

6 스켐의 아버지 하모르가 야곱과 이야기하려고 그에게 갔다. 7 야곱의
아들들이 들에서 와 (소식을) 들었고, 남자들은 괴로워하며 그들에게 몹시
분노하였다. (스켐이) 야곱의 딸과 누워 이스라엘에 모욕스러운 짓을 저질
렀기 때문이다. 이는 해서는 안 되는 일이다.

8 하모르가 그들에게 말하였다. "내 아들 스켐이 당신들의 딸에게 반하
였으니 그를 아들의 아내로 주십시오. 9 우리와 혼인으로 **섞여** 당신들의
딸들을 우리에게 주고 우리의 딸들을 당신들의 아내로 삼으십시오. 10 우
리와 함께 머무르십시오. 땅이 당신들 앞에 있으니 여기에 **편안히** 머무르
시면서 **장사도 하시고** 그것을 소유하셔도 됩니다." 11 스켐이 (디나의) 아버
지와 오라버니들에게 말하였다. "**자비를** 베푸십시오. 당신들이 저에게 말
하는 것을 드리겠습니다. 12 저에게 (신랑) 지참금과 예물을 매우 많이 요
구하십시오. 말씀하시는 대로 드리겠으니 그 소녀를 제 아내로 주십시오."

13 스켐이 누이 디나를 더럽힌 일로, 야곱의 아들들은 그와 아버지 하
모르에게 **교묘하게** 대답하였다. 14 야곱의 아들들이 그들에게 말하였다.
"할례하지 않은 사람에게 우리의 누이를 주는 이런 일은 할 수가 없습니다.
우리에게는 부끄러운 일이라 그렇습니다. 15 그러나 당신들이 우리처럼
되어 남자들이 모두 할례를 한다면, 그때 당신들의 뜻을 받아들이겠습니
다. 16 곧 우리의 딸들을 당신들에게 주고 당신들의 딸들을 우리의 아내로
삼겠습니다. 그렇게 당신들과 함께 머무르면서 한 백성이 되어가겠지요.
17 그러나 우리에게 할례하는 것을 **받아들이지** 않으면 우리는 **강제로** 우리
의 딸을 데리고 떠나겠습니다."

18 하모르와 하모르의 아들 스켐은 그들의 말들을 좋게 여겼다. 19 그 젊
은이는 지체하지 않고 이 일을 실행하였다. 야곱의 딸한테 반하였기 때문
이다. 그는 아버지의 온 집안이 영예롭게 여기는 사람이었다.

20 하모르와 아들 스켐이 **그들의** 성읍 입구로 와서 **그들의** 성읍 **입구에
있는** 사람들에게 말하였다. 21 "이 사람들은 우리에게 우호적입니다. 그들

은 이 땅에 머무르면서 **장사를** 할 것입니다. 이 땅은 그들 앞에서 **그 영역이** 넓습니다. 그들의 딸들을 우리의 아내로 삼고 우리의 딸들을 그들에게 줍시다. 22 단지 그들이 할례한 것처럼 우리 모든 남자들이 할례만 해 주면, 그 사람들은 이로써 우리의 뜻을 받아들여 우리와 함께 머무르면서 한 백성이 되겠다고 합니다. 23 어차피 그들의 가축들과 재산들과 모든 짐승들은 우리의 것이 되지 않겠습니까? 그들을 받아들여 우리와 함께 머무르게 합시다." 24 성읍 입구에 나온 이들 모두 하모르와 그의 아들 스켐의 말을 **받아들여**, 성읍 입구에 나온 모든 남자들이 할례를 하였다.

할례를 이용한 복수

25 셋째 날 그들이 **할례의** 통증으로 **약해졌을** 때 야곱의 두 아들이자 디나의 오라버니인 시메온과 레위가, 칼을 들고 평온히 **지내고 있는** 성읍으로 들어가, 남자들을 모두 죽였다. 26 그들은 하모르와 아들 스켐도 칼로 죽이고 스켐의 집에서 디나를 데리고 나왔다.

27 야곱의 **나머지** 아들들이 살해된 이들(의 것)을 **빼앗으려고** 와 성읍을 약탈하였다. 그들이 그 (성읍) **안에서** 자신들의 누이를 욕보였기 때문이다. 28 그들은 양들과 소들과 당나귀들, 성읍에 있는 것들과 들에 있는 것들을 **약탈하였다**. 29 그들의 모든 **재산과** 아이들[과 부녀자들을] 사로잡고 집안에 있는 것을 모두 약탈하였다.

30 야곱이 시메온과 레위에게 말하였다. "너희는 가나안족과 프리즈족의 이 땅 주민들에게 **나쁜 소문이 나게 하여** 나를 곤란하게 만들었다. 나는 백성수도 적은데 그들이 나에게 맞서 모여들어 나를 치기라도 하면, 나와 내 집안 **사람은** 끝장나리라." 31 **시메온과 레위가 대답하였다. "이스라엘 자손들의 회중이** (이렇게) **말하는 것은 옳지 않습니다. '할례하지 않은 이들이 처녀를 욕보이고 이방 신 숭배자들이 야곱의 딸을 겁탈하였다.' 그러나** (이렇게) **말하는 것은 괜찮습니다. '할례하지 않은 이들이 처녀 때문에, 이방 신 숭배자들이 야곱의 딸 때문에 죽임을 당하였다.' 하모르의 아들 스켐은**

자신의 말로 우리에게 자랑하지 못할 것입니다. 저희가 이 일을 하지 않았다면, 그는 우리 누이를 **복수해 줄 이** (아무도) **없는 간음하는 여자처럼** 매춘부 취급하였을 것입니다."

야곱의 새 이름 이스라엘

35,1 **주님께서** 야곱에게 말씀하셨다. "일어나 베텔로 올라가 거기서 살아라. 네가 형 에사우 앞에서 달아날 때 너에게 **나타난** 하느님을 위하여 그곳에 제단을 만들어라." 2 야곱이 집안 **사람들과** 그와 함께 있는 모두에게 말하였다. "**너희가 스켐의 우상들 집에서 가져온** 너희 안에 있는 **이민족들의 우상들을** 치우고, **너희가 살해된 이에게 접촉하여 생긴 부정을 씻고** 옷을 갈아입어라. 3 일어나 베텔로 올라가자. 내가 고생할 때 **내 기도를 받아주신** 하느님께 그곳에 제단을 만들어 바칠 것이다. 그분의 **메므라가** 내가 가는 길에 나의 **협력자가** 되어 주셨다." 4 그들은 **자기들이 스켐의 우상들 집에서 가져온** 자기들 수중에 있는 **이민족들의 우상들** 모두와, **스켐 성읍의 주민들이** 귀에 걸었던 **이방 신 모습이 새겨진** 귀걸이들을 야곱의 **손에 넘겼다**. 야곱은 그것들을 스켐 **성읍** 근처 향엽나무 아래 파묻었다.

5 그들은 **거기서 주님 앞에 감사드리고 기도하며** 출발하였다. **주님 앞에서** (나온) 두려움이 그들 주변 성읍들의 **백성들에게** 감돌아 야곱의 아들들을 뒤쫓지 못하였다. 6 야곱은 자기와 함께 있는 온 백성과 가나안 땅의 루즈 곧 베텔에 이르렀다. 7 그는 그곳에 제단을 세우고 그 장소를 '**당신의 셰키나를 베텔에 머무르게 하신 하느님**'이라 불렀다. 그가 형 **에사우** 앞에서 달아났을 때 거기서 **주님의 천사들이** 그에게 **나타나셨기** 때문이다.

8 레베카의 **보모** 드보라가 죽어 베텔 아래 **평원 끝자락에** 묻혔다. **야곱은 거기서 어머니 레베카가 죽었다는 소식을 들었다**. 그래서 그곳의 이름을 '**또 다른 통곡**'이라 불렀다.

9 야곱이 파딴 아람에서 돌아왔을 때 **주님께서** 또 나타나셨다. **그의 어머니가 죽은 뒤 주님께서는 그분 메므라의 이름들로서**, 그를 축복하셨다.

10 **주님께서** 그에게 말씀하셨다. "**이제까지** 네 이름은 야곱이었으나 더 이상 야곱이라 불리지 않으리라. 이스라엘이 네 이름이 될 것이다." 그래서 그의 이름을 이스라엘이라 불렀다. 11 **주님께서** 그에게 말씀하셨다. "나는 엘 샤다이이다. 번성하고 많아져라. **거룩한** 민족과 **예언자들과 사제들의** 의회가 **네가 낳은 자손들에게서** 생겨나리라. **두** 임금들도 **너에게서** 나오리라. 12 내가 아브라함과 이사악에게 준 땅을 너에게 준다. 네 뒤에 오는 네 **자손들에게도** 이 땅을 준다." 13 **주님 셰키나의 영광이** 그와 말씀을 나누신 그 장소에서 위로 올라가셨다. 14 **그는 그곳,** 그분께서 그와 말씀을 나누신 그 장소에 기둥, 돌기둥을 세웠다. 그리고 **포도주 제주와 물 제주를** 따르고 — **그래서 장차 초막절에 그의 자손들이** (이를) **하게 될 것이다.** — **올리브** 기름을 부었다. 15 야곱은 **주님께서** 그와 말씀을 나누신 그 장소의 이름을 베텔이라 불렀다.

벤야민의 출생과 라헬의 죽음

16 그들이 베텔을 떠나 에프랏에 이르렀을 때 아직 그 지역은 **한창 수확철이었는데,** 라헬이 산고를 심하게 겪으며 출산하게 되었다. 17 산고가 심해지자 산파가 그에게 말하였다. "걱정하지 마십시오. 이번에도 아들입니다." 18 그런데 라헬이 **죽음에 이르게 되었다.** 그는 목숨이 떠날 때 아들 이름을 '**내 슬픔의 아들**'이라 불렀다. 그러나 그의 아버지는 그를 벤야민이라 불렀다. 19 라헬은 죽어 에프랏 가는 길에 묻혔다. 곧 베들레헴이다. 20 야곱이 그의 무덤에 기둥을 세웠다. 그것은 오늘날까지 (남아 있는) 라헬의 무덤 기둥이다.

르우벤의 추행

21 이스라엘은 떠나 **장차 마지막 날에 임금 메시아가 나타날 장소인 에데르의 탑 멀리에** 천막을 쳤다. 22 이스라엘이 그 땅에 머무를 때였다. 르우벤이 아버지의 소실 빌하의 **침실에** 가 **어지럽혔고, 빌하는 맞은편 그의**

어머니 레아의 침실을 정리하고 있었다. 그런데 그것이 그와 관계를 한 것
처럼 여겨졌다. 이스라엘이 이를 듣고 **괴로워 주님께 아뢰었다. "이스마엘**
이 아브라함에게서 나오고 에사우가 제 아버지에게서 나오듯이, 이런 호래
자식이 저한테서 나오다니요." 거룩한 영이 그에게 대답하였다. "두려워하
지 마라. 그들 모두 의롭다. 그들 가운데 호래자식은 없다." 벤야민이 태어
난 뒤 야곱의 아들들은 열둘이 되었다.

야곱의 열두 아들

23 레아의 아들들은 야곱의 맏아들 르우벤과 시메온, 레위, 유다, 이사
카르, 즈불룬이고, 24 라헬의 아들들은 요셉과 벤야민이다. 25 라헬의 몸종
빌하의 아들들은 단과 납탈리이고, 26 레아의 몸종 질파의 아들들은 가드
와 아세르이다. 이들이 파딴 아람에서 태어난 야곱의 아들들이다.

이사악의 죽음

27 야곱은 마므레 곧 키르얏 아르바에 있는 아버지 이사악에게 갔다. 그
곳은 아브라함과 이사악이 머물렀던 헤브론이다. 28 이사악의 세월은 백팔
십 년이었다. 29 이사악은 늙고 명이 다하여 숨을 거두고 죽어 자기 백성들
에게 소집되어 갔다. 그의 아들 야곱과 에사우가 그를 묻었다.

가나안 아내에게서 태어난 에사우의 자손

36,1 이것은 에사우의 **계보이다. 그는** 에돔이라 **불렸다.** 2 에사우는 가
나안의 딸들에게서 아내들을 얻었다. 히타이트인 엘론의 딸 아다, 히위인
치브온의 딸인 아나의 딸 오홀리바마, 3 이스마엘의 딸 바스맛이다. (바스
맛은) **그의 오라버니** 느바욧이 (에사우에게) **아내로 내 주었다.** 4 아다는 에
사우에게 엘리파즈를 낳아 주었고, 바스맛은 르우엘을 낳아 주었다. 5 오
홀리바마는 여우스, 얄람, 코라를 낳았다. 이들이 가나안 땅에서 에사우에
게 태어난 아들들이다.

6 에사우는 그의 아내들과 아들딸들과 집안의 모든 사람, 가축 떼와 모든 짐승 등 가나안 땅에서 얻은 모든 소유물들을 거느리고 **다른** 땅으로 떠났다. 동생 야곱에 대한 **공포가 그에게 엄습하였기 때문이다**. 7 그들의 소유물들은 함께 살기에 너무 많았고, 그들이 거주하는 땅도 가축 떼들 때문에 그들을 감당하지 못하였던 것이다. 8 에사우는 **가블라** 산지에 살았다. 에사우는 곧 에돔이다.

가블라에서 태어난 에사우의 자손

9 이것은 **가블라** 산지에서 **거주하는 에돔인들의 족장** 에사우의 **계보이다**. 10 이것은 에사우 아들들의 이름들로서, 에사우의 아내 아다의 아들 엘리파즈와 에사우의 아내 바스맛의 아들 르우엘이다. 11 엘리파즈의 아들들은 테만, 오마르, 츠포, 가아탐, 크나즈이다. 12 팀나는 에사우의 아들 엘리파즈의 소실인데 그가 엘리파즈에게 아말렉을 낳아 주었다. **그는 욥의 친구 엘리파즈이다**. 이들이 에사우의 아내 아다의 아들들이다. 13 이들은 르우엘의 아들들이다. 나핫, 제라, 삼마, 미짜이다. 이들은 에사우의 아내 바스맛의 아들들이다. 14 이들은 치브온의 딸인 아나의 딸이자 에사우의 아내 오홀리바마의 아들들이다. 그는 에사우에게 여우스, 얄람, 코라를 낳아 주었다.

에돔의 족장들

15 이들은 에사우 자손들의 족장들이다. 에사우의 맏아들 엘리파즈의 아들들은 족장 테만, 족장 오마르, 족장 츠포, 족장 크나즈, 16 족장 코라, 족장 가아탐, 족장 아말렉이다. 이들이 에돔 땅에 **거주하는** 엘리파즈의 족장들이며 에다의 자손들이다. 17 이들은 에사우의 아들 르우엘의 아들들로, 족장 나핫, 족장 제라, 족장 삼마, 족장 미짜이다. 이들은 에돔 땅에 **거주하는** 르우엘의 족장들이며 에사우의 아내 바스맛의 자손들이다. 18 이들은 에사우의 아내 오홀리바마의 아들들로, 족장 여우스, 족장 얄람, 족

장 코라이다. 이들은 아나의 딸이자 에사우의 아내 오홀리바마의 족장들 이다. 19 이들은 에사우의 아들들이며, 이들은 에돔의 족장들이다. 곧 **에돔인들의 조상이다.**

게발의 자손

20 이들은 **게발의** 아들들이며 **예전부터** 그 땅의 거류민들인 **부족들로서**, 곧 로탄, 소발, 치브온, 아나, 21 디손, 에테르, 디산이다. 이들은 족장들 이자 **오래 전부터** 에돔 땅에 **거주한 게발의** 아들들의 **부족들이다.** 22 로탄의 아들들은 호르와 헤만이고 로탄의 누이는 팀나이다. 23 이들은 소발의 아들들 곧 알완, 마나핫, 에발, 스포, 오남이다. 24 이들은 치브온의 아들들 곧 아야와 아나이다. 아나는 **들나귀를 암나귀와 교배한 사람으로, 나중에** 아버지 치브온의 나귀들을 방목하다가 **그것들에서 나온 노새들을** 발견하였다. 25 이들은 아나의 자녀들로 디손과 아나의 딸 오홀리바마이다. 26 이들은 디손의 아들들 곧 헴단, 에스반, 이트란, 크란이다. 27 이들은 에체르의 아들들 곧 빌한, 자아완, 아칸이다. 28 이들은 디산의 아들들로 우츠와 **아람이다.** 29 이들은 **부족들의** 족장들로, 족장 로탄, 족장 소발, 족장 치브온, 족장 아나, 30 족장 디손, 족장 에체르, 족장 디산이다. 이들이 **부족들의** 족장들로서 **예전부터 가블라** 땅에 **거주한** 그들의 족장들이다.

에돔의 임금들

31 이들은 임금이 이스라엘 자손들을 다스리기 전, 에돔 땅을 다스리던 임금들이다. 32 브오르의 아들 **발라암이** 에돔을 다스렸고, 그의 **왕실** 성읍의 이름은 딘하바이다. 33 벨라가 죽고 그 대신 보츠라의 제라의 아들 요밥이 다스렸다. 34 요밥이 죽고 그 대신 **남쪽** 땅의 후삼이 다스렸다. 35 후삼이 죽고 그 대신 모압 들판에서 **전열을 갖추어 미디안인들을 죽인** 브닷의 아들 하닷이 다스렸다. 그의 **왕실** 성읍의 이름은 아윗이다. 36 하닷이 죽고 그 대신 마스레카의 사믈라가 다스렸다. 37 사믈라가 죽고 그 대신 **유프**

라테스에 있는 르호봇의 사울이 다스렸다. 38 사울이 죽고 그 대신 악보르의 아들 바알 하난이 다스렸다. 39 악보르의 아들 바알 하난이 죽고 그 대신 하다르가 다스렸다. 그의 **왕실** 성읍의 이름은 파우이다. 그의 아내 이름은 므헤타브엘이며 마트렛의 딸인데, (마트렛은) **사냥과 사냥 그물** (만드는 일에) **종사한 사람이다. 그는 부자가 되어 재산을 얻고는 마음이 오만해져, "무엇이 은이고 무엇이 금인가?"라고 말하곤 하였다.**

에돔의 족장들

40 이들은 **계보들 곧 거주하는 지역에** 따른 에사우의 족장들 이름들로, 족장 팀나, 족장 알와, 족장 여텟, 41 족장 오홀리바마, 족장 엘라, 족장 피논, 42 족장 크나즈, 족장 테만, 족장 밉차르, 43 족장 막디엘, — **그가 막디엘이라 불린 것은 '강한 탑은 죄지은 로마'라는 그의 성읍 이름 때문이다.** — 족장 이람이다. 이들은 그들이 소유한 땅의 거주지에 따른 에돔의 족장들이다. 에사우가 에돔인들의 조상이다.

요셉을 편애한 이스라엘

37,1 야곱은 가나안 땅, 아버지가 체류하던 땅에 **안전하게** 자리 잡았다.
2 이들은 야곱의 **씨족들이다.**

열일곱 살이 된 요셉은 **학교에서 나왔다.** 어린 시절에 그는 아버지의 아내인 빌하의 아들들과 질파의 아들들과 같이 **자랐다.** 그는 아버지에게 그들을 나쁘게 고자질하기도 하였다. **그들이 살아 있는 짐승 가운데 귀와 꼬리가 찢긴 고기를 먹는 것을 보고, 아버지에게 와서 일러바친 것이다.**

3 이스라엘은 모든 아들들보다 요셉을 더 사랑하였다. **요셉의 모습이 자신의 모습을 닮았기** 때문이다. 그래서 그에게 **자수를 놓은** 옷을 만들어 주었다. 4 그의 형들은 아버지가 모든 형제들보다 그를 더 사랑하는 것을 보고 그에게 **적개심을 품었다.** 그래서 그에게 곱게 말하고 **싶어 하지** 않았다.

요셉의 꿈

5 요셉이 꿈을 꾸고 형들에게 말하여 그들은 그에게 더 **적개심을 품었
다**. 6 요셉이 그들에게 말하였다. "내가 꾼 꿈 좀 들어 보세요. 7 우리가 들
에서 곡식 단을 묶고 있었는데, 내 곡식 단이 일어나 똑바로 서고 형님들
곡식 단들이 둘러서서 내 곡식 단에게 절을 하는 거예요." 8 형들이 그에게
말하였다. "너는 우리를 다스릴 임금이 되는 **상상이라도** 한 것이냐? 아니
면 우리를 통치할 통치자가 될 **생각인** 것이냐?" 그래서 그들은 그의 꿈과
해몽 때문에 그에게 더 **적개심을 품게** 되었다.

9 요셉은 또 다른 꿈을 꾸고 형들에게 떠벌려 말하였다. "또 꿈을 꾸었
는데, 해와 달과 열한 개의 별들이 저한테 절을 했어요." 10 그가 아버지와
형들에게 떠벌리자 아버지가 그를 나무라며 말하였다. "무슨 꿈을 꾼 것이
냐? 나와 네 어머니와 형들이 너한테 가서 땅에 대고 절을 한다는 것이냐?"
11 형들은 그를 시기하였고 아버지는 그 일을 **마음에** 간직하였다.

요셉을 해친 형들과 이집트로 팔려 간 요셉

12 형들은 아버지의 양 떼를 치러 스켐에 갔다. 13 **얼마가 지나고** 이스
라엘이 요셉에게 말하였다. "네 형들이 스켐에서 양을 치고 있지 않느냐?
**나는, 그들이 하모르와 스켐과 그 성읍 주민들을 공격한 일 때문에 히위인
들이 와서 형들을 공격하지 않을까 걱정이다.** 자, 이제 너를 그들에게 보
내야겠다." 요셉이 말하였다. "그러겠습니다." 14 이스라엘이 그에게 말하
였다. "가서 네 형들이 무사한지, 양 떼는 무사한지 보고 소식을 가지고 돌
아오너라." 그는 헤브론에서 **아브라함에게 전해졌던 은밀한 권고대로** 그
를 보냈다. 곧 **그날 이집트 유배가 시작된다는 것이다. 요셉은 일어나** 스
켐에 이르렀다.

15 **사람 모습을 한 가브리엘이** 들판에서 헤매고 있는 그를 발견하고 물
었다. "무엇을 찾고 있느냐?" 16 요셉이 말하였다. "저는 형들을 찾습니다.
그들이 어디에서 양을 치는지 알려주십시오." 17 그 남자가 말하였다. "그

들은 여기서 떠났다. 내가 (하느님 옥좌의) **휘장 너머에서 들어보니, 이날부
터 이집트 종살이가 시작되었다고 한다. 그리고 히위인들이 그들에 맞서
전열을 갖추고 있다는 예언이 그들에게 알려졌다.** 그러자 그들이 '도탄으
로 가자.'고 말하였다." 요셉은 형들 뒤를 따라가 도탄에서 그들을 찾았다.
18 멀리서 요셉을 발견한 형들은 그가 그들에게 다가오기 전에 그를 죽일
궁리를 하였다. 19 **궁리를 짜낸 형제인 시메온과 레위가** 저마다 형제들에
게 말하였다. "꿈쟁이가 오고 있다. 20 이제 가서 그를 죽이고 구덩이 하나
에 던져 넣자. 그리고 사나운 짐승이 잡아먹었다고 말하자. 그의 꿈 **해석이**
어떻게 될지 봐야겠다."

21 르우벤이 듣고 그들의 손에서 요셉을 구하고자 말하였다. "그를 **죽이
지** 말고 **그의 피로 죄짓지 말자.**" 22 르우벤이 말하였다. "**무고한** 피를 쏟지
말고, 광야의 이 구덩이에 던져만 놓자. 그에게 **살인자들의** 손을 뻗치지 마
라." 그는 그들의 손에서 요셉을 구해내어 아버지에게 보내려는 것이었다.

23 요셉이 형들에게 왔을 때 그들은 요셉의 옷, 그가 걸친 **자수를 놓은**
옷을 벗기고, 24 그를 끌어다 구덩이에 던졌다. 그 구덩이는 비어 있어 물
은 없었으나 **뱀들과 전갈들이 있었다.**

25 그들은 **둘러앉아** 빵을 먹고 있었는데 눈을 들어 보니 **아랍** 상인들이
길앗에서 오고 있었다. 그들은 낙타들에게 고무와 유향과 반일향을 싣고
이집트로 내려가는 중이었다. 26 유다가 형제들에게 말하였다. "우리 동생
을 죽이고 피를 덮는다고 우리에게 무슨 **금전적** 이득이 있겠느냐? 27 가서
아랍인들에게 그를 팔아 넘겨, 우리가 그에게 손을 대어 **그를 죽이지는** 말
자. 그는 우리의 형제요 살붙이다." 형제들이 그의 말을 **받아들였다.**

28 그런데 미디안 사람들인 상인들이 지나가다가 요셉을 구덩이에서 끌
어올려, 요셉을 **아랍인들에게** 은전 스무 **메아에** 팔고는 **그것으로 샌들을
샀다.** 그들이 요셉과 이집트로 갔다.

29 르우벤이 구덩이로 돌아가 보았다. **그들이 요셉을 팔려고 할 때 르우
벤은 그들과 식사하지 않고 산들 사이에 앉아서 단식하고 있었다. 아버지**

의 침상을 어지럽혔기 때문이다. 그는 가서 구덩이로 돌아가 아버지를 위
해 요셉을 데려오려고 했다. 혹시라도 아버지의 호의를 얻을까 해서이다.
그런데 돌아와 보니 구덩이에 요셉이 없었다. 그는 자기 옷을 찢으며 30 형
제들에게 돌아와 말하였다. "아이가 없다. 나는, 나는 어디로 가야 하나? **아**
버지의 얼굴을 어떻게 뵙나?"

31 (형제들은) 요셉의 옷을 가져다 새끼 숫염소를 잡아 그 피에 옷을 적셨
다. **그 피가 사람의 피와 비슷하였기 때문이다.** 32 그들은 **자수를 놓은** 옷을
질파의 아들들과 빌하의 아들들 손에 들리고 가 아버지에게 말하였다. "저
희가 이것을 발견했는데 이것이 아버지의 아들 옷인지 아닌지 확인해 보십
시오." 33 그는 확인해 보고 말하였다. "내 아들의 옷이다. 들짐승이 잡아먹
은 것도 **아니고 사람이 죽인 것도 아니다. 내가 거룩한 영으로 보니, 그 앞**
에 사악한 여자가 서 있었다." 34 야곱은 옷을 찢고 자루를 허리에 묶고는,
오랫동안 자기 아들을 애도하였다. 35 그의 아들들과 **며느리들이** 모두 그
를 위로하였으나, 그는 위로받기를 거절하고 말하였다. "나는 내 아들에게
무덤으로 내려가 애도하리라." 그의 아버지 **이사악조차** 그를 위해 울었다.

36 미디안인들이 이집트에서 파라오의 신하이자 **사형집행대장인** 포티
파르에게 요셉을 팔았다.

유다의 며느리 타마르

38,1 그 당시 유다는 **가난해져** 형제들과 **떨어져** 이름이 히라인 아둘람
사람에게 붙어살았다. 2 유다는 이름이 수아인 **상인의** 딸을 보고 **그를 개**
종시켜 그에게 들었다. 3 그가 임신하여 아들을 낳자, (수아는) 그의 이름을
에르라 불렀다. **그는 장차 아이 없이 죽을 것이기 때문이다.** 4 그가 또 임
신하여 아들을 낳아 그의 이름을 오난이라 불렀다. **그의 아버지가 장차 그**
를 애도하게 될 것이기 때문이다. 5 (수아는) 또 아들을 낳아 그의 이름을 셀
라라 불렀다. **그의 남편이 그를 잊었기 때문이다.** 그가 아들을 낳을 때 유
다는 **파스캇에** 있었다.

6 유다는 맏아들 에르에게 **위대한 셈의 딸을** 아내로 얻어 주었다. 그의 이름은 타마르이다. 7 유다의 맏아들 에르는 주님 **앞에** 악하였다. **그가 모든 땅의 방식대로 아내와 관계하지 않았기 때문이다. 주님의 진노가 그에게 거세져** 주님께서 그를 **죽이셨다.** 8 유다가 오난에게 말하였다. "너는 형수와 한자리에 들고 형수와 혼인하여라. 그래서 형의 **이름으로 된** 후손을 세워주어라." 9 오난은 그 **자손들이** 자신의 **이름으로 불리지 않을** 것을 알고, 형수와 한자리에 들 때 형의 **이름으로 된 자손들을 세워주지** 않으려고 바닥에 **자신의 행위를** 흘렸다. 10 그가 한 짓은 주님 **앞에** 악하여 그의 **날도 잘리게** 되었다. 11 유다가 며느리 타마르에게 말하였다. "내 아들 셀라가 자랄 때까지 네 아버지의 집에서 과부로 살고 있어라." 그는 '그도 형들처럼 죽으면 어쩌나.' 하고 속으로 말하였던 것이다. 타마르는 (그곳을) 떠나 아버지의 집에서 머물렀다.

12 세월이 한참 지나 유다의 아내 수아가 죽었다. 유다는 애도를 하고 나서, 양 떼의 털을 깎으러 아둘람인 친구 히라와 팀나로 올라갔다. 13 타마르는, "네 시아버지가 양 털을 깎으러 팀나로 올라가신다."는 말을 들었다. 14 그는 과부 옷을 벗고 너울로 덮어 가린 뒤, 팀나로 가는 길 곧 **모든 눈들이 보는 길의 교차로에** 앉았다. 셀라가 자랐는데도 자신을 그의 아내로 주지 않은 것을 알았기 때문이다.

15 유다가 그를 보았다. **겉으로 보기에** 그는 창녀와 **비슷하였다. 그가 유다의 집에서는 시무룩한 얼굴로 있어서 유다는 그를 좋아하지 않았었다.** 16 그는 길을 돌려 그에게로 가 말하였다. "이리 오너라. 내가 너와 한자리에 들겠다." 그가 며느리인 것을 모른 것이다. 타마르가 말하였다. "저와 한자리에 드시면 저에게 무엇을 주시겠습니까?" 17 그가 말하였다. "내가 가축 떼에서 새끼 숫염소를 하나 보내겠다." 그 여자가 말하였다. "보내실 때까지 담보를 주십시오." 18 그가 말하였다. "내가 너에게 줄 담보는 무엇이면 되겠느냐?" 그 여자가 말하였다. "어르신의 인장과 **술**, 손에 든 지팡이입니다." 유다는 (그것들을) 그에게 주고 한자리에 들어 타마르는 그의

(아이를) 임신하였다. 19 그 여자는 일어나 떠났다. 그리고 너울을 벗고 과부 옷을 입었다.

20 유다는 친구 아둘람인을 통해 새끼 염소를 보내어, 그 여자 손에서 담보물을 가져오려고 하였으나 그를 찾지 못하였다. 21 그는 그곳 사람들에게 물어 보았다. "**눈들이 보는** 길가에 있던 신전창녀는 어디 있소?" 그들이 말하였다. "이곳에는 신전창녀가 없습니다." 22 그는 유다에게 돌아가 말하였다. "그를 찾지 못하였네. 그곳 사람들도 '이곳에는 신전창녀가 없습니다.' 하고 말하더군." 23 유다가 말하였다. "가지라고 하게. 우리는 웃음거리만 되지 않으면 되네. 나는 새끼 염소를 보냈고 자네는 그를 찾지 못하였으니 어쩌겠나."

24 석 달쯤 되어 **그 여자가 임신한 사실이 알려졌고**, 유다에게 (이런 소식이) 들려왔다. "당신 며느리 타마르가 창녀짓을 하고 임신도 하였다는군." 유다가 말하였다. "**그는 사제의 딸이 아닌가**? 그를 끌어내어 불에 태워라." 25 (타마르는) **불에 태워지러** 끌려나왔다. **그는 세 담보물을 찾았으나 발견하지 못하여, 하늘 높은 곳으로 눈을 들어 말하였다. "주님, 당신 앞에 자비를 간청합니다. 제가 고통을 겪고 있는 이때에 응답해 주시고, 제 눈을 밝히시어 제가 세 증거물들을 찾을 수 있게 하소서. 제가 당신의 이름을 거룩하게 하고, 두라 골짜기의 불가마에 내려갈 거룩한 이 세 명을 제 태에서 당신께 세워 드리겠습니다." 그때 거룩하시고** (찬미받으실) **분께서 미카엘에게 눈짓을 하시자 그가 타마르의 눈을 밝혀 주어 그것들을 찾아내었다. 타마르는 그것들을 가져다 재판관들 발치에 내어놓고 말하였다.** "저는 이 **담보물들을** 지닌 사람의 아이를 임신하였습니다. **그러나 제가 불에 태워진다 해도 그분을 밝힐 수는 없습니다. 세상의 주인께서 그분이 마음속으로 그것들을 알아차리게 하실 테고, 그러면 그분이 이 큰 심판에서 저를 구하실 것입니다." 유다는 그것들을 보고 알아차리고는, 속으로 말하였다. '나에게는 이 세상 곧 지나갈 세상에서 부끄러운 것이, 다음 세상에서 의인인 아버지 앞에서 부끄러운 것보다 더 낫다. 나에게는 이 세상에서 끌 수 있는**

**불에 태워지는 것이, 다음 세상에서 끌 수 없는 불에 태워지는 것보다 더
낫다. 내가 아버지 야곱에게 '아버지의 아들 옷인지 확인해 보십시오.' 하고
말한 대로 그만큼 되돌려 받는 것이니, 나는 법정에서** '이 인장과 술과 지
팡이가 누구의 것인지 확인해 보십시오.'라는 말을 **들어 마땅하다.**' 26 유
다가 확인하고 말하였다. "**타마르는** 무죄이다. 그는 나의 아이를 **임신하였
다.**" **그러자 하늘에서 그분의 목소리가 내려와 말씀하셨다. "이 일은 내 앞
에서 비롯한 일이다." 그들은 둘 다 그 심판에서 구해졌다. 그가 말하였다.**
"내가 그를 내 아들 셀라에게 주지 않아서 **이런 일이 나에게 일어났구나.**"
그리고 그는 더 이상 **침상에서** 그를 알지 못하였다.

27 (타마르는) 출산할 때가 되었고, 태에 쌍둥이를 배고 있었다. 28 그가
출산할 때 **아이가** 손을 내밀자, 산파가 붙잡아 그 손에 붉은 실을 묶으며
말하였다. "이 애가 먼저 나왔구나." 29 그런데 그 **아이는** 손을 들여놓고 아
우가 나왔다. (산파가) 말하였다. "너는 **큰 힘을 지녔구나! 네가 우월하니 너
는 장차 왕국을 소유할 것이다.**" 그래서 (산파는) 그의 이름을 페레츠라 불
렀다. 30 그러고 나서 손에 붉은 실을 묶은 형이 나왔다. (산파는) 그의 이
름을 제라라 불렀다.

사형집행대장의 종이 된 요셉

39,1 요셉은 이집트로 끌려 내려갔다. 파라오의 신하이자 **사형집행대장
인** 이집트 사람 포티파르가, 그를 그곳으로 내려오게 한 **아랍인들** 손에서
보증금을 주고 그를 샀다. **그가 보니 요셉이 잘 생겨서 그와 누우려고 한
것이다. 그런데 바로 그에게 선고가 내려 그의 고환이 마르고 무력해졌다.**
2 주님의 **메므라가** 요셉의 **협력자가** 되시어 그는 다 잘 되는 사람이었다.
그는 이집트인 주인의 집에서 지냈다. 3 주인이 보니, 주님의 **메므라가** 그
의 **협력자가** 되시어 그가 하는 일은 다 주님께서 그의 손으로 잘 되게 하
셨다. 4 요셉은 주인에게 **자비를** 얻어 그를 섬겼다. 주인은 그를 집안 **관리
인으로** 임명하고 자신의 모든 것을 그의 손에 맡겼다. 5 그가 (요셉을) 집안

과 자신의 모든 것의 **관리인으로** 임명한 때부터, 주님께서 요셉의 **공로** 때문에 이집트인 집안을 축복하셨다. 주님의 축복이 그의 집안과 들에 있는 모든 것에 내렸다. 6 그는 자신의 모든 것을 요셉의 손에 맡기고, **자기 아내 곁에 눕는 것** 말고는 아무것도 신경 쓰지 않았다. 요셉은 외모도 수려하고 모습도 빼어났다.

요셉을 유혹하는 포티파르의 아내

7 이런 일이 있고 나서 안주인이 요셉에게 눈독을 들이며 말하였다. "나
와 함께 눕자." 8 그는 **그의 곁에 가까이 가는 것을** 거절하고 안주인에게 말
하였다. "보십시오, 제 주인은 집안일은 **아무것도** 신경 쓰지 않으시고, 자
신의 모든 것을 제 손에 맡기셨습니다. 9 이 집에 저 말고 지도자는 없습니
다. 그분은, 당신이 그분의 아내이시니 당신 말고는 아무것도 저에게 막지
않으셨습니다. 제가 어찌 이토록 큰 악을 저질러 **주님 앞에** 죄를 짓겠습니
까?" 10 그는 날마다 요셉에게 졸라댔으나, (요셉은) 그와 눕자는 안주인의
말을 **받아들이지** 않았다. **다음 세상에서 대 심판의 날에 그와 함께 처벌을
받을까 싶어서다.** 11 어느 날 **계산 장부를 맞춰보러** 집에 들어갔는데 집에
집안 사람들이 아무도 없었다. 12 그런데 그 여자가 그의 옷을 붙잡고 "나
와 함께 눕자."고 하였다. 요셉은 그의 손에 자기 옷을 남겨둔 채 달아나 **거
리로** 나왔다. 13 그 여자는 그가 옷을 자기 손에 남겨 둔 채 거리로 달아난
것을 보았다. 14 그는 **침대에 계란 흰자를 던져놓고** 집안 사람들을 불러 말
하였다. "보아라, **그가 흘린 정액 분비물이다. 너희** 주인이 데려온 히브리
인이 우리를 우습게 보고, 나와 한자리에 들어 함께 누우려 하여, 내가 큰
소리를 질렀다. 15 그는 내가 큰 소리를 지르는 것을 듣고, 자기 옷을 나에
게 남겨 둔 채 달아나 **거리로** 나갔다." 16 그 여자는 주인이 집에 올 때까
지 그의 옷을 그대로 두었다가, 17 이 일들을 그에게 말하였다. "당신이 우
리에게 데려온 히브리인 종이 나를 얕잡아 보고, 나와 한자리에 들었어요.
18 내가 큰 소리를 지르자, 그는 자기 옷을 나한테 남겨 둔 채 **거리로** 달아

났어요." 19 주인은 "당신의 종이 나한테 이와 같은 일들을 했어요." 하고 말하는 아내의 말을 듣고 화가 잔뜩 났다. 20 그러나 요셉의 주인은 **그것이 계란 흰자라는 것을 확인한 사제의 조언을** 받아들여, **그를 죽이지는 않고** 임금의 죄수들을 가두는 곳인 감옥에 보냈다. 요셉은 감옥에서 지냈다.

감옥에 갇힌 요셉

21 주님의 **메므라가** 요셉의 **협력자가** 되시고 그에게 자애를 베푸시어, 감옥 우두머리의 눈에 들어 **자비를** 얻게 하셨다. 22 감옥 우두머리는 감옥의 모든 죄수들을 요셉의 손에 맡기어, 그곳에서 일어나는 모든 것을 **그가 지시하는 대로 하였다**. 23 감옥 우두머리는 **모든 감옥들의 방식대로 요셉을 감독할 필요가 없었다**. 요셉에게서 아무 **잘못도** 보지 못하였기 때문이다. 주님의 **메므라가** 그의 **협력자셨고** 주님께서 그가 하는 일을 다 잘 되게 하셨다.

시종장들의 꿈을 풀이한 요셉

40,1 이런 일이 있은 뒤 이집트 임금의 헌작 시종과 제빵 시종이 죄를 지은 것이 **드러났다**. 그들의 주인인 이집트 임금을 **죽이려고 먹을 것과 마실 것에 독약을 넣으라고 음모를 꾸몄다는 것이다**. 2 파라오는 이 두 대신 헌작 시종과 제빵 시종 때문에 화가 났다. 3 그는 **사형집행대장** 집의 유치장, 곧 요셉이 갇힌 곳인 감옥에 그들을 보냈다. 4 **사형집행대장은** 요셉을 임명하여 그들을 섬기게 하였다. 그들은 유치장에서 얼마 동안 지냈다.

5 감옥에 갇힌 이집트 임금의 헌작 시종과 제빵 시종 둘 다 같은 날 밤에 꿈을 꾸었는데, 저마다 자기 꿈을 (꾸고) **동료의** 꿈을 **풀이하였다**. 6 아침에 요셉이 그들에게 가서 보니 그들은 우울해하였다. 7 그는 자기 주인집의 유치장에 함께 있는 파라오의 신하들에게 물었다. "오늘은 어찌 **이곳에서 지내신 다른 날들보다 안색이** 나쁘십니까?" 8 그들은 그에게 말하였다. "우리가 꿈을 꾸었는데 풀이해 줄 사람이 없네." 요셉이 그들에게 말하였

다. "**꿈** 풀이는 **주님 앞에서** 해야 하지 않겠습니까? 저에게 털어놓으십시오."

9 헌작 시종장이 자신의 꿈을 요셉에게 털어놓으며 말하였다. "내 꿈에서 포도나무가 내 앞에 있었는데, 10 가지가 셋 달린 포도나무였네. 그것은 싹이 돋고 꽃이 피더니 **곧** 열매가 익어 포도송이가 **되었네. 11 나는 그들이** 파라오의 잔을 내 손에 **넘겨줄 때까지 보고 있다가**, 그 포도송이를 따서 파라오의 잔에 짜 넣고, 파라오의 **손에** 그 잔을 올려 드렸다네." 12 요셉이 그에게 말하였다. "이것이 **꿈** 풀이의 **결과입니다. '세 가지'는 세상의 세 성조들, 곧 아브라함과 이사악과 야곱입니다. 그들의 자손들은 장차 이집트에서 진흙과 벽돌과 온갖 노동으로 들판에서 종살이할 것입니다. 그러나 나중에 그들은 세 목자로 말미암아 구원될 것입니다. '나는 그 포도송이를 따서 파라오의 잔에 짜 넣고, 파라오의 손에 그 잔을 올려 드렸다.' 하고 나리가 말씀하셨듯이, 이것은 장차 파라오께서 마지막에 마시게 될 분노의 잔입니다. 헌작 시종장인 나리는 나리가 꾼 좋은 꿈 때문에 좋은 보상을 받을 것입니다. 이것이 나리를 위한 풀이입니다.** '세 가지'는 **당신이 풀려날** 사흘입니다. 13 사흘 **뒤에** 파라오께서 나리를 **기억하시고** 나리가 **영예롭게** 머리를 들고 다시 나리의 **임무에** 돌아가게 하시어, 나리는 헌작 시종으로서 예전의 법규대로 파라오의 손에 잔을 올리게 될 것입니다." 14 **요셉은 위에 걸었던 기대를 거두고 사람에게 기대를 걸며 헌작 시종장에게 말하였다.** "나리에게 좋은 일이 생겨 혹시 제가 기억나시거든, 제게 **호의를** 베푸시어 파라오 앞에서 저를 기억해 주시고 감옥에서 꺼내 주십시오. 15 저는 히브리인들의 땅에서 강도를 당했을 뿐, 지금도 **감옥에** 갇힐 만한 **나쁜** 일은 아무것도 하지 않았습니다."

16 제빵 시종장은 **동료의 꿈 풀이를 보았는데**, 그가 잘 풀이하는 것을 보고 **화난 말투로 말하기 시작하였다.** 그는 요셉에게 말하였다. "나도 꿈에서 **보니**, **흰** 빵 세 바구니가 내 머리 위에 있었네. 17 제빵 시종이 만든 파라오의 모든 **맛있는** 양식이 그 위의 바구니에 들었는데, 새가 그 머리 위의 바

구니에서 그것들을 먹어버렸다네." 18 요셉이 대답하였다. "이것이 그 풀
이입니다. '**세 바구니'는 장차 이스라엘 집안이 종살이할 세 가지 노예 상
태입니다. 제빵 시종장인 나리는 나리가 꾼 나쁜 꿈 때문에 나쁜 보상을 받
을 것입니다.**" **요셉은 그에게 좋은 것을 풀이해 주며 말하였다.** "이것이 나
리를 **위한** 풀이입니다. '세 바구니'는 나리가 **죽게 될** 사흘입니다. 19 사흘
이 지나면 파라오께서 나리의 머리를 **잘라 십자가**에 매달 것입니다. 그러
면 새들이 나리의 살을 먹을 것입니다."

20 사흘째 날 그날은 파라오의 생일이어서 그는 모든 신하들에게 잔치
를 베풀었다. 그는 신하들 가운데에서 헌작 시종장과 제빵 시종장을 **기억
하였다.** 21 헌작 시종장은 그가 (파라오를 죽이라고) **음모를 꾸미지 않았다는
것이 밝혀져** 다시 돌아와 파라오의 **손에** 잔을 올려 드렸고, 22 제빵 시종장
은 그가 (파라오를) **죽이라고 음모를 꾸며 십자가에 매달렸다.** 요셉이 그들
에게 풀이한 대로다. 23 **요셉은 위에서 오는 자애를 포기하고 일시적인 살**
(사람)**인 헌작 시종장에게 기대를 걸었으나**, 헌작 시종장은 요셉을 기억하
지 못하고, **그가 주님 앞에서 구원될 마지막에 이를 때까지** 그를 잊었다.

파라오의 꿈

41,1 이 년의 세월이 지나고 **주님의 메므라 앞에서 요셉이 기억되었다.**
파라오가 꿈을 꾸었다. 그는 **강에** 서 있었는데, 2 튼실하고 살져 보이는 **소**
일곱 마리가 **강에서** 올라와 풀을 뜯고 있었다. 3 추하고 부실해 보이는 다
른 **소** 일곱 마리도 [뒤따라] **강에서** 올라와 **강** 가에 있는 **소들** 앞에 섰다.
4 추하고 부실해 보이는 **소들이** 튼실하고 살져 보이는 **소** 일곱 마리를 잡
아먹었다. 그러고는 파라오가 **잠에서** 깨어났다.

5 그는 다시 잠들어 두 번째 꿈을 꾸었다. 갈대 하나에서 기름지고 튼실
한 이삭 일곱 개가 열렸다. 6 **마르고** 동풍에 시든 이삭 일곱 개도 뒤따라 열
렸다. 7 **마른** 이삭이 튼실하고 꽉 찬 이삭 일곱 개를 삼켜버렸다. 파라오가
깨어나 보니 꿈이었다.

8 아침이 되자 그는 마음이 복잡하여 사람을 보내, 이집트의 모든 마술
사들과 모든 현인들을 불러 모았다. 파라오는 그들에게 꿈을 털어놓았으나
아무도 풀이를 **할 수 없었다. 이** (일이) **주님 앞에서 일어났다. 요셉이 감옥**
에서 나올 때가 다 되었기 때문이다. 9 헌작 시종장이 파라오 **앞에** 아뢰었
다. "오늘에야 제 실수가 떠올랐습니다. 10 파라오께서는 신하들에게 진노
하시어 저와 제빵 시종장을 **사형집행대장** 집의 유치장에 보내셨습니다. **이**
(일이) **주님 앞에서 전해졌습니다.** 11 저와 그는 같은 날 밤에 꿈을 꾸었고
저마다 **동료의** 꿈을 풀이하였습니다. 12 그곳에 **사형집행대장의** 종인 히
브리인이 있었는데, 저희가 그에게 털어놓자 그가 저희의 꿈을 풀이하였습
니다. 각자의 꿈대로 풀이하였고, 13 그가 풀이한 대로 이루어져, 저는 **그**
의 말대로 제 **일상** 임무에 돌아왔고 (제빵 시종장은) 십자가에 달렸습니다."

파라오의 꿈을 풀이한 요셉

14 파라오가 사람을 보내어 요셉을 불렀다. 그들은 서둘러 그를 **감옥에**
서 꺼내주어, 그는 면도하고 옷을 바꿔 입고 파라오에게 갔다. 15 파라오
가 요셉에게 말하였다. "내가 꿈을 꾸었는데 풀이할 사람이 없다. 나는 네
가 꿈을 듣고 풀이한다고 들었다." 16 요셉이 파라오에게 대답하였다. "저
는 아닙니다. **꿈을 풀이할 사람은 없습니다. 그러나 주님 앞에서** 파라오의
안녕은 **회복될 것입니다.**" 17 파라오가 요셉에게 말하였다. "꿈에서 내가
강 가에 서 있는 것을 **보았다.** 18 살지고 튼실해 보이는 **소** 일곱 마리가 **강**
에서 올라와 풀을 뜯었다. 19 홀쭉하고 매우 추하며 부실해 보이는 다른 **소**
일곱 마리가 뒤따라 올라왔다. 나는 이집트 온 땅에서 그것들처럼 추한 것
은 본 적이 없다. 20 홀쭉하고 추한 **소들이** 먼저 온 살진 **소들을** 잡아먹었
다. 21 그것들이 배 속으로 들어갔는데도 배 속으로 들어갔는지 모르게 예
전처럼 추해 보였다. 그러고는 내가 깨어났다. 22 또 꿈에서 보니 갈대 하
나에서 꽉 차고 튼실한 이삭 일곱 개가 열렸다. 23 시들과 **마르며** 부실하
며 동풍에 시든 이삭 일곱 개가 뒤따라 열렸다. 24 그러더니 **마른** 이삭들이

튼실한 이삭들을 삼켜버렸다. 나는 마술사들에게 말하였으나 아무도 나에게 보여 주지 못했다."

25 요셉이 파라오에게 말하였다. "파라오의 꿈은 하나입니다. **주님께서** 장차 하실 것을 파라오에게 보여 주신 것입니다. 26 튼실한 **소** 일곱 마리는 일곱 해를 **알려주고**, 튼실한 이삭 일곱 개도 일곱 해를 **알려줍니다**. 곧 꿈은 하나입니다. 27 뒤따라 올라온 홀쭉한 **소** 일곱 마리도 **다른** 일곱 해를 **알려주고**, 동풍에 시든 **마른** 이삭 일곱 개도 그렇게 **알려줍니다**. 곧 기근이 들 일곱 해입니다. 28 **주님께서** 장차 하실 일을 파라오에게 보여 주신 것이라고 제가 파라오께 말씀드린 바로 그 일입니다. 29 다가올 일곱 해에는 이집트 온 땅에 큰 풍년이 들 것입니다. 30 그러나 그다음 일곱 해에는 기근이 듭니다. 이집트 땅에 풍년이 든 것은 다 잊히고 기근이 땅의 **주민들을** 쓸어버릴 것입니다. 31 그다음에 **있을** 기근으로 땅에 풍년이 들었다는 것을 알지 못하게 되는데, 너무 심각해서입니다. 32 그 꿈이 파라오께 두 번이나 반복된 것은, 그만큼 그 일이 **주님 앞에서** 확실하고 **주님께서** 서둘러 실행하신다는 뜻입니다.

33 이제 파라오께서는 유능하고 현명한 사람을 물색하여 그를 이집트 땅 위에 **임명하십시오**. 34 파라오께서는 일을 하시되 관리들을 나라에 임명하시어, 풍년이 들 일곱 해 동안 이집트 땅의 **모든 곡식에서** 오분의 일을 **거둬들이게** 하십시오. 35 다가올 풍년의 모든 **곡식을** 모아 파라오의 **관리들의** 손 아래 **곡식을** 저장하시고, 성읍에 **곡식을 두고** 보관하십시오. 36 이는 이집트 땅에 있을 기근의 일곱 해 동안 **양식으로** 땅의 **동굴에 숨겨 둘 곡식입니다**. 그래야 기근으로 땅의 **백성들이** 쓸려가지 않을 것입니다."

섭정관이 된 요셉

37 이 일이 파라오와 모든 신하들 보기에 괜찮았다. 38 파라오는 신하들에게 말하였다. "우리가 이 사람처럼 **주님 앞에서 예언의** 영을 지닌 이를 찾을 수 있겠는가?" 39 파라오가 요셉에게 말하였다. "주님께서 이 모든 것

을 그대에게 알려주신 이래로 그대만큼 유능하고 현명한 이는 없네. 40 그대는 내 집안의 **관리자가** 되었으니, 그대의 **입에서** (나온) 말의 **결정이** 나의 온 백성을 **먹여 살릴 것이네.** 이 **왕국의** 어좌에서만 내가 그대보다 위대하네." 41 파라오가 요셉에게 말하였다. "내가 그대를 이집트 온 땅 위에 **지배자로 임명하는** 것을 보게." 42 파라오는 자기 손에서 인장 반지를 빼 요셉의 손에 끼워주고, 아마 옷을 입히고 그의 목에 금 목걸이를 걸어 주었다. 43 그리고 그를 자신의 두 번째 병거에 태우자 그들이 그 **앞에서 칭송하였다.** "**이 사람은 나이는 어리지만 지혜가 많은 임금의 아버지다.**" 그는 그를 이집트 온 땅 위에 **임명하였다.** 44 파라오가 요셉에게 말하였다. "나는 파라오 **임금이고 그대는 섭정관이네.** 그대의 **말** 없이는 이집트 온 땅에서 누구도 **무기를 들려고,** 손을 올리거나 **말을 타려고** 발을 올려서는 안 되네." 45 파라오는 요셉의 이름을 '**숨겨진 일을 드러내는 사람**'이라고 부르고, **디나가 스켐에게 낳아 주었으며 타니스의 지도자** 포티 페라의 **아내가 키운** 아스낫을 아내로 주었다. 요셉은 **통치자로서** 이집트 온 땅에 나섰다.

46 요셉이 이집트 임금 파라오 앞에 섰을 때 서른 살이었다. 요셉은 파라오 앞에서 나와 **지도자요 통치자로서** 이집트 온 땅을 다녔다.

47 풍년이 든 일곱 해 동안 땅은 **비옥하여 곡식들마다 두 배로** 풍성해져, **온 창고가 가득할 정도였다.** 48 그는 **풍년이** 든 일곱 해 동안 이집트 땅에서 거둔 모든 **곡식을** 모아 그 **곡식을** 성읍들에 두었다. 성읍 주변의 밭에서 난 **곡식도** 그 속에 **모아두었다.** [49 …]

아스낫이 낳은 요셉의 아들들

50 흉년이 들기 전에 요셉에게 두 아들이 태어났다. **타니스의 지도자** 포티 페라의 **집에서 자란** 아스낫이 그에게 낳아 준 것이다. 51 요셉은 맏아들의 이름을 므나쎄라 불렀다. "**주님께서** 나의 고생과 아버지의 집을 모두 잊게 하셨다."고 **말하였기** 때문이다. 52 둘째의 이름은 에프라임이라 불렀다. "**주님께서** 내 고통의 땅에서 나를 **강하게** 하시고, **마찬가지로 장차 여기서**

고난을 겪을 아버지의 집안을 강하게 하실 것이다."고 **말하였기** 때문이다.

기근이 든 일곱 해

53 이집트 땅에 풍년이 든 일곱 해가 끝났다. 54 요셉이 말한 대로 기근
의 일곱 해가 닥치기 시작하였다. 온 땅에 기근이 들었는데 이집트 온 땅에
는 빵이 있었다. 55 이집트 온 땅에 기근이 들어 **씨앗을 내지 못하자** 파라
오 **앞에서** 빵을 달라고 백성들이 소리쳤다. 파라오가 이집트인들 모두에게
말하였다. "요셉에게 가라. 그가 너희에게 말하는 대로 하여라." 56 기근이
온 땅 위에 들자 요셉은 **곡식이 든** 모든 **창고를** 열어 **이집트인들에게** 팔았
다. 이집트 땅에 기근이 심하였기 때문이다. 57 땅의 **주민들** 모두 이집트
로 가 요셉에게 **곡식을** 사고자 하였다. 온 땅에 기근이 심하였기 때문이다.

곡식을 사러 이집트로 간 요셉의 형들

42,1 야곱은 이집트에서 **곡물들을 사서** 곡식을 **가져올** 수 있다는 것을
알았다. 야곱이 아들들에게 말하였다. "너희는 어찌 **이집트에 내려가는 것
을 두려워하느냐**?" 2 그가 말하였다. "이집트에서는 곡식을 **살** 수 있다고
들었다. 그리로 내려가 우리를 위해 사오너라. 우리도 살자. (이대로) 죽을
수는 없다." 3 요셉의 형들 열 명이 이집트에 곡식을 사러 내려갔다. 4 야
곱은 요셉의 아우 벤야민을 형들과 보내지 않았다. "그는 **어린데 죽음이** 닥
치지나 않을까 **두렵다**." 하고 말하였던 것이다. 5 이스라엘의 아들들은 **저
마다 다른 문으로** 갔다. 가나안 땅에 기근이 들어 **곡식을 사러 가는 가나안
인들 틈에서** 그들이 곡식을 사려고 **함께 들어갈 때, 악한 눈이 그들을 지배
하지 않게 하려는 것이다.**

형들을 알아본 요셉

6 요셉은 그 나라의 통치자였다. **그는 형들이** (곡식을) **사러 오는 것을 알
았다. 그는 성문에 보초들을 임명하여 그날 들어오는 이의 이름과 아버지**

의 이름을 적게 하였던 것이다. 그는 그 나라의 모든 백성에게 곡식을 파
는 이였다. **요셉의 형들은 들어와 거리와 광장과 여인숙들을 확인해 보았
으나, 그를 찾지 못하였다.** 그들은 **그의 집에** 들어와 그에게 땅에 엎드려
절하였다. 7 요셉은 형들을 보고 그들인 것을 알아챘으나, **그들이 보는 데
서는** 낯선 이처럼 **행동하고** 그들에게 가혹하게 말하였다. "어디에서 왔느
냐?" 그들이 말하였다. "가나안 땅에서 곡식을 사러 왔습니다." 8 요셉은 형
들을 알아봤다. **그들과 헤어질 때 그들에게는 수염 표시가 있었기 때문이
다. 그러나 그때 요셉에게는 수염 표시가 없었고 지금은 있어**, 형들이 그를
알아보지 못하였다. 9 요셉은 그들에 관해 꾸었던 꿈을 기억하고 그들에게
말하였다. "너희는 첩자들이다. 이 땅의 **수치스러운** 치부를 살피러 왔다."
10 그들이 그에게 말하였다. "나리, 아닙니다. 당신의 종들은 **곡식을** 사러
왔습니다. 11 저희 모두는 한 사람의 아들들입니다. 저희를 **믿으셔도 됩니
다.** 당신의 종들은 첩자들이 아닙니다." 12 그가 그들에게 말하였다. "아니
다. 너희는 이 땅의 **수치스러운** 치부를 살피러 온 것이 분명하다." 13 그들
이 말하였다. "당신의 종들은 열두 형제입니다. 저희는 가나안 땅에 사는
한 사람의 아들들입니다. 어린 아우는 오늘 아버지와 있고 다른 아우는 **저
희를 떠나 끝내 그에게 무슨 일이 생겼는지 저희도 모릅니다.**" 14 요셉이
그들에게 말하였다. "내가 너희에게 말한 대로 너희는 첩자들이다. 15 이런
방식으로 너희를 시험해 보겠다. 파라오를 걸고 맹세하건대, 너희가 여기
서 나가려면 오직 어린 아우를 데려오는 것뿐이다. 16 너희 가운데 하나를
보내어 아우를 데려오게 하고, 너희는 갇혀 있어라. 너희가 진실한지 너희
말들을 시험해 보겠다. 그렇지 않으면 파라오를 걸고 맹세하건대 너희는
첩자들이다." 17 그는 그들을 사흘 동안 유치장에 모아두었다.

18 사흘째 날 요셉이 그들에게 말하였다. "너희는 이렇게 하여라. 그래
야 산다. 나는 **주님 앞에서** 경외하는 이다. 19 너희를 **믿어도 된다면** 너희
형제 가운데 하나를 유치장에 묶어 두고, 너희는 **굶주리는** 너희 집안을 위
해 **사려고 한** 곡식을 가지고 떠나라. 20 너희의 어린 아우가 나에게 오면

너희의 말을 믿어 줄뿐더러 너희는 죽지 않을 것이다." 그들은 그렇게 하기로 하였다. 21 그들이 형제들끼리 서로 말하였다. "우리가 **정말로** 아우 때문에 죗값을 받나보다. 그가 고통스러워하며 우리한테 자비를 간청하는 것을 보고도 **받아들이지** 않아서, 우리에게 이런 고통이 닥치게 된 것이다."
22 르우벤이 그들에게 대답하였다. "내가 너희에게 '아이한테 죄 짓지 마라.'고 말하지 않았느냐? 내 말을 **받아들이지** 않더니만, 그의 피까지 **우리에게** 책임을 묻는구나." 23 그들은 그들 사이에 **므나쎄가** 통역으로 있어서 요셉이 **성전의 언어를** 알아듣는 줄 몰랐다. 24 요셉은 그들이 있는 데서 나와 울다가, 다시 가 그들에게 말하였다. 그들 가운데 **그를 죽이자고 부추긴** 시메온을 끌어다 그들 **앞에서** 묶었다.

집에 돌아온 형들

25 그들의 그릇에 곡식을 채우고 저마다 돈을 자루에 담아 돌려주며 여행 양식을 주도록 요셉이 지시하자, 그렇게 되었다. 26 그들은 나귀들에 곡식들을 싣고 거기서 떠났다. 27 **동기 시메온 없이 혼자 남아 있던 레위가** 여인숙에서 나귀에게 짚을 주려고 자루를 열었다가 꾸러미 주둥이 쪽에 자기 돈이 있는 것을 보았다. 28 그는 형제들에게 말하였다. "내 돈이 돌아와 내 자루에 들어 있다." 그들은 **영문을 몰라** 놀라서 서로 형제들에게 말하였다. "**주님께서** 우리에게 이런 일을 하시다니, 대체 무슨 일인가? **우리의 죄 때문이 아닐까?**"

29 그들은 가나안 땅에 계신 아버지 야곱에게 가서 그들에게 일어난 모든 것을 그에게 말씀드렸다. 30 "그 나라의 지도자라는 사람이 우리에게 가혹한 **말로** 말하면서, 우리를 그 나라의 첩자처럼 **멸시하였습니다**. 31 그래서 저희가 말하였습니다. '저희를 **믿으셔도 됩니다**. 저희는 첩자가 아닙니다. 32 저희는 열두 형제로 한 아버지의 아들들인데, 하나는 **끝내 그에게 무슨 일이 생겼는지 모르고**, 어린 아우는 오늘 가나안 땅에 아버지와 함께 있습니다.' 33 그 나라의 지도자라는 사람이 저희에게 말하였습니다.

'이로써 너희를 **믿어도 되는지** 내가 알 것이니, 너희 형제 하나를 나한테 두고 너희 집안에 **필요한** 곡식을 가지고 떠나라. 34 그리고 어린 너희 아우를 데려와야, 너희가 첩자가 아니고 너희를 **믿어도 된다는** 것을 내가 알게 될 것이다. 그러면 너희 형제를 너희에게 돌려주고 너희는 이 땅에서 **장사를 할 수 있게 된다**.'"

35 그들이 자기들 자루를 비우자 자루에 돈 주머니가 들어 있었다. 그들과 그들의 아버지는 이 돈 주머니들을 보고 두려워하였다. 36 그들의 아버지 야곱이 그들에게 말하였다. "너희가 나를 무자식으로 만들 셈이구나. 요셉은 **사나운 짐승이 잡아먹었다 하고**, 시메온은 **그 땅의 임금이 묶어 두었다 하더니**, 벤야민마저 데려가고 **싶어 하는구나**. 나한테 이런 **시련이** 한꺼번에 일어나다니." 37 르우벤이 아버지에게 말하였다. "제가 그를 아버지께 데려오지 못하면 제 아들 둘을 **파문하여** 죽이십시오. 그러니 그를 제 손에 맡기십시오. 제가 그를 아버지께 돌아오게 하겠습니다." 38 야곱이 말하였다. "내 아들을 너희와 내려 보낼 수 없다. 형도 죽고 **그의 어머니에게서는** 그 아이 혼자 남았는데, 너희가 가는 길에 그에게 **죽음이라도** 닥치면 너희는 슬퍼하며 나의 백발을 **무덤으로** 내려가게 할 것이다."

벤야민을 데리고 이집트로 간 형들

43,1 그 땅에 기근이 심하였다. 2 그들이 이집트에서 가져온 곡식을 다 먹고 나자, 그들의 아버지가 그들에게 말하였다. "돌아가서 우리를 위해 **곡식을** 좀 사오너라." 3 유다가 그에게 말하였다. "그 사람이 우리에게 분명히 경고했습니다. '**어린** 너희 아우와 함께 오지 않는다면 내 얼굴을 보지 못할 것이다.' 4 아버지께서 아우를 저희와 함께 보내셔야 저희가 아버지를 위하여 **곡식을** 사올 수 있습니다. 5 그러나 아버지께서 보내 주시지 않으면 저희는 내려가지 못합니다. 그 사람이 우리에게 말하였기 때문입니다. '너희 아우와 함께 오지 않는다면 내 얼굴을 보지 못할 것이다.'" 6 이스라엘이 말하였다. "어쩌자고 아우가 더 있다고 알려 나한테 이 걱정을 시키느냐?"

7 그들이 말하였다. "그 사람이 저희와 가족관계에 대해 자세히 물었습니
다. '너희 아버지는 아직 살아 계시냐? 너희에게 형제가 있느냐?' 그래서 저
희가 그에게 이 일들을 알렸습니다. 그가 설마 '너희 아우를 데려와라.' 하
고 말할 줄 저희가 알았겠습니까?" 8 유다가 아버지 이스라엘에게 말하였
다. "그 아이를 저희와 보내십시오. 저희가 일어나 떠나야, 저희도 아버지
도 저희의 아이들도 살 수 있고 죽지 않습니다. 9 제가 그의 보증인이 되겠
으니, 저한테 (책임을) 물으십시오. 제가 그를 당신께 데려와 당신 앞에 세
우지 못하면, 저는 평생 당신 **앞에** 죄인이 되겠습니다. 10 저희가 주저하지
않았다면 두 번은 돌아왔을 것입니다."

11 그들의 아버지 이스라엘이 그들에게 말하였다. "그래야 한다면 이렇
게 하여라. 이 땅에서 **자랑할 만한** 것을 너희 그릇에 (담아) 가지고 내려가
그 사람에게 예물로 드려라. 유향 조금, 꿀 조금, 고무와 반일향, 향과 **기름
과** 편도 **기름을** 가져가라. 12 돈은 두 배로 가져가고, 꾸러미 입구에 돌아
온 돈도 돌려주어라. 아마도 실수였을 것이다. 13 너희 아우도 데리고 일어
나 그 사람에게 돌아가라. 14 엘 샷다이께서 그 사람 앞에서 너희에게 자
비를 베푸시어, 다른 너희 형제와 벤야민을 풀어주실 것이다. 내가 **요셉을**
잃었다면 **시메온과 벤야민도** 잃게 되리라는 것을, **이미 거룩한 영으로 소
식을 들었다.**"

다시 만난 요셉과 형제들

15 그 사람들은 이 예물들을 가져가고 **저마다** 두 배의 돈을 손에 들었
다. 그들은 벤야민을 데리고 일어나 이집트로 내려가서 요셉 앞에 섰다.
16 요셉은 벤야민이 그들과 함께 있는 것을 보고 그가 자기 집안의 **관리인
으로 임명한 므나쎄에게** 말하였다. "이 사람들을 집으로 데려가 **도축장을
열어 놓고 엉덩이 힘줄을 제거하여, 그들 앞에서 음식을** 준비하여라. 그래
야 그들이 점심 **식사 때에** 나와 함께 먹을 것이다." 17 그 사람은 요셉이 말
한 대로 하여, 그 사람들을 요셉의 집으로 데려갔다. 18 그 사람들은 자신

들을 요셉의 집으로 데려가는 것이 두려워 서로 말하였다. "예전에 우리 꾸러미에 돌아온 돈 때문에 우리를 데려가나 보다. 우리를 **쓰러뜨리고** 우리를 **재판에 넘겨** 종으로 **사고는** 나귀들을 끌고 가겠지." 19 그들은 요셉 집안의 **관리인으로 임명된** 사람에게 다가가 그 집 어귀에서 그에게 말하였다. 20 그들이 말하였다. "나리, 예전에도 저희는 **곡식을** 사러 내려왔었습니다. 21 저희가 여인숙에 돌아와 꾸러미를 열어 보니, 꾸러미 주둥이마다 돈이 있었고 가져간 돈 그대로였습니다. 그래서 다시 그것을 가져왔습니다. 22 **곡식을** 살 돈은 따로 가져왔습니다. 누가 꾸러미에 돈을 넣었는지는 저희도 모르겠습니다." 23 그가 말하였다. "**제 주인께서** (전하는) 평화를 빕니다. 두려워하지 마십시오. 여러분의 하느님이자 여러분 아버지의 하느님께서 여러분 꾸러미에 보물들을 넣어 주셨나 봅니다. 저는 여러분의 돈을 받았습니다." 그러고는 시메온을 그들에게 데려왔다. 24 그는 그들을 요셉의 집으로 데려가 발 씻을 물을 주고 나귀들에게는 여물을 주었다. 25 형제들은 요셉이 점심 **식사에** 올 때까지 예물들을 준비하였다. 거기서 음식을 **들** 것이라는 것을 **그에게** 들었기 때문이다.

26 요셉이 집에 오자 그들은 집에서 가져온 예물들을 그에게 바치고 땅에 대고 절하였다. 27 요셉은 그들에게 안부를 묻고 말하였다. "너희가 **나에게** 말한 연로하신 너희 아버지는 안녕하시냐? 지금도 살아 계시냐?" 28 그들이 말하였다. "당신의 종인 저희 아버지는 안녕하시고 지금도 살아 계십니다." 그리고 그들은 무릎을 꿇고 절하였다. 29 요셉은 눈을 들어 자기 어머니의 아들이자 아우인 벤야민을 보고 말하였다. "너희가 나에게 말한 어린 너희 아우가 이 아이냐?" 그리고 말하였다. "얘야, **주님 앞에서** 너에게 **자비가** 있으리라." 30 요셉은 급히 **침실** 방으로 들어가 울었다. 아우에 대한 감정이 복받쳐 울고 싶어졌기 때문이다. 31 그는 얼굴에서 **눈물을** 씻고 나와 마음을 가다듬고는 말하였다. "음식을 내와라." 32 그들은 요셉 따로, 형제들 따로 상을 차리고, 그와 식사하는 이집트인들에게도 따로 상을 차려 내왔다. 이집트인들은 **유다인들과** 함께 식사하는 것을 **허용하지**

않았다. **이집트인들이 경외하는 짐승을 유다인들이 먹기** 때문이다. 33 그
들은 그 앞에 **둘러앉았다.** 형들은 형들의 **서열대로,** 아우들은 아우들의 **서**
열대로였다. 그는 은잔을 손에 들고 점쟁이처럼 잔을 부딪쳤다. 한쪽에는
레아의 아들들 순으로, 다른 쪽에는 질파의 아들들, 또 다른 쪽에는 빌하
의 아들들, 자기 쪽에는 라헬의 아들 벤야민 순으로 앉혔다. 그들은 저마다
서로 놀랐다. 34 (요셉은) **자기 식탁 위에서** 몫을 나누어, **그것들을** 자기 앞
에서 **그들 앞으로 보냈다.** 벤야민의 몫이 모두의 몫보다 다섯 몫이 더 많았
다. **한 몫은** (벤야민) **자신의 몫이고 다른 몫은 요셉의 것이며 또 한 몫은 그**
의 아내의 것이요, 두 몫들은 두 아들의 것이었다. 그들은 그와 마시고 취
하였다. **그들은 그와 떨어진 날부터 포도주를 마시지 않았다. 그도 그들도**
그날까지 (마시지) **않았던 것이다.**

요셉의 은잔

44,1 요셉은 자기 집안의 **관리인으로 임명한 므나쎄에게** 명령하였다.
"히브리 사람들의 꾸러미에 **곡식을** 옮길 수 있을 만큼 가득 채워라. 꾸러미
입구에 저마다 돈을 넣어라. 2 어린 아우의 꾸러미 주둥이에는 은잔과 그
의 (곡식) 살 돈을 넣어라." 그는 요셉이 말한 대로 하였다. 3 아침 동이 트
자 그 사람들은 나귀들과 길을 떠났다. 4 그들이 성읍에서 나와 멀리 가지
않았을 때 요셉은 자기 집안의 **관리인으로 임명한 므나쎄에게** 말하였다.
"일어나 그 사람들의 뒤를 쫓아가 따라붙어 그들에게 말하여라. '너희는 어
찌하여 선을 악으로 갚느냐? 5 이 (은잔은) 나의 주인이 마실 때와 점칠 때
쓰시는 것이다. 너희가 저지른 짓은 악하다.'"

6 그는 형제들을 따라붙어 그들에게 이 **모든** 말들을 하였다. 7 그들이
그에게 말하였다. "나리, 어찌 그런 말씀을 하십니까? 그런 일을 당신 종
들이 저지르다니요, 당치 않습니다. 8 꾸러미 주둥이에서 찾은 돈도 가나
안 땅에서 가져와 당신께 돌려 드렸는데, 어떻게 저희가 당신 나리의 집에
서 은 **그릇이든** 금 **그릇이든** 훔쳐가겠습니까? 9 당신 종에게서 그것을 찾

게 되면 그를 **사형하시고**, 저희도 나리의 종이 되겠습니다." 10 그가 말하
였다. "좋다. 너희의 말대로 하자. 그것이 발견된 이는 나의 종이 되고 너
희는 무죄다." 11 그들은 저마다 서둘러 자기 꾸러미들을 땅에 내려 꾸러
미를 열었다. 12 그가 **르우벤의** 것에서 시작하여 **벤야민의** 것까지 다 뒤지
고 나니 벤야민의 꾸러미에서 잔이 나왔다. 13 그들은 자기 옷들을 찢었다.
그런데 그들에게 **강한 힘이** 생겨 그들은 저마다 나귀에 짐을 실은 뒤 성읍
으로 돌아왔다.

14 유다와 형제들이 요셉의 집에 이르렀다. 그때까지 그가 거기에 있
어 그들은 그 앞에서 땅에 엎드렸다. 15 요셉이 그들에게 말하였다. "대체
너희는 무슨 짓을 한 것이냐? 나 같은 사람은 꼭 점을 친다는 것을 모르느
냐?" 16 유다가 말하였다. "저희가 나리께 **처음 돈에 대하여** 무슨 말을 하
고, **다음 돈을 두고** 무슨 변명을 하며, **잔에 대해서는** 무슨 수로 무죄라 하
겠습니까? **주님 앞에서** 당신 종들의 죄가 밝혀졌으니, 저희는 나리의 종들
입니다. 저희도, 잔이 발견된 이도 그렇습니다." 17 요셉이 말하였다. "그
러지 않아도 된다. 잔이 발견된 사람이 나의 종이 되고 너희는 너희 아버
지께 무사히 올라가라."

벤야민 대신 종이 되겠다고 나선 유다

18 유다가 그에게 다가가 말하였다. "나리, 부디 당신의 종이 나리 **듣는
데서** 아뢰게 해 주시고, 당신의 종에게 크게 분노하시지 않기를 바랍니다.
**당신께서는 저희가 당신께 온 시각부터 저희에게 '나는 주님 앞에서 경외한
다.'고 말씀하셨습니다**. 그런데 **이제** 당신의 **심판은** 파라오의 **심판과 비슷
하게 바뀌셨습니다**. 19 나리께서 당신의 종에게 물으셨습니다. '너희에게
아버지나 형제가 있느냐?' 20 저희가 나리께 아뢰었습니다. '연로하신 아버
지가 계시고 그분이 늘그막에 얻은 어린 아들이 있습니다. 그의 형은 죽고
그의 어머니한테서는 그 혼자 남아, **그래서** 아버지께서 그를 아끼십니다.'
21 당신께서 당신의 종에게 말씀하셨습니다. '그 아우를 나에게 데려와라.

내 눈으로 그를 **제대로** 봐야겠다.' 22 저희는 나리께 아뢰었습니다. '이 아이는 아버지를 떠날 수 없습니다. 그가 아버지를 떠나면 (아버지는) 죽습니다.' 23 그러나 나리께서는 당신의 종에게 말씀하셨습니다. '어린 너희 아우를 데려오지 않으면 다시는 내 **얼굴을** 보지 못할 것이다.' 24 저희는 당신의 종인 아버지에게 올라가 나리의 말씀을 알려 드렸습니다. 25 저희 아버지는 말씀하셨습니다. '우리를 위해 다시 **곡식을** 조금 사오너라.' 26 저희가 말하였습니다. '저희는 내려갈 수 없습니다. 어린 아우가 저희와 함께라야 내려갑니다. 어린 아우가 저희와 함께하지 않으면 그분의 **얼굴을** 볼 수 없기 때문입니다.' 27 당신의 종인 아버지가 저희에게 말하였습니다. '너희는 내 아내가 나에게 둘을 낳아 주었다는 것을 안다. 28 하나는 나한테서 떠났다. 나는 그가 분명히 **죽임을 당했다고** 말하였고 지금까지 그를 보지 못하였다. 29 너희가 이 아이도 내 **앞에서** 데려가 그에게 **죽음이** 닥치면, 너희는 슬퍼하며 나의 백발을 **무덤으로** 내려가게 할 것이다.' [30 … 31 …] 32 당신의 종은 아버지에게 이 아이를 보증하기로 하고 이렇게 말하였습니다. '제가 당신께 데려오지 않으면 저는 평생 아버지 **앞에** 죄인이 되겠습니다.' 33 그러니 이제 당신의 종이 아이 대신 나리의 종으로 여기에 머무르고, 아이는 형들과 올라가게 해 주십시오. 34 어떻게 제가 아이 없이 아버지의 집에 올라가겠습니까? 아버지를 **찌를** 그 고난을 저는 보지 못하겠습니다."

형들에게 정체를 드러낸 요셉

45,1 요셉은 사람들이 다 **앞에** 서 있어서 **울지 않으려고 했으나** 억제할 수가 없어서 **말하였다**. "다들 내 **앞에서** 내 보내라." 그래서 요셉이 형제들에게 고백할 때 그의 곁에는 아무도 서 있지 않았다. 2 그가 소리 **높여** 울어 이집트인들이 들었고 파라오의 집안 **사람도** 들었다.

3 요셉이 형들에게 말하였다. "나는 요셉입니다. 아버지는 아직 살아 계십니까?" 그의 형들은 그에게 **한 마디도** 대답할 수 없었다. 그들은 그 앞에서 겁을 먹었기 때문이다. 4 요셉은 형들에게 말하였다. "나에게 가까이 와

서 **나의 할례한 곳을 보십시오.**" 그들이 다가가자 그가 말하였다. "내가 형님들이 이집트로 팔아넘긴 요셉입니다. 5 이제는 나를 이곳으로 팔아넘긴 일로 **괴로워하지** 마시고 자신을 **자책하지** 마십시오. **주님께서 형님들을** 살게 하시려고 나를 형님들에 앞서 보내신 것입니다. 6 이 땅에는 두 해 동안 기근이 들었고, 다섯 해 더 **씨를 뿌리지도** 거두지도 못합니다. 7 **주님께서는** 형님들을 이 땅에서 살아남게 하시려고 나를 형님들에 앞서 보내셨고, 많은 이들을 구하시고자 형님들을 살게 하신 것입니다. 8 형님들이 나를 이곳에 보낸 것이 아닙니다. **그 일은 주님 앞에서 비롯되었습니다.** 그분께서는 나를 파라오의 **지도자이자** 그의 집안 모두의 지도자이며 이집트 온 땅의 통치자로 삼으셨습니다. 9 서둘러 아버지께 올라가서 말씀 전하십시오. '아버지의 아들 요셉의 말입니다. **주님께서** 저를 온 **이집트인들의** 지도자로 삼으셨으니 **주저하지** 마시고 저에게 내려오십시오. 10 고센 땅에 머무르시면 아버지와 아들들과 손자들, 양 떼와 소 떼와 당신의 모든 것들이 저와 가까이 있을 것입니다. 11 제가 거기서 아버지께 양식을 대 드리겠습니다. 다섯 해 더 기근이 남았기 때문입니다. 아버지와 아버지의 집안 **사람과** 아버지의 모든 것들이 죽지 않도록 해야 합니다.' 12 형님들과 내 아우 벤야민은 **내가** 여러분에게 **성전의 언어로** 말하는 것을 직접 보고 있습니다. 13 이집트에서 내가 누리는 모든 영광과 보신 것들 모두 아버지께 알려 드리시고, 서둘러 아버지를 모시고 내려오십시오." 14 (요셉은) 아우 벤야민의 **목덜미에 기대어** 울었다. **그는 장차 벤야민의 몫으로 성전이 세워지나 두 번 무너지게 될 것을 보았다.** 벤야민도 **요셉의 목덜미에** (기대어) 울었다. **그는 장차 실로의 성막이 요셉의 몫이 되었다가 무너지게 될 것을 보았다.** 15 (요셉은) 형들 모두와도 입을 맞추고 울었다. **그들이 이민족의 자손들에게 종살이하는 것을 보았다.** 그러고 나서야 형들은 그와 이야기하였다.

파라오의 축하

16 요셉의 형제들이 왔다는 소식이 파라오의 **왕궁에** 들려와, 파라오와

그의 신하들도 **그 일을** 좋아하였다. 17 파라오가 요셉에게 말하였다. "형
제들에게 말하게. '너희는 너희 가축들에 짐들을 싣고 가나안 땅으로 가지
고 가라. 18 너희 아버지와 집안 **사람을** 나에게 데리고 와라. 내가 너희에
게 이집트 땅에서 **최고로** 좋은 것을 주겠다. 너희는 이 땅에서 기름진 것을
먹게 될 것이다.' 19 또 그대 **요셉은 아버지의 영예에 책임이 있으니 그대
의 형제들에게** 이렇게 **말하게**. '너희는 **소가 끄는** 수레를 이집트 땅에서 가
져가 **그것으로** 너희 아이들과 아내들을 **실어 오도록** 하여라. 너희 아버지
도 태워 오너라. 20 너희의 도구들에는 미련을 갖지 마라. 이집트 온 땅에
서 **최고로** 좋은 것이 너희의 것이다.'"

집에 돌아온 형제들

21 이스라엘의 아들들은 그대로 하였다. 요셉은 파라오의 **말대로** 그들
에게 수레를 주고 여행 양식도 주었다. 22 그들 모두에게 저마다 **입을 만
한 예복을** 주고, 벤야민에게는 은전 삼백 **셀라와 예복과 의복** 다섯 벌을 주
었다. 23 아버지에게는 **선물로** 나귀 열 마리에 **포도주와** 이집트 명물을 싣
고, 암나귀 열 마리에 곡식과 아버지를 위한 여행 양식과 빵을 실어 보냈다.
24 그는 형들을 보내면서 떠나는 그들에게 말하였다. "**길 가는 사람들이 형
님들에게 화내지 않도록 내가 팔려간 일을 두고 다투지 마십시오.**"

25 그들은 이집트에서 올라가 가나안 땅의 아버지 야곱에게로 갔다.
26 그들은 그에게 알렸다. "요셉이 지금 살아 있습니다. 그가 이집트 온 땅
의 통치자였습니다." 그러나 야곱은 믿기지 않아 그의 마음은 **갈라졌다**.
27 그들은 요셉이 자기들에게 한 모든 일들을 야곱에게 전하였고, 그는 요
셉이 자기를 모셔오라고 보낸 수레들을 보았다. **그들이 요셉을 팔았을 때
아버지 야곱에게서 떠난 예언의 영이 돌아와 그 위에 머물자**, 28 이스라엘
은 말하였다. "**주님께서 나에게 많은 호의를 베푸시어 나를 에사우와 라반
의 손에서, 나를 뒤쫓아 오는 가나안인들 손에서 구하셨다. 내가 많은 위로
를 지켜보면서 그렇게 되기를 기대했으나**, 내 아들 요셉이 살아 있으리라

고는 **기대하지 않았다**. 어서 가서 죽기 전에 그를 보아야겠다."

이집트로 떠나는 야곱에게 하신 하느님의 약속

46,1 이스라엘은 자신의 모든 것을 가지고 떠났다. 그는 브에르 세바에
이르러 아버지 이사악의 하느님께 제물을 바쳤다. 2 **주님께서** 밤의 **예언에
서** 이스라엘에게 말씀하셨다. "야곱아, 야곱아!" 그가 아뢰었다. "접니다."
3 그분께서 말씀하셨다. "나는 하느님, 네 아버지의 하느님이다. **내가 아브
라함에게 종살이를 선고한 일로** 이집트로 내려가는 것을 두려워하지 마라.
내가 너를 그곳에서 큰 백성으로 만들겠다. 4 나는 **나의 메므라로** 너와 함
께 이집트로 내려갈 분이다. 나는 **네 자손들의 고통을 보고 나의 메므라가**
너를 **그곳에서 올라오게 하리라. 네 자손들도 그곳에서** 올라오게 하리라.
요셉이 너의 눈에 손을 얹을 것이다." 5 야곱은 브에르 세바에서 일어났다.
이스라엘의 아들들은 파라오가 그들을 데려 오라고 보낸 수레에 아버지 야
곱과 자신들의 아이들과 아내들을 태웠다.

6 그들은 가축들과 가나안 땅에서 모은 재산들을 끌고서, 야곱과 **자손들
이** 모두 이집트로 갔다. 7 그의 아들들과 손자들, 그의 딸들과 손녀들, 곧
그의 모든 자손들이 그와 함께 이집트로 갔다.

이집트에 들어간 이스라엘의 자손

8 이는 이집트에 들어간 이스라엘의 자손들, 곧 야곱과 그의 아들들의
이름이다. 야곱의 맏아들은 르우벤이다. 9 르우벤의 아들들은 하녹, 팔루,
헤츠론, 카르미이다. 10 시메온의 아들들은 여무엘, 야민, 오핫, 야킨, 초하
르, 사울이다. **사울은 시팀에서 가나안인들의 행실을 따라한 지므리이다.**
11 레위의 아들들은 게르손, 크핫, 므라리이다. 12 유다의 아들들은 에르,
오난, 셀라, 페레츠, 제라이다. 에르와 오난은 **그들의 악행 때문에** 가나안
땅에서 죽었다. **셀라와 제라는 가나안 땅에서 아들을 낳지 못하였다. 이집
트에 내려온** 페레츠의 아들들은 헤츠론과 하물이다. 13 이사카르의 아들들

은 **현인들이요 계산의 스승들로서, 그들 이름은** 톨라, 푸와, 욥, 시므론이다. 14 즈불룬의 아들들은 **상인이자 무역상으로서, 그들의 형제들인 이사카르의 아들들을 부양하여 그들처럼 보상을 받는다. 그들의 이름은** 세렛, 엘론, 야흘엘이다. 15 이들은 레아가 파딴 아람에서 야곱에게 낳아 준 아들들이고 딸 디나도 있다. 그의 아들과 딸들은 모두 서른세 명이다.

16 가드의 아들들은 치프욘, 하끼, 수니, 에츠본, 에리, 아로디, 아르엘리이다. 17 아세르의 아들들은 임나, 이스와, 이스위, 브리아이고 그들의 누이 세라가 있다. **세라는 살아 있을 때** (에덴) **동산에 이끌려 왔다. 그가 야곱에게 요셉이 살아 있다고 알렸기 때문이다. 그는 요압 시대에 죽음의 심판에서 아벨의 주민들을 구하였다.** 브리아의 아들들은 헤베르와 말키엘이다. 18 이들은 라반이 자기 딸 레아에게 준 질파가 야곱에게 낳아 주었다. 그들은 열여섯 명이다.

19 야곱의 아내 라헬의 아들들은 요셉과 벤야민이다. 20 요셉에게는 이집트 땅에서 **아들들이** 태어났는데, **타니스의 지도자** 포티 페라의 **집에서 자란 디나의** 딸 아스낫이 므나쎄와 에프라임을 낳아 주었다. 21 벤야민의 아들들은 **열 명으로 그들의 이름은 형 요셉의 기적에 따른 것이다.** 곧 벨라는 (요셉이) **삼켜졌다 해서**, 베케르는 **그가 어머니의 맏아들이라 해서**, 아스벨은 **그가 포로로 끌려갔다 해서**, 게라는 **그가 이방인의 땅에 머물렀다 해서**, 나아만은 **그가 즐겁게 영화를 누렸다 해서**, 에히는 **그가 형이자** (같은) **어머니의 아들이라 해서**, 로스는 **그가 아버지 집안에서 우두머리라 해서**, 무핌은 **그가 멤피스에 팔려갔다 해서**, 후핌은 **그가** (아우와) **떨어질 때 열여덟 살이라 혼인할 수 있었다 해서**, 아르드는 **그가 이집트로 내려갔다 해서이다.** 22 이들은 야곱에게 태어난 라헬의 아들들이다. 그들은 모두 열네 명이다.

23 단의 아들들은 **유능한 상인들이며 그들의 총 수는** (알 수) **없다.** 24 납탈리의 아들들은 야흐츠엘, 구니, 예체르, 실렘이다. 25 이들은 라반이 자기 딸 라헬에게 준 빌하가 야곱에게 낳아 주었다. 그들은 모두 일곱 명이다.

26 야곱과 함께 이집트로 들어간 사람으로 야곱의 며느리들을 뺀 그의 직계는 모두 예순여섯 명이다. 27 이집트에서 태어난 요셉의 아들들은 두 명이다. **이집트에 있었던 요셉과 그들이 이집트에 들어갈 때 벽 사이에서 태어난 레위의 딸 요케벳까지**, 이집트로 들어간 야곱 집안 사람들은 모두 **총** 일흔 명이다.

가족과 재회한 요셉

28 이스라엘은 유다를 자기보다 먼저 요셉에게 보내어, 자기보다 먼저 **길에서 그 땅의 기둥들을 만나 제압하게 하고, 자기보다 먼저 고센에 거주지를 마련하게 하였다**. 그들은 고센 땅에 이르렀다. 29 요셉은 병거를 갖추어 아버지 이스라엘을 보러 고센으로 올라갔다. **아버지가 그를 알아보기 전에** (요셉에게) **절하는 바람에 요셉은 햇수가 짧아져 버렸다. 그래서 그는 후회하며 아버지에게 자신을 보여 주고 그의 목덜미에 기대었다. 아버지가 그에게 절하여** 그는 (아버지의) 목에 (기대어) 운 것이다. 30 이스라엘이 요셉에게 말하였다. "**만약** 이제 내가 죽게 되더라도 네 얼굴을 본 다음에 **의로운 이들이 죽는 죽음으로 내가 죽는 것이니**, 나는 **안심이 된다**. 지금까지 네가 살아 있었다니 말이다."

31 요셉이 형들과 아버지의 집안에게 말하였다. "제가 올라가 파라오께 알리고 (이렇게) 아뢰겠습니다. '가나안 땅에 살던 제 형제들과 아버지의 집안이 저를 찾아왔습니다. 32 이 사람들은 양 떼의 목자 곧 가축의 **주인인** 사람들로서 양 떼와 소 떼, 그들의 모든 것을 가지고 왔습니다.' 33 파라오가 여러분에게 말씀하실 것입니다. '너희는 무슨 일을 했는지 나에게 말해라.' 34 여러분은 (이렇게) 말하십시오. '당신의 종들은 어릴 때부터 지금까지 가축들의 **주인인** 자들입니다. [저희도 저희 아버지도 그러합니다.]' 그러면 고센 땅에 머무르게 될 것입니다. **이집트인들은** 양 떼의 목자를 모두 **멀리하기** 때문입니다."

요셉의 가족을 환대한 파라오

47,1 요셉은 파라오에게 가서 알리고 아뢰었다. "아버지와 형제들, 양 떼와 소 떼, 그들의 모든 것들이 가나안 땅에서 떠나 고센 땅에 있습니다." 2 그는 형제들의 **일부** 다섯 사람, **곧 즈불룬과 단과 납탈리, 가드와 아세르를** 데리고 파라오 앞에 세웠다. 3 파라오가 **요셉의** 형제들에게 말하였다. "너희는 무슨 일을 하느냐?" 그들이 파라오에게 아뢰었다. "당신의 종들은 가축을 치는 목자입니다. 저희도 저희 아버지도 그러합니다." 4 그들은 파라오에게 말하였다. "저희는 이 땅에 체류하러 왔습니다. 가나안 땅에 기근이 심하여 당신 종들의 양 떼를 위해 목초지로 쓸 **장소가** 없습니다. 이제 당신의 종들이 고센 땅에 머무르게 해 주십시오."

5 파라오가 요셉에게 말하였다. "그대의 아버지와 형제들이 그대를 찾아왔구나. 6 그대 앞에 있는 이집트 땅에서 비옥한 **곳**, 그 땅에 그대 아버지와 형제들을 머무르게 하게. 고센 땅에 머물러도 되네. 그들 가운데 힘센 사람이 있는지 그대가 알거든 내 가축들의 책임자로 임명하게." 7 요셉이 아버지 야곱을 모시고 와 파라오 앞에 세웠다. 야곱은 파라오를 축복하며 말하였다. "**당신 시대에 나일강의 물이 불어나고 세상의 기근이 끝나기를 빕니다.**" 8 파라오가 야곱에게 말하였다. "당신의 세월은 몇 년이시오?" 9 야곱이 파라오에게 말하였다. "제가 떠돈 햇수는 백삼십 년입니다. 제 세월의 햇수는 짧고 고생스러웠습니다. **어려서부터 형 에사우 앞에서 달아나 내 것이 아닌 땅에서 떠돌았고, 지금도 백발이 성성하여 이곳까지 내려와 떠돌아야 하니 말입니다.** 그러나 제 조상들이 떠돈 세월의 햇수에는 못 미칩니다." 10 야곱은 파라오를 축복하고 파라오 앞에서 나왔다.

11 요셉은 아버지와 형들에게 자리를 잡아주고, 파라오가 명령하였듯이 이집트 땅에서 비옥한 **곳인** 그 땅 곧 **펠루시움** 땅을 그들에게 소유지로 주었다. 12 그리고 요셉은 아버지와 형제들과 아버지 집안 모두에게 아이들이 **필요로 하는** 만큼 양식을 주었다.

요셉의 양곡 관리

13 기근이 매우 심하여 온 땅에 양식이 바닥났고, 이집트 땅의 **주민들과**
가나안 땅의 **주민들이** 기근으로 약해졌다. 14 요셉은 (곡식을 팔아) 이집트
땅과 가나안 땅에 있는 돈을 모두 모아들였다. 요셉은 그 돈을 파라오의 **보**
고로 가져갔다. 15 이집트 땅과 가나안 땅에서 돈이 바닥나자 [온] 이집트
인들이 요셉에게 와서 말하였다. "저희에게 양식을 주십시오. 저희가 어쩌
다가 나리 앞에서 죽게 되었을까요? 돈이 **다** 바닥나버렸습니다." 16 요셉
이 말하였다. "돈이 바닥났으면, 여러분의 가축을 내주시오. 가축에 따라
여러분에게 **양식을** 주겠소." 17 그들은 요셉에게 자기 가축들을 데려왔다.
요셉은 그들에게 말과 양 떼와 소 떼와 나귀에 따라 양식을 주었다. 그 해
에는 모든 가축에 따라 양식을 대 주었다. 18 그 해가 다 가고 두 번째 해
에 **이집트인들이 모두** 요셉에게 와서 말하였다. "나리께 숨기지 않겠습니
다. 돈도 바닥나고 가축 떼는 나리께 드려, 나리 앞에 저희의 몸과 땅 말고
는 남은 것이 없습니다. 19 저희가 어쩌다가 나리가 **보는** 데서 죽게 되었
을까요? 양식 대신 저희와 저희 땅을 사십시오. 저희는 땅과 더불어 파라
오의 종이 되겠습니다. 씨앗을 주십시오. 그래야 저희는 죽지 않고 살 것이
고, 땅은 황폐해지지 않을 것입니다."

20 요셉은 파라오를 위해 이집트 온 땅을 샀다. 기근이 심하여 이집트인
들이 저마다 자기 밭을 팔았기 때문이다. 그래서 그 땅은 파라오의 **재산이**
되었다. 21 그는 **지역** 백성을 성읍으로 옮기게 하고 성읍 **백성은 지역으로**
옮기게 하였다. **요셉의 형제들이 유배자들이라 불리지 않게 하려는 것이**
었다. 그래서 그는 그들을 이집트의 경계 이 끝에서 저 끝까지 **이주시켰다.**
22 그는 사제들의 땅만은 사지 않았다. **요셉의 주인이 그를 죽이고자 할 때**
사제들이 **그의 무죄를 알고 사형당할 뻔 한 그를 구하였기 때문이다. 게**
다가 그는 파라오의 것에서 **그들에게** 몫을 **주라고 지시하여,** 그들은 파라
오가 그들에게 주는 몫으로 먹고 살았다. 그래서 그들은 자기들의 땅을 팔
지 않았다. 23 요셉은 백성에게 말하였다. "나는 오늘 파라오를 위하여 여

러분과 여러분의 땅을 샀소. 여러분에게 줄 씨앗이 있으니 땅에 뿌리시오.
24 수확을 **거두는 철에** 오분의 일은 파라오에게 바치고 네 몫은 여러분의
것이오. 밭에 씨를 뿌려 여러분과 여러분 집안의 **부양가족들이** 먹고 아이
들을 먹이시오." 25 그들이 말하였다. "나리께서 저희를 살리셨으니, 나리
께서는 저희에게 **자비를** 베푸십시오. 저희는 파라오의 종이 될 것입니다."
26 요셉은 이집트 땅에 관하여 오늘날까지 (이어지는) 법령을 세웠다. 곧 **수
확의** 오분의 일을 파라오에게 **가져간다는** 것이다. 단 사제들의 땅은 파라
오의 것이 되지 않았다.

야곱의 유언

27 이스라엘은 이집트 땅에 머물렀다. **그들은 고센 땅에 학교와 저택을
세우고**, 그곳의 **들판과 포도밭을** 소유하여 (자손들이) 불어나고 매우 번성
하였다. 28 야곱은 이집트 땅에서 십칠 년을 살아, 야곱이 산 세월은 **총** 백
사십칠 년이 되었다. 29 이스라엘은 죽을 날이 다가와 아들 요셉을 불러 말
하였다. "이제 내가 네 **앞에서 자비를** 얻을 수 있다면 네 손을 나의 **할례한
곳에** 얹어라. 나에게 **호의와** 진실을 베풀어 나를 이집트에 묻지 말아 다오.
30 내가 조상들과 함께 누울 때 나를 이집트에서 옮겨 그들 무덤에 묻어 다
오." 그러나 요셉은 **그의 아들이었기 때문에 손을 얹지 않았다**. 다만 말하
였다. "아버지 말씀대로 하겠습니다." 31 그가 말하였다. "나에게 맹세하여
라." 요셉이 맹세하였다. **곧바로 주님 셰키나의 영광이 그에게 나타나셨다**.
이스라엘은 침상 머리맡에서 절하였다.

요셉의 아들 에프라임과 므나쎄를 아들로 삼은 야곱

48,1 이런 일들이 있은 뒤 어떤 이가 요셉에게 말하였다. "당신 아버지
께서 앓아 **누우셨습니다**." 그는 두 아들 므나쎄와 에프라임을 데리고 갔다.
2 어떤 이가 야곱에게 알려 말하였다. "당신 아들 요셉이 왔습니다." 이스
라엘은 힘을 내어 침상 위에 앉았다.

3 야곱이 요셉에게 말하였다. "엘 샷다이께서 가나안 땅 루즈에서 나에
게 **나타나시어** 복을 내리시며 4 말씀하셨다. '나는 너를 불어나고 번성하게
하겠다. 너를 **지파들의 의회로** 만들고, 이 땅을 네 뒤에 올 **자손들에게** 영
원한 소유지로 주겠다.' 5 내가 이집트로 너에게 오기 전에, 이집트 땅에서
태어난 네 두 아들은 이제 나의 것이 된다. 에프라임과 므나쎄는 르우벤과
시메온처럼 나의 것으로 **여겨지리라**. 6 네가 그들 다음에 낳을 네 **아들들
은** 너의 것이다. 그들은 그들의 소유지에서 제 형들의 이름으로 불릴 것이
다. 7 내가 **너에게 당부하니 나를 내 조상들과 묻어다오**. 라헬은 도중에 **갑
자기** 가나안 땅에서 죽었다. 에프랏으로 들어가려면 아직 꽤 (거리가) 남은
곳이다. **내가 그를 이중 동굴에 옮겨다가 묻을 수 없어서** 그곳 에프랏으로
가는 길에 그를 묻었다. 그곳은 베들레헴이다."

8 이스라엘이 요셉의 아들들을 보고 말하였다. "이들은 누가 **너에게 낳
아 주었느냐**?" 9 요셉이 아버지에게 말하였다. "이들은 **주님의 메므라께서**
이곳에서, **제가 아버지의 딸인 디나의 딸 아스낫을 아내로 맞이하여 맺은
혼인 계약에 따라**, 저에게 주신 제 아들들입니다." 그가 말하였다. "그들을
나에게 **가까이 오게** 하여라. 내가 그들을 축복하겠다." 10 그런데 이스라엘
은 나이가 들어 눈이 무거워져 볼 수가 없었다. 그들이 그에게 가까이 가자
그는 그들에게 입을 맞추고 그들을 안았다. 11 이스라엘이 요셉에게 말하
였다. "나는 네 **얼굴을** 보리라고 **생각도** 안 했는데, **주님께서** 나에게 네 **아
들들까지** 보게 해 주셨다." 12 요셉은 그들을 그의 무릎에서 물러가게 하고
는 땅에 얼굴을 대고 절하였다.

13 요셉은 그들 둘을 데려다 에프라임의 오른**쪽**을 이스라엘 왼손에, 므
나쎄의 왼**쪽**을 이스라엘 오른손에 놓고 그에게 가까이 가게 하였다. 14 이
스라엘은 오른손을 뻗어 동생인 에프라임의 머리에 얹고, 왼손은 므나쎄의
머리에 얹었다. 므나쎄가 맏아들인데도 그의 손을 **바꾼 것이다**.

15 그는 요셉을 축복하며 말하였다.

"나의 조상 아브라함과 이사악을 당신 앞에서 **예배하게 하신 주님**,

제가 생겨날 때부터 오늘까지 저를 **먹여 살리신 주님,**
16 **당신께서 저를 위해 모든 악에서 저를 구하도록 임명하신** 천사가,
당신 앞에서 이 아이들에게 축복하시기를 **빕니다.**
그들을 통해 제 이름과 저의 조상 아브라함과 이사악의 이름이
불리게 되고,
바다의 물고기가 물속에서 계속 불어나듯이
요셉의 아들들이 땅에서 점점 불어나게 되리이다."

17 요셉은 아버지의 오른손이 에프라임의 머리 위에 있는 것을 보았다.
그의 앞에 그것이 거슬렸다. 그는 아버지의 손을 들어 에프라임의 머리 위
에서 바꾸어 므나쎄의 머리 위에 **내려놓으려 하였다.** 18 요셉이 아버지에
게 말하였다. "아버지, 맞지 않습니다. 이 아이가 맏아들이니 당신 오른쪽
손을 그의 머리에 얹으십시오." 19 아버지는 이를 거부하며 말하였다. "아
들아, 나도 **그가 맏아들인 것을** 안다. 그도 큰 민족을 이루어 불어날 것을
나도 안다. 그러나 동생이 그보다 더 불어나 그의 **자손들이 민족들 안에서**
커질 것이다."

20 야곱은 그날 그들을 축복하며 말하였다.
"**내 아들 요셉아**, 너로 말미암아 **할례의 날에**
이스라엘 **집안이 젖먹이를** 이렇게 축복할 것이다.
'**주님께서** 너를 에프라임과 므나쎄처럼 만드시리라.'
지파를 셀 때 에프라임의 족장을 므나쎄의 족장 앞에 셀 것이다."
그래서 그분께서 에프라임을 므나쎄 앞에 **임명하신** 것이다.

21 이스라엘이 요셉에게 말하였다. "나는 **마지막에 이르러** 죽는다. **주님**
의 메므라께서 너희의 **협력자가 되시어** 너희를 조상들의 땅으로 돌아가게
하실 것이다. 22 나는 네 형제들보다 너에게 **나머지 선물로** 한 **몫의** 스켐 **성**
읍을 더 준다. 내가 칼과 활로 아모리족의 손에서 빼앗은 것이다."

야곱의 축복

49,1 야곱이 자기 아들들을 불러 그들에게 말하였다. "부정을 씻어라.
숨겨진 비밀 곧 봉인된 마지막 때를 너희에게 알려 주겠다. 의인에게는 보
상을, 악인에게는 처벌을, 에덴에게는 평온을 준다." 이스라엘 열두 지파
들이 다 같이 모여들어 그가 누워 있는 황금 침상을 에워쌌다. 주님 셰키
나의 영광이 나타나시자 장차 임금 메시아가 올 마지막 때가 그에게 숨겨
졌다. 그가 말하였다. "오너라. 내가 마지막 날에 너희에게 닥칠 일을 너희
에게 알려 주겠다. 2 야곱의 아들들아, 모여서 들어봐라. 아버지 이스라엘
의 가르침을 받아들여라.

3 르우벤은 나의 맏아들,
너는 나의 첫 교합의 힘, 나의 뜨거운 감정의 첫 분출.
맏아들 권리와 대사제직과 왕권이 너의 것이다.
그러나 내 아들아, 네가 죄를 지어 맏아들 권리는 요셉에게,
왕권은 유다에게, 사제직은 레위에게 넘어갔다.
4 너는 작은 정원과도 같으니,
그 안에는 빠르고 거센 시내가 흘러 견디지 못하고 압도되었다.
내 아들 르우벤아, 너는 죄를 지었다. 더 (죄짓지) 마라.
네가 지은 죄는 용서받으리라.
네가 내 잠자리에 올라가 어지럽힌 일이
네가 네 아버지의 부인과 관계하려고 그에게 올라간 것처럼
여겨졌다.

5 시메온과 레위는 쌍둥이 형제,
날카로운 무기로 강탈하는 것이 그들의 특징이다.
6 나는 그들의 모의가 달갑지 않아
스켐을 치러 모일 때 내 영광은 말려들지 않았다.

그들은 격분하여 **임금과 통치자를** 죽이고
악에 받쳐 적들의 벽을 무너뜨렸다."
7 **야곱이 말하였다.**
"그들이 강하게 격분하여 **들어가 공격한 스켐 성읍과,**
요셉을 향한 그들의 거센 분노는 저주를 **받았다."**
야곱이 말하였다.
"만약 이 두 사람이 함께 산다면 어느 임금도 통치자도 그들 앞에서 일어나지 못하리라.
나는 시메온 자손들의 소유지를 두 몫으로 나누어,
한 몫은 유다 자손들의 소유지에서 그에게 주고
다른 몫은 야곱의 나머지 지파들 사이에서 주리라.
나는 레위 지파를 이스라엘의 **모든 지파에서** 흩어버리리라."

8 "유다야, **너는 타마르의 일을 고백하였으니,**
네 형제들이 너를 찬양하고
그들은 네 이름을 따서 유다인들이라 불리리라.
너의 적들이 네 앞에서 고개를 **돌릴 때,**
너의 손은 네 적들에게 **화살을 던져 보복하리라.**
네 아버지의 아들들이 **앞에 나와 너의 안부를 물으리라.**
9 **내 아들** 유다야, 너는 새끼를 **낳은** 사자와도 **같구나.**
너는 내 아들 요셉을 죽음에서 들어 올렸으니
타마르의 심판에서 너는 풀려나리라.
그는 **쉬면서** 수사자와 암사자처럼 **강하게 살리라.**
그가 쉴 때 누가 그를 일으켜 세우랴?
10 **임금들과 통치자들이 유다 집안에서,**
토라를 가르치는 서기관들이 그의 후손들한테서 (나와) **멈추지 않으리라.**

그의 어린 자손 임금 메시아가 올 때까지 그러하리니,
민족들이 그로 말미암아 사라지리라.
11 장차 유다 집안에서 일어날 임금 메시아는 얼마나 아름다운가!
그는 허리띠를 묶고 내려와 적들에 맞서 전열을 가다듬으며,
통치자들과 함께 임금들을 죽인다.
그 앞에 나설 임금과 통치자는 없다.
그는 살육의 피로 산을 붉게 물들이리라.
그의 옷은 피로 뒤범벅이니 그의 (모습은) 포도 짜는 이와 같구나.
12 순 포도주처럼 임금 메시아의 눈은 얼마나 아름다운가!
그것들은 알몸이 드러나거나 무죄한 피가 쏟아지는 것을 보지 않는다.
그의 이는 훔친 것이나 강탈한 것을 먹지 않아 우유보다 희다.
그의 산들과 포도확은 포도주로 붉고,
그의 언덕들은 수확물과 가축들 우리로 희어지리라.

13 즈불룬은 바닷가에 살면서
항구들을 다스리고 배로 바다 부락들을 정복하리라.
그의 경계는 시돈까지 이르리라.

14 이사카르는 토라에 엄격한 이, 강한 지파, 때를 정할 줄 안다.
그는 형제들의 경계들 사이에 눕는다.
15 그는 다음 세상의 안식이 좋고 이스라엘 땅의 몫이 달콤한 것을 보았다.
그래서 그는 토라를 연구하기 위해 어깨를 구부리고,
그의 형제들은 그에게 예물을 바쳤다.

16 장차 단 집안에서 한 사람이 일어나 진실한 심판으로 백성을

심판하리라.
이스라엘 지파들이 다함께 그에게 순종하리라.
17 선택된 사람이 단 집안에서 일어나리니,
그는 길목에 누워 있는 독사, 오솔길에 숨어서 말의 발꿈치를 무는
뱀의 머리와 같아,
그 공포로 말미암아 기수가 뒤로 돌아 떨어진다.
이처럼 마노아의 아들 삼손이 필리스티아인들의 모든 용사와
기수들과 보병들을 죽이고,
말들을 못 쓰게 만들어 적들을 뒤로 던져버리리라."

18 야곱이 구원자로 세워진 이들인 요아스의 아들 기드온과,
마노아의 아들 삼손을 보고 아뢰었다.
그들은 구원자로 세워진 이들이다.
"저는 기드온의 구원을 기대하지 않고, 삼손의 구원을 기다리지
않습니다.
그들의 구원은 (제한된) 시간의 구원입니다.
그러나 주님, 저는 당신의 구원을 기대하고 기다리오니,
당신의 구원이야말로 영원한 구원입니다."

19 "가드 지파는 무장한 채 나머지 지파들과 아르논 시내를 건너고,
그들 앞에서 땅의 기둥들 정복에 나서리라.
마지막에 그들은 무장한 채 많은 재산을 가지고 돌아와
그들이 갈망한 요르단 건너편에서 안전하게 살리라.
그곳은 그들의 것, 그들의 소유지로 받았다.

20 아세르는 좋겠다. 열매가 튼실하기도 하지.
그의 땅에서는 향신료와 약초 뿌리가 자라고,

그의 영토에서는 임금들이 즐기는 것들이 나온다.
그는 세상의 주인 앞에서 그것들을 두고 감사와 찬미를 드린다.

21 납탈리는 날쌘 전령, 산꼭대기들 위를 달리는 사슴과도 같아,
기쁜 소식을 전한다.
그가 요셉이 아직 살아 있음을 전하였다.
그는 짧은 시간에 이집트로 내려가,
에사우에게는 몫이 없는 이중 (동굴) 들판의 판매 증서를 가져왔다.
그가 입을 열어 이스라엘 회중에게 (하느님을) 찬양하자
그분께서 모든 언어들 가운데에서 선택하셨다.

22 내 아들 요셉아, 너는 크게 되었다.
내 아들아, 너는 크게 되고 강해졌다.
너는 안주인의 일과 형제들의 일에서 너의 욕구를 극복할 만큼
강해졌다.
너는 물가의 샘에 심긴 포도넝쿨과도 같아,
뿌리를 뻗고 바위를 쪼개며 그 가지로 헐벗은 나무를 뒤덮는다.
내 아들 요셉아, 너는 지혜와 선행으로 이집트인 요술사들을
이겨내었다.
그들이 네 앞에서 외치고
통치자들의 딸들이 담장 너머에서 걸으며
네 앞에 반지와 금 목걸이를 던졌다.
너는 그들에게 눈을 들었으나
그들 가운데 누구에게도 네 눈길을 주지 않았다.
그들 때문에 대 심판의 날에 벌을 받을 수 있기 때문이다.
23 모든 이집트인 요술사들이 그를 못살게 굴고 시비를 걸며,
파라오 앞에서 그를 고발하여 그의 영광을 떨어뜨리고자 하고,

화살처럼 가혹하게 그를 중상모략하였다.
24 그는 안주인과 교합하지 않으려고
신체 부위의 힘을 이전으로 돌렸고
손으로 쾌락적인 생각을 떨쳐버렸다.
야곱에게 받은 엄격한 가르침으로 자신의 욕구를 극복하였으니,
거기서 그는 관리자가 될 자격이 생기고
그의 이름이 이스라엘의 돌 위에 새겨지게 되었다.
25 네 아버지의 하느님 메므라께서 너의 협력자가 되시리라.
샷다이라 불리는 분께서 너에게 복을 내리시리니,
위로 하늘의 이슬에서 내리는 복,
심연의 샘에서 올라와 아래로 식물들을 자라게 하는 최상의 복이다.
너에게 젖을 물린 가슴과 네가 누웠던 자궁이 복을 받으리라.
26 나의 조상 아브라함과 이사악이 나를 축복한 복에 네 아버지의 복이
보태지리라.
세상의 지도자인 이스마엘과 에사우와 크투라의 자식들 모두가
그들에게 바라던 (복이다.)
이 복들이 모두 모여 위대한 왕관을 만들리니,
요셉의 머리 곧 이집트의 지도자이자 통치자가 되어
형제들의 영광을 빛내 준 사람의 정수리에 (놓이리라.)

27 벤야민은 먹이를 잡는 늑대처럼 강한 지파,
세상의 주인이신 셰키나가 그의 땅에 머무르시고 그의 소유지에
성전이 세워지리라.
아침에는 사제들이 네 시까지 정규 예물인 양을 바치고,
해질녘에는 둘째 양을 바치며,
저녁에는 나머지 예물들에서 남은 것을 나누어 자기 몫대로
먹으리라."

28 이들 모두가 이스라엘의 열두 지파로서, **그들 모두 하나같이 의롭다.** 이는 그들의 아버지가 그들을 축복하며 그들에게 말한 것으로서, 저마다의 축복에 따라 그들을 축복하였다.

야곱의 죽음

29 야곱이 그들에게 명하였다. "나는 내 백성에게 소집된다. 나를 나의
조상들과 함께 히타이트인 에프론의 밭에 있는 동굴에 묻어라. 30 가나안
땅 마므레의 맞은편 밭에 있는 **이중** 동굴이다. 아브라함께서 히타이트인
에프론에게 무덤 소유지로 그 밭을 사 두셨다. 31 그곳에 아브라함과 그의
아내 사라께서 묻히셨고, 그곳에 이사악과 그의 아내 레베카께서 묻히셨으
며, 나는 그곳에 레아를 묻었다. 32 밭과 그곳에 있는 동굴을 히타이트 사
람들한테서 샀다."
33 야곱은 아들들에게 명령을 마치고 나서 침상에서 다리를 모았다. 그
는 숨을 거두고 자기 백성들에게 소집되었다.

야곱의 장례

50,1 **요셉은 아버지를, 금을 입혀 귀한 돌을 박은 상아로 된 침상에 눕히고 아마 끈으로 묶었다. 그들은 거기에 거품을 낸 포도주를 붓고 거기에서 최상의 향료를 태웠다. 그리고 에사우 집안의 용사들과 이스마엘 집안의 용사들을 그곳에 세웠다. 형제들 가운데 용사인 사자 유다가 그곳에 서서 응하며 형제들에게 말하였다. "와서 아버지를 위해 웁시다. 키 큰 향백나무의 머리는 하늘 쪽에 다다르고 그 가지들은 온 땅의 주민들을 뒤덮으며 그 뿌리는 심연 아래까지 이릅니다.** (이렇듯) **그분에게서 열두 지파가 일어났고 장차 그분에게서 임금들과 통치자들, 그리고 조별로 예물을 바칠 사제들, 부서별로 노래할 레위인들이 일어날 것입니다." 그리고 나자** 요셉은 아버지의 얼굴에 (고개를) 떨구고 울며 그에게 입을 맞추었다.
2 요셉은 자기 종들인 의사에게 아버지를 방부 처리하도록 명하였고, 그 의사들이

이스라엘을 방부 처리하였다. 3 그를 위해 **방부 처리하는 데** 사십 일이 걸렸다. 방부 처리하는 데 걸리는 날이 그러하였다. 이집트인들은 칠십 일 동안 그를 위해 울며 **서로 말하였다. "와서 경건한 야곱을 위해 웁시다. 그분 덕분에 이집트 땅에 기근이 지나갔습니다." 사십이 년 동안 기근이 들기로 결정되었으나 야곱 덕분에 이집트에서 사십 년이 줄어들고 이 년만 기근이 들었기 때문이다.**

4 애도의 날이 지나고 요셉은 파라오 집안의 **지도자들에게** 말하였다. "여러분이 나에게 **자비를** 베풀어 파라오 듣는 데서 전해 주십시오. 5 '아버지가 저에게 이렇게 맹세를 시키셨습니다. '내가 죽으면 내가 가나안 땅에 파 둔 나의 무덤에 묻어라.' 이제 제가 올라가 아버지를 묻고 돌아오겠습니다.'" 6 파라오가 말하였다. "올라가서 그대 아버지가 그대에게 맹세시킨 대로 그를 묻고 오게나."

7 요셉은 아버지를 묻으러 올라갔다. 파라오의 신하들 모두, 곧 그 집안의 원로들과 이집트 땅의 모든 원로들이 그와 함께 올라갔다. 8 요셉의 집안 **사람들** 모두와 형제들과 아버지 집안이 (올라갔고), 아이들과 양 떼와 소 떼는 고센 땅에 남겨 두었다. 9 또한 병거와 기병도 그와 함께 올라가, 진영이 매우 컸다. 10 그들은 요르단 건너 아탓의 **타작마당에** 이르러 매우 크고 장대하게 곡을 하였다. 그는 이레 동안 아버지를 애도하였다. 11 가나안 땅 주민들이 아탓의 **타작마당에서** 벌어진 애도를 보고, **그들은 야곱에게 경의를 표하여 자기들 허리띠를 풀고 손으로 가리키면서** 말하였다. "이것이 이집트인들의 장대한 애도로구나." 그래서 **그곳의** 이름을, 요르단 건너편에 있는 아벨 미츠라임이라 불렀다.

12 야곱의 아들들은 야곱이 그들에게 당부한 대로 하였다. 13 그의 아들들이 가나안 땅으로 그를 옮겼다. **사악한 에사우가 이 소식을 듣고 많은 부대들과 가블라 산에서 이동하여 헤브론으로 갔다. 그는 요셉이 이중 동굴에 아버지를 묻도록 내버려두지 않았다. 그래서 납탈리가 곧바로 이집트로 달려 가, 에사우가 아우 야곱에게 이중 동굴의 분할에 관하여 쓴 판매 증서**

를 가지고 같은 날 돌아왔다. 요셉이 단의 아들 후심에게 손짓을 하자, 그 가 칼을 들고 에사우의 머리를 잘랐다. 에사우의 머리는, 동굴 안으로 들어 갈 때까지 굴러 아버지 이사악의 품속에서 쉬었다. 에사우의 아들들이 그 밭의 이중 (동굴에) **그의 몸을 묻었다. 그러고 나서** 야곱의 아들들은 아브라함이 히타이트 사람 에프론에게 선묘로 사 둔, 마므레 맞은편 들판의 **이중** 동굴에 그를 묻었다. 14 아버지를 묻고 나서 요셉과 형제들, 아버지를 묻으려고 그와 함께 올라온 이들 모두 이집트로 돌아왔다.

형들을 안심시킨 요셉

15 요셉의 형제들은, 아버지가 돌아가시고 **그가 그들과 함께 둘러앉아 음식을 먹지 않는** 것을 보고 말하였다. "요셉이 우리에게 **증오심을** 품어 우리가 그에게 저지른 모든 악을 우리에게 돌려주지 않을까?" 16 그들은 **빌하에게** 당부하여 요셉에게 전하였다. "자네 아버지께서 돌아가시기 전에 **자네에게** 당부하셨네. 17 '너희는 요셉에게 이렇게 말하여라. '그들이 너에게 악을 저질렀으나 네 형제들의 죄와 잘못을 용서해 주길 바란다." 그러니 자네 아버지의 하느님의 종들이 지은 죄를 용서해 주게나." 요셉은 그들이 말한 것을 (듣고) 울었다.

18 그의 형제들도 와서 그 앞에 **절하며** 말하였다. "우리는 자네의 종이네." 19 요셉이 그들에게 말하였다. "두려워하지 마세요. **나는 형님들에게 악을 저지르지 않고 선을** (행할) **것입니다.** 나는 **주님 앞에서 경외하는 겸손한 사람입니다.** 20 형님들은, **내가 형님들에게 적개심을 품어 형님들과 함께 둘러앉아 음식을 먹지 않는다고** 나를 두고 악을 꾀하였습니다. **그러나 주님의 메므라께서는 나를 위해 좋게 여기셨습니다. 아버지께서 윗자리인 당신의 영광 앞에 나를 앉히셔서 내가 받아들였으나, 이제는 받아들이지 않겠습니다.** 나는 오늘 **우리에게 구원이 이루어진 것으로 됐습니다. 야곱 집안으로 말미암아** 많은 백성을 살게 하기 위해서입니다. 21 이제 두려워하지 마십시오. 내가 형님들과 아이들을 먹여 살리겠습니다." 그는 그들

을 안심시키고 그들의 마음에 **위로의** 말을 해 주었다.

요셉의 죽음

22 요셉과 그 아버지의 집안이 이집트에서 살았다. 요셉은 **백이십** 년을
살았다. 23 요셉은 에프라임의 삼 **대의** 자손들을 보았고, 므나쎄의 아들인
마키르의 아들들도 그들이 태어났을 때 요셉이 **그들을 할례하였다**.
24 요셉이 형제들에게 말하였다. "나는 죽습니다. **주님께서** 형님들을 **기억하시어**, 이 땅에서 아브라함과 이사악과 야곱에게 맹세하신 땅으로 형님들을 데리고 올라가실 것입니다."
25 요셉은 이스라엘의 아들들에게 맹세를 시키며 **그들의 아들들에게** 말하였다. "**여러분은 이집트에서 종살이할 것이나, 두 명의 구원자가 와서 여러분에게** '주님께서 여러분을 **기억하십니다.**' **하고 말할 때까지는 이집트에서 올라갈 생각을 하지 마십시오. 여러분이 올라갈 때는** 내 뼈를 이곳에서 가지고 올라가십시오."
26 요셉은 백십 세에 죽었다. 사람들은 그를 방부 처리하고 **장식하여** 관에 넣고는, 이집트 **나일강 속에 그를 가라앉혔다**.

타르굼 네오피티 창세기

본문 번역

세상 창조

1,1 처음에 **주님께서 지혜로** 하늘과 땅을 창조시고 **완성하셨다**. 2 그 땅
은 형태가 없고 공허하며, **사람의 아들과 들짐승도** (없이) **적막하고 경작할**
식물도 나무도 (없이) 텅 비었다. 어둠이 심연 위에 **퍼져 있고 주님 앞에서**
나온 자비의 영이 그 물 위에서 **불고 있었다**.

3 **주님의 메므라가** 말씀하셨다. “빛이 생겨라.” 그러자 그분의 **메므라**
가 공표한 대로 빛이 생겼다. 4 **주님 앞에** 빛이 **드러나자** 좋아하셨다. **주님**
의 메므라가 빛과 어둠 사이를 가르셨다. 5 **주님의 메므라가** 그 빛을 **낮이**
라 그 어둠을 밤이라 부르셨다. 저녁이 되고 아침이 되어 **창조 작업의 순**
서로 첫째 날이 되었다.

6 **주님의 메므라가** 말씀하셨다. “물 한가운데에 궁창이 생겨라. 그래서
아랫물과 윗물 사이를 갈라라.” 7 **주님께서** 궁창을 **창조하시고** 궁창 아랫
물과 궁창 윗물 사이를 가르셨다. 그러자 **그분의 메므라에 따라** 그렇게 되
었다. 8 **주님의 메므라가** 그 궁창을 하늘이라 부르셨다. 저녁이 되고 아침
이 되어 **창조 작업의 순서로** 둘째 날이 되었다.

9 **주님의 메므라가** 말씀하셨다. “하늘 아랫물이 한곳으로 모이고 뭍이
드러나라.” 그러자 **그분의 메므라에 따라** 그렇게 되었다. 10 **주님의 메므라**
가 뭍을 땅이라, 물이 **모인 곳을** 바다라 부르셨다. **그것이 주님 앞에 드러**
났는데 아름답고 적당하였다. 11 **주님의 메므라가** 말씀하셨다. “땅은 싹 곧
씨 있는 풀을 **나오게** 하고, 씨 있는 열매 맺는 과일나무를 제 종류대로 땅
위에 돋게 하여라.” 그러자 **그분의 메므라에 따라** 그렇게 되었다. 12 땅은
싹 곧 씨 있는 풀을 **나오게** 하고, 씨 있는 열매 맺는 과일나무를 제 종류대
로 돋게 하였다. **그것이 주님 앞에 드러났는데 아름답고 적당하였다**. 13 저
녁이 되고 아침이 되어 **창조 작업의 순서로** 셋째 날이 되었다.

14 **주님께서** 말씀하셨다. “하늘 궁창에 빛물체들이 생겨라. 그래서 **낮과**
밤 사이를 가르고 표징과 절기가 되어, 그것들로 **윤달과 달을 성별하여라**.

15 그리고 하늘 궁창에서 빛물체들이 되어 땅 위를 비추어라." 그러자 **그**
분의 메므라에 따라 그렇게 되었다. 16 **주님의 메므라가** 큰 빛물체 두 개를
창조하셨다. 더 큰 빛물체는 **낮을** 다스리고 더 작은 빛물체는 밤을 다스리
게 하셨다. 별들의 **순서를** (정하셨다.) 17 **주님의 영광이** 그것들을 하늘 궁창
에 두시고 땅 위를 비추게 하셨다. 18 그리고 **낮과** 밤을 다스리고 빛과 어
둠 사이를 가르게 하셨다. **그것이 주님 앞에 드러났는데 아름답고 적당하**
였다. 19 저녁이 되고 아침이 되어 **창조 작업의 순서로** 넷째 날이 되었다.

20 **주님의 메므라가** 말씀하셨다. "물은 생물을 우글거리게 하고, 새는
땅 위 하늘 궁창의 **공중** 위를 날아라." 21 **주님께서** 큰 바다괴물 **두 마리와**
물에서 우글거리는 모든 생물을 제 종류대로, **날아다니는** 모든 새를 제 종
류대로 창조하셨다. **그것이 주님 앞에 드러났는데 아름답고 적당하였다.**

22 **주님의 메므라가** 그들을 축복하시고 말씀하셨다. "**강해지고** 번성하
여 바닷물을 가득 채워라. 새도 땅에서 번성하여라." 23 저녁이 되고 아침
이 되어 **창조 작업의 순서로** 다섯째 날이 되었다.

24 **주님의 메므라가** 말씀하셨다. "땅은 생물을 제 종류대로, 집짐승과
길짐승과 들짐승을 제 종류대로 나오게 하여라." 그러자 **그분의 메므라에**
따라 그렇게 되었다. 25 **주님의 메므라가** 들짐승을 제 종류대로, 집짐승을
제 종류대로, 길짐승을 제 종류대로 **창조하셨다. 그것이 주님 앞에 드러났**
는데 아름답고 적당하였다.

26 **주님께서** 말씀하셨다. "우리 모습대로 **우리와 닮은** 사람을 **창조하자.**
그래서 그들이 바다의 물고기와 하늘의 새와 집짐승과 모든 들짐승과 땅
위에서 기어 다니는 모든 길짐승을 다스리게 하자." 27 **주님의 메므라가 그**
분의 모습대로 사람을 창조하셨다.

> **주님 앞에 있는 모습대로** 그를 창조하셨고
> 남자와 **그의 짝으로** 그들을 창조하셨다.

28 **주님의 영광이** 그들을 축복하시고 **주님의 메므라가** 그들에게 말씀하
셨다. "**강해지고** 번성하여 땅을 가득 채우고 정복하여라. 그리고 바다의 물

고기와 하늘의 새와 땅 위에서 기어 다니는 모든 동물을 다스려라."

29 **주님의 영광이** 말씀하셨다. "이제 내가 너희에게 온 땅 위에 씨가 있는 온갖 풀과 씨가 있는 나무의 과일들을 준다. **나는 그것들을** 너희에게 양식으로 **준다.** 30 살아 있는 생물인, 땅의 모든 동물과 하늘의 모든 새와 땅 위의 모든 길짐승에게는 온갖 푸른 풀을 먹이로 준다." 그러자 **그분의 메므라에 따라** 그렇게 되었다. 31 **주님께서** 만드신 모든 것이 **당신 앞에 드러났는데, 매우 아름답고 적당하였다.** 저녁이 되고 아침이 되어 **창조 작업의 순서로** 여섯째 날이 되었다.

2,1 하늘과 땅과 그것들에 딸린 모든 것들의 **창조가 완성되었다.** 2 **주님의 메므라는** 일곱째 날에 **창조하시던** 일을 **완성하셨다.** 일곱째 날에는 **당신이 창조하시던** 모든 일에서 그분 **앞에 안식과 휴식이 있었다.** 3 **주님의 영광이** 일곱째 날을 축복하시고 그날을 성별하셨다. 그때 **주님의 영광이** 창조하여 만드신 모든 일들에서 **그분 앞에 안식과 휴식이 있었기** 때문이다.

4 하늘과 땅이 창조될 때, 곧 주 하느님께서 **하늘과 땅을 창조하시던** 날, 그것들의 족보의 **계보는** 이러하였다.

에덴 동산

5 땅에는 아직 아무 들 **나무도** 없었고 아직 아무 들풀도 싹트지 않았다. 주 하느님께서 **땅** 위에 비를 내리지 않으셨고 지금까지 **땅을** 일굴 사람이 **창조되지** 않았기 때문이다. 6 그런데 땅에서 **구름이** 올라와 땅 표면을 모두 적셨다. 7 주 하느님께서 흙의 먼지로 **아담을 창조하시고** 그의 코에 생명의 숨을 불어넣으시자, **아담이 말하는** 생물이 되었다.

8 주 하느님께서 동쪽의 에덴에 동산을 세우시고 거기에 **창조하신 첫 아담을** 두셨다. 9 주 하느님께서 보기에 때깔 좋고 먹기에 좋은 나무를 흙에서 **자라게** 하시고, 동산 한가운데에는 생명 나무와, 그것을 **먹은 사람은 누구나** 선과 악을 **구별할 줄 아는** 지식 나무를 두셨다.

10 에덴에서 강이 나와 동산을 적시고 거기서 갈라져 **다시** 네 개의 **큰**
강줄기가 되었다. 11 **그것들 가운데** 하나의 이름은 피손으로, 금이 **나오는**
힌디키 온 땅을 **돌아** 둘러쌌다. 12 그 땅의 금은 질이 좋고 거기서 브델리
움과 **귀한 보석과 진주가 난다.** 13 둘째 강의 이름은 기혼으로, 쿠스 온 땅
을 돌아 둘러쌌다. 14 셋째 강의 이름은 티그리스로, 아수르 동쪽으로 **돌아**
둘러쌌다. 넷째 강은 **큰 강으로** 유프라테스**강**이다.

15 주 하느님께서 **아담을** 데려다 에덴 동산에 두시고, **토라를 섬기고 그**
법령들을 지키게 하셨다. 16 주 하느님께서 **아담에게** 명령하셨다. "너는 동
산의 모든 나무에서 먹을 수 있다. 17 그러나 **그것을 먹은 사람은 누구나**
선과 악을 **구별할 줄 알게 되는 지식** 나무에서는 먹어서는 안 된다. 그것
을 먹는 날 너는 죽을 수밖에 없다." 18 주 하느님께서 말씀하셨다. **"아담**
이 혼자 있는 것은 **아름답지** 않다. 그를 위하여 **그와 닮은 짝을** 만들어야
겠다." 19 주 하느님께서 흙에서 들의 온갖 짐승과 하늘의 온갖 새를 **창조**
하시고 그것들을 아담에게 데려가 그가 그들을 무엇이라고 부르는지 보셨
다. **아담이** 생물을 **성전의 언어로** 부르는 대로 모두 그것의 이름이 되었다.
20 **아담은** 모든 집짐승과 하늘의 새와 들의 온갖 짐승에게 이름을 불러 주
었다. 그러나 **아담을** 위해서는 **그에게서 나온 짝을** 찾지 못하였다. 21 주
하느님께서 **아담** 위에 **깊은 잠을 던지시어** 그가 잠들었다. 그러자 그의 갈
비뼈에서 하나의 **갈비뼈를** 빼고 그 대신 살을 **놓으셨다.** 22 주 하느님께서
사람에게서 뺀 갈비뼈를 가지고 여자를 **완성하시고 아담에게** 데려가셨다.
23 **아담이** 말하였다.

"이제 **다시는 그가 나에게서,**
곧 뼈는 내 뼈에서
살은 내 살에서 **창조되듯이**
남자에게서 여자가 창조되지는 않으리라.
그가 **남자에게서** 나왔으니
여자라고 부르는 것이 **맞다.**"

24 그래서 남자는 아버지와 어머니의 **숙소에서 갈라져 나와** 자기 아내와 결합하여 **둘이** 하나의 살이 된다.

25 그들 둘, **아담과** 그의 아내는 알몸이었으나 **아직 무엇이 부끄러운지 알지 못하였다.**

첫 사람 아담의 죄와 벌

3,1 뱀은 주 하느님께서 **창조하신** 들 **위의** 어떤 짐승보다 **영리하여**, 여
자에게 말하였다. "**주님께서는** 동산의 모든 나무를 먹지 말라고 말씀하셨
다." 2 여자가 뱀에게 말하였다. "동산의 나무 열매들은 먹을 수 있다. 3 그
러나 동산 한가운데 있는 나무 열매는, '너희가 그것을 먹어서도 안 되고
가까이해서도 안 되고 죽어서도 **안 된다.**'고 **주님께서** 말씀하셨다." 4 뱀이
여자에게 말하였다. "절대로 죽지 않는다. 5 너희가 그것을 먹는 날 너희
눈이 열려, **주님 앞에 있는 천사들처럼** 선과 악을 **구분할 줄** 알게 될 것이
주님 앞에 드러나기 때문이다." 6 그 여자는, 그 나무가 먹기에도 좋고 눈
에도 탐스러우며 똑똑해질 것처럼 **먹음직스러운 것을** 보고, 그 열매를 따
서 먹고 함께 있던 남편에게**만** 주어 그가 먹었다. 7 그러자 그들의 두 눈이
열려 자신들이 알몸인 것을 알게 되고, 서로 무화과나무 잎을 엮어 가리개
를 만들어 주었다.

8 그들은 그날 바람이 불 때 동산을 거니시는 주 하느님의 **메므라의** 소
리를 들었다. **아담과** 그의 아내는 주 하느님 앞에서 동산의 나무 한가운데
에 숨었다. 9 주 하느님께서 **아담을** 부르시며 말씀하셨다. "**보아라. 내 앞
에서는 내가 창조한 온 세상이 드러나고, 내 앞에서는 어둠과 빛이 드러난
다. 그런데 너는 네가 있는 곳이 내 앞에서 드러나지 않을 것이라고 생각하
느냐? 내가 너에게 명령한 법령들은** 어디 있느냐?" 10 그가 말하였다. "동
산에서 당신 **메므라의** 소리를 듣고 제가 알몸인 것이 두려워 숨었습니다."
11 그분께서 말씀하셨다. "누가 너에게 네가 알몸인 것을 **가르쳐 주었느
냐**? 먹지 말라고 내가 명령한 그 나무 (열매를) 네가 먹은 것이냐?" 12 **아담**

이 말하였다. "당신이 저와 함께 있으라고 **두신** 여자가 그 나무 (열매를) 저
에게 주어 제가 먹었습니다." 13 주 하느님께서 그 여자에게 말씀하셨다.
"네가 무슨 짓을 한 것이냐?" 여자가 말하였다. "뱀이 저를 속여 제가 먹었
습니다."

14 주 하느님께서 뱀에게 말씀하셨다.

"네가 이것을 저질렀으니
뱀 너는 모든 집짐승과 모든 들 **위의** 짐승 가운데에서 저주를 받아,
네가 사는 동안 내내
배로 **기고** 먼지가 **네 먹이가 되리라**.

15 내가 너와 여자 사이에,

네 **자손들과** 그의 **자손들** 사이에 증오심을 일으키겠다.
그의 자손들이 토라를 지키고 계명을 행하면
네 머리를 쳐 너를 죽이고자 할 것이고,
그들이 토라의 계명들을 저버리면
너희가 그의 발꿈치를 물어 그를 병들게 하고자 할 것이다.
그러나 그의 자손들에게는 치료가 있고
뱀 너에게는 치료가 없을 것이다.
그들은 장차 마지막에, 임금 메시아의 날에야 평안해지리라."

16 그분께서 여자에게 말씀하셨다.

"나는 네가 심한 고통을 겪으며 임신하게 하리라.
너는 고통 속에서 자식들을 낳으리라.
너는 네 남편을 갈망하고
죄가 없든 죄가 있든 그가 너를 지배하리라."

17 그리고 **아담에게** 말씀하였다. "너는 네 아내의 소리를 듣고 내가 너
에게 먹지 말라고 명령한 나무 (열매를) 먹었다.

그 땅은 너 때문에 저주를 받고
너는 사는 동안 내내

고통 속에서 수확의 열매를 먹을 것이다.
18 그것은 너 때문에 가시들과 덤불을 **자라게 하며**
너는 들 위의 풀을 먹으리라."
아담이 대답하여 아뢰었다.
"주님 당신 앞에 자비를 간청합니다.
당신 앞에 저희가 들 위의 풀이나 먹는 집짐승처럼 여겨지지 않게 해 주십시오.
이제 저희가 일어나 손으로 열심히 노동하여 땅의 열매를 먹을 것이니,
이제 그분께서 아담의 자손과 집짐승의 자손을 구분하실 것입니다."
19 "너는 네가 **창조된** 땅으로 돌아갈 때까지
네 **얼굴에서 난** 땀으로 양식을 먹으리라.
너는 먼지이니 **장차** 먼지로 돌아가고,
다시 먼지에서 일어나
네가 행한 모든 것에 따라 심판을 받고 셈을 치르리라."
20 〈사람은〉 자기 아내의 이름을 하와라고 불렀다. 그가 모든 생명의 어
머니가 되었기 때문이다. 21 주 하느님께서 **아담과** 그의 아내에게 **그들 살
의** 피부에 **영광의 옷을** 만들어 입히셨다.
22 주 하느님께서 말씀하셨다. "자, **내가 하늘 높은 데서 유일하듯이 내
가 창조한 첫 사람이 세상에서 유일하다. 장차 수많은 민족이 그에게서 일
어나는데,** 선과 악을 **구별할 줄** 아는 **한 민족이 그에게서 일어나리라. 만약
그가 토라의 계명들을 지키고 그 법령들을 준수했다면 그는 생명 나무처럼
영원히 살아 서 있었을 것이다. 그런데 그가 토라의 계명들을 지키지 않고
그 법령들을 준수하지 않았으니,** 그가 손을 뻗쳐 생명 나무의 **열매를** 따기
전에, 우리가 그를 에덴 동산에서 쫓아내리라." 23 주 하느님께서 그를 에
덴 동산에서 **쫓아내시고** 그가 **창조된** 땅을 일구게 하셨다. 24 그분께서는
아담을 쫓아내셨다. **처음에 당신 셰키나의 영광을 만드시고** 에덴 동산 동

쪽의 두 커룹들 **사이에 머물게 하셨다. 세상을 창조하기 이천 년 전 그분께서는 토라를 창조하셨다. 의인들을 위하여 에덴 동산을 세우시고 악인들을 위하여 게헨나를 세우셨다. 의인들을 위해서는 에덴 동산을 세워 그들이 나무 열매들을 먹고 즐거워하게 하셨다. 그들이 살면서 이 세상에서 토라의 계명들을 지키고 그 법령들을 준수하였기 때문이다. 악인들을 위해서는 게헨나를 세워 날카로운** 칼이 **양쪽 끝에서 삼키게 하셨다. 악인들을 위해 그 속에 불꽃과 불타는 석탄을 두시어 다음 세상에서 벌을 받게 하셨다. 그들이 이 세상에서 토라의 계명을 지키지 않았기 때문이다. 토라는 그것을 연구하고 그 법령들을 지키는 모두에게 생명 나무이다. 그는 다음 세상에서 생명 나무처럼 살아간다. 이 세상에서는 토라를 섬기는 것이 생명 나무의 열매처럼 좋다.**

카인과 아벨의 불화

4,1 **아담이** 자기 아내 하와를 알고 그가 임신하여 카인을 낳았다. (하와
가) 말하였다. "내가 주님 **앞에서 아들을** 얻었구나." 2 그가 또 그의 형제 아
벨을 낳았다. 아벨은 양을 치는 목자가 되고 카인은 **땅을** 일구는 이가 되었
다. 3 날들이 지나 카인은 땅의 열매를 주님의 **이름을 위하여 예물로** 가져
왔다. 4 아벨도 양의 맏배와 굳기름을 가져왔는데, 주님께서 아벨과 그의
제물을 **호의로 받으셨다.** 5 그러나 카인과 그의 **예물은 호의로 받아들여지
지** 않자, 카인은 몹시 **기분이 상하여** 그의 얼굴 **안색이 변하였다.** 6 주님께
서 카인에게 말씀하셨다. "어찌하여 **지금** 너는 **기분이 상하였단 말이냐**? 어
찌하여 **지금** 너는 얼굴 **안색이 변하였느냐**? 7 네가 **이 세상에서 한 일이** 올
바르다면 **다음 세상에서 면제받고 용서받지** 않겠느냐? 그러나 네가 **이 세
상에서 한 일이** 올바르지 않다면 **대 심판의 날 네** 죄는 **남으리라.** 네 죄는
네 마음의 문에 웅크리고 있고, **나는 네 손에 악한 본성의 힘을 보냈다. 죄
가 없든 죄가 있든** 너는 **그것에** 지배되리라."
8 카인이 그의 형제 아벨에게 말하였다. "**나오너라. 둘이서 들에 나가**

자." 그들 **둘이** 들에 **나갔을 때 카인이 아벨에게 대답하여 말하였다. "나는**
세상이 자비로 창조되지 않았고 올바른 일들의 열매에 따라 움직이지 않
으며 판결은 불공평하다는 것을 알았다. 어째서 네 제물은 호의로 받아들
여지고 내 제물은 호의로 받아들여지지 않느냐?" 아벨이 카인에게 대답하
여 말하였다. "나는 세상은 자비로 창조되었고 올바른 일들의 열매에 따라
움직이는 것으로 알고 있어요. 내가 한 일이 형의 것보다 올바르기에, 내
제물이 호의로 받아들여지고 형의 것은 호의로 받아들여지지 않은 것이에
요." 카인이 아벨에게 대답하여 말하였다. "판결도 없고 재판관도 없고 다
른 세상도 없으며, 의인에게 주는 올바름의 보상도 없고 악인에게는 처벌
도 없다." 아벨이 카인에게 대답하여 말하였다. "판결도 있고 재판관도 있
고 다른 세상도 있으면서, 다음 세상에서는 의인에게 올바른 보상이 주어
지고 악인에게는 처벌이 내려집니다." 그들 둘은 들에서 이 문제들을 두고
싸우다가, 카인이 그의 형제 아벨에게 일어나 그를 죽였다. 9 주님께서 카
인에게 말씀하셨다. "네 형제 아벨이 어디 있느냐?" 그가 말하였다. "저는
모릅니다. 제가 형제나 지키는 이입니까?" 10 그분께서 말씀하셨다. "네가
무슨 짓을 한 것이냐? **장차 네 형제 아벨에게서 일어날 의로운 군중들의** 피
의 소리가 **너를 거슬러** 땅에서 내 **앞에** 울부짖고 있다. 11 **카인아,** 이제 너
는, 입을 벌리고 네 손에서 네 형제의 피를 받아들인 땅에서 저주를 **받으리**
라. 12 네가 땅을 일구어도 더 이상 너에게 **소출의 열매**를 보태 주지 않을
것이다. **카인아,** 너는 **유배 다니며 땅을 떠돌리라."** 13 카인이 주님 **앞에** 아
뢰었다. "저의 죄가 짊어지기에 큽니다만 **당신 앞에는 면제하고 용서할 능**
력이 있으십니다. 14 당신께서 오늘 저를 땅 위에서 쫓아내시니 저는 당신
앞에서 숨을 수도 없습니다. 그래서 **카인은 유배 다니며 땅을 떠돌다가** 누
군가가 **그를** 찾으면 **그를** 죽이고야 말 것입니다." 15 주님께서 그에게 말씀
하셨다. "카인을 죽이는 이는 모두 일곱 **대까지** (판결이) **보류되리라."** 주님
께서 카인에게 **표를** 해 두시어, 그를 **만나는** 사람은 누구도 그를 죽이지 못
하게 하셨다. 16 카인은 주님 앞에서 나와, 에덴의 동쪽 **유배와 방랑의** 땅

에 자리 잡았다. **그가 아벨을 죽이기 전에 땅은 에덴 동산의 열매들처럼 그 앞에서 번성하였으나, 그가 죄를 지어 아벨을 죽이고 난 뒤로는 그 앞에서 가시와 덤불로 바뀌어 무성해졌다.**

카인의 자손

17 카인이 자기 아내를 알아 (아내가) 임신하여 에녹을 낳았다. 카인은
성읍을 세우고 그곳의 이름을 아들 이름대로 에녹이라 불렀다. 18 에녹은
이랏을 낳고 이랏은 므후야엘을 낳았으며, 므후야엘은 므투사엘을 낳고 므
투사엘은 라멕을 낳았다. 19 라멕은 두 아내를 얻었는데, **그들 가운데** 하나
의 이름은 아다이고 둘째의 이름은 칠라였다. 20 아다는 야벨을 낳아 그는
천막 거주자들과 가축 **소유자들의** 조상이 되었다. 21 그의 형제의 이름은
유발로서, 그는 비파와 피리를 다루는 모든 이의 조상이 되었다. 22 칠라도
투발 카인을 낳았는데, 그는 청동과 쇠를 (다루는) **모든 기술을** (지닌) **기술
자가** 되었다. 투발 카인의 누이는 나아마로서 **희극과 노래의 전문가이다.**
23 라멕이 자기의 **두** 아내들에게 말하였다.

"아다와 칠라야, 내 목소리를 들어라.
라멕의 아내들아, 내 입의 말을 들어라.
내가 사람을 죽이지 않았는데도 그 때문에 죽어야 한다.
또한 소년을 해치지 않았는데도 내 뒤의 후손들이 멸망하리라.
24 **자기 형제 아벨을 죽인** 카인이 일곱 **대까지 보류된다면,**
살인하지 않은 그의 손자인 라멕은 일흔일곱 **대까지 판결이**
보류되리라.
그를 위해 보류되리라."

셋과 그의 아들

25 아담이 자기 아내를 다시 알아 아내가 아들을 낳고 그의 이름을 셋이
라 불렀다. "주님께서 나에게 카인이 죽인 아벨 대신 다른 **아들을** 주셨다."

고 **말하였기** 때문이다. 26 셋에게도 아들이 태어나 그의 이름을 에노스라 불렀다. **그때부터 사람들은 우상들을 섬기고 주님 메므라의 이름으로 그것들에게 이름을 붙이기** 시작하였다.

아담의 족보

5,1 이것은 아담의 **직계** 족보이다. **주님께서** 아담을 창조하시던 날 그분께서는 그를 **주님 앞에** 있는 모습대로 **창조하셨다.** 2 그분께서 그들을 남자와 여자로 창조하셨다. 그들이 창조되던 날 그분께서는 그들을 축복하시고 그들의 이름을 아담이라 부르셨다.

3 아담은 백삼십 년을 살고 자신의 모습과 자신과 **닮은** 아이를 낳아 그의 이름을 셋이라 불렀다. 4 셋을 낳은 뒤 아담 **생애의** 세월은 **모두** 팔백 년이었다. **그의 해에** 아들들과 딸들을 낳았다. 5 아담 **생애의** 세월은 모두 구백삼십 년이었고, 그는 죽어 **세상 한가운데에서 소집되었다.**

6 셋은 백오 년을 살고 에노스를 낳았다. 7 셋은 에노스를 낳은 뒤 팔백칠 년을 살면서 **그의 해에** 아들들과 딸들을 낳았다. 8 셋 **생애의** 세월은 모두 구백십이 년이었고, 그는 죽어 **세상 한가운데에서 소집되었다.**

9 에노스는 구십 년을 살고 케난을 낳았다. 10 에노스는 케난을 낳은 뒤 팔백십오 년을 살면서 **그의 해에** 아들들과 딸들을 낳았다. 11 에노스 **생애의** 세월은 모두 구백오 년이었고, 그는 죽어 **세상 한가운데에서 소집되었다.**

12 케난은 칠십 년을 살고 마할랄엘을 낳았다. 13 케난은 마할랄엘을 낳은 뒤 팔백사십 년을 살면서 **그의 해에** 아들들과 딸들을 낳았다. 14 케난 **생애의** 세월은 모두 구백십 년이었고, 그는 죽어 **세상 한가운데에서 소집되었다.**

15 마할랄엘은 육십오 년을 살고 예렛을 낳았다. 16 마할랄엘은 예렛을 낳은 뒤 팔백삼십 년을 살면서 **그의 해에** 아들들과 딸들을 낳았다. 17 마할랄엘 **생애의** 세월은 모두 팔백구십오 년이었고, 그는 죽어 **세상 한가운**

데에서 소집되었다.

18 예렛은 백육십이 년을 살고 에녹을 낳았다. 19 예렛은 에녹을 낳은 뒤
팔백 년을 살면서 **그의 해에** 아들들과 딸들을 낳았다. 20 예렛 **생애의** 세월
은 모두 구백육십이 년이었고, 그는 죽어 **세상 한가운데에서 소집되었다.**

21 에녹은 육십오 년을 살고 므투셀라를 낳았다. 22 에녹은 므투셀라를
낳은 뒤 삼백 년을 **주님 앞에서 진실하게 섬기면서 그의 해에** 아들들과 딸
들을 낳았다. 23 에녹 **생애의** 세월은 모두 삼백육십오 년이었다. 24 에녹은
주님 앞에서 진실하게 섬겼다. 그러나 그가 어디 있는지는 모른다. 그는 **주
님 앞의 메므라에 따라 거두어진 것이다.**

25 므투셀라는 백팔십칠 년을 살고 라멕을 낳았다. 26 므투셀라가 라멕
을 낳은 뒤 칠백팔십이 년을 살면서 **그의 해에** 아들들과 딸들을 낳았다.
27 므투셀라 **생애의** 세월은 모두 구백육십구 년이었고, 그는 죽어 **세상 한
가운데에서 소집되었다.**

28 라멕은 백팔십이 년을 살면서 아들을 낳고, 29 "이 아이가 주님 **앞의
메므라에 따라** 저주받은 땅에서 우리가 **악하게** 행동하고 우리 손이 **강탈
한 것에서** 우리를 위로할 것이다."고 하여, 그의 이름을 노아라고 불렀다.
30 라멕이 노아를 낳은 뒤 오백구십오 년을 살면서 아들들과 딸들을 낳았
다. 31 라멕의 세월은 모두 칠백칠십칠 년이었고, 그는 죽어 **세상 한가운
데에서 소집되었다.**

32 노아는 오백 년을 살고 셈과 함과 야펫을 낳았다.

재판관의 아들들과 사람의 딸들

6,1 사람의 **아들들이** 땅 위에 많아지기 시작하고 그들에게 딸들인 **여자
들이** 태어났다. 2 **재판관들의** 아들들은 사람의 **아들의** 딸들이 **외모가** 아름
다워 보여, 자기들이 고르는 대로 모두 아내로 삼았다. 3 주님께서 말씀하
셨다. **"장차 일어날 세대는 누구도, 홍수 세대의 심판 명령에 따라 심판받
아서는 안 된다. 세상에서 멸망하고 없어져버릴 것이라는 홍수 세대의 심**

판 명령은 그 앞에서 봉인되지 않았느냐? 사람의 아들들은 살덩이에 행실
도 사악하여 내가 그들에게 나의 영을 **주었다. 그들이 회개할까 싶어 나는**
너희에게 길게 백이십 년을 주었다. 그러나 그들은 (그렇게) **하지 않았다.**"
4 그 시절 땅에는 **용사들이** 있었다. 그다음에도 **재판관들의** 아들들이 사
람의 **아들들의** 딸들에게 들어 아이를 낳았는데, 그들은 **세상의 시작부터**
있던 용사들이요 이름이 **구분되는 용사들이다.**

인류의 타락

5 사람의 **아들들의** 악이 땅에 많아지고 마음속에서 떠오르는 생각마다
하루 종일 악하기만 한 것이 **주님 앞에 드러났다.** 6 땅에 **아담을 창조하신**
것을 두고 주님 **앞에** 후회가 **있어, 그분께서는 심판하시고** 마음이 **진정되**
셨다. 7 주님께서 말씀하셨다. "내가 창조한 **아담을** 땅 위에서 **쓸어버리리**
라. 사람의 **아들들부터** 가축과 길짐승과 하늘의 새들까지 그러하리라. 내
가 **창조한** 것들을 두고 **내 앞에서** 후회가 **있기** 때문이다." 8 노아는, **그의**
세대에 의인이 없었기에 주님 **앞에서** 은총과 **자애를** 얻었다.

노아

9 이것들은 노아의 **직계** 족보이다. 노아는 그 세대에 **행실이 반듯한** 의
롭고 온전한 사람으로, **노아는 주님 앞에서 진실하게 섬겼다.** 10 노아는 아
들 셋, 곧 셈과 함과 야펫을 낳았다. 11 땅의 **주민들은 주님** 앞에서 **그들의**
행실이 부패하였다. 땅이 폭력과 **강탈로** 가득 찬 것이다. 12 땅이 부패한 것
이 **주님 앞에 드러났다.** 모든 살덩이가 땅 위에서 자신의 길을 부패시켰다.
13 **주님께서** 노아에게 말씀하셨다. "모든 살덩이의 **불평이** 내 앞에 **올라**
왔다. 그들 때문에 땅이 폭력과 **강탈로** 가득 찼다. 자, 내가 **그들과 땅을** 파
괴하리라. 14 너는 삼나무들로 된 방주를 만들어라. 방주에 칸을 만들고 안
과 밖에 역청을 **발라라.** 15 너는 이 **순서대로** 만들어라. 방주의 길이는 삼
백 암마, 폭은 오십 암마, 높이의 **치수는** 서른 암마이다. 16 너는 방주에 **빛**

의 집을 만들되, **높이가** 위로 한 암마 되게 마무리하여라. 방주의 문을 양
쪽에 두고, 바닥과 둘째와 셋째 층에 **칸을** 만들어라. 17 이제 내가 땅 위에
홍수를 몰고 와 생명의 **숨이** 있는 모든 살덩이를 하늘 아래에서 파멸하리
라. 땅에 있는 모든 것을 쓸어버리리라. 18 그러나 너와는 계약을 맺을 것
이다. 너는 네 아들들과 아내와 네 아들들의 아내와 함께 방주로 들어가라.
19 모든 생물 가운데, 모든 살덩이 가운데에서 저마다 둘씩 방주로 들어가
게 하여, 너와 함께 살게 하여라. 그것들은 수컷과 암컷이어야 한다. 20 새
도 제 종류대로, 집짐승도 제 종류대로, 땅의 모든 길짐승도 제 종류대로,
저마다 둘씩 너에게 와서 살게 하여라. 21 너는 먹을 만한 양식을 모두 가
져와 모아 두어라. 그것들이 너와 그들에게 양식이 되어야 한다." 22 노아
는 **주님께서** 명령하신 대로 다 하였다. 그대로 하였다.

7,1 주님께서 노아에게 말씀하셨다. "너와 네 집안 **사람들** 모두 방주로
들어와라. 이 세대에서 내 앞에 의인은 너뿐임을 내가 보았다. 2 정결한 집
짐승 가운데에서 **수컷과 암컷으로** 일곱씩 일곱씩, 정결하지 않은 집짐승
가운데에서 **수컷과 암컷으로** 둘씩 가져와라. 3 하늘의 새에서도 **수컷과 암
컷으로** 일곱씩 일곱씩 가져와 그 **새끼들이** 땅 위에 살게 하여라. 4 이레 **뒤
에** 나는 땅 위에 사십 일 낮과 사십 일 밤을 비를 내려, 내가 **창조한 피조
물들을** 모조리 땅 위에서 **쓸어버리리라**." 5 노아는 주님께서 명령하신 대
로 다 하였다.

홍수

6 노아가 육백 살일 때 땅 위에 홍수가 났다. 7 홍수가 나자 노아는 아
들들과 아내와 며느리들과 함께 방주로 들어갔다. 8 정결한 집짐승과 정결
하지 않은 집짐승, 새와 땅 위를 기는 모든 것이 9 수컷과 **그의 짝으로** 둘
씩 둘씩 노아의 방주로 들어갔다. **주님께서** 노아에게 명령하신 대로이다.
10 **므투셀라의 애도가 있은 지** 이레가 **지나고** 땅 위에 홍수가 있었다.

11 노아의 세월이 육백 년이 **지난** 둘째 달, 그달 십칠 일 **바로** 그날에 대

심연의 모든 샘들이 솟구치고 하늘의 창들이 열렸다. 12 사십 일 낮 사십
일 밤을 땅 위에 비가 있었다. 13 같은 날 노아는 노아의 아들 셈과 함과 야
펫, 노아의 아내와 아들들의 세 아내와 함께 방주로 들어갔다. 14 그들과,
모든 들짐승이 제 종류대로, 모든 집짐승이 제 종류대로, 땅 위를 기는 모
든 길짐승이 제 종류대로, 모든 날짐승이 제 종류대로, 곧 **날아다니고 떠
있는** 모든 것이 (들어갔다.) 15 생명의 **숨이** 있는 모든 살덩이 가운데 둘씩
둘씩 노아에게 방주로 들어갔다. 16 모든 살덩이에서 수컷과 암컷이 들어
갔다. **주님께서** 노아에게 명령하신 대로 들어갔다. 주님께서 **선하신 자비
로 그의 위에서 막으셨다.**

17 사십 일 동안 땅 위에 홍수가 나고 물이 불자, (물이) 방주를 띄워 (방
주가) 땅 위에서 높아졌다. 18 물이 거세지고 땅 위에서 몹시 많아져 방주가
물 위에서 움직였다. 19 물이 땅 위에서 더욱 거세져 온 하늘 아래 있는 모
든 높은 산들이 덮일 정도였다. 20 물은 위로 열다섯 암마 되게 거세져 산
들을 덮었다. 21 땅 위를 기는 모든 살덩이와 새와 집짐승과 짐승들, 땅 위
를 기는 모든 길짐승과 모든 사람이 죽었다. 22 뭍에 사는 모든 것 가운데
코에 생명의 영으로 숨 쉬는 것들은 모조리 죽었다. 23 땅 위에 있는 **피조
물들을** 모조리, 곧 사람부터 집짐승과 길짐승과 하늘의 새까지 쓸어버리셨
고 그것들은 땅에서 쓸려갔다. 그러나 노아와 그의 일행은 방주에 살아 남
았다. 24 물은 땅 위에서 백오십 일 동안 거세졌다.

홍수가 그치다

8,1 **주님께서는 선하신 자비로** 노아와 **아들들**, 방주에 그와 함께 있는
모든 짐승과 모든 집짐승을 기억하셨다. **주님께서** 땅 위에 **자비의** 영을 지
나가게 하시니 물이 잠잠해졌다. 2 심연의 샘과 하늘의 창이 닫히고 하늘
아래에서 (내리던) **홍수의** 비가 멎었다. 3 물이 점점 땅 위에서 빠지고 백오
십 일이 지나면서 물이 줄어들었다. 4 일곱째 달 십칠 일에 방주가 **카르두**
산들에 내렸다. 5 물이 열째 달까지 점점 줄어 열째 달 초하룻날에는 산꼭

대기들이 보였다.
6 사십 일이 지나 노아는 자신이 만든 방주의 **문을** 열고 7 까마귀를 보
내 봤더니, (까마귀는) 나갔다가 땅 위에서 물이 마를 때까지 드나들었다.
8 또 물이 땅 위에서 약해졌는지 보려고 비둘기를 자기가 있는 데서 보내
봤다. 9 비둘기는 발바닥 디딜 데를 찾지 못해 방주로 그에게 돌아왔다. 온
땅 위에 물이 있었던 것이다. 그는 손을 뻗쳐 비둘기를 데려다 방주로 들여
놨다. 10 이레를 더 **세기 시작하여** 다시 한 번 방주에서 비둘기를 보내 봤
다. 11 저녁때쯤 비둘기가 올리브 잎을 **따서** 부리에 (물고) 그에게 돌아왔
다. 노아는 땅 위에서 물이 약해졌음을 알았다. 12 이레를 더 **세고** 나서 비
둘기를 보내 봤더니, 더 이상 그에게로 돌아오지 않았다.
13 노아가 육백한 살이 **지나고** 첫째 달 초하룻날에 물이 땅 위에서 말랐
다. 노아는 방주의 덮개를 제치고 땅 위가 말라 있는 것을 보았다. 14 둘째
달 이십칠 일에는 땅이 말랐다.

방주에서 나오다

15 **주님께서** 노아에게 말씀하셨다. 16 "너는 네 아내와 아들들과 아들
들의 아내들과 함께 방주에서 나오너라. 17 너와 함께 있는 짐승들, 곧 모
든 살덩이들 가운데 새와 집짐승과 땅 위를 기어 다니는 모든 길짐승은 너
와 함께 나오너라. 그것들은 땅에서 **낳고 강해져** 땅 위에서 번성하리라."
18 노아는 아들들과 아내와 아들들의 아내들과 함께 나왔다. 19 모든 들짐
승과 모든 길짐승과 모든 새와 땅 위에서 움직이는 모든 것이 제 종류대로
방주에서 나왔다.

노아의 제사와 하느님의 다짐

20 노아는 주님 **메므라의 이름을** 위하여 제단을 세우고, 정결한 모든 집
짐승과 정결한 모든 새 가운데에서 가져와 제단 **맨 위에서** 번제물을 **차렸
다**. 21 주님께서는 **노아의 제물을 호의로 받아들이시고, 주님께서는 마음**

속으로 생각하시며 말씀하셨다.

"사람의 **아들** 때문에 더 이상 땅을 저주하지 않으리라.
사람 마음의 욕망은 어려서부터 악을 **꾀하곤 한다**.
내가 한 것처럼 더 이상 어떤 생물도 **쓸어버리지** 않으리라.
22 **이제부터** 땅은 날마다
파종과 수확, 추위와 더위,
여름과 겨울, 낮과 밤이 끝나지 않으리라."

노아와 계약을 맺으신 하느님

9,1 **주님께서** 노아와 아들들을 축복하시고 말씀하셨다. "**강해지고** 번성
하여 땅을 채워라. 2 땅의 모든 들짐승과 하늘의 모든 새, 땅을 기어 다니는
모든 것들과 큰 바다의 모든 물고기들이 너희를 두려워하고 무서워할 것이
다. 그것들을 너희 손에 맡긴다. 3 **생명의 숨이 있는** 움직이는 것들은 모두
너희에게 양식이 될 것이다. (내가 전에 준) 푸른 풀처럼 모두를 너희에게 준
다. 4 **다만** 살덩이 곧 목숨이 붙어 있는 피는 먹어서는 안 된다. 5 나는 너희
의 피는 너희의 목숨으로 요구할 것이고 모든 짐승에게도 요구할 것이다.
사람과 **사람의** 형제에게는 사람의목숨을 요구할 것이다.

6 사람의 피를 쏟은 자는
사람의 아들에 의해서 피를 쏟을 것이다.
주님 앞에서 (나온) **모습대로**
아담을 창조하셨기 때문이다.
7 너희는 **강해지고** 번성하여라.
땅에서 많이 낳고 **그 안에서** 번성하여라."

8 **주님께서** 노아와 그와 함께 있는 아들들에게 말씀하셨다. 9 "내가 이
제 너희와 너희 다음의 **자손들과** 함께 내 계약을 세운다. 10 너희와 함께
있는 모든 생물, 곧 방주에서 나온 땅의 모든 짐승들 가운데 너희와 함께
있는 새와 집짐승과 들짐승과도 그러하다. 11 나는 너희와 내 계약을 세울

것이다. 다시는 모든 살덩이를 홍수로 쓸어버리지 않으리라. 다시는 땅을
홍수로 파멸시키지 않으리라."

12 **주님께서** 말씀하셨다. "이것은 내 **메므라와** 너희와 너희와 함께 있는
모든 짐승들 사이에, 내가 **땅의** 세대들에게 **놓은** 계약의 **징표이다**. 13 내가
구름에 내 무지개를 둘 것이니, 그것이 내 **메므라와** 땅 사이에 계약의 **징
표가** 될 것이다. 14 땅 위로 구름이 **퍼져** 그 구름 속에서 무지개가 보이면,
15 나는 내 **메므라와** 너희 사이에 맺은 계약을 떠올릴 것이다. 다시는 홍
수가 모든 살덩이를 파멸하지 못하게 하리라. 16 구름 속에 무지개가 있는
것을 보고, 나는 **주님의 메므라와** 땅 위에 있는 살덩이를 지닌 모든 생물들
사이에 맺은 영원한 계약을 떠올릴 것이다."

17 **주님께서** 노아에게 말씀하셨다. "이것은 나의 **메므라와** 땅 위에 있는
모든 살덩이 사이에 맺은 계약의 **징표이다**."

셈과 함과 야펫

18 방주에서 나온 노아의 자손들은 셈과 함과 야펫이다. 함은 가나안
사람의 조상이다. 19 이 셋이 노아의 아들들이고 이들에게서 온 땅이 **채
워졌다**. 20 노아는 땅을 **일구는 의로운** 첫 사람이 되어 포도밭을 만들었
다. 21 그는 포도주를 마시고 취하여 천막 안에서 자신을 드러낸 채 있었
다. 22 가나안의 조상 함은 아버지의 알몸을 보고 **거리에서** 두 형제에게
알렸다. 23 셈과 야펫은 옷을 들어 자기들 둘의 어깨에 걸치고는 **돌아서서**
가 아버지의 알몸을 덮었다. 그들은 얼굴을 뒤로 **돌리고 있어서** 아버지를
보지 못했다. 24 노아는 술에서 깨어나 작은아들이 한 일을 알게 되었다.
25 그가 말하였다.

"가나안은 저주를 받아
제 형제들을 위해 **종살이하는** 종이 되리라."

26 그는 말하였다.

"셈의 주 하느님께서는 찬미받으소서.

가나안은 그들을 위해 **종살이하는** 종이 되리라.
27 **주님께서는** 야펫의 **영역을** 넓혀 주시고
셈의 천막에 **그분 셰키나의 영광이 머물게 하소서.**
가나안은 그들을 위해 **종살이하는** 종이 되리라."
28 노아는 홍수 이후에 삼백오십 년을 살았다. 29 노아 **생애의** 세월은 모
두 구백오십 년이었고, 그는 죽어 **세상 한가운데에서 소집되었다.**

노아의 족보

10,1 이것들은 노아의 아들 셈과 함과 야펫의 족보이다. 홍수가 (그친) 다
음 그들에게 아들들이 태어났다.
2 야펫의 아들들은 고메르, 마곡, 마다이, 야완, 투발, 메섹, 티라스이
고, **그들의 구역 이름은 프리기아, 게르마니아, 메디아, 마케도니아, 비티
니아, 미시아, 트라키아이다.** 3 고메르의 아들들은 아스크나즈, 리팟, 토가
르마이고, **그들의 구역 이름은 아시아, 바르케위, 바르바리아이다.** 4 야완
의 아들들은 엘리사, 타르시스, 키팀, 도다님이고, **그들의 구역 이름은 헬
라스, 타르수스, 이탈리아, 다르다니아이다.** 5 이들에게서 저마다 그들의
언어와 씨족과 민족에 따라 그들의 땅에 있는 바다 민족이 갈라져 나왔다.
6 함의 아들들은 에티오피아, 이집트, 풋, 가나안이다. 7 에티오피아의
아들들은 스바, 하윌라, 삽타, 라아마, 삽트카이다. 라아마의 아들들은 세
바와 드단이다. 8 에티오피아는 니므롯을 낳았는데 그는 세상에서 **죄 지은**
첫 장사가 되었다. 9 그는 주님 앞에서도 **죄 지은** 장사였기에, '니므롯처럼
주님 앞에서도 **죄 지은** 장사'라고 말하곤 하였다. 10 그의 왕국의 시작은
바벨 땅에 있는 바벨, **에데사, 니치빈, 크테시폰이다.** 11 그는 그 땅에서 아
시리아로 가서 니네베와 **성읍의 거리들과 아디아베네를** 세웠고, 12 니네베
와 큰 성읍 **아디아베네** 사이에 **틀라사르를** 세웠다.
13 이집트는 루드인, 아남인, 르합인, 납투인, 14 파트루스인과, 필리스
티아인들이 거기서 나온 카슬루인, **카파도키아인들을** 낳았다.

15 가나안은 맏아들 시돈과 히타이트, 16 여부스족, 아모리족, 기르가스
족, 17 히위족, 아르케족, **오르토시아족**, 18 아르왓족, 체메르족, **안티오키
아족을** 낳았다. 그 뒤로 가나안족의 씨족이 흩어졌다. 19 가나안족의 지역
은 시돈에서 그라르 쪽으로는 가자까지, 소돔과 고모라와 아드마와 츠보임
쪽으로는 **칼리로에까지였다**. 20 이들이 그들의 씨족과 언어에 따른 그들의
지역별, 민족별 함의 자손들이다.

21 셈에게도 (자식이) 태어났다. 그는 모든 **히브리인** 자손들의 조상이며
야펫의 큰 형이다. 22 셈의 아들들은 엘람, 아시리아, 아르팍삿, 루드, 아람
이다. 23 아람의 아들들은 우츠, 훌, 게테르, 마스이다. 24 아르팍삿은 셀라
흐를 낳고 셀라흐는 에베르를 낳았다. 25 에베르에게 아들 둘이 태어났다.
하나의 이름은 펠렉으로 그의 시대에 그 땅의 **주민들이** 갈라졌다. 그의 형
제의 이름은 욕탄이다. 26 욕탄은 알모닷, 셀렙, 하차르마웻, 예라, 27 하도
람, 우잘, 디클라, 28 오발, 아비마엘, 스바, 29 오피르, 하윌라, 요밥을 낳았
다. 30 그들의 거주지는 메사에서 동쪽 **산들인 스파르와임** 쪽이었다. 31 이
들이 그들의 씨족과 언어에 따른 그들의 지역별, 민족별 셈의 자손들이다.

32 이것들은 족보에 따른 민족별 노아 자손들의 족보이다. 이들에게서
홍수 이후에 민족들이 땅에서 흩어졌다.

바벨탑

11,1 온 땅의 **주민들은** 한 가지 언어와 한 가지 말을 쓰고 있었다. **그들
은 성전의 언어로 대화하였는데 처음부터 그것으로 세상이 창조되었다.**
2 사람들은 (하느님에게서) **마음이 떠나 바벨** 땅에서 평지를 발견하고 그곳
에 자리 잡았다. 3 그들은 서로 말하였다. "어서 벽돌을 만들어 **화덕에** 구
웁시다." 그러자 그들에게 돌이 벽돌이 되고 진흙이 역청이 되었다. 4 그들
이 말하였다. "성읍과 탑을 세워 꼭대기가 하늘 **높은 데까지 이르게** 하고,
**그 꼭대기에 우리를 위하여 우상을 만듭시다. 그가 손에 칼을 들고 전열을
갖추어 그분께 맞서게 합시다.** 그래서 **더 이상** 온 땅 위에서 흩어지지 맙

시다." 5 주님 **세키나의 영광이** 성읍을 만들고 탑을 세운 이들을 보시려고
나타나셨다. 6 주님께서 말씀하셨다. "저들 모두 한 백성이고 한 언어를 쓴
다. 그들이 이 일을 하기 시작했으니, 이제 하려고만 하면 뭐든 말릴 수 없
을 것이다. 7 **이제** 어서 **내가 나타나서** 그들의 언어를 섞어 놓고 서로 상대
방의 언어를 알아듣지 못하게 하겠다." 8 주님께서 그들을 거기서 온 땅 위
로 흩으시자 그들은 성읍 세우는 것을 **멈추었다**. 9 그리하여 그곳의 이름
을 바벨이라 불렀다. 주님께서 온 땅의 **주민들의** 언어를 섞으시고 거기서
온 땅 위로 흩으셨기 때문이다.

셈에서 아브라함까지

10 이것들은 셈의 **직계** 족보이다. 셈은 백 살에 아르팍삿을 낳았다. 홍
수 이후 두 해 만이다. 11 셈은 아르팍삿을 낳은 뒤 오백 년을 살면서 **그의
해에** 아들들과 딸들을 낳았다.

12 아르팍삿은 삼십오 년을 살고 셀라흐를 낳았다. 13 아르팍삿은 셀라
흐를 낳은 뒤 **사백삼십** 년을 살면서 **그의 해에** 아들들과 딸들을 낳았다.

14 셀라흐는 삼십 년을 살고 에베르를 낳았다. 15 셀라흐는 에베르를 낳
은 뒤 사백삼 년을 살면서 **그의 해에** 아들들과 딸들을 낳았다.

16 에베르는 삼십사 년을 살고 펠렉을 낳았다. 17 에베르는 펠렉을 낳은
뒤 사백삼십 년을 살면서 **그의 해에** 아들들과 딸들을 낳았다.

18 펠렉은 삼십 년을 살고 르우를 낳았다. 19 펠렉은 르우를 낳은 뒤 이
백구 년을 살면서 **그의 해에** 아들들과 딸들을 낳았다.

20 르우는 삼십이 년을 살고 스룩을 낳았다. 21 르우는 스룩을 낳은 뒤
이백칠 년을 살면서 **그의 해에** 아들들과 딸들을 낳았다.

22 스룩은 삼십 년을 살고 나호르를 낳았다. 23 스룩은 나호르를 낳은 뒤
이백 년을 살면서 **그의 해에** 아들들과 딸들을 낳았다.

24 나호르는 이십구 년을 살고 테라를 낳았다. 25 나호르는 테라를 낳은
뒤 백십구 년을 살면서 **그의 해에** 아들들과 딸들을 낳았다.

26 테라는 칠십 년을 살고 **아브라함과** 나호르와 하란을 낳았다.
27 이것들은 테라의 족보이다. 테라는 아브람과 나호르와 하란을 낳고,
하란은 롯을 낳았다. 28 하란은 자신의 고향 땅 칼데아인들의 **불의 화덕에
서** 아버지 테라가 **살아 있는 동안** 죽었다. 29 아브람과 나호르는 아내들을
얻었다. [아브람의 아내 이름은 사라이이고] 나호르의 아내 이름은 하란의 딸
밀카이다. 하란은 (밀카의) 아버지이자 이스카의 아버지이다. 30 사라이는
불임의 몸이어서 자식이 없었다. 31 테라는 자신의 아들 아브람과 자신의
손자이자 하란의 아들 롯과 자신의 며느리이자 아브람의 아내인 사라이를
데리고, 칼데아인들의 **불의 화덕에서** 가나안 땅으로 함께 떠났다. 그들은
하란에 이르러 거기에 자리 잡았다. 32 테라 **생애의** 세월은 이백오 년이고
테라는 하란에서 죽었다.

하느님의 부르심에 응답한 아브람

12,1 주님께서 아브람에게 말씀하셨다. "너의 고장이자 고향, 네 아버지
의 집에서 내가 너에게 보여 줄 땅으로 가라. 2 나는 너를 큰 민족이 되도록
임명한다. 너를 축복하고 네 이름을 **강하게** 하여 **너는** 복이 될 것이다. 3 너
를 축복하는 이는 축복하고 너를 저주하는 이는 저주하겠다. 세상의 모든
후손들이 **네 덕분에** 복을 받을 것이다."
4 아브람은 주님께서 말씀하신 대로 떠났다. 롯도 함께 떠났다. 하란을
떠날 때 아브람의 나이는 일흔다섯 살이었다. 5 아브람은 아내 사라이와
조카 롯과 그들이 얻은 모든 소유물들과 **개종한 이들을** 데리고 가나안 땅
으로 떠나, 가나안 땅에 이르렀다. 6 아브람은 스켐 지역과 **환시의 평원을**
지났다. 그 고장에는 가나안족이 살고 있었다. 7 주님의 **메므라가** 아브람
에게 **나타나시어** 말씀하셨다. "내가 네 **자손들에게** 이 땅을 준다." 그는 거
기서 그에게 **나타나신** 주님 **메므라의 이름을 위하여** 제단을 세웠다. 8 그
는 거기서 베텔의 동쪽 산으로 올라가, 서쪽으로 베텔이 있고 동쪽으로 아
이가 있는 곳에 천막을 펼쳤다. 그리고 거기에 주님 **메므라의 이름을 위하**

여 제단을 세우고 주님 **메므라의** 이름으로 **예배하고 기도하였다**. 9 아브람
은 다시 일어나 더 **남쪽으로** 떠났다.

이집트로 간 아브람

10 그 고장에 기근이 들어 아브람은 이집트로 내려가 거기에 자리 잡았
다. 그 고장에 기근이 극심하였기 때문이다. 11 이집트에 가까이 다다랐을
때 그가 아내 사라이에게 말하였다. "나는 당신이 아름다운 여인인 줄 알
고 있소. 12 이집트인들이 당신을 보고 '이 여자는 저 사람의 아내요.' 하고
말하며, 나는 죽이고 당신은 살려둘 것이오. 13 **부탁이니** 당신이 내 누이
라고 말해 주시오. 그래야 당신 때문에 나한테 좋고 당신 덕분에 내 목숨이
살 것이오." 14 아브람이 이집트로 들어갈 때 이집트인들이 그 여자를 보았
는데 정말 아름다웠다. 15 파라오의 대신들이 그 여자를 보고 파라오에게
칭찬하자, 그 여자는 파라오의 **궁에** 불려갔다. 16 (파라오는) 사라이 때문에
아브람에게 잘해 주었다. 양과 소와 수나귀, 남종과 여종, 암나귀와 낙타들
을 아브람에게 주었다.

17 주님의 **메므라가** 아브람의 아내 사라이 일로 파라오와 그 집안 **사람
들에게** 큰 재앙이 **터지게 하셨다**. 18 파라오는 아브람을 불러 말하였다.
"네가 나한테 무슨 짓을 한 것이냐? 그 여자가 네 아내라고 왜 나에게 알려
주지 않았느냐? 19 어찌하여 너는 누이라고 말해서 내가 아내로 삼게 하였
느냐? 이제 네 아내를 데리고 떠나라." 20 파라오가 **지도자들에게** 명하여
그들이 아브람과 아내와 그의 모든 소유를 떠나 보냈다.

롯이 분가하다

13,1 아브람은 아내와 모든 자기 소유와 롯과 함께 이집트에서 나와 남
쪽으로 올라갔다. 2 아브람은 가축과 은과 금으로 매우 **강해졌다**. 3 그는
남쪽에서 떠나 베텔까지, 곧 베텔과 아이 사이에 처음 천막을 **쳤던** 지역까
지 이동하였다. 4 그곳은 처음 제단을 만든 장소로서, 거기서 아브람은 주

님 **메므라의** 이름으로 **기도하였다.**

5 아브람과 함께 간 롯에게도 양과 소와 천막이 있었다. 6 그 땅에는 그들이 함께 머무를 **소유지가** 없었다. 그들의 재산이 너무 많아서 함께 머무를 수 없었던 것이다. 7 아브람 가축의 목자들과 롯 가축의 목자들 사이에 논쟁이 있었다. **아브람의 목자들은 목초지에 도착할 때까지 가축들에게 입마개를 씌웠으나, 롯의 목자들은 가축들에게 입마개를 씌우지 않고 마구 들어가게 방치하였다. 사실 아브람의 목자들은 지도자 아브람에게서 "아직** 그 고장에 살고 있는 가나안족과 프리즈족에게 **가지 마라."고 한 지시를 받은 것이다.**

8 아브람이 롯에게 말하였다. "나와 너 사이에, 내 목자와 네 목자 사이에 **다툼이** 있어서는 안 된다. **나는** 혈육을 나눈 친족이나 **마찬가지다.** 9 온 땅이 네 앞에 있으니 나와 갈라지지 않겠느냐? 이제 네가 **북쪽으로** 가면 나는 **남쪽으로,** 네가 **남쪽으로** 가면 나는 **북쪽으로** 가겠다." 10 롯은 눈을 들어 요르단 평원을 둘러보니, 곳곳이 물을 댈 수 있는 곳이었다. 주님께서 소돔과 고모라를 쓸어버리시기 전이라, **네가** 초아르에 들어가기까지 마치 **나무는** 주님의 동산 같고 **열매는** 이집트 땅 같았다. 11 롯은 요르단 온 평원을 선택하고 먼저 동쪽으로 옮겨갔다. 그들은 서로 친족에게서 갈라졌다. 12 아브람은 가나안 땅에 살고 롯은 평원의 성읍들에 살았다. 그는 소돔에까지 **천막을** 펼쳤다. 13 그런데 소돔 사람들은 **이웃들에게** 사악하게 굴고, **치부를 드러내거나 피를 쏟으며 이방 신을 숭배하는 등** 주님 **앞에** 심하게 죄를 지었다.

14 롯이 아브람에게서 갈라진 뒤, 주님의 **메므라가** 아브람에게 말씀하셨다. "눈을 들어 네가 있는 곳에서 북쪽과 남쪽, 동쪽과 서쪽을 둘러보아라. 15 네가 둘러본 온 땅을 너와 네 **자손들에게** 영원히 준다. 16 내가 네 **자손들을** 땅의 먼지처럼 **많게** 하겠다. 땅의 먼지를 셀 수 **없듯이** 네 **자손들도** 셀 수 **없을 것이다.** 17 자, 일어나 이 땅을 세로로 가로로 다녀 보아라. 내가 너에게 주겠다." 18 아브람은 천막을 접고 헤브론의 **환시의 평원으로**

가 자리를 잡고는, 거기서 주님 앞에 제단을 세웠다.

민족들의 전쟁과 위기에 처한 롯

14,1 그때는 신아르 임금 아므라펠과 엘라사르 임금 아르욕, 엘람 임금
크도를라오메르, **민족들의** 임금 티드알의 시절이었다. 2 그들은 소돔 임금
베라, 고모라 임금 비르사, 아드마 임금 신압, 츠보임 임금 세므에베르, **거
류민들을 삼켜버린 도성의** 임금 초아르와 전쟁을 벌였다. 3 이 **임금들** 모두
정원의 평원 곧 소금 바다에서 단결하였다. 4 그들은 십이 년 동안 크도를
라오메르를 섬겼다가 십삼 년째에 **그에게** 반란을 일으킨 것이다. 5 십사 년
째에 크도를라오메르는 자기 편인 임금들을 이끌고 나가, 아스타롯 카르나
임에서 **거인들과 그들 가운데 특별한 이들, 성읍에 사는 무시무시한 이들
을 죽였다.** 6 **가블라 산지에 사는** 호르족도 (쳐서) 광야에서 **가까운** 파란 **경
계에까지** 이르렀다. 7 그들은 돌아서 **심판의 샘인 레캄으로** 가, 아말렉족의
모든 **지역과 대추야자 나무가** (우거진) **엔 게디에 사는** 아모리족도 **죽였다.**

8 그러자 소돔 임금, 고모라 임금, 아드마 임금, 츠보임 임금, **거류민들
을 삼켜버린 도성의** 임금 초아르가 나와 **정원의 평원에서** 함께 전열을 갖
추었다. 9 엘람 임금 크도를라오메르, **민족들의** 임금 티드알, **바벨** 임금 아
므라펠, **폰투스** 임금 아르욕 등 이 네 임금들이 다섯에게 맞서 **전열을 갖
추고 그들을 제압하였다.** 10 그 **정원의 평원에는** 역청이 **들어찬** 구덩이들
이 있어, 소돔 임금과 고모라 임금은 달아나다 거기에 빠지졌고 나머지들
은 산으로 달아났다. 11 그들은 소돔과 고모라의 모든 소유물과 양식을 가
지고 떠났다. 12 그들은 아브람의 조카이자 소돔에 사는 롯과, 그의 소유
물도 가지고 떠났다.

13 도망자 하나가 히브리인 아브람에게 알렸다. 그는 아모리족의 마므
레 **환시의 평원에** 살면서 에스콜과도 형제로, 아네르와도 형제로 지냈다.
이들은 아브람과 계약을 맺은 **지도자들이다.** 14 아브람은 조카가 붙잡혔다
는 말을 듣고, 자기 집에서 **훈련받은 장정들 삼백열** 명을 **무장시켜 카이사**

리아까지 쫓아갔다. 15 아브람과 그의 종들이 그들에 맞서 밤을 갈라 그들
을 **죽이고** 다마스쿠스 **북쪽** 호바까지 추격하였다. 16 그는 모든 재물들, 곧
조카 롯과 그의 재물들도 다시 가져오고 여자들과 백성도 다시 데려왔다.

예루살렘 임금 멜키체덱

17 (아브람이) 크도를라오메르와 그와 함께한 임금들을 **죽이고** 돌아오
자, 소돔 임금이 임금의 **평원인 정원의 평원으로** 그의 앞에 나왔다. 18 **예
루살렘** 임금 멜키체덱 곧 **위대한 셈도** 빵과 포도주를 가지고 왔다. 그는 **대
사제로서** 지극히 높으신 하느님 **앞에서 섬기는** 사제였다. 19 그는 아브람
을 축복하며 말하였다.

"**그분의 메므라로** 하늘과 땅을 소유하신
지극히 높으신 하느님 **앞에**
아브람은 복을 받으리라.
20 당신의 원수를 당신 **앞에서 부수신**
지극히 높으신 하느님께서는 찬미받으소서."

아브람은 모든 것에서 십분의 일을 그에게 주었다. 21 소돔 임금이 아
브람에게 말하였다. "사람들은 내게 돌려주고 재물들은 당신이 가지시오."
22 아브람이 소돔 임금에게 말하였다. "**그분의 메므라로** 하늘과 땅을 소유
하신 지극히 높으신 하느님, 주님 **앞에** 손을 높이 들어 **맹세합니다**. 23 실
한가닥 신발 끈 하나라도 내가 당신의 것 가운데 뭐든 가질 것 같소? '내가
아브람을 부자가 되게 하였다.'고는 절대 **자랑삼아** 말하지 마시오. 24 나는
빼시오. 다만 젊은이들이 먹은 것과 나와 함께 간 사람들, 곧 아네르와 아
스콜과 마므레의 몫은 (주시오.) 이들은 자기들 몫을 받아야 하오."

아브람의 환시

15,1 이런 일들이 있은 뒤, **곧 땅의 모든 왕국들이 모여 아브람을 거슬
러 전열을 갖추어 그 앞에 쓰러졌고, 그는 그들 가운데 네 임금들을 죽이고**

아홉 진영들을 돌려보냈다. 그 뒤 아브람은 속으로 생각하며 말하였다. '슬
프도다. 이 세상에서는 내가 계명들을 (지켜) **보상을 받았으나, 다음 세상**
에서는 나에게 몫이 없다. 아마도 내 앞에 쓰러져 죽은 이들의 형제들과 친
척들이 그들의 요새와 성읍들로 가서, 많은 군대들이 그들과 동맹을 맺고
나에게 와 나를 죽일 것이다. 처음에는 내 손에 사소한 계명의 공로가 있어
그들이 내 앞에 쓰러지고 내 앞에 설 것이나, 두 번째에는 내 손에 아무 계
명도 없어 하늘의 이름께서는 내 안에서 모독을 당하실 것이다.' 이 말 때
문에 아브람에게 주님 **앞에서 예언의** 말씀이 내렸다. "아브람아, 두려워하
지 마라. **많은 군대들이 연합하여 너를 죽이러 오더라도,** 나의 **메므라가** 너
에게 방패가 될 것이고 이 세상에서 **너를 보호할 것이다. 그리고 내가 이**
세상에서 너의 적들을 네 앞에 넘겨줄 뿐 아니라, 너의 착한 행실은 다음
세상에서 보상이 내 앞에서 너에게 마련될 것이다." 2 아브람이 아뢰었다.
"주님, **당신 앞에서 자비를 간청합니다. 저한테 많은 것을 주셨고 제게 주**
신 것이 당신 앞에 (아직) **많습니다.** 그런데 아들도 없이 **세상을 떠나야 하**
고, 다마스쿠스에서 **저를 위해 그 손으로 기적을 일으켰던** 제 집안 사람 엘
리에제르가 제 상속자입니다." 3 아브람이 아뢰었다. "저에게 **아들을** 주지
않으셔서 제 집안 사람이 저를 상속하게 생겼습니다." 4 주님 **앞에서 예언**
의 말씀이 **아브람에게** 내렸다. "네 상속자는 그가 아니다. 오로지 너의 몸
에서 나온 이가 네 상속자가 될 것이다." 5 그리고 그를 밖으로 데리고 나가
말씀하셨다. "하늘을 쳐다보고 별들을 셀 수 있으면 세어 보아라." 또 말씀
하셨다. "네 **아들들의** 후손들이 이렇게 될 것이다." 6 **아브람은** 주님 **메므**
라의 이름을 믿었고, 그의 죄 없음을 그분께서 인정하셨다.

7 그분께서 그에게 말씀하셨다. "나는 이 땅을 너에게 주어 물려받게 하
려고, 너를 칼데아의 **불타는 화덕에서** 데리고 나온 주님이다." 8 아브람이
아뢰었다. **"당신 앞에 자비를 간청합니다.** 제가 그 땅을 물려받을지 어떻
게 알 수 있습니까?" 9 주님께서 그에게 말씀하셨다. "내 **앞에** 삼 **년** 된 암
송아지, 삼 **년** 된 암염소, 삼 **년** 된 숫양, 산비둘기와 집비둘기를 한 마리씩

바쳐라." 10 그는 이 모든 것을 그분 **앞에 바치고** 그것들을 가운데에서 잘라, 자른 것을 서로 마주보게 놓았다. 새들은 자르지 않았다. 11 **새들이** 자른 것에 내려앉자 아브람의 **공로가** 그것을 몰아냈다. **맹금이 내려앉아 자른 것 위에 맴돌았다. 어떤 종류인가? 이것은 부정한 맹금, 이것은 부정한 새다. 이것들은 땅의 왕국들로서, 그들이 이스라엘 집안에 맞서 악의적인 권고를 할 때 그들의 조상 아브람의 공로가 그들을 구하였다.**

12 해가 **가라앉을 때**, 아브람 위로 **달콤한** 잠이 떨어졌다. **아브람은 자신에게 맞서 올라오는 네 왕국들을 보았다.** '공포' **이는 바빌론이다.** '어둠' **이는 메디아이다.** '큰' **이는 그리스이다.** '그 위에 함락' **이는** [**장차 쓰러져 일어나지 못하는 에돔이다. 거기에서 이스라엘 집안 백성이 올라올 것이다.**] 13 주님께서 아브람에게 말씀하셨다. "잘 알아두어라. 네 자손들은 사백 년 동안 자신들의 것이 아닌 땅에서 이방인들이자 **거류민들이** 되어 종살이하며 고통을 겪을 것이다. 14 그러나 그들을 **종살이시킬** 민족에게도 내가 **복수하리라.** 그러고 나서 그들은 많은 재산들을 가지고 나올 것이다. 15 너는 평화로이 네 조상들에게 **소집되고** 장수를 누리다 묻힐 것이다. 16 네 번째 세대가 이리로 돌아올 것이다. 아모리족의 죄가 아직 끝나지 않았기 때문이다."

17 해가 **가라앉고** 어두워질 무렵, **아브람은 의자들이 모여 있고 어좌들이 던져져 있는 것을** (환시로) **보았다. 또 보니 타오르는 불꽃으로 둘러싸인 오븐 곧 화덕 같은 게헨나가** (있었다.) **그 한가운데에는 사악한 이들이 떨어졌는데 사악한 이들은 이 세상에 살면서 토라를 거슬러 반역하였다. 그러나 의인들은 토라를 지켜 고통에서 구원되었다. 아브람이** 이 갈라진 것들 사이를 지날 **때 이 모든 것들을 보았다.** 18. [그날] 주님께서 아브람과 계약을 맺으시고 말씀하셨다. "내가 이 땅을 이집트의 **나일 강에서** 큰 강 유프라테스 강까지 너의 자손들에게 준다. 19 곧 (그곳은) **샬마이족**, 크나즈족, **동방족**, 20 히타이트족, 프리즈족, **거인족**, 21 아모리족, 가나안족, 기르가스족, 여부스족의 땅이다."

하가르와 이스마엘에게 나타난 주님의 천사

16,1 아브람의 아내 사라이는 그에게 아이를 낳아 주지 못하였다. 그에게는 이집트인 여종이 있었는데 그의 이름은 하가르이다. 2 사라이가 아브람에게 말하였다. "주님께서 나에게 출산을 막으시니 이제 내 종에게 드세요. 나도 그에게서 아들이 생기는 셈이니까요." 아브람은 사라이의 말을 들어주었다. 3 아브람의 아내 사라이는 이집트인 여종 하가르를 데려왔다. 아브람이 가나안 땅에 머문 지 십 년의 **세월이** 지나면서, 그 여자를 남편 아브람에게 아내로 준 것이다. 4 아브람이 하가르에게 들어 그가 임신하였다. 그는 임신한 것을 알고는 안주인의 **영예를** 가볍게 보았다. 5 사라가 아브람에게 말하였다. "**나의 심판과 굴욕, 나의 모욕과 고통의 시작이 당신 손에 넘어갔습니다. 나는 내 나라와 고향, 아버지의 집을 떠나 믿음으로 당신과 함께 왔습니다. 나는 당신과 함께 다른 나라 임금들 앞에, 곧 이집트 임금 파라오 앞에, 그라르 임금 아비멜렉 앞에 가서 말하였습니다. '이 사람은 나의 오라비입니다.' 그래서 그들이 당신을 죽이지 않았습니다. 그리고 나는 이집트인 여종 하가르를 데려다 당신에게 아내로 주고 말하였습니다. '그가 임신하면 내가 키우겠습니다. 나도 그를 통해서 자식을 얻는 셈이니.'** 그런데 그가 자신이 임신한 것을 알고는 나의 **영예**를 가볍게 여깁니다. **이제** 주님께서 **나타나셔서** 나와 당신 사이에서 심판하시고, **나와 당신 사이에 그분의 평화를 펼치시며, 이 땅이 우리로 말미암아 가득 차, 이집트인 하가르의 아들이 필요 없어질 것입니다. 그들은 당신을 칼데아의 불타는 화덕으로 던진 백성의 자손들의 자손들입니다.**" 6 아브람이 사라이에게 말하였다. "당신의 여종은 당신 손에 있소. 당신 보기에 적절하게 처리하시오." 사라이가 하가르를 괴롭히자 하가르는 사라이 앞에서 달아났다.

7 주님의 천사가 광야의 샘 곧 **할루차로** 가는 길에 있는 샘에서 하가르를 발견하였다. 8 그가 말하였다. "사라이의 여종 하가르야, 너는 어디에서 와서 어디로 가느냐? **어디에서든 네 주인 아브람의 집만 한 집을 찾기는 하였느냐?**" 그가 말하였다. "저는 저의 안주인 사라이 앞에서 달아났습

니다." 9 주님의 천사가 말하였다. "너의 안주인에게 돌아가 종살이하고 그
에게 복종하여라." 10 주님의 천사가 그에게 말하였다. "내가 네 **자손들을**
번성하게 하겠다. 너무 번성하여 셀 수 없을 것이다." 11 주님의 천사가 그
에게 또 말하였다.

"너는 임신 중이고
아들을 낳으리니
그의 이름을 이스마엘이라 불러라.
너의 고통이 **주님 앞에** 들렸다.
12 그는 사람의 **자손들 안에서** 들나귀 **같아지리라.**
그의 손이 모든 이를 **지배하고**
모든 이의 손이 그를 **지배하리라.**
그는 **모든 민족** 앞에서 살아가리라."

13 하가르는 **자기에게 나타나신** 주님 **메므라의** 이름으로 **기도하며 아뢰
었다.** "당신께서는 **영원무궁히 존재하시는** 하느님이십니다." 그가 말하였
다. **"그분께서 나의 여주인 사라이에게 나타나신 뒤 지금 또 나에게 나타
나셨다."** 14 그러고 나서 그 우물은 '**영원무궁히 존재하시는 분이 나타나신**
우물'이라고 불렀다. 그곳은 **레캄과 할루차** 사이에 **위치한다.**

15 하가르는 아브람에게 아들을 낳아주었고 아브람은 하가르가 낳은 아
들 이름을 이스마엘이라 불렀다. 16 하가르가 아브람에게 아이를 낳아주었
을 때 아브람은 팔십육 세였다.

하느님의 계약과 아브람의 할례

17,1 아브람이 구십구 세 되었을 때 주님의 **메므라가** 아브람에게 **나타
나시어** 말씀하셨다. "나는 **하늘의 하느님이다.** 내 앞에서 **진실하게 섬기고
반듯한 행실로 완전해져라.** 2 나는 내 **메므라와** 너 사이에 나의 계약을 주
고 너를 매우 **강하게** 하겠다."

3 아브람이 얼굴을 숙이고 **쓰러지자** 주님의 **메므라가** 그에게 말하였다.

4 “나는 너와 내 계약을 (맺는다.) 너는 **의로운** 민족들의 **의회에 회중이** 될
것이다. 5 네 이름은 더 이상 아브람이라 불리지 않고, 네 이름은 아브라함
이 되리라. 내가 너를 **의로운** 민족들의 **의회에 회중으로** 삼았기 때문이다.
6 나는 너를 매우 강하게 하고, 너를 **의회로** 삼아 **민족들을 다스릴** 임금들
이 너에게서 나오게 하겠다. 7 나는 내 **메므라와** 너, 그리고 네 뒤에 오는
자손들 사이에 대대로 내 계약을 영원한 계약으로 세우고, 너와 네 뒤에 오
는 **자손들에게 나의 메므라로** 하느님이 될 것이다. 8 나는 너와 네 뒤에 오
는 **자손들에게** 네가 거주하는 땅, 가나안 온 땅을 영원한 소유지로 주고,
나의 메므라로 그들에게 **구원자** 하느님이 되어 주겠다.”

9 **주님께서** 아브라함에게 말씀하셨다. “너는 내 계약을 지켜야 한다. 너
와 네 뒤에 오는 **자손들이** 대대로 그렇게 해야 한다. 10 이것은 내 **메므라
와** 너희와 네 뒤에 올 **자손들** 사이에서 지켜야 할 내 계약이다. 곧 너희 모
든 남자들은 할례를 해야 한다. 11 너희는 포피의 살을 잘라 할례를 해야
한다. 그것이 내 **메므라와** 너희 사이의 계약의 표징이다. 12 너희는 대대로
모든 남자는 여드레 만에 할례를 해야 한다. **너희** 집에서 **자란** 종과, 너희
에게서가 아닌 외국인에게서 돈으로 산 종 모두 그렇게 해야 한다. 13 **너희**
집에서 **자란** 종과 돈으로 산 종도 할례를 해야 한다. 이로써 너희 살로 맺
은 내 계약은 영원한 계약이 될 것이다. 14 할례를 하지 않은 남자, 곧 [자기
포피의 살을] 자르지 않은 자, 그 사람은 자기 백성에게서 떨어져 나가리라.
그는 내 계약을 **모독하였다.**”

15 **주님께서** 아브라함에게 말씀하셨다. “네 아내 사라이를 사라이라는
이름으로 부르지 마라. 그의 이름은 ‘사라’이다. 16 나는 (사라를) 축복하여
그에게서 네 아들을 주고 그를 축복하겠다. 사라는 민족이 되고, 그에게서
민족들을 **다스릴** 임금들이 나오리라.” 17 아브라함은 **쓰러진 채 놀라서** 속
으로 말하였다. ‘**내가** 백 살에 아들을 낳을 **수 있다고**? 사라가 아흔 살에 아
이를 낳을 수 **있다고**?’ 18 아브라함이 **주님 앞에** 아뢰었다. “이스마엘이 당
신 앞에서 살기를 바랄 뿐입니다.” 19 **주님께서 아브라함에게** 말씀하셨다.

"네 아내 사라가 너에게 아들을 낳아 줄 것이다. 그의 이름을 이사악이라 불러라. 내가 그와 내 계약을 세워 그 뒤에 오는 후손들에게 영원한 계약이 되게 하겠다. 20 이스마엘을 두고 한 **네 기도 소리도** 들었다. 나는 그를 축복하여 그가 **강하고** 매우 번성하게 하겠다. 그는 열두 족장들을 낳고 나는 그에게 큰 **유산을** 만들어 주겠다. 21 나는 내년 이맘 때 사라가 너에게 낳아 줄 이사악과 내 계약을 세울 것이다." 22 그분께서 그에게 말씀을 마치시자 **주님 셰키나의 영광이** 아브라함 위로 올라가셨다.

23 아브라함은 아들 이스마엘과 그의 집에서 **자란** 종과, 돈으로 산 종, 아브라함 집에 있는 남자들을 모두 데려다가, **주님께서** 그에게 말씀하신 대로 그날 포피의 살을 잘라 할례를 하였다. 24 아브라함이 자기 포피의 살을 잘라 할례를 할 때 그의 나이는 아흔아홉 살이었고, 25 아들 이스마엘이 자기 포피의 살을 잘라 할례를 할 때 그의 나이는 열세 살이었다. 26 같은 날 아브라함이 **자기 포피의 살을** 잘라 할례를 하였고 그의 아들 이스마엘도 그렇게 하였다. 27 그의 집에 [있는 사람 모두], 곧 집에서 **자란** 종과 이민족에게서 돈으로 산 종들도 그와 함께 할례를 하였다.

아브라함에게 파견된 세 천사

18,1 **우리의 조상 아브라함이 포피의 살을 잘라 할례를 할 때 세 천사가 그에게 파견되었다. 그들 셋은 세 가지 일을 위해 파견되었는데, 한 천사가 한 가지 일 이상을 위해 파견되는 것은 높은 곳에서 불가능하다. 첫 번째 천사는 사라가 이사악을 낳을 것이라는 소식을 우리의 조상 아브라함에게 알리기 위하여 파견되었고, 두 번째 천사는 롯을 파멸에서 구하기 위하여 파견되었으며, 세 번째 천사는 소돔과 고모라, 아드마와 츠보임을 파괴하기 위하여 파견되었다.** 주님의 **메므라가 환시의 평원에서 아브라함에게** 나타나셨다. 그는 낮의 **절정에 장막** 입구에 앉아 있었는데, **낮 동안에는 할례의 피로 너무** 더웠기 **때문이다.** 2 그가 눈을 떠 보니 남자들 **모습을 한 천사들** 셋이 그 앞에 서 있었다. 그는 이를 보고 **성막** 입구로 그들 **앞에** 달

려 나가 **땅의 관습대로 그들의 안부를 물었다**. 3 그가 아뢰었다. "**주님, 제가 당신 앞에 간청하오니** 당신 앞에서 은총과 **자애를** 얻을 수 있다면, **당신 셰키나의 영광이 저에게서 올라가지** 말아 주소서. 4 **제가** 물을 조금 가져올 테니 발을 씻으시고 나무 아래에서 **쉬십시오**. 5 제가 **음식을** 조금 가져올 테니 기운부터 차리십시오. **마침 식사 때에** 당신 종을 지나치게 되셨으니 그러고 나서 지나가십시오." 그러자 그들이 대답하였다. "알았소. 말씀하신 대로 하시오."

6 아브라함은 서둘러 성막으로 가 사라에게 말하였다. "서둘러 고운 밀가루 세 스아를 반죽하여 **누룩 없는 빵을** 만드시오." 7 아브라함은 **외양간으로** 달려가 부드럽고 좋은 송아지를 끌어다 하인에게 주고, 서둘러 그것을 장만하였다. 8 그는 버터와 우유와 요리한 송아지 고기를 그들 앞에 내어 놓았다. 그는 나무 아래에서 그들 옆에 서 있었고, **그들은 먹는 것처럼 마시는 것처럼 보였다**.

9 그들이 그에게 말하였다. "당신 아내 사라는 어디 있소?" 그가 대답하였다. "장막에 있습니다." 10 그분께서 말씀하셨다. "[내년] 이맘때 내가 다시 너에게 돌아오겠다. 그때 네 아내 사라에게 **남자애**, 아들이 있을 것이다." 사라가 장막 입구에서 듣고 있었고, **이스마엘이** 그의 뒤에 **서서 듣고 있었다**. 11 아브라함과 사라는 나이 들어 노년기에 들어섰고, 사라에게는 여자로서 할 일도 멈추었다. 12 사라가 **놀라** 속으로 말하였다. '다 늙은 뒤에 내가 **젊은 시절로 돌아가 임신할 수 있다니**, 더구나 내 주인 **아브라함도** 늙어 버렸는데.' 13 주님께서 아브라함에게 말씀하셨다. "사라는 웃으면서 '내가 정말로 낳는다고? 나는 늙어 버렸는데.' 하고 말하고 있다. 14 주님 **앞에** 숨길 **것이 있을 수** 있느냐? 이맘때 내가 너에게 돌아올 텐데, 그때 사라에게는 **남자애**, 아들이 있을 것이다." 15 사라는 부인하였다. "웃지 않았습니다." 그분께서 **그에게** 말씀하셨다. "아니다. 웃었다."

소돔을 위해 간청하는 아브라함

16 그 남자들은 그곳에서 일어나 소돔을 **마주하여** 바라보았다. 아브라
함이 그들과 **동행하여** 함께 갔다. 17 주님께서 **당신의 메므라로** 말씀하셨
다. "내가 앞으로 하려는 것을 **나의 벗** 아브라함한테 숨기겠느냐? **소돔이
라는 도성은 내가 그에게 준 선물이니, 내가 그에게 알려줄 때까지 그곳을
전복시키지 않는 것이 옳다.** 18 아브라함은 크고 강한 민족을 이루고, 땅
의 모든 민족들이 그 **덕분에** 복을 받으리라. 19 그가 그의 자식들과 그 뒤
에 오는 자기 집안 **사람들에게** 명령하여, 그들이 정의와 공정을 실행함으
로써 주님의 길을 지키도록 한 것이, **내 앞에 드러났다.** 주님의 **메므라가**
그에 관해 말한 것을 아브라함에게 이루리라."

20 주님께서 말씀하셨다. "소돔과 고모라의 **백성에 대한 항의가** 빗발치
고, 그들의 죄악이 너무도 엄청나다. 21 이제 내가 **나서서** 내 **앞에 올라온
항의대로** 그들이 (그런 일을) 저질렀는지 보겠다. **그들은 끝장나야 한다. 만
약 그들이 회개하려고 하고, 그들의 사악한 행실이 내 앞에서 드러나지 않
기를 그들의 영으로 바란다면, 그들은 내 앞에서 내가 몰랐을 때처럼 되리
라.**" 22 그 남자들은 그곳에서 돌아서 소돔으로 갔으나, 아브라함은 아직
주님 앞에 서서 **자비를 간청하였다.** 23 아브라함은 가까이 가 아뢰었다.
"**죄 없는 이를 죄인과** 함께 **진노로** 쓸어버리시렵니까? 24 **아마도** 성읍에
죄 없는 이 오십 명은 있을 텐데, **진노로** 쓸어버리시렵니까? 그 안에 있는
죄 없는 이 오십 명 때문에라도 그곳의 **죄악을 면제하고** 용서하지 않으시
렵니까? 25 **죄 없는 이를 죄인과** 함께 죽여 **죄 없는 이의 심판이 죄인의 심
판처럼** 되는 그런 일을 하시는 것은 당신 **앞에** 어울리지 않습니다. 그런 일
을 하시는 것이 당신 **앞에** 어울리지 않아, **온 땅 주민들의 재판관들의 재판
관은 공정을 행하지 않을 것입니다.**" 26 주님께서 말씀하셨다. "소돔에서
죄 없는 이 오십 명을 성읍에서 찾는다면 그들 때문에 그곳의 모든 **죄인들
을 면제하고 용서할 것이다.**"

27 아브라함이 다시 아뢰었다. "이제 **주님 앞에** 제가 **먼저** 아뢰오니 저

는 먼지이고 재입니다. 28 **아마도 죄 없는 이** 오십 명 가운데 다섯 명이 부
족할 수도 있을 텐데, 그 다섯 명 때문에 온 성읍을 쓸어버리시렵니까?" 그
분께서 말씀하셨다. "그곳에서 마흔다섯 명을 찾는다면 쓸어버리지 않을
것이다." 29 그는 그분께 더 아뢰었다. "**혹시** 그곳에서 마흔 명을 찾는다면
어떻습니까?" 그분께서 말씀하셨다. "**죄 없는 이** 마흔 명 때문에 **쓸어버리
지** 않을 것이다."

30 그가 아뢰었다. "**주님의 진노가 거세지지 않기를 간청하며** 제가 아
룁니다. 그곳에서 서른 명을 찾는다면 어떻습니까?" 그분께서 말씀하셨다.
"그곳에서 서른 명을 찾는다면 **쓸어버리지** 않을 것이다."

31 그가 아뢰었다. "이제 **주님 앞에** 제가 먼저 아룁니다. 그곳에서 이십
명을 찾을 수도 있습니다." 그분께서 말씀하셨다. "**죄 없는 이** 이십 명 때문
에 쓸어버리지 않을 것이다."

32 그가 아뢰었다. "**주님의 진노가 거세지지 않기를 간청하며** 제가 이번
에도 아룁니다. 그곳에서 열 명을 찾을 수도 있습니다." 그분께서 말씀하셨
다. "열 명 때문에 쓸어버리지 않을 것이다."

33 주님 **셰키나의 영광이** 아브라함과 말씀을 마치시고 **올라가셨다**. 아
브라함도 자기 고장으로 돌아갔다.

소돔의 멸망과 롯의 피신

19,1 저녁에 두 천사가 소돔에 들어갔다. 롯은 소돔 입구에 앉아 있다가
(그들을) 보고 그들 앞에서 일어나 얼굴을 땅에 대고 절하며, **땅의 관습대로
그들의 안부를 묻고는** 2 말하였다. "나리, 이제 당신들 종의 집에 가셔서 묵
으시고 발도 씻으시기 **바랍니다**. 그리고 아침 일찍 일어나 가실 길을 가십
시오." 그들이 **그에게** 말하였다. "아니오. **성읍** 광장에서 밤을 보내겠소."
3 그가 강요하여 그들이 그에게로 가서 그의 집에 들었다. 그가 그들을 위
해 상을 차려 누룩 없는 빵을 구워 주었더니, 그들이 먹었다.

4 그런데 그들이 자리에 눕기 전에, 성읍 사람들 곧 소돔 사람들이 젊은

이부터 노인까지 모든 사람이 **한쪽에서부터** 그 집을 둘러쌌다. 5 그들이
롯을 불러 말하였다. "오늘 밤 당신에게 온 남자들은 어디에 있소? 데리고
오시오. 그들을 알아야겠소." 6 롯은 입구로 그들에게 나가 뒤쪽으로 **입구
를** 닫고는, 7 말하였다. "나의 형제여, 못된 짓을 하지 마시오. 8 나에게 남
자를 알지 못하는 두 딸이 있어 그들을 당신들에게 내보낼 테니, 당신들 **앞
에서** 좋을 대로 하시오. 그러나 그들은 내 집 지붕에 들어와 **묵고** 있으니,
이 남자들에게만은 **못된** 짓을 하지 마시오." 9 그들이 말하였다. "저리 가
라." 그들이 말하였다. "**우리 가운데** 객지살이하러 온 자가 **우리를** 심판하
는구나. 그들보다 너를 손봐야겠다." 그들은 그 남자 롯을 **밀어** 입구를 부
수려고 다가갔다. 10 그때 그 남자들이 손을 뻗어 롯을 데리고 그들 집으
로 들어가 입구를 닫아버렸다. 11 그들이 집 입구에 있는 사람들을 **철부지
들부터 노인들까지** 눈을 멀게 하여 쳤다. 그들은 **집의** 입구를 찾느라 지쳐
서 **입구를 찾지 못하였다**.

12 그 남자들이 롯에게 말하였다. "**지금** 여기 당신에게 누가 있소? 당신
사위들과 당신 아들들과 딸들, 성읍에 있는 당신의 모든 것을 데리고 이곳
에서 나가시오. 13 우리가 이곳을 파멸할 것이오. 주님 앞에 그들의 **항의가**
빗발쳐 주님께서 이곳을 쓸어버리시려고 우리를 보내셨소." 14 롯은 나가
서 딸들을 데려갈 사위들에게 말하였다. "일어나 이곳에서 나가자. 주님께
서 성읍을 파멸하실 것이다." 그러나 사위들 보기에는 농담하는 것 같았다.

15 새벽 **기둥이** 올라올 무렵 천사들이 롯을 떠밀며 말하였다. "일어나
당신 아내와 (여기) 있는 딸들을 데리고 떠나시오. 성읍의 죄악**들**로 당신이
쓸려가지 않게 하시오." 16 롯이 주저하자 주님 **앞에서** 자비가 그에게 내
려, 남자들이 그와 그의 아내와 두 딸들의 손을 잡아끌고, 성읍 밖으로 데
리고 나왔다. 17 (남자들이) 그들을 밖으로 데리고 나왔을 때 하나가 말하였
다. "당신 목숨을 구하시오. 뒤 돌아보지 마시오. 평원 어디에서도 멈추지
말고 산으로 달아나 **쓸려가지** 않게 하시오." 18 롯이 그들에게 말하였다.
"**제가 주님 앞에 자비를 간청할 때까지 잠깐 저를 기다려 주십시오**. 19 당

신 종인 **제가** 당신 **앞에서 은총과 자애를 얻기를 청합니다.** 제가 당신의 자
애를 많이 입어 목숨을 부지하게 하셨습니다만, 저는 저 산으로 달아날 수
없습니다. 죄악이 저에게 떨어져 죽지 않게 해 주십시오. 20 **청하건대** 이
성읍이 가까워 저곳으로는 피할 만하고 작으니 저곳으로 달아나겠습니다.
작지 않습니까? 제 목숨이야 부지할 것입니다." 21 그가 (롯에게) 말하였다.
"이번 일도 당신 얼굴을 봐서 당신이 말한 성읍을 파괴하지 않겠소. 22 어
서 그곳으로 달아나시오. 당신네가 그곳에 들어가기 전까지는 내가 아무
일도 할 수 없소." 그래서 그 성읍의 이름을 초아르라 불렀다.

23 해는 땅 위에 **내려앉고** 롯은 초아르로 들어갔다. 24 주님의 **메므라가**
소돔과 고모라 위에 주님 **앞에서** 나온 유황과 불을 하늘에서 **내려오게 하
셨다.** 25 그리하여 이 성읍들과 모든 평원, 성읍의 주민들 모두와 땅의 식
물들을 파괴하셨다. 26 **롯의** 아내는 **소돔 사람의 딸이었기 때문에 자기 아
버지 집의 최후가 어떤지 보고자** 뒤를 돌아보았다. 그는 **죽은 이들이 살아
날 때까지** 소금 기둥으로 **서 있었다.**

27 아브라함은 아침 일찍 일어나 주님 앞에 서서 **기도하던** 곳으로 갔다.
28 그는 소돔 **쪽과** 고모라 **쪽과** 평원의 땅 **쪽을** 바라보며 땅의 연기가 화로
연기의 **매연처럼** 올라오는 것을 보았다.

29 **주님께서** 평원의 성읍들을 쓸어버리실 때 **그분의 선하신 자비로** 아
브라함을 기억하셔서, 롯이 머물던 성읍을 파괴하시면서 그 파괴의 한가운
데에서 롯을 내보내셨다.

롯과 두 딸들

30 롯이 초아르에서 올라와 두 딸들과 함께 **동굴에서** 살았다. 초아르에
사는 것이 두려워서 그는 두 딸들과 동굴에서 살았다. 31 큰딸이 작은딸에
게 말하였다. "우리 아버지는 늙고 온 땅의 방식대로는 그 땅에서 우리에
게 들 남자가 없다. 32 자, 우리가 아버지에게 포도주를 드시게 하여 함께
관계하고 아버지에게서 **자손들을** 보자." 33 그날 밤 그들은 아버지에게 포

도주를 드시게 하고 큰딸이 들어가 아버지와 **관계하였다**. 그는 큰딸이 **잠들 때도** 일어날 때도 알지 못하였다. 34 다음 날이 되어 큰딸이 작은딸에게 말하였다. "지난 저녁에는 내가 아버지와 함께 **관계하였다**. 오늘 밤에도 포도주를 드시게 하여 네가 들어가 함께 **관계하고** 아버지에게서 **자손들을** 일으키자." 35 그날 밤도 그들은 아버지에게 포도주를 드시게 하고 작은딸이 일어나 그와 함께 **관계하였다**. 그는 누워서도 **자면서도** 알지 못하였다. 36 롯의 두 딸들은 아버지에게서 임신하였다. 37 큰딸은 아들을 낳고 그의 이름을 모압이라 불렀다. 그는 오늘날까지 **모압인들의** 조상이다. 38 작은딸도 아들을 낳고 그의 이름을 **바르** 암미라 불렀다. 그는 오늘날까지 암몬 사람들의 조상이다.

아브라함과 아비멜렉과 사라

20,1 아브라함은 그곳에서 남쪽 땅으로 떠나 **레캄과 할루차** 사이에 자리를 잡고 그라르에 머물렀다. 2 아브라함은 자기 아내 사라에 **관하여**, "이 여자는 나의 누이요."라고 말하여, 그라르 임금 아비멜렉이 사람을 보내 사라를 데려갔다. 3 **주님의 메므라가** 그날 밤 꿈에서 아비멜렉에게 **나타나** 말하였다. "네가 데려온 여자 때문에 너는 죽는다. 그는 **한 남자와 혼인한 여자이다**." 4 아비멜렉은 그 여자에게 가까이 가지 않고 말하였다. "주님, **당신 앞에서 자비를 간청합니다**. 죄 없는 이민족을 **재판에서** 죽이십니까? 5 아브라함은 저에게 '그 여자는 제 누이요.' 하였고, 그 여자도 '그는 제 오라비입니다.' 하지 않았습니까? 저는 마음은 **흠없고** 손은 정직하게 이 일을 했습니다." 6 **주님의 메므라가** 꿈에 그에게 말씀하셨다. "네가 마음은 **흠없이** 이 일을 했다는 것이 **내 앞에서도 드러났고**, 나도 너를 내 **앞에서** 죄 짓지 못하게 막아, 네가 그에게 **가까이 갈 권한을** 주지 않은 것이다. 7 이제 그 남자의 아내를 돌려보내라. 그는 예언자이고 그가 너를 위해 기도하면 너는 살 것이다. 그러나 돌려보내지 않으면 **아비멜렉과 그에게** 속한 모든 이가 죽을 것임을 명심하여라."

8 아비멜렉이 아침에 일어나 **신하들을** 모두 불러 그들 **앞에** 이 일들을 다 알렸다. 사람들은 몹시 두려워하였다. 9 아비멜렉이 아브라함을 불러 말하였다. "당신은 우리한테 무슨 짓을 한 것이오? 내가 당신에게 무슨 죄를 지어 당신이 나와 우리 왕국에 큰 벌을 가져온 것이오? 하지 말았어야 할 일들을 나에게 했소." 10 아비멜렉이 아브라함에게 말하였다. "당신은 뭘 보고 이런 일을 저질렀소?" 11 아브라함이 말하였다. "'이 땅은 주님을 경외하지 않으니 내 아내 때문에 나를 죽이겠구나.' 하고 생각했습니다. 12 그러나 정말로 그 여자는 내 누이입니다. 아버지의 딸이나 어머니의 딸은 아니어서 내 아내가 되었습니다. 13 **이민족들이 자기들의 우상들 뒤에서 나를 방황하게 만들었을 때, 주님의 메므라가** 나를 아버지 집에서 **데리고 나오셨습니다.** 나는 아내에게 말하였습니다. '이것이 당신이 나를 위해 할 수 있는 좋은 일이니 우리가 들어가는 곳마다 '그는 나의 오라비입니다.' 하고 말하시오.'"

14 아비멜렉은 양과 소, 남종과 여종을 데려다 아브라함에게 주고, 그의 아내 사라도 돌려보냈다. 15 아비멜렉이 말하였다. "내 땅이 당신 앞에 있소. 당신 눈에 **적당한** 곳에서 머무르시오." 16 그가 사라에게 말하였다. "내가 당신 오라비에게 은전 천 **셀라를** 주었으니, **그 은전은 당신에게 선물로 주는 것이오. 단 하룻밤 의인들과** 당신과 함께인 이들 모두의 눈에서 **당신을 숨긴 것 때문이오.** 당신은 모든 것에서 입증되었소. **그러나 내가 가진 것을 다 주어도, 내가 당신을 알지 못했음을 의로운 아브라함이 알기에는, 나에게 충분하지 않소.**"

17 아브라함이 **주님 앞에서** 기도하여 **주님께서** 아비멜렉과 그의 아내와 여종들을 고쳐 주셨다. 그들은 (다시) **아들을** 낳았다. 18 주님께서 아브라함의 아내 사라 때문에 아비멜렉 집안에 모든 태의 입구를 닫으셨던 것이다.

이사악의 출생

21,1 주님께서 말씀하신 대로 **그분의 선하신 자비로** 사라를 **기억하셨**

고, 주님께서 말씀하신 대로 사라에게 **기적을** 일으켜 주셨다. 2 사라는 임
신하여 아브라함의 **노년에** 아들을 낳아 주었는데, **주님께서** 그에게 말씀하
신 그때이다. 3 아브라함은 사라가 낳아 준 자신에게 태어난 아들의 이름
을 이사악이라고 불렀다. 4 아브라함은 주님께서 명령하신 대로 여드레째
에 아들 이사악에게 할례를 하였다. 5 아브라함에게 아들 이사악이 태어났
을 **그때** 그는 백 살이었다. 6 사라가 말하였다. "**주님 앞에서** 나에게 **큰 기
쁨이** 이루어졌다. 이를 들은 이들은 모두 나와 함께 **기뻐할 것이다**." 7 또
말하였다. "누가 **아브라함의 형제 나호르의 집에 가** '사라가 아이에게 젖
을 물렸다.'고 알려 줄까? 그가 **노년의** 아브라함에게 아들을 낳아 주다니."

하가르와 이스마엘의 추방

8 그 아이는 자라 젖을 떼었고, 이사악이 젖을 떼던 날 아브라함은 큰 잔
치를 벌였다. 9 사라는 이집트인 하가르가 아브라함에게 낳아 준 아들이
해서는 **안 되는 짓들을 하는 것을** 보고, 10 아브라함에게 말하였다. "이 여
종과 그의 아들을 내보내세요. 여종의 아들이 내 아들 이사악과 함께 상속
을 받을 수는 없어요." 11 아브라함 보기에 이 일이 몹시 불쾌하였다. 아들
이스마엘 때문이다. 12 **주님께서** 아브라함에게 말씀하셨다. "아이와 여종
때문에 불쾌해하지 마라. 사라가 너에게 말한 모든 것을 그의 말대로 들어
주어라. 네 **아들의** 후손들은 이사악으로 불릴 것이다. 13 그러나 여종의 아
들도 네 **아들이니** 내가 **큰** 민족을 이루게 할 것이다."

14 아브라함은 아침에 일어나 빵과 물주머니를 가져다 하가르에게 주고
어깨 위에 걸치게 하고는 아이와 함께 내보냈다. 하가르는 가다가 브에르
세바 광야에서 헤매었다. 15 주머니의 물이 떨어지자 나무 아래에 아이를
던져두고, 16 그는 걸어가 화살이 미치는 거리에 마주 앉아 말하였다. '아
이가 죽는 것을 지켜봐야 하다니.' 그는 마주 앉아 소리 높여 울었다. 17 **주
님께** 아이의 소리가 **들렸다. 주님의** 천사가 하늘에서 하가르를 불러 말하
였다. "하가르야, 무슨 일이냐? 두려워하지 마라. **주님께서** 저곳에 있는 아

이의 **기도** 소리를 들으셨다. 18 일어나 아이를 일으켜 네 손으로 붙들어라.
내가 큰 민족으로 만들겠다." 19 **주님께서** (하가르의) 눈을 열어 주시어 그는
우물을 보게 되었고, 가서 물주머니를 가득 채워 아이에게 마시게 하였다.
20 **주님께서** 아이와 함께하시어 잘 자랐다. (이스마엘은) 광야에 살면서
능숙한 활 쏘는 이가 되었다. 21 그는 파란 광야에 살았는데 그의 어머니가
그에게 이집트 땅에서 아내를 얻어 주었다.

아브라함과 아비멜렉의 계약

22 그 당시 아비멜렉과 그의 장수 피콜이 아브라함에게 말하였다. "**주님
께서** 당신이 하는 모든 일에 함께하시는군요. 23 이제 **주님의 이름을** 걸고
나에게 맹세해 주시오. 나와 내 **아들과** 내 **손자들을** 속이지 말고, 내가 당
신을 **선으로** 대하였듯이 당신도 나와 당신이 머무르는 땅에서 그렇게 해
주시오." 24 아브라함이 말하였다. "나는 맹세하건대 **맹세를 실행하겠소.**"
25 아브라함은 아비멜렉의 종들이 빼앗은 우물 때문에 아비멜렉을 나무
랐다. 26 아비멜렉이 말하였다. "누가 이 일을 했는지 나는 모르겠소. 당신
도 나에게 알리지 않았고 나도 오늘 말고는 듣지 못하였소." 27 아브라함
이 양 떼와 소들을 데려다 아비멜렉에게 주고 둘이서 계약을 맺었다. 28 아
브라함은 양 떼에서 어린 암양 일곱 마리를 별도로 세워두었다. 29 아비멜
렉이 아브라함에게 말하였다. "당신이 별도로 세워둔 이 일곱 암양은 무엇
이오?" 30 그가 말하였다. "당신은 암양 일곱 마리를 내게서 받으시오. 내
가 이 우물을 팠다는 증거가 될 것이오." 31 그리하여 그곳을 브에르 세바
라고 불렀다. 거기서 두 사람이 맹세하였기 때문이다. 32 그들은 브에르 세
바에서 계약을 맺었고, 아비멜렉과 그의 장수 피콜은 일어나 **그들의** 땅 필
리스티아로 돌아갔다.
33 **아브라함은** 브에르 세바에 **과수원을** 짓고 **지나가는 이들을 위에 그
곳에 양식을 두었다. 그들이 먹고 마시고는 자신들이 먹고 마신 값을 주고
자 할 때 그들에게 말하였다. "여러분은 말씀하시는 영원하신 분에게서** (나

온 것을) **먹고 있습니다.**" **그들은 그가 자신들을 개종시키고 세상의 주인이 신 분을 찬미하도록 그들을 가르칠 때까지** 그곳에서 **움직이지 않았다.** 그는 영원한 하느님이신 주님을 **섬기며 그분 메므라의 이름으로 기도하였다.** 34 아브라함은 오랫동안 필리스티아 땅에 머물렀다.

스스로 제물이 된 이사악

22,1 이 일들이 있고 나서 **주님께서** 아브라함을 **열 가지 시험으로** 시험하시며 말씀하셨다. "아브라함아!" **아브라함이 성전의 언어로 대답하였다.** "〈저 여기 있습니다.〉" 2 그분께서 말씀하셨다. "네가 사랑하는 외아들 이사악을 데리고 모리야 **산의** 땅으로 가라. 내가 너에게 말해 줄 산 하나에서 그를 번제물로 올려라."

3 아브라함은 아침에 일어나 당나귀에 안장을 묶고 두 남종과 아들 이사악을 데리고 번제물에 쓸 나무를 쪼개었다. 그는 일어나 주님께서 그에게 말씀하신 곳으로 갔다. 4 셋째 날 아브라함은 자기 눈을 들어 멀리 있는 곳을 바라보았다. 5 아브라함이 남종들에게 말하였다. "너희는 여기서 당나귀와 **기다려라.** 나와 아이는 저곳에 **이르러 기도하고** 너희에게 돌아오겠다." 6 아브라함은 번제물용 나무를 가져다 아들 이사악 위에 지우고 손에는 불과 칼을 들었다. 둘은 **온전한 마음으로** 함께 걸어갔다. 7 이사악이 아버지 아브라함에게 말하였다. "아버지!" 그가 말하였다. "〈그래, 아들아!〉" 그가 말하였다. "불과 나무는 있는데 번제물용 양은 어디에 있습니까?" 8 아브라함이 말하였다. "아들아, 번제물용 양은 **주님 앞에 마련되어 있을 것이다. 그렇지 않으면 네가 번제물용 양이 된다.**" 둘은 **온전한 마음으로** 함께 걸어갔다.

9 그들이 **주님께서** 그에게 말씀하신 곳에 이르자, 거기에다 아브라함은 제단을 세우고 나무를 쌓았다. 그리고 아들 이사악을 묶어 제단 위의 나무 위에 놓았다. 10 아브라함은 손을 뻗쳐 아들 **이사악을** 죽이려고 칼을 잡았다. **이사악이 아버지에게 말하였다. "제가 아버지를 차버리지 않도록 잘 묶**

어 주십시오. 아버지의 제물이 부적합하여 우리가 다음 세상에서 멸망의
구덩이에 던져질 수 있습니다." 아브라함의 눈이 이사악의 눈 위에 있고 이
사악의 눈은 높은 곳의 천사들을 살폈다. 아브라함은 그들을 보지 못하였
다. 그 시간에 바트 콜이 하늘에서 나와 말하였다. "와서 보아라, 나의 세
상에서 유일한 두 사람을. 하나는 도살자이고 하나는 도살당하는 자, 도살
자는 주저하지 않고 도살당하는 자는 자기 목을 내민다." 11 주님의 천사
가 하늘에서 그를 불러 말하였다. "아브라함아, 아브라함아!" 아브라함이
성전의 언어로 말하였다. "〈저 여기 있습니다.〉" 12 그가 말하였다. "아이에
게 손을 뻗치지 마라. 그에게 아무 짓도 하지 마라. 이제 나는 네가 **주님 앞**
에서 경외하고 네 외아들을 나에게서 막지 않는다는 것을 알았다." 13 아
브라함이 눈을 들어 보니, **나무에** 뿔이 [걸린] 숫양 **한 마리가** 있었다. 아브
라함은 가서 숫양을 데려다 아들 대신 번제물로 올렸다. 14 아브라함은 **주**
님 메므라의 이름으로 예배하고 기도하며 아뢰었다. "주님, 당신 앞에 자
비를 청합니다. 모든 것이 드러났고 당신 앞에 알려졌습니다. 제 아들 이
사악을 바쳐 당신 앞에 먼지와 재로 만드시겠다고 처음 말씀하실 때는 제
마음에 분심이 없었습니다. 저는 곧바로 아침에 일어나 부지런히 당신 말
씀들을 기쁘게 실행에 옮기고 당신 명을 완수하였습니다. 그러니 그의 자
손들이 고통의 시간에 있을 때 그들의 아버지 이사악이 묶였다는 것을 기
억해 주시고, 그들의 기도 소리를 들으시며 그들에게 응답하시어 곤궁에
서 구해 주십시오. 장차 그다음에 일어날 세대들이 말할 것입니다. '아브라
함이 주님의 성전 산에서 **아들 이사악을 바쳤고, 이 산에서 주님 셰키나의**
영광이 드러났었다.'"

15 주님의 천사가 하늘에서 아브라함을 두 번째로 불러 16 말하였다.
"그분 메므라의 이름으로 맹세한다. 주님께서 말씀하신다. 너는 이 일을 수
행하였고 네 외아들도 막지 않았다. 17 그러니 나는 너를 축복하고 네 **자손**
들을 하늘의 별처럼 바닷가의 모래처럼 많게 하겠다. 네 **자손들은** 원수들
의 **성읍들을** 물려받을 것이다. 18 네가 **그분 메므라의 소리를** 들었으니 땅

의 모든 민족들이 네 자손들을 통해 축복을 받을 것이다."
19 아브라함이 남종들에게 돌아왔다. 그들은 일어나 함께 브에르 세바
로 갔다. 아브라함은 브에르 세바에서 살았다.

아브라함의 아우 나호르의 자손

20 이런 일들이 있은 뒤 아브라함에게 이런 말이 전해졌다. "밀카도 출
산하여 당신 아우 나호르에게 아들들이 생겼소. 21 곧 맏아들 우츠, 그의
동생 부즈, 아람의 아버지 크무엘, 22 케세드, 하조, 필다스, 이들랍, 브투
엘이오." 23 브투엘은 레베카를 낳았다. 이 여덟을 밀카가 아브라함의 동생
나호르에게 낳아 주었다. 24 이름이 르우마인 나호르의 소실도 테바, 가함,
타하스, 마아카를 낳아 주었다.

사라의 죽음과 첫 소유지인 막펠라

23,1 사라의 세월은 백이십칠 년으로 이는 사라가 산 햇수이다. 2 사라
는 **네 성조들의 성읍인** 가나안 땅 헤브론에서 죽었다. 아브라함은 사라를
애도하며 울었다. 3 아브라함은 죽은 이 앞에서 일어나 히타이트 사람들에
게 말하였다. 4 "나는 이방인이요 거류민으로 당신들과 함께 지내고 있습
니다. 나에게 당신들의 소유지인 무덤을 내주십시오. 망자를 내 앞에서 묻
으려고 합니다." 5 히타이트 사람들이 아브라함에게 대답하였다. 6 "나리,
우리의 (뜻을) **받아주십시오**. 나리는 **주님 앞에서** 우리에게 위대한 분이시
니 우리의 무덤 가운데 가장 좋은 무덤에 나리의 망자를 묻으십시오. [아무
도 〈당신이〉 망자를 매장하는 것을 〈막을 수 없습니다.〉]" 7 아브라함은 일어나
히타이트 사람, 곧 그 땅의 **관습대로 안부를 묻고**, 8 그들에게 말하였다.
"당신들이 **기꺼이** 내가 망자를 내 앞에 묻게 하시려거든 내 (뜻을) **받아주**
십시오. 나를 위해 초아르의 아들 에프론에게 청하여, 9 그가 나에게 밭 가
장자리에 있는 자신의 **이중** 동굴을 **팔게** 해 주십시오. 당신들의 소유지인
무덤에 충분한 값을 내겠습니다." 10 에프론은 히타이트 사람들 안에 **머물**

고 있었다. 에프론은 성문 입구에 나와 있는 모든 히타이트 사람들 **듣는 데서** 아브라함에게 대답하였다. 11 "나리, 아닙니다. 제 (뜻을) **받아주십시오.** 제가 밭을 드리고 그 안에 있는 동굴도 드리겠습니다. 내 백성들 보는 데서 드릴 테니 망자를 묻으십시오." 12 아브라함이 그 땅의 백성 앞에 절하고 13 그 땅의 백성이 **듣는 데서** [에프론에게 말하였다.] "당신이 내 (뜻을) **받아주시면** 밭 값을 드릴 테니 받으십시오. 그래야 망자를 거기에 묻을 수 있습니다." 14 에프론이 아브라함에게 대답하였다. 15 "나리, 제 (뜻을) **받아주시기 바랍니다.** 저와 나리 사이에 은전 사백 **셀라짜리** 땅이 무슨 대수겠습니까? **계산하시고** 망자를 묻으십시오." 16 아브라함이 에프론(의 말)을 **받아들여** 에프론이 히타이트 사람들 **듣는 데서** 말한 사백 **셀라를, 모든 장소에서 통용되고 모든** 상거래에서 **받아들이는** 은전으로 무게를 달아 주었다.

17 그래서 마므레 앞 **카펠타에** 있는 에프론의 밭은 밭과 동굴, 밭의 모든 경계 사방에 있는 모든 나무들까지, 18 성문 입구에 나와 있는 모든 히타이트 사람들 **맞은편에서** 아브라함의 소유가 되었다.

19 [그러고 나서] 아브라함은 아내 사라를 가나안 땅 헤브론의 마므레 **맞은편에** 있는 밭의 **이중** 동굴에 묻었다. 20 그 밭과 그 안의 동굴이 히타이트 사람들에게서 아브라함의 소유지인 무덤이 되었다.

레베카를 아내로 맞은 이사악

24,1 아브라함은 늙고 나이가 들었다. 주님의 **메므라가** 아브라함에게 모든 것을 축복하셨다. 2 아브라함은 자신의 모든 것을 **쥐고 있는** 집안의 늙은 종에게 말하였다. "네 손을 내 넓적다리 아래에 얹어라. 3 나는 너를 하늘의 하느님이시며 땅을 **지배하시는** 하느님이신 주님 **메므라의 이름으로** 맹세하게 하겠다. 너는 내 아들의 아내를 내가 살고 있는 가나안의 딸들에게서 데려오지 말고, 4 오직 내 고향 내 친족에게 가서 내 아들 이사악의 아내를 데려와라." 5 그 종이 (아브라함에게) 말하였다. "혹시라도 그 여자가 저를 따라서 이 땅으로 오고 싶어 하지 않는다면, 제가 나리의 아들을 데리고

당신이 떠나신 땅으로 돌아가야 합니까?" 6 [아브라함이] 그에게 말하였다.
"너는 내 아들을 그곳에 데려가는 일이 없게 조심하여라. 7 내 아버지의 집
과 내 고향 땅에서 나를 데리고 나오시고 나에게 말씀하시며, '네 **자손들에
게** 이 땅을 주겠다.'고 맹세하신 하늘의 하느님이신 주님께서, 네 앞에 **자
비의** 천사를 보내시어 그곳에서 내 아들의 아내를 데려오게 하실 것이다.
8 혹시 그 여자가 네 뒤를 따라오고 싶어 하지 않으면, 너는 나의 맹세에서
자유롭다. 내 아들만은 그곳에 데려가서는 안 된다." 9 그 종은 주인 아브
라함의 **맹세**(의 표시) 아래에 손을 얹고 이 일을 두고 그에게 맹세하였다.

10 종은 주인의 낙타들 가운데 열 마리를 끌고 주인의 **재산에서** 온갖 좋
은 것들을 가지고 일어나, 나호르의 성읍 나하라임 **땅으로** 갔다. 11 저녁
무렵 그는 성읍 밖 우물에 낙타들을 풀어 놓았다. 물 깃는 여자들이 나오
는 **때였다**. 12 그는 말하였다. "제 주인 아브라함의 하느님이신 주님, 오늘
제 앞에 **저를 위해** 마련하시고 제 주인 아브라함에게 자애를 베풀어 주소
서. 13 저는 샘물에 **서 있다가 그 땅의 백성의** 딸들이 물을 채우러 나오면
14 한 소녀에게 말을 걸겠습니다. '물동이를 기울여 물을 마시게 해 주시
오.' 그 소녀가 '드십시오. 당신 낙타들도 마시게 하겠습니다.' 하고 말한다
면, 당신께서 그를 당신의 종 이사악을 위해 마련하셨고, 그를 통해 제 주
인에게 자애를 베푸신 줄로 알겠습니다."

15 그가 말을 맺기 전에 레베카가 어깨에 물동이를 이고 나왔다. 그는
아브라함의 아우 나호르의 아내인 밀카의 아들 브투엘에게서 태어났다.
16 그 소녀는 몹시 예뻐 보이는 처녀로서 남자를 알지 못하였다. 소녀는 샘
으로 내려가 물동이를 채워 올라왔다. 17 종이 그 앞으로 달려가 말하였다.
"물동이에서 물을 좀 **마십시다**." 18 그가 말하였다. "나리, 드십시오." 그는
서둘러 물동이를 손 위에 내려놓고 그가 마시게 하였다. 19 그가 다 마시게
하고는 소녀가 말하였다. "낙타도 충분히 마실 **때까지** 제가 채우겠습니다."
20 그는 서둘러 물동이를 물통에 붓고는 더 물을 채우러 우물로 달려가 낙
타들 모두를 위해 물을 채웠다. 21 그 남자는 조용히 **마시며** 그를 지켜보면

서 주님께서 자신의 길을 성공시키실지 아닐지 알아보았다.

22 낙타들이 다 마시고 나자 그 남자는 무게 한 **테바** 나가는 금 코걸이
를 (걸어 주고), 무게가 금으로 열 (셀라) 나가는 팔찌 두 개를 그의 손에 채
워주었다. 23 그가 말하였다. "당신은 뉘댁 딸이오? 내게 알려주시오. 당신
아버지 집에 우리가 묵을 만한 곳이 있소?" 24 레베카가 그에게 말하였다.
"저는 밀카가 나호르에게 낳아 준 아들 브투엘의 딸입니다." 25 또 말하였
다. "저희는 꼴과 여물도 많고 묵을 만한 곳도 있습니다." 26 그 남자는 무
릎을 꿇고 **감사드리며 주님의 이름을 경배하고**, 27 말하였다. "내 주인 아
브라함의 하느님이신 주님께서는 찬미받으소서. 그분께서 내 주인에게 자
애와 진실을 거두지 않으시어 내가 길에 (들어서고), 주님께서 나를 내 주인
의 아우 집으로 이끄셨구나."

28 그 소녀는 달려가서 **그의 주인의 아우** 집 곧 어머니의 집에 이 일을
알렸다. 29 레베카에게는 라반이라는 이름의 오라버니가 있었다. 라반은
샘 밖에 있는 그 남자에게 달려갔다. 30 그는 코걸이와 누이의 손 위에 걸
린 팔찌를 보고, 그리고 레베카가 "그 남자가 나에게 이렇게 말하였습니
다." 하고 말한 일들을 듣고 그 남자에게 간 것이다. 그는 샘에 낙타들과 서
있었다. 31 라반이 말하였다. "주님의 복을 받으신 분, 들어오십시오. 왜 밖
에 서 계십니까? 제가 **이방 신 숭배하던** 집을 비웠고 낙타 둘 곳도 (있습니
다.)" 32 그 남자는 집으로 들어갔다. 라반은 낙타들을 풀고 낙타들에게 꼴
과 여물을 주었고, 그와 일행들이 발을 씻도록 물을 주었다. 33 그들이 그
앞에 먹을 것을 차리자 그 남자가 말하였다. "제 할 일을 말씀드릴 때까지
는 먹을 수 없습니다." 라반이 말하였다. "말씀하십시오."

34 그가 말하였다. "저는 아브라함의 종입니다. 35 주님께서 제 주인에
게 복을 내리셔서 그는 번성하였고, 그에게 양과 소, 은과 금, 남종과 여종,
낙타와 나귀들을 주셨습니다. 36 제 주인의 아내 사라가 다 늙어 주인에게
아들을 낳아 주셨는데, 주인은 아들에게 자기가 가진 모든 것을 주셨습니
다. 37 제 주인이 저에게 말씀하셨습니다. '내가 머무르는 땅인 가나안족

의 딸들에서 내 아들의 아내를 데려와서는 안 된다. 38 너는 **오로지** 아버지
의 집안, 나의 친족에게 가서 내 아들 **이사악의** 아내를 데려와라.' 39 제가
주인께 아뢰었습니다. '혹시 그 여자가 저를 따라오지 않으면 **어쩝니까**?'
40 그가 제게 말씀하셨습니다. '내가 **진실로** 그분 앞에서 **섬기는** 주님께서
당신의 천사를 네 **앞에** 보내시고 네 길을 성공시키시어, 너는 내 친족, 내
아버지의 집안에서 내 아들의 아내를 데려올 것이다. 41 네가 내 친족에게
들어갔으므로 너는 내 맹세에서 자유롭다. 그들이 너에게 (여자를) 주지 않
더라도 너는 내 맹세에서 자유롭다.'

42 오늘 저는 그 샘에 이르러 아뢰었습니다. '제 주인 아브라함의 하느님
이신 주님, **당신 앞에서 자비를 간청하오니**, 제발 **당신 앞에서** 제가 갈 길
을 성공하게 해 주십시오. 43 제가 샘물에 **서 있다가** 물을 채우러 나오는 소
녀가 있으면 그에게 '물동이에서 물을 좀 마십시다.' 하고 말을 걸겠습니다.
44 그가 저에게 '드십시오. 낙타를 위해서도 채워 오겠습니다.' 하고 말하면
그는 주님께서 제 주인의 아들을 위해 준비하신 여자입니다.'

45 제가 마음속으로 아직 말을 맺기도 전에 레베카가 어깨에 물동이를
이고 나와 샘에 내려놓고 물을 채우기에, 제가 말하였습니다. '물을 좀 마
십시다.' 46 그는 서둘러 물동이를 내려놓고 말하였습니다. '드십시오. 낙
타도 마시게 하겠습니다.' 그래서 저도 마시고 낙타들도 마셨습니다. 47 제
가 그에게 물었습니다. '뉘댁 딸이오?' 그가 대답하였습니다. '밀카가 나호
르에게 낳아 준 아들 브투엘의 딸입니다.' 그래서 저는 그의 코에 코걸이와
그의 손에 팔찌를 걸어 주었습니다. 48 그리고 무릎을 꿇고 **감사드리며 주
님의 이름을 경배하고**, 제 주인 아브라함의 하느님 **앞에 기도하였습니다**.
그분께서는 저를 진실의 길로 이끌어 제 주인의 아들이 그분 아우의 딸을
얻게 하셨습니다. 49 이제 여러분들이 제 주인에게 **기꺼이** 자애와 **호의를**
베푸시려면, 저에게 알려 주십시오. 그렇지 않더라도 저에게 알려 주십시
오. 저는 오른쪽으로든 왼쪽으로든 가겠습니다."

50 라반과 브투엘이 대답하였다. "이 일은 주님 **앞에서** 나왔습니다. 우

리는 당신께 가타부타 말할 수 없습니다. 51 당신 앞에 레베카가 있으니 데리고 가서 주님께서 말씀하신 대로 당신의 주인 아들의 아내로 삼으십시오." 52 아브라함의 종은 그들의 말을 듣고 **그 땅의 관습대로 감사드리며** 주님의 **이름을 경배하였다**. 53 그 종은 은붙이와 금붙이와 옷가지를 꺼내 레베카에게 주고, 그의 오라버니와 어머니에게는 **선물을** 주었다. 54 종과 함께 온 일행들은 먹고 마시고 묵었다. 그리고 아침에 일어나 말하였다. "제 주인에게 저를 보내 주십시오." 55 레베카의 오라버니와 어머니가 말하였다. "저 아이가 **이틀이나** 열흘쯤 저희와 지내다가 떠나게 해 주십시오." 56 그가 그들에게 말하였다. "저를 지체하게 하지 마십시오. 주님께서 저의 길을 성공시키셨으니 저를 보내시고, 저는 제 주인에게 가겠습니다." 57 그들이 말하였다. "아이를 불러 그에게 물어봅시다." 58 그들이 레베카를 불러 말하였다. "너는 이 남자와 함께 떠날 것이냐?" 그가 말하였다. "가겠습니다." 59 그들은 누이 레베카와 그의 유모를 아브라함의 종과 그의 남자들과 함께 보냈다. 60 레베카를 축복하며 그들이 말하였다.

"**지금까지 너는** 우리 누이였으나,
이제부터 너는 가서 경건한 이와 결합하게 될 것이다.
너에게서 수천, 수만이 일어나고,
네 **자손들은** 적들의 **성읍을** 물려받으리라."

61 레베카는 몸종들과 일어나 낙타에 올라타고 그 남자를 따라갔다. 그 종은 레베카를 데리고 갔다.

62 이사악은 **위대한 셈의 성전에서, 곧 영원무궁히 존재하시는 분이 나타나신 우물에 왔다**. 그는 **남쪽** 땅에 살고 있었다. 63 저녁 **때** 이사악은 **기도하러** 들에 나갔다가 눈을 들어 보니 낙타들이 오고 있었다. 64 레베카도 눈을 들어 이사악을 보고 낙타에서 내려, 65 종에게 말하였다. "들에서 우리에게 걸어오는 저 남자는 누구입니까?" 종이 말하였다. "나의 주인입니다." 그는 너울을 가져다 자신을 가렸다. 66 종은 이사악에게 자신이 한 일들을 모두 알렸다. 67 이사악은 [레베카를] 데리고 어머니 사라의 천막으로

[들어가], 레베카를 맞아들여 아내로 삼았다. 이사악은 레베카를 사랑하였고 어머니를 여읜 뒤 위로를 받았다.

크투라에게서 얻은 아브라함의 자손

25,1 아브라함이 또 아내를 얻었다. 그의 이름은 크투라이다. 2 그는 그
에게 지므란, 욕산, 므단, 미디안, 이스박, 수아를 낳아 주었다. 3 욕산은
세바와 드단을 낳았는데, 드단의 자손들은 **상인, 무역상, 백성의 우두머리
들이** 되었다. 4 미디안의 자손들은 에파, 에페르, 하녹, 아비다, 엘다아이
다. 이들 모두 크투라의 자손들이다. 5 아브라함은 자신의 모든 것을 이사
악에게 주었다. 6 소실들의 아들들에게는 아브라함이 선물들을 주었다. 그
리고 그는 생전에 그들을 자기 아들 이사악에게서 해 뜨는 땅 동쪽으로 보
내버렸다.

아브라함의 죽음

7 아브라함의 생애는 백칠십오 년이다. 8 아브라함은 늙어 노년을 잘 보
내고 만족해하면서 숨을 거두고 죽었다. 그는 자기 백성들에게 소집되었
다. 9 그의 아들 이사악과 이스마엘이 그를 **이중** 동굴에 묻었다. 이곳은 마
므레 앞, 히타이트인 초하르의 아들 에프론의 밭이다. 10 아브라함이 그 밭
을 히타이트 자손들에게서 사들여 아브라함과 그의 아내 사라가 그곳에 묻
혔다. 11 아브라함이 죽은 뒤 주님께서 그의 아들 이사악을 축복하셨다. 그
는 **영원무궁히 존재하시는 분이 나타나신** 우물에 자리 잡았다.

이스마엘의 족보

12 이것들은 사라의 이집트인 여종 하가르가 아브라함에게 낳아 준 아
브라함의 아들 이스마엘의 족보이다. 13 곧 이것들이 이스마엘 아들들의
이름으로서, 그들 족보의 이름들에 따른 것이다. 이스마엘의 맏아들 느바
욧과 케다르, 앗브엘, 밉삼, 14 미스마, 두마, 마싸, 15 하닷, 테마, 여투르,

나피스, 케드마이다. 16 이들이 이스마엘의 자손들이고, 이것들이 그들의
마을과 고을에 따른 이름이니, 곧 그들 백성의 열두 지도자들이다. 17 이
스마엘이 산 햇수는 백삼십칠 년이다. 그는 숨을 거두고 죽어 자기 백성
들에게 소집되었다. 18 그들은 **힌디키에서 할루차에** 이르는 곳에 살았는
데, 그곳은 이집트의 앞이자 아시리아로 향한다. 그는 자기 형제들 맞은편
에 **살았다**.

에사우와 야곱의 출생

19 이것들은 아브라함의 아들 이사악의 족보이다. 아브라함은 이사악
을 낳았고, 20 이사악은 마흔 살에 파딴 아람의 아람인 브투엘의 딸이자 아
람인 라반의 누이인 레베카를 아내로 얻었다. 21 이사악은 아내가 불임이
어서 그를 위하여 주님 **앞에** 기도하였다. 주님께서 그의 기도를 **받아들이
시어** 그의 아내 레베카가 임신하였다. 22 그런데 배 속에서 아이들이 **전투
하는 남자들처럼** 밀어대자 레베카가 말하였다. **"이것이 아이들의 고통이
라지만**, 어찌하여 나에게 지금 (이런) **아이들이** (생겼는가)?" 이사악은 주님
앞에 자비를 간청하러 **위대한 셈의 학교로** 갔다. 23 주님께서 말씀하셨다.

"너의 배 속에 두 민족이 있어,
두 **왕국이** 네 배 속에서 갈라지리라.
한 **왕국이** 다른 **왕국보다** 강하며
형이 동생 **앞에서 복종하리라**."

24 출산할 날이 다 되었고 그의 배 속에는 쌍둥이가 있었다. 25 첫째가
나왔는데 (몸이) 붉고 온통 털옷 같아서 이름을 [에사우라 불렀다. 26 그러고
나서 동생이 나왔는데 그의 손이 에사우의 발꿈치를 붙잡고 있어서 그의 이름을]
야곱이라 불렀다. 이사악이 그들을 낳을 때 육십 살이었다.

27 아이들이 자라자 에사우는 들사람 사냥꾼이 되었고, 야곱은 **학교에
있으면서 행실이 선한** 온전한 사람이 되었다. 28 이사악은 에사우의 사냥
감을 먹고 그를 좋아하였고, 레베카는 야곱을 좋아하였다.

맏아들 권리를 판 에사우

29 어느 날 야곱은 음식을 만들고 있었고, 에사우는 들에서 돌아와 지쳐
있었다. 30 에사우가 야곱에게 말하였다. "그 붉은 **죽을** 좀 **먹어보자**. 내가
지쳐서 그런다." 그래서 그의 이름을 에돔이라 불렀다. 31 야곱이 말하였
다. "그럼 이제 형의 맏아들 권리를 나에게 파세요." 32 에사우가 말하였다.
"내가 죽겠는데 이 맏아들 권리가 나한테 무엇이란 말이냐?" 33 야곱이 말
하였다. "**바로 그날처럼** 나에게 맹세하세요." 에사우는 그에게 맹세하고 자
신의 맏아들 권리를 야곱에게 팔았다. 34 야곱이 에사우에게 빵과 편두콩
죽을 주었다. 그는 먹고 마시고 일어나 갔다. 에사우는 맏아들 권리와 **죽은
이의 부활을** 우습게 여기고, **다음 세상의 삶을 무시하였다**.

이사악과 아비멜렉과 레베카

26,1 그 땅에 기근이 들었다. 일찍이 아브라함 시절에도 기근이 들었었
다. 이사악은 그라르의 필리스티아 임금 아비멜렉에게 갔다. 2 주님께서 그
에게 **나타나** 말씀하셨다. "이집트로 내려가지 말고, 내가 너에게 말한 땅에
머물러라. 3 너는 이 땅에 체류하여라. 나는 나의 **메므라로** 너와 함께 있고
너를 축복해 주겠다. 너와 네 **자손들에게** 이 온 땅을 주고 너의 아버지 아
브라함에게 맹세한 맹세를 이루어주겠다. 4 **너를** 하늘의 별처럼 많게 하고
이 온 땅을 네 **자손들에게** 주겠다. 온 땅의 민족들이 **너의 공로로** 복을 받
으리라. 5 아브라함이 내 **메므라의** 소리를 듣고 나의 지침, 곧 내 법령들과
내 계약들과 내 **판례들을** 지켰기 때문이다."

6 이사악은 그라르에 자리 잡았다. 7 그런데 그곳 사람들이 그의 아내
를 두고 물어 이사악이 "누이요." 하고 말하였다. 그는 "내 아내요." 하기
가 두려웠다. 레베카의 모습이 **몹시** 아름다워 그곳 사람들이 **그를** 죽일 수
도 있다고 여겼다.

8 그가 그곳에서 여러 날 오래 지냈을 때 필리스티아 임금 아비멜렉이
창문 위로 내다보니, 이사악이 아내 레베카와 놀고 있었다. 9 아비멜렉이

이사악을 불러 말하였다. “그는 당신의 아내인데 왜 당신은 ‘누이요.’ 하였소?” 이사악이 말하였다. “아내 때문에 제가 **죽임을 당할까봐** 그리 말했습니다.” 10 아비멜렉이 말하였다. “당신은 우리한테 무슨 일을 한 것이요? **젊은이** 가운데 하나가 당신 아내와 **관계했으면** 당신은 우리에게 **큰** 죄악들을 불러왔을 것이오.” 11 아비멜렉이 온 백성에게 명령하였다. “이 남자와 그의 아내에게 **가까이 가는** 자는 **죽임을 당할 것이다**.”

12 이사악은 그 땅에 씨를 뿌려, 그 해에 백 배의 **곡식을** 거두었다. 주님께서 그를 축복하시어 13 번성하고 점점 늘어나, 드디어 큰 부자가 되었다. 14 그에게는 양 떼와 소 떼, 종들이 많이 있었다. 필리스티아인들이 그를 질투하였다. 15 필리스티아인들은 그의 아버지 아브라함 시절에 아버지의 종들이 판 우물을 모두 막고 흙으로 그것을 채웠다. 16 아비멜렉이 이사악에게 말하였다. “우리 백성에게서 떠나시오. 당신네가 우리보다 훨씬 강해졌소.”

17 이사악은 거기서 나와 그라르의 마른강에 진을 치고 그곳에 자리 잡았다. 18 이사악은 다시 아버지 아브라함 시절에 팠던 우물들을 팠다. 아브라함이 죽은 뒤 필리스티아인들이 닫은 것이다. 그곳의 이름을 아버지가 부른 그 이름대로 불렀다. 19 이사악의 종들이 마른강을 파다가 물이 **솟는** 우물을 찾아냈다. 20 그라르의 목자들이 이사악의 목자들에게 시비를 걸어 “그 물은 우리의 것이다.” 하였다. 그들이 그와 다투었다고 해서 우물의 이름을 에섹이라 불렀다. 21 그들이 다른 우물을 팠는데도 또 시비를 걸어 그곳의 이름을 시트나라 불렀다. 22 그곳에서 올라가 다른 데서 우물을 팠더니 그것을 두고는 시비를 걸지 않아, 그곳의 이름을 르호봇이라 부르고 말하였다. “이제 주님께서 우리에게 넓은 곳을 주시어 이 땅에서 우리를 **강하게 하시리라**.”

23 이사악은 그곳에서 브에르 세바로 올라갔다. 24 주님께서 그날 밤 그에게 **나타나** 말씀하셨다. “나는 네 아버지 아브라함의 하느님이다. 두려워하지 마라. 나의 **메므라가** 너와 함께 있고 너를 축복하겠다. 나의 종 아브

라함의 **공로로** 네 **자손들을** 많게 하겠다." 25 그는 거기에 제단을 세우고 주님 **메므라의** 이름으로 **기도하였다**. 그곳에서 그는 천막을 펴고 이사악의 종들은 우물을 팠다.

26 아비멜렉은 자기 친구들 **무리와** 군대의 장수 피콜을 (데리고,) 그라르에서 이사악을 찾아왔다. 27 이사악이 그들에게 말하였다. "내가 미워서 나를 당신들한테서 내보낼 때는 언제고, (이제 와서) 당신네들이 무슨 일로 나를 찾아왔소?" 28 그들이 말하였다. "우리는 주님께서 당신과 함께 계심을 보고 서로 말하였으니, **우리와 당신 사이에 맹세를 합시다**. 당신과 계약을 맺고 싶소. 29 그래도 우리가 당신에게 **접근하지** 않고 당신과 잘 지내다 평화롭게 내보낸 만큼, 당신이 설마 우리에게 해코지야 하겠소. 당신은 이제**부터** 주님께 축복을 받은 이요." 30 이사악은 그들에게 잔치를 베풀고 그들은 먹고 마셨다. 31 그들은 아침 일찍 일어나 서로 계약을 맺었다. 이사악은 그들을 보내고 그들은 평화롭게 그에게서 떠났다.

32 그날 이사악의 종들이 그를 보러 와 자신들이 판 우물을 두고 말하였다. "저희가 물을 발견하였습니다." 33 그는 그것을 시브아라 불렀다. 그래서 **그가 부른 우물의** 이름은 오늘날까지 브에르 세바이다.

에사우의 히타이트 아내들

34 에사우는 마흔 살이 되어 히타이트 사람 브에리의 딸 여후딧[과 히타이트 사람 엘론의 딸 바스맛]을 아내로 삼았다. 35 그들은 **고집 세고 오만하며 이방 신 예배에서 절하면서**, 이사악에게도 레베카에게도 **가르침을 받지 않았다**.

아버지의 축복을 받은 야곱

27,1 이사악은 늙고 눈도 침침하여 보는 것이 어려워지자, 큰아들 에사우를 불러 말하였다. "아들아!" 에사우가 말하였다. "예, 접니다." 2 이사악이 말하였다. "나는 늙고 죽을 날이 (언제일지) 모른다. 3 이제 네 장비들, 화

살통과 활을 가지고 들로 나가 나를 위해 사냥을 하여라. 4 내가 좋아할 만
한 **음식을** 만들어 나에게 오너라. 내가 먹고 죽기 전에 너를 축복하겠다."

5 레베카는 이사악이 아들 에사우에게 한 말을 들었다. 에사우는 사냥하
여 **그것을** 가져오고자 들로 나갔다. 6 레베카가 아들 야곱에게 말하였다.
"네 형 에사우와 말하는 네 아버지의 **목소리를** 들었다. 7 '나에게 사냥한 것
을 가져와 **음식을** 만들어라. 내가 먹고 죽기 전에 주님 앞에서 너를 축복
하겠다.' 8 아들아, 내 말을 듣고 내가 너에게 일러 주는 **곳으로 가라**. 9 가
축에게 가서 좋은 새끼 염소 두 마리를 나에게 가져 와라. 내가 아버지가
좋아하실 만한 **음식을** 만들겠다. 10 네가 아버지께 가져다 드려, 그가 잡
수시고 돌아가시기 전에 **주님 앞에서** 너를 축복하시게 하여라." 11 야곱이
어머니 레베카에게 말하였다. "형 에사우는 털보이고 저는 매끈한 사람인
데, 12 아버지가 저를 만져보시고 그분 보시기에 제가 놀린 것처럼 되면,
축복은 고사하고 저주를 받을 것입니다." 13 그의 어머니가 그에게 말하였
다. "너의 저주는 내 위에 있을 것이니, 아들아 내 말만 듣고 가져오너라."
14 그가 가서 어머니에게 가져오자 (레베카는) 그의 아버지가 좋아할 만한
음식을 만들었다. 15 레베카는 집에 있는 큰아들 에사우의 값진 옷을 가져
다 작은아들 야곱에게 입혔다. 16 새끼 염소 가죽을 그의 손과 목의 매끈한
곳 위에 입히고, 17 그가 만든 **음식과** 빵을 아들 야곱의 손에 들려 보냈다.

18 그는 아버지에게 가서 말하였다. "아버지!" 그가 말하였다. "오냐. 아
들아, 너는 누구냐?" 19 야곱이 아버지에게 말하였다. "저는 아버지 맏아
들 에사우입니다. 아버지가 말씀하신 대로 제가 만들어 왔으니, 일어나 앉
으시어 사냥한 것을 드십시오. 그래야 아버지의 영이 저를 축복하시지요."
20 이사악이 아들에게 말하였다. "아들아, 어찌 이리도 빨리 찾았느냐?" 그
가 말하였다. "아버지의 하느님이신 주님께서 제 앞에 **장만해 주셨습니다**."
21 이사악이 야곱에게 말하였다. "가까이 오너라, 아들아! 네가 에사우인지
아닌지 너를 만져봐야겠다." 22 야곱은 아버지 이사악에게 가까이 가 만지
게 하였다. 그가 말하였다. "목소리는 야곱의 목소리인데, **그러나** 손의 촉

감은 에사우 손의 **촉감과 같구나.**" 23 그의 손이 형 에사우의 털 많은 손 같
아서 알아차리지 못하였고, 그를 축복하였다. 24 이사악이 말하였다. "네
가 바로 내 아들 에사우냐?" 야곱이 말하였다. "예, 접니다." 25 그가 말하
였다. "나에게 가까이 오너라. 내 아들이 사냥한 것을 먹고 내 영이 너를 축
복해야겠다." 야곱이 가까이 가져가니 그가 먹었고, 포도주를 드리니 마셨
다. 26 아버지 이사악이 그에게 말하였다. "가까이 와서 나에게 입을 맞추
어라, 아들아!" 27 그가 가까이 가 그에게 입을 맞추자, 그는 옷 냄새를 맡
고 그에게 축복하며 말하였다.

"보아라, 내 아들의 냄새는
장차 성전 산 제단 위에 바쳐질 좋은 향기로운 향 냄새와 같구나.
그곳은 살아 계시고 영원무궁히 존재하시는 분이 축복하신 **산이다.**

28 **주님께서** 너에게
하늘에서 **내리는 좋은** 이슬과
땅에서 (나는) **귀하고 좋은 것을** 주시고,
곡식과 포도주와 **기름을** 풍성히 주시리라.

29 **에사우의 모든 자식들인** 민족들이 네 **앞에서** 섬기고
이스마엘의 모든 자식들인 왕국들이 너에게 복종하리라.
너는 네 형제들 곧 **크투라의 모든 자식들의** 지도자와 **통치자가** 되고,
네 어머니의 **오라버니인 라반의 모든 자식들이 먼저 네 안부를 물으리라.**
내 아들인 너를 저주하는 이는 **브오르의 아들 발라암처럼** 저주를 받고,
너를 축복하는 이는 **예언자이자 이스라엘의 서기관인 모세처럼** 복을 받으리라."

아버지의 축복을 빼앗긴 에사우

30 이사악이 야곱에게 축복을 끝냈을 때 야곱은 아버지 이사악 앞에서

나오고, 형 에사우는 사냥에서 돌아왔다. 31 그도 음식을 만들어 아버지에
게 들어가 아버지에게 말하였다. "일어나세요, 아버지! 아버지 아들이 사
냥한 것을 좀 드세요. 아버지의 영이 저를 축복하셔야지요." 32 아버지 이
사악이 그에게 말하였다. "너는 누구냐?" 그가 말하였다. "아버지의 아들,
아버지의 맏아들 에사우입니다." 33 이사악은 몹시 놀라 충격을 받고 말하
였다. "그가 사냥한 것을 나에게 가져와 네가 오기 전에 다 먹고 그를 축복
하였는데, 그럼 그는 누구냐? 그가 복을 받을 것이다." **바트 콜이 하늘에
서 나와 말씀하셨다. "오직 그만이 복을 받을 것이다**." 34 에사우는 아버지
의 말을 듣고 **엄청** 크게 소리 지르며 몹시 억울하여 아버지에게 말하였다.
"저를 축복해 주세요. 저도요, 아버지!" 35 그가 말하였다. "네 동생이 와서
아주 교묘하게 너의 복을 **받아갔다**." 36 에사우가 말하였다. "그의 이름을
야곱이라 부른 것이 **딱 맞지 않습니까**? 그는 저한테도 두 번이나 **교묘하게
수를 써서** 저의 맏아들 권리를 가져가더니 이제는 저의 축복까지 **받아갔
습니다**." 그가 계속 말하였다. "저를 위해 축복을 남겨두지 않으셨어요?"
37 이사악이 에사우에게 대답하였다. "나는 그를 너의 지도자와 **통치자로**
삼았고 그의 모든 형제들을 **그 앞에** 종으로 주었으며 곡식과 포도주를 주
어 살아가게 하였다. 그러니 **이제서야** 내가 너를 위해 무엇을 할 수 있겠느
냐, 아들아!" 38 에사우가 아버지에게 말하였다. "아버지의 축복은 하나입
니까, 아버지? 저도 축복해 주십시오, 아버지!" 에사우는 소리 높여 울었다.

39 아버지 이사악이 그에게 대답하였다.

"네 거주지는
땅의 **비옥한 것과,**
위로 하늘에서 **내리는 좋은** 이슬에서
(멀리) 있으리라.

40 너는 네 칼 위에서 살면서
네 동생 **앞에서** 섬기고 복종하리라.
야곱의 아들들이 토라를 공부하고 법령들을 지킬 때,

그들은 네 목에 **자기들 짐의** 멍에를 **내려놓을 것이다.**
야곱의 아들들이 법령들을 버리고 토라 공부를 보류할 때에야,
너는 그를 지배하고
네 목에서 종살이의 멍에를 벗으리라."

하란으로 피신하는 야곱

41 에사우는 아버지가 야곱에게 내린 축복을 두고 그에게 원한을 품어,
마음속으로 생각하였다. '**나는 아버지가 살아 계실 때 아벨을 죽인 카인처**
럼은 하지 않겠다. 그의 아버지는 셋을 낳고 자신의 이름대로 그의 이름을
부르고 돌아가셨다. 나는 아버지를 애도할 날이 가까워질 **때까지 기다렸다**
가 동생 야곱을 죽여야겠다. **나는 살인자요 상속자로 불리리라.**' 42 큰아들
에사우의 말이 레베카에게 알려져 그는 작은아들 야곱을 불러 말하였다.
"네 형 에사우가 너를 죽일 **생각을 하고 있다.** 43 아들아! 내 말을 들어라.
일어나 하란의 나의 오라버니 라반에게 **가 있어라.** 44 네 형의 분노가 가라
앉을 때까지 잠시 그와 지내라. 45 네 형의 분노가 가라앉고 네가 한 일을
그가 잊을 때까지만이다. 그럼 내가 사람을 보내 너를 거기서 데려오겠다.
어찌 내가 한 날에 너희를 둘 다 잃겠느냐?"

46 레베카가 이사악에게 말하였다. "히타이트인들의 딸들 앞에서 사는
것이 괴로워요. 야곱이 이 땅의 **백성의** 딸들과 같은 히타이트인들의 딸들
가운데에서 아내를 얻는다면 내가 어찌 살겠어요?"

28,1 이사악이 야곱을 불러 축복하고 그에게 명하였다. "가나안의 딸들
가운데에서는 아내를 얻지 마라. 2 일어나 파딴 아람에 (있는) 네 어머니의
아버지 브투엘의 집으로 가라. 거기서 어머니의 오라버니 라반의 딸들 가
운데에서 아내를 얻어라. 3 **하늘의 하느님께서** 너를 축복하시어 너를 **강하**
고 번성하게 하시리라. 너는 **의로운 민족들의 의회에** 회중이 되리라. 4 그
분께서 아브라함의 축복을 너와 네 **자손들에게** 주시어, **주님께서** 아브라함
에게 주신 네가 체류하는 땅을 너에게 물려주시리라." 5 이사악은 야곱을

떠나보냈다. 야곱은 파딴 아람의 아람 사람 브투엘의 아들이자, 야곱과 에 사우의 어머니 레베카의 오라버니인 라반에게로 떠났다.

이스마엘의 딸과 혼인한 에사우

6 에사우는, 이사악이 야곱을 축복하여 파딴 아람으로 보내고는 거기서
아내를 얻도록 그를 축복하며 "가나안의 딸들에서는 아내를 얻지 마라."고
명하는 것을 보았다. 7 야곱이 아버지와 어머니의 말을 따라 파딴 아람으
로 가는 것도 (보았고,) 8 가나안의 딸들이 아버지 이사악의 눈에 불쾌하다
는 것도 보았다. 9 에사우는 이스마엘에게 가서 아브라함의 아들 이스마
엘의 딸이자 느바욧의 누이인 마할랏을 아내로 삼았다. 그에게는 (이미) 아
내들이 있었다.

야곱의 꿈

10 **우리의 조상 야곱이 브에르 세바에서 떠나 하란으로 갈 때 그에게 다
섯 가지 기적이 일어났다. 첫 번째 기적은 그날의 시간이 짧아져 제 시간이
안 되어 해가 진 것이다. 디베라가 그에게 말씀하시고 싶어서였다. 두 번째
기적은 우리의 조상 야곱이 가져다 베개로 삼은 네 개의 돌이 아침에 돌 하
나가 된 것이다. 이것은 그가 기둥으로 세워 꼭대기에 기름을 부은 그 돌이
다. 세 번째 기적은 우리의 조상 야곱이 하란으로 가려고 발을 들자, 그 앞
에서 땅이 줄어들어 그가 하란에서 머물 곳을 발견한 것이다. 네 번째 기
적은 모든 목자들이 모여 굴리려 했으나 그러지 못한 우물 입구의 돌을, 우
리의 조상 야곱이 와서 한 손으로 치워 어머니의 오라버니 라반의 가축 떼
가 마시도록 한 것이다. 다섯 번째 기적은 우리의 조상 야곱이 우물 입구에
서 돌을 들어 올리자 우물이 흐르고 입구에서 올라와, 그가 하란에 머무르
는 날 내내 이십 년 동안 흐른 것이다. 이것들이 우리의 조상** 야곱이 브에
르 세바를 떠나 하란으로 갈 때 **그에게 일어난 다섯 가지 기적이다.** 11 그
는 어떤 곳에서 **기도하였고** 해가 **가라앉자** 거기서 묵었다. 그는 그곳의 돌

들을 가져다 **머리맡의** 베개로 삼고 그곳에서 **잤다**. 12 그가 꿈을 꾸었다.
사다리가 땅에 **고정되고** 그 꼭대기가 하늘 **높은 데까지** 이르렀다. **아버지**
의 집에서부터 야곱과 동행한 천사들이 높은 곳의 천사들에게 기쁜 소식을
알리러 올라가 말하였다. “와서 경건한 사람을 보시오. 여러분이 보고 싶어
하던 그의 모습이 영광의 어좌에 새겨졌소.” 그러자 주님 앞에 있던 천사
들이 오르락내리락하며 **그를 보았다**. 13 주님의 **영광이** 그 위에 서서 말씀
하셨다. “나는 네 아버지 아브라함의 하느님이자 이사악의 하느님인 주님
이다. 네가 **자고** 있는 땅을 너와 네 **자손들에게** 주겠다. 14 너의 **자손들은**
땅의 먼지처럼 되고 너는 서쪽과 동쪽, 북쪽과 남쪽에서 **강해질 것이다**. 땅
의 모든 **후손들이** 너의 **공로로** 네 **자손들의** 후손 때문에 복을 받을 것이다.
15 나는 **나의 메므라로** 너와 함께 있으면서 네가 가는 곳 어디에서든 늘 지
켜 주고, 너를 이 땅으로 데려오겠다. 내가 너에게 말한 것이 이루어질 때
까지 너를 떠나지 않을 것이다.” 16 야곱은 잠에서 깨어나 말하였다. “**참으**
로 주님 **셰키나의 영광이** 이곳에 **머무르시는구나**. 나는 몰랐다.” 17 그는
두려워 말하였다. “이곳은 얼마나 두려운 곳이란 말인가! 이곳은 **평범한 곳**
이 아니다. **곧 주님 앞에 마련된 곳으로, 이 문은** 하늘 **높은 데까지** (이르도
록) **마련된 기도의** 문이다.”

18 야곱은 아침 일찍 일어나 **베개로** 삼았던 돌을 가져다 그것을 세워 꼭
대기에 기름을 부었다. 19 그리고 그곳의 이름을 베텔이라 불렀다. 그 성
읍의 처음 이름은 루즈였다. 20 야곱은 서원하였다. “**주님께서** 저의 **협력**
자가 되시어, 제가 가는 이 길에서 저를 지켜 주시고 저에게 먹을 빵과 입
을 옷을 주신다면, 21 제가 무사히 아버지의 집에 돌아오게 하신다면, 주
님께서는 저에게 **구원자** 하느님이 되실 것입니다. 22 제가 기둥으로 세운
이 돌은 **주님의 이름을 위한 성전이** 될 것이고, 저는 당신께서 저에게 주신
모든 것에서 십분의 일을 당신의 **이름을 위하여 따로 떼어 바치겠습니다**.”

야곱과 라헬의 첫 만남

29,1 야곱이 발을 옮겨 동쪽 자손들의 땅으로 갔다. 2 그는 들에 우물이
있고 그곳 한쪽에 양 떼 세 무리가 누워 있는 것을 보았다. 그 우물에서 양
떼들은 물을 마시는데, 큰 돌이 우물 입구에 놓여 있었다. 3 그곳에 가축들
이 다 모이면 우물 입구에서 돌을 굴려 양 떼에게 물을 먹이고는 우물 입구
제자리에 돌을 돌려놓곤 한다.

4 [야곱이] 그들에게 말하였다. "형제여, 당신들은 어디에서 오셨소?" 그
들이 말하였다. "우리들은 하란에서 왔소." 5 그가 그들에게 말하였다. "당
신들은 나호르의 아들 라반을 아시오?" 그들이 말하였다. "압니다." 6 그가
그들에게 말하였다. "그분은 평안하시오?" 그들이 말하였다. "평안하시오.
그의 딸 라헬이 양들과 오고 있네요." 7 그가 말하였다. "**낮이 길어** 아직 짐
승을 모을 시간이 아니니, 가축에게 물을 먹이고 풀을 뜯기러 가야겠군요."
8 그들이 말하였다. "가축들이 다 모일 **때**까지는 어쩔 수 없고, 우물 입구
에서 돌을 굴려야 양 떼에게 물을 먹일 수 있소."

9 야곱이 그들과 아직 말하고 있는데 라헬이 아버지의 양 떼와 왔다.
(라헬은) 목자였다. 10 야곱은 어머니의 오라버니인 라반의 딸 라헬과 어머
니의 오라버니인 라반의 양 떼를 보고, 가까이 가 우물 입구에서 돌을 굴
려 어머니의 오라버니인 라반의 양 떼에게 물을 마시게 하였다. 11 야곱
은 라헬에게 입을 맞추고 소리 높여 울었다. 12 야곱은 라헬에게 자신이
(라헬) 아버지의 **누이의 아들**, 곧 레베카의 아들이라고 알리자, 그는 달려
가 아버지에게 알렸다.

13 라반은 자기 누이의 아들 야곱의 소식을 듣고, 그의 앞에 달려와 그
를 안고 입을 맞추고는 그를 데리고 집으로 들어갔다. 그는 라반에게 이 모
든 사건들을 설명하였다. 14 라반이 그에게 말하였다. "자네는 **내 친족이요**
내 살붙이네." 야곱은 그와 함께 한 달을 살았다.

야곱의 혼인

15 라반이 야곱에게 말하였다. "아무리 자네가 내 친족이어도 내 **앞에서**
거저 일할 수는 **없지**. 자네 임금이 얼마인지 알려주게." 16 라반에게는 두
딸이 있었는데 큰딸 이름은 레아이고 작은딸 이름은 라헬이었다. 17 레아
는 눈을 **들어 기도하며 의로운 야곱과 혼인하기를 간청하였고**, 라헬은 얼
굴도 예쁘고 모습도 아름다웠다. 18 야곱은 라헬을 사랑하여 말하였다. "작
은딸 라헬을 위해 **삼촌 앞에서** 칠 년을 일하겠습니다." 19 라반이 말하였
다. "그를 다른 남자에게 주는 것보다 자네에게 **아내로 삼게** 주는 것이 더
낫겠지. 나와 함께 지내세." 20 야곱은 라헬을 위해 칠 년을 일하였다. 그가
그를 사랑한 **사랑 때문에** 그에게는 짧은 시간처럼 여겨졌다.
21 야곱이 라반에게 말하였다. "제가 **일할** 날을 채웠으니 제 아내를 주
십시오. 제가 그에게 들 것입니다." 22 라반은 모든 사람들을 한자리에 모
아 **그들에게** 잔치를 베풀고 **대답하였다. "이 경건한 이가 우리 사이에서 머
무른 지 칠 년이 되었소. 우리 우물은 부족하지 않고 물 마실 곳도 많아졌
소. 그러니 이제 여러분이 그를 우리 사이에 칠 년 더 이곳에 남도록 나에
게 해 줄 조언은 무엇입니까?" 그들은 속임수로 조언을 하며 라헬 대신 레
아를 아내로 데려갔다.** 23 저녁이 되어 그는 딸 레아를 데리고 그에게 들어
가게 하여, 야곱이 레아에게 들었다. 24 라반은 자신의 여종 질파를 딸 레
아의 몸종으로 주었다. 25 그런데 아침이 되어 보니 그는 레아였다. 야곱
이 라반에게 말하였다. "저한테 무슨 일을 하신 겁니까? 제가 삼촌 일을 한
것은 라헬을 위해서가 아닙니까? 어찌하여 저한테 거짓말을 하셨습니까?"
26 라반이 말하였다. "우리 고장에서는 작은딸을 큰딸에 앞서 주는 것이 **합
당하지** 않다네. 27 일단 이번 **잔치의 칠 일을** 채우게. 다른 [칠] 년을 더 내
일을 하겠다면 작은딸도 자네에게 주겠네." 28 야곱은 그렇게 하기로 하고
이번에 **레아**(를 위한) **잔치의 칠 일을** 채웠다. 라반은 작은딸 라헬을 그에게
아내로 주었다. 29 라반은 자신의 여종 빌하를 딸 라헬의 몸종으로 주었다.
30 야곱은 라헬에게도 들었다. 그는 레아보다 라헬을 더 사랑하였다. 그는

다른 칠 년을 다시 (라반과) 함께 일하였다.

야곱의 아들들

31 레아가 미움 받는 것이 주님 **앞에 드러나, 그분께서 당신의 메므라로**
그에게 **아들들을** 주시겠다고 **말씀하셨다**. 그러나 라헬은 임신하지 못하였
다. 32 레아가 임신하여 아들을 낳고 이름을 르우벤이라 불렀다. **"내 치욕
이 주님 앞에 드러났으니** 이제 남편이 나를 사랑해 주겠지."라고 말하였기
때문이다. 33 그는 더 임신하여 아들을 낳고 말하였다. "내가 미움 받는 것
이 주님 **앞에 들려** 이 아이를 또 나에게 주셨구나." 그래서 그는 그의 이름
을 시메온이라 불렀다. 34 그는 또 임신하여 아들을 낳고 말하였다. "내가
아들을 셋이나 낳았으니 이번에는 내 남편이 나와 연결되겠구나." 그래서
그는 그의 이름을 레위라 불렀다. 35 그는 또 임신하여 아들을 낳고 말하였
다. "이번에는 **우리가** 주님 앞에 감사드리고 **경배하리라**." 그래서 그는 그
의 이름을 유다라 불렀다. 그리고는 출산이 멈추었다.

30,1 라헬은 야곱에게 아이를 낳아 주지 못하는 것을 알고 언니를 질투
하며 야곱에게 말하였다. "나에게도 아들들을 주세요. 그렇지 않으면 나는
죽어 버리겠어요." 2 야곱은 라헬에게 **크게** 화를 내며 말하였다. **"나한테
서 태의 소생인 아이가 나온단 말이오? 우리가 가서** 당신한테서 태의 소
생인 **아이를** [막으신] **주님 앞에 간청합시다**." 3 라헬이 말하였다. "내 몸종
빌하에게 드세요. 그가 낳아 내가 **키우면** 나도 그에게서 아들이 생기는 셈
이니까요." 4 라헬은 몸종 빌하를 야곱에게 아내로 주어 야곱이 그에게 들
었다. 5 빌하가 임신하여 야곱에게 아들을 낳아 주었다. 6 라헬이 말하였
다. **"주님께서** 나를 심판하시고 내 **기도도 받아들이시어** 나에게 아들을 주
셨다." 그래서 그의 이름을 단이라 불렀다. 7 라헬의 몸종 빌하가 또 임신
하여 야곱에게 두 번째 아들을 낳아 주었다. 8 라헬이 말하였다. **"내가 주
님 앞에 기도하였더니, 그분께서 언니 레아에게 주셨듯이 나에게도 아들
들을 주시리라는 것을, 나는 기도를 통해 들었다**." 그래서 그의 이름을 납

탈리라 불렀다.

9 레아는 자신의 출산이 멈춘 것을 알고 몸종 질파를 데려다가 야곱에게 아내로 주었다. 10 레아의 몸종 질파가 야곱에게 아들을 낳아 주었다. 11 레아가 말하였다. "**좋은 행운이 와, 장차 민족들의 기초를 끊으리라.**" 그래서 그의 이름을 가드라 불렀다. 12 레아의 몸종 질파가 야곱에게 두 번째 아들을 낳아 주었다. 13 레아가 말하였다. "**이스라엘의 딸들이 회당에서 나를 크게 칭송하리라.**" 그래서 그의 이름을 아세르라 불렀다.

14 밀 수확하는 어느 날에 르우벤이 나가 들에서 합환채를 발견하였다. 그는 어머니 레아에게 그것을 가져다주었다. 라헬이 레아에게 말하였다. "언니 아들의 합환채를 나에게 좀 주세요." 15 레아가 말하였다. "너는 내 남편을 데려간 것이 부족해서 내 아들의 합환채도 가져가길 **바라느냐**?" 라헬이 말하였다. "언니 아들의 합환채 대신 그가 오늘 밤 언니와 **자게** 할게요." 16 저녁에 야곱이 들에서 오자 레아가 그 앞에 나가 **그에게** 말하였다. "내 아들의 합환채를 (주고) 당신을 빌렸으니 저에게 드세요." 그는 그날 밤 그와 함께 **잤다**. 17 **주님께서** 레아의 **기도** 소리를 들으시어 그가 임신하여 야곱에게 다섯 번째 아들을 낳아 주었다. 18 레아가 말하였다. "내가 몸종을 남편에게 주었더니 **주님께서** 내 (몸종의) 품값을 주셨다." 그래서 그의 이름을 이사카르라 불렀다.

19 레아가 또 임신하여 야곱에게 여섯 번째 아들을 낳아 주었다. 20 레아가 말하였다. "**주님께서** 나에게 좋은 선물을 주셨다. 내가 그에게 아들을 여섯이나 낳아 주었으니 **이번에는 남편이 나에게 선물을 주겠지.**" 그래서 그의 이름을 즈불룬이라 불렀다. 21 그러고 나서 그가 딸을 낳고 그의 이름을 디나라 불렀다. 22 **온 세상의 주인이신 주님께 네 개의 열쇠가 전해졌다. 천사나 사람에게는 전해지지 않은 것으로, 곧 비의 열쇠와 식량의 열쇠, 무덤의 열쇠와 불임의 열쇠이다.** (비의 열쇠를 두고) **성경에서 설명하였다. "주님께서는 너희를 위하여 당신의 그 풍요로운 곳집인 하늘을 여실 것이다." 식량의 열쇠를 두고 성경에서 설명하였다. "당신의 손을 벌**

리시어 모든 생물을 호의로 배불리십니다." **무덤의 열쇠를 두고 성경에서**
설명하였다. "**보라, 내 백성아! 내가 너희 무덤을 열고 너희를 그 무덤에**
서 끌어내리라." **불임의 열쇠를 두고 성경에서 설명하였다.** "**주님께서 그**
분의 선하신 자비로 라헬을 기억하셨고 **주님께서 라헬의 기도 소리를** 들으
시어, **그분의 메므라로** 그에게 **아들들을** 주시겠다고 **말씀하셨다.**" 23 그는
임신하여 아들을 낳고 말하였다. "**주님께서** 나의 수치를 거두어들이셨다."
24 그는 그의 이름을 요셉이라 부르며 말하였다. "주님께서 나에게 **다른** 아
들을 더해 주셨다."

야곱의 임금을 떼 먹은 라반

25 라헬이 요셉을 낳았을 때 야곱이 라반에게 말하였다. "저를 보내 주
십시오. 제 고향, 저의 땅으로 가겠습니다. 26 제가 아내들과 자식들을 위
해서 장인어른 **앞에서** 일을 하였으니 그들을 내주십시오. 제가 떠나야겠습
니다. 제가 장인어른 **앞에서** 한 일을 장인어른도 아십니다." 27 라반이 그
에게 말하였다. "내가 자네에게 은혜와 **신의를** 입게 해 주게나. **시험해** 보
니 주님께서 자네의 **공로로** 나에게 복을 주신 것이더군." 28 그가 말하였
다. "나한테 자네 임금을 정해 주게나. 내가 주겠네." 29 (야곱이) 그에게 말
하였다. "제가 장인어른 **앞에서** 일한 것과 제 **앞에** 있는 장인어른의 가축
들이 **튼실해지고 많아진** 것을 장인어른은 아십니다. 30 저 이전에는 장인
어른의 **집짐승들이** 부실했으나 (이제는) **튼실하고** 많아졌습니다. 저 **덕분**
에 주님께서 장인어른에게 복을 주셔서입니다. 저도 **제 자식들과** 제 집안
사람들의 생계를 꾸려나가야 하는데 언제쯤에야 제가 (제) 일을 **할 수** 있
겠습니까?" 31 (라반이) 말하였다. "무엇을 자네에게 주면 되겠나?" 야곱이
말하였다. "아무것도 안 주셔도 됩니다. 다만 이 일을 해 주신다면 저는 장
인어른의 양 떼를 다시 먹이고 지키겠습니다. 32 오늘 장인어른의 양 떼를
다 지나다니며 거기서, 어린 양들에서는 점박이, 얼룩이 어린 양, 검은 어
린 양을 다, 염소들에서는 점박이와 얼룩이를 다 가려내겠습니다. 그것들

이 제 임금이 될 것입니다. 33 제 정직함은 오늘 장인어른이 당신 앞에 있
는 제 임금을 (되돌려) **받으러** 오셔서 확인하실 것입니다. 염소에서 점박이
와 얼룩이가 아니거나, 어린 양에서 검은 것이 아닌 것은 다 제가 훔친 것
일 테니까요." 34 라반이 말하였다. "**좋네**. 자네 말대로 하겠네." 35 그날
(라반은) 점박이와 얼룩이 숫염소들과, 얼룩이와 점박이 암염소들, 어린
양들에서 흰 것과 검은 것들 모두를 가려내어 자기 아들들 손에 주었다.
36 그는 자신들과 야곱 사이를 사흘거리가 되게 하였다. 야곱은 남아 있는
라반의 양 떼를 쳤다.

37 야곱은 싱싱한 흰 백양나무, 아몬드나무, 버즘나무의 막대를 가져다
흰 껍질을 벗겨 막대 위에 흰 것이 드러나게 하였다. 38 껍질 벗긴 막대들
을 물 마시는 통, 곧 양 떼가 물 마시러 오는 곳에 꽂고 [양 떼가 마주 보게]
놓았다. [그런데 그것들은 물을 마시러 와서 짝짓기를 하였다.] 39 양 떼는 막대
있는 데서 짝짓기를 하고 줄무늬, 점박이, 얼룩이들을 낳았다. 40 야곱은
어린 양들을 가려내어, 양 떼의 얼굴을 라반의 양 떼에서 줄무늬와 검은 것
의 **맞은편에** 오게 하였다. [자신의 가축들은 따로 두어 라반의 양 떼와 섞이지
않게 하였다.] 41 **처음 번식할** 양들이 짝짓기를 할 때마다 야곱은 양들이 보
도록 물통에다 막대들을 두어, 막대들 있는 데서 짝짓기를 시켰다. 42 **나
중에 번식할** 양들에게는 (막대를) 두지 않았다. **나중 것들은** 라반에게, **처음
것들은** 야곱에게 돌아갔다. 43 (야곱은) 매우 큰 부자가 되어 많은 가축 떼
와 여종과 남종, 낙타와 당나귀들이 그의 것이 되었다.

야곱의 도주

31,1 야곱은 라반의 아들들이 이렇게 말하는 것을 들었다. "야곱이 우리
아버지의 것을 모조리 가져다가, 우리 아버지의 것으로 이 모든 **재산들을
얻게 되었다**." 2 야곱이 라반의 **안색을** 보니 어제나 **예전처럼** 자신을 **편하
게** 대하지 않았다. 3 주님께서 야곱에게 말씀하셨다. "네 조상들의 땅으로
네 고향으로 돌아가라. 내가 나의 **메므라로** 너와 함께 있을 것이다." 4 야

곱은 사람을 보내어 라헬과 레아를 부르고 가축 떼가 있는 들로 나가, 5 그
들에게 말하였다. "내가 당신들 아버지의 **안색을** 보니 어제나 **예전처럼** 나
를 대하지 않으시오. 내 아버지의 **주님의 메므라가** 나의 **협력자가** 되어 주
셨소. 6 당신들도 알다시피 나는 온 힘을 다해 당신들의 아버지 **앞에서** 일
하였소. 7 당신들의 아버지는 나에게 거짓말하였고 내 임금 열 몫을 바꿔
치기하셨소. **주님께서는** 나를 해칠 **권한을 그에게 주지** 않으셨소. 8 그가
'점박이가 자네 임금이네.' 하면 모든 양들이 [점박이를] 낳고, '얼룩이가 자
네 임금이네.' [하면] 모든 양들이 얼룩이를 낳았소. 9 그렇게 **주님께서는** 당
신들 아버지의 가축을 **비우시고** 나에게 주셨소. 10 양들이 짝짓기를 할 때
꿈에서 눈을 들어 보니 양들 위에 올라간 수컷들이 줄무늬와 얼룩이와 점
박이들이었소. 11 꿈에서 **주님의** 천사가 나에게 말씀하셨소. '야곱아!' 내
가 말하였소. '예, 접니다.' 12 그분께서 말씀하셨소. '이제 눈을 들어 보아
라. 양들 위에 올라가는 수컷들이 모두 줄무늬와 얼룩이와 점박이들이다.
라반이 너에게 한 모든 것이 내 **앞에 드러났다**. 13 나는 베델에서 **너에게
나타나** 네가 기둥에 기름 붓고 내 **앞에서 맹세한** 그 하느님이다. 이제 일어
나 이 땅에서 떠나 네 고향으로 돌아가라.'" 14 라헬과 레아가 그에게 대답
하였다. "아버지의 집에서 우리에게 올 몫과 유산이 더 있나요? 15 아버지
께야 우리가 이방인으로 생각되지 않으시겠어요? 우리를 팔아넘기셨고 우
리를 **팔아넘긴** 돈도 써버리셨으니 말이에요. 16 **주님께서** 우리 아버지한
테서 **따로 떼어 주신** 모든 재물은 우리와 우리 아들들의 것이니, 이제 **주님
께서** 당신에게 말씀하신 대로 다 하세요."

17 야곱은 일어나 자식들과 아내들을 낙타들 위에 태웠다. 18 모든 가축
들과 모아놓은 모든 재산들, 곧 파딴 아람에서 모은 가축들과 재산들을 [끌
고] 가나안 땅의 아버지 이사악에게 돌아가려고 하였다.

19 라반이 양털을 깎으러 가자 라헬은 아버지의 **형상들을 훔쳤다**. 20 야
곱은 아람인 라반을 속여 달아나는 것을 알리지 않고, 21 자신의 것들을 모
두 가지고 일어나 달아났다. 그는 강을 건너 길앗 산지로 향하였다.

라반의 추격

22 **라반의 목자들이 우물에서 양 떼에게 물을 먹이려고 갔으나 먹일 수**
가 없었다. 혹시나 (물이) **솟을까 바라며 이틀과 사흘을 기다렸는데도 솟지**
않자, 사흘째 날에 야곱이 달아났다는 것을 라반에게 알렸다. 23 그는 친
척들을 데리고 이레 **거리** 길을 (달려) 야곱의 뒤를 쫓았다. 길앗 산지에 있
는 그에게 이르렀다. 24 **주님 앞에서 메므라가** 아람인 라반에게 그날 밤 꿈
에 나오셔서 그에게 말씀하셨다. “야곱에게 좋은 말도 나쁜 말도 하지 않
도록 명심하여라.”

25 라반이 야곱을 따라잡았고, 야곱은 산에 천막을 치고 있었다. 라반
도 **같은** 길앗 산지에 친척들과 진을 쳤다. 26 라반이 야곱에게 말하였다.
“나를 속이고 [내 딸을 전쟁 포로처럼 끌고 가다니] 무슨 이런 경우가 다 있나?
27 [어찌하여 몰래 달아나 나와 내 딸들을 속이고] 알리지 않았나? **만약 나에**
게 알렸다면 손북과 비파로 기쁘게 노래하며 자네를 보냈을 터인데. 28 자
네는 내 손자들과 내 딸들에게 입을 맞추는 것도 **허락하지** 않는군. 자네가
한 일은 어리석었네. 29 자네들을 해칠 힘과 **병사들이 나에게** 있으나 간밤
에 자네를 아버지의 하느님께서 나에게 말씀하셨네. ‘야곱에게 좋은 말도
나쁜 말도 하지 않도록 명심하여라.’ 30 자네 아버지의 집이 그토록 그립다
니 떠나야겠지만, 내 **신상들은** 왜 훔쳐갔나?” 31 야곱이 라반에게 대답하
였다. “저는 장인어른이 당신 딸들을 저한테서 데려가시면 어쩌나 하는 생
각에 두려웠습니다. 32 장인어른의 [**우상들이**] 발견된 사람은 [살아남지 못할
것입니다.] 저희 친척들 앞에서 저에게 있는 것을 알아서 찾아가십시오.” 야
곱은 라헬이 그것들을 훔쳤는지 몰랐던 것이다. 33 라반이 야곱의 천막과
레아의 천막과 두 **소실들의** 천막에 들어갔으나 발견하지 못하였다. 그는
레아의 천막에서 나와 라헬의 천막에 들어갔다. 34 라헬은 [그 **우상들을**] 가
져다 낙타의 안장에 얹고 그 위에 앉아 있었다. 라반은 온 천막을 뒤졌으나
찾지 못하였다. 35 라헬이 아버지에게 말하였다. “나의 주인께서는 불쾌해
하지 마십시오. 제가 여자의 일 중이라 당신 앞에 설 수가 없습니다.” 그는

뒤졌으나 **형상들을** 찾지 못하였다.

36 [야곱은 화가 나서] 그는 라반에게 대들었다. 야곱은 라반에게 대답하
였다. "저의 죄가 무엇이고, 저의 잘못이 무엇이기에 저를 뒤쫓아 오셨습
니까? 37 저의 모든 기물들을 뒤지셨는데 당신 집의 기물들 가운데 무엇이
든지 찾으셨으면 제 친척들과 당신 친척들 앞에 내놓아 보십시오. 그들이
우리 둘 사이를 따져볼 것입니다. 38 제가 이 이십 년을 당신과 지내면서,
당신의 암양들과 암염소들은 새끼를 잃지 않았고 저는 당신 양 떼의 수컷
들을 잡아먹지도 않았습니다. 39 **죽은 것을** 당신에게 가져간 적 없고, **숫
자에서 하나라도 달아난 것이** (생기면) **모두 제가 물어냈고**, 당신은 저에게
그것을 요구하셨습니다. 낮에 **사람이** 훔쳐간 것도, 밤에 **들짐승이 물어간
것도**, 저는 **그것들을 물어냈습니다**. 40 낮에는 더위가, 밤에는 추위가 저
를 삼켜 제 눈에서 잠이 달아났습니다. 41 저는 이 이십 년을 당신의 집에
서 지내면서, 당신의 두 딸을 위해 십사 년을, 당신의 가축들을 위해 육 년
동안 당신 **앞에서** 일했는데, 장인어른은 제 임금의 열 **몫을** 바꿔치기하셨
습니다. 42 제 조상들의 하느님, 아브라함의 하느님, 이사악이 **두려워한 분
께서** 저와 함께 계시지 않으셨다면 장인어른은 저를 지금 빈털터리로 내보
내셨을 것입니다. 그러나 저의 수고와 제 손의 노고가 **주님 앞에 드러나** 간
밤에 꾸짖으신 것입니다."

야곱과 라반의 계약

43 라반이 야곱에게 대답하였다. "딸들은 내 딸들이고 아들들은 내 아들
들이며 양들은 내 양들이네. 자네가 보는 모든 것이 내 것이지만, 오늘 내
딸들과 그들이 낳은 아들들에게 내가 뭘 어쩌겠는가? 44 이제라도 어서 나
와 자네가 계약을 맺어 보세. 그것이 나와 자네 사이에 **징표가** 되어줄 것일
세." 45 야곱이 돌을 가져다 기둥을 세웠다. 46 야곱이 친척들에게 말하였
다. "돌을 모아 오십시오." 그들이 돌들을 가져와 돌 더미를 만들고, 그곳의
돌 더미 위에서 먹었다. 47 라반은 이것을 여가르 사하두타라 불렀고, 야곱

은 **성전의 언어로** 갈엣이라 불렀다. 48 라반이 말하였다. "오늘 이 돌 더미
가 나와 자네 사이에 증인이네." 그래서 갈엣이라 불렀다. 49 **차피타라고
도** 하는데, 그가 이렇게 말하였기 때문이다. "우리가 서로 이웃들에게서 숨
어 지낼 때 주님의 **메므라가** 나와 자네 사이를 **판결하실 것이네.** 50 자네가
내 딸들을 괴롭히거나 내 딸들 말고 (다른) 아내들을 얻으면, 아무도 우리와
함께 없더라도 보게나, **주님께서** 나와 자네 사이에 증인이 되실 것이네."

51 라반이 야곱에게 말하였다. "이 돌 더미를 보고, 나와 자네 사이에 세
운 **이** 기둥을 보게. 52 이 돌더미가 증인이고 그 기둥이 증인이니, 나는 (자
네를) 해치러 이 돌 더미와 이 기둥을 넘어 자네에게 가지 않겠네. 53 아브
라함의 하느님과 나호르의 하느님, 그들 조상의 하느님께서 우리 사이를
심판하실 것이네." 야곱이 아버지 이사악의 **강하신** 분을 두고 맹세하였다.
54 야곱은 그 산에서 제사를 지내고 자기 친척들에게 음식을 먹자고 불렀
다. 그들은 음식을 먹고 그 산에서 묵었다.

32,1 라반은 아침 일찍 일어나 손자들과 딸들에게 입을 맞추고 그들을
축복하였다. 라반은 (그곳을) 떠나 자기 고장으로 돌아갔다.

에사우를 만나러 오는 야곱

2 야곱은 길을 나섰다가, **주님 앞에 있는** 천사들을 만나게 되었다. 3 야
곱이 그들을 보고 말하였다. "**아마도 저들은 어머니의 오라버니인 라반의
전령들이 다시 나를 뒤쫓아 오는 것이거나, 나를 만나러 오는 형 에사우의
진영들이거나, 아니면 그들 둘의 손에서 나를 구하러 오는** 주님 앞의 **천사
들의** 진영들이다." 그래서 그 장소의 이름을 마하나임이라고 불렀다.

4 야곱은 **에돔인들** 지역 **가블라** 땅의 형 에사우에게 자기에 앞서 전령
들을 보냈다. 5 그가 그들에게 명령하였다. "너희는 나의 주인 에사우에게
이렇게 말하여라. '나리의 종 야곱이 이렇게 말합니다. '저는 라반한테서 체
류하느라 지금까지 **늦어졌습니다.** 6 저에게는 소와 나귀, 양과 염소, 남종
과 여종이 있습니다. 은총과 **자애를** 베풀어 주시길 주인께 알리려고 소식

전합니다.'"

7 **정보원들이** 야곱에게 돌아와 말하였다. "나리의 형님 에사우에게 다
녀왔습니다. 그분도 나리를 만나러 사백 명의 장정 곧 **병사들을** 거느리고
오십니다." 8 야곱은 몹시 두렵고 걱정이 되어 같이 있던 백성과 가축 떼와
소와 낙타들을 두 진영으로 나누었다. 9 그는 생각하였다. '에사우가 한 진
영에 와서 치더라도 남은 진영은 구할 수 있다.'

10 야곱이 아뢰었다. "아브라함의 하느님, 아버지 이사악의 하느님! 주
님께서는 저에게 말씀하셨습니다. '너의 땅 너의 고향으로 돌아가라. 내가
너에게 잘하겠다.' 11 당신께서 당신 종에게 베푸신 자애와 진실에 비해 저
는 미천하고 **하잘것없습니다**. 저는 **혼자서** 이 요르단을 건넜으나 이제는
두 진영을 이루었습니다. 12 제 형의 손에서 에사우의 손에서 저를 구해 주
십시오. 저는 그가 와서 저를 **죽이고** 어미와 자식들까지 **쓸어버리지** 않을
까, 그가 두렵습니다. 13 당신께서는 말씀하셨습니다. '내가 꼭 너에게 잘하
고 네 **자손들을** 바다의 모래처럼 **똑같게 하여** 셀 수 없게 하겠다.'"

14 그날 밤 그는 거기 묵으면서 자기 손으로 가져온 것 가운데 형 에사
우에게 줄 선물을 골랐다. 15 암염소 이백 마리와 숫염소 스무 마리, 암양
이백 마리와 숫양 스무 마리, 16 수유 중인 낙타와 새끼들 서른 마리, 암소
마흔 마리와 황소 열 마리, 암나귀 스무 마리와 **리비아산 나귀** 열 마리다.
17 그는 가축 떼별로 따로따로 종들에게 맡기며 말하였다. "나보다 앞서
가고 가축 떼 사이에 간격을 두어라." 18 앞에 선 이에게 명령하였다. "나
의 형 에사우가 너를 만나 '너는 누구의 사람이냐? 어디로 가느냐? 네 앞에
이것들은 무엇이냐?' 하고 묻거든, 19 이렇게 말하여라. '그것은 당신의 종
야곱이 주인 에사우에게 보내는 선물입니다. 그도 저희 뒤에 있습니다.'"
20 그는 두 번째 사람에게도 세 번째 사람에게도 가축들 뒤에 가는 모든 이
에게도 명령하였다. "그를 만나거든 이 말대로 전하고, 21 이렇게 말하여
라. '당신의 종 야곱이 저희 뒤에 따라옵니다.'" 야곱은 (속으로) 말하였다.
'나보다 앞서 예물을 보내어 그의 **안색을** 풀어 주어야겠다. 그러고 나서 그

의 얼굴을 봐야 나를 봐 줄 것이다.' 22 선물이 그에 앞서 건너가고 그는 그
날 밤 진영에서 묵었다.

천사와 겨룬 야곱

23 그는 밤에 일어나 두 아내와 두 **소실과** 아들 열한 명을 데리고 야뻑
건널목을 건넜다. 24 그는 그들을 이끌어 마른강을 건너게 하고 그의 것들
도 건네 보냈다. 25 야곱은 혼자 남아 있었는데 **사리엘 천사가 사람 모습**
을 하고 (나타나) **새벽 기둥이** 오를 때까지 그와 싸웠다. 26 그는 야곱을 이
길 수 없음을 알고 그의 엉덩이뼈를 쳐서, 야곱은 그와 씨름하다 엉덩이뼈
가 **마비되었다.** 27 그가 말하였다. "**새벽 기둥이** 올라왔으니 나를 보내다
오. **천사들이 높은 데서 찬미드릴 시간이 되었다. 나는 찬미하는 이들의 우**
두머리다." 야곱이 말하였다. "저를 축복하시지 않으면 보내드리지 않겠습
니다." 28 그가 말하였다. "네 이름이 무엇이냐?" 그가 말하였다. "야곱입니
다." 29 그가 말하였다. "더 이상 네 이름은 야곱이라 하지 않고 이스라엘이
라 부를 것이다. 네가 **주님 앞에서** 사람들 사이에서 **위대하여** (그들을) 이겼
기 때문이다." 30 야곱이 여쭈었다. "그럼 당신의 이름을 알려 주십시오."
그가 말하였다. "너는 왜 내 이름을 묻느냐?" 그는 거기서 야곱을 축복하였
다. 31 야곱은 그 장소의 이름을 프니엘이라 불렀다. "나는 **주님 앞에 있는**
천사들을 얼굴을 맞대고 뵈었고 내 목숨을 구하였다."고 하였기 때문이다.
32 그가 프니엘을 지날 때 해가 떠올랐다. 그는 엉덩이뼈 때문에 다리를 절
었다. 33 그래서 오늘날까지 이스라엘 자손들은 엉덩이뼈 위의 질긴 힘줄
을 먹지 않는다. 그가 질긴 힘줄이 있는 야곱의 엉덩이뼈를 쳤기 때문이다.

야곱과 에사우의 만남

33,1 [야곱이] 눈을 들어 에사우가 사백 명의 장정들을 거느리고 **걸어** 오
는 것을 보았다. 그는 레아와 라헬과 두 **소실들에게** 자식들을 나누어 맡겼
다. 2 **소실들과** 아들들을 맨 앞에, 레아와 아들들을 두 번째에, [라헬과 요셉

을 끝에] 세웠다. 3 (야곱은) 그들의 앞을 지나면서 **그 땅의 관습대로 안부를**
물으며 형에게 이를 때까지 땅에 대고 일곱 번 절하였다.

4 에사우는 그의 앞으로 달려가 그를 안았다. 그는 고개를 떨구며 입을
맞추고 울었다. 5 그는 눈을 들어 여자들과 아이들을 보고 말하였다. "이
들은 너에게 누구냐?" 그가 말하였다. "주님께서 당신 종에게 은총으로 주
신 아들들입니다." 6 **소실들과** 아들들이 다가와 **평화로이** 절하였다. 7 레
아와 그 아들들도 다가와 **평화로이** 절하였고, [그다음으로 요셉과 라헬이 다
가와 절하였다.]

8 그가 말하였다. "내가 (오다가) 마주친 이 진영들은 다 너에게 무엇이
냐?" 그가 말하였다. "주인께 은총과 **자애를** 얻고자 (마련한) 것입니다."
9 에사우가 말하였다. "내 동생아, 나에게도 많이 있으니 너에게 있는 **모든**
것은 너를 위해 **남겨두어라**." 10 야곱이 말하였다. "이제 저에게 은총과 **자**
애를 베푸시기를 **바라오니**, 제 선물을 제 손에서 **받으십시오**. (이토록) 기
쁘게 맞아 주시니, 제가 당신 얼굴을 **주님 앞의 천사의** 얼굴을 보듯이 되
었습니다. 11 당신께 드리는 제 선물을 **받으십시오**. **주님의** 은총이 **저에게**
있고 모든 것이 저에게 있기 때문입니다." 그가 밀어붙이자 그가 **받았다**.

에사우와 헤어진 야곱

12 그가 말하였다. "자, 어서 가자. 내가 네 앞에 가마." 13 야곱이 에사
우에게 말하였다. "주인께서도 아시겠지만 제 **앞에는** 약한 아이들과 젖먹
이 양들과 소들이 있습니다. 하루만 재촉해도 가축들은 다 죽습니다. 14 주
인께서는 종보다 앞서 건너가십시오. 저는 **가블라의** 주인께 이를 때까지
제 앞의 가축들의 발걸음에 따라, 어린 것들의 발걸음에 따라 **느긋하게** 끌
고 가겠습니다."

15 에사우가 말하였다. "나와 함께 온 사람 가운데 몇을 너에게 남겨두
어야겠다." 그가 말하였다. "왜 그러십니까? 저는 주인의 은총과 **자애를** 바
랄뿐입니다." 16 그날 에사우는 가던 길인 **가블라로** 돌아갔다. 17 야곱은

수콧으로 떠나 자신을 위해 집을 짓고 가축들을 위해 초막을 만들었다. 그래서 그 장소의 이름을 수콧이라 불렀다.

스켐의 들을 산 야곱

18 야곱은 파딴 아람에서 나와 가나안 땅 스켐 성읍에 무사히 도착하여,
성읍 앞에 진을 쳤다. 19 그리고 천막을 친 들의 **소유지를** 스켐의 아버지
하모르의 아들들에게서 **진주** 백 개에 샀다. 20 그는 그곳에 제단을 세우고
그곳에서 이스라엘의 하느님이신 **주님의 이름으로 기도하였다.**

스켐에게 폭행을 당한 디나

34,1 레아가 야곱에게 낳아 준 딸 디나가 그 땅의 **백성의** 딸들에게 **자신
을 보여 주려고** 나갔다. 2 그 땅의 우두머리인 히위인 하모르의 아들 스켐
이 그를 보고는, 데리고 가 욕보이고 그를 **수치스럽게 하였다.** 3 그는 야곱
의 딸 디나에게 반하고 그 소녀를 사랑하여 소녀의 마음에 **평화의 말을** 하
였다. 4 스켐이 아버지 하모르에게 말하였다. "이 소녀를 제 아내로 삼게 해
주세요." 5 야곱이 딸 디나가 부정해진 것을 들었다. 그의 아들들은 들에서
가축들과 있어 야곱은 그들이 돌아올 때까지 입을 다물었다.

스켐인들과 혼인 계약을 맺다

6 스켐의 아버지 하모르가 야곱과 이야기하려고 그에게 갔다. 7 야곱의
아들들이 들에서 와 (소식을) 들었고, 남자들은 괴로워하며 그들에게 몹시
분노하였다. (스켐이) 야곱의 딸과 누워 이스라엘에 모욕스러운 짓을 저질
렀기 때문이다. 이는 해서는 안 되는 일이다.

8 하모르가 그들에게 말하였다. "내 아들 스켐이 당신들의 딸에게 반하
였으니 그를 아들의 아내로 주십시오. 9 우리와 **섞여** 당신들의 딸들을 우리
에게 주고 우리의 딸들을 당신들의 아내로 삼으십시오. 10 우리와 함께 머
무르십시오. 땅이 당신들 앞에 있으니 여기에 머무르시면서 **장사도 하시고**

그것을 소유하셔도 됩니다." 11 스켐이 (디나의) 아버지와 오라버니들에게
말하였다. "은총과 **자애를** 베푸십시오. 당신들이 저에게 말하는 것을 드리
겠습니다. 12 저에게 (신랑) 지참금과 **혼인 계약금을** 매우 많이 요구하십시
오. 말씀하시는 대로 드리겠으니 그 소녀를 제 아내로 주십시오."

13 스켐이 누이 디나를 더럽힌 일로, 야곱의 아들들은 그와 아버지 하모
르에게 **매우 교묘하게** 대답하였다. 14 야곱의 아들들이 그들에게 말하였
다. "할례하지 않은 사람에게 우리 누이를 주는 이런 일은 할 수가 없습니
다. 우리에게는 부끄러운 일이라 그렇습니다. 15 그러나 당신들이 우리처
럼 되어 남자들이 모두 할례를 한다면, 그때 당신들과 **섞이겠습니다**. 16 곧
우리의 딸들을 당신들에게 주고 당신들의 딸들을 우리의 아내로 삼겠습니
다. 그렇게 당신들과 함께 머무르면서 **우리 모두가** 한 백성이 되어가겠지
요. 17 그러나 우리에게 할례하는 것을 **받아들이지** 않으면 우리는 우리의
딸을 데리고 떠나겠습니다."

18 하모르와 하모르의 아들 스켐은 그들의 말들을 좋게 여겼다. 19 그
젊은이는 지체하지 않고 이 일을 실행하였다. 야곱의 딸한테 반하였기 때
문이다. 그는 아버지의 **온** 집안 **사람들이** 영예롭게 여기는 사람이었다.

20 하모르와 아들 스켐이 그들의 성읍 입구로 와서 **그들의** 성읍 사람들
에게 말하였다. 21 "이 사람들은 우리에게 **행실이 바르며 완전합니다**. 그들
은 이 땅에 머무르면서 **장사를** 할 것입니다. 이 땅은 그들 앞에서 **그 영역
만큼은 넓습니다**. 그들의 딸들을 우리의 아내로 삼고 우리의 딸들을 그들
에게 줍시다. 22 단지 그들이 할례한 것처럼 우리 모든 남자들이 할례만 해
주면, 그 사람들은 이로써 우리와 **섞여** 우리와 함께 머무르면서 한 백성이
되겠다고 합니다. 23 어차피 그들의 가축들과 재산들과 모든 짐승들이 우
리의 것이 되지 않겠습니까? 그들을 받아들여 우리와 함께 머무르게 합시
다." 24 성읍 입구에 나온 이들 모두 하모르와 그의 아들 스켐의 말을 **받아
들여**, 성읍 입구에 나온 모든 남자들이 할례를 하였다.

할례를 이용한 복수

25 셋째 날 그들이 **할례로 고통스러울** 때 야곱의 두 아들이자 디나의 오라버니인 시메온과 레위가, 칼을 들고 평온히 **지내고 있는** 성읍으로 들어가, 남자들을 모두 죽였다. 26 그들은 하모르와 아들 스켐도 칼로 죽이고 스켐의 집에서 디나를 데리고 나왔다.

27 야곱의 아들들이 **살해된 이들에게** 와 성읍을 약탈하였다. 그들이 자기들의 누이를 욕보였기 때문이다. 28 그들은 양들과 소들[과 당나귀들], 성읍에 있는 것들과 들에 있는 것들을 **가져갔다.** 29 그들의 모든 **재산과** 아이들과 부녀자들을 사로잡고 집안에 있는 것을 모두 약탈하였다.

30 야곱이 시메온과 레위에게 말하였다. "너희는 **나에게**, 가나안족과 프리즈족의 이 땅 주민들 **앞에 악명을 높이게 하여** 나를 곤란하게 만들었다. 나는 백성수도 적은데 그들이 [나에게 맞서] 모여들어 [나를 치기라도 하면,] 나와 내 집안 **사람들은** 끝장나리라." 31 **야곱의 두 아들, 시메온과 레위가 아버지 야곱에게 대답하였다. "회중과 학교에서** (이렇게) **말하는 것은 옳지 않습니다.** '[할례하지 않은 이들이] **처녀를,** [이방 신] **숭배자들이 야곱의 딸을 욕보였다.' 그러나 이스라엘의 회중과 그들의 학교에서** (이렇게) **말하는 것은 괜찮습니다. '할례하지 않은 이들이 처녀 때문에,** [곧 이방 신 숭배자들이] **야곱의 딸 디나를 욕보였기 때문에 죽임을 당하였다.' 그래서 마침내 하모르의 아들 스켐은 자랑하거나, 마음껏 으스대며** (이렇게) **말하지 못합니다. '모욕을 복수해 줄 사람 하나 없는 여자 같군.'** 이는 우리 누이 **디나를 간음하는 여자** 매춘부 취급하는 것입니다."

야곱의 새 이름 이스라엘

35,1 **주님께서** 야곱에게 말씀하셨다. "일어나 베텔로 올라가 거기서 살아라. 네가 형 에사우 앞에서 달아날 때 너에게 **나타난 주님 메므라의 이름을 위하여** 그곳에 제단을 만들어라." 2 야곱이 집안 **사람들과** 그와 함께 있는 모두에게 말하였다. "너희 안에 있는 **이민족들이 숭배한 것을** 치우고,

몸을 씻고 옷을 갈아입어라. 3 일어나 베텔로 올라가자. 내가 고생할 때 나에게 응답해 주신 **주님의 이름을 위하여** 그곳에 제단을 **세울 것이다**. 그분의 **메므라가** 내가 가는 길에 나의 **협력자가** 되어 주셨다." 4 그들은 자기들 수중에 있는 **이민족들이 숭배한 것** 모두와 귀에 건 귀걸이들을 야곱에게 내놓았다. 야곱은 그것들을 스켐 근처 **참나무** 아래 파묻었다.

5 그들이 출발하는 동안 **주님 앞에서 나온** 두려움이 그들의 주변 성읍들에 감돌아 야곱의 아들들을 뒤쫓지 못하였다. 6 야곱은 자기와 함께 있는 온 백성과 가나안 땅의 루즈 곧 베텔에 이르렀다. 7 그는 그곳에 제단을 세우고 **주님께서 그에게 나타나신** 그 장소를 베텔이라 불렀다. 그가 **에사우** 앞에서 달아났을 때 거기서 **주님께서** 그에게 **나타나셨기** 때문이다.

8 레베카의 유모 드보라가 죽어 참나무 아래에 묻혔다. 그 참나무의 이름을 '**통곡**'이라 불렀다.

9 "**그분의 이름은 영원무궁토록 찬미받으실 영원의 하느님, 당신의 온유함과 강직함, 당신의 정의와 힘과 영광은 영원무궁토록 끝나지 않습니다. 당신께서는 아담과 그의 배우자를 통해, 신랑과 신부를 축복하라고 저희를 가르치셨습니다. 또한 당신께서는 환시의 평원에서 아직 할례의 피로 고통받고 있는 저희의 의로운 조상 아브라함에게 나타나심으로써, 아픈 이를 방문하라고 저희를 가르치셨습니다. 또한 당신께서는 저희의 의로운 조상 야곱을 통해, 곡하는 이를 애도하라고 저희를 가르치셨습니다. 세상의 방식이 레베카의 유모 드보라에게 닥쳤습니다. 라헬은 여행 중에 야곱 곁에서 죽었습니다. 야곱은 앉아서 부르짖고 울면서 애도하고 통곡하다 낙담하였습니다. 당신께서는 곡하는 이의 축복을 그에게 내리셨고 그를 위로하셨습니다. 그래서 성경은 설명합니다.** '야곱이 파딴 아람에서 돌아왔을 때 **주님께서 두 번째로** 나타나시어 그를 축복하셨다.'" [10 …] 11 **주님께서** 그에게 말씀하셨다. "나는 **하늘의 하느님이다. 강해지고** 많아져라. 민족과, **의로운 민족들의 의회에** 회중이 너에게서 **일어나리라. 이민족들을 다스리는** 임금들이 네 몸에서 나오리라. 12 내가 아브라함과 이사악에게 준 땅을

너에게 준다. 네 뒤에 오는 네 **자손들에게도** 이 땅을 준다." 13 **주님 셰키나의 영광이** 그와 말씀을 나누신 그 장소에서 위로 올라가셨다. 14 [그분께서 그와 말씀을 나누신 그 장소에 기둥,] 돌기둥을 [세웠다.] 그리고 제주를 따르고 기름을 부었다. 15 야곱은 **주님께서** 그와 말씀을 나누신 그 장소의 이름을 베텔이라 불렀다.

벤야민을 출산하고 죽은 라헬

16 그들이 베텔을 떠나 에프랏에 들어가려 할 때 그 지역은 **한창 수확철이었는데**, 라헬이 산고를 심하게 겪으며 출산하게 되었다. 17 산고가 심해지자 산파가 그에게 말하였다. "걱정하지 마십시오. 이번에도 아들입니다." 18 그런데 라헬이 죽게 되었다. 그는 목숨이 떠날 때 아들의 이름을 '**내 슬픔의 아들**'이라 불렀다. 그러나 그의 아버지는 그를 **성전의 언어로** 벤야민이라 불렀다. 19 라헬은 죽어 에프랏 가는 길에 묻혔다. 곧 베들레헴이다. 20 야곱이 그의 무덤에 기둥을 세웠다. 그것은 오늘날까지 (남아 있는) 라헬의 무덤 기둥이다.

르우벤의 추행

21 이스라엘은 떠나 **에데르의 탑 멀리에** 천막을 쳤다. 22 이스라엘이 그 땅에 머무를 때 르우벤이 〈아버지의 소실〉 빌하와 누웠다. 이스라엘이 이를 들었다. 야곱의 아들들은 열둘이다.

야곱의 열두 아들

23 레아의 아들들은 야곱의 맏아들 르우벤과 시메온, 레위, 유다, 이사카르, 즈불룬이고, 24 라헬의 아들들은 요셉과 벤야민이다. 25 [라헬의] 몸종 빌하의 아들들은 [단과 납탈리이고,] 26 레아의 [몸종 질파의 아들들은] 가드와 아세르이다. 이들이 파딴 아람에서 태어난 야곱의 아들들이다.

이사악이 죽다

27 야곱은 마므레 곧 **거인들의 성읍에 있는** 아버지 이사악에게 갔다. 그
곳은 아브라함과 이사악이 머물렀던 헤브론이다. 28 이사악의 세월은 백팔
십 년이었다. 29 이사악은 늙고 명이 다하여 숨을 거두고 죽어 자기 백성들
에게 소집되어 갔다. 그의 아들 야곱과 에사우가 그를 묻었다.

가나안 아내에게서 태어난 에사우의 자손

36,1 이것은 에사우의 족보들의 **계보이다**. 그는 에돔이다. 2 에사우는
가나안인들의 딸들에게서 아내들을 얻었다. 히타이트인 엘론의 딸 아다,
히위인 치브온의 딸인 아나의 딸 오홀리바마, 3 이스마엘의 딸이자 느바욧
의 누이 바스맛이다. 4 아다는 에사우에게 엘리파즈를 낳아 주었고, 바스
맛은 르우엘을 낳아 주었다. 5 오홀리바마는 여우스, 얄람, 코라를 낳았다.
이들이 가나안 땅에서 에사우에게 태어난 아들들이다.

6 에사우는 그의 아내들과 아들딸들과 집안의 모든 사람, 가축 떼와 모
든 짐승 등 가나안 땅에서 얻은 모든 소유물들을 거느리고 동생 야곱 앞에
서 (떠나) **다른** 땅으로 갔다. 7 그들의 소유물은 함께 살기에 너무 많았고,
그들이 거주하는 땅도 가축 떼들 때문에 그들을 감당하지 못하였던 것이
다. 8 에사우는 **가블라** 산지에 살았다. 에사우는 곧 에돔이다.

세이르에서 태어난 에사우의 자손

9 이것은 세이르 산지 **에돔인들의** 조상 에사우의 족보들의 **계보이다**.
10 이것은 에사우 아들들의 이름들로서, 에사우의 아내 아다의 아들 엘리
파즈와 에사우의 아내 바스맛의 아들 르우엘이다. 11 엘리파즈의 아들들은
테만, 오마르, 츠포, 가아탐, 크나즈이다. 12 팀나는 에사우의 아들 엘리파
즈의 소실인데 그가 엘리파즈에게 아말렉을 낳아 주었다. 이들이 에사우의
아내 아다의 아들들이다. 13 이들은 르우엘의 아들들이다. 나핫, 제라, 삼
마, 미짜이다. [이들은 에사우의 아내 바스맛의 아들들이다.] 14 이들은 치브온

의 딸인 아나의 딸이자 에사우의 아내 오홀리바마의 아들들이다. 그는 에사우에게 여우스, 얄람, 코라를 낳아 주었다.

에돔의 족장들

15 이들은 에사우 자손들의 족장들이다. 에사우의 맏아들 엘리파즈의 아들들은 족장 테만, 족장 오마르, 족장 츠포, 족장 크나즈, 16 족장 코라, 족장 가아탐, 족장 아말렉이다. 이들이 에돔 땅에 (사는) 엘리파즈의 족장들이며 에다의 자손들이다. 17 이들은 에사우의 아들 르우엘의 아들들로, 족장 나핫, 족장 제라, 족장 삼마, 족장 미짜이다. 이들은 **에돔인들의** 땅에 (사는) 르우엘의 족장들이며 에사우의 아내 바스맛의 자손들이다. 18 이들은 에사우의 아내 오홀리바마의 아들들로, 족장 여우스, 족장 얄람, 족장 코라이다. 이들은 아나의 딸이자 에사우의 아내인 오홀리바마의 족장들이다.
19 이들은 에사우의 아들들이며, 이들은 에돔의 족장들이다. 곧 에돔이다.

세이르의 자손

20 이들은 **하우란인** 세이르의 아들들이며 그 땅의 거류민들로서, 로탄, 소발, 치브온, 아나, 21 디손, 에테르, 디산이다. 이들은 **하우란인** 족장들로 **가블라** 땅에 산다. [… 22 … 30 …] **가블라** 땅에 사는 족장들이다.

에돔의 임금들

31 이들은 임금이 이스라엘 자손들을 다스리기 전, **에돔인들의** 땅을 다스리던 임금들이다. 32 브오르의 아들 벨라가 에돔을 다스렸고, 그 성읍의 이름은 딘하바이다. 33 벨라가 죽고 **그다음에** [보츠라의 제라의 아들] 요밥이 다스렸다. 34 요밥이 죽고 **그다음에 남쪽** 땅의 후삼이 다스렸다. 35 후삼이 죽고 **그다음에 모압인들의 영토에서 미디안인들을 죽인** 브닷의 아들 하닷이 다스렸다. 그의 **왕실** 성읍의 이름은 아윗이다. 36 하닷이 죽고 **그다음에** 마스레카의 사믈라가 다스렸다. 37 사믈라가 죽고 **그다음에 강들 사**

이의 사울이 다스렸다. 38 사울이 죽고 **그다음에** 악보르의 아들 바알 하난
이 다스렸다. 39 악보르의 아들 바알 하난이 죽고 **그다음에** 하다르가 다스
렸다. 그 성읍의 이름은 파우이다. 그의 아내 이름은 므헤타브엘이며, **평생
사냥에 종사하며 사냥 그물을** (만든) **사람의** 딸이다. **그는 부자가 되어 재산
을 얻게 되자 무엇이 은이고 무엇이 금인지 알게 되었다.**

에돔의 족장들

40 이들은 부족들과 지역의 이름에 따른 에사우의 족장들 이름들로, 족
장 팀나, 족장 알와, 족장 여텟, [41 …] 42 족장 크나즈, 족장 테만, 족장 밉
차르, 43 족장 막디엘, 족장 이람이다. 이들이 그들이 **거주한** 땅의 거주지
에 따른 **에돔인들의** 족장들이다. 에사우가 **에돔인들의** 조상이다.

요셉을 편애한 이스라엘

37,1 야곱은 가나안 땅, 아버지가 체류하던 땅에 자리 잡았다. 2 이것들
은 야곱의 족보들의 **계보이다**.

열일곱 살 된 요셉은 형들과 양들을 쳤고, 아버지의 아내인 빌하의 아들들과 질파의 아들들과 같이 **자랐다**. 그는 아버지에게 그들을 나쁘게 고자질하였다.

3 이스라엘은 모든 아들들보다 요셉을 더 사랑하였다. 그는 늘그막에 얻
은 아들이었기 때문이다. 그래서 그에게 **자수를 놓은** 옷을 만들어 주었다.
4 그의 형들은 아버지가 모든 형제들보다 그를 더 사랑하여 그를 미워하였
다. 그래서 그에게 곱게 말할 수 없었다.

요셉의 꿈

5 요셉이 꿈을 꾸고 형들에게 말하여 그들은 그를 더 미워하였다. 6 요
셉이 그들에게 말하였다. "내가 꾼 꿈 좀 들어 보세요. 7 우리가 들에서 곡
식 단을 묶고 있었는데 내 곡식 단이 일어나 똑바로 서고 형님들 곡식 단

들이 둘러서서 내 곡식 단에게 절을 하는 거예요." 8 형들이 그에게 말하였다. "너는 우리를 다스릴 임금이라도 되려는 것이냐? 아니면 우리를 통치할 통치자가 되려는 것이냐?" 그래서 그들은 그의 꿈과 해몽 때문에 그를 더 미워하게 되었다.

9 요셉은 또 **두 번째** 꿈을 꾸고 형들에게 떠벌려 말하였다. "또 꿈을 꾸었는데, 해와 달과 열한 개의 별들이 저한테 절을 했어요." 10 그가 아버지와 형들에게 떠벌리자 아버지가 그를 나무라며 말하였다. "무슨 꿈을 꾼 것이냐? 나와 네 어머니와 형들이 너한테 가서 **땅의 관습대로 네 안부라도 묻는다는 것이냐**?" 11 형들은 그를 시기하였고 아버지는 그 일을 간직하였다.

요셉을 해친 형들과 이집트로 팔려 간 요셉

12 형들은 아버지의 양 떼를 치러 스켐에 갔다. 13 이스라엘이 요셉에게 말하였다. "네 형들이 스켐에서 양을 치고 있지 않느냐? 가라. 너를 그들에게 보내야겠다." 요셉이 말하였다. "그러겠습니다." 14 이스라엘이 그에게 말하였다. "자, 네 형들이 무사한지, 양 떼는 무사한지 보고 소식을 가지고 돌아오너라." 그는 그를 헤브론 **평원에서** 보내어, 요셉은 스켐에 이르렀다.

15 **사람 모습을 한 천사가** 들판에서 헤매고 있는 그를 **만나** 물었다. "무엇을 찾고 있느냐?" 16 요셉이 말하였다. "저는 형들을 찾습니다. 그들이 어디에서 양을 치는지 알려주십시오." 17 그 남자가 말하였다. "그들은 여기서 떠났다. 나는 '도탄으로 가자.'고 말하는 것을 **그들에게서** 들었다." 요셉은 형들을 뒤따라가 도탄에서 그들을 찾았다. 18 멀리서 요셉을 발견한 형들은 그가 그들에게 다가오기 전에 그를 죽일 **궁리를** 하였다. 19 그들은 서로 형제들에게 말하였다. "꿈쟁이가 오고 있다. 20 이제 가서 그를 죽이고 구덩이 하나에 던져 넣자. 그리고 사나운 짐승이 잡아먹었다고 말하자. 그의 꿈이 어떻게 **끝나는지** 봐야겠다."

21 르우벤이 듣고 그들의 손에서 요셉을 구하고자 말하였다. "그를 **죽이지** 말자. 그의 목숨으로 **죄짓는 것이다**." 22 르우벤이 말하였다. "피는 쏟지

말고, 광야의 이 구덩이에 던져만 놓자. 그에게 **살인자들의** 손을 뻗치지 마
라." 그는 그들의 손에서 요셉을 구해내어 아버지에게 보내려는 것이었다.

23 요셉이 형들에게 왔을 때 그들은 요셉의 옷, 그가 걸친 **자수 놓은 옷**
을 벗기고, 24 그를 끌어다 구덩이에 던졌다. 그 구덩이는 비어 있어 물이
없었다.

25 그들은 앉아서 빵을 먹고 있었는데 눈을 들어 보니 **사라센** 상인들이
길앗에서 오고 있었다. 그들은 낙타들에게 고무와 유향과 반일향을 싣고
이집트로 내려가는 중이었다. 26 유다가 형제들에게 말하였다. "우리가 동
생을 죽이고 피를 덮는다고 우리에게 무슨 **금전적** 이득이 있겠느냐? 27 가
서 **사라센인들에게** 그를 팔아 넘겨, 우리는 그에게 손을 **뻗치지** 말자. 그는
가까운 우리의 형제요 살붙이다." 형제들이 그의 말을 들었다.

28 그런데 미디안 사람들인 상인들이 지나가다가 요셉을 구덩이에서 끌
어올려, 요셉을 **사라센인들에게** 은전 스무 **셀라에** 팔았다. 그들이 요셉을
이집트로 **데려갔다**.

29 르우벤이 구덩이로 돌아가 보았으나 구덩이에 요셉이 없었다. 그는
자기 옷을 찢으며, 30 형제들에게 돌아와 말하였다. "아이가 없다. **나는 여**
기서 어디로 (갈지) **모르겠다**. 나는, 나는 어디로 갈지 **모르겠다**."

31 형제들은 요셉의 옷을 가져다, 새끼 숫염소를 잡아 그 피에 옷을 담갔
다. 32 그들은 줄무늬 옷을 아버지에게 들고 가 말하였다. "저희가 이것을
발견했는데 이것이 아버지의 아들 옷인지 아닌지 확인해 보십시오." 33 그
는 확인해 보고 말하였다. "**이것은** 내 아들의 옷이다. 사나운 짐승이 잡아
먹었구나. 요셉이 죽었나 보다." 34 야곱은 옷을 찢고 자루를 허리에 두르
고는, 오랫동안 자기 아들을 애도하였다. 35 그의 아들들과 딸들이 모두 그
를 위로하였으나, 그는 위로받기를 거절하고 말하였다. "나는 내 아들에게
스올로 내려가 애도하리라." 그의 아버지는 그를 위해 울었다.

36 미디안인들이 이집트에서 파라오의 **통치자이자 사형집행대장인** 포
티파르에게 요셉을 팔았다.

유다의 며느리 타마르

38,1 그 당시 유다는 형제들에게서 내려와 이름이 히라인 아둘람 사람
에게 붙어살았다. 2 유다는 이름이 수아인 가나안 사람의 딸을 보고 아내
로 삼고 그에게 들었다. 3 그가 임신하여 아들을 낳자, (수아는) 그의 이름을
에르라 불렀다. 4 그가 또 임신하여 아들을 낳자, 유다는 그의 이름을 오난
이라 불렀다. 5 그는 또 아들을 낳아 그의 이름을 셀라라 불렀다. 그가 그를
낳고 **나서부터** (임신이) **멈추었다**.

6 유다는 맏아들 에르에게 아내를 얻어 주었다. 그의 이름은 타마르이
다. 7 유다의 맏아들 에르는 주님 **앞에** 악한 **행실을 하여** 주님 **앞에서 나온
메므라로** (말미암아) 죽게 되었다. 8 유다가 오난에게 말하였다. "너는 형수
와 한자리에 들고 형수와 혼인하여라. 그래서 네 형의 **이름으로 된 아들들
의** 후손을 세워주어라." 9 오난은 그 **자손들이** 자신의 **이름으로 불리지 않
을** 것을 알고, 형수와 한자리에 들 때 형의 **이름으로 된 자손들을 세워주지**
않으려고 바닥에 **자신의 길을** 흘렸다. 10 그가 한 짓은 주님 **앞에** 악하여
그도 **주님 앞에서 나온 메므라로** (말미암아) 죽게 되었다. 11 유다가 며느리
타마르에게 말하였다. "내 아들 셀라가 자랄 때까지 네 아버지의 집에서 과
부로 살고 있어라." 그는 '그도 형들처럼 죽으면 어쩌나.' 하고 속으로 말하
였던 것이다. 타마르는 (그곳을) 떠나 아버지의 집에서 머물렀다.

12 세월이 한참 지나 유다의 아내 수아가 죽었다. 유다는 애도를 하고
나서, 양 떼의 털을 깎으러 아둘람인 친구 히라와 팀나로 올라갔다. 13 타
마르는, "네 시아버지가 양 털을 깎으러 팀나로 올라가신다."는 말을 들었
다. 14 그는 과부 옷을 벗고 너울로 덮어 가린 뒤, 팀나로 가는 길 에나임
교차로에 앉았다. 셀라가 자랐는데도 자신을 그의 아내로 주지 않은 것을
알았기 때문이다.

15 유다는 그를 보고 창녀로 여겼다. **유다의 집에서는 그가** 얼굴을 덮고
있어서 **유다는 그를 알지 못했던 것이다**. 16 그는 길을 돌려 그에게로 가
말하였다. "이리 오너라. 내가 너와 한자리에 들겠다." 그가 며느리인 것을

모른 것이다. 타마르가 말하였다. "저와 한자리에 드시면 저에게 무엇을 주
시겠습니까?" 17 그가 말하였다. "내가 가축 떼에서 새끼 숫염소를 하나 보
내겠다." 그 여자가 말하였다. "보내실 **때까지** 담보를 주십시오." 18 그가
말하였다. "내가 너에게 줄 담보는 무엇이면 되겠느냐?" 그 여자가 말하였
다. "어르신의 **인장 반지와 망토**, 손에 든 지팡이입니다." 유다는 (그것들을)
그에게 주고 한자리에 들어 타마르는 그의 (아이를) 임신하였다. 19 그 여자
는 일어나 떠났다. 그리고 너울을 벗고 과부 옷을 입었다.

20 유다는 친구 아둘람인을 통해 새끼 염소를 보내어 그 여자 손에서 담
보물을 가져오려고 하였으나 그를 찾지 못하였다. 21 그는 그곳 사람들에
게 물어보았다. "길가 **교차로에 앉아 있던 창녀는** 어디 있소?" 그들이 말하
였다. "이곳에는 **창녀가** 없습니다." 22 그는 유다에게 돌아가 말하였다. "그
를 찾지 못하였네. 그곳 사람들도 '이곳에는 **창녀가** 없습니다.' 하고 말하더
군." 23 유다가 말하였다. "가지라고 하게. 우리는 웃음거리만 되지 않으면
되네. 나는 새끼 염소를 보냈고 자네는 그를 찾지 못하였으니 어쩌겠나."

24 석 달쯤 되어 유다에게 (이런 소식이) 들려왔다. "당신 며느리 타마르
가 창녀짓을 하고 임신도 하였다는군." 유다가 말하였다. "그를 끌어내어
불에 태워라." 25 (타마르는) 불에 **태워지러 나왔다. 그는 세 증거들을 찾았
으나 발견하지 못하여, 높은 곳으로 눈을 들어 말하였다. "주님, 당신 앞에
자비를 간청합니다. 당신께서는 고통받는 이들이 고통을 겪고 있을 때 응
답하시는 분이시니, 제가 고통을 겪고 있는 이때에 저에게 응답해 주소서.
고통받는 이들에게 응답하시는 주님, 제 눈을 밝히시어 세 증거들을 제게
보내 주소서. 저는 두라 골짜기의 세 의인, 곧 하난야와 미사엘과 아자리야
를 당신께 세워 드리겠습니다. 그들은 불가마에 내려가 당신의 거룩하신
이름을 거룩하게 할 것입니다." 곧바로 주님께서 그의 기도를 들으시고 미
카엘에게 말씀하셨다. "내려가서 그에게 세 증거들을 보내 주어라." 그러
자 타마르는 눈이 밝아져 그것들을 보고 재판관들 손에 그것들을 넘기며
말하였다.** "저는 이것들이 자기 것인 바로 그 남자의 아이를 임신하였습니

다. 그러나 제가 불에 태워진다 해도 그분을 밝힐 수는 없습니다. 나와 그
분 사이에 있는 증거로, 그분이 바로 그것들을 보고 마음속으로 알아차리
게 하시어, 이 큰 심판에서 저를 구해 주소서." 곧바로 유다가 그의 발치에
서서 말하였다. "여러분 곧 나의 형제들과 아버지의 집안 사람들에게 간청
합니다. 저에게는 이 세상에서 끌 수 있는 불에 태워지는 것이, 다음 세상
에서 끌 수 없는 불에 태워지는 것보다 더 낫습니다. 저에게는 이 세상 곧
지나갈 세상에서 부끄러운 것이, 다음 세상에서 의로운 아버지 앞에 부끄
러운 것보다 더 낫습니다. 나의 형제들과 아버지의 집안 사람들은 내 (말을)
받아들이십시오. 사람은 자신이 평가한 그 기준으로 평가를 받으리니, 그
것이 선한 평가든 악한 평가든 상관없습니다. 자신의 행위를 드러내는 사
람은 모두 선합니다. 저는 아우 요셉의 옷을 가져다 새끼 염소의 피를 적시
고 아버지께 '이것이 아버지 아들의 옷인지 아닌지 확인해 보십시오.' 하고
말했습니다. 그런 저한테, '이 인장 반지와 망토와 지팡이를 지닌 이의 아
이를 임신하였습니다.' 하는 말이 전해졌습니다. 제 며느리 타마르는 무죄
입니다. 그는 제 아이를 임신하였습니다. 제 며느리 타마르가 창녀짓하여
임신한 것이 아닙니다." 하늘에서 바트 콜이 나와 말씀하셨다. "그들은 둘
다 무죄이다. 그 일은 주님 앞에서 비롯한 일이다." 26 유다가 깨닫고 말하
였다. "내 며느리 타마르는 무죄이다. 내가 그를 내 아들 셀라에게 주지 않
아서 그렇게 된 것이다." 그는 더 이상 그를 알지 못하였다.

27 (타마르는) 출산할 때가 되었고, 태에 쌍둥이를 배고 있었다. 28 그가
출산할 때 아이가 손을 내밀자, 산파가 붙잡아 그 손에 붉은 실을 묶으며
말하였다. "이 애가 먼저 나왔구나." 29 그런데 그는 손을 들여놓고 아우가
나왔다. (산파가) 말하였다. "너는 강하고, 장차 강한 내 아들이 되겠구나!"
그래서 (산파는) 그의 이름을 페레츠라 불렀다. 30 그러고 나서 손에 붉은
실을 묶은 형이 나왔다. 그는 그의 이름을 제라라 불렀다.

사형집행대장의 종이 된 요셉

39,1 요셉은 이집트로 끌려 내려갔다. 파라오의 신하이자 **사형집행대장**
인 이집트 사람 포티파르가, 그를 그곳으로 내려오게 한 **사라센인들** 손에
서 그를 샀다. 2 주님께서 요셉과 함께하시어 그는 **행실이 올바르고** 다 잘
되는 사람이었다. 그는 이집트인 주인의 집에서 **지도자요 통치자가** 되었
다. 3 주인이 보니, 주님께서 그와 함께하셔서 그가 하는 일은 다 주님께서
그의 손으로 잘 되게 하셨다. 4 요셉은 주인에게 은총과 **자애를** 얻어 그를
섬겼다. 주인은 그를 집안 **관리인으로** 임명하고 자신의 모든 것을 맡겨 그
의 **권한 아래** 두었다. 5 그가 (요셉을) 집안과 자신의 모든 것의 **관리인으로**
임명한 때부터, 주님께서 요셉의 **공로** 때문에 이집트인 집안을 축복하셨
다. 주님의 축복이 그의 집안과 들에 있는 모든 것에 내렸다. 6 그는 자신의
모든 것을 맡겨 요셉의 **권한 아래** 두고, 자신이 먹는 음식 말고는 아무것도
신경 쓰지 않았다. 요셉은 외모도 빼어나고 모습도 수려했다.

요셉을 유혹하는 사형집행대장의 아내

7 이런 일이 있고 나서 안주인이 요셉에게 눈독을 들이며 말하였다. "나
와 함께 관계하자." 8 그는 거절하고 안주인에게 말하였다. "보십시오, 제
주인은 **제 뒤에서** [집안 일은] (아무것도) 신경 쓰지 않으시고, 자신의 [모든
것을] 맡겨 제 **권한 아래** 두셨습니다. 9 이 집에 저 말고는 지도자도 **통치**
자도 없습니다. 그분은, 당신이 그분의 아내이시니 당신 말고는 아무것도
저에게 막지 않으셨습니다. 제가 어찌 이토록 큰 악을 저질러 하느님 **앞에**
죄를 짓겠습니까?" 10 그는 날마다 요셉에게 졸라댔으나, (요셉은) **이 세상**
에서 그와 관계하자는 안주인의 말을 듣지 않았다. **다음 세상에서 그와 함**
께 있지 않기 위해서다. 11 어느 날 **계산을 맞춰보러** 집에 들어갔는데 집
에 집안 사람들이 아무도 없었다. 12 그런데 그 여자가 그의 옷을 붙잡고
"나와 함께 관계하자."고 하였다. 요셉은 **그에게** 자기 옷을 남겨둔 채 달아
나 **거리로** 나왔다. [13 …] 14 그는 집안 사람들을 [불러] 말하였다. "보아라,

주인이 데려온 히브리인이 우리를 우습게 보고, 나와 한자리에 들어 함께
관계하려 하여, 내가 큰 소리를 질렀다. 15 그는 내가 큰 소리를 지르는 것
을 듣고, 자기 옷을 나에게 남겨 둔 채 달아나 **거리로** 나갔다." 16 그 여자
는 주인이 집에 올 때까지 그의 옷을 그대로 두었다가, 17 이 일들을 그에
게 말하였다. "당신이 우리에게 데려온 히브리인 종이 나를 얕잡아 보고,
나와 한자리에 들었어요. 18 내가 큰 소리를 지르자, 그는 자기 옷을 내 **손**
에 남겨 둔 채 **거리로** 달아났어요." 19 주인은 "당신의 종이 나한테 이와 같
은 일들을 했어요." 하고 말하는 아내의 말을 듣고 화가 잔뜩 났다. 20 요
셉의 주인은 그를 끌어다 임금의 죄수들을 가두는 곳인 감옥에 보냈다. 요
셉은 감옥에서 지냈다.

감옥에 갇힌 요셉

21 주님께서 요셉과 함께하시고 그에게 은총과 **자애를** 베푸시어, 감옥
우두머리의 눈에 들어 은총을 얻게 하셨다. 22 감옥 우두머리는 감옥의 모
든 죄수들을 요셉의 손에 맡기어, 그곳에서 일어나는 모든 것을 **그가 지시**
하는 대로 하였다. 23 감옥 우두머리는 (요셉의) **뒤에서** 아무것도 보지 못
하였다. 주님께서 그와 함께하셨고 주님께서 그가 하는 일을 다 잘 되게
하셨다.

시종장들의 꿈을 풀이한 요셉

40,1 이런 일이 있은 뒤 이집트 임금의 헌작 시종과 제빵 시종이 그들의
주인인 이집트의 임금에게 죄를 지었다. 2 파라오는 이 두 신하 헌작 시종
과 제빵 시종 때문에 화가 났다. 3 그는 **사형집행대장** 집의 유치장, 곧 요
셉이 갇힌 곳인 감옥에 그들을 보냈다. 4 **사형집행대장은** 요셉을 임명하여
그들을 섬기게 하였다. 그들은 유치장에서 얼마 동안 지냈다.

5 감옥에 갇힌 이집트 임금의 헌작 시종**장**과 제빵 시종**장** 둘 다 같은 날
밤에 꿈을 꾸었는데, 저마다 서로의 꿈을 **풀이하였다**. 6 아침에 요셉이 그

들에게 가서 보니 그들의 얼굴빛이 **나빴다.** 7 그는 자기 주인집의 유치장
에 함께 있는 파라오의 **대신들에**게 물었다. "오늘은 어찌 얼굴빛이 나쁘십
니까?" 8 그들은 그에게 말하였다. "우리가 꿈을 꾸었는데 풀이해 줄 사람
이 없네." 요셉이 그들에게 말하였다. "**꿈** 풀이는 **주님 앞에서** 해야 하지 않
겠습니까? 저에게 털어놓으십시오."

9 헌작 시종장이 자신의 꿈을 요셉에게 털어놓으며 말하였다. "내 꿈에
서 포도나무가 내 앞에 있었는데, 10 가지가 셋 달린 포도나무였네. 그것은
싹이 돋고 꽃이 피더니 열매가 익어 포도송이가 **되었네.** 11 파라오의 잔이
내 손에 있어, 나는 그 포도송이를 따서 파라오의 잔에 짜 넣고, 파라오의
손의 손바닥에 그 잔을 올려 드렸다네." 12 요셉이 그에게 말하였다. "이것
이 풀이입니다. **'세 가지'는 세상의 세 성조들, 곧 아브라함과 이사악과 야**
곱입니다. 그들 자손들은 장차 이집트에서 종살이를 하게 되나 신실한 세
지도자들, 곧 모세와 아론과 미르얌을 통해 구원됩니다. '나는 그 포도송
이를 따서 파라오의 잔에 짜 넣고 파라오의 손에 그 잔을 올려 드렸다.' 하
고 나리가 말씀하셨듯이, 이것은 장차 파라오께서 마지막에 마시게 될 응
보의 잔입니다. 헌작 시종장인 나리는 나리가 꾼 이 좋은 꿈 때문에 보상
을 잃지 않을 것입니다." 그러나 요셉은 꿈 풀이를 말하지 않았다. 요셉은
그에게 좋은 것처럼 풀이하였다. 요셉이 그에게 말하였다. "이것이 풀이입
니다. 세 가지는 사흘입니다. 13 사흘이 **지나면** 파라오께서 나리의 머리를
들어 올리시고 다시 나리의 **임무에** 돌아오게 하시어, 당신은 예전의 **재판**
절차대로 파라오의 손의 **손바닥에** 잔을 올리게 될 것입니다. 14 당신에게
좋은 일이 생겨 혹시 제가 기억나시거든, 제게 자애와 **호의를** 베푸시어 파
라오 앞에서 저를 기억해 주시고 감옥에서 꺼내 주십시오. 15 저는 히브리
인들의 땅에서 강도를 당했을 뿐, 지금도 **감옥에** 갇힐 만한 일은 아무것도
하지 않았습니다."

16 제빵 시종장은 요셉이 잘 풀이하는 것을 보고 그에게 말하였다. "나
도 꿈을 꾸었는데, **흰** 빵 세 바구니가 내 머리 위에 있었네. 17 제빵 시종이

만든 파라오의 모든 양식이 그 위의 바구니에 들었는데, 새가 그 머리 위의
바구니에서 그것들을 먹어버렸다네." 18 요셉이 대답하였다. "이것이 그 **꿈**
풀이입니다. **'세 바구니'는 장차 이스라엘이 이집트 땅에서 진흙과 벽돌과
온갖 노동으로 들판에서 종살이할 세 가지 고된 노예 상태입니다. 파라오
가 장차 이스라엘에 맞서 악한 칙령을 내려 그들의 아들들이 강에 던져질
것입니다. 결국 파라오는 망할 것이고 그의 군사들이 파멸할 것이며, 이스
라엘 자손들은 모두 머리를 드러낸 채 구원되어 나올 것입니다. 제빵 시종
장인 나리는 나리가 꾼 나쁜 꿈 때문에 나쁜 보상을 받을 것입니다." 그러
나 요셉은 꿈 풀이를 말하지 않고, 그에게** (좋은) **것처럼 풀이해 주며 말하
였다.** "이것이 풀이입니다. '세 바구니'는 사흘입니다. 19 사흘 **뒤에** 파라오
께서 당신의 머리를 **잘라 십자가에** 매달 것입니다. 그러면 새들이 나리의
머리를 먹을 것입니다."

20 사흘째 날 그날은 파라오의 생일이어서 그는 모든 신하들에게 잔치
를 베풀었다. 그는 신하들 가운데에서 헌작 시종장과 제빵 시종장을 **기억
하였다.** 21 헌작 시종장은 다시 돌아와 파라오의 손의 **손바닥에** 잔을 올려
드렸고, 22 제빵 시종장은 **십자가에 매달렸다.** 요셉이 그들에게 풀이한 대
로이다. 23 **요셉은 위에서 오는 자애, 아래에서 오는 자애, 그의 아버지 집
안에서 그와 함께한 자애를 포기하고, 일시적인 살이요 죽음의 잔을 맛볼
살인 헌작 시종장에게 기대를 걸었다. 그는 주님의 토라의 책에 쓰여 있
는 기록을 기억하지 못하였는데, 이는 '살에 기대를 걸고 살에 기대를 두
는 사람의 아들은 저주를 받으리라.'고 한 전쟁의 책과 비교할 만하다.** 헌
작 시종장은 요셉을 기억하지 못하고, **그가 구원될 마지막에 이를 때까지**
그를 잊었다.

파라오의 꿈

41,1 이 년의 세월이 지나고 파라오가 꿈을 꾸었다. 그는 **강 가에** 서 있
었는데, 2 튼실하고 살져 보이는 **소** 일곱 마리가 **강에서** 올라와 풀을 뜯었

다. 3 추하고 부실해 보이는 다른 **소** 일곱 마리도 뒤따라 **강에서** 올라와 **강**
가에 있는 **소들** 앞에 섰다. 4 추하고 부실해 보이는 **소들이** 튼실하고 살져
보이는 **소** 일곱 마리를 잡아먹었다. 그러고는 파라오가 깨어났다.

5 그는 다시 잠들어 두 번째 꿈을 꾸었다. 갈대 하나에서 기름지고 튼실
한 이삭 일곱 개가 열렸다. 6 가늘고 동풍에 **탄** 이삭 일곱 개도 뒤따라 열
렸다. 7 가는 이삭이 튼실하고 꽉 찬 이삭 일곱 개를 삼켜버렸다. 파라오가
깨어나 보니 꿈이었다.

8 아침이 되자 그는 마음이 복잡하여 사람을 보내, 모든 **이집트인** 마술
사들과 모든 현인들을 불러 모았다. 파라오는 그들에게 꿈을 털어놓았으나
아무도 파라오의 꿈을 풀이하지 못하였다. 9 헌작 시종장이 파라오에게 아
뢰었다. "오늘에야 제 실수가 떠올랐습니다. 10 파라오께서는 신하들에게
진노하시어 저와 제빵 시종장을 **사형집행대장** 집의 유치장에 보내셨습니
다. 11 저와 그는 같은 날 밤에 꿈을 꾸었고 저마다 서로의 꿈을 풀이하였
습니다. 12 그곳에 **사형집행대장의** 종인 히브리인이 있었는데, 저희가 그
에게 털어놓자 그가 저희의 꿈을 풀이하였습니다. 각자의 꿈대로 풀이하였
고, 13 그가 풀이한 대로 이루어져, 저는 제 임무에 돌아왔고 (제빵 시종장
은) **십자가에** 매달렸습니다."

파라오의 꿈을 풀이한 요셉

14 파라오가 사람을 보내어 요셉을 불렀다. 그들은 서둘러 그를 **감옥에
서** 꺼내주어, 그는 면도하고 옷을 **빨아** 입고 파라오에게 갔다. 15 파라오
가 요셉에게 말하였다. "내가 꿈을 꾸었는데 풀이할 사람이 없다. 나는 네
가 꿈을 듣고 풀이한다고 들었다." 16 요셉이 파라오에게 대답하였다. "저
는 아닙니다. **그러나 주님 앞에서는** 파라오의 안녕에 대한 대답이 있을 것
입니다." 17 파라오가 요셉에게 말하였다. "꿈에서 나는 **강** 가에 서 있었
다. 18 살지고 튼실해 보이는 **소** 일곱 마리가 **강에서** 올라와 풀을 뜯었다.
19 홀쭉하고 매우 추하며 부실해 보이는 다른 **소** 일곱 마리가 뒤따라 올라

왔다. 나는 이집트 온 땅에서 그것들처럼 추한 것은 본 적이 없다. 20 홀쭉하고 추한 **소들이** 먼저 온 살진 **소들을** 잡아먹었다. 21 그것들이 배 속으로 들어갔는데도 배 속으로 들어갔는지 모르게 예전처럼 **홀쭉해** 보였다. 그러고는 내가 깨어났다. 22 또 꿈에서 보니 갈대 하나에서 꽉 차고 튼실한 이삭 일곱 개가 열렸다. 23 시들고 **가늘며** 동**풍**에 **탄** 이삭 일곱 개가 뒤따라 열렸다. 24 그러더니 **그것들이** 튼실한 이삭들을 삼켜버렸다. 나는 마술사들에게 말하였으나 아무도 나에게 **풀이해 주지** 못했다."

25 요셉이 파라오에게 말하였다. "파라오의 꿈은 하나입니다. **주님께서** 장차 하실 것을 파라오에게 보여 주신 것입니다. 26 튼실한 **소** 일곱 마리는 일곱 해이고, 튼실한 이삭 일곱 개도 일곱 해입니다. 곧 꿈은 하나입니다. 27 뒤따라 올라온 홀쭉한 **소** 일곱 마리도 일곱 해이고, **가늘고** 동**풍**에 **탄** 이삭 일곱 개도 그러합니다. 곧 기근이 들 일곱 해입니다. 28 **주님께서** 장차 하실 것을 파라오에게 **가르쳐** 주신 것이라고 제가 파라오께 말씀드린 바로 그 일입니다. 29 다가올 일곱 해에는 이집트 온 땅에 큰 풍년이 들 것입니다. 30 그러나 그다음 일곱 해에는 기근이 듭니다. 이집트 땅에 풍년이 든 것은 다 잊히고 기근이 땅을 쓸어버릴 것입니다. 31 그다음에 **있을** 기근으로 땅에 풍년이 들었다는 것을 알지 못하게 되는데, 너무 심각해서입니다. 32 그 꿈이 파라오께 두 번이나 반복된 것은, 그만큼 그 일이 **주님 앞에서** 확실하고 **주님 앞에서** 서둘러 실행된다는 뜻입니다.

33 이제 파라오께서는 유능하고 현명한 사람을 **임명하여** 그를 이집트 땅 위에 두십시오. 34 파라오께서는 **사람에게 맡기시되** 관리들을 **이집트 온** 나라에 임명하시어, 풍년이 들 일곱 해 동안 이집트 땅의 **수확물에서** 오분의 일을 **거둬들이게** 하십시오. 35 다가올 풍년의 모든 양식을 모아 파라오의 **권한** 아래 **곡식을** 저장하시고, 성읍에 양식을 보관하십시오. 36 이는 이집트 땅에 있을 기근의 일곱 해 동안 땅의 **좋은 기억이 될** 양식입니다. 그래야 기근으로 땅이 쓸려가지 않을 것입니다."

섭정관이 된 요셉

37 이 일이 파라오와 모든 **고관들** 보기에 괜찮았다. 38 파라오는 **고관**
들에게 말하였다. "우리가 이 사람처럼 **주님 앞에서 거룩한** 영이 **머무르는**
이를 찾을 수 있겠는가?" 39 파라오가 요셉에게 말하였다. "주님께서 이 모
든 것을 그대에게 알려주신 이래로 그대만큼 유능하고 현명한 이는 없네.
40 그대는 내 집안의 **관리자로 임명되었으나**, 그대의 **입에서** (나온) **결정이**
나의 온 백성을 먹여 **살릴 것이네.** 이 **왕국의** 어좌에서만 내가 그대보다 위
대하네." 41 파라오가 요셉에게 말하였다. "내가 그대를 이집트 온 땅 위에
지도자요 통치자로 임명하는 것을 보게." 42 파라오는 자기 손에서 인장 반
지를 빼 요셉의 손에 끼워주고, 아마 옷을 입히고 그의 목에 금 목걸이를 걸
어 주었다. 43 그리고 그를 자신의 두 번째 병거에 태우자 그들이 그 **앞에**
서 칭송하였다. "**작고 아름다우며 나이는 어리지만 지혜가 많은 임금의 아**
버지, 만세!" 그는 그를 이집트 온 땅 위에 **임명하였다.** 44 파라오가 요셉에
게 말하였다. "나는 파라오네. 그대의 **말** 없이는 이집트 온 땅에서 누구도
무기를 들려고 손을 (뻗거나) **말을 타려고** 발을 **뻗어서는 안 되네.**" 45 파라
오는 요셉의 이름을 '**숨겨진 일을 드러내는 이**'라고 부르고, **타니스의 지도**
자 포티 페라의 딸 아스낫을 아내로 주었다. 요셉은 이집트 **온** 땅에 나섰다.

46 요셉이 이집트 임금 파라오 앞에 섰을 때 서른 살이었다. 요셉은 파
라오 앞에서 나와 이집트 온 땅을 다녔다.

47 풍년이 든 일곱 해 동안 땅은 일하여 **창고들이 가득 찼다.** 48 그는 일
곱 해 동안 이집트 땅에서 거둔 모든 양식을 모아 그 양식을 성읍들에 두
었다. 성읍 주변의 **영토에서** 난 양식도 그 속에 두었다. 49 요셉은 바다의
모래처럼 엄청난 곡식을 모았다. **총량을** 셀 수가 없어 세는 것을 멈출 정
도였다.

아스낫이 낳아 준 요셉의 아들들

50 흉년이 들기 전에 요셉에게 두 아들이 태어났다. **타니스의 지도자** 포

티 페라의 딸 아스낫이 그에게 낳아 준 것이다. 51 요셉은 맏아들의 이름을 므나쎄라 불렀다. "**주님께서** 나의 고생과 아버지의 집안 **사람들을** 모두 잊게 하셨다."고 하였기 때문이다. 52 둘째의 이름은 에프라임이라 불렀다. "**주님께서** 내 고통의 땅에서 나를 **강하게** 하셨다."고 하였기 때문이다.

기근이 든 일곱 해

53 이집트 땅에 풍년이 든 일곱 해가 끝났다. 54 요셉이 말한 대로 기근의 일곱 해가 닥치기 시작하였다. 온 땅에 기근이 들었는데 이집트 온 땅에는 빵이 있었다. 55 이집트 온 땅에 기근이 들어 파라오 **앞에** 빵을 달라고 백성들이 소리쳤다. 파라오가 이집트인들 모두에게 말하였다. "요셉에게 가라. 그가 너희에게 말하는 대로 하여라." 56 기근이 온 땅 위에 들자 요셉은 [곡식이] **든** 모든 **창고를** 열어 이집트에 팔았다. 이집트 땅에 기근이 심하였기 때문이다. 57 땅의 **주민들** 모두 이집트로 가 요셉에게 **곡식을** 사고자 하였다. 온 땅에 기근이 심하였기 때문이다.

곡식을 사러 이집트로 간 요셉의 형들

42,1 야곱은 이집트에서 곡식을 **살** 수 있다는 것을 **거룩한 영으로** 알았다. 야곱이 아들들에게 말하였다. "너희는 어찌 **기근들을 앉아서** 보고만 있느냐?" 2 그가 말하였다. "이집트에서는 곡식을 **살** 수 있다고 들었다. 그리로 내려가 우리를 위해 사오너라. 우리도 살자. (이대로) 죽을 수는 없다." 3 요셉의 형들 열 명이 이집트에 곡식을 사러 내려갔다. 4 야곱은 요셉의 아우 벤야민을 형들과 보내지 않았다. "그에게 재앙이 닥쳐서는 안 되지." 하고 말하였던 것이다. 5 이스라엘의 아들들은 곡식을 사려고, 가나안 땅에 기근이 들어 (이집트에) 들어가는 이들 속에 (끼어) 갔다.

형들을 알아본 요셉

6 요셉은 그 나라의 통치자였고, 그 나라의 모든 백성에게 곡식을 파는

이였다. 요셉의 형들은 그에게 와서 **그 땅의 관습대로 안부를 물었다**. 7 요
셉은 형들을 보고 그들인 것을 알아챘으나, 그들에게 **적개심을 품고** 가혹
한 **말로** 말하였다. "어디에서 왔느냐?" 그들이 말하였다. "가나안 땅에서
곡식을 사러 왔습니다." 8 요셉은 형들을 알아봤으나 그들은 그를 알아보
지 못하였다. 9 요셉은 그들에 관해 꾸었던 꿈을 기억하고 그들에게 말하
였다. "너희는 첩자들이다. 이 땅의 **입구를** 살피러 왔다." 10 그들이 그에게
말하였다. "나리, 아닙니다. 당신의 종들은 **곡식을** 사러 왔습니다. 11 저희
모두는 한 사람의 아들들입니다. 저희를 **믿으셔도 됩니다**. 당신의 종들은
첩자들이 아닙니다." 12 그가 그들에게 말하였다. "아니다. 너희는 이 땅의
입구를 살피러 온 것이 분명하다." 13 그들이 말하였다. "당신의 종들은 열
두 형제입니다. 저희는 가나안 땅에 사는 한 사람의 아들들입니다. 어린 아
우는 오늘 아버지와 있고 다른 아우는 **저희를 떠나 끝내 그에게 무슨 일이
생겼는지 저희도 모릅니다**." 14 요셉이 그들에게 말하였다. "내가 너희에게
말한 **말** 그대로 너희는 첩자들이다. 15 이렇게 너희를 시험해 보겠다. 파라
오의 **머리를** 걸고 맹세하건대, 너희가 여기서 나가려면 오직 어린 아우를
데려오는 것뿐이다. 16 너희 가운데 하나를 보내어 아우를 데려오게 하고,
너희는 갇혀 있어라. 너희가 진실한지 너희 말들을 시험해 보겠다. 그렇지
않으면 파라오의 **머리를** 걸고 맹세하건대 너희는 첩자들이다." 17 그는 그
들을 사흘 동안 유치장에 **가두었다**.

18 사흘째 날 요셉이 그들에게 말하였다. "너희는 이렇게 하여라. 그래
야 산다. 나는 **주님 앞에서** 경외하는 이다. 19 너희 말이 맞는다면 너희 가
운데 하나 곧 **다른** 너희의 형제를 **감옥에 가두고**, 너희는 굶주리는 너희 집
안에 **양식** 곧 곡식을 가지고 떠나라. 20 너희의 어린 아우가 나에게 오면
너희의 말을 믿어 줄뿐더러 너희는 죽지 않을 것이다." 그들은 그렇게 하
기로 하였다. 21 그들이 형제들끼리 서로 말하였다. "우리가 **정말로** 아우
의 **피** 때문에 죗값을 받나보다. 그가 고통스러워하며 우리한테 자비를 간
청하는 것을 보고도 **받아들이지** 않아서, 우리에게 이런 고통이 닥치게 된

것이다." 22 르우벤이 그들에게 대답하였다. "내가 너희에게 '아이한테 죄
짓지 마라.'고 말하지 않았느냐? 내 말을 **받아들이지** 않더니만, 그의 피까
지 책임을 묻는구나." 23 그들은 그들 사이에 **므나쎄가** 통역으로 **서** 있어
서 [요셉이 듣는 줄] 몰랐다. 24 요셉은 그들이 있는 데서 나와 울다가, 다시
가 그들에게 말하였다. 그들 가운데 시메온을 끌어다 그들 **앞에서** 묶었다.

집에 돌아온 형들

25 그들의 그릇에 곡식을 채우고 저마다 돈을 자루에 담아 돌려주며 여
행 양식을 주도록 요셉이 지시하자, 그렇게 되었다. 26 그들은 나귀들에 곡
식들을 싣고 거기서 떠났다. 27 하나가 여인숙에서 나귀에게 짚을 주려고
자루를 열었다가 꾸러미 주둥이 쪽에 자기 돈이 있는 것을 보았다. 28 그는
형제들에게 말하였다. "내 돈이 돌아와 내 자루에 들어 있다." 그들은 **당황
하여** 떨며 서로 형제들에게 말하였다. "**주님께서** 우리에게 이런 일을 하시
다니, 대체 무슨 일인가?"

29 그들은 가나안 땅에 계신 아버지 야곱에게 가서 그들에게 일어난 모
든 것을 그에게 말씀드렸다. 30 "그 나라의 지도자라는 사람이 우리에게 가
혹한 **말로** 말하면서, 우리를 그 나라 첩자처럼 취급하였습니다. 31 그래서
저희가 말하였습니다. '저희를 **믿으셔도 됩니다**. 저희는 첩자가 아닙니다.
32 저희는 열두 형제로 한 아버지의 아들들인데, **저희 가운데** 하나는 **저희
한테서 떠난 뒤 끝내 그에게 무슨 일이 생겼는지 모르고**, 어린 아우는 오
늘 가나안 땅에 아버지와 함께 있습니다.' 33 그 나라의 지도자라는 사람이
우리에게 말하였습니다. '이로써 너희의 말이 맞는지 내가 알 것이니, 너희
형제 하나를 나한테 두고 너희 집안에 **필요한** 곡식을 가지고 떠나라. 34 그
리고 어린 너희 아우를 데려와야, 너희가 첩자가 아니고 너희의 말이 맞는
다는 것을 내가 알게 될 것이다. 그러면 너희 형제를 너희에게 돌려주고 너
희는 이 땅에서 **장사를 할 수 있게 된다**.'"

35 그들이 자기들 자루를 비우자 자루에 돈 주머니가 들어 있었다. 그들

과 그들의 아버지는 이 돈 주머니들을 보고 두려워하였다. 36 그들의 아버
지 야곱이 그들에게 말하였다. "너희가 나를 무자식으로 만들 셈이구나. **내
가 도탄으로 너희에게 보낸** 요셉은 **끝내 그에게 무슨 일이 생겼는지 모르
는데**, 벤야민마저 데려가고 **싶어 하는구나. 그들은** 내가 **열두 지파를 일으
키는 데 동의한다.**" 37 르우벤이 아버지에게 말하였다. "제가 그를 아버지
께 데려오지 못하면 제 아들 둘을 죽이십시오. 그러니 그를 제 손에 맡기십
시오. 제가 그를 아버지께 돌아오게 하겠습니다." 38 야곱이 말하였다. "내
아들을 너희와 내려 보낼 수 없다. 형도 죽고 그 아이 혼자 남았는데, 너희
가 가는 길에 그에게 재앙이라도 닥치면 너희는 슬퍼하며 나의 백발을 스
올로 내려가게 할 것이다."

벤야민을 데리고 이집트로 간 형들

43,1 그 땅에 기근이 심하였다. 2. 그들이 이집트에서 가져온 곡식을 다
먹고 나자, 그들의 아버지가 그들에게 말하였다. "돌아가서 우리를 위해 양
식을 좀 사오너라." 3 유다가 그에게 말하였다. "그 사람이 우리에게 분명
히 경고했습니다. '너희 아우와 함께 오지 않는다면 내 얼굴을 보지 못할
것이다.' 4 아버지께서 아우를 저희와 함께 보내셔야 저희가 아버지를 위
하여 양식을 사올 수 있습니다. 5 그러나 아버지께서 보내 주시지 않으면
저희는 내려가지 못합니다. 그 사람이 우리에게 말하였기 때문입니다. '너
희 아우와 함께 오지 않는다면 내 얼굴을 보지 못할 것이다.'" 6 이스라엘이
말하였다. "어쩌자고 아우가 더 있다고 알려 나한테 이 걱정을 시키느냐?"
7 그들이 말하였다. "그 사람이 저희와 가족관계에 대해 자세히 물었습니
다. '너희 아버지는 아직 살아 계시냐? 너희에게 형제가 있느냐?' 그래서 저
희가 그에게 이 일들을 알렸습니다. 그가 설마 '너희 아우를 데려와라.' 하
고 말할 줄 저희가 알았겠습니까?" 8 유다가 아버지 이스라엘에게 말하였
다. "그 아이를 저희와 보내십시오. 저희가 일어나 떠나야, 저희도 아버지
도 저희의 아이들도 살 수 있고 죽지 않습니다. 9 제가 그의 보증인이 되겠

으니, 저한테 (책임을) 물으십시오. 제가 그를 당신께 데려와 [당신 앞에] 세
우지 못하면, 제가 평생 당신의 **안부를 여쭙지 못하게 하십시오**. 10 저희가
주저하지 않았다면 돌아와 두 번은 **다녀왔을** 것입니다."

11 그들의 아버지 이스라엘이 그들에게 말하였다. "그래야 한다면 이렇
게 하여라. 이 땅에서 **최고의** 것을 너희 그릇에 (담아) 가지고 내려가 그 사
람에게 예물로 드려라. 유향 조금, 꿀 조금, 고무와 반일향, 향과와 편도 기
름을 가져가라. 12 돈은 두 배로 가져가고, 꾸러미 주둥이에 돌아온 돈도
돌려주어라. 아마도 실수였을 것이다. 13 너희 아우도 데리고 **가** 그 사람
에게 돌아가라. 14 **하늘의 하느님께서** 너희에게 그 사람 앞에서 자비를 베
푸시어, 다른 너희 형제와 벤야민을 풀어주실 것이다. 내가 **내 아들 요셉을**
(완전히) 잃지는 않았듯이 **벤야민을 또 잃지는 않겠다**."

다시 만난 요셉과 형제들

15 그 사람들은 이 예물들을 가져가고 **저마다** 두 배의 돈을 손에 들었다.
그들은 벤야민을 데리고 일어나 이집트로 내려가서 요셉 앞에 섰다. 16 요
셉은 벤야민이 그들과 함께 있는 것을 보고 그가 자기 집안의 **관리인으로
임명한 이에게** 말하였다. "이 사람들을 **궁으로** 데려가고, 짐승을 잡아 준
비하여라. 이들이 **식사 때에** 나와 함께 먹을 것이다." 17 그 사람은 요셉이
말한 대로 하여, 그 사람들을 요셉의 **궁으로** 데려갔다. 18 그 사람들은 자
신들을 요셉의 **궁으로** 데려가는 것이 두려워 서로 말하였다. "예전에 우리
꾸러미에 돌아온 돈 때문에 우리를 데려가나 보다. 우리를 **제압하고** 쓰러
뜨려 종으로 삼고는 나귀들을 끌고 가겠지." 19 그들은 요셉의 **관리인으로
임명된** 사람에게 다가가 그 **궁** 어귀에서 그에게 말하였다. 20 그들이 말하
였다. "나리, 예전에도 저희는 양식을 사러 내려왔었습니다. 21 저희가 여
인숙에 돌아와 꾸러미를 열어 보니, 꾸러미 주둥이마다 돈이 있었고 가져
간 돈 그대로였습니다. 그래서 다시 그것을 가져왔습니다. 22 양식을 살 돈
은 따로 가져왔습니다. 누가 꾸러미에 돈을 넣었는지는 저희도 모르겠습

니다." 23 그가 말하였다. "평화를 빕니다. 두려워 마십시오. 여러분의 하느님이자 여러분 아버지의 하느님께서 여러분 꾸러미에 보물들을 넣어 주셨나 봅니다. 저는 돈을 받았습니다." 그러고는 시메온을 그들에게 데려왔다. 24 그는 그들을 요셉의 **궁으로** 데려가 발 씻을 물을 주고 나귀들에게는 여물을 주었다. 25 형제들은 요셉이 식사 **때에** 올 때까지 예물들을 준비하였다. 거기서 음식을 먹을 것이라는 것을 들었기 때문이다.

26 요셉이 **궁에** 오자 그들은 집에서 가져온 예물들을 그에게 바치고 **그 땅의 관습대로 그의 안부를 물었다.** 27 요셉은 그들에게 안부를 묻고 말하였다. "너희가 말한 연로하신 너희 아버지는 안녕하시냐? 지금도 살아 계시냐?" 28 그들이 말하였다. "당신의 종인 저희 아버지는 안녕하시고 지금도 살아 계십니다." 그리고 **그들은 절하며 감사와 찬사를 드렸다.** 29 요셉은 눈을 들어 자기 어머니의 아들이자 아우인 벤야민을 보고 말하였다. "너희가 나에게 말한 어린 너희 아우가 이 아이냐?" 그리고 말하였다. "얘야, **주님 앞에서** 너에게 은혜가 있으리라." 30 요셉은 급히 방으로 들어가 울었다. 아우에 대한 감정이 복받쳐 울고 싶어졌기 때문이다. 31 그는 얼굴을 씻고 나와 마음을 가다듬고는 말하였다. "음식을 내와라." 32 그들은 요셉 따로, 형제들 따로 상을 차리고, 그와 식사하는 이집트인들에게도 따로 상을 차려 내왔다. 이집트인들은 히브리인들과 함께 식사할 수 없었다. 그것이 **이집트인들에게** 혐오스러웠기 때문이다. 33 그는 **그들을** 자기 앞에 **눕게 하였다.** 형들은 형들대로, 아우들은 아우들대로 앉게 되자 저마다 서로 놀랐다. 34 (요셉은) 자기 앞에서 몫을 나누었는데, 벤야민의 몫이 모두의 몫보다 다섯 몫이 더 많았다. 그들은 그와 마시며 기뻐하였다.

요셉의 은잔

44,1 요셉은 자기 집안의 **관리인으로 임명한 이에게** 명령하였다. "히브리 사람들의 꾸러미에 **양식을** 담을 수 있을 만큼 가득 채워라. 꾸러미 주둥이에 저마다 돈을 넣어라. 2 어린 아우의 꾸러미 주둥이에는 은잔과 그의

(곡식) 살 돈을 넣어라." 그는 요셉이 말한 대로 하였다. 3 아침 동이 트자
그 사람들은 나귀들과 길을 떠났다. 4 그들이 성읍에서 나와 멀리 가지 않
았을 때 요셉은 자기 집안의 **관리인으로 임명한 이에게** 말하였다. "일어나
그 사람들의 뒤를 좇아가 따라붙어 그들에게 말하여라. '너희는 어찌하여
선을 악으로 갚느냐? 5 이 (은잔은) 나의 주인이 마실 때와 점칠 때 쓰시는
것이다. 너희가 저지른 짓은 악하다.'"

6 그는 형제들을 따라붙어 그들에게 이런 말들을 하였다. 7 그들이 그
에게 말하였다. "나리, 어찌 그런 말씀을 하십니까? [그런 일을 당신 종들이
저지르다니요, 당치 않습니다.] 8 **예전에** 꾸러미 주둥이에서 찾은 돈도 가나
안 땅에서 가져와 당신께 돌려 드렸는데, 어떻게 저희가 당신 나리의 집에
서 은이든 금이든 훔쳐가겠습니까? 9 당신 종에게서 그것을 찾게 되면 그
는 **사형감이고**, 저희도 나리의 종이 되겠습니다." 10 그가 말하였다. "좋
다. 너희의 말대로 하자. 그것이 발견된 이는 나의 종이 되고 너희는 무죄
다." 11 그들은 저마다 서둘러 자기 꾸러미들을 땅에 내려 꾸러미를 열었
다. 12 그가 형의 것에서 시작하여 아우의 것까지 다 뒤지고 나니 벤야민의
꾸러미에서 잔이 나왔다. 13 그들은 자기 옷들을 찢고 저마다 나귀에 짐을
실은 뒤 성읍으로 돌아왔다.

14 유다와 형제들이 요셉의 **궁에** 이르렀다. 그때까지 그가 거기에 있어
그들은 **그 땅의 관습에 따라 인사하였다**. 15 요셉이 그들에게 말하였다.
"대체 너희는 무슨 짓을 한 것이냐? 나 같은 **지도자나 통치자는** 점을 친다
는 것을 모르느냐?" 16 유다가 말하였다. "저희가 나리께 무슨 말을 하고
무슨 변명을 하며 무슨 수로 무죄라 하겠습니까? **주님 앞에서** 당신 종들의
죄가 밝혀졌으니, 저희는 나리의 종들입니다. 저희도, 잔이 발견된 이도 그
렇습니다." 17 요셉이 말하였다. "그러지 않아도 된다. 잔이 발견된 사람이
나의 종이 되고 너희는 너희 아버지께 무사히 올라가라."

벤야민 대신 종이 되겠다고 나선 유다

18 유다가 그에게 다가가 성난 말과 통곡의 어조로 사자처럼 울부짖으며 말하였다. "나리, 부디 당신의 종이 아뢰게 해 주시고, 나리께서 당신의 종에게 크게 분노하시지 않기를 바랍니다. 당신께서는 저희가 처음 당신께 왔을 때 '나는 주님 앞에서 경외한다.'고 말씀하시지 않으셨습니까? 이제 당신의 심판은 당신의 지도자이신 파라오의 심판과 비슷하게 바뀌셨습니다." 그가 말하였다. "나리, 당신께서는 저희가 처음 당신께 왔을 때 '나는 주님 앞에서 경외한다.'고 말씀하셨습니다. 그리고 지금은 '나는 파라오를 경외한다.'고 말씀하십니다. 혹시 시메온과 레위 두 형제가 스켐 요새에서 한 일이 당신께 전해지지 않았거나 듣지 못하셨습니까? 그들은 그곳으로 들어가 남자들을 모조리 죽였습니다. 그들이 저희 누이 디나를 욕보였기 때문입니다. (디나는) 지파의 수에도 (포함되지) 않고 그 땅의 분배에서 몫도 재산도 없습니다. 하물며 저희 아우 벤야민을 위해서야 오죽하겠습니까? (벤야민은) 지파의 수에도 (포함되고) 땅의 분배에서도 몫과 재산이 있습니다. 게다가 제 힘이 시메온과 레위의 힘보다 셉니다. 맹세하건대, 저는 일단 칼자루에서 칼을 뽑으면 모든 이집트인들을 죽이기 전까지는 제자리에 돌려놓지 않겠습니다. 저는 당신한테서 시작하여 당신의 지도자 파라오한테서 마칠 것입니다. 저도 당신처럼 영예롭고 나의 아버지도 당신의 지도자이신 파라오처럼 (영예롭기) 때문입니다. 당신은 맹세한 것을 확고히 하시며 그를 걸고 맹세하셨습니다. 당신께서 당신의 지도자이신 파라오의 머리를 걸고 맹세하시듯이 저도 아버지의 머리를 걸고 당신께 맹세하건대, 저는 일단 칼자루에서 칼을 뽑으면 이집트 온 땅이 살해된 이들로 가득 차기 전까지는 그것을 칼자루에 돌려놓지 않겠습니다. 이집트 온 땅의 주민들을 황폐하게 만들기 전까지는 그것을 칼자루에 돌려놓지 않겠습니다. 당신한테서 시작하여 당신이 맹세한 당신의 지도자이신 파라오한테서 마칠 것입니다. 아버지의 뜻을 거스르더라도 저는 그것을 이루기 위하여 할 것입니다. 혹시 시메온과 레위 두 형제가 스켐 요새에서 한 일을 당신께서는

듣지 못하시거나 당신께 전해지지 않았습니까? 그들은 평화롭던 그곳에 들
어가 칼끝으로 모든 남자들을 죽였습니다. 그들이 우리 누이 디나를 욕보
였기 때문입니다. 그는 우리와 함께 지파로 세지도 않고 땅의 분배에서 우
리와 몫이나 재산을 받지 않는데도 그러했습니다. 게다가 저는 그들보다
더 강하고, 제 힘은 그들보다 더 셉니다. 더욱이 저는 아이를 아버지께 담
보로 맡기며 이렇게 말하였습니다. '제가 그를 아버지께 데려와 당신 앞에
세우지 못하면, 제가 평생 아버지의 안부를 묻지 못하게 하십시오.' 혹시
당신처럼 저희도 가나안 땅에서는 임금이요 통치자라는 것을, 당신께서는
듣지 못하셨거나 당신께 전해지지 않았습니까? 당신과 당신의 지도자이신
파라오가 이집트 땅에서 통치자이듯이 그렇게, 저와 아버지 야곱도 가나안
땅의 통치자입니다." 19 사랑스럽고 품위 있는 요셉은 형 유다가 힘이 끓어
오르는 것을 보고, 또한 머리털이 가슴에서 나오더니 그때 그것들이 그의
옷을 찢는 것을 보고 그는 유다 앞에서 불안해하며 떨었다. 요셉은 아들 므
나쎄를 떠올렸다. (므나쎄가) 궁을 발로 쿵쾅거리고 다녀 온 궁이 흔들렸다.
유다가 (속으로) 대답하며 말하였다. '이 힘은 나의 아버지의 집안에서 오
고 이 힘은 나의 아버지의 갈비(옆구리)에서 오기에 세다. 그렇지 않으면 그
가 이 일을 할 수 있겠는가?' 유다는 온화한 말로 시작하여 온화하게 말하
였다. "나리께서 당신의 종에게 물으셨습니다. '너희에게 아버지나 형제가
있느냐?' 20 저희가 나리께 아뢰었습니다. '연로하신 아버지가 계시고 그분
이 늘그막에 얻은 어린 아들이 있습니다. 그의 형은 죽고 그의 어머니한테
서는 그 혼자 남아 아버지께서 그를 아끼십니다.' 21 당신께서 당신 종에게
말씀하셨습니다. '그 아우를 나에게 데려와라. 내 눈으로 그를 봐야겠다.'
22 저희는 나리께 아뢰었습니다. '이 아이는 아버지를 떠날 수 없습니다. 그
아이가 아버지를 떠나면 (아버지는) 죽습니다.' 23 그러나 나리께서는 당신
의 종에게 말씀하셨습니다. '어린 너희 아우를 데려오지 않으면 다시는 내
얼굴을 보지 못할 것이다.' 24 저희는 당신의 종인 아버지에게 올라가 나리
의 말씀을 알렸습니다. 25 저희 아버지는 말씀하셨습니다. '우리를 위해 다

시 양식을 조금 사오너라.' 26 저희가 말하였습니다. '저희는 내려갈 수 없습니다. 어린 아우가 저희와 함께라야 [내려갑니다.] 어린 아우가 저희와 함께하지 않으면 그분의 **얼굴을** 볼 수 없기 때문입니다.' 27 당신의 종인 아버지가 저희에게 [말하였습니다.] '너희는 내 아내 **라헬이** 나에게 둘을 낳아 주었다는 것을 안다. 28 하나는 나한테서 떠났다. 나는 그가 분명히 **죽임을 당했다고** 말하였고 지금까지 그를 보지 못하였다. 29 너희가 이 아이도 내 **앞에서** 데려가 그에게 재앙이 닥치면, 너희는 슬퍼하며 나의 백발을 스올로 내려가게 할 것이다.' 30 아버지가 그를 자기 목숨처럼 **아끼는데**, 이제 제가 당신의 종 아버지에게 갈 때 아이가 저희와 함께 가지 않으면, 31 아이가 없는 것을 보고 그는 죽을 것입니다. 당신의 종은 슬퍼하며 당신의 종 저희 아버지의 백발을 스올로 내려가게 할 것입니다. 32 당신의 종은 아버지에게 이 아이를 보증하기로 하고 이렇게 말하였습니다. '제가 당신께 데려오지 않으면 제가 평생 아버지의 **안부를 여쭙지 못하게 하십시오**.' 33 그러니 이제 당신의 종이 아이 대신 나리의 종으로 여기에 머무르고, 아이는 형들과 올라가게 해 주십시오. 34 어떻게 제가 아이 없이 아버지의 집에 올라가겠습니까? 아버지에게 **닥칠** 그 고난을 저는 보지 못하겠습니다."

형들에게 정체를 드러낸 요셉

45,1 요셉은 사람들이 다 곁에 서 있는데 억제할 수가 없어 소리쳤다. "다들 나한테서 내 보내라." 그래서 요셉이 형제들에게 고백할 때 그의 곁에는 아무도 서 있지 않았다. 2 그가 소리 내어 울어 이집트인들이 들었고 파라오의 **궁에도 들렸다**.

3 요셉이 형들에게 말하였다. "나는 요셉입니다. 아버지는 아직 살아 계십니까?" 그의 형들은 그에게 대답할 수 없었다. 그들은 그 앞에서 겁을 먹었기 때문이다. 4 요셉은 형들에게 말하였다. "나에게 가까이 오십시오." 그들이 다가가자 그가 말하였다. "내가 형님들이 이집트로 팔아넘긴 요셉입니다. 5 이제는 나를 이곳으로 팔아넘긴 일로 **화내지** 마시고 **자신을 해**

치지 마십시오. **주님께서 많은 대중들을** 살게 하시려고 나를 형님들에 앞서 보내신 것입니다. 6 이 땅에는 두 해 동안 기근이 들었고, 다섯 해 더 **씨를 뿌리지도** 거두지도 못합니다. 7 **주님께서는** 형님들을 이 땅에서 살아남게 하시려고 나를 형님들에 앞서 보내셨고, 많은 이들을 구하시고자 형님들을 살게 하신 것입니다. 8 형님들이 나를 이곳에 보낸 것이 아닙니다. **주님께서** 이루셨습니다. 그분께서는 나를 파라오의 아버지이자 그의 집안 모든 사람들의 지도자이며 이집트 온 땅의 통치자로 삼으셨습니다. 9 서둘러 아버지께 올라가서 말씀 전하십시오. '아버지의 아들 요셉의 말입니다. **주님께서** 저를 온 **이집트인들의** 지도자로 삼으셨으니 **주저하지** 마시고 저에게 내려오십시오. 10 고센 땅에 머무르시면 아버지와 아들들과 손자들, 양 떼와 소 떼와 당신의 모든 것들이 저와 가까이 있을 것입니다. 11 제가 거기서 아버지께 양식을 대 드리겠습니다. 다섯 해 더 기근이 남았기 때문입니다. 아버지와 아버지의 집안 **사람과** 아버지의 모든 것들이 죽지 않도록 해야 합니다.' 12 형님들과 내 아우 벤야민은 **내가** 여러분에게 **성전의 언어로** 말하는 것을 직접 보고 있습니다. 13 이집트에서 내가 누리는 모든 영광과 보신 것들 모두 아버지께 알려 드리시고, 서둘러 아버지를 모시고 내려오십시오." 14 (요셉은) 아우 벤야민의 목에 **기대어** 울었다. 벤야민도 그의 목에 (기대어) 울었다. 15 (요셉은) 형들 모두와도 입을 맞추고 그들 **앞에서** 울었다. 그러고 나서야 형들은 그와 이야기하였다.

파라오의 축하

16 요셉의 형제들이 왔다는 소식이 파라오의 **궁에** 들려와, 파라오와 그의 신하들도 좋아하였다. 17 파라오가 요셉에게 말하였다. "형제들에게 말하게. '너희는 너희 가축들에 짐들을 싣고 가나안 땅으로 **들어가라**. 18 너희 아버지와 집안 **사람들을** 나에게 데리고 와라. 내가 너희에게 이집트 땅에서 좋은 것을 주겠다. 너희는 이 땅에서 **좋은 것을** 먹게 될 것이다.' 19 또 그대는 이렇게 지시하게. '너희는 너희 아이들과 아내들을 옮길 수레를 이

집트 땅에서 가져가라. 너희 아버지도 태워 오너라. 20 너희의 **전쟁** 도구들
에는 미련을 갖지 마라. 이집트 온 땅의 좋은 것이 너희의 것이다.'"

집에 돌아온 형제들

21 이스라엘의 아들들은 그대로 하였다. 요셉은 파라오의 **결정에** 따라
그들에게 수레를 주고 여행 양식도 주었다. 22 그들 모두에게 저마다 **예복
과 의복을** 주고, 벤야민에게는 은전 삼백 **셀라와 예복과 의복** 다섯 벌을 주
었다. 23 아버지에게는 **선물로** 나귀 열 마리에 이집트 명물을 싣고, 암나
귀 열 마리에 곡식과 아버지를 위한 여행 양식과 빵을 실어 보냈다. 24 그
는 형들을 보내면서 떠나는 그들에게 말하였다. "길 가다 화내지 마세요."
25 그들은 이집트에서 올라가 가나안 땅의 아버지 야곱에게로 갔다.
26 그들은 (야곱에게) 알렸다. "요셉이 지금 살아 있습니다. 그가 이집트 온
땅의 통치자였습니다." 그러나 야곱은 믿기지 않아 그의 마음은 **갈라졌다**.
27 그들은 요셉이 자기들에게 한 모든 일들을 야곱에게 전하였고, 그는 요
셉이 자기를 모셔오라고 보낸 수레들을 보았다. **거룩한 영이 아버지 야곱
위에 머물자**, 28 이스라엘은 말하였다. "**나는 많은 좋은 일과 위로를 보고
자 기대했으나**, 내 아들 요셉이 지금까지 살아 있으리라고는 **기대하지 않
았다**. 어서 가서 죽기 전에 그를 보아야겠다."

이집트로 떠나는 야곱에게 하신 하느님의 약속

46,1 이스라엘은 자신의 모든 것을 가지고 떠났다. 그는 브에르 세바에
이르러 아버지 이사악의 하느님께 제물을 바쳤다. 2 **주님께서** 밤의 환시에
서 이스라엘에게 말씀하셨다. "야곱아, 야곱아!" 그가 아뢰었다. 〈"접니다."〉
3 그분께서 말씀하셨다. "나는 하느님, 네 아버지의 하느님이다. 이집트로
내려가는 것을 두려워하지 마라. 내가 너를 그곳에서 큰 백성으로 만들겠
다. 4 나는 너와 함께 이집트로 내려갔다가, **나의 메므라로** 반드시 너를 올
라오게 하리라. 요셉이 너의 눈에 손을 얹을 것이다." 5 야곱은 브에르 세

바에서 일어났다. 이스라엘의 아들들은 파라오가 그들을 데려 오라고 보낸
수레에 아버지 야곱과 자신들의 아이들과 아내들을 태웠다.
6 그들은 가축들과 가나안 땅에서 모은 재산들을 끌고서, 야곱과 **자손들
이** 모두 이집트로 갔다. 7 그의 아들들과 **모든** 손자들, 그의 딸들과 **딸들의**
딸들, 곧 그의 모든 자손들이 그와 함께 이집트로 **내려갔다**.

이집트에 들어간 이스라엘의 자손

8 이는 이집트에 들어간 이스라엘의 자손들, 곧 야곱과 그의 아들들의
이름이다. 야곱의 맏아들은 르우벤이다. 9 르우벤의 아들들은 하녹, 팔루,
헤츠론, 카르미이다. 10 시메온의 아들들은 여무엘, 야민, 오핫, 야킨, 초하
르, 가나안 여자의 아들 사울이다. 11 레위의 아들들은 게르손, 크핫, 므라
리이다. 12 유다의 아들들은 에르, 오난, 셀라, 페레츠, 제라[이다. 에르와 오
난은 가나안 땅에서 죽었다. 페레츠의 아들은], 헤츠론과 하물이다. 13 이사카
르의 아들들은 톨라, 푸와, 욥, 시므론이다. 14 즈불룬의 아들들은 세렛, 엘
론, 야흘엘이다. 15 이들은 레아가 파딴 아람에서 야곱에게 낳아 준 아들들
이고, 딸 디나도 있다. 그의 아들들과 딸들은 모두 서른세 명이다.
16 가드의 아들들은 치프욘, 하끼, 수니, 에츠본, 에리, 아로디, 아르엘
리이다. 17 아세르의 아들들은 임나, 이스와, 이스위, 브리아이고 그들의
누이 세라가 있다. 브리아의 아들들은 헤베르와 말키엘이다. 18 이들은 라
반이 자기 딸 레아에게 준 질파가 야곱에게 낳아 주었다. 그들은 열여섯
명이다.
19 야곱의 아내 라헬의 아들들은 요셉과 벤야민이다. 20 요셉에게는 이
집트 땅에서 그들이 태어났는데, 온의 **지도자** 포티 페라의 딸 아스낫이 므
나쎄와 에프라임을 낳아 주었다. 21 벤야민의 아들들은 벨라, 베케르, 아
스벨, 게라, 나아만, 에히, 로스, 무핌, 후핌, 아르드이다. 22 이들은 라헬이
야곱에게 **낳아 준** 아들들이다. 그들은 모두 열네 명이다.
23 단의 아들들은 후심이다. 24 납탈리의 아들들은 야흐츠엘, 구니, 예

체르, 실렘이다. 25 이들은 라반이 자기 딸 라헬에게 준 빌하가 야곱에게
낳아 주었다. 그들은 모두 일곱 **명이다**.

26 야곱과 함께 이집트로 들어간 사람으로 야곱의 며느리들을 뺀 그의
직계는 모두 예순여섯 명이다. 27 이집트에서 태어난 요셉의 아들들은 두
명이다. 그래서 이집트로 들어간 야곱 집안 **사람들은** 모두 일흔 명이다.

가족과 재회한 요셉

28 이스라엘은 자기보다 먼저 유다를 요셉에게 보내어, **자신을 위해** 고
센의 **거주지에 자리를 마련하게 하였다**. 그들은 고센 땅에 이르렀다. 29 요
셉은 병거를 갖추어 아버지 이스라엘을 보러 고센으로 올라갔다. 그는 아
버지를 보고 그의 목에 기대어 목 위에서 울었다. 30 이스라엘이 요셉에게
말하였다. "**만약** 내가 죽게 되더라도 네 얼굴을 본 다음이니, **이제는 죽지
않을 것이다**. 지금까지 네가 살아 있었으니 말이다."

31 요셉이 형들과 아버지의 집안 **사람들에게** 말하였다. "제가 올라가 파
라오께 (이렇게) 알리고 아뢰겠습니다. '가나안 땅에 살던 제 형제들과 아버
지 집안 **사람들이** 저를 찾아왔습니다. 32 이 사람들은 양 떼의 목자 곧 가
축들의 **주인인** 사람들로서 양 떼와 소 떼, 그들의 모든 것을 가지고 왔습
니다.' 33 파라오가 여러분에게 말씀하실 것입니다. '너희는 무슨 일을 하
느냐?' 34 여러분은 (이렇게) 말하십시오. '당신의 종들은 어릴 때부터 지금
까지 가축들의 **주인인** 자들입니다. 저희도 저희 아버지도 그러합니다.' 그
러면 고센 땅에 머무르게 될 것입니다. **이집트인들은** 양 떼의 목자를 모두
멀리하기 때문입니다."

요셉의 가족을 환대한 파라오

47,1 요셉은 파라오에게 가서 알리고 아뢰었다. "아버지와 형제들, 양
떼와 소 떼, 그들의 모든 것들이 가나안 땅에서 떠나 고센 땅에 **자리 잡았
습니다**." 2 그는 [형제들의] **일부** 다섯 사람을 데리고 파라오 앞에 세웠다.

3 파라오가 형제들에게 말하였다. "너희는 무슨 일을 하느냐?" 그들이 파
라오에게 아뢰었다. "당신의 종들인 **그들은** 가축을 치는 목자입니다. **그들**
도 저희 아버지도 그러합니다." 4 그들은 파라오에게 말하였다. "저희는 이
땅에 체류하러 왔습니다. 가나안 땅에 기근이 **매우** 심하여 당신 종들의 양
떼를 위한 목초지가 없어 **그것들이 약해졌습니다**. 이제 당신 종들이 고센
땅에 머무르게 해 주십시오."

5 파라오가 요셉에게 말하였다. "그대의 아버지와 형제들이 그대를 찾
아왔네. 6 그대 앞에 있는 이집트 땅에서 비옥한 **곳**, 그 땅에 그대 아버지와
형제들을 머무르게 하게. 고센 땅에 머물러도 되네. 그들 가운데 힘센 사
람이 있는지 그대가 알거든, 가축들 곧 내 **모든** 것의 책임자로 임명하게."
7 요셉이 아버지 야곱을 모시고 와 파라오 앞에 세웠다. 야곱은 파라오를
축복하였다. 8 파라오가 야곱에게 말하였다. "당신의 세월은 몇 년이시오?"
9 야곱이 파라오에게 말하였다. "제가 떠돈 햇수는 백삼십 년입니다. 제 세
월의 햇수는 얼마 안 되고 고생스러웠으나 제 조상들이 떠돈 세월의 햇수
에는 못 미칩니다." 10 야곱은 파라오를 축복하고 파라오 앞에서 나왔다.

11 요셉은 아버지와 형들에게 자리를 잡아주고, [파라오가 명령하였듯이
이집트 땅에서 비옥한 땅인 라메세스 땅을 그들에게 소유지로 주었다.] 12 [그리고
아버지와 형제들과 아버지 집안 모두에게] 아이들의 (수)만큼 양식을 주었다.

요셉의 양곡 관리

13 기근이 매우 심하여 온 땅에 양식이 바닥났고, 이집트 땅과 가나안
땅의 **주민들이** 기근으로 약해졌다. 14 요셉은 (곡식을 팔아) 이집트 땅과 가
나안 땅에 있는 돈을 모두 모아들였다. 요셉은 그 돈을 파라오의 **궁으로** 가
져갔다. 15 이집트 땅과 가나안 땅에서 돈이 바닥나자 온 이집트인들이 요
셉에게 와서 말하였다. "저희에게 양식을 주십시오. 저희가 어쩌다가 나리
앞에서 죽게 되었을까요? 돈이 바닥났습니다." 16 요셉이 말하였다. "여러
분의 가축을 내주시오. 돈이 바닥났으면, 가축에 따라 여러분에게 (양식을)

주겠소." 17 **이집트인들 모두** 요셉에게 (그것들을) 데려와 **말하였다. "저희에게 양식을 주십시오.**" 요셉은 그들에게 말과 양 떼와 소 떼와 나귀에 따라 양식을 주었다. 그 해에는 가축에 따라 양식을 대 주었다. 18 그 해가 다 가고 두 번째 해에 그들이 요셉에게 와서 말하였다. "나리께 **거짓말하지** 않겠습니다. 돈도 바닥나고 **양과** 가축은 나리께 드려, 나리 앞에 저희의 몸과 땅 말고는 남은 것이 없습니다. 19 저희가 어쩌다가 나리 **앞에서** 죽게 되었을까요? 양식 대신 저희와 저희 땅을 사십시오. 저희는 땅과 더불어 파라오의 종이 되겠습니다. 씨앗을 주십시오. 그래야 저희는 죽지 않고 살 것이고, 땅은 황폐해지지 않을 것입니다."

20 요셉은 파라오를 위해 이집트 온 땅을 샀다. 기근이 심하여 이집트인들이 저마다 자기 밭을 팔았기 때문이다. 그래서 그 땅은 파라오의 것이 되었다. 21 **요셉은 나쁜 말로 중상한** 백성을 옮기고 **유배 보냈다**. 성읍에서 성읍까지 **이집트인들의** 경계 이 끝에서 저 끝까지 **이주시켰다. 성읍 백성을 지역에 머무르게 하고 지역 백성을 성읍에 머무르게 하였다**. 이집트 **땅** 이 끝에서 저 끝까지 **그렇게 하여, 이집트인들이 요셉의 형제들을 조롱하지 않고 그들에게 '집 없는 유배자들'이라고 말하지 않았다**. 22 그는 사제들의 땅만은 사지 않았다. 사제들의 몫은 파라오 앞에서 나오고, 그들은 파라오가 그들에게 주는 몫으로 먹고 살았기 때문이다. 그래서 그들은 자기들의 땅을 팔지 않았다. 23 [요셉은 백성에게 말하였다. "나는 오늘 파라오를 위하여 여러분과 여러분의 땅을 샀소. 여러분에게 줄 씨앗이 있으니 땅에 뿌리시오.] 24 수확 **철에** 오분의 일은 파라오에게 바치고 네 몫은 여러분의 것이오. 밭에 씨를 뿌려 여러분과 여러분 집안의 **부양가족들이** 먹고 아이들을 먹이시오." 25 그들이 말하였다. "나리께서 저희를 살리셨으니, 나리께서는 저희에게 은총과 **자애를** 베푸십시오. 저희는 파라오의 종이 될 것입니다." 26 요셉은 이집트 땅에 관하여 오늘날까지 (이어지는) 법령을 세웠다. 곧 오분의 일은 파라오의 것이라는 것이다. 단 사제들의 땅은 파라오의 것이 되지 않았다.

야곱의 유언

27 이스라엘은 이집트 땅의 고센 땅에 머물렀다. 그들은 그곳을 소유하
고 **강해져** 매우 번성하였다. 28 야곱은 이집트 땅에서 십칠 년을 살아, 야
곱이 **살아온** 세월은 백사십칠 년이 되었다. 29 이스라엘은 죽을 날이 다가
와 아들 요셉을 불러 말하였다. "이제 내가 너에게 자애와 호의를 얻을 수
있다면 네 손을 내 **계약의 표시** 아래 얹어라. 나에게 친절과 진실을 베풀어
나를 이집트에 묻지 말아 다오. 30 내가 조상들에게 **소집될** 때 나를 이집
트에서 옮겨 그들 무덤에 묻어 다오." 요셉이 말하였다. "아버지 말씀대로
하겠습니다." 31 그가 말하였다. "나에게 맹세하여라." 요셉이 맹세하였다.
이스라엘은 침상 머리맡에서 **감사와 찬미를 드렸다**.

요셉의 아들 에프라임과 므나쎄를 아들로 삼은 야곱

48,1 이런 일들이 있은 뒤 어떤 이가 요셉에게 말하였다. "당신 아버지
께서 편찮으십니다." 그는 두 아들 므나쎄와 에프라임을 데리고 갔다. 2 어
떤 이가 야곱에게 알려 말하였다. "당신 아들 요셉이 왔습니다." 이스라엘
은 힘을 내어 침상 **머리맡에** 앉았다.

3 야곱이 요셉에게 말하였다. "**하늘의 하느님께서** 가나안 땅 루즈에서
나에게 **나타나시어** 복을 내리시며 4 말씀하셨다. '나는 너를 **강하고** 번성
하게 하겠다. 너를 **의로운 민족들의 의회에** 회중으로 만들고, 이 땅을 네
뒤에 올 **자손들에게** 영원한 소유지로 주겠다.' 5 내가 이집트로 너에게 오
기 전에, 이집트 땅에서 태어난 네 두 아들은 이제 나의 것이 된다. 에프
라임과 므나쎄는 르우벤과 시메온처럼 **나의 이름으로** (불릴) 것이다. 6 네
가 그들 다음에 낳을 네 후손들은 **너의 이름으로** (불릴) 것이다. 그들은 그
들의 소유지에서 제 형들의 이름으로 불릴 것이다. 7 내가 파딴에서 나올
때 라헬이 도중에 가나안 땅에서 죽었다. 에프랏으로 가는 곳이 **수확 철일
때**, 나는 그곳 에프랏으로 가는 길에 그를 묻었다. 그곳은 베들레헴이다."

8 이스라엘이 요셉의 아들들을 보고 말하였다. "이들은 누구냐?" 9 요

셉이 아버지에게 말하였다. "이들은 **주님께서** 여기에서 저에게 주신 제 아
들들입니다." 그가 말하였다. "그들을 나에게 데려와라. 내가 그들을 축복
하겠다." 10 그런데 이스라엘은 나이가 들어 눈이 **침침해져** 볼 수가 없었
다. 그들이 그에게 가까이 가자 그는 그들에게 입을 맞추고 그들을 안았
다. 11 이스라엘이 요셉에게 말하였다. "나는 네 **얼굴을** 보리라고 **기대도**
안 했는데, **주님께서** 나에게 네 **아들들까지** 보게 해 주셨다." 12 **그가 그**
들을 축복한 뒤 요셉은 그들을 물러나게 하였다. **그들은** 그의 **앞에서** 땅에
대고 절하였다.

13 요셉은 그들 둘을 데려다 에프라임의 오른손을 이스라엘 왼손에, 므
나쎄의 왼손을 이스라엘 오른손에 놓고 그에게 가까이 가게 하였다. 14 이
스라엘은 오른손을 뻗어 동생인 에프라임의 머리에 **뻗어** 얹고, 왼손은 므
나쎄의 머리에 얹었다. 므나쎄가 맏아들인데도 그의 손을 **바꾼 것이다**.

15 그는 요셉을 축복하며 말하였다.

"나의 조상 아브라함과 이사악을 당신 앞에서 **진실하게** 살게 하신 **주님**,
제가 **어릴 때부터** 오늘까지 저를 **이끌어 주신 주님**,
16 모든 악에서 저를 구원하신 천사님, 이 아이들을 축복하소서.
그들을 통해 제 이름과 저의 조상 아브라함과 이사악의 이름이 불리게 되고,
그들이 **바다의 물고기처럼** 땅에서 불어나게 되리이다."

17 요셉은 아버지의 오른손이 에프라임의 머리 위에 있는 것을 보았다.
그가 보기에 그것이 **마땅치 않았다**. 그는 아버지의 손을 들어 에프라임의
머리 위에서 므나쎄의 머리 위로 **돌려놓으려** 하였다. 18 요셉이 아버지에
게 말하였다. "아버지, 맞지 않습니다. 이 아이가 맏아들이니 당신 오른손
을 그의 머리에 얹으십시오." 19 아버지는 이를 거부하며 말하였다. "나도
안다. 아들아, 나도 안다. 그도 민족을 이루어 불어날 것이다. 그러나 동생
이 그보다 더 불어나 그의 **자손들이 민족들을 지배할 것이다**."

20 야곱은 그날 그들을 축복하며 말하였다.
"**너의 공로로** 이스라엘 (백성이) 이렇게 **축복을 받을** 것이다.
'**주님께서** 너를 에프라임과 므나쎄처럼 만드시리라.'"
(이렇게) 그분께서 므나쎄의 **축복을** (에프라임에게) 두셨다.
21 이스라엘이 요셉에게 말하였다. "나는 죽는다. **주님께서** 너희와 함께
하시어 너희를 조상들의 땅으로 돌아가게 하실 것이다. 22 나는 네 형제들
보다 너에게 **나머지 한 몫을** 더 준다. **첫 아담의 옷을, 할아버지 아브라함
이 사악한 니므롯의 손에서 빼앗아 나의 아버지 이사악에게 주고, 이사악
은 나의 형 에사우에게 주었다. 나는 내 칼도 내 활도 아닌 것으로, 곧 나의
공로와 나의 선행으로 에사우의 손에서 그것을 빼앗았다. 그것들이 내 칼
과 내 활보다 더 훌륭하였다.** 그리고 나는 네 형제들보다 너에게 **나머지** 한
몫인 스켐을 더 준다. 나는 내 칼과 내 활보다 **더 훌륭한 나의 공로와 나의
선행으로** 아모리족의 손에서 그것을 빼앗은 것이다."

야곱의 축복

49,1 야곱이 자기 아들들을 불러 그들에게 말하였다. "다들 모여 보거
라. **숨겨진 비밀 곧 봉인된 마지막 때를 너희에게 알려 주겠다. 의인에게
는 보상을, 악인에게는 처벌을, 에덴에게는 평온을 준다." 이스라엘의 열두
지파들이 다 같이 모여들어 아버지 야곱이 누워 있는 황금 침상을 에워쌌
다. 그에게 마지막 때가 드러났으나, 그들에게는 축복과 위로의 마지막 때
가 전해지지 않았다. 마지막 때가 그에게 드러난 뒤 비밀은 그에게 숨겨졌
다. 그들은 그가 구원과 위로의 마지막 때를 그들에게 전해 주길 기대하였
다. 그 비밀이 그에게 드러났다가 숨겨졌고 그 문이 그에게 열렸다가 닫혔
다. 우리의 아버지 야곱이 대답하며 그들을 축복하였다. 저마다 선행에 따
라 그들을 축복하였다.** 2 **야곱의 열두 지파들이 다 모여 아버지 야곱이 누
워 있는 황금 침상을 에워싸고 나서, 아버지가 그들에게 축복의 순서를 드
러내 주길 기대했으나 숨겨졌다. 우리의 아버지 야곱이 그들에게 대답하였**

다. "나의 할아버지 아브라함에게서 흠 있는 이스마엘과 크투라의 모든 아
들들이 일어났고, 나의 아버지 이사악에게서 흠 있는 나의 형 에사우가 일
어났다. 나는 너희 가운데에서 형제들과 마음이 갈라져, 다른 신상들 앞에
섬기러 가는 사람이 있을까 두렵다." 야곱의 열두 아들들이 다 같이 대답
하였다. "아버지 이스라엘께서는 들어 보십시오. 우리 주 하느님께서는 한
분이신 주님이십니다." 야곱이 대답하였다. "그분의 이름은 찬미받으소서.
그분 왕국의 영광이 영원무궁하리이다.

3 르우벤은 나의 맏아들,
너는 나의 힘, 나의 첫 슬픔.
너는 네 형제들보다 세 몫을 더 가졌으니,
맏아들 권리가 너의 손에, 왕권과 대사제직이 너의 것이다.
그러나 내 아들 르우벤아, 네가 죄를 지어 맏아들 권리는 요셉에게,
왕권은 유다에게, 대사제직은 레위 지파에게 넘어갔다.
4 내 아들 르우벤아, 너는 작은 정원과도 같으니,
그 안에는 물이 넘치는 시내가 흘러, 너는 견디지 못하고 그 앞에서
부서져버렸다.
내 아들 르우벤아, 이처럼 너의 지혜, 너의 선행이 짓밟혔다.
내 아들아, 너는 죄를 지었다. 더 죄짓지 마라.
네가 지은 죄는 용서받고 너는 면제받으리라.
〈너는 아버지 침상에 올라갔고, 그때 내 침상을 더럽혔기 때문이다.〉

5 시메온과 레위는 쌍둥이 형제,
어릴 때부터 날카로운 무기로 싸움을 일삼더니 적들의 땅에서
싸워 이겼다.
6 나는 그들이 모의하는 모임이 달갑지 않아
그들이 스켐을 치러 요새에 모일 때 내 영광에는 관심이 없었다.

그들은 격분하여 **임금들을** 죽이고 **악에 받쳐 적들의 벽을 허물었다.**

7 **시메온과 레위가 격분하여 들어가 공격한 스켐 성읍은** 저주를
받았다.
그들의 격분은 강하고 그들의 분노는 거세었기 때문이다."

우리의 조상 야곱이 말하였다.

"만약 시메온과 레위가 함께 산다면
어느 민족도, 임금도 그들 앞에서 일어나지 못하리라.
나는 **시메온의 몫을** 야곱의 **집안에서** 나누고,
레위의 소유지를 이스라엘 **자손들의 지파에서 번성하게 하리라.**

8 유다야, 네 형제들이 너를 찬양하고,
모든 유다인들이 네 이름을 따서 유다인들이라 불리리라.
너의 손은 네 적들에게 **보복하리라.**
네 아버지의 아들들이 **모두 앞에 나와 너의 안부를 물으리라.**
9 유다야, 너는 새끼를 **낳은** 사자와도 같구나.
너는 내 아들 요셉을 살인자들에게서 구하였으니,
내 아들아, 타마르의 심판에서 너는 무죄다.
너는 쉬면서 수사자와 암사자처럼 **전쟁 속에서 살리라.**
어느 민족도 왕국도 너를 거슬러 일어나지 못하리라.
10 **임금이 유다 집안에서,**
토라를 가르치는 서기관들이 그의 자손들한테서 (나와) **멈추지**
않으리라.
임금 메시아가 올 때까지 그러하리니,
왕권이 그의 것이고, 모든 왕국이 그에게 **순종하리라.**
11 **장차 유다 집안에서 일어날 임금 메시아는 얼마나 아름다운가!**
그는 허리띠를 묶고 원수들에 맞서 전장에 나아가,
임금들을 통치자들과 죽인다.

그는 살육의 피로 산을 붉게 물들이고, 골짜기를 그들 병마들의
기름으로 희게 만든다.
그의 옷은 피로 범벅이니 그의 (모습은) 포도 짜는 이와 같구나.
12 순 포도주보다 임금 메시아의 눈은 얼마나 아름다운가!
그것들은 알몸이 드러나거나 무죄한 피가 쏟아지는 것을 보지
않는다.
그의 이는 훔친 것이나 강탈한 것을 먹지 않아 우유보다 희다.
그의 산들과 포도확은 포도주로 붉고,
그의 언덕들은 곡식과 가축 떼로 희어지리라.

13 즈불룬은 큰 바닷가에 살면서 배로 항구들을 다스리리라.
그의 경계는 시돈까지 이르리라.

14 이사카르는 강한 지파,
두 경계들 사이에 눕는다.
15 그는 처음부터 그것이 좋고 이스라엘 땅에 열매가 풍부한 것을
보았다.
그래서 그는 토라를 연구하기 위해 어깨를 구부리고,
그의 형제들은 그에게 예물을 바쳤다.

16 단 집안에서 구원자와 판관이 일어나리라.
이스라엘 자손들의 모든 지파가 다함께 그에게 순종하리라.
17 이는 장차 단 집안에서 일어날 구원자, 그는 강하고 모든 민족들
위로 드높여지리니,
그는 땅에 누워 있는 뱀, 길목에 숨어서 말의 발꿈치를 무는 독사와
같다.
그 공포로 말미암아 기수가 맴돌다가 뒤로 자빠진다.

그는 마노아의 아들 삼손, 그의 공포가 그의 적들 위에,
그의 두려움이 원수들 위에 내린다.
그는 원수들에 맞서 전투에 나가 통치자와 함께 임금들을 죽인다."

18 우리의 조상 야곱이 말하였다.
"제 영혼은 요아스의 아들 기드온의 구원을 기대하지 않으니,
그것은 (제한된) 시간의 구원입니다.
제 영혼은 마노아의 아들 삼손의 구원을 기대하지 않으니,
그것은 지나가는 구원입니다.
제 영혼은 당신께서 이스라엘 집안의 당신 백성에게
오시겠다고 말씀하신
그 구원을 기대합니다.
주님, 제가 당신의 구원을 기대합니다."

19 "가드 집안에서는 무장을 갖춘 진영들이 나오리라.
그들은 이스라엘 백성과 요르단을 건너,
그들 앞에서 땅 정복에 나서리라.
그러고 나서 많은 재산을 가지고 자기들 구역으로 돌아오리라.

20 아세르 집안은 좋겠다.
너희 땅의 열매는 튼실하기도 하지.
소출이 자라
이스라엘 자손들의 임금들이 즐기리라.

21 납탈리, 기쁜 소식을 전하는 날쌘 전령,
그가 아버지 야곱에게 요셉이 아직 살아 있음을 처음으로 전하였다.
그는 짧은 시간에 이집트로 내려가 요셉의 궁에서 들판의

판매 증서를 가져왔다.
그가 입을 열어 이스라엘 회중에게 소식을 전하자
그의 입술에서 젖과 꿀이 나왔다.

22 내 아들 요셉아, 너는 크게 되었다.
내 아들아, 너는 크게 되어 강해졌고 또 강해졌다.
내 아들 요셉아, 너는 물가의 샘에 심긴 포도넝쿨과도 같아,
땅에 뿌리를 뻗고 모든 바위를 쪼개며 가지를 높이 들어 모든 나무를 뒤덮는다.
내 아들 요셉아, 너는 지혜와 선행으로
이집트의 모든 요술사들과 모든 현인들을 이겨내었다.
그들은 너를 파라오의 두 번째 마차에 앉히고 네 앞에서 울부짖었다.
'임금의 아버지는 만수무강하소서. 지혜의 주인이시고 나이는 어리신 분.'
그리고 임금들과 통치자들의 딸들이 창문으로 너를 보고 격자로 너를 들으며,
너에게 팔찌와 반지, 목걸이와 브로치, 온갖 금붙이를 던져
네가 눈을 들어 자기들 가운데 하나를 봐주기를 바란다.
내 아들 요셉아, 너는 아니다.
너는 눈을 들지도, 그들 가운데 하나를 보지도 않았다.
임금들과 통치자들의 딸들은 서로 말하였다.
'이분이 경건한 요셉이시다. 그의 눈은 뒤쫓지 않고 그의 마음은 상상하지 않는다.'
저들이 세상에서 사람의 아들을 파괴한다.
이 때문에 네 앞에서 두 지파가 일어나리니,
므나쎄와 에프라임이 땅 분배 때 그의 형제들과 몫과 소유지를 받으리라.

23 **이집트인 요술사들과 현인들이 모두 그에 맞서 말하였으나 그를 당할 수 없었다.**

그들은 지도자 앞에서 악을 말하고 이집트 임금 파라오 앞에서 그를 고발하여,

그의 위엄을 떨어뜨리고 왕좌에서 그를 없애고자 하였다.

그들은 파라오 궁에서 화살보다 더 가혹하게 그를 중상모략하였다.

24 **그는** 강하신 **분께 신뢰를 두었다.**

그는 손과 팔을 **뻗어**

아버지 야곱의 **강하신 분께 자비를 간청하였다.**

이스라엘의 **모든 지파가 그의 든든한 팔 아래에서 살아가게 되었다.**

25 네 아버지의 하느님 **메므라께서 너의 협력자가 되시리라.**

하늘의 하느님께서 너에게 복을 내리시리니, 하늘 위에서 **내리는 최고의 이슬과 비,**

땅 아래에서 **올라오는** 심연의 **샘이 그 복이다.**

너에게 젖을 물린 가슴과 **네가 누었던** 자궁이 복되다.

26 **나의 조상 아브라함과 이사악이 나를 축복한 복에** 네 아버지의 복이 **보태지리라.**

세상의 지도자인 에사우와 이스마엘이 처음부터 그들에게 바라던 (복이다.)

이 복들이 모두 와서 위대한 왕관을 만들리니,

요셉의 머리 **곧 이집트 땅의 지도자이자 통치자가 되어**

아버지의 영광과 형제들의 영광을 빛내 준 경건한 사람의 정수리에 (놓이리라.)

27 벤야민은 **강한 지파,**

그의 영역에 성전이 세워지고 그의 소유지에 주님 셰키나의 영광이 머무르시리라.

아침에는 **사제들이 일일 예물인 양과 곡식 예물을 바치고,**
저녁에는 **이스라엘 자손들의 예물에서 남은 것을** 나누리라."

28 이들 모두가 이스라엘의 열두 지파이다. 이는 (야곱이) 그들을 축복한 **복으로서**, 그는 저마다의 축복에 따라 그들을 축복하였다.

야곱의 죽음

29 야곱이 그들에게 명하였다. "나는 내 백성에게 소집된다. 나를 나의 조상들과 함께 히타이트인 에프론의 밭에 있는 동굴에 묻어라. 30 가나안
땅 마므레의 맞은편 밭에 있는 **이중** 동굴이다. 아브라함께서 히타이트인 에프론에게 무덤 소유지로 그 밭을 사 두셨다. 31 그곳에 아브라함과 그의
아내 사라께서 묻히셨고, 그곳에 이사악과 그의 아내 레베카께서 묻히셨으며, 나는 그곳에 레아를 묻었다. 32 밭과 그곳에 있는 동굴을 히타이트 사
람들한테서 샀다."

33 야곱은 아들들에게 명령을 마치고 나서 침상에서 다리를 모았다. 그는 (생을) **마치고 죽어** 자기 백성들에게 소집되었다.

야곱의 장례

50,1 요셉은 아버지의 얼굴 위에 (고개를) 떨구고 울며 그에게 입을 맞추었다. **요셉은 아버지를, 금을 입히고 진주를 고정하여 귀한 돌을 채워 박은 상아로 된 침상에 눕히고 아마와 자주 끈으로** (묶었다.) **그들은 거기에 귀한 포도주와 최상의 향신료를 붓고 거기에 최상의 향료를 태웠다. 그리고 이스마엘의 자손들에서 왕국과 통치자들을 그곳에 세우고, 에사우의 자손들에서 통치자들을 그곳에 세우며, 크투라의 자손들에서 통치자들을 그곳에 세웠다. 형제들 가운데 용사인 사자 유다가 서서 응하며 형제들에게 말하였다. "와서 아버지를 위해 키 큰 향백나무를 심읍시다. 그것의 머리는 하늘 쪽에 다다르고 그 뿌리는 세상 주민들에게까지 이릅니다. 그분에게서 이스라엘 자손들의 열두 지파가 나왔고, 그분에게서 나팔을 부는 사제가,**

수금을 타는 레위인들이 나왔습니다.” 그러고 나자 요셉은 아버지의 목에 기대어, **요셉은** 울며 그에게 입을 맞추었다. 2 요셉은 자기 종들인 의사에게 아버지를 방부 처리하도록 명하였고 그 의사들이 이스라엘을 방부 처리하였다. 3 그를 위해 사십 일이 걸렸다. 방부 처리하는 데 걸리는 날이 그러하였다. 이집트인들은 칠십 일 동안 그를 위해 울었다.

4 애도의 날이 지나고 요셉은 파라오의 집안 **사람들에게** 말하였다. “여러분이 나에게 은총과 **자애를** 베풀어 파라오 듣는 데서 전해 주십시오. 5 ‘아버지가 저에게 이렇게 맹세를 시키셨습니다. '내가 죽으면 내가 가나안 땅에 파 둔 나의 무덤에 나를 묻어라.' 이제 제가 올라가 아버지를 묻고 돌아오겠습니다.’” 6 파라오가 말하였다. “올라가서 그대 아버지가 그대에게 맹세시킨 대로 그를 묻고 오게나.”

7 요셉은 아버지를 묻으러 올라갔다. 파라오의 **통치자들** 모두, 곧 그 집안의 원로들과 이집트 땅의 모든 원로들이 그와 함께 올라갔다. 8 요셉의 집안 **사람들** 모두와 형제들과 아버지 집안이 (올라갔고), 아이들과 양 떼와 소 떼는 고센 땅에 남겨 두었다. 9 또한 병거와 기병도 그와 함께 올라가, 진영이 매우 컸다. 10 그들은 요르단 건너 아탓의 **타작마당에** 이르러 매우 크고 장대하게 곡을 하였다. 그는 이레 동안 아버지를 애도하였다. 11 가나안 땅 주민들이 아탓의 **타작마당에서** 벌어진 애도를 보고 말하였다. “이것이 이집트인들의 장대한 애도로구나.” 그래서 (그곳의) 이름을 요르단 건너편에 있는 아벨 미츠라임이라 불렀다.

12 야곱의 아들들은 야곱이 그들에게 당부한 대로 하였다. 13 그의 아들들은 가나안 땅으로 그를 옮겨, 아브라함이 히타이트 사람 에프론에게 선묘로 사 둔, 마므레 맞은편 들판의 **이중** 동굴에 그를 묻었다. 14 아버지를 묻고 나서 요셉과 형제들, 아버지를 묻으려고 그와 함께 올라온 이들 모두 이집트로 돌아왔다.

형들을 안심시킨 요셉

15 요셉의 형제들은, 아버지가 돌아가신 것을 보고 말하였다. "요셉이 우리에게 **증오심을** 품어 우리가 그에게 저지른 모든 악을 우리에게 돌려주지 않을까?" 16 **지파들이** 요셉의 **양모인 빌하에게** 당부하여 그에게 전하였다. "자네 아버지께서 돌아가시기 전에 당부하셨네. 17 '너희는 요셉에게 이렇게 말하여라. '그들이 너에게 악을 저질렀으나 네 형제들의 죄와 잘못을 용서해 주길 바란다." 그러니 자네 아버지의 하느님의 종들이 지은 죄를 용서해 주게나." 요셉은 그들이 말한 것을 (듣고) 울었다.

18 그의 형제들도 와서 그 앞에 **절하며** 말하였다. "우리는 자네의 종이네." 19 요셉이 그들에게 말하였다. "두려워하지 마세요. 나는 **형님들이 나에게 저지른 악을 갚지 않습니다. 이로써 사람의 아들의 생각이 주님 앞에서 드러나지 않겠습니까**? 20 형님들은 악을 꾀하였지만 **주님 앞에서** 그것은 선으로 **여겨졌습니다**. 많은 백성을 살게 하시려고 오늘처럼 하신 것입니다. 21 이제 두려워하지 마십시오. 내가 형님들과 아이들을 먹여 살리겠습니다." **요셉은 그들에게 대답하여 말하였다. "열 개의 별이 한 개의 별을 파괴하고자 했으나 파괴하지 못했습니다. 한 개의 별은 열 개의 별을 파괴할 수 없습니다**." 그는 그들을 안심시키고 그들의 마음에 **평화의 말**을 해 주었다.

요셉의 죽음

22 요셉과 그 아버지의 집안 **사람들이** 이집트에 살았다. 요셉은 백십 년을 살았다. 23 요셉은 에프라임의 삼 **대의** 자손들을 보았고, 므나쎄의 아들인 마키르의 아들들도 요셉의 무릎 위에서 태어났다.

24 요셉이 형제들에게 말하였다. "나는 죽습니다. **주님께서** 형님들을 **그분의 선하신 자비로 기억하시어**, 이 땅에서 아브라함과 이사악과 야곱에게 맹세하신 땅으로 형님들을 데리고 올라가실 것입니다."

25 요셉은 이스라엘의 아들들에게 맹세를 시키며 말하였다. "주님께서

여러분을 **그분의 선하신 자비로 기억하실 것이니**, 여러분은 이곳에서 내 뼈를 가지고 올라가십시오."

26 요셉은 백십 세에 죽었다. 사람들은 그를 방부 처리하고 이집트에서 관에 넣었다.

부록

참고문헌

*원문

우리말 성경: 『성경』(한국천주교중앙협의회 2005).

히브리어 성경

Rudolf, W. (eds.), *Biblia Hebraica Stuttgartensia* (Stuttgart 1990).

아람어 성경: 타르굼 옹켈로스

Sperber, A., *The Bible in Aramaic Vol.* 1, *The Pentateuch according to Targum Onkelos* (Leiden 1959).

타르굼 차명 요나탄, 네오피티, 카이로 게니자 단편 타르굼, 페시타

http://cal.huc.edu/

칠십인역 그리스어 성경

Ralfs, A. (ed.), *Septuaginta* (Stuttgart 1979).

Wevers, J.W. (ed.), *Septuagint I Genesis* (Goettingen 1974).

*참고서적

Aberbach, M., Grossfeld, B., *The Targum Onqelos to Genesis* (New York 1982).

Grossfeld, B., *The Targum Onqelos to Genesis* (Wilmington 1988).

Jastrow, M., *Dictionary of the Targumim, Talmud Babli, Yerushalmi and Midrashic Literature* (New York 1996).

Maher, M., *Targum Pseudo-Jonathan: Genesis* (Collegeville 1992).

McNamara, M., *Targum and Testament Revisited* (Grand Rapids 2010).

______, *Targum Neofiti 1: Genesis* (Collegeville 1992). [각주에서 '맥나마라']

Mudler M.J., *Mikra: Text, Translation, Reading and Interpretation of the Hebrew Bible in Ancient Judaism and Early Christianity* (Minneapolis 1990).

교황청 성서위원회, 『그리스도교 성경 안의 유다 민족과 그 성서』 (한국천주교중앙협의회 2010).
교황청 유다교위원회, "「우리 시대」 반포 50주년 기념 가톨릭과 유다교의 관계에 대한 신학적 문제에 대한 숙고" (한국천주교중앙협의회 2015).
토마스 랩딘, 『타르굼 아람어 문법』, 배철현 옮김 (한님성서연구소 2001).

*참고 웹사이트

http://cal.huc.edu/ (타르굼과 페시타 등 아람어-시리아어 문헌)
https://www.sefaria.org/ (성경과 랍비 문헌)
https://mechon-mamre.org/ (성경과 랍비 문헌)
https://www.responsa.co.il/home.en-US.aspx (랍비 문헌)
https://tablet.otzar.org/pages/? (랍비 문헌)
http://www.daat.ac.il/ (유다이즘)
https://www.daf-yomi.com/ (유다이즘)

성경과 랍비 문헌 찾아보기

*랍비 문헌

강지숙

가톨릭대학교 종교학과(구약학 석사, 박사)와
예루살렘 히브리대학교 탈무드과(석사 비연구과정)에서 수학하였다.
현재 의정부 한님성서연구소에서 일하고 있다(구약성경과 랍비 문헌).

아람어 성경 타르굼 창세기(개정판)

초판 교회인가: 2022년 2월 4일 천주교 의정부교구장 이기헌 주교
초판 1쇄: 2022년 3월 18일
개정판 교회인가: 2024년 8월 22일 천주교 의정부교구장 손희송 주교
개정판 1쇄: 2024년 9월 30일
지은이: 강지숙
펴낸이: 조병우
펴낸곳: 한님성서연구소(출판등록 제85호)
[11690] 경기도 의정부시 평화로 604
전화: 031) 846-3467, 팩스: 031) 846-3595
네이버카페: https://cafe.naver.com/biblicum

값 35,000원
ISBN 978-89-94359-53-3 94230
ISBN 978-89-94359-51-9 94230(세트)